英国教育思想史

History
of Educational Thought
in Britain

易红郡 著

华东师范大学出版社

图书在版编目(CIP)数据

英国教育思想史/易红郡著.—上海:华东师范大学出版社,2017
 ISBN 978-7-5675-6848-8

Ⅰ.①英… Ⅱ.①易… Ⅲ.教育思想-思想史-英国 Ⅳ.①G40-095.61

中国版本图书馆CIP数据核字(2017)第208282号

英国教育思想史

著　　者	易红郡
策划编辑	彭呈军
特约编辑	单敏月
责任校对	王丽平
装帧设计	崔　楚
出版发行	华东师范大学出版社
社　　址	上海市中山北路3663号　邮编 200062
网　　址	www.ecnupress.com.cn
电　　话	021-60821666　行政传真 021-62572105
客服电话	021-62865537　门市(邮购)电话 021-62869887
地　　址	上海市中山北路3663号华东师范大学校内先锋路口
网　　店	http://hdsdcbs.tmall.com
印 刷 者	上海盛通时代印刷有限公司
开　　本	787×1092　16开
印　　张	34.75
字　　数	603千字
版　　次	2017年11月第1版
印　　次	2017年11月第1次
书　　号	ISBN 978-7-5675-6848-8/G·10587
定　　价	86.00元
出版人	王　焰

(如发现本版图书有印订质量问题,请寄回本社客服中心调换或电话021-62865537联系)

全国教育科学"十二五"规划教育部重点课题"英国教育思想的演进（文艺复兴至 20 世纪）"（DOA140203）研究成果

序

吴式颖

英国的文化与教育思想是西方文化与教育思想的重要组成部分,深入研究英国文化与教育思想发展史的价值是不言而喻的。

易红郡教授致力于英国文化与教育思想的研究已有很多年了,他先后出版了《从冲突到融合:20世纪英国中等教育政策研究》(2005年)、《英国教育的文化阐释》(2009年)和《战后英国高等教育政策研究》(2016年)等专著,即将出版的《英国教育思想史》是他研究英国文化与教育思想的最新成果。

易红郡教授的"英国教育思想史"研究被列入全国教育科学"十二五"规划教育部重点课题和2013年度湖南省哲学社会科学基金项目。为了完成这一课题研究,他在国家留学基金委的资助下赴英国伦敦大学教育学院访学一年(2013年12月至2014年12月)。其间,他师从英国著名的教育史研究学者、西蒙教育史讲座教授(Brian Simon Chair of History of Education),现任英国教育研究会(British Educational Research Association)主席的Gary McCulloch先生,仔细研读了10多部英文著作,内容涉及西蒙的教育史、高等教育、教育史学等,并为完成《英国教育思想史》的写作搜集了大量文献资料,其写作框架也与Gary教授进行了讨论,得到他的指导。现在的写作框架正是他与Gary教授共同讨论的结果。

英国文化与教育思想的发展既有其独特性和自身的发展轨迹,又与西欧各国文化与教育思想的发展相联系。为了深入了解英国教育的历史和现状,易红郡教授实地考察了牛津大学、剑桥大学、伦敦大学、苏塞克斯大学、雷丁大学和哈罗、伊顿等英国公学,以及英国的一些幼儿园和中小学校;为了加深对欧洲历史与文化的理解,他又两次横渡英吉利海峡,游历了法国、德国、比利时、荷兰、卢森堡、瑞士、意大利、梵蒂冈和摩纳哥。他还聆听了30多场来自世界各地一些学者的学术报告,参加了数场大型国际教育研讨会议。回国后,易红郡教授经过两年多的努力才完成《英国教育思想史》的写作。正是由于前期的大量工作和后期的认真思考与撰著,才使我们看到的这部《英国教育思想史》思路如此清晰,观点鲜明,史料翔实,真正能够称得上是一部十分厚重的学术专著。

易红郡教授的《英国教育思想史》系统论述的虽然是自文艺复兴至20世纪下半期500

多年间英国教育思想发展和演变的历史，但是他在该书的"前言"中用了大部分篇幅概述英国古代社会与文化教育的历史发展。其中涉及的重要文化教育活动家包括奥古斯丁（坎特伯雷大主教，？—605/606）、西奥多（约602—690，又译狄奥多尔）、比德（672/673—735）、阿尔琴（735—804，又译阿尔昆）、阿尔弗雷德国王（848—900）、埃德加国王（943/944—975）和邓斯坦（924—988）等人。易教授扼要地论述了他们的文教活动与教育思想，并阐述了诺曼人征服英国时期进行的文教活动。这就使读者可以同时了解文艺复兴以前千余年间英国古代文化与教育思想发展的历史状况和英国古代文化教育的特性。因此，他的这部著作也就名副其实地可以称之为《英国教育思想史》。

在《英国教育思想史》一书"前言"的其余部分，易红郡教授简要地说明了为什么要从文艺复兴时期开始研究英国教育思想史，以及该书的结构与指导思想。他指出，英国千余年的古代教育思想是以神性教育为主，而且是一些教育思想的片段，直到文艺复兴时期系统的教育思想才逐渐形成，文艺复兴时期的人文主义教育思想是英国教育思想史上的重要里程碑。关于该书的结构，他说："本书结构大体上是采用历时性研究方式，按照时间顺序阐释英国历史上著名哲学家、政治家、经济学家、文学家、科学家、思想家及教育家的教育思想，但偶尔也会根据讨论主题的需要超越时间的框架。"易红郡教授还告诉读者，具体而言，他的这部著作是"将人物、流派和时间相结合，在写作过程中以时间为经度，主要流派和人物为纬度，通过重点解读经典文献来诠释他们的教育思想"。他强调，该研究是以辩证唯物主义和历史唯物主义为指导，力求以整体的、相互联系的历史观，勾勒英国教育思想变迁的历史图景，既反映特定历史时期英国教育思想的特殊性，又说明不同语境下英国各种教育思想流派之间的博弈及历史延续性，并对各个历史时期英国主要的教育思想流派和教育家的思想进行恰如其分的剖析。最后，易教授还指出，"本书把英国教育思想史按照不同的标准划分为各种'主义'，这种归类只是为了更好地理解前人的思想，以便充分反映某一时期同类教育家思想的基本特征"。但是由于不同历史时期教育思想本身的复杂性和一些重要教育家教育思想的丰富性，这样的研究方式仍然存在一定的局限性和困难，需要研究者不断拓展学术视野，更新研究范式，以求研究工作取得更大的进展。易教授的这些论述足见其思维之周密，他的严谨治学态度也渗透于字里行间。

易红郡教授撰写的《英国教育思想史》正文共13章，对英国的人文主义教育思想、绅士教育思想、空想社会主义教育思想、国民教育思想、功利主义教育思想、科学教育思想、古典主义教育思想、浪漫主义教育思想、激进主义教育思想、女子教育思想、新教育思想、自由教育思想和分析教育哲学等13个教育流派,以及各种教育流派中3至4位代表人物(共46位)的教育思想进行了系统而深入的探讨与论述。其具体表现为,对上述英国教育流派的来龙去脉和各个教育流派主要代表人物的经历、教育活动、主要代表作的教育思想、这些教育思想对英国乃至世界教育理论与实践发展所起的积极作用及局限性,都进行了有理有据的论述,并给予了实事求是的评价。

总之,易红郡教授撰写的这部《英国教育思想史》内容十分丰富,是迄今为止我国有关英国教育思想史研究的重要成果。阅读与研究此书,不仅可以丰富和加深我们对英国教育思想与实践的认识和理解,而且可以从中获得某些启示,有利于促进我国的教育理论建设。

我和易红郡教授是在2000年认识的,当时他师从北京师范大学的史静寰教授攻读博士学位,当他得知我也曾在华中师范大学学习,而且在湖南生活过很多年,感到十分惊喜。在北京学习期间,他经常到我家里,跟我讨论一些外国教育史的问题。获得博士学位后,他回到湖南工作,也经常与我联系,讨论各种学术问题。这次他请我为其《英国教育思想史》一书写序,我认真阅读了这部著作,写了如上一些话。

是为序。

2017年6月19日

(本文作者系北京师范大学教育学部资深教授、博士生导师)

目　录

前言·001

第一章 | 人文主义教育思想·001

一、科利特　　006
二、诺克斯　　012
三、阿卡姆　　018
四、弥尔顿　　021

第二章 | 绅士教育思想·031

一、埃利奥特　　037
二、吉尔伯特　　045
三、克莱兰　　048
四、洛克　　052

第三章 | 空想社会主义教育思想·069

一、莫尔　　074
二、温斯坦莱　　084
三、欧文　　093

第四章 | 国民教育思想·107

一、亚当·斯密　　117
二、葛德文　　127
三、马尔萨斯　　138

第五章 | 功利主义教育思想 · 151

一、边沁　　155
二、詹姆斯·密尔　　165
三、约翰·密尔　　176

第六章 | 科学教育思想 · 199

一、培根　　206
二、斯宾塞　　224
三、赫胥黎　　238

第七章 | 古典主义教育思想 · 251

一、托马斯·阿诺德　　256
二、马修·阿诺德　　266
三、纽曼　　277
四、利文斯通　　285

第八章 | 浪漫主义教育思想 · 295

一、华兹华斯　　303
二、柯勒律治　　310
三、拜伦　　316
四、雪莱　　321

第九章 | 激进主义教育思想 · 331

一、约瑟夫·普里斯特利　　339
二、托马斯·潘恩　　345
三、威廉·洛维特　　353

第十章 | 女子教育思想·361

  一、玛丽·沃斯通克拉夫特 377
  二、埃密丽·戴维斯 385
  三、弗朗西斯·巴斯 392

第十一章 | 新教育思想·401

  一、麦克米伦 406
  二、怀特海 414
  三、艾萨克斯 425
  四、里德 428

第十二章 | 自由教育思想·435

  一、沛西·能 445
  二、罗素 451
  三、尼尔 459
  四、欧克肖特 466

第十三章 | 分析教育哲学·479

  一、奥康纳 483
  二、彼得斯 488
  三、赫斯特 495
  四、约翰·怀特 500

结　语·506
参考文献·514
人名索引·524
后记·531

前　言

在罗马人入侵之前,英国经历了漫长的没有文字记载的历史。"至于有文字记载的历史,则开始于跟罗马人遭遇的那个社会,这个社会的文化后来被称为克尔特(或凯尔特)文化,跟这种文化相联系的有具有特色的方形犁耕地及其他种种东西。"①学者们推断,盖尔语(Gaelic)②和威尔士语源自于曾经在英格兰、苏格兰、威尔士和爱尔兰定居的古凯尔特人语言;直至今天,英国的许多河流和地方如泰晤士河、利兹等,其名称都源自于凯尔特语(Celtic)。怀特海(Alfred North Whitehead)指出:"就欧洲文明而言,打开历史之门的钥匙,就是理解罗马精神和罗马帝国的活动。"③英国文明史同样如此。

公元前55年和公元前54年,罗马帝国的奠基者恺撒两度远征不列颠均无功而返。但恺撒不仅是一位杰出的军事统帅,也是一位政治家和最重要的作家,他渴望为其所作所为留下记录。从此以后,历史学家研究英格兰有了文字依据。公元43年,刚刚登基的罗马皇帝克劳迪(Clauditus)再度入侵不列颠,并最终征服了不列颠全境。公元2世纪,基督教传入不列颠。通过罗马帝国,英格兰第一次被纳入基督教世界,这对于以后的英国社会、政治、文化和教育等具有重要意义。在罗马人占领期间(公元43—410),征服者鼓励当地富人为自己的孩子提供罗马式教育。公元78年,阿格里柯拉(Agricola)出任不列颠总督,他提倡教育和推行拉丁文,并首次在不列颠建立学校。因此,英国有组织的教育及教育思想的萌芽可以追溯到罗马统治时期。

公元410年,罗马帝国的衰落最终导致了罗马人在不列颠的统治结束。盎格鲁—撒克逊人入侵不列颠的历史,前后持续了150多年。他们最初是作为海盗,然后作为雇佣兵,最后作为殖民者相继进入不列颠。早在公元287年,北欧海盗就开始骚扰不列颠沿海。公元449至450年,北欧一些原始部落大规模入侵,包括皮克特人、苏格兰人、盎格鲁人、撒克逊

---

① [英]阿萨·勃里格斯著,陈叔平,刘城等译:《英国社会史》,中国人民大学出版社1989年版,第29页。
② 盖尔语主要用于苏格兰和爱尔兰等凯尔特文化区,公元3世纪前后首先出现于苏格兰,发音类似于德语。
③ [英]怀特海著,庄莲平,王立中译注:《教育的目的》,文汇出版社2012年版,第87页。

人、朱特人等，他们被泛称为"盎格鲁—撒克逊人"或"盎格鲁人"、"撒克逊人"。到公元650年，他们在英格兰已建立了许多蛮族王国，其中重要的有7个王国：北部的诺森伯里亚，中部的麦西亚，东部沿海的东盎格利亚、肯特、埃塞克斯，南部的威塞克斯和苏塞克斯。从此时起，不列颠进入"七国时期"。英国教育活动的出现，源于撒克逊人入侵后基督教的传入。征服英格兰并对其进行殖民统治的都是异教徒，基督教借助它的说教、圣礼和社会组织，逐渐改变异教徒的信念和行为，成为英格兰人生活中无所不在的影响因素。"可以说，从一开始，有组织的教育就是教会的职责，这在很大程度上，决定了漫长的英国教育历史发展进程中宗教与教育的关系。"①

公元597年，罗马教皇格列高利（Gregory）派密友奥古斯丁（Augustinus，? —605/606）带领40名罗马教士，到肯特王国的首府坎特伯雷传教，受到王室的热情接待。公元598年，肯特国王埃塞伯特（Ethelbert of Kent）皈依基督教，并建立了坎特伯雷大教堂，标志着西欧新纪元的真正开始。公元601年，奥古斯丁成为坎特伯雷第一任大主教。埃塞伯特还利用其霸主地位并通过婚姻关系，劝说其他国王皈依基督教。随后其他国王纷纷效仿，教堂和修道院也陆续建立起来。"无论国王的政治权力如何微弱，他仍是社会结构中的关键，并且他皈依基督教是他的人民皈依的标志和保证。这样，尽管王权由于逐渐消失在基督教世界这一更为广阔的统一体中而失去了它古老神圣的特权……但是它却通过与教会的密切联系而获得了新的声望，并从教会中逐渐获得了新的神圣性。"②自奥古斯丁时代起，王室家族一直是传教活动的首要对象，而且王宫是整个英格兰得以皈依基督教的中心。国王的皈依鼓舞了亲兵和百姓对基督教的接纳，到公元8世纪初盎格鲁—撒克逊各王国都承认基督教。

基督教的传入必然产生一场社会和宗教革命。奥古斯丁认为宗教与教育是不可分割的，它们都属于教会的职责。他要求教会提供两种教育：一是"文法"教育（即普通知识教育），对象为所有的男孩；二是"歌咏"教育（即职业教育），旨在为教会培养唱诗班歌手和举行宗教仪式时的助手。奥古斯丁在坎特伯雷建立了一所学校，以训练当地皈依基督教的人成为教士。公元669年，西奥多（Theodore，约602—690）担任坎特伯雷大主教时，坎特伯雷学校作为英格兰第一所基督教学校，以拉丁语、希腊语、罗马法、音乐、诗歌、天文学、算术等

---

① 徐辉，郑继伟编著：《英国教育史》，吉林人民出版社1993年版，第5页。
② ［英］克里斯托弗·道森著，长川某译：《宗教与西方文化的兴起》，四川人民出版社1989年版，第75页。

教育而闻名整个英格兰。随着基督教在英国的日益传播,其他大教堂、修道院和教会组织也纷纷建立起类似的"学校"。起初,这些学校既无校舍,也无自己的教职员,只不过是主教在教堂内对各种年龄的学生进行教育。但"文法"教育和"歌咏"教育后来逐渐发展为独立的文法学校或歌咏学校,并且拥有自己的校舍和人员。文法学校的任务是进行拉丁文教学,由于拉丁语是当时整个基督教世界和政府的通用语言,因此文法学校从一开始就比歌咏学校享有更高的地位。中世纪后期,歌咏学校逐渐消失或被并入读写学校,而文法学校却一直保留至今。

最初,英国的基督教传教士主要在修道院中进行教育活动,他们的使命是用基督教理想改变现行的道德状况,将原始部落提升到一个文明状态。当时的教令规定,修道院院长应当关心经文的阅读,因此培养男孩掌握拉丁文成为修道院的一种重要职责。英国第一位卓越的历史学家比德(Bede,672/673—735)诞生于公元672或673年,正值英国历史上的"七国时期"。比德7岁时进入本地的韦穆修道院,后转入相距不远的贾罗修道院。他自幼受到良好的修道院教育,并在修道院终其一生。他精通拉丁文和希腊文,广泛涉猎柏拉图(Plato)、亚里士多德(Aristotle)、西塞罗(Cicero)、维吉尔(Virgil)等人的作品,深入研究了《圣经》和教父著作。比德一生笔耕不辍,著述多达数十种,大部分是对《圣经》的注释,另有不少历史、天文、音乐、哲学、文法、修辞、算术和医药方面的作品。

比德最重要的著作是写于公元731年的《英吉利教会史》,该书以罗马天主教会在不列颠的传教为主线,记述了自公元597年奥古斯丁受命到不列颠传教,直到基督教在各王国相继取得合法地位的731年为止。比德在该书中描述了早期英格兰的教育状况:"……如前所述,因为二人(狄奥多尔、哈德良)都博学多识,既通晓宗教著作,又通晓非宗教著作,因此,救赎的知识犹如源源不断的河流,每天从他们那里流出,浇灌着他们所召集的一群学生的心田,以致他们传授给听众的知识甚至有关于韵律的学术、关于天文学和教会算术以及多卷圣书。……自从英格兰人进入不列颠以来,还从来不曾有过比这时更幸福的时刻。"①《英吉利教会史》为后人研究盎格鲁—撒克逊前期的历史提供了珍贵资料,并且确立了比德"英国历史之父"的崇高地位。英国著名历史学家格林(John Richard Green)指出:"作为英国学者的第一位、英国神学家的第一位和英国历史学家的第一位,正是在这位贾罗修士的

---

① [美]E. P. 克伯雷选编,任钟印译:《西方教育经典文献》(上卷),人民教育出版社2016年版,第104页。

身上,英国的学问赖以植根。"①此外,比德还主持过修道院附属的一所学校,为修道院的600名修士授课。后来比德的门徒跨过英吉利海峡,把英国教会的办学经验传入欧洲大陆,在查理曼大帝宫廷中创办了学校。

阿尔琴(Alcuin,735—804)被认为是中世纪早期英国最重要的教育家和神学家,他小时候受教于约克主教学校,后来又接管了这所学校。阿尔琴的工作十分出色,使他声名鹊起,其影响甚至波及欧洲的教育。阿尔琴对约克主教学校校长埃瑟尔伯特(Aethelbert)的教学进行了描述:"在那里,他用教导的溪流和各种学识的甘露滋润着干渴的心田,教给他们文法学的学科,给他们倾注雄辩术的溪流。……这位教师教另一些人知道天国的和谐,日月的辛劳,天空的五个区域,七大行星,固定的星星的运行规律,它们的升起和降落,空气的运动,海洋和地球的震动,人、牲畜、鸟和野兽的本性,各类数字和各种形状。他确定复活节的庄重仪式将重新恢复。他揭开《圣经》的神秘性,揭示古代原始法律的奥义。"②阿尔琴也是一位多产作家,其作品包括书信、诗歌、训诂、教义、传记等,涉及教育的有《论文法》、《论修辞学》、《论辩证法》等,均以当时的对话形式撰写。

公元782年,受查理曼大帝(Charlemagne,742—814)的邀请,阿尔琴离开约克主教学校,成为法兰克王国宫廷学校的主管人,从此步入其人生最为辉煌并且对后世文化产生深远影响的时期。在这所学校任职的十四年中,阿尔琴除了指导皇亲贵戚外,还协助查理曼大帝颁布振兴文化教育的敕令。公元796年,查理曼大帝任命阿尔琴担任图尔(Tours)的圣马丁修道院院长,让他负责监督抄书工作,并致力于把这所修道院办成学术中心。阿尔琴的教育思想体现在他担任修道院院长后《致查理曼的信》中,他说:"对于一些生活在圣马丁修道院屋顶下的人,我努力给他们分发《圣经》的蜜汁;对另一些人,我热心地给他们畅饮古代学识的醇酒;对另一些人,我给他们供给文法精华的苹果;还有一些人,我渴望以天文学的知识为他们润色,犹如以彩绘的屋顶装饰一座雄伟的房屋一样。我将一切事情教给一切人,使我能教训很多人为神的神圣教堂增益,为陛下对帝国的治理增辉,使全能的神对我的恩惠不是徒劳的,陛下的慷慨大度的赠与不是无益的……"③由此可知,阿尔琴的教育观

---

① [英]比德著,陈维振,周清民译:《英吉利教会史》,商务印书馆1996年版,中译本序言,第8页。
② [美]E. P. 克伯雷选编,任钟印译:《西方教育经典文献》(上卷),人民教育出版社2016年版,第105页。
③ [美]E. P. 克伯雷选编,任钟印译:《西方教育经典文献》(上卷),人民教育出版社2016年版,第114页。

兼有宗教和世俗两重性,这种教育观也体现在他协助查理曼大帝颁布的各种教育法规之中。

公元787年和789年,查理曼大帝发布了两次致各修道院院长的教育通告,指责他们不学无术,规劝他们学习识字。公元787年的通告指出:"所以,我告诫你们,不要忽视文字的学习,应以更谦卑的取悦神的心认真地学习,使你们能更顺利、更正确地洞悉《圣经》的奥义。……我要求你们成为一个教会的战士应当成为的样子:思想虔诚、谈吐文雅、举止高雅、言语雄辩有力,使凡敬畏神或仰慕你们的德行而来求见的人们,不但因你们的仪容受到教益,更从你们的读经和唱圣歌中由于你们的智慧受到教育。"①公元789年的通告进一步提出:"要设立学校,让男孩在学校里学习读书,要在每一所修道院和每一个主教区细心地校改诗篇、书写符号、圣歌、历法、文法和广泛的书籍,因为有些人常常想正确地向神祷告,但由于讹误的书册,他们的祷告很拙劣。"②查理曼大帝是所有赞助教育的国王中最突出的一位,他比任何前辈更清楚地认识到教育对国家福利的重要性。"查理大帝具有识别文化复兴的各种可能性的洞察力和实现它们的能力。他不仅在其宫廷里聚集了从意大利、西班牙到英格兰和爱尔兰等西欧各地的他那个时代最博学的人物,而且他推行了一整套系统的教牧人员教育改革计划。正如查理大帝的立法和书信集中所表现出来的那样,几乎没有统治者能像他那样对教育的重要性有更为清楚的认识和给予知识的传播以更大的关注了。"③查理曼大帝推行的教育改革对9世纪英国教育影响巨大,尤其是对阿尔弗雷德(Alfred,848—900)的影响更大。

阿尔弗雷德被视为英国第一个认识到教育的社会价值的国王,他认为教育目的不只是培养更多的牧师或神职人员,而是为了使其国民能更好地为国家尽职。公元871年阿尔弗雷德继位时,面临着与查理曼大帝同样的问题。由于丹麦人的多次入侵和劫掠,英格兰的修道院制度和学术逐渐衰落。当时没有哪一块基督教的土地,比英格兰遭受的灾难更为严酷;也没有哪个古老的修道院文化中心,遭受过如此彻底的摧毁。阿尔弗雷德对当时的情

---

① [美]E. P. 克伯雷选编,任钟印译:《西方教育经典文献》(上卷),人民教育出版社2016年版,第112—113页。
② [美]E. P. 克伯雷选编,任钟印译:《西方教育经典文献》(上卷),人民教育出版社2016年版,第113页。
③ [英]克里斯托弗·道森著,长川某译:《宗教与西方文化的兴起》,四川人民出版社1989年版,第64页。

况进行了描绘:"英格兰学术的衰落是如此普遍,在洪伯河这边很少有人能懂得用英语做礼拜,或者将一封信从拉丁文译成英文。我相信,在洪伯河那边,这样的人也不多。事实上,这种人是如此稀少,在我登基时,我不记得在泰晤士河以南有这样一个人。"①在英格兰学术复兴过程中,阿尔弗雷德仿效查理曼大帝的做法,从国外延聘学者,建立宫廷学校,奖掖学术,鼓励翻译。他说:"在我看来,把那些最需要让所有的人了解的书籍,译成我们大家都懂得的语言,是件很好的事情。如果我们有了和平,我们就很有可能实现这一点:英格兰自由人中的所有青年以及那些有机会为之献身的人们,都应该致力于学习和研究以获得知识,直到他们都懂得了如何阅读英语著作为止,这是他们所能致力于的唯一事情。同时,让那些愿意学习拉丁文、愿意提高到一个更高水平的人们进一步学习拉丁文。"②正是基于这一目的,在一些大主教和修道僧的帮助下,阿尔弗雷德组织力量把一批神学、哲学和史学著作从拉丁文翻译成英文,如教皇格列高利的《牧师手册》、比德的《英吉利教会史》等。

阿尔弗雷德在位期间组织编撰的《盎格鲁—撒克逊编年史》,既加强了英格兰的民族意识,也为英格兰的统一奠定了心理和文化基础。他还颁布了英国历史上第一部法典《阿尔弗雷德法典》,该法典后经历代国王的不断修正和完善,成为英国宪法的基础,在此意义上阿尔弗雷德开创了英国司法制度的先河。阿尔弗雷德的功绩是毋庸置疑的,这些功绩大多具有社会意义。他不仅挽救了英格兰,甚至挽救了整个西方基督教文化;他在文化荒漠中复兴与重建盎格鲁—撒克逊文化,使他赢得了学者和文化保护人的声誉。"他真正的成就,在于他通过教训和榜样,在英国学术范围开创了一种新生活,因而他为两百年后,以英国大学的兴起为标志而出现的教育复兴铺设了道路。"③

阿尔弗雷德的后继者中最伟大的人物是埃德加(Edgar)国王,公元973年他由坎特伯雷大主教邓斯坦(Dunstan,924—988)加冕为全英格兰之王。埃德加发誓要复兴英格兰学术,并且聘请邓斯坦着手进行宗教改革,使英格兰的教育、文学和艺术得到一定程度的复兴。邓斯坦是伟大的教会改革家,公元959年他出任坎特伯雷大主教后,受命恢复英格兰的修道院制度。在他的领导下,许多修道院被建造或恢复,并配备了笃信基督教的有识之

---

① [美]E. P. 克伯雷选编,任钟印译:《西方教育经典文献》(上卷),人民教育出版社2016年版,第117页。
② [英]克里斯托弗·道森著,长川某译:《宗教与西方文化的兴起》,四川人民出版社1989年版,第95页。
③ [英]博伊德,金合著,任宝祥,吴元训主译:《西方教育史》,人民教育出版社1986年版,第122页。

士,使修道院再次成为牧师们工作和学习的中心,英格兰的学术和教会教育重新兴起。据记载,到10世纪前半期,主教管辖区的男孩接受教会教育已成惯例;诺曼征服英国以前,每一所大教堂都有一名牧师充当教师,向学生传授相应的拉丁文和音乐知识。1066年诺曼征服英国后,为英国社会结构增添了新的特色,它改变了英国历史的发展道路,并在商业、宗教和文化教育方面把英格兰和欧洲大陆联系起来。在教育方面,诺曼人取代了英国人担任主教和修道院院长,这些人学识渊博并热心教会教育;他们还花费大量时间抄写书籍,英国历史发展大部分材料的保存和流传应归功于11、12世纪修道院的抄写员。"在中世纪早期,一些大的宗教社区成为学术的中心,它们为年轻的入职者提供有组织的拉丁语和歌咏教学,这是为教会服务所必需。……后来,当城市社区把同一职业的人聚集在一起时,相应的专业知识开始形成并控制了教育发展的新模式。"①

总之,基督教的传播和异教徒皈依推动了不列颠教育的发展。自奥古斯丁时代至宗教改革的一千年时间内,罗马基督教会几乎控制着英国除学徒制和贵族教育以外一切有组织的教育,而且似乎是提供有固定组织的教育的唯一机构。教师大多由牧师担任并须经主教的许可,学校校长由主教任命,学校或多或少依附于教会或教堂。"在这个新的环境中,修道院制度不可避免地趋向于承担起与这个组织的最初精神毫无关系的文化领导者的职责。修道僧必须不但在基督教教义方面,而且还要在作为神圣的经典语言和仪式语言的拉丁文方面,指导他们的信徒。他们不得不教授读和写,以及那些为教会事务和仪式所必需的艺术和科学,如书法、绘画、音乐,尤其是年代学和历法知识。因为对于中世纪早期的宗教仪式文化来说,这些知识有着与它们在古代宗教仪式文化中所曾获得的同样重要的地位。"②因此,在英格兰和爱尔兰,一种新型的基督教文化通过修道院传教士及其教育活动而被植入到未开化的土地上。它一直统治着人们的宗教生活,直到亨利八世(Henry Ⅷ)的改革。

由上可知,自奥古斯丁时代至中世纪,宗教神学在英国文化教育中占有绝对统治地位,基督教不仅改造了蛮族,而且在某种程度上也塑造了英国。正如法国著名历史学家基佐(P. G. Guizot)指出:"你们看到,基督教教会靠着它自己的组织,也靠着它对基督教人民的影响力和它对世俗事务的积极参与,取得了多么大的势力。因此,从这个时代起,教会有力

---

① Joan Simon, Education and Society in Tudor England, Cambridge University Press, 1967, p. 7 - 8.
② [英]克里斯托弗·道森著,长川某译:《宗教与西方文化的兴起》,四川人民出版社1989年版,第49页。

地帮助了近代文明形成它的特色并促进了文明的发展。"①从教育思想的演变来看,这种神性教育并不是某一个人或几个人的思想,而是基督教统治之下文化教育发展的基本指导思想;它绝非少数几个人的劳动成果,而是一个时代的产物,是当时社会本质特性的反映。因此,这一时期英国教育思想以神性教育为主,而且只是一些教育思想的片段,直到文艺复兴时期系统的教育思想才逐渐形成。"思想史研究如果从哲学史的内在角度看可以追溯到古希腊时期亚里士多德对早先哲学家思想的评论和分析。……而从一种包括更为广泛的知识与观念的外在角度出发,其起源则可追溯到文艺复兴时期对含纳自然史、智慧史、文学史、常识史等所有艺术和科学在内的百科全书式的人文主义认识方式。"②英国教育思想正是从文艺复兴时期兴起的,因此本书的着墨点也是从人文主义教育思想开始。人性是人文主义教育思想的核心,从标榜神性到强调人性,逐步实现了教育思想史上的根本性转变。因而人文主义教育思想是英国教育思想史上一个重要的里程碑,具有极其重要的地位和作用。

  本书结构大体上是采用历时性研究方式,按照时间顺序阐释英国历史上著名哲学家、政治家、经济学家、文学家、科学家、思想家及教育家的教育思想,但偶尔也会根据讨论主题的需要超越时间的框架。本书试图结合已有教育思想史著作采用的三种编纂方式,即以教育家个体为主排列的方式(俗称"人头史")、以时间为主线梳理不同时期出现的主要教育思想和思潮、以流派或思潮为主线叙述教育思想史,克服单一编撰方式的弊端,以整体的、相互联系的历史观,勾勒英国教育思想变迁的历史图景。同时以辩证唯物主义和历史唯物主义为指导,对各历史时期英国主要教育思想进行恰如其分的剖析。具体而言,本书将人物、流派和时间相结合,在写作过程中以时间为经度,主要流派和人物为纬度,通过重点解读经典文献来诠释他们的教育思想,力求既反映特定历史时期英国教育思想的特殊性,又洞察不同语境下英国教育思想之间的博弈及历史延续性。从教育家的著作中探寻其教育思想的精义,不失为一种重要的研究方法。"教育思想史的研究就是通过解读经典的教育文本,从中发现微言大义,加以归纳概括、阐释发挥,并以当代人容易接受与理解的方式或结构进行建构。"③

---

① [法]基佐著,程洪逵,沅芷译:《欧洲文明史》,商务印书馆2005年版,第39页。
② 王晨:《从思想本身到思想建构方式——思想史研究范式演进与教育思想史研究》,《中国人民大学教育学刊》2015年第1期,第148页。
③ 张斌贤:《西方教育思想史研究的视角与视野》,《北京大学教育评论》2015年第4期,第9页。

鉴于有些重要人物既是教育家,也是哲学家、政治家、科学家、思想家或文学家等,因而他们的教育思想也包含在哲学、政治学、伦理学、经济学、文学等经典文献中。为此,有的学者提出了一种教育思想史的系统性研究方式,这种方式不仅将教育思想史看做教育的范畴,而且将其与哲学、文学、科学、神学、政治、经济、伦理、社会文化或人类历史上核心观念的演变相结合,以一种整体的视野观照,并探寻一种基本的关联方式或一些核心问题,以此打通各学科之间的界限,扩大理解教育思想史的基础和增强说服力。但这种系统性研究方式也有它的限度,"教育思想史与哲学、文学、科学、宗教神学等特定意义领域,与社会文化,与实践的联系并不是无限度的,这种限度一方面取决于对教育的意义领域的划定,另一方面取决于对相互关系的判断和求证"。①

需要指出的是,本书把英国教育思想史按照不同标准划分为各种"主义",这种归类只是为了更好地理解前人的思想,以便充分反映某一时期同类教育家思想的基本特征。但由于不同历史时期教育思想本身的复杂性,任何归类都有可能造成重要的遗漏,或者存在不同程度的以偏概全,或者导致所谓的"标签化"。就教育家个体而言,虽然其思想通常表现出一定的倾向性或具有某些明显的特征,可以将其归纳到某一思想流派,但是仍会出现"百密一疏"的情形,尤其是对于那些著名教育家而言,由于其思想的丰富性,难以被精确地归类。例如,洛克既是绅士教育的集大成者,也是自由主义思想家;边沁和约翰·密尔既是功利主义和自由主义者,也是哲学激进主义者。类似的人物还有不少。严格地说,用这种"标签化"的方式研究教育思想史有一定的局限性,这也是作者写作本书时一直感到困惑的问题。毋庸置疑,教育思想史研究不仅需要我们拓展学术视野,而且需要更新研究范式。

---

① 王晨:《教育思想史系统性研究方式及其限度》,《教育研究》2012年第3期,第127页。

第一章

人文主义教育思想

第一章
人文主义教育思想

人文主义教育思想产生和兴起于欧洲文艺复兴时期,文艺复兴是欧洲历史上一次重大的新文化运动,恩格斯称它为人类从来没有经历过的最伟大的变革。意大利佛罗伦萨是文艺复兴的主要发祥地,"文艺复兴期文学里面几乎所有的伟大名字,及文艺复兴期艺术中前期的,以至某些后期的大师的名字,都和佛罗伦萨连在一起……"①瑞士著名学者布克哈特(Jacob Burckhardt)认为,佛罗伦萨是"名副其实的第一个近代国家",它之所以能产生如此多的诗人、艺术家和思想家,是因为它乃社会变动最多的地方,在那里文学家和艺术家能享受充分的自由。在他看来,意大利文艺复兴的重要成就是对"人性"的"发现",这也是近代欧洲思想的特点之一。"文艺复兴于发现外部世界之外,由于它首先认识和揭示了丰满的完整的人性而取得了一项尤为伟大的成就。"②同样,英国学者博伊德(William Boyd)等人指出:"'文艺复兴'的实质不是古代思想方式和习俗风尚的'再生',而是对束缚人的狭隘的中世纪精神进行坚决的反抗,是对更丰富、更充实的个人生活的一种尽管模糊,但仍很迫切的要求。"③在文艺复兴运动中,人的意识的普遍觉醒开启了一个崭新的时代,在黑暗中沉睡了几个世纪的文学和艺术重新焕发了新的生机。

14世纪始于意大利的文艺复兴打开了古代经典著作,使人们看到了伯里克利(Pericles)时期的希腊和罗马共和时代的繁荣兴旺。文艺复兴对欧洲近代思想产生了深刻影响,"虽然这一思想运动起初只是文学的和学术的,但它通过其代表人物的成就和言论所赢得的时尚权威地位,在意大利和其他地方,最终影响到文艺复兴文明的所有其他领域:艺术和音乐、科学和神学,甚至法律和政治的理论与实践"。④ 罗素(Bertrand Russell)指出:"文艺复兴通过复活希腊时代的知识,创造出一种精神气质:在这种气氛里再度有可能媲美希腊人的成就,而且个人天才也能够在自从亚历山大时代以来就绝迹了的自由状况下蓬勃生长。"⑤彼得·伯克(Peter Burke)曾经进行了一个粗略的统计,在1420至1540年间意大利出现了600多位富有创造力的精英人物,其中包括人文主义者、文学家、画家、建筑师、音

---

① [英]罗素著,马元德译:《西方哲学史》(下卷),商务印书馆1997年版,第9—10页。
② [瑞士]雅各布·布克哈特著,何新译:《意大利文艺复兴时期的文化》,商务印书馆2002年版,第302页。
③ [英]博伊德,金合著,任宝祥,吴元训主译:《西方教育史》,人民教育出版社1986年版,第158页。
④ [美]保罗·奥斯卡·克里斯特勒著,邵宏译:《文艺复兴时期的思想与艺术》,东方出版社2008年版,第4页。
⑤ [英]罗素著,马元德译:《西方哲学史》(下卷),商务印书馆1997年版,第17页。

乐家和科学家等。① 学术复兴在很大程度上也是教育的复兴,一批意大利早期人文主义学者如但丁(Dante Alighieri)、彼特拉克(Francesco Petrarca)、薄伽丘(Giovanni Boccaccio)等,在他们的文学作品中都凸显了人文主义教育情结。与此同时,一些教育家如弗吉里奥(Pietro Paolo Vergerio)、维多里诺(Vittrino da Feltre)、格里诺(Guarino da Verona)的理论与实践活动,进一步推动了意大利人文主义教育的发展。

英国文艺复兴运动是受意大利的影响而产生,其人文主义教育也随之逐渐发展起来。14和15世纪,英国学者们纷纷来到意大利人文主义中心学习,他们把对古典学术的热情带到了英国。"人文主义的到来为英国教育体系和思想增加了发酵剂。第一个遵循人文主义原则的英国教师是1481至1488年担任牛津大学麦格达伦学院院长的约翰·安维克尔(John Anwykyll)。从这里开始,人文主义逐渐向所有英国学校传播,到1520年代已传播到英国全境。同时,人文主义自身也有所变化,文法教学及其教材经过修订后摒弃了中世纪的用法,而更加符合古典拉丁语的实际。学校阅读的著作家名单也发生了改变,在过去的两个世纪伟大的古典作家取代了大多数基督教诗歌的地位。"②

"但是,一开始就很明显,学术复兴在英国所采取的格调与在意大利所采取的格调是不同的。英国的格调较少文学性,较少人道的精神而具有更多的道德性、更多的宗教性,在社会和政治方面更具有实际意义。"③随着越来越多的英国人到意大利学习或度假,这种人员和思想的交流日渐增多。"他们从意大利带回来流行于当地的对知识的热爱,带回来大量的古典语言知识和原稿,以及在这方面改造英国学术界的决心。"④例如,亨利四世(Henry IV)的儿子汉弗莱(Humphrey)公爵是牛津大学的毕业生,他学习拉丁文和阅读拉丁文学作品,深入研究了但丁、彼特拉克等人的著作,收集了大量的经典手稿,并把它们献给了牛津大学图书馆。汉弗莱公爵的做法为其他英国贵族所仿效,他们搜集人文主义的书籍,并将学识渊博的人文主义者吸引到周围为其服务。"通往文艺复兴的意大利的文化世界的这个

---

① [英]阿伦·布洛克著,董乐山译:《西方人文主义传统》,群言出版社2012年版,第17页。
② Nicholas Orme, Education and Society in Medieval and Renaissance England, The Hambledon Press, London, 1989, p.16.
③ [美]E.P.克伯雷选编,华中师范大学、西南师范大学等教育系译:《外国教育史料》,华中师范大学出版社1991年版,第218页。
④ [美]S.E.佛罗斯特著,吴元训等译:《西方教育的历史和哲学基础》,华夏出版社1987年版,第204页。

第一座桥梁一旦搭起之后，人文主义在英国很快就变成能够跨出大学门墙蓬勃发展的一个运动。……到了16世纪20年代以后，在亨利八世统治的后半期，文艺复兴在历史和政治、社会问题和人类行为方面的思想源源不断地输入英国。"①

威廉·格雷(William Grey)是英国最杰出的希腊语学者，他曾在佛罗伦萨、帕多瓦和费拉拉学习，他藏有200多册原稿的图书馆后来成了牛津大学贝利奥尔学院的财产。林纳克(Thomas Linacre)曾在意大利生活了十二年之久，受教于佛罗伦萨的波利希安(Angelus Politian)及卡尔孔狄利斯(Demetrius Chalcondyles)，并为威尼斯的马纽夏斯(Aldus Manutius)编撰过希腊作品，他回国后获得亨利七世(Henry Ⅶ)的召见，被聘为威尔士王子亚瑟(Arthur)的老师。林纳克精通希腊文和拉丁文，翻译了盖伦(Claudius Galen)的医学作品，提倡科学医术，创立了皇家医学院，并将自己的财产捐给牛津与剑桥的医学讲座。在牛津大学，他和格罗辛(William Grocyn)、拉蒂默(William Latimer)等人发起了一场针对古典语文的牛津学派运动，他们的讲授启发了科利特(John Colet)及托马斯·莫尔(Thomas More)，并吸引了伊拉斯谟(Desiderius Erasmus)。伊拉斯谟说："由于他的提倡，新知学问就这样在英国奠定基础，而英国人也不再需要前往意大利深造了。"②格罗辛也曾在佛罗伦萨、罗马和帕多瓦度过四年时间，在当时意大利著名学者的指导下学习拉丁文和希腊文，1492年回到英国后他成为第一个在牛津大学举办希腊文讲座的人。他每天用希腊文讲演反对保守主义，保守派对他的演讲感到恐慌，担心会推翻杰罗姆(Saint Jerome)所译拉丁语《圣经》的权威性。但他对于正统教义绝对忠诚，其道德生活也非常严谨。格罗辛还用人文主义方法研究宗教问题，对同时代的科利特、林纳克和莫尔都产生了深刻影响，甚至伊拉斯谟也对他在学术上的造诣肃然起敬。

英国文艺复兴运动的高潮出现在16世纪左右，其中亨利八世和爱德华六世(Edward Ⅵ)在位期间热心支持人文主义者，宫廷内外新文化氛围比较宽松，王权和贵族都以不同方式庇护复兴古典文化的人文主义运动。印刷术传入英国后，亨利八世允许在英国发行英文版《圣经》，因此英国人文主义运动从复兴古希腊文化和推广《圣经》开始。此外，亨利八世对荷兰学者伊拉斯谟的重用使得英语迅速在国内普及，并逐步确立了其民族语言的地位。

---

① [英]G. R. 波特编，中国社会科学院世界历史研究所组译：《新编剑桥世界近代史：文艺复兴》(第1卷)，中国社会科学出版社1999年版，第75页。
② [美]威尔·杜兰著，幼狮文化公司译：《世界文明史：宗教改革》(第6卷)，东方出版社1999年版，第166页。

"在 16 世纪早期,与意大利文艺复兴相关的新学问似乎对英国教育方式产生了重要影响,来自意大利的人文主义研究横过海峡被引入英国,它们主要与政治家的理想有关,并且在亨利八世统治时期有了一个很好的开端。"①该时期英国的教育改革也具有人文主义性质,在众多人文主义学者中,对学校教育产生深远影响的有 15、16 世纪的林纳克、格罗辛、科利特、李利(William Lily)、诺克斯(John Knox)、阿卡姆(Roger Ascham)、马尔卡斯特(Richard Mulcaster),以及 17 世纪的弥尔顿(John Milton)等。他们每个人都按照自己的方式把人文主义精神引入学校教育,他们的教育观洋溢着鲜明的时代色彩,形成了英国独具特色的人文主义教育思想。限于篇幅,本章只选择科利特、诺克斯、阿卡姆和弥尔顿四位人文主义教育家进行阐述。

一、科利特

科利特(约 1465—1519)是牛津大学的毕业生,也是一位热心的基督教人文主义者。基督教人文主义尝试将人文主义的治学方法应用于《圣经》研究,目的在于摒弃基督教中的神秘因素以恢复其本来面目。科利特是英国人文主义者中最早运用新方法研究《圣经》的人,他力图从《圣经》成书的具体历史环境入手考察其原始含义,从而赋予《圣经》以新的解释。

(一) 基督教人文主义

科利特曾在意大利佛罗伦萨留学过两年,吸收了人文主义者费奇诺(Marsilio Ficino)和皮科(Pico della Mirandola)的学说。像林纳克和格罗辛一样,科利特去意大利的目的是希望在文艺复兴的发源地直接了解这种"新学问"。1496 年回到英国后他在牛津大学讲授希腊文的《新约全书》,并把人文主义学问应用于神学研究。期间他发表了有关《圣保罗使徒书》的公开演说,他沿着费奇诺曾经遵循的路线,以异教徒和早期基督教为历史背景解释圣保罗的教导及传教工作,开辟了人文主义的新天地。"正如费奇诺的情况一样,科利特对于

---

① Sheldon Rothblatt, Tradition and Change in English Liberal Education: An Essay in History and Culture, Faber and Faber, London, 1976, p.42.

洞察心灵深处具有一双新的慧眼,他从深深热爱作为圣经教师的保罗的人格而产生一种理解能力。"①他认为,信仰上帝的仁慈和公正精神比任何文字和仪式更能说明问题,中世纪经院主义学者们建立的信仰体系不过是"学者的腐败",他们的大多数神学疑难问题显然荒诞不经,对《圣经》的解释也是牵强附会。除了《圣经》经文合乎历史和文法意义外,科利特全部予以驳斥,这表明他与经院主义方法彻底决裂。他用拉丁文《圣经》的评论代替古典式讨论,学生们对于他的新法讲授以及强调"善良的人性即最佳的神学"观感到新鲜而振奋。"他的讲授方法,……被认为是当时最新的方法,同时也证明了他是一位别具匠心和善于独立思考的思想家。"②1499年伊拉斯谟首次访问英国时在牛津遇到科利特,形容他是一位永受声色之诱的圣人,但能终生保持其圣洁的心田。"正是这次与科利特的相遇,……使得伊拉斯谟成为新学问的主要倡导者。从此以后,他开始发表文章公开批评教会,尤其是他熟悉内幕的修道院制度,以及他曾经所赞赏的学术知识……"③

科利特在基督教创立者的言行中找到了一种简单、合理的基督教,这种基督教的最恰当表现就是《使徒信经》。至于其他方面,他说:"神学家们愿意争论就让他们去争论吧!"有一次科利特去坎特伯雷的圣托马斯神殿,当珍珠的光芒、精美的雕刻和光彩夺目的金属品出现在眼前时,他以一种尖刻和讥讽的语气指出,一个生前对穷人如此慷慨的圣徒,死后不一定会愿意把自己的财富分给穷人。因此他坚决主张弃绝教徒所崇拜的殉道者的破布以及供教徒亲吻殉道者的锤子。科利特抛弃了当时传统的宗教教条,而从《新约全书》本身去发现一种合理的、实际的宗教,他的信仰完全建立在对基督教本身的清晰认识之上。"对道德生活的注重,对于早期基督教经书的大胆批判,对教义和信仰自由的简单形式的倾向,无论是同后来的宗教政策比较,还是和天主教本身的比较,科利特都强有力地击中了一种宗教思想模式的要害。"④科利特第一个运用"新学问"的批判方法发现《圣经》的真正意义,他发现了中世纪任何一个神学家所未能发现的东西,即《圣经》是个人的而不是教条的启示。

---

① [英]G. R. 波特编,中国社会科学院世界历史研究所组译:《新编剑桥世界近代史:文艺复兴》(第1卷),中国社会科学出版社1999年版,第74页。
② [英]托马斯·马丁·林赛著,孔祥民译:《宗教改革史》(上册),商务印书馆1992年版,第144—145页。
③ Joan Simon, Education and Society in Tudor England, Cambridge University Press, 1967, p. 68.
④ [美]E. P. 克伯雷选编,华中师范大学、西南师范大学等教育系译:《外国教育史料》,华中师范大学出版社1991年版,第218页。

他还抛弃了把《圣经》经文视为机械启示的中世纪观点，在他看来《圣经》中的所谓启示不过是故弄玄虚。

科利特认为，人们能成为基督教徒是源于真诚的精神力量，而不是由于某种教理的作用。他对经院主义哲学家阿奎那、奥古斯丁表示厌恶，却对早期基督教作家抱有好感，认为他们的著作更能体现基督教的本质意义。他批判经院主义哲学家曲解甚至戕害了基督教精神，并常常劝告攻读神学学位的学生钻研《圣经》而不是经院哲学，因为它背离了神学研究的正确方向。科利特还严厉斥责当时教会的各种弊端，如教士追名逐利，纵欲无度；教会法庭营私舞弊，为非作歹；教会财产肆意挥霍，买卖圣职蔚然成风等。他说："如果最高层的主教——我们所称的教皇……是一位守法的主教，他应舍弃一切私欲，心中只有上帝存在。如果他只为自己打算，那么他就是一个万恶之源……过去多年来，的确是如此，而现在这种毒素更流及于基督教会中的各份子，如果耶稣不尽快地伸手加以拯救，则我们这个混乱极点的教会就难免于灭亡……啊！像这类不虔诚的可恶而又可怜的教士，在这一时期占了大多数，他们刚由妓女怀中离开，就敢乱闯圣堂，跑到祭台前，领取圣餐！上帝的报应有一天终会降临到他们头上。"①科利特认为这些弊端都是教会法早已明文规定予以禁止的，克服它们的唯一途径是严肃纪律，将教会的各项法规付诸实施。

1512年科利特在英国僧侣们的集会上号召改革教会并清除恶习。他说："我希望你们立刻想起自己的称号和教职，立即考虑教会改革的问题！……教会的情况要求我们采取空前有力的行动！异教徒使我们感到不安，但是，无论哪一种异教都不能像僧侣们的荒淫无耻的生活那样使我们（同全体人民一样）感到如此的不安。这是一切异教中最坏的一种。"②科利特竭力主张推行现有的教会法律，他说现在竟然准许不学无术和道德败坏的人领取圣职，这种做法为法律所不容。买卖圣职的勾当正在蔓延滋长，"就像癌症进入了教士的头脑一样，致使大多数教士在那时利用向法庭起诉和控告、酬谢和许诺等手段为自己谋取高位而不以为耻"。③ 在他看来，教士存在的价值是效法基督，向教徒宣讲上帝的爱和仁慈，以便他们洗清罪恶获得拯救。这种要求恢复"真正"基督教精神的教会改革，被科利特的信徒们视为将来改造和革新社会的基础。同样，这种从宗教道德方面对社会政治问题的解释，是

---

① ［美］威尔·杜兰著，幼狮文化公司译：《世界文明史：宗教改革》（第6卷），东方出版社1999年版，第167—168页。
② ［苏］奥西诺夫斯基著，杨家荣、李兴汉译：《托马斯·莫尔传》，商务印书馆1984年版，第16页。
③ ［英］托马斯·马丁·林赛著，孔祥民译：《宗教改革史》（上册），商务印书馆1992年版，第146页。

科利特及其信徒们人文主义思想的主要特征。莫尔、伊拉斯谟等人都把宣传和传播基督福音的真正含义看做社会进步的必要条件。

1504年科利特离开了牛津大学,次年被任命为圣保罗修道院院长。他十分注重改进教堂的礼拜仪式和提高布道质量,认为这是影响道德发展的最有效手段。为了用基督精神教育社会,提高教堂布道质量乃是改革教会的重要因素。在那高高的讲坛上,科利特宣称教会应坚决地从行为不端和不学无术的僧侣中摆脱出来,因为他们在道德方面不仅给自己的教徒,而且也给整个基督教世界造成了不可弥补的损失;同时他反对主教职权的出售,也反对由一人承受大众利益的罪恶。科利特的基督教人文主义为英国宗教改革奠定了理论基础,并对伊拉斯谟基督教人文主义思想的形成产生了重要影响。"无论是在英国,还是在广大的条顿族世界,理性的基督教的觉醒开始于约翰·科利特对于意大利文化的研究,科利特的活力和热情,他的能力最好地证明了这一新的运动对英国宗教影响之大。"①

(二)《圣保罗学院章程》

强烈的基督教人文主义观,使科利特不仅摒弃经院主义学者而赞同早期基督教作家,而且他想利用自己在教会的权力和影响,成立一所专门培养有学问的基督教徒学校,以推行自己的人文主义教育计划。在那里,青年人在掌握拉丁文和希腊文的同时,不仅要研究基督教文献——《新约》和教父著作,而且还应研究古希腊罗马文学和哲学家的经典著作。在伊拉斯谟的鼓励和支持下,1510年科利特花费很多资金创办了圣保罗学院。它宣传教会改良和讲授《圣经》,复兴拉丁语法、古典语言和文学。它在招生对象上标榜"不论民族,不限人数",首批学生有153名。科利特要求教师生活简朴;学生行为端庄,不得斗鸡与高声喧哗;学生要钻研人文学科,加强古典文学的探讨等。结果使这所学校成为英国人文主义教育的样板和"新学问"的典范。有的学者指出:"科利特创办圣保罗学院,实际上是使文艺复兴的理想与基督教中世纪的理想做了成功的妥协。"②

"这是所有人文主义作家所倡导的那种公立学校:面向所有人开放,位于城市中,不是

---

① [美]E.P.克伯雷选编,华中师范大学、西南师范大学等教育系译:《外国教育史料》,华中师范大学出版社1991年版,第218页。
② [英]G.R.波特编,中国社会科学院世界历史研究所组译:《新编剑桥世界近代史:文艺复兴》(第1卷),中国社会科学出版社1999年版,第148页。

关闭在修道院的管辖区内,拥有自己的建筑,并且受到公共权力的控制。"① 为了使学校工作有章可循,1510 年科利特制定了第一个学校章程,1518 年制定了第二个学校章程,这一系列章程反映了科利特的人文主义教育思想。如 1518 年的章程旨在为学生创造合适的宗教气氛,防止在基础很差或漫不经心的儿童中进行无益的教学,保证讲授纯正的拉丁文和希腊文,而不讲授寺院里的拉丁文。该章程的一大特色是用英文而不是拉丁文写成,这说明科利特十分重视民族语言的教学,他还希望全部宗教仪式都用本族语进行,甚至让教徒用英语反复诵读《主祷文》。

在宗教方面,章程规定学校里要有一位神父每日在小教堂为弥撒奏乐,这位神父是由教会挑选十分诚实和德性纯正的人担任,在高级教师认可的情况下,他可以担任教学工作;他是一名专职牧师而没有其他职位和职业,但他可以为儿童讲解《教义问答》和用英文写成的《十诫》;他每年的薪俸是 8 里弗尔银币,另有 21 先令 7 便士的礼服费。儿童祷告是让他们为了上帝和耶稣基督的荣耀而严于律己并勤奋学习。"在做弥撒时,当献祭的钟声敲响的时候,学校所有的儿童便跪在他们的座处,在献祭时举起手做祷告。献祭完了以后,钟声再响时儿童们便重新坐下,开始他们的学习。"② 关于儿童入学问题,章程提出了以下要求:(1)如果儿童能熟练地读写拉丁文和英文,能读写他自己的功课,他才能允许入学;(2)经过一个时期以后,如果证明儿童学习困难,他就必须离开学校而不能徒劳无益地占据一个名额;(3)如果证明儿童有能力学习,就允许他继续留下来,直到他获得足够的学识;(4)如果儿童旷课 6 天又没有正当理由,那就要将他除名,并且缴纳 4 便士的罚金;(5)如果儿童说明正当理由后继续旷课到下学期的入学周,但实际上他并没有生病,那就要将他除名,直到他重新入学并缴纳 4 便士的登记费;(6)如果儿童有 3 次旷课记录,他就不再具有入学资格。如果家长同意以上条款,就可允许孩子入学。

至于课程设置,科利特说:"我希望他们自始至终学习拉丁文和希腊文的优秀作品,学习那些把各种罗马人的雄辩才能和智慧结合起来的优秀作家的作品,特别是那些用高雅而简洁的拉丁散文或诗歌写下了他们的名言懿训的基督徒作家的作品,因为我的意图是,通过这所学校,专门使孩子们知识增加,增进他们对上帝对我主耶稣基督和优良的基督徒生

---

① Joan Simon, Education and Society in Tudor England, Cambridge University Press, 1967, p. 73.
② [美]E. P. 克伯雷选编,华中师范大学、西南师范大学等教育系译:《外国教育史料》,华中师范大学出版社 1991 年版,第 235 页。

活和礼仪的崇敬。"①为了达到这一目的,科利特希望儿童首先要学习英文《教义问答》,然后学习他或其他人写的《词尾变化》,以便使儿童能迅速掌握拉丁词语。为了学习纯正的拉丁语,避免那些无知之人带来粗俗、谬误和掺假的拉丁语,科利特要求儿童学习伊拉斯谟写的《基督教原理》和《手抄本》,以及其他早期基督教作家的作品。他认为中世纪拉丁语玷污了维吉尔、西塞罗曾使用过的古老拉丁语,这些为世人玷污了的拉丁文与其说是文学,不如说是污垢,因此必须把它们摈除在学校之外。科利特要求教师们采用各种方法讲授最好的拉丁文,同时把希腊文教给学生,使他们学习包含智慧和纯洁高雅的作品。"在英国,科利特也许最早意识到把教学提升到一种专业性工作的需要。"②

科利特的好友威廉·李利是英国早期人文主义者、著名文法学家,他在牛津大学读书时听过格罗辛的课,在意大利留学时学习了希腊文和拉丁文。李利的才华为科利特所赏识,1510年回国后他被任命为圣保罗学院首任校长。他按照新学问的方式制定了一部《拉丁语法》,即著名的《李利文法》(Lily's Grammar),该书由伊拉斯谟亲自校正,后来成为英语世界流传最广且使用最久的标准教科书。"这书所享有的盛誉大大地超出他当校长的声誉。这本书对16、17世纪的影响犹如多奈特(Donatus)的文法对中世纪的影响一样。"③1540年亨利八世把《李利文法》指定为学校唯一的文法教材,爱德华六世和伊丽莎白女王都发布过类似指令,直到18世纪《李利文法》仍然是钦定教科书。

科利特为《李利文法》作序,他说:"在这里,我要求所有的儿童、小孩子们愉快地学这篇小小的论文,并勤奋地把它记住,我相信,从这里开始,你就能继续前进,直到掌握完善的文学知识,最后成为真正的教士。向我举出你的洁白的小手,我将为你向上帝祈祷,所有的尊敬、崇高、荣耀属于上帝"。④ 由此可见,科利特认为文法学习的最终目的是为了虔敬上帝。圣保罗学院虽然不是第一所人文主义学校,但科利特的名望和影响力足以把古典人文主义思想传播到当时其他的文法学校。然而,圣保罗学院的做法引起经院哲学家们的猛烈抨

---

① [美]E. P. 克伯雷选编,华中师范大学、西南师范大学等教育系译:《外国教育史料》,华中师范大学出版社1991年版,第236页。
② [英]威廉·哈里森·伍德沃德著,赵卫平,赵花兰译:《文艺复兴时期教育研究》,山东教育出版社2013年版,第302页。
③ [美]E. P. 克伯雷选编,华中师范大学、西南师范大学等教育系译:《外国教育史料》,华中师范大学出版社1991年版,第238页。
④ [美]E. P. 克伯雷选编,华中师范大学、西南师范大学等教育系译:《外国教育史料》,华中师范大学出版社1991年版,第238页。

击,科利特甚至被指控为离经叛道者,为此他也进行了针锋相对的斗争。正如莫尔在致科利特的信中写道:"你的学校激起了仇恨的风暴是不足为奇的,因为她像那匹为摧毁野蛮的特洛伊城而隐藏着武装的希腊人的木马一样厉害。所以,从你的学校里可以培养出一些将愚昧无知连根铲除的人才。"① 莫尔的学生、著名医生约翰·克莱门特(John Clement)和牛津大学的希腊文教师托马斯·卢普塞特(Thomas Lupuset)就是圣保罗学院毕业的首批学生。

二、诺克斯

诺克斯(约 1505—1572)是文艺复兴时期苏格兰著名的宗教改革家、苏格兰长老会的创始人,也是 16 世纪苏格兰教育改革的主要设计师。诺克斯的教育思想深受加尔文(John Calvin)的影响,加尔文在日内瓦的改革为苏格兰的宗教和教育注入了生机。在宗教上,诺克斯领导苏格兰教会进行改革,摆脱罗马教会的控制,建立了一个类似于加尔文主义的独立教会和政府;在教育上,他赞同加尔文的观点,主张把宗教和道德教育置于教会控制之下。"经他的手,在苏格兰教区治理之下,设立许多免费的初等学校,而教育事业也从此脱离封建制度、教会宗门和王朝的束缚。这等学校都是教读、写和宗教,用《圣经》为原本,他们曾经以此提高苏格兰一般知识道德的程度,其结果成绩之佳,实出人意料之外。"②

(一)苏格兰宗教改革的领袖

诺克斯生活于苏格兰新教思想盛行时期,他曾就读于圣安德鲁斯大学,受进步思想影响较大。大学毕业后,诺克斯在家乡担任了书记员职位,并结识了新教牧师乔治·维萨特(George Wishart)。维萨特到过德国和瑞士,信仰马丁·路德(Martin Luther)和茨温利(Ulrich Zwingli)的宗教观,他在苏格兰传教过程中倡导宗教改革。在维萨特的启发和影响下,诺克斯走上了反对天主教和提倡苏格兰宗教改革的道路。1545 年诺克斯在圣安德鲁斯一个新教贵族家庭担任教师,讲授拉丁文和法语,并与维萨特一起传播新教思想。次年,维

---

① [苏]奥西诺夫斯基著,杨家荣,李兴汉译:《托马斯·莫尔传》,商务印书馆 1984 年版,第 15 页。
② [美]格莱夫斯著,吴康译:《中世教育史》,华东师范大学出版社 2005 年版,第 208 页。

萨特被天主教视为异端处以死刑，在新教徒的推举下，诺克斯成为苏格兰新教运动的领导人。1547年他领导圣安德鲁斯的新教徒发动起义，反抗苏格兰市政当局。苏格兰政府在法国舰队的帮助下镇压了这次起义，诺克斯和其他要犯被遣送到法国船舰上服苦役达19个月之久，1549年2月这群被俘者获得释放回到英国。

这时的英国正处于爱德华六世的统治之下，新教改革运动高涨。诺克斯受到国王的重视和邀请，先后在布伦威克、纽卡斯尔等地传教，后来又担任了皇家牧师，并参加了1553年关于《四十二条信纲》的起草工作。同年爱德华六世去世，继任英国王位的是玛丽·都铎（Mary Tudor）女王。玛丽笃信天主教并承认罗马教皇的权威，在位期间她恢复了天主教，对新教徒进行残酷镇压，因而被称为"血腥的玛丽"。英国新教徒纷纷逃亡国外，诺克斯先在德国的法兰克福和美因茨地区担任牧师，不久又应邀到日内瓦担任英国新教徒的牧师。在日内瓦期间，他完全皈依了加尔文主义，并充分利用加尔文的教会管理法规，以监督教区内教徒的道德和行为。直到1559年由主张宗教改革的伊丽莎白一世（Elizabeth Ⅰ）担任英国女王后，诺克斯才返回苏格兰。"在她的统治下，将文艺复兴、宗教改革和英国的风俗、精神等完美地结合起来。她充任了国家和教会的双重领袖，宽容地对待反对者，成了难得的西方世界文化的主宰。"①

诺克斯在日内瓦的传教生活对其一生影响极大，他与加尔文建立了密切联系，加尔文教条是他力量的源泉。"他回到日内瓦（1555年），我们可以判断加尔文性格对于他的影响相当的大，在那时他尽力使他的品格和加尔文一样的坚定和有力。"②诺克斯曾经描写日内瓦在加尔文治理下的情形，"那是自使徒时代以来，基督在世界上最完美的学校"。诺克斯既熟悉日内瓦教会的组织情况，也吸收了加尔文的思想，为后来苏格兰的教会和教育改革奠定了基础。"加尔文主义非常适合他的脾气，因为这一套信仰很有自信，自信秉承神的启示，自信背负着神圣的使命去迫使每个人行善和遵守信条，自信有指导国家的权利。加尔文这一切的思想，深深地灌输到诺克斯的心灵中，然后再借着他输入苏格兰的历史。"③他曾

---

① [美]S. E. 佛罗斯特著，吴元训等译：《西方教育的历史和哲学基础》，华夏出版社1987年版，第226页。
② [美]威尔·杜兰著，幼狮文化公司译：《世界文明史：宗教改革》（第6卷），东方出版社1999年版，第828页。
③ [美]威尔·杜兰著，幼狮文化公司译：《世界文明史：宗教改革》（第6卷），东方出版社1999年版，第828页。

当面指责诺森伯兰公爵的腐化,又对伊丽莎白女王宣讲他的民主政治,他认为他的声音就是神的声音。很多人拥护诺克斯的主张,对他欢呼致敬,并把他奉若圣明。自那时起,诺克斯已被公认为苏格兰新教运动的领袖。

在宗教改革时期,各地围绕着"基督教徒能否用武力反抗残酷镇压新教徒的君王"这个问题看法不一。1558年诺克斯针对"血腥的玛丽"暴政,发表了《反对残暴的女人专权的第一声号角》,公开指出玛丽的统治违背上帝意愿,他号召人们用武力推翻不敬上帝的统治者。诺克斯的观点突破了加尔文反对武装斗争和主张消极抵抗的束缚,为苏格兰发动武装起义推翻天主教会统治奠定了舆论基础。1559年苏格兰新教贵族发动武装起义,起义胜利后诺克斯返回苏格兰,并主持起草了苏格兰《信仰声明》(Confession of Faith)。1560年8月苏格兰议会表决通过了《信仰声明》和苏格兰教会与罗马教廷决裂的法案。1561年诺克斯又和其他牧师合写了著名的《戒律书》(Book of Discipline),作为苏格兰教会制度改革的蓝本。1562年议会还通过了他起草的关于礼拜仪式的《公共祈祷书》。

按照《信仰声明》,苏格兰宗教改革后议会否定了教皇的审判权,制定了改良的信条和强迫遵守的礼仪;并且禁止举行弥撒,初犯者施以体罚和没收财产,再犯者处以流放,第三次犯者处以死刑。但控制议会的贵族需要的是土地而非流血,因而他们并未采用加尔文派的主张,对于那些仍然信奉天主教的苏格兰人,所施加的迫害相当温和,从未使用体罚。贵族们允许人们反对炼狱之说,认为那是神话和骗局,因为祖先遗留下来的财产部分捐给了祭司,请祭司为死去的亡魂做弥撒。但依据新的宗教学说,这些死去的人在创世以前就已决定不能得救或受罚,因此分配教会的财产就是归还被偷的东西。这样大多数苏格兰的修道院被封闭,它们的财产都被贵族夺走了。诺克斯和他的传教士们曾经为建立新的宗教秩序,冒着生命危险和付出沉重代价,他们希望将原教会的财产用以支持新教会和牧师,他们向议会请愿要求予以处理,最后获准将劫掠的全部财产之1/6分配给他们。在这种不合理的情况下,诺克斯反过来抵制专权的贵族政治,于是展开了历史上苏格兰长老会正义与民主政治的联盟运动。

(二) 苏格兰教育改革的规划

《戒律书》是苏格兰教会改革的总方案,它规划了一个类似加尔文教义的独立教会和政府,教会将控制国家的一切部门。《戒律书》的内容包括教义、教规、圣礼、牧师、废除偶像、选举长老、教会戒律、教育制度等。其中规定长老是教会的最高统治者,长老和牧师都由民众选举,教会和政府的组织管理实行民主化。同时,《戒律书》的基本思想是在教会控制下为社会所有阶层建立一整套教育制度。"就其广度和全面而言,当时没有别的教育计划可以与之媲美。"①诺克斯的教育思想就体现在《戒律书》中,他根据当时苏格兰的教育状况,提出了一系列教育改革方案。

苏格兰人自古重视教育,约公元397年圣尼尼安(St. Ninian)在惠特霍恩(Whithorn)建立了第一座苏格兰教堂,并以他的名字命名建立了第一批寺院。尼尼安以这些寺院为基础,将基督教福音传给了居住在北方的皮克人。约563年爱尔兰传教士圣科伦巴(St. Columba)在爱奥纳岛(the Island of Iona)建立教堂和寺院,作为向苏格兰传教的据点。科伦巴晚年是在爱奥纳度过的,被当地人尊为圣徒,据说苏格兰信奉基督教主要是依靠他的努力。苏格兰寺院是当时教育的中心,年轻人到那里不仅是为了充当见习修道士,而且也是为了接受普通教育。中世纪苏格兰学校发展与英格兰十分相似,它们受天主教会控制,与大教堂、寺院和牧师会密切相关。后来在大教堂和牧师会基础上建立了两种学校,即文法学校和歌咏学校。而教区划分又产生了另一种与其相关的主教管区学校,这些教区学校的教学涉及教堂服务和歌咏,实际上多数是大教堂附属歌咏学校的翻版。到12世纪末已有主教管区学校11所,到1400年苏格兰中小学和文法学校已经健全,基础教育已得到稳步发展。②

15世纪是苏格兰教育发展的一个关键时期,它在欧洲国家率先尝试通过立法手段进行义务教育。1496年通过的一项议会法规定,所有男爵和有产者的长子8岁时必须送入文法学校,学习拉丁文直到完全掌握为止。他们离开文法学校后,还要进入法律学校学习3年,以便获得法律方面的知识,如有违反则罚款20英镑。但这一法令仅限于富家子弟接受义务教育,而且并未很好地得以贯彻执行。尽管如此,这一法令为后来苏格兰民族教育的发展奠定了基础。③ 15世纪苏格兰的高等教育异军突起,先后成立了圣安德鲁斯大学(1411)、格拉斯哥大学(1451)和阿伯丁大学(1494),在数量上超过了英格兰。15世纪前苏

---

① [英]博伊德,金合著,任宝祥、吴元训主译:《西方教育史》,人民教育出版社1986年版,第199页。
② 张泰金著:《英国的高等教育:历史·现状》,上海外语教育出版社1995年版,第12页。
③ 1646年2月苏格兰议会通过了一项法令,明确要求在没有学校的教区设立一所学校,并根据教会长老的建议任命校长。每个教区的选民应开会决定向学校提供一处宽敞的房子,并根据每个人的财产规定其应交的专门税,用于维持学校和支付校长的工资。

格兰没有任何形式的高等教育机构,文法学校毕业生不得不去欧洲大陆继续他们的学业,这批人学成回国后大多数成为了苏格兰的主教。苏格兰大学的创办在一定程度上是宗教和政治斗争的产物,它们的办学思想与欧洲大陆有着千丝万缕的联系。尽管在许多方面这三所大学并不比文法学校高级,其管理结构和课程设置也大多模仿欧洲,但它们独树一帜,在苏格兰的理智生活和文化进步中发挥了主导作用。

苏格兰宗教改革后,诺克斯和世俗政权都认识到教育改革的重要性。他说:"尊敬的先生们,如果你们真诚地想要推进对上帝的崇拜,或者想要他能有助于下一代的话,那么就必须非常关心道德教育和对这个王国中年轻人的神圣培养。"①诺克斯将加尔文的《教义问答》译成英文,名为《日内瓦规约》,作为标准教科书。他要求人人都接受教育,学习新教基本常识,坚定对新教的信仰。"我们出于必需,认为市政当局如欲博得民心,须每几个教会委任一位至少可教授语法及拉丁文的教师。若为高地山区,人们汇集教堂聆道每周不过一次者,须为之任命讲经师或牧师,以管理教区儿童青年,授以教义常识。"②诺克斯认为,当务之急是在所有城市和主要城镇广泛建立学校,并由官吏及圣洁好学的人监督执行。为此,他在《戒律书》中规定苏格兰5—8岁的儿童必须学习《教义问答》。"我们继而又认为合宜者,是为在各举世著称之城市,尤指最高首脑所在之城市,建立一所学院,使称职之教师讲授语言课程及文科课程(至少为逻辑学和修辞学)。教师须有优厚的薪俸。贫苦学生,不能自立或由朋友资助的学生,尤其高地山区的学生,还须资助食物,使之能坚持学业。最后,称为'大学'的高等学校,须充以善学之士。"③

《戒律书》规定:任何人无论其社会地位和经济状况如何,都不能随心所欲处置子女,尤其是年幼子女;必须强制所有人用学识和道德教养孩子;不允许有钱有势者一如既往地荒废子女的青春,必须向他们征税并经教会处罚迫使其献出子女,以便通过良好训练后为教会和国家服务。他们还必须承担子女的一切费用,因为他们有能力支付;出身贫苦的学生须由教会供养;一旦发现能文善学之士,不管是穷人还是富家子弟,都不允许其拒绝学习。"为此目的,必须指派有学问、办事周到和认真的人去这些学校检查他们的训练状况、成绩和连续性。每座城市的牧师、长者和最有学问的人将每学期检查年轻人的学习成绩。"④可

---

① 夏之莲主编:《外国教育发展史料选粹》(上),北京师范大学出版社1999年版,第255页。
② [英]博伊德,金合著,任宝祥,吴元训主译:《西方教育史》,人民教育出版社1986年版,第199页。
③ [英]博伊德,金合著,任宝祥,吴元训主译:《西方教育史》,人民教育出版社1986年版,第199页。
④ 夏之莲主编:《外国教育发展史料选粹》(上),北京师范大学出版社1999年版,第256页。

见,诺克斯的教育观充分体现了加尔文新教的教育理想,即教会对学校直接负责,运用教会力量而非国家权威实行义务教育。就这种教育的普及而言,它不分贫富、性别和社会地位,所有儿童一视同仁;违者要受到教会的处罚。

尤为重要的是,诺克斯主张建立统一的学校体系,即每一座教堂设立一所小学,每一个城镇创办一所中学,每一个城市创办一所大学。在苏格兰的教育改革方案中,他明确地划分了各级学校及其课程设置:处于边远乡村地区的学生,首先可以用两年的时间学习阅读、《教义问答》和语法基础;然后进入城镇的拉丁学校,学习三年或四年的语法和拉丁语;其后再进入大城镇的高级学校或学院,用四年时间获得逻辑学、修辞学和古典语言(包括希腊语)的知识;最后进入大学学习三年的哲学(包括辩证法、数学和自然哲学),以及法律、医学或神学,这些课程大约在 25 岁即可修完。他说:"如果你们按上帝旨意全心全意去安排和执行这一发展计划,将这些东西付诸实践,我们相信在几年的时间里你们整个地区将会为共和国提供所需的真正牧师和其他官员。"①与这种体系相配套的是学监制和考试制,《戒律书》规定设立 10 名学监负责教育事务,并要求学生每次升级都必须经过相应的考试。诺克斯还设想将国家和教会的所有财富及全部农产品"什一税"用来支持这种教育体系,以便在苏格兰的土地上重建一个日内瓦。

在大学教育方面,诺克斯对于圣安德鲁斯、格拉斯哥和阿伯丁三所大学提出了具体要求。圣安德鲁斯应设立三个学院,第一个学院设有辩证法、数学、物理和医学课程;第二个学院设有道德哲学和法律课程;第三个学院设有语言(希腊语、希伯来语)和神学课程。辩证法、数学和物理学习时间为三年,通过考试证明学习成绩优良者将授予哲学学位。医学需要学习五年,考试成绩优良者将获得医学学位。道德哲学主要学习为期一年的伦理学、经济学和政治学,法律主要学习为期四年的英国法和罗马法,考试成绩优良者将获得法学学位。语言学习为期一年,其中希腊语学习柏拉图的著作和新约部分章节,希伯来语学习摩西法典、预言书或圣经诗歌;神学学习为期五年,分别是新约和旧约,考试成绩优良者获得神学学位。格拉斯哥只设立两个学院,第一个学院设有辩证法、数学和物理课程,与圣安德鲁斯相似;第二个学院设有道德哲学、伦理学、经济学、政治学、英国法、罗马法、希伯来语和神学课程,其组织方式也与圣安德鲁斯相同。阿伯丁在各方面与格拉斯哥近似。每所大学必须为每个学院挑选一名学识渊博、处事谨慎和勤奋工作的院长,负责学院的经费开支、建筑

---

① 夏之莲主编:《外国教育发展史料选粹》(上),北京师范大学出版社 1999 年版,第 257 页。

使用、教学安排、政策执行和当地秩序等,并每年要向总监、校长和列席的其他院长汇报情况。院长候选人一般为三人,竞聘前要全体宣誓,保证凭良心行事,坚持原则和不计得失等。

遗憾的是,诺克斯的《戒律书》既没有被苏格兰教会接受,也没有获得苏格兰议会批准。甚至教会愿意采纳的那些建议也只是部分地付诸实施,因为实现这些建议所必需的教会捐款大部分被贵族们所侵占。尽管如此,《戒律书》对苏格兰教育的发展产生了深远影响。

三、阿卡姆

阿卡姆(约 1515—1568)是英国一位主张新学问的人文主义学者,也是"一位改良拉丁文和希腊文的伟大的教师"。1515 年他出生于英格兰的约克郡,早年曾在下议院发言人汉弗莱(Humphrey Wingfield)爵士家里接受教育。1530 年阿卡姆进入剑桥大学圣约翰学院学习,1534 年获得学位后成为圣约翰学院第一个希腊文教授。爱德华六世继任王位后,他讲授过短时期的新教教义。1546 年阿卡姆担任剑桥大学的雄辩术教授,并负责剑桥大学所有拉丁文公函的撰写。1548 年阿卡姆担任了伊丽莎白公主的家庭教师,伊丽莎白公主成为女王后他又担任其拉丁文秘书。

1563 年 12 月在温莎城堡举行的一次宴会上,伊丽莎白女王的一些高级官员讨论了这样一条新闻,即"一些男孩最近纷纷逃离伊顿公学"。作为伊丽莎白女王原来的家庭教师,阿卡姆也在现场,他注意到"爱的魅力比鞭笞更有利于推动孩子们获得好的学识"。[①] 在这次关于"鞭笞"与"反鞭笞"的辩论中,阿卡姆坚持自己的观点,以至于财政大臣沙克瑞勒(Richard Sackville)爵士请求阿卡姆将其思想扩充为一本书,这就是 1570 年出版的《论教师》(*the Schoolmaster*)。这本书最初只是在阿卡姆的朋友中间传阅,直到他去世后两年才正式出版。《论教师》并未详细地论述教育问题,而是为儿童理解和读写拉丁语提供一种清晰的思路与方法。在这本书中,阿卡姆阐述了自己运用"回译"(back-translation)教授学生学习古典著作的方法,并说明这种方法是为了使学生们学习时轻松愉快。《论教师》是阿卡姆人文主义教育思想的代表作。

阿卡姆强调教学的目的在于培养儿童的美德、智慧和学问。他认为美德与学问密不可

---

① W. H. G. Armytage, Four Hundred Years of English Education, Cambridge University Press, 1964, p. 1.

分，缺少美德的人在学问上不会有多大成就，也必将会被社会所抛弃；而只有美德是不够的，儿童还必须学习知识，使自己成为博学和有智慧的人。当他们长大后，一旦君主和国家召唤，就能按照智慧、学问和美德的指引，为君主和国家效力。在阿卡姆看来，学校是培养儿童美德和传授知识的殿堂，在儿童成长过程中发挥着重要作用。通过一年学校教育所获得的知识，要超过儿童自己二十年的经验摸索。"如果你的目的是培养儿童的智慧并使儿童成为令人尊重的人，那么引导儿童通向智慧和美德并最终实现教育目的的途径应当是通过学习和良好的教养，而不是通过儿童自己盲目的且危险的经验摸索。"①阿卡姆要求用纪律而不是借助体罚来约束儿童，并以罗马由强变弱的事例说明纪律对于民族发展的意义，因而培养儿童的纪律性是教学的另一重要目的。正是由于对学校纪律的关注，阿卡姆撰写了《论教师》这部著作。

阿卡姆坚决反对鞭笞学生，认为体罚不是维持学校纪律的最好方式，引导儿童学习的效果远比鞭笞好得多。"一个好教师往往以渊博知识及真诚态度去教育学生，并使学生的错误得到纠正。如果教师对学生态度过于严厉，不仅达不到纠正错误的目的，反而会伤害学生。教师的愤怒再加上教师使用的其他手段，会使学生遭受痛苦。"②他指出，因害怕鞭笞而勉强学习的学生离开学校时，带走的只会是对教师的痛恨和对学习的厌恶。阿卡姆主张教师必须研究他的学生，并对每个学生的潜力充分信任。他说："即使最明智的打人者与其说是在纠正错误，还不如说他是在惩罚本性。确实如此，比较善良的本性经常受到痛苦的惩罚：因为，一个人若是聪明，学起来就快；反之，一个人若是笨些，接受能力就差。前者总是受到赞扬，后者总是受到惩罚。一位明智的教师应该非常仔细地考虑两种本性的特点，不仅注意它们现在能做什么，而且要看到今后能做些什么。"③他根据国内外的生活经验指出，最聪明的人、最有学问的人和最好的人才，一旦上了年纪就绝不会像年轻时那样聪明了。像基督教徒们一样，阿卡姆认为教师要充满爱心，爱与学是分不开的。他说："我多次希望在教师身上能有这种温柔的本性……。我认为，在培养儿童学习的过程中，爱胜于恐惧，温柔胜于打骂。"④他强调表扬的价值，认为表扬犹如一块磨刀石，再也没有什么比它更

---

① 朱镜人著：《英国教育思想之演进》，人民教育出版社2014年版，第37页。
② 朱镜人著：《英国教育思想之演进》，人民教育出版社2014年版，第42页。
③ [英]伊丽莎白·劳伦斯著，纪晓林译：《现代教育的起源和发展》，北京语言学院出版社1992年版，第63页。
④ [英]伊丽莎白·劳伦斯著，纪晓林译：《现代教育的起源和发展》，北京语言学院出版社1992年版，第64页。

能磨练出敏锐的智慧,表扬是鼓励学生好学的动力。阿卡姆还赞同柏拉图的观点,认为无知是智慧的开端,年轻人的无知与知识丰富都是必需的。

"在温沙宴会前,英国经历了一场与欧洲天主教斗争的噩梦:这场噩梦是大多数后继者必须面对的,即思想的突变。为了确保英国新教教徒的地位,没有什么工具比学校更有效,而在学校里没有什么科目比'神圣的语言'如拉丁语、希腊语和希伯来语更富于启发性。"① 由于语言是传递人文主义思想的工具,而拉丁语是当时英国小学广泛使用的教学语言,因此拉丁语及拉丁文学的教学自然成为阿卡姆关心的主题。他主张用文学铸造人的心智,认为拉丁文学中的一些经典著作,如泰伦提乌斯(Terentius)、奥维德(Publius Ovidius)、恺撒、维吉尔和西塞罗等人的作品凝聚了人类思想的精华,而且语言风格优美典雅,是铸造儿童心灵最好的材料,也是儿童学习的最佳范本。阿卡姆认为要想迅速地掌握一种语言,就应该大胆地提出一种好的方法。而当时学习拉丁文的普遍做法是熟记语法规则,然后直接复述拉丁文句子,直到学会为止。阿卡姆不赞成这种做法,他认为模仿能力的培养十分重要,因为模仿是学习母语及其他所有语言的唯一途径。如果想使自己的演讲和作品充满智慧,就必须熟悉那些充满智慧的佳作。模仿的重要途径是文学作品翻译,即选择一些著名作家的作品片段,让学生将其翻译成另一种文字。学习拉丁文的最好方法是坚持做大量的翻译练习,通过翻译练习学生会学习适当的、优雅的表达方式,选择优美的风格和具有震撼力的词汇,而且会培养欣赏美的能力和感觉。

阿卡姆建议采用斯图谟(John Sturum)的《西塞罗书信选集》作为范本,鼓励学生们先把它翻译成英文,然后再过一段时间把它翻译成拉丁文,教师把译文和原版书进行对比后指出其错误。阿卡姆把它称为"回译法"或互译法。按照这种方法,学生们比以前能更快捷和更有趣地学习拉丁文。"如果一个学生聪明、好学、勤奋、坚毅,他用这种方法翻译西塞罗的一本小书如《论老年》,……我敢说,这个学生比那些在普通学校中用四、五年的时间浪费在文法的规则上所得到的拉丁文知识更加坚实。"② 可见,翻译是一种非常普通而很有价值的练习,它不仅能促进学生对大师作品的深入理解,而且可以增强学生的学识和记忆能力。在谈论伊丽莎白女王的学习时,他说:"……最好的范例就是最尊敬的伊丽莎白女王陛下,

---

① W. H. G. Armytage, Four Hundred Years of English Education, Cambridge University Press, 1964, p. 1.
② [美]E. P. 克伯雷选编,华中师范大学、西南师范大学等教育系译:《外国教育史料》,华中师范大学出版社1991年版,第237-238页。

她在学了第一个名词和第一个动词的变格以后,从不把希腊文和拉丁文的文法写在手中,只是通过'重译'狄摩西尼斯和伊索克拉底的著作,每天上午从不间断,经过一两年的时间,便如此完善地掌握了这两种语言,她讲拉丁语所达到的流利程度,可以这样认为,在拉丁文和希腊文方面,无论是在大学还是在英国任何地方,都很少有人能与女王陛下相比"。① 基于这种论据和理由,阿卡姆认为"回译法"适合于学生迅速而完善地掌握任何一种语言。

作为一名人文主义教育家,阿卡姆还十分重视体操和音乐。他认为体操不仅可以锻炼年轻绅士的身体,而且是适合绅士身份的一种文雅的休闲方式。他说:"白天在公共场所进行的各种耗费体力的休闲活动,包括带有战争目的的军事训练以及和平时期的令人愉快的休闲活动,对绅士而言,不仅是绅士的恰当举止和优雅动作的一种训练,也是绅士必须学会的一种娱乐方式。"②阿卡姆对当时文法学校忽视唱歌感到遗憾,认为这种学校还不如宗教改革运动之前的天主教文法学校,因为后者有"歌咏学校"的称谓。总之,阿卡姆的教育思想带有明显的人文主义教育家的共性,深受古希腊和罗马经典作家的影响。尤其是在语言教学方面,他倡导的回译法不仅是"学习一门已经死亡的语言的唯一完美方法",而且对现代外语教学具有同样的参考价值。

四、弥尔顿

弥尔顿(1608—1674)是 17 世纪英国著名诗人、政治活动家,也是该时期新教育改革的积极推动者。他出生于伦敦一个富有的中产阶级家庭,从小受到良好的教育。弥尔顿 12 岁时就读于著名的圣保罗学校,校长是牛津圣体学院的文学硕士,备受人们尊敬和教育青年有方的亚历山大·吉尔(Alexander Jill);同时父亲聘请了大学者托马斯·扬(Thomas Young)作为他的家庭教师。17 岁时弥尔顿进入剑桥大学基督学院学习,毕业后没有立刻工作,而是在父亲的庄园里埋头研究古典著作达 6 年之久。"这段恣意随性的精神生活涵养了诗人伟岸、深邃而又无比坚定的灵魂。"③作为一名坚定的清教徒,弥尔顿竭尽所能地呼吁宗教信仰自由,并在公民的言论权、婚姻自由和个性解放等社会领域提出了极具影响力

---

① [美]E. P. 克伯雷选编,华中师范大学、西南师范大学等教育系译:《外国教育史料》,华中师范大学出版社 1991 年版,第 238 页。
② 朱镜人著:《英国教育思想之演进》,人民教育出版社 2014 年版,第 43 页。
③ 李维屏,张定铨等著:《英国文学思想史》,上海外语教育出版社 2012 年版,第 159 页。

的观点。"毫无疑问,弥尔顿既是一位激情澎湃的诗人,又是一名不屈不挠的勇士。一种源于生命本能的冲动与执著,一种对于真善美的天然渴求,铸就了弥尔顿波澜壮阔的一生。"①作为一名杰出的诗人,弥尔顿创作了短诗《欢乐颂》、《沉思颂》、《科玛斯》、《利西达斯》,以及长诗《失乐园》、《复乐园》和《力士参孙》等,这些作品成为了英国文学史上的经典之作。

1638年4月弥尔顿和随从男仆开始了意大利之行,先后到了佛罗伦萨、罗马和那不勒斯等地,每到一处他都遍访文人学士并和他们讨论各种学术问题。他曾经写道:"我跟它们的文人学士坐着闲聊,他们认为我出生在英国这样一个享有恬淡闲适的自由的地方真是幸运得很,而他们自己则无所作为,只好悲叹他们之中学问已落到这种奴颜婢膝的地步,正是这才糟蹋了意大利人才智的光荣,悲叹在许多那些个年头里,写出来的不是别的,尽是阿谀奉承、空话连篇的东西。"②1639年春弥尔顿第二次去意大利时见到了伽利略(Galileo Galilei),当时伽利略已身陷囹圄,受到宗教裁判所的严格监禁,而且身体瘦弱、双目失明。这次见面给弥尔顿留下了深刻印象,后来他把伽利略的名字和成就写进了《失乐园》。

1639年8月回到英国后,弥尔顿开始负责教育他的两个外甥,并接受了某些上流人士的孩子,直到1647年秋才结束这项教育工作。在这段长达八年的教育实践中,弥尔顿积累了丰富的教育经验,1644年他应好友哈特利布(Samuel Hartlib)的请求写成了《论教育:致萨缪尔·哈特利布校长》(*Tractate on Education*)一文,阐述了自己的教育见解。针对当时英国学校教育中的各种问题,弥尔顿提出了一系列教育革新思想,反映了英国新兴资产阶级希望从古典人文主义向现实人文主义教育过渡的要求。"如果夸美纽斯及其同伴是因为特别强调通过感官进行学习,而被称为感觉唯实论者的话,那么弥尔顿则必须被称为人文主义唯实论者。他是一个真正的人文主义者,古典传统式的学者,他相信所有各科最好的知识都可通过阅读过去的大量书籍而学到。"③

(一) 对传统教育的批判

在公学所做的一次演说中,弥尔顿首先抨击了经院哲学对学校教育的影响。他认为传

---

① 李维屏,张定铨等著:《英国文学思想史》,上海外语教育出版社2012年版,第160页。
② [英]马克·帕蒂森著,金发燊,颜俊华译:《弥尔顿传略》,生活·读书·新知三联书店2001年版,第40页。
③ [美]S. E. 佛罗斯特著,吴元训等译:《西方教育的历史和哲学基础》,华夏出版社1987年版,第270页。

统学校教育内容空洞、方法枯燥,教师热衷于让学生花费很多时间学习毫无价值的东西,并引导学生进行一些毫无乐趣的琐碎的论辩。他说经院哲学的书籍都是在暗室里写成,流露出作者的灰暗心情,在字里行间还可隐约看见他们的皱纹和阴郁的表情。"他们的大作虽然奥秘,但连篇累牍,迂腐可笑,又长又臭,令人厌恶和感到乏味。如若读其全书,只能引起读者本能的反感和厌恶之情。"①至于那些无聊乏味的论辩和争吵,不但不能动之以情,反而会使人麻木不仁。"凡乐于此道者,肯定是一些秉性粗俗、野蛮,天生喜欢与人争吵,贫嘴滑舌,而置合理健全的智慧于不顾的无知之徒。我们应将这种人连同他们的诡辩一起放逐到高加索或其他荒凉野蛮、黑暗无知的土地上,让他们在那里修建他们的作坊,制造他们的狡辩和谬论去吧!"②

弥尔顿指出,由于教学方法上的错误,致使学习普遍地令人不愉快,而且效果极差。在他看来,我们不恰当地花费七八年时间用于学习可怜的拉丁文和希腊文,而用别的有效方法一年内就可学会。在中小学和大学里,我们的时间部分浪费在愚蠢的空虚中,部分浪费在荒谬的强求上,强迫学生用空洞的理智去作文、写诗和演说,而这些只有具备了成熟的判断力并通过长期的阅读和观察后才能进行。同时,学生没有养成良好的阅读习惯,他们对于完美的作品没有审慎地阅读、讨论和领悟,他们缺乏尝试。可见,传统教育不注重学生的心理特点和知识基础,学生的头脑一片混乱,没有任何智慧可言。当时的大学教育莫不如此。"此外,我还相信,大学至今仍没有从典型的粗俗的年代中解脱出来,这是一个传统的错误。……他们用动摇和混乱的理智、破碎的概念和嘲弄、欺骗等胡言乱语,在深不可测的不安静的深处争论不休,把学习置于敌意和不顾,虽然他们希望得到有价值的和令人高兴的知识。这种学习直到青年时代,还在各方面要求或影响他们,不是让其去当一个有野心的和贪财的人,就是去当一个无知的热情崇拜者。"③

在对传统教育进行批驳的基础上,弥尔顿提出了自己的教育目的观。他说:"我们学习的目的是恢复我们前人荒废的东西,这要恢复对上帝的正确认识,用这种知识去爱他、模仿他,像他一样,使我们的心灵更接近真正的德性,并与美好的信仰相结合,使之趋于至善。"④在这一教育目的观中似乎充满着浓厚的宗教气息,但事实上弥尔顿采用了旧瓶装新酒的手

---

① 吴元训选编:《中世纪教育文选》,人民教育出版社2005年版,第572页。
② 吴元训选编:《中世纪教育文选》,人民教育出版社2005年版,第573页。
③ 吴元训选编:《中世纪教育文选》,人民教育出版社2005年版,第549页。
④ 吴元训选编:《中世纪教育文选》,人民教育出版社2005年版,第548页。

法,在宗教信仰仍然占据统治地位的 17 世纪,他不得不扛起天国的旗帜去推动尘世的改革。在大学教堂所作的一次演说中,弥尔顿强调学习比无知更能给人类带来幸福。"因为对于一个没有一点学问的人来说,似乎确实没有什么通向幸福生活的途径而言。没有学问,上帝似乎也就不赋予我们任何生活的目标,甚至连苦恼也不赐予我们。上帝赋予人类灵魂,就是要让我们贪得无厌地去追求,去得到最高的智慧;就是让我们尽一切可能为理解那些深奥的自然秘密而不断地努力。正是在这一点上,上帝才是我们的创造者。"[1]教育的真正目的是培养现实生活所需要的人才。"所以,我认为一个完善的丰富的教育,它能使我们成为一个适宜于平时或战时所有公私工作的、公正的、有技能的和宽宏大量的人。"[2]

(二) 对新型学校的构想

为了实现自己的教育理想,弥尔顿建议创办一种重视自然科学兼具实科性质的新型学校——学园(Academy)。这所学园能容纳 150 人,其中有 20 名服务人员,它由一位有美德的、聪明的、有管理才能的人负责。学园具有初等学校和高等学校双重性质,学生除了到专门的法学院或医学院实习外,不必再去其他任何学术机构学习,在学园修完全部课程后即可获得文科硕士学位。弥尔顿建议在全国每一个城市都创办这种学园,这将是实现有道德且高尚的教育的正确道路。他为学园拟订了广泛的学科范围,包括人文学科、社会学科、自然学科和神学四部分,并特别重视军事训练。他规定学园每日活动分为三部分:学习、训练和进餐。同时,弥尔顿把 12 至 21 岁的青少年教育划分为四个时期,依据他们的年龄特征由浅入深地培养其智力。

第一阶段是 12 至 13 岁,他们首先应从学习文法的主要规则开始,或者是现在通用的《李利文法》,或者是更好一些的文法都可以,要求发音清晰和语言优美。结合文法的学习,他们还要阅读一些浅显而又引人入胜的书籍,这种书籍希腊人著述颇多,如希比斯(Cebes)、普鲁塔克(Plutarch)和苏格拉底(Socrates)的对话集等。拉丁文方面的经典著作并不多,只有昆体良(Quintilianus)的《雄辩术原理》前两三卷以及其他卷的某些选段。其他时间还可以教他们算术法则和几何学原理,晚餐后应专心学习宗教原理和圣经故事。

---

[1] 吴元训选编:《中世纪教育文选》,人民教育出版社 2005 年版,第 560 页。
[2] 吴元训选编:《中世纪教育文选》,人民教育出版社 2005 年版,第 550 页。

第二阶段是 13 至 16 岁,他们首先应学习一些农学著作,以激励他们去改善耕地,变荒芜的土地为良田;学会使用地球仪和各种图表,掌握自然哲学的基本方法,运用以前学习拉丁语的方法学习希腊语;接着学习生理学、建筑学、物理学、地理学、医学、自然史,再进入到数学、几何学、航海学、气象学、矿物学、植物学、生物学、解剖学、医药学的学习。学习自然科学和数学可以使他们获得将来需要的实用知识,如狩猎者、捕禽者、渔夫、牧羊人、园丁、药剂师和其他科学家、建筑师、工程师、航海家、解剖师的经验。"这些知识和经验给他们染上真实的自然色彩,使他们不会忘掉,并且给他们以与日俱增的快乐。"①他们还可以学习希腊诗人俄耳甫斯(Orpheus)、赫西俄德(Hesiod)和拉丁诗人维吉尔的作品。

第三阶段是 16 至 19 岁,这个年龄阶段学生已能判断道德上的善与恶,因此应特别注意健康思想的灌输,使他们更多地了解美德和憎恨邪恶。这时他们应阅读柏拉图、色诺芬(Xenophon)、西塞罗、普鲁塔克等人的道德著作。晚间要诵读大卫或所罗门的语录,或者学习圣经。在了解个人职责的相关知识后,他们便可以学习经济学、意大利语、喜剧和悲剧作品、政治学、法学等。星期日和每天傍晚用于学习神学和教会史等高级课程。为了阅读圣经原著,每天要学习一小时的希伯来语。学完以上知识后,他们还要学习精选的历史、英雄史诗、雅典的悲剧和著名的政治演说,其中许多篇章不仅要熟读而且要记住,并且要有正确的发音和风度,甚至要求具有狄摩西尼斯(Demosthenes)、西塞罗、欧里庇得斯(Euripides)、索福克莱斯(Sophocles)的精神和气质。

第四阶段是 19 至 21 岁,属于弥尔顿学园的大学阶段。这一阶段主要学习那些实用的知识,便于人们演说和书写更加清晰,因此逻辑学是主要学科。另外,修辞学和诗歌也是必修课程,修辞学要达到优美和华丽的程度;诗歌的内容要少而精,要激发美感和感情。"此后,当他们充满了对事物的洞察力时就是形成他们成为一个歌颂美好事物的优秀的作家和创作者的时候了。他们在国会或政务会上发言将得到注视和荣誉。在讲坛上,他们的演讲,在本质上和表情上都会比现在我们受教的青年好。"②

以上就是弥尔顿为那些高尚而文雅的青年在 12 至 21 岁期间所设计的课程,它涵盖了自文艺复兴时期以来最优秀的文化财富:一是语言文字,包括拉丁语、希腊语、意大利语、希伯来语、古巴比伦语和叙利亚语,其中着重学习拉丁语、希腊语及其语法、修辞等。提倡阅

---

① 吴元训选编:《中世纪教育文选》,人民教育出版社 2005 年版,第 552 页。
② 吴元训选编:《中世纪教育文选》,人民教育出版社 2005 年版,第 554 页。

读最优秀的古典作品,如史诗、喜剧、悲剧等;二是社会科学的各领域,如政治学、经济学、伦理学、法学、历史、地理、哲学、逻辑学等,提倡阅读最优秀的作家如柏拉图、亚里士多德、普鲁塔克、色诺芬、西塞罗、昆体良等人的作品,而把经院哲学排除在外;三是自然科学的一切学问,除了自然哲学和数学等方面的纯科学外,还涉及农业、建筑、航海、矿物、植物、气象、医学等应用科学。弥尔顿认为,上述学习科目与古代毕达哥拉斯(Pythagoras)、柏拉图、伊索克拉底(Isocrates)和亚里士多德等人创办的学校课程极其相似,这些学校培养了许多著名的哲学家、演说家、历史学家、诗人,以及希腊、意大利和亚洲的王子。另外,作为一名虔诚的清教徒,弥尔顿不可能摆脱基督教的影响,因此他的课程计划中保留了宗教和圣经。弥尔顿要求青少年不仅掌握人文和自然科学的基本原理,还要学习如何把这些理论运用到实际生活。他所要培养的人才不是学者或学究,而是一个有知识、有道德、有能力,能为国家和人民幸福谋利益的公民,这也是他终生追求的目标。"弥尔顿接受了文艺复兴以来的优秀的教育学遗产,同时又吸取了17世纪的科学成果,在这些精神财富的基础上,构成了他的教育蓝图。"①

此外,军事训练在学园中占据重要地位。他说:"我让他们做的锻炼,首先是确切地使用武器,安全地用刀口和刀尖保护自己和攻击敌人。这将使他们健康、灵活、强壮,也是为了使他们长高长大,鼓舞他们勇敢和无畏的精神。同时教导他们真实、刚毅和忍耐,使他们变成英勇无敌,痛恨懦弱。"②军事训练可以根据气候情况,在露天或隐蔽处进行活动,就像罗马军团那样。首先是练习步兵技术,然后在年龄允许时练习骑兵技术。教师要严格要求,每天检阅,使他们掌握基本的军事技术,如作战、行军、宿营、防御、构筑工事等。为了使学生恢复锻炼后的体力,并保持精神愉快,弥尔顿还要求他们学习庄严神圣、和谐悦耳的音乐,因为音乐对于改变人的性情和态度有一种意想不到的力量,它能使人从粗俗的、杂乱的坏情绪中转化为优雅的、高尚的情绪。

除了上课学习和军事训练外,弥尔顿还鼓励学生到大自然和社会中去学习。他说:"在一年的春天季节,空气新鲜怡人,这时不外出是违反自然的。他们可以看到大自然的繁茂和分享天堂与人间的快乐,所以我不想再当一个说服者使他们学习更多的东西了。"③过了

---

① 戴本博主编:《外国教育史》(中),人民教育出版社1997年版,第62页。
② 吴元训选编:《中世纪教育文选》,人民教育出版社2005年版,第555页。
③ 吴元训选编:《中世纪教育文选》,人民教育出版社2005年版,第556页。

两三年后,他们还可以去国外游学。"他们可以观察和学习一切有实力的地方,一切有利的建筑物和土壤、城市和乡村、商业的海港和口岸。有时远到海上,到我们的海军那里学习航海的实际知识和海战。这些途径都是试图发现他们的天赋才能。"①如果他们在二十三四岁时能出国考察,不但学习理论而且增长见识,那么他们所到之处将会获得人们的尊敬和称赞,这些国家的人们也将会访问英国。

弥尔顿的教育思想在英国教育史上具有重要地位。"如果说在英国文学史上弥尔顿的成就没有达到莎士比亚的高度,那么在英国教育史上,17世纪上半期以前就没有任何人的见解曾达到弥尔顿的高度。"②弥尔顿一方面汲取了人文主义教育的基本要素,另一方面又依据时代需要注重与现实社会的密切联系。"不管我们如何理解弥尔顿的目的,正如他的许多朋友一样,他实际上代表了一种新的思想体系。在中世纪和宗教改革时期,教育的目的在于帮助个人了解圣礼和圣经,以便拯救他的灵魂。弥尔顿和他的朋友们对教育提出了同样的理由,但他们更认为教育能帮助人们熟悉国家的任务和面临的问题,以便作为一个自由人参与政府管理。"③总之,弥尔顿的教育思想代表了17世纪英国从古典人文主义趋向现实人文主义教育改革的要求,在某种意义上也标志着西方人文主义教育发展的新趋势。

弥尔顿所构想的学园兼具文科和实科性质,1664年一批清教徒在英国率先创办了文实学校,使弥尔顿的理想成为现实。1693年洛克(John Locke)的《教育漫话》问世后,进一步发展了古典主义和实科教育相结合的思想。随后文实学校在英国经久不衰,其影响范围则随着清教徒的活动而扩大到欧美各地。1708年德国教育家席姆勒(Christopher Zemmler)在哈勒建立了第一所实科学校,教学内容除了宗教之外,还开设了数学、物理学、机械学、天文学、地理、法学、绘画和制图等科目。1751年美国教育家富兰克林(Benjamin Franklin)仿照英国的样板在费城创办了第一所文实中学,教给学生具有实用性和装饰性的知识,这种学校后来成为美国中等学校的主要形式。

需要指出的是,除了上文论述的四位颇具代表性的人文主义教育家外,马尔卡斯特(约1530—1611)也是该时期英国重要的人文主义教育家。马尔卡斯特出身于一个名门望族家庭,他先后在伊顿公学、剑桥大学国王学院和牛津大学学习,1558年他被任命为伦敦泰勒学

---

① 吴元训选编:《中世纪教育文选》,人民教育出版社2005年版,第556页。
② 赵祥麟主编:《外国教育家评传》(第一卷),上海教育出版社2003年版,第477页。
③ Robert Ulich, History of Educational Thought, American Book Company, New York, 1950, pp. 184-185.

校(Merchant Taylor's School)校长。他在泰勒学校工作了20多年,形成了系统的教育理论。马尔卡斯特出版了两部关于学校教育的著作,即《培养儿童阅读技巧和锻炼身体的教育》(1581)和《初等教育基础》(1582)。他认为教育不仅是智力训练,而且是一个全面发展的问题。教育要依据儿童的本性加以实施,其目的在于帮助本性达到最完美的程度。"所有的教育就应该全面地按照他们的身体的强弱和才智的高低来进行。"①他强调早期教育的重要性,主张由最优秀的教师奠定基础,只有基础扎实才能使上面的建筑坚固持久。最优秀的教师应该得到最优厚的报酬,因为他们付出的劳动最艰苦而且所担负的责任最大。他认识到在适当的时机教育儿童十分重要,因为这样儿童才能增强信心。他说:"当可怜的孩子们看到自己的弱点时,他们便泄气害怕,停滞不前;而当未成熟的孩子被托付给我们时,我们也确实感到棘手。"②

马尔卡斯特认为,教师应该明白好动是儿童的天性,要求孩子们长时间老老实实地呆着不动是多么荒唐。教师应该因材施教,不能对所有的学生施以相同的教育。孩子们的学习应由和蔼可亲的教师和良好的榜样加以引导,用惩罚迫使一个缺乏能力的孩子学习是一件"比愚蠢更坏的事"。他还提出在大学里设立一个专门的学院用以培养教师,在那里能获得必要的知识和养成职业道德,并能掌握良好的教学方法。另外,马尔卡斯特对于英语的感情堪称伊丽莎白时代的典范,他认为对于国家和信仰而言英语已成为"标准语言",儿童应该学会他们所说的语言。他说:"我认为任何一种语言,在其含义和简洁方面都比不上英语那样能明确地表达思想。英语严谨而含蓄,丝毫不比希腊语差。在描述美好的事物时也赶得上华丽的拉丁语。"③马尔卡斯特的教育见解至今仍然具有强烈的现实意义。

由上可知,人文主义教育思想体现了文艺复兴的时代精神,它在英国的发展及演进也具有鲜明的时代特征。在文艺复兴前期,英国人文主义教育家都主张用人文主义方法研究神学,他们信奉的是基督教人文主义或圣经人文主义。他们用人文主义的方法处理《圣经》,也就是借助于古典语言这种手段,校正中世纪对《圣经》的误译,扫除经院学者笼罩于《圣经》之上的迷雾,还《圣经》以本来面目。"就这样,在倡导'新学'的过程中,英国的基督

---

① [美]S. E. 佛罗斯特著,吴元训等译:《西方教育的历史和哲学基础》,华夏出版社1987年版,第231页。
② [英]伊丽莎白·劳伦斯著,纪晓林译:《现代教育的起源和发展》,北京语言学院出版社1992年版,第65页。
③ [英]博伊德,金合著,任宝祥,吴元训主译:《西方教育史》,人民教育出版社1986年版,第233页。

教人文主义者和西欧其他人文主义者一起,不知不觉地为路德开始的宗教改革开辟了道路。在英国本土,这种思想也奠定了亨利八世宗教改革的社会人文基础。"①在文艺复兴后期,一种新的人文主义精神逐渐渗透到教育思想之中。"新人文主义教育观主要体现在培养目标的改变、世俗精神的增强、学科知识的拓展、本族语的引入、学习方法的进步等方面。"②它具体表现为:教育目的不再是强调宗教和伦理价值,而是培养现实生活所需要的人才;教育内容不只是局限于宗教神学、古典语言和古典著作,而是范围更广的人文社会科学和自然科学;在教学语言中,随着民族意识的觉醒和民族精神高涨,英语的地位得到极大提高。英国宗教改革后英语更受青睐,并日益成为人们交往和表达知识的手段;"正如在商业事务中一样,人们在通信中当然也使用英语。民族语言的发展源自许多地方语言,并且与民族经济的出现密切相关,它极大地拓宽了中产阶级的视野。"③在教学方法上,人文主义者都强调教师应根据儿童的本性而施教,反对体罚和经院主义的繁琐论辩。新的方法是建立在新的人性论和认识论基础之上,它所体现的基本精神与中世纪大相径庭。

但我们也应看到,文艺复兴后期教育对象发生了根本变化,前期人文主义者关注所有儿童,后期他们大多数只注重上流社会的儿童教育,因而具有明显的等级性。"人文主义者强调教育和学问本身能赋予贵族特性,因为高尚的心灵高于任何高贵的血液。"④与此同时,几乎所有的人文主义教育家都属于基督教徒,他们主张宗教改革,但并不反对宗教和教会本身,因而其教育思想仍然具有浓厚的宗教色彩。尽管如此,作为西欧人文主义教育的重要阵地,英国人文主义教育对西方教育思想及教育实践的发展都产生了深刻影响。"总之,文艺复兴时期英国人文主义教育不仅开社会新风之先河,而且促进了整个社会的世俗化进程,是英国由中世纪教育向近代教育转变的里程碑。"⑤

---

① 钱乘旦,许洁明著:《大国通史·英国通史》,上海社会科学院出版社2007年版,第124页。
② 张斌贤,褚洪启等著:《西方教育思想史》,四川教育出版社1994年版,第235页。
③ Joan Simon, Education and Society in Tudor England, Cambridge University Press, 1967, p. 18.
④ Joan Simon, Education and Society in Tudor England, Cambridge University Press, 1967, p. 64.
⑤ 易红郡著:《英国教育的文化阐释》,华东师范大学出版社2009年版,第82页。

第二章

绅士教育思想

第二章 绅士教育思想

绅士教育是近代欧洲兴起的一种代表新兴资产阶级和新贵族利益的教育观,它虽然与中世纪的"文雅骑士"有关,但它正式发端于文艺复兴前期的意大利,形成于文艺复兴晚期的法国和英国,最后系统化于17世纪的英国,因而被认为是具有英国特色的一种教育思想。骑士道是形成绅士理想的第一大要素,它注重勇气和正直、仁慈善良、彬彬有礼、作战和买卖皆不使用诡计;骑士是国家秩序的维护者,他们的职业是作战和效忠主人,因而轻视文化知识。构成绅士理想的第二大要素,是从意大利、西班牙和法国传入的,这便是优雅的礼仪和一定技艺的修养。

意大利教育家弗吉里奥(Vergerio)是第一个系统阐述人文主义教育理想的学者,约1404年他写了一篇题为"论绅士风度与自由学科"(On the Manners of a Gentleman and on Liberal Studies)的论文,用来指导帕多瓦贵族子弟的教育。弗吉里奥认为,教育的目的不是造就中世纪的骑士或教士,也不是某一行业的从业者,而是充满世俗精神并且身心两健的人。他倡导自由教育(liberal education),认为它能唤起、训练和发展那些使人趋于高贵的才能。自由教育的首要问题是品德,学问是从属于道德的。他说:"一个人的活生生的性格,如同他的活生生的声音,作为一个德行和性格的榜样和一种教导,具有更强大的力量。"①自由学科是指那些与自由人相称的学科,它们能训练一个人的美德和智慧。自由学科的基础是历史、道德哲学和雄辩术。"因为对于真正高尚的头脑,对于不可避免地要投身于公众事务和人类社会的人来说,历史知识和道德哲学的研究是更合适的学科。其余的学科之所以称为自由人学科是因为它们适合于自由人。……假如我没有弄错,(对于从事公众活动的人来说)应增加的第三个学科就是雄辩术(eloquence),它是公民学的独特的部分。……通过雄辩术,我们能说话雄辩有力而又精练,它是最有效地争取群众的一种技巧。"②弗吉里奥还讨论了军事训练和休闲问题,他说:"诚然,对于王子来说,最合适的是学习军事学科,因为他们应当掌握和平与战争的艺术,应当能指挥军队,必要时亲身参加战斗。"③另外,我们不能总是工作,也必须允许有娱乐。弗吉里奥的教育思想具有鲜明的贵族

---

① [美]C. W. 凯林道夫编,任钟印译:《人文主义教育经典文选》,北京大学出版社2012年版,第24页。
② [美]C. W. 凯林道夫编,任钟印译:《人文主义教育经典文选》,北京大学出版社2012年版,第47—48页。
③ [美]C. W. 凯林道夫编,任钟印译:《人文主义教育经典文选》,北京大学出版社2012年版,第59—60页。

性,并蕴含了以后绅士教育的基本要素。

　　文艺复兴后期是西方绅士教育理论形成的重要时期。意大利教育家卡斯底格朗(Castiglione)在《宫廷人物》(The book of the courtier)中塑造了一个完美的廷臣形象。"首先,他是一个实干家。尽管他不是一个职业军人,但擅长于战争艺术,并以一种毫不自夸的沉静的勇气,随时准备承担一切战争风险。此外,他精湛纯熟地长于一切勇敢的运动——打猎、游泳、网球、舞蹈、各种武器的使用——他表现了一位行家的轻松、优雅的风度,他的完美娴熟没有人比得上。理所当然,他是一位通晓语言艺术的大师。"①这种完美的廷臣具有与众不同的品质,他既不是中世纪擅长军事体育,兼具礼仪风度但略通文墨的骑士,也不是文艺复兴前期精通古典语言和古典著作的学者,而是两者精华的综合。他继承了骑士教育的世俗精神和文艺复兴时代的人文理想,体现了新的"文雅骑士"精神。卡斯底格朗所描绘的完美廷臣实际上就是理想的绅士形象,这种绅士应具备以下条件:高贵的出身、学者的智慧、行为举止优雅、良好的艺术修养、擅长战争艺术和各种体育活动、谈吐高雅和能言善辩、穿着打扮得体等。卡斯底格朗曾在宫廷担任职务和罗马教廷驻西班牙使节,《宫廷人物》是他对自己坎坷人生中最快乐的岁月所做的记录。1529年当他在西班牙托莱多(Toledo)去世时,西班牙国王查理五世(Charles V)感叹道:"我们失去了我们这个时代最优秀的绅士。"②1561年《宫廷人物》经翻译传入英国后成为了一本畅销书。这本书给英国以不可估量的影响,一位名叫菲利普·西德尼(Philip Sidney)的外交家和政治家体现了卡斯底格朗的这种理想,他也许是英国最初的"绅士"。

　　法国人文主义教育家蒙田(Montaigne)则明确指出,教育的目的是为了培养"绅士"而不是"学究"。他指责学究气的人文主义者以空洞、死板的书本知识填塞儿童的记忆,这种教育所培养的只是迂腐的学究,而不是各方面都得到发展的有文化修养的绅士。他说:"我们现在恰恰相反,不要培养一个文法学家,也不要培养一个逻辑学家,而是完全的绅士。"③绅士教育应该把经典著作看做行动的指南,而不是一些文学风格;绅士教育不仅包括现代语言,还应包括历史、旅游及广泛的社交和体育活动。绅士教育之目的是培养身心和谐发

---

① [英]博伊德,金合著,任宝祥,吴元训主译:《西方教育史》,人民教育出版社1986年版,第211页。
② [英]威廉·哈里森·伍德沃德著,赵卫平,赵花兰译:《文艺复兴时期教育研究》,山东教育出版社2013年版,第265页。
③ 华东师范大学教育系,浙江大学教育系合编:《西方古代教育论著选》,人民教育出版社2001年版,第400页。

展的完整的人。"一切运动和锻炼,如长跑、击剑、音乐、舞蹈、打猎、骑马,都应该是学生学习的一部分。我希望他的外表、态度或礼节和他的身体及他的心智一起形成起来;因为,我们所训练的,不是心智,也不是身体,而是一个人,我们决不能把两者分开。"①蒙田还要求贵族子弟具有良好的礼仪和品行,言谈举止得体,因此为孩子选择导师时务必慎重。"你孩子的教育和成长,完全在于导师的选择。……教育一个名门望族的后裔,他志在真实的学问,使自己得到训练,目的不在获利与获物,也不在外表的炫耀和装饰,而在于修饰和丰富他的内心,希望塑造和教育出一个有才能的、有本事的人,而不是一个空虚的学者。所以,我希望这个孩子的父亲或监护人,在为孩子选择导师时要非常小心谨慎……"②蒙田是一位非常有学识的绅士,其教育观对洛克的绅士教育思想产生了重要影响。

  在英国,"绅士"(gentleman)的概念很难明确表述,它不像英国宪法那样一清二楚,它在很大程度上根源于传统,而且在好几个世纪不断变化。gentleman 一词是从法语 gentilhomme 这一复合词派生的,它由两部分组成,gentil 是指"有身份人家"的意思,后转变为讨人喜欢,富有魅力;homme 是指"人"的意思。gentil 还与洒脱、举止得体、上等的、出身良好的人所必备的品格有关。因此,最初"绅士"称号是天生的,而不是后天获得。自中世纪以来,欧洲所谓"绅士"是指允许佩戴纹章的有身份人家的男子,并不包括骑士那样的下级贵族。然而,英格兰很早以前就开始厌恶凭借出身享受特权的阶级。14 世纪英格兰萌生了另一种观念,它不注重出身而讲求绅士的必备条件,即在诚实、慈爱、自由和勇气中具备二项就能成为绅士。英国诗歌之父乔叟(Geoffrey Chaucer)提出了更为激进的观点,认为"具有绅士风度的人便是绅士"。后来莎士比亚(William Shakespeare)在剧本《亨利五世》中的台词又孕育了对绅士的新看法,"如果行为高尚,即使出身寒门,也能成为高贵的人,行为是分辨贵族与否的试金石"。③ 詹姆士一世(James Ⅰ)在位期间(1603—1625)绅士囊括了被册封的全部贵族称号——公爵、侯爵、伯爵、子爵、男爵,他还创设了"从男爵"的新称号,并将其出售以获利。有钱人只要支付一大笔钱,便可获得从男爵的称号,从而实现"贵族化"。

---

① 华东师范大学教育系,浙江大学教育系合编:《西方古代教育论著选》,人民教育出版社 2001 年版,第 395 页。
② 华东师范大学教育系,浙江大学教育系合编:《西方古代教育论著选》,人民教育出版社 2001 年版,第 375 页。
③ [英]丽月塔著,王晓霞、陈守桂等译:《绅士道与武士道——日英比较文化论》,浙江人民出版社 1990 年版,第 111—112 页。

"以社会的尺度来衡量,绅士的地位在从男爵之下,但是在国王的心目中,'绅士'的称谓却有着特殊的魅力,在某种意义上,其地位比从男爵高得多,这是非常有趣的。"①

与此同时,一些乡绅通过购买地产而成为新的贵族。"在1540年至1640年间,一个被称作乡绅的阶级,由于精于经营田产,经济实力不断增强乃至获得优势地位。其中一些甚至成了大贵族,进入上院。例如1642年上院的135名议员中,大半是1603年以来获得爵位的;而且,这些新贵族中,除少数是商人和法律界人士,大多数出自富有的乡村士绅。"②到了19世纪末,绅士的范围扩大到了整个中等阶级。随着中等阶级在经济上的获胜,他们在道德观念上也占据上风,从而按照中等阶级的意愿改造了"绅士"观念。他们认为出身与等级对于一个绅士而言并非必需,更重要的是他的奋斗精神。"一个出身卑下的人靠自我奋斗也可以成为绅士,而他在精神和日常生活中的表现使他成为真正的绅士。他是正直的、忠实的、向上的、勤俭的、克制的,充满勇气,自尊自助,实际上就是中等阶级中自我成功者的缩写。"③总之,血统、地产、职位、财富和个人素质等是衡量一个人是否属于绅士阶层必须考虑的因素。

本研究的绅士主要是指15—17世纪英国国王、王后、公爵、侯爵、伯爵、子爵、男爵等,这些人也被称为贵族。16世纪后期英国著名时事评论家托马斯·史密斯(Thomas Smith)爵士指出:"在贵族中,最重要的和阶级最高的是国王、亲王、公爵、侯爵、伯爵、子爵、男爵,他们被视为权贵,都被称作大人和贵人;在他们之下是骑士、从骑士和普通绅士。"④贵族不仅意味着一种地位和头衔,也意味着社会的一种追随目标,"向上等人看齐"逐渐成为英国社会的一种风尚。贵族本身对自己的特殊地位和职责也有明确意识,那就是在言行举止、生活方式上与下等人不同,以便成为民众的表率。久而久之,贵族阶层便形成了一种独特的行为准则和价值标准,这就是贵族精神。"所谓贵族精神就是英国上流社会的精神,它是勇敢尚武、崇尚正直的人生态度,优越的主人意识,强烈的社会责任感,矜持待人、保守、固步自封等诸多品质的一种奇妙混合体。"⑤

---

① [英]丽月塔著,王晓霞、陈守桂等译:《绅士道与武士道——日英比较文化论》,浙江人民出版社1990年版,第87—88页。
② 阎照祥著:《英国近代贵族体制研究》,人民出版社2006年版,第40页。
③ 钱乘旦、陈晓律著:《在传统与变革之间:英国文化模式溯源》,江苏人民出版社2010年版,第348页。
④ J. V. Beckett, The Aristocracy in England 1660-1914, Basil Blackwell, 1986, p.18.
⑤ 钱乘旦、陈晓律著:《在传统与变革之间:英国文化模式溯源》,江苏人民出版社2010年版,第324页。

接受贵族教育是成为英国贵族的一个重要条件,"这种教育是一种特殊的贵族式教育,不仅想进入贵族圈子的人必须接受此种教育,就连试图保持住贵族地位的家族,也必须让孩子接受此种教育。换言之,没有受过此种教育,便不能称为上等人"。① 这种教育的首要宗旨是使学生成为举止优雅、谈吐不凡的绅士,因为贵族的理想道德模型是"绅士"。由此可知,贵族教育的实质是绅士教育,它集中体现了英国文化传统中的贵族精神与精英意识。

加尔文派学者、剑桥大学马格达伦学院(Magdalene College)院长劳伦斯·汉弗莱(Laurence Humphrey)最初用拉丁文(1561年),然后用英文(1563年)写出了《论贵族》(*On the Noble*)一文,向上层社会子弟介绍德行和学问。英国著名诗人埃德蒙·斯宾塞(Edmund Spenser)宣称,他创作的长诗《仙后》(*The Faerie Queen*)目的在于以德行和文雅学科培养绅士与贵族。这一思想集中体现在亚瑟王子身上,他是品德高尚和形象完美的象征,也是斯宾塞不懈追求的理想人物的化身。而为英国绅士教育理论奠定重要基础的代表人物是埃利奥特(Thomas Elyot)、吉尔伯特(Humphrey Gilbert)、克莱兰(James Cleveland)和洛克等教育家,其中洛克是英国绅士教育理论的集大成者,他在《教育漫话》一书中系统地表达了当时英国新兴资产阶级和新贵族的教育要求。

一、埃利奥特

埃利奥特(1490—1546)是英国政治家、外交家和人文主义学者,也是"政治家风度与新学识相结合的代表人物"。他的父亲理查德·埃利奥特(Richard Elyot)是一位文雅的绅士和地方法官,并与托马斯·莫尔、林纳克等一批人文主义学者关系密切。尽管埃利奥特没有进入大学学习,但他从小就受到了人文主义思想的熏陶。"埃利奥特比伊拉斯谟年轻20多岁,比托马斯·莫尔年轻10多岁。伊拉斯谟和莫尔有关知识贵族(an intellectual aristocracy)的理想体现在'总督'(governour)这一人物身上,这也适合当时英国的具体条件。埃利奥特似乎并不认识伊拉斯谟本人,但他和莫尔之间建立了密切的个人关系,这是肯定存在的。"②1511年理查德·埃利奥特为儿子谋得法庭书记员的职务,后来埃利奥特又

---

① 钱乘旦,陈晓律著:《在传统与变革之间:英国文化模式溯源》,江苏人民出版社2010年版,第309页。
② Fritz Caspari, Humanism and the Social Order in Tudor England, Teachers College Press, New York, 1968, p.146.

被任命为英国枢密院秘书,从此开始了他的政治生涯。1530 年埃利奥特被封为爵士。

埃利奥特早年就掌握了拉丁文和希腊文,他广泛阅读了柏拉图、亚里士多德、西塞罗、昆休良和普鲁塔克等人的原著,并翻译了一些经典著作,如伊索克拉底的《王子的教义》(Doctrinal of Princes)、普鲁塔克的《统治的形象》(The Image of Governance)、《儿童的教育或培养》(The Education or Bringing up of Children)等。同时,他也熟读了意大利 15 世纪有关政治和社会方面的书籍,如马提奥·帕尔梅利(Matteo Palmieri)的《论公民生活》和《论王室的教育》,帕特里齐(Francesco Patrizi)的《论共和国》和《科学》,西尔维乌斯(Aeneas Sylvius)的《论教育》和《论庞达诺的原则》,以及卡斯底格朗的《宫廷人物》和伊拉斯谟的《论儿童的博雅教育》和《论基督教君主的教育》等。埃利奥特从上述作品中获得了启发,1530 年他用英文写成了第一部教育著作《行政官之书》(The Book of the Governor),1531 年正式出版后便风行全国。"埃利奥特和莫尔的人文主义作品之间有一个重要而明显的差别:像伊拉斯谟一样,莫尔是用拉丁语写作他的人文主义作品;而埃利奥特是用英语。在莫尔的有生之年,《乌托邦》既没有在英国出版,也没有翻译成英语;而《行政官之书》不仅是用英语写成并在伦敦出版,而且在 1531 年首次出版后的 50 年内重版了 8 次。与莫尔相比,埃利奥特的人文主义在英国更受欢迎。"①

埃利奥特在《行政官之书》中表达了强烈的人文主义兴趣,他阐述了自己关于统治者的教育思想,并深信教育的主要目的是使各统治阶级能承担国家义务。"他的行政官应始终记住,贵族并不意味着特权,而是意味着责任。贵族应该成为人们的榜样,他们必须意识到自己的所有行为都受到人们的关注。"②《行政官之书》既是《宫廷人物》的英国版,也是埃利奥特对当时英国公共生活进行仔细观察的结果。他把该书献给了国王,目的在于使那些拥有社会福利权的人能培养"最适宜的美德"。"这本书成为英国统治阶级道德标准和教育的指南。"③埃利奥特所说的"行政官"是意大利理想"廷臣"的翻版,也是伊拉斯谟心目中的"基督教君主"。在英国,"行政官"是指 16 世纪的统治阶层,包括所有的世俗

---

① Fritz Caspari, Humanism and the Social Order in Tudor England, Teachers College Press, New York, 1968, p. 149.
② Fritz Caspari, Humanism and the Social Order in Tudor England, Teachers College Press, New York, 1968, p. 191.
③ G. H. Bantock, Studies in the History of Educational Theory, Volume I, Artifice and Nature, 1350-1765, George Allen & Unwin, London, 1980, p. 95.

官员,如大臣、法官、市长、大使、议员、治安官、办事员等,实际上是指资产阶级式的新贵族或绅士。

(一) 重视早期儿童的教育

像大多数人文主义者一样,埃利奥特认为教育过程应从婴幼儿期开始。他说:"从贵族儿童出生时开始,采用最好的方式教育或培养他们,使他们成为高尚的人,成为一种社会福利的统治者。"①从出生到7岁,婴幼儿应在家里接受教育,家庭中每一个成员应具有高雅的言行,不能让孩子受到低俗而粗鲁的影响。"孩子的保姆必须慎重选择,其身体健康和道德素养应有充分保障。保姆的职责是抚养孩子,所有涉及养育的事情都委托保姆负责。除了医生之外,不允许男性进入婴儿室。"②埃利奥特从普鲁塔克、昆体良和伊拉斯谟那里认识到模仿的重要性,认为无论是好的还是坏的行为儿童都是通过模仿习得。只要儿童能够开始说话,就应该用令人愉快而且吸引人的方法,引导他们形成优雅的行为方式和高尚的道德习惯;同时也要为儿童安排一些好的同伴,以避免他们做出一些谄媚的举动。

当时很多人认为儿童在7岁以前不应接受读书识字的教育,但埃利奥特认为这既不是古代先哲的观点,也不符合现实的需要。他说:"……对于一位贵族而言,通过嬉戏或安慰的方式去教育他自己的孩子或对自己的孩子进行最少量的考试,这也将是无可指责的。为什么贵族不能教育他们的孩子读书、反而要去教他们的孩子掷骰子和玩纸牌(那样他们将会很快失去和浪费他们自己的财富)? ……最好的办法是:一位贵族的儿子从婴孩时期起就要持续不断地使他逐渐习惯于说纯正的和漂亮的拉丁语。同样,如果可能的话,这个男孩的保姆和他周围的其他妇女也要说纯正的和漂亮的拉丁语,或者至少在最低程度上,她们只说纯正的、有礼貌的、正确的和发音清晰的英语,而不像那些愚蠢的妇女那样,经常任意省略字母或音节,使得一些贵族和绅士的孩子的发音被搞糟、被弄坏,就像我现在所确实知道的那样。"③在他看来,采用一种考虑周全并且愉快的方式教育儿童,同时没有任何的暴

---

① [英]威廉·哈里森·伍德沃德著,赵卫平,赵花兰译:《文艺复兴时期教育研究》,山东教育出版社2013年版,第286页。
② William Harrison Woodward, Studies in Education during the Age of the Renaissance 1400–1600, University Press, Cambridge, 1906, p.273.
③ [英]威廉·哈里森·伍德沃德著,赵卫平,赵花兰译:《文艺复兴时期教育研究》,山东教育出版社2013年版,第287—288页。

力和强制，在7岁以前儿童完全可以接受教育。埃利奥特强调儿童教育的三个要点：培养儿童清晰而准确的表达习惯；在教学起始阶段通过游戏方式进行教育；对话法在学习一门陌生语言（如拉丁语）过程中的价值。

儿童到了7岁以后，最好让他们脱离母亲的陪伴。埃利奥特认为，在男孩成长的过程中，应该鼓励他培养坚强的性格，因此最好将他从所有女性的陪伴中解脱出来，把他托付给家庭教师。埃利奥特采纳了伊拉斯谟和北欧人的观点，认为对于一个出身好的男孩来说，聘请一位家庭教师是必要的。这位家庭教师应该是一位知识渊博、德高望重且受人尊敬的男性，他将以严肃而耐心的性格赢得孩子喜爱。如果孩子能模仿这样一位家庭教师，他长大后就可能会很出色。可见家庭教师的基本素质是要具有优良的品德。一位合格的家庭教师首先要了解儿童的天赋和能力，知道儿童最需要和最倾向于做什么，对于什么事情最感兴趣或最喜爱。如果儿童天生是一个勤奋的、有怜悯心的人，天生具有一颗宽容和正直的心，那么一位明智的家庭教师就应告诉儿童，这些美德将会给他们带来怎样的荣誉、怎样的爱和怎样的物质财富。在埃利奥特看来，良好的教育和榜样示范加上天性趋善会使一个人更加优秀，他认为良好的道德环境比教师的教学技巧和知识更重要。"如他所说，教育的过程是连续的、一致的，它是遵循模仿、榜样示范和人格激励这些原则的，而不是依靠知识的传授。"①

家庭教师不允许儿童由于连续不断的学习而感到疲倦，因为那样会使儿童娇嫩的大脑和未成熟的智力受到损害。埃利奥特认识到一个男孩在学习文学和语言课程时所花费的力气，以及在集中注意力学习希腊语和拉丁语时长期保持兴趣的难度，因而十分重视音乐和美术教育。但他把音乐看做娱乐而不是一种系统的学习，正如希腊的君主们为了使他们的精神得到修养，以增强他们的勇气，他们经常要演奏乐器。因此，音乐的作用在于"精神的恢复"，而不是无节制地享乐。音乐的节奏还有助于更好地理解社会福利，因为社会是由各个阶层和等级组成的，社会中包含了一种完美的和谐。当儿童们以后读到柏拉图和亚里士多德的著作时，将会更加容易理解这一点，因为在他们的著作中有许多关于音乐的事例。如果孩子天生就喜欢绘画和雕刻，那么就不应当指责他的这种天性，而是让他在绘画或雕刻上受到最明智的教育。古代的优秀君主们都受过着色、绘画和雕刻方面的教育。美术对

---

① ［英］威廉·哈里森·伍德沃德著，赵卫平，赵花兰译：《文艺复兴时期教育研究》，山东教育出版社2013年版，第293页。

于各行各业都是必需的,如设计和改善武器、绘制战略地图、确定战术位置和防御工事路线、房屋规划、测量、图表绘制、旅行线路、历史插图等。但是这些教育还是不够的,因为埃利奥特的目的是让每一个贵族孩子都能受到全面而完善的教育。

(二) 制定系统的教学计划

埃利奥特为贵族子弟设计了一个系统的教学计划,并将其划分为三个不同的阶段,每个阶段都安排了适宜的课程。

第一阶段是 7 至 14 岁,以古典语言为主。埃利奥特要求儿童 7 岁之前就应该保持正确的说话方式,并学会用母语清晰地表达。7 岁之后便开始学习更高级的语言。他赞同昆体良的观点,认为儿童可以同时学习希腊语和拉丁语。但他建议儿童不宜在繁重的语法学习中花费太多时间,语法只是理解著作的入门,过度的学习只会挫伤儿童的积极性。他说:"文法不过是索解名家著作的一个引子,若教学者做这步功夫太剧太久了,那必会摧残消磨他的勇气。而且当他最喜欢最有兴味读那些古代名家著作的时候,那如火如荼学问热望的火星,都被这文法负担过重扑灭了。"①埃利奥特认为,学习希腊语应从伊索(Aesop)寓言开始,因为它们的词汇具有教育意义而且容易理解,它们充满了"许多道德和政治的智慧"。背诵课文有助于词汇学习和对句子结构的掌握。他要求儿童阅读阿里斯托芬(Aristophanes)、欧里庇得斯和荷马(Homer)等希腊作家的作品;同时,他主张通过对话学习拉丁语,并逐步进行字形变化及语法入门训练。他要求儿童阅读卢西恩(Lucian)、赫西俄德(Hesiod)、维吉尔、贺拉斯(Horace)等拉丁作家的作品。

埃利奥特要求儿童通过诗歌学习希腊语和拉丁语,并以荷马和维吉尔的作品为示范,这种训练可以提高儿童学习语言的乐趣和勇气。"在他看来,诗歌很容易进行教学,因为他们的作品是形象化的、浪漫的,并且渗透了通俗易懂的道德。"②经典的诗歌要比散文出现得早而且更有吸引力,诗歌不像政治演说或历史描述那样,它不需要支持性的判断或推理。他说:"对于一个种族和个人来说,诗歌都是童年的语言。诗歌是孩子们了解的第一门哲学,通过它孩子们总能够在正确的方向上获得他们的第一课,他们学到的不仅仅是礼仪和自然的情

---

① [美]格莱夫斯著,吴康译:《中世教育史》,华东师范大学出版社 2005 年版,第 178 页。
② William Harrison Woodward, Studies in Education during the Age of the Renaissance 1400-1600, University Press, Cambridge, 1906, p. 283.

感,还有大自然的杰作,把各种有趣的事情结合在一起。"①可见,埃利奥特把经典著作看做语言文学的教材,把阅读这些著作和诗歌看做一种乐趣。第一个阶段到13岁时结束。

第二阶段是14至17岁,以实用知识为主。具体内容包括修辞学(雄辩术)、地理学和历史学等。作为修辞学的入门书,他们首先要学习西塞罗的《论演说家》或阿格里科拉(R. Agricola)的《论有创造力的雄辩家》;然后开始学习昆体良等修辞学家的作品。"从阅读《雄辩术原理》第三卷开始,教育儿童勤奋学习书中所提到的语言技巧,最重要的是它涉及人的说服力,这在协商讨论中是最重要的。"②在阅读《雄辩术原理》的同时,还要学习西塞罗、伊索克拉底和狄摩西尼等人的演说词,把它们作为有逻辑地说话和选择措辞的范例。作为如何写作演说词的参考书,埃利奥特推荐伊拉斯谟的《论词语的丰富》,该书引用大量经典作家用过的句子作为例句,主要论述了在写作和演说中如何遣词造句。但修辞技巧只是雄辩术的一部分,一位真正演说家的职责是提出忠告,重新激起和复活原已丧失的信心,抑制轻率的冲动等。因此,演说家必须获得关于所有事物的知识和最重要的技艺,他应拥有大量的各种各样的知识,包括自然科学知识和哲学思想。简而言之,他就是古希腊的"百科全书"。那些仅仅懂得修辞技巧的人只能被称为修辞学家或"矫揉造作的演讲者",而不能被称为演说家。埃利奥特十分重视地理学和历史学方面的教育。他说:"让孩子去理解有着很多不为读者所知的国名和地名的历史,确实是一件冗长无趣的事情,所以,如果明智的话,应当增加历史的趣味性……在讲解地理这门课时,没有比用实际的模型和工具更好的学习方式了……让人在一小时内见识到也许到老都不能游历完的那些地域、城市、大海、河流与山川,这是多么快乐的事情!"③

埃利奥特对当时或中世纪的旅行书表示怀疑,因而主张阅读古希腊时期所写的地理书。他认为地理学的价值在于它对于阅读历史书有用,所以在了解地理知识后就要引导孩子学习历史。从伊索克拉底、普鲁塔克和西塞罗那里,都可以证明历史对于君主和政治家们的重要性。古罗马历史学家李维(Livy)的书更适合于作为入门书,因为他是一位掌握了

---

① [英]威廉·哈里森·伍德沃德著,赵卫平,赵花兰译:《文艺复兴时期教育研究》,山东教育出版社2013年版,第295页。
② [英]威廉·哈里森·伍德沃德著,赵卫平,赵花兰译:《文艺复兴时期教育研究》,山东教育出版社2013年版,第296页。
③ [英]威廉·哈里森·伍德沃德著,赵卫平,赵花兰译:《文艺复兴时期教育研究》,山东教育出版社2013年版,第297页。

优雅和流畅文体的作家,从他那里学生可以了解到古罗马是怎样成为统治世界的帝国。埃利奥特认为,学习历史的目的在于四个方面:懂得历史学家的风格、军事事件教训的描述、国家发展或衰败的原因、统治者的政治策略及道德价值。同时,还要注意到历史事件中交织着许多不确定性因素和错误的传统。最后,他指出:"没有其他作家能像历史学家那样充满着教育的意义。他们作品的主题是人类生活的写照,表现出道德的吸引力,也表明了坏事的丑恶和令人厌恶。因此,历史就是军事、政治和道德智慧的一种扼要的记录"。① 总之,年轻人学习历史的好处在于获得关于许多事物的经验,受到行政管理方面的训练和高尚行为的激励,在广场或议会大厅发表演说其行为不会受到责备等。

第三阶段是17至21岁,以哲学教育为主。埃利奥特指出:"当孩子真到了17岁的时候,为了用理性约束他的冲动,就需要让他读一些哲学的书,尤其是道德哲学。"②他建议选择亚里士多德的《伦理学》第一二部作为入门书,当孩子们的判断力趋于成熟时,再学习西塞罗的《论责任》和柏拉图的著作,因为这些作品体现了"庄重和愉悦"、"出色的智慧"和"神圣的雄辩",它们足以培养出完美和优秀的统治者。"无论在心智还是身体方面,他应该成为人文主义者所谓的真正的'人';遵循古希腊和罗马人的箴言,他的各方面发展和成熟应该是最好的。"③埃利奥特还表达了对伊拉斯谟《论基督教君主的教育》一书的赞美,这本书主要是为查理王子的教育问题而写,论述了一位理想的基督教君主应具备哪些品质、怎样治理国家以及如何对君主进行合适的教育。他说:"这本书应该为有地位的男人所熟悉,就像亚历山大大帝熟知荷马那样,或者西庇阿熟知色诺芬那样,因为没有任何一本用拉丁文写的书在这么小的篇幅中包含了警句(即原则)、雄辩术和善良的主张,该书的内容既丰富又简明扼要。"④

埃利奥特相信,如果按照他所制定的教学计划去教育儿童,并且让他们持续地学习真正的哲学和遵守国家的法律,直到21岁为止,他们无疑会成为非常优秀和聪明的人,在世界上任何国家的公务领域都找不到比他们更高贵的绅士。埃利奥特反对年轻人过早地学

---

① [英]威廉·哈里森·伍德沃德著,赵卫平,赵花兰译:《文艺复兴时期教育研究》,山东教育出版社2013年版,第299—300页。

② [英]威廉·哈里森·伍德沃德著,赵卫平,赵花兰译:《文艺复兴时期教育研究》,山东教育出版社2013年版,第300页。

③ Fritz Caspari, Humanism and the Social Order in Tudor England, Teachers College Press, New York, 1968, p. 168.

④ [英]威廉·哈里森·伍德沃德著,赵卫平,赵花兰译:《文艺复兴时期教育研究》,山东教育出版社2013年版,第301页。

习法律,或去宫廷从事服务工作,或去过一种庄园主的生活。他也抱怨学校教师的衰微,认为教师职业落入了不能胜任的人手中。有的教师对学生很苛刻,经常不教任何知识;或者他们本身就是无知的,对教学不感兴趣,也不会激励学生。他说:"上帝啊,多少儿童良好的和纯洁的才智现在被愚昧的教师毁掉了!"①

除了文化知识之外,埃利奥特还要求未来的统治者学会游戏和体育运动。他声称身体健康是为了更好地学习,并根据当时英国实际推荐如下运动项目:角力、跑步、游泳、打猎、骑马、射箭、跳舞等。在所有的体育项目中,他特别推崇弓箭,因为它既可以保家卫国,又能强身健体。埃利奥特认为,年轻人应从14岁开始接受特定的体育训练,这种训练有益于"绅士"的成长,使其身体更强健、有力和敏捷,并救其于危难之中。在休闲和娱乐活动中,他特别强调舞蹈的道德价值,认为年轻人学会舞蹈将变得更加慎重和谦虚。他还提到下棋、玩牌和掷骰子,认为下棋能使人头脑更灵敏、记忆力更强;玩牌除非包含道德教育的成分,否则是不允许的;掷骰子是一种赌博行为,它对青少年危害极大。

作为新兴统治阶层的代表,埃利奥特的主要任务是为世俗国家的统治创造条件,以及怎样着手去培养统治者。他相信正确的教育与训练能为国家提供可靠的服务者,知识对于一个立志成为高贵的人具有最大价值,"高贵"虽然涉及名望、头衔、土地和职位,但它也是个人品质的结晶;个性完美的典型表现在于"明智"或"智慧",这既是一种精神品质,也是"本性"、"知识"和"美德"的结合,罗马帝国就是依靠公民的这些品质建立起来的。"埃利奥特认为各种各样的美德形成了新的绅士——统治者的精神气质,他特别强调道德行为和自制力,这也揭示了一条独特的人文主义原则:'他们不应该考虑获得多少荣誉,而是在多大程度上关心国家和承担责任'。"②1533年埃利奥特编写了一本适合于儿童和专业人士使用的《拉丁语—英语词典》。"这是英国出版的第一本词典,它为初学者增补了一些短的词汇,并且在文法学校得以运用。它包含了古典词语和法律、医药、神学方面的专业术语;它吸引了广大的读者,并为后来的词典编辑奠定了基础。"③此外,埃利奥特从意大利获得了关于妇

---

① [英]威廉·哈里森·伍德沃德著,赵卫平,赵花兰译:《文艺复兴时期教育研究》,山东教育出版社2013年版,第302页。
② G. H. Bantock, Studies in the History of Educational Theory, Volume I, Artifice and Nature, 1350-1765, George Allen & Unwin, London, 1980, p. 103.
③ William Harrison Woodward, Studies in Education during the Age of the Renaissance 1400-1600, University Press, Cambridge, 1906, p. 269.

女教育的信念,认为妇女恰当地接受教育有助于为未来的婚姻生活做准备。1534年他出版了《保卫淑女》(*The Defense of Good Women*)一书,"要求以真正的人文主义精神对妇女进行文学和道德哲学方面的明智的教育"。①

像帕尔梅利和伊拉斯谟一样,埃利奥特试图找到是什么原因导致英国教育的落后,他发现该问题的答案首先在于家长的傲慢、贪婪和疏忽,其次在于教师的缺乏。所谓傲慢是指一些有地位的男子公开表示看不起学问,所谓贪婪是指中上阶层在支付家庭教师的薪酬时十分吝啬,所谓疏忽是指不愿意让男孩在14岁以后继续接受教育。这样的状况必须得到改变,这也是埃利奥特写作《行政官之书》的主旨。他说:"现在,所有你们这些读者希望使自己的孩子成为行政官,或者在你们国家的公共事务中具有任何其他的权力,如果你们运用本书中所说的那种方式去培养和教育你们的孩子,那么,在所有的人看来,他们将似乎是值得拥有权力和荣誉的,是值得成为贵族的,所有在他们管理之下的东西都将会繁荣昌盛、趋于完美。"②埃利奥特提出培养新的统治者——行政官或绅士,标志着16世纪英国教育目的之重大转变,既适应了时代发展的需要,也促进了教育理论的发展。洛克正是在此基础上提出了系统的绅士教育理论。

二、吉尔伯特

吉尔伯特(约1539—1583)爵士是16世纪英国军人、航海家和殖民活动的先驱。他先后在伊顿公学和牛津大学学习,并在宫廷里生活过一段时间,经常与一群精力充沛且关注未来的人聚集在一起。1558年伊丽莎白一世继位后,执行重商主义政策。16世纪后半期英国工商业得到迅速发展,迫切要求扩大海外贸易,建立和开拓殖民地。"被殖民地本身的好处所吸引而在美洲开拓殖民地的新的兴趣首先在那些从爱尔兰获得了有关经验的英国人中间萌生出来。"③爱尔兰是去美洲的必经之路,许多想去美洲建立定居点的英国人都曾

---

① William Harrison Woodward, Studies in Education during the Age of the Renaissance 1400-1600, University Press, Cambridge, 1906, p. 270.
② [英]威廉·哈里森·伍德沃德著,赵卫平,赵花兰译:《文艺复兴时期教育研究》,山东教育出版社2013年版,第306页。
③ [英]R. B. 沃纳姆编,中国社会科学院世界历史研究所组译:《新编剑桥世界近代史:反宗教改革运动和价格革命》(第3卷),中国社会科学出版社1999年版,第696页。

在爱尔兰定居过，他们希望把自己的经验在更有前途的美洲加以运用，在美洲他们可以获得大片便于管理的土地。1576年吉尔伯特出版《发现通往中国的一条新路》一书，鼓励英国人到远方寻找财富和领土。也有人认为不列颠人口过多，应到美洲等地开发和定居。

1578年吉尔伯特获得伊丽莎白女王颁发的第一个建立英国殖民地的特许状，率领一批航海家和船队多次远航探险。吉尔伯特似乎想开拓两个定居点，一个在北美洲东岸的北部，另一个在南部。北部定居点可作为前往中国的驿站，南部定居点可作为攻击西班牙的基地。1577年他提交了一份名为《论女王陛下如何给西班牙国王制造麻烦》的请愿书，主张对西班牙和葡萄牙的捕鱼船队进行无端攻击。1583年吉尔伯特在最后一次航行中以女王的名义占领纽芬兰。1585年另一位航海家格伦维尔（Richard Grenville）爵士又在美洲大陆附近的罗阿诺克岛建立了殖民地，取名为"弗吉尼亚"，意为伊丽莎白的"处女之地"。

吉尔伯特的教育主张与16世纪英国对外政策密切相关，他认为无论是中世纪教育还是崇尚古典文化和体育的人文主义教育，都不能满足殖民时代的需要；大量缙绅子弟既不能从事贸易，又无一技之长，对社会的危害越来越大。吉尔伯特崇尚奋发有为的人生观，而蔑视无所事事的人。他强调有为者就应具有冒险精神，投身于殖民和海上争霸活动，而迂腐的学究和不具备技能的绅士无力担负此任。吉尔伯特试图解决这一问题，他赞同柏拉图的学说，认为教育应该由国家控制，社会应该大量地参与教育。1573年他出版了著作《伊丽莎白女王的学园》（*Queen Elizabeth's Academy*），根据自己从事殖民活动的经验，提出了一份迎接殖民时代到来的新教育计划。鉴于当时的牛津和剑桥大学只提供学术性训练，他说为了女王陛下的护卫及其他贵族青年和绅士的教育，必须在伦敦创办一所新型的学园，因为宫廷护卫和年轻贵族普遍缺乏适当的教育，他们逐渐失去了为君主和国家服务的美德。在这所学园里，由皇室抚养的孩子和贵族子弟12岁入学，接受教育到成年。

吉尔伯特的教育计划带有强烈的功利主义色彩，他所培养的绅士与卡斯底格朗和埃利奥特的绅士不同，他更加注重冒险精神和开拓能力，以及适应海外殖民、海外投机和海上争霸的需要。他心目中的绅士是"一名士兵、一位哲学家或一位高贵的廷臣"。为此，吉尔伯特制定了一个包含语言、自然科学、法律和神学的综合性教学计划，还有一些满足和平与战争时期需要的现代学科。这种功利主义色彩在教学计划中得到了充分体现。吉尔伯特把教学计划分为四组：

第一组是古典语言，包括希腊语、拉丁语和希伯来语。应该由一位教师和四位助教负责语法、希腊语和拉丁语，一位专门的教师负责希伯来语。学习古典语言有助于母语的掌握。在伊丽莎白极盛时期，由于民族自尊心高涨，英语日益被看做各种学科的表达手段。年轻的英国绅士都认识到掌握英语的必要性，因为传道、宗教会议、议会会议、各种委员会和其他政府机关都要用英语表达。吉尔伯特主张所有的教学都应该使用英语。与语言相关的是逻辑学和修辞学，它们的训练有助于学生用英语进行政治和军事演说。从政治方面看，这些演说涉及君主国和共和国的历史及现状、政府工作、增加税收、保证公平等；从军事方面看，这些演说会阐明军队的纪律和教育，以及国家如何保持战斗力。通过这种方法，年轻人就能学会更多的实用知识。因此，学园应该尽早地把语言教学导向历史、政治和军事的学习。

第二组是实用学科和自然科学。前者诸如布防、防御工事、挖掘地道、布雷、火炮和宿营，以及如何使用大炮、火炮和射击等。步兵训练包括长矛、火绳枪和戟，以及小规模战斗、行军训练和团体操练等，这些应该每天都练习。后者诸如地理（绘制地图和海图）、天文学、航海和医学等。课堂讲授应注重真实情景的呈现，如装备精良的船和经验丰富的船长。医生要阅读药学和有关外科手术的书籍，知道每一种药品的成分及功效。此外，自然科学和医学研究者应该有一个专门的园地，要用尽可能多的方法进行实验，以探究自然界的奥秘，并用清晰明了的语言汇报他们的实验结果。

第三组是政治学、法学和神学。它们旨在让学生了解君主政体与共和政体的优劣、如何制定国家的内政和外交政策，以及如何建立与健全税收、行政和司法制度，使他们将来进入统治阶层后能更好地履行职责。但专业性的法律知识必须到伦敦具有律师资格授予权的四个法律协会（The Inns of Court，即格雷协会、林肯协会、内殿和中殿协会、大法官法庭协会）学习。

第四组是生活中必备的知识，包括法语、意大利语、西班牙语和德语，以及音乐（琵琶、三弦琴）、舞蹈、击剑和战斧。重视现代外语是为了军事和外交的需要，学习音乐和舞蹈是为了休闲与娱乐。

吉尔伯特指出，这个综合性教学计划的好处是：在大学里人们只能学到书本上的知识，而在这所学园他们可以学到实用知识（如外语和军事知识），以满足和平与战争时期的需要。他相信这样的学园会给英国带来永久的荣誉，在女王陛下的宫廷里都将是高贵的绅士和有美德的人，英国王室将成为欧洲各国的典范。"他自己几乎就是他所建议的那种英国宫廷绅士的原型。他的理想是提供能够适合战争以及平时生活的一些训练。……这种理想最终影响了大学生活。学生摆脱了教会枯燥的束缚，开始佩剑，穿时髦的衣服，并通过决斗时留下的伤疤的数量来衡量社会生活的成功度。"①在 16 世纪的最后 25 年,英国出现了一种符合地主阶级需要的"学园",这种学校组织在法国和德国数量更多,它所提供的课程是公学和文法学校没有的,包括拉丁语、现代语(法语、西班牙语、意大利语)、实用数学、自然科学和军事体操等。吉尔伯特是第一个基于上述理念阐述新教育的人,因而被称为"奠定新教育基础的第一人"。这里的"新教育"就在于教育目的和课程设置新颖。

吉尔伯特教育观具有强烈的现实主义精神,他敏锐地把教育与英国争夺世界霸权联系起来,赋予教育以崭新的使命。他虽然不是教育工作者,但他以从事殖民活动的经验为基础,提出了培养新人以迎接殖民时代到来的新教育计划,其教育思想的现实针对性和功利主义色彩,与埃利奥特相比又极大地向前推进了一步。

三、克莱兰

克莱兰(生卒年不详)是 17 世纪英国人文主义教育家,1607 年他出版《青年贵族的学校》(*The Institution of a Young Nobleman*),提出了一套比较完整的绅士教育思想。该书受意大利学者的影响很深,并参考过其他一些人的著作,如伊拉斯谟、蒙田、卡斯底格朗、帕特里齐、埃利奥特、阿卡姆等。因此,他的绅士教育思想具有兼收并蓄的综合性特点。该书原版是用苏格兰英语写的,并在牛津大学印刷。

克莱兰赞同埃利奥特的观点,认为高贵的品质依赖于训练,只有通过教育和训练,孩子们才能发现自己喜欢什么,或者最适合于做什么。"因此,男孩必须遵循常规的知识训练,并且应该强制去学习而不管他的兴趣爱好是否在此。"②他也吸收了蒙田的观点,认为人的智力中最有价值的品质是判断力,一位教师可以谅解学生不能快速记住一首短诗,但不容许他们对日常生活中的普通事物缺乏判断力。其次需要培养的能力是想象力,它可以使儿童摆脱个人经历的局限性,从而纠正思维的偏狭性。第三种能力是记忆力,它相比判断力而言是次要的。克莱兰认为人文主义教育过分注重记忆力的培养,结果使更有说服力的证据受到束缚而不能发挥其用。教师首先应考虑他们所教的知识是正确和有用的,并且需要

---

① [美]R·弗里曼·伯茨著,王凤玉译:《西方教育文化史》,山东教育出版社 2013 年版,第 244 页。
② [英]威廉·哈里森·伍德沃德著,赵卫平,赵花兰译:《文艺复兴时期教育研究》,山东教育出版社 2013 年版,第 319 页。

掌握一些好的教学方法，用容易掌握的方法去解决困难问题，用简单的方法去处理复杂的事情。他说："一种好的顺序会使解释清楚直白，而没有这样的顺序就会使教师的所有工作变得费力困难。"①克莱兰要求贵族子弟具备必要的身体和心理品质，其中健康是成功的前提，它比天赋和训练更重要；心理品质是指忠诚、正直、意志坚定等美德。对于良好的教养而言，首要品质是纯真朴实，即在为人处世中仪表姿态、说话方式及脾气性情等不虚假做作。正如卡斯底格朗所言："炫耀和做作绝不是好的品质。"

在教学内容方面，首先是说话艺术，因此英语作为"最主要的理解工具"，从开始就应该加以规范。孩子的保姆及其他周边人员发音应清晰，而不要随意省略任何字母或音节；家长和教师不应让孩子说话唠唠叨叨，也不让他们说话时做出怪异的表情。朗读是一门艺术，男孩应尽早地开始练习朗读。他们应学会用甜美的音调朗读，既不能把诗歌读成散文，也不能把散文读成诗歌；既不能像妇女那样用尖锐刺耳的声音朗读，也不能像老年人那样用沙哑的嗓音朗读，而是用一种愉快和谐的声音去朗读。朗读应轻松地开始，在整句之后停顿，在断句的时候换气，声音的起伏要根据主题需要、感叹或疑问情境而定。在学完英语之后，便开始学习拉丁语。克莱兰特别强调拉丁语法的训练，要求初学者掌握更多的语法入门知识，这对于人文学科而言是"奠基石"（corner stone）和"身体的筋骨"（the sinews of the body）。他认为语法在开始学习时要尽可能简单，能让孩子会阅读《智者语录》或维韦斯（Luis Vives）和科迪埃（Mathurin Cordier）的对话录就够了，而且教师要加以解释。语法入门可以结合西塞罗的《书信集》《论友谊》或奥维德的《书信集》《变形记》选段进行学习。

在拉丁文写作时，克莱兰建议采用阿卡姆的"回译法"，但进行了一些修改。教师先提供西塞罗一篇文章的英文稿，然后让学生改变一些动词的时态和语气，并把它翻译成拉丁语；再把拉丁语翻译成法语，最后将拉丁文、法文和英文原稿进行对比学习，找出错误之处予以改进。按照这种方法进行写作练习，既能掌握西塞罗修辞风格的应用，也会具有明辨事实的洞察力和雄辩能力。克莱兰反对用过于刻板的标准练习拉丁文写作，认为教师应注重培养学生运用拉丁语句子结构时的语感，以及他们选择动词及其位置的判断力，而不仅仅是字和词的西塞罗风格。教师选择拉丁语散文进行练习，不只是教给学生死气沉沉的词汇和句法，而是任何语言表达时的逻辑运用。它意味着"年轻的学者将在获得真正的理解

---

① ［英］威廉·哈里森·伍德沃德著，赵卫平，赵花兰译：《文艺复兴时期教育研究》，山东教育出版社2013年版，第320页。

力和正确的判断力方面受益,同样在说话和写作方面也能受益"。①

克莱兰对法语评价很高,他说:"我更希望家长们愿意让他们的儿子学习法语的常用语和习惯用语,法语是当今世界上如此优美、通用和普及的语言。幼年是最合适的学习时间,父母亲应该像古希腊父母所做的那样,在这时做出一些牺牲。他们的舌头容易卷起来发出法语的语调,这对成人而言是很困难的。"②人们越来越感觉到法语的重要性,一些英国贵族家庭也纷纷把男孩送到法国的学园学习。同样,克莱兰也重视希腊语的作用,他认为正如学习拉丁语会在说话方面受益,学习希腊语则会在理解力方面获益。他赞成西塞罗和其他人文主义者的主张,将希腊语语法与拉丁语语法的学习结合起来。他建议首先仔细阅读希腊语的《新约全书》,然后阅读伊索克拉底和色诺芬的作品。希腊语就像一把通向知识殿堂的钥匙,它可以引导学生到达所有科学的源泉,希腊文学的真正魅力在于雄辩术、哲学和诗学。但在16世纪末情况发生了显著变化,英语已经成为一种正式的官方语言,希腊语知识的地位已经被取代,声称通过希腊语学习数学、地理、生物学、物理学、药学或神学的方法已不可取。因此,尽管克莱兰和其他人文主义者仍然强调希腊语的重要性,但希腊语的地位已经下降了。

克莱兰认为,对于一个年轻贵族而言,历史是主要的学习内容,尤其是当他想发表演说或想使理解力达到完善时。历史学习不在于掌握词语或语法结构,而是学会对历史人物的描述,要么是一个模仿榜样,要么是一个反面警告;同时,要培养学生分析问题和判断问题的能力,以及对普遍原则的认识和历史事件的阐释,这是历史教学的主要意图。历史学习以阅读古典著作为主,如弗洛鲁斯(Florus)、恺撒(Gaius Julius Caesar)、普鲁塔克和李维等人的作品。逻辑学是自然科学的基础,它本身不是目的,而只是一种工具,它可应用于神学、法学和其他学科;可以通过亚里士多德的著作或其他合适作品学习逻辑学。那些将来从事公共事务的男孩还需要学习法律知识,以便明白怎样解读议会法律或国家法令,知道国家的一些习惯法和不成文法,以及如何解释法律条款和处理法律纠纷。为了法律的尊严,他们还必须到伦敦四个法律协会中任何一个协会寄宿学习一段时间。

另外,算术、数学、几何学、天文学、地理学和建筑学也是重要的学科。几何学以学习欧几里得(Euclid)的《几何原理》为主,绘制地图、建筑模型、图纸设计等都与几何学有关。"如

---

① [英]威廉·哈里森·伍德沃德著,赵卫平,赵花兰译:《文艺复兴时期教育研究》,山东教育出版社2013年版,第322页。
② [英]威廉·哈里森·伍德沃德著,赵卫平,赵花兰译:《文艺复兴时期教育研究》,山东教育出版社2013年版,第321页。

果一支军队的一位将军根据纬线和子午线而不知道南北极的海拔、郡和省的地理位置、气候的多样性和白天黑夜的长短,不知道空气的温度、地球的质量以及许多这样的知识,那将是一件极为耻辱的事情。"①由于地理大发现和海外殖民的刺激,地理学获得了很大发展,从概念到研究方法都摆脱了古人的束缚。教师可以让学生学习托勒密(Ptolemy)的《地理学指南》、马吉努斯(Maginus)的理论、奥特利厄斯(Ortelius)的理论及欧洲大陆地图、墨卡托(Mercator)的地球仪、梅鲁拉(Merula)的《宇宙志》等。

在阅读方式和书籍选择方面,克莱兰提出了一些建议。他认为有些书只需要阅读一部分,有些书要全部通读一遍,极少数书则需要全神贯注地全部读完。在所有书籍中,《圣经》最有说服力,即使是那些最伟大的古典著作也不能与之媲美。克莱兰建议广泛地阅读历史类书籍,包括修昔底德(Thucydides)、希罗多德(Herodotus)、色诺芬、普鲁塔克、恺撒、塔西陀(Tacitus)、帕特里齐等人的著作。他说:"我会让你在阅读法国、意大利、西班牙尤其是德国的历史之前,先熟悉自己国家的历史和大事记,这样你就懂得了生活、自然、风俗和社会阶层,了解了你的朋友和敌人,而所有这些对你来说无论何时都是有益的和愉快的。"②在文学作品中,克莱兰推荐绅士阅读菲利普·西德尼爵士的《阿卡狄亚》(*Arcadia*),它既是一部历史书也是一部诗篇,对于写作和掌握英语文体的修辞都有价值。对于生活在宫廷的年轻绅士而言,阅读卡斯底格朗的《宫廷人物》也是非常必要和有益的。在一般读物中,可以学习亚里士多德和西塞罗的古代箴言。克莱兰还建议像意大利人那样组织读书会,就某些哲学或人生主题发表演说,因为这样可以培养想象力并通过竞争提高自己。

克莱兰十分强调绅士的责任与行为准则,他要求年轻绅士虔敬上帝、服从国王和效忠国家。他们对于父母的责任不需任何强制,完全是天性使然;他们对于导师的责任与对其父母的责任一样,应该时常怀有感激之心。他说:"不管是谁,如果对自己的导师不表示感激……那么今后他不尊重宗教、信仰和正义,也就不令人惊奇了;他将把法律和所有的公道都踩在脚下。"③在行为举止方面,克莱兰要求年轻人走路时不能像淘气的少女那样轻飘,也

---

① [英]威廉·哈里森·伍德沃德著,赵卫平,赵花兰译:《文艺复兴时期教育研究》,山东教育出版社2013年版,第325页。
② [英]威廉·哈里森·伍德沃德著,赵卫平,赵花兰译:《文艺复兴时期教育研究》,山东教育出版社2013年版,第327页。
③ [英]威廉·哈里森·伍德沃德著,赵卫平,赵花兰译:《文艺复兴时期教育研究》,山东教育出版社2013年版,第329页。

不能像舞台剧中的国王那样大步流星。外部表情不要过于肃穆,穿着打扮应符合时尚要求,而不是稀奇古怪。言语是"真实的自身的影子",年轻人要尽量少说话,说话要经过慎重考虑。语言既不应该琐碎,也不应是学究式的,而应简洁明了。他们要努力改正不悦耳的口音,和君主在一起时不应胆怯,和长者在一起时不应过于严肃。既不把时间浪费在闲言碎语上,也不在立场不确定时发号施令。既不炫耀自己的学识,也不嘲笑那些不在场的人。以上关于绅士风度的论述,克莱兰与卡斯底格朗如出一辙。对于绅士合适的运动,他同意埃利奥特的观点,强调射箭、骑马、跳舞、音乐的作用,这些运动对于娱乐和健康是有益的。

最后,克莱兰把旅行视为绅士教育的重要环节。他说:"我的建议是,你们要出去旅行,以完善你们的知识。"①因此,在完成规定的普通教育后,年轻贵族就应出国旅行。"旅行是一部生动的历史",它的目的是增长见识,学会观察和倾听,既不使自己孤傲,也不会过于自信。在旅行中,让他观察各个城市,它们的财富和重要地位,它们的中小学和大学、建筑物和纪念碑等,并要求每天记录自己的感受。另外,君主、王室、军事、贸易、贵族、商业阶层、居民性情及生活方式等也是被观察的对象。克莱兰建议旅行时带上自己的导师,并设计了一条详细的旅行线路:一个年轻男子从苏格兰出发,首先参观牛津大学的一些学院和著名图书馆,再到剑桥大学、威斯敏斯特大教堂;穿过英吉利海峡,到达法国加莱港口后,他将参观亚眠、巴黎、奥尔良、普瓦捷、普罗旺斯、里昂等地;参观法国城市后,他将到达瑞士的日内瓦;然后越过阿尔卑斯山到达意大利,他将游览都林、佛罗伦萨、罗马、威尼斯等地;最后经由奥地利、匈牙利、波兰、德国,到达丹麦和荷兰。克莱兰不赞成去西班牙旅行,"因为在那里,本性最好的贵族也会被败坏了;对所有高尚的东西以及宗教的亵渎和蔑视是如此普通和平常……"②

总之,从埃利奥特到吉尔伯特,再到克莱兰,英国的绅士教育思想越来越丰富,洛克继承并发展了这一传统,并且提出了更为系统完善的绅士教育思想。

四、洛克

洛克(1632—1704)是17世纪英国著名哲学家、政治家和教育家。也有人称其为"英国

---

① [英]威廉·哈里森·伍德沃德著,赵卫平,赵花兰译:《文艺复兴时期教育研究》,山东教育出版社2013年版,第331页。
② [英]威廉·哈里森·伍德沃德著,赵卫平,赵花兰译:《文艺复兴时期教育研究》,山东教育出版社2013年版,第332页。

历史上第一流的哲学家和教育思想家"。① 在哲学上,洛克批判了以笛卡儿(Descartes)为代表的天赋观念论,继承并发展了培根(Francis Bacon)的唯物主义经验论,提出了著名的"白板说"。"洛克的哲学源于他的认识论,即对人类获得知识的过程、种类、性质、范围以及知识和信念之间的区别的研究。……洛克被视为英国心理学之父,这无疑是恰当的。"②"他在哲学上的最大贡献,即他在当时率先最系统地表述和论证了经验主义认识论的主要原理。其哲学精髓和主要内容,集中体现在对天赋观念论的批判和对知识源于经验的论证两大问题上。"③在政治上,洛克首次提出了国家分权的理论,认为分权是保障自由、平等和私有财产,防止专制的最好方式。他由衷地欢呼"光荣革命"的胜利,积极投身于辉格党的改革活动,成为辉格党的权威理论家。在教育上,洛克系统地表达了新兴资产阶级的要求,其绅士教育理论奠定了英国近代教育的思想基础。

洛克出生于一个乡村律师家庭,父亲是一名清教徒,他从小受到严格的家庭教育。1646年洛克进入威斯敏斯特公学接受古典教育,1652年考入牛津大学基督教堂学院学习哲学和政治学,期间受到笛卡儿思想的深刻影响。1656年获得牛津大学文学学士学位。1658年获得牛津大学文学硕士学位并留校任教,担任希腊语、修辞学和道德哲学的教师,同时对自然科学和医学产生了浓厚兴趣。洛克与著名科学家波义耳(Robert Boyle)、牛顿(Isaac Newton)等交往密切,并于1668年入选为英国皇家学会会员。1675年洛克获得牛津大学医学学士学位。"从他晚期的藏书目录卡片中可以看出,在他3600本藏书中,402本是医学书籍,240本是关于科学的图书。"④1666年洛克结识了辉格党领袖沙夫茨伯里(Anthony A. C. Shaftesbury)伯爵,他以精湛的医术治好了这位贵族久治不愈的怪病,因而得到伯爵的信任。1667年洛克离开牛津大学,被聘为沙夫茨伯里的秘书兼私人医生和家庭教师。沙夫茨伯里的政治活动对洛克影响很大,1682年沙氏因反对詹姆士二世(James Ⅱ)继承王位的活动败露而逃亡荷兰,1683年洛克为躲避政治迫害也出走荷兰,直到1689年

---

① [摩洛哥]扎古尔·摩西主编,梅祖培,龙治芳等译:《世界著名教育思想家》(3),中国对外翻译出版公司1995年版,第53页。
② G. H. Bantock, Studies in the History of Educational Theory, Volume Ⅰ, Artifice and Nature, 1350-1765, George Allen & Unwin, London, 1980, pp. 220-221.
③ [英]约翰·洛克著,方晋译:《绅士的教育》,西安出版社2011年版,法译本序,第9页。
④ [摩洛哥]扎古尔·摩西主编,梅祖培,龙治芳等译:《世界著名教育思想家》(3),中国对外翻译出版公司1995年版,第51页。

"光荣革命"结束后才回到英国。在荷兰流亡期间,洛克撰写了名著《人类理解论》和《政府论》上下篇。《人类理解论》引起了人们在理解人类工作方面的一场革命,"从哲学观来看,洛克的《人类理解论》对教育的贡献也许比《教育漫话》更大"①;《政府论》介绍了人类社会应该拥有的组织形式和管理方法,对引发法国大革命的政治思想产生了深远影响。

1684年正在荷兰避难的洛克与朋友爱德华·克拉克(Edward Clark)就如何教育其长子的问题,进行了长达数年的书信往来。洛克曾长期担任沙夫茨伯里伯爵儿子的家庭教师,后来又在法国和荷兰担任家庭教师,他对贵族子弟进行了细致入微的观察,并积累了丰富的教育经验,他在一系列书信中向克拉克阐述了自己的教育心得。洛克表达的真知灼见不仅受到克拉克的青睐,也使其他英国贵族赞赏不已。为了帮助当时英国上流社会家庭培养青年绅士,他们一致要求洛克将书信整理出版,以让更多的贵族子弟从中受益。洛克接受了朋友们的建议,将有关书信整理后于1693年正式出版,命名为《教育漫话》,全书的主题是论述"绅士教育"。

洛克生活的17世纪是英国绅士阶层大扩展时期,当时封建贵族日益式微,新兴资产阶级和新贵族不断壮大,并逐渐取代了传统封建贵族,成为绅士阶层的主体。洛克所谓的"绅士教育"就是指已夺取政权的英国资产阶级与新贵族子弟的教育。由于这些贵族子弟家境富裕,特权意识很强,如果教育不当就会成为沾染不良习气的纨绔子弟。洛克在致克拉克先生的信中写道:"近来时常有人对我提及,说不知道如何教养其子女;大家常常有种感慨,说年轻人的堕落成为当前普遍抱怨的话题;因而有人不得不针对该问题发表一些意见,如果目的旨在激励公众,或提供改正意见,我们就不能认为他的举动有伤大雅。因为教育上的错误较之别的错误更不可赦免。"②他认为教育目的就是培养绅士,而不是教士、学究或廷臣。绅士需要事业家的知识,合乎地位的举止,并能按照自己的身份成为一个有益于国家的人物。绅士既要有强健的身体,又要有德行、智慧、礼仪和学问。"实际上,就是具有清晰的理智和坚强的意志,掌握经营工商业的知识与技能,仪态高雅,举止适度,通晓世故人情,善于处理公私事务,勤奋勇敢,既能满足个人幸福生活需要,又能促进资本主义发展的资产

---

① Robert Ulich, History of Educational Thought, American Book Company, New York, 1950, p. 200.
② [英]约翰·洛克著,杨汉麟译:《教育漫话》(全译·注释本),人民教育出版社2006年版,第204页。

阶级事业家。"①这一目的反映了英国资产阶级和新贵族培养新人的理想。

洛克对当时的学校教育持否定态度，认为培养绅士应通过家庭教育。"我只能倾向于在家庭里养育年轻的绅士，将他置于父亲的眼前，置于好的管理者的监督之下。如果教育能够在家庭里进行并按照适当方式安排的话，这是实现伟大的教育目的最佳且最安全的措施。"②首先，当时上层阶级子弟就读的文法学校盛行古典主义教育，青年绅士只能学习一点希腊文和拉丁文，而不是处世经商的本领。他说："现在欧洲一般学校流行的学问已深入教育领域，然而如果掂量一下，其绝大部分对一个绅士来说，都是不必要的，没有这些学问，对于他自己没有任何重大损失，对于他的事业也毫无妨碍。"③其次，公共学校聚集了一群良莠不齐、成分复杂和沾染各种恶习的儿童，他们的言行对上层阶级子弟有不良影响。最后，公共学校学生人数太多，教师难以进行个别施教，必然影响良好品格的形成。"因为无论教师如何努力，本领如何高强，他也决不可能如此杰出，以致在教上50或100个学生的情况下，除了他们聚集在学校的时间外，他还能在其他时间将他们置于他的眼皮底下进行监管；除了书本外，也不能指望他在其他教导事项上成绩斐然；儿童的心理及礼貌的形成需要持之以恒的关注，并且还得个别施教，这在人数众多的儿童群聚之处无法施展；即使教师有时间去考察并纠正学生的个别缺点和不良倾向，但是学生一天24小时中，绝大部分时间是独自消磨的，或者还要受到同伴恶习的侵蚀，在此状况下，教师的努力只能是徒劳无功。"④

为此，洛克极力主张上层阶级应不惜重金聘请家庭教师教育子弟。"我相信，凡是家里请得起教师的人，则雇来的教师较之学校里的任何人必定能使其子举止更为优雅、更具阳刚之气，同时在什么是有价值、什么是合适的观念上，使其子更有分寸感，教师在教他儿子学习作交易及尽早成人方面较之学校能做的必定更为精通。"⑤做教师的人不仅应当具有良好的教养，通晓礼仪，举止适当；还应世事洞明，人情练达。

基于资产阶级的长远利益，洛克认为干练的事业家必须受到身体、道德和智力等多方

---

① 戴本博主编：《外国教育史》（中），人民教育出版社1997年版，第71页。
② [英]罗伯特·R·拉斯克，詹姆斯·斯科特兰著，朱镜人、单中惠译：《伟大教育家的学说》，山东教育出版社2013年版，第107页。
③ [英]约翰·洛克著，杨汉麟译：《教育漫话》（全译·注释本），人民教育出版社2006年版，第86页。
④ [英]约翰·洛克著，杨汉麟译：《教育漫话》（全译·注释本），人民教育出版社2006年版，第59页。
⑤ [英]约翰·洛克著，杨汉麟译：《教育漫话》（全译·注释本），人民教育出版社2006年版，第58—59页。

面的训练,并从体育、德育和智育三方面详细阐述了如何培养绅士的思想。

(一) 绅士必须具有强健的体魄

洛克继承了埃利奥特、克莱兰等人重视体育训练的传统,认为一个绅士要使自己的事业获得成功,达到个人幸福的目的,就必须拥有强健的体魄。他说:"对于人世幸福状态的一种简洁而充分的描绘是:健康的精神寓于健康的身体。凡是二者都具备之人就不必再有其他的奢望了;然而一个人的身体与精神中若有一方面存在缺陷,即使功成名就,也绝无幸福可言。"①洛克之所以重视身体保健和养护,与其所处的时代背景密切相关。当时英国资产阶级正处于上升时期,他们要经营工商业和航海探险,要开拓殖民地和新的财源,要取得人生事业的成功,显然没有强健的身体不行。总之,"对于我们的工作及人生幸福,健康是何等重要;而一个人为了出类拔萃,功成名就,就必须能忍受艰辛、疲乏,因此对强健的体魄提出了很高的要求,其中的道理一目了然,无须证明"。②

洛克根据自己掌握的医学理论,并结合当时的医学保健知识,以培养"强健的身体"为目标,以能"忍耐劳苦"为标准,就上层阶级家庭如何对儿童进行健康及卫生教育提出了包括衣、食、住、饮、睡眠等方面广泛而详细的建议:

1. 避免娇生惯养。洛克指出:"应该当心的第一件事是:无论冬夏,儿童的穿着都不可过暖。我们出生时,面孔的娇嫩并不在身体其他部分之下,后来由于锻炼,才使之能经受风寒。"③无论白天还是晚上他不主张儿童戴帽子,因为没有什么比把脑袋捂得严严实实更容易引起头痛、伤风、发炎、咳嗽及其他诸种疾病的了。

2. 每天用冷水洗浴。"这样做的主要目的是使儿童养成经常地、习惯性地使用冷水的习惯,增进人体有关部位的功能,免得像那些所谓有教养家庭的孩子,足部偶尔沾了一点水,便要带来许多麻烦;至于洗脚的时间是定在晚上还是白天,我想可以由做父母者酌情而定,以方便为宜。……用这种办法获得的健康及强韧,即使花费更大的代价去换取也是划算的。"④洛克建议从春天开始,起初用温水,然后每晚把水逐渐调冷,过了若干时日后就可

---

① [英]约翰·洛克著,杨汉麟译:《教育漫话》(全译·注释本),人民教育出版社2006年版,第7页。
② [英]约翰·洛克著,杨汉麟译:《教育漫话》(全译·注释本),人民教育出版社2006年版,第8页。
③ [英]约翰·洛克著,杨汉麟译:《教育漫话》(全译·注释本),人民教育出版社2006年版,第10页。
④ [英]约翰·洛克著,杨汉麟译:《教育漫话》(全译·注释本),人民教育出版社2006年版,第11页。

以完全用冷水,此后不分冬夏都要坚持照样洗浴。

3. 多到户外活动。即使在冬天也要尽量少烤火,这样他就习惯于既能忍受寒冷,又不畏惧炎热;既不害怕骄阳,也不恐惧风雨了。"若是一个人的身体连冷热晴雨都不能忍受,这样的身体对于他活在世上又有多大帮助呢?若待他长大成人才去着手培养这一习惯,就会为时过晚。这种习惯要尽早培养,逐步养成。只要这样去做,我们的身体对于任何事情几乎都是可以承受的。"①

4. 衣着不宜过紧。"狭窄的胸脯,短促且散发异味的呼吸,衰弱的肺腔,以及佝偻,是束缚身体及穿紧身服装的必然的、常见的结果。人们原来是想使他们苗条挺拔,身材健美的,结果却适得其反。"②

5. 到了适当年龄时,教他学会游泳。许多人的生命是由于会游泳才得以保全,所以罗马人把掌握游泳技能看得十分重要。游泳除了获得一种技能和应付急需外,还可在炎热的夏天浸泡在冷水中洗浴,这对于健康也大有裨益。

6. 饮食应清淡简单,不喝烈性饮料。洛克主张儿童两三岁以前禁止肉食,这对于他保持健康与增强力量都不无裨益。"我确信,如果一般儿童不像现在这样,被慈爱的母亲及无知的仆人将肚皮填得满满的,三四岁前与肉食完全不沾边,他们年幼时出牙的危险就会大大降低,各种疾病也会退避三舍,而为健康、强壮的体格奠定基础也是确定无疑之事了。"③至于早餐和晚餐,牛奶、奶羹、稀粥、英式甜点等都比较合适,但这些食品务必清淡,不宜多加调料,糖和盐要尽量少放,尤其是辛辣的调味品力求避免。儿童的饮料只能是淡啤酒,而且只能在吃完面包后喝。

7. 养成早睡早起习惯,要睡硬板床。洛克认为,在生活起居中只有睡眠是儿童可以充分享受的,没有什么比睡眠更能增进儿童的生长与健康。"如果早起形成习惯,对健康极为有益;一个人若从童年起就养成及时起床的习惯,并驾轻就熟,游刃有余,那么,至他成年之后,他就不会将他生命中最宝贵、最有用的时间浪费在昏睡中及床褥上了。如果儿童必须早起,自然便得早睡,其结果可使他们养成一种习惯,不去涉足那种不健康、不安全的放荡的夜生活……"④儿童的卧床要坚硬些,宁可用棉絮而不用羽绒。"硬床可以锻炼身体,然而

---

① [英]约翰·洛克著,杨汉麟译:《教育漫话》(全译·注释本),人民教育出版社2006年版,第14页。
② [英]约翰·洛克著,杨汉麟译:《教育漫话》(全译·注释本),人民教育出版社2006年版,第15页。
③ [英]约翰·洛克著,杨汉麟译:《教育漫话》(全译·注释本),人民教育出版社2006年版,第16页。
④ [英]约翰·洛克著,杨汉麟译:《教育漫话》(全译·注释本),人民教育出版社2006年版,第23页。

如果每夜被羽绒被褥所包裹,则会融骨伤体,不啻为虚弱之因,短寿之源。结石病的起因常常就是由于腰部包裹过暖所致,此外还有许多别的不适,以及疾病之源的身体孱弱,大都可归咎于羽绒被褥。"①

此外,洛克还建议儿童按时大小便,养成早起排便的习惯;不滥用药物或乱请医生,"一个曾耗费精力研究过医学的人,他劝你不可滥用药物,乱请医生,恐怕是没有人有借口去加以怀疑的"。② 他说:"总结起来可以归纳为如下几条极易遵守的规则:大量呼吸新鲜空气,经常运动,睡眠充足;食物须清淡,不喝酒或烈性饮料,少用乃至不用药物;衣着不可过暖、过紧,尤其是头、脚要保持凉爽,脚应习惯与冷水接触,不怕暴露在潮湿的环境中。"③这些习惯的养成应尽早着手,因为幼小时所得的印象,哪怕极其微小,小到几乎觉察不出,也有极重大和长久的影响。

由于洛克较高的医学造诣,他关于儿童健康教育的理论在当时是一种系统的、崭新的理论,具有一定的科学性,许多方法至今仍有借鉴意义。尤其是在当时那种把人的身体看作囚禁灵魂的监狱,无视身体健康,反对体育锻炼的经院主义教育统治下,洛克的健康教育思想无异于石破天惊,令人耳目一新。但洛克是从资产阶级功利主义原则出发,以"出人头地"、"有幸福"为目的,号召资产阶级认识自己的时代使命,拥有强健的体魄,能适应各种艰苦的环境和工作,这是为当时英国资本主义发展、建立工商业霸权及殖民帝国服务的。

(二) 绅士必须具备良好的德行

在洛克的绅士教育理论中,德行居于首要地位。他说:"在一个人或者一位绅士应具备的各种品性之中,我将德行放在首位,视之为最必需的品性;他要有存在价值,受到敬爱,被他人接受或容忍,德行乃是绝对不可缺少的。缺乏德行,无论是在阳世还是在阴间,我认为他都毫无幸福可言。"④可见德行是绅士教育的灵魂。

什么是德行?洛克站在唯物主义经验论立场上,否定了天赋道德原则,认为凡是给个

---

① [英]约翰·洛克著,杨汉麟译:《教育漫话》(全译·注释本),人民教育出版社2006年版,第24页。
② [英]约翰·洛克著,杨汉麟译:《教育漫话》(全译·注释本),人民教育出版社2006年版,第28页。
③ [英]约翰·洛克著,杨汉麟译:《教育漫话》(全译·注释本),人民教育出版社2006年版,第28页。
④ [英]约翰·洛克著,杨汉麟译:《教育漫话》(全译·注释本),人民教育出版社2006年版,第128页。

人带来快乐和幸福的行为就是善,凡是给个人带来痛苦和不幸的行为就是恶。绅士应具有理智、礼仪、智慧、刚毅等美德。洛克把培养用理智克制欲望的能力作为德育的原则,"对我来说有一件清楚明白的事情是:一切德行(Virtue)与美善(Excellence)的原则在于,当欲望得不到理性认同时,我们需要具有克制自身欲望得到满足的能力"。① 他建议儿童自呱呱坠地时就应习惯于克制欲望,做事行动时不要对这种欲望念念不忘。洛克十分重视礼仪或教养,并称之为"绅士的第二种美德"。他要求儿童掌握关于礼仪的知识,在容貌、声音、言语、动作、姿势以及整个外在举止方面都庄重优雅。"不良教养在行为举止上有两种表现:一种是忸怩羞怯,另一种是轻狂放肆。要避免这两种情况就须恪守一条规则,即:不可轻视自己,也不要藐视他人。"②对于智慧问题,洛克的理解是一个人在世上处理其个人事务时精明强干并富有远见。对于儿童而言,要尽力阻止他们变得狡猾,狡猾仿效智慧,却与智慧相距甚远。他说:"应使一个儿童习惯于获得关于事物的真实观念,不达此目的就不满足;应使儿童把心智用在伟大的、有价值的思想上,而与虚假以及包含大量虚假成分的狡猾保持距离;这才是儿童对于智慧的最合适的准备。"③刚毅是其他德行的保障与支柱,是指当一个人无论遇到什么灾祸或危险时都能镇定自如,不受干扰地尽其职责。

洛克认为,德行中也有四种不良的品质,即粗暴、轻蔑、非难和刁难。粗暴是位居第一的不良品质,它使得一个人对别人缺乏热情与诚意,不知道尊重别人的性向、脾气或身份。人们经常可以遇到这种人,他们衣着时髦,性格暴虐,颐指气使,为所欲为,完全漠视别人的感受。轻蔑体现在一些人的脸色、言语或姿势方面,无论蔑视的对象是谁,它总会导致别人坐立不安,因为没有谁愿意被人轻视和怠慢。非难是和礼貌直接对立的,无论是谁犯了什么过失,都不愿意在大庭广众之下予以公开;任何人有了污点都会感到羞耻,任何缺点一旦被人发现了,总会令人感到不安。"所以我认为,凡是不愿意激怒他人的人,尤其是一切年轻人,都应小心地避免戏谑别人,因为一点小小失误,或任何一个不当措辞,都可能使得取笑对象不快,并在他们心灵中留下一段难忘的记忆……"④刁难常常会带来不合时宜的、令人动怒的言语和举止,它是我们动怒时对于对方无礼行为的一种无言的非议,这种怀疑或暗示会令任何人都感到不自在。为了培养良好的德行,洛克提出了以下主张:

---

① [英]约翰·洛克著,杨汉麟译:《教育漫话》(全译·注释本),人民教育出版社2006年版,第34页。
② [英]约翰·洛克著,杨汉麟译:《教育漫话》(全译·注释本),人民教育出版社2006年版,第132页。
③ [英]约翰·洛克著,杨汉麟译:《教育漫话》(全译·注释本),人民教育出版社2006年版,第132页。
④ [英]约翰·洛克著,杨汉麟译:《教育漫话》(全译·注释本),人民教育出版社2006年版,第135页。

1. 反对溺爱。洛克认为,人们在教养儿童时有个重大错误,即儿童的精神在最柔弱、最易于支配时没有使其习惯于遵守纪律,服从理智。父母爱护子女是一种本性,但这种自然的爱如果不受理性控制,就容易转变为一种溺爱。不少父母常常对子女的过失呵护有加,以为孩子任性地嬉戏打闹是纯真的表现,对于他们的恶作剧也不去纠正,结果他们必然学会了打人和骂人,必定会哭闹着索要他想得到的东西,必定会悍然去做他一心想做的事情。"这样一来,由于父母迎合迁就、溺爱娇惯之故,在孩子幼小时候破坏了自然的法则,他们自己在泉水的源头播撒了毒药,日后亲自喝到苦水,却又感到大惑不解。"①他们长大后,必然会刚愎倔强、恣意妄为、任性执拗,这些恶习如影相随,然而都是父母亲自养成的。洛克根据儿童缺乏判断力但易于塑造的特点,主张在儿童极小的时候就加以管教,使他们完全服从父母的意志,成年后就可依靠自己的理智行事。

2. 慎用惩罚。洛克主张对儿童严加管教,但并不意味着过分严格和滥用惩罚。他认为严酷的惩罚在教育上害处很大,受罚最重的儿童很少能成为优秀人才。"如果他们由于受到过分严格的管束,精神遭到严重压制乃至损害,他们便会失去活力与勤奋,……他们显得胆怯、驯良,唯唯诺诺,郁郁寡欢,很不容易振作,这种人也极难获得任何成就。"②鞭挞是人们在惩罚儿童时常用的方法,也是教师能想到的管理儿童的唯一工具,但却是教育上最不恰当的一种方法。这种方法所造就的是奴隶似的性格,一旦教鞭高悬,出于对它的畏惧,儿童便会顺从,伪装听话;可是一旦教鞭收起,逃脱大人的监管,他便会更加放任自己。所以,要想使儿童成为明智、善良和机灵的人,将鞭挞及其他奴隶似的体罚运用于教育中是不合适的,只有在万不得已的场合和极端情形下才可偶尔使用。

3. 善用奖励。正确运用奖励对于儿童的心理是最有力量的一种刺激,但物质引诱不可取。成年人不宜用儿童钟情的东西,如金钱、糖果、漂亮的服饰等奖励他,以免养成奢侈、骄傲和贪婪的心理。"这样一来,不当的嗜好、欲望本应受到克制,现在反而受到鼓励;他们便为儿童未来的邪恶奠定了基础,须知,对于那种邪恶,除非我们克制自己的欲望,以及及早使之受理性的约束,否则是无法避免的。"③洛克认为奖励应注重培养儿童的荣誉感和羞耻心。儿童对于称赞与耻辱十分敏感,当他们行为端庄受到表扬或好评,尤其是被父母及自

---

① [英]约翰·洛克著,杨汉麟译:《教育漫话》(全译·注释本),人民教育出版社2006年版,第30页。
② [英]约翰·洛克著,杨汉麟译:《教育漫话》(全译·注释本),人民教育出版社2006年版,第39页。
③ [英]约翰·洛克著,杨汉麟译:《教育漫话》(全译·注释本),人民教育出版社2006年版,第42页。

己依赖的人看得起时,他们感到一种快乐,并可得到种种可爱的东西;当他们行为不轨或不讲诚信时,就不可避免地受到冷落或轻视,其结果是他所喜爱的东西全都得不到。"采用此法,从一开始就使儿童得到一种稳定的经验,知道他们心仪之物是促进德行的,只有名誉良好的人才能得到、才能享受。如果你能利用这些方法使他们犯了过错而知道羞耻(因为除此之外,我不希望有惩罚),使他们乐于被人交口称赞,你就可以随意地支配他们,他们也就会爱上一切德行。"①

4. 培养习惯。洛克认为,儿童绝非用规则就可以教好,规则迟早会被他们忘掉。他建议教师利用一切机会,甚至在可能的时候创造机会,为儿童提供一种不可缺少的练习,使之在他们身上固定成为一种习惯。这种习惯一旦养成,就无需借助记忆,而轻易自然地发挥作用了。习惯的力量比理智更加有恒、更加简便。在培养习惯时要注意两点:一是最好和颜悦色地进行劝导与提醒,不可疾言厉色地责备;二是不可同时培养太多的习惯,以免花样太多令人不知所措。这种在教师监督下,通过反复练习养成良好的做事习惯,而非死记规则的方法,无论从哪方面考虑都有诸多优点。培养习惯时还应符合儿童的能力、天资和体格,因此教师和父母要认真研究儿童的天性与才能,观察他们最容易走的路子是什么,是什么造就了他们,他们缺乏的是什么,以及如何才能改良。"因为在诸多个案中,我们所能做或所应做的乃是尽量利用自然的禀赋,在于阻止有关禀赋最易产生的邪恶与过错,并对它所可能带来的优势大力协助。"②

5. 说理教育。洛克认为,儿童是具有理性的动物,他们一旦使用语言就能明白道理了,所以说理是"支配儿童的重要工具"。但说理必须以适合儿童的能力及理解力为限,不能把一个3岁或7岁的孩子当做大人那样去和他辩论。长篇大论的说教和富有哲学意味的推理,只能使儿童感到惊奇与迷惑,并不能提供真正的教导。教育者应理性地看待儿童,举止要温和,态度要镇定,要让儿童感到你的做法是合理的,对他们是有益而且必须的;要让儿童感到你之所以吩咐或禁止他们去做某事,并非心血来潮或胡思乱想。"我认为,无论对于应在他们身上激发的德行,还是应远离的过错,无不可以用道理说服;不过所说的道理应符合他们的年龄及理解力,同时应以极少的简明扼要的措辞表达。"③

---

① [英]约翰·洛克著,杨汉麟译:《教育漫话》(全译·注释本),人民教育出版社2006年版,第44—45页。
② [英]约翰·洛克著,杨汉麟译:《教育漫话》(全译·注释本),人民教育出版社2006年版,第50页。
③ [英]约翰·洛克著,杨汉麟译:《教育漫话》(全译·注释本),人民教育出版社2006年版,第72页。

6. 榜样教育。洛克认为,在各种教导儿童及培养礼仪的方法中,榜样是"最简单易行且富有成效的方法"。一旦你向他们展示所熟悉的人的榜样,同时说明这些榜样为何美丽或丑恶,那种吸引力将比任何说教都有效。采用这种观察他人榜样的方式,儿童在许多事情上对于有良好教养的人所展示的风采,对不良教养的人所暴露的丑恶,必然懂得更多、印象更深,这是任何规则及教训都无法比拟的。只要儿童处于他人的教导之下,这种方法不仅应在年幼时采用,而且可以一直延续。与榜样相比,没有任何事情能这么温和而又深入地打动人的心扉。因此,洛克要求父母及教师为儿童树立榜样,你不愿意他去效仿之事,你自己决不可当着他的面去做。

(三) 绅士应具有事业家的知识与技能

在洛克的绅士教育体系中,学问与德行相比位居其次,它只能作为辅助更重要的品质之用。一个有德行、有智慧的绅士比一个掌握了许多脱离实际学问的大学者更为可贵。他说:"读书、写字和学问,我也认为是必需的,但却不应成为主要的工作……我并不否认,对于心智健全的人来说,学问对于辅佐德行与智慧都极有帮助,然而同时我们也得承认,对心智不是那么健全的人来说,学问就徒然使他们更加愚蠢,乃至沦落。"①因此,在聘请家庭教师时,首先要考虑孩子的教养,而不是一心想着拉丁语和逻辑。父母务必将孩子交给这样的人,他能尽量保持孩子的纯真,珍惜并培养其优点,温和地改正和消除其任何不良倾向,使之养成良好的习惯。只要如此安排,学问不仅可以追求,而且能收到事半功倍之效。

洛克反对夸美纽斯(Johann Amos Comenius)提出的"将一切知识教给一切人"的思想,认为儿童所学的知识只能是"最有用和最必需的"。他说:"可知晓的事物如浩瀚之海洋……我们即使耗费毕生时间,也无法获取全部。在这里,我也不是说学习那些我们有能力掌握的事物,而是强调应当学习不仅合适而且有用的事物。"②他认为绅士需要的是"事业家的知识"和"处世经商的本领"。洛克在反对神学和古典人文主义教育的基础上,提出知识教育包括阅读、写字、作文、修辞、图画、速记、英语、法语、拉丁语、地理、算术、几何、天文、

---

① [英]约翰·洛克著,杨汉麟译:《教育漫话》(全译·注释本),人民教育出版社2006年版,第142页。
② [英]罗伯特·R.拉斯克,詹姆斯·斯科特兰著,朱镜人、单中惠译:《伟大教育家的学说》,山东教育出版社2013年版,第106—107页。

历史、法律、自然哲学、商业会计等。知识教育之目的不仅在于传授科学知识,更重要的是发展理解能力,因为一个人最后用来引导他自己的手段是理解能力。"意志本身,不管人们认为它多么绝对而且无法控制,总是服从理解能力之权威性的命令。……事实上,人们心智里的所有观念和形象都常常是控制人们心智之看不见的权威,而且人们的心智都普遍地乐于服从这些权威,所以,在追求知识和在知识所作出的一切判断方面特别注意正确引导理解能力,就是最要关心的事了。"①洛克并不要求绅士成为"博学的人",而是需要"事业家"的知识。他说:"我们知识的范围不能超出观念的范围;所以,想要博学的人,必须熟悉一切科学的对象。但这对于一个绅士来说是不必要的,他的正当职业是为他的国家服务,因而关心道德的和政治的知识才是最正当的;因此,直接属于他的职业的学习,是那些关于美德与恶行、市民社会以及统治艺术的学习,还可以包括法律和历史。"②

除了基本知识外,洛克还倡导才艺和技能教育。其主要目的是通过有益的、健全的体力锻炼,使儿童从较为正经的思想和工作中得到消遣。才艺教育包括舞蹈、音乐、击剑和骑马等,洛克建议从小就学习舞蹈,因为它可以使得一个人终生具有优雅的举止与超凡脱俗的阳刚之气,还能使儿童变得自信;音乐与舞蹈密切相关,一个擅长某些乐器的人必定会受到青睐;骑马对于健康最为有利,它还能使年轻绅士变得坚定自信、优雅潇洒;击剑也是一项有益于身体的运动,通过决斗时出剑的招式,可以培养人的军事技能或勇猛精神。技能教育包括园艺、细木工、油漆、雕刻、铁工、铜工、银工、琢磨、安配珠宝、琢磨光学玻璃等。同时,洛克告诫年轻绅士不要参加像扑克牌、掷骰子之类玩物丧志和贻害无穷的娱乐。在众多的实用技能中,洛克要求绅士学习其中两三种,尤其是手工技艺;如果这位绅士时运艰难,掌握两三种技艺会受益无穷。对于乡村绅士而言,园艺和木工是最好不过的技艺,因为学会了园艺就能管理并指导他的园丁;学会了木工则能设计并制造许多既有趣又实用的东西。"因此,在这些事情上,健康与进步可以合二为一:那些以读书、学习为其主要工作的人,应选择一些合适的技艺作为娱乐。选择时,要顾及一个人的年龄与性向,而且无论何时,都不让他勉强行事。"③

为了使儿童更好地学习和发展智力,洛克提出了许多行之有效的教学方法。他说:"如果

---

① [英]约翰·洛克著,吴棠译:《理解能力指导散论》,人民教育出版社1993年版,第2页。
② [英]约翰·洛克著,吴棠译:《理解能力指导散论》,人民教育出版社1993年版,第94页。
③ [英]约翰·洛克著,杨汉麟译:《教育漫话》(全译·注释本),人民教育出版社2006年版,第194页。

谁能找出一个方法,一方面使得儿童的精神安逸、活泼、自由,同时又能使他抑制自己对于许多事物的欲望,不接近不好的事物,他便能调和这种表面的矛盾,懂得教育的真正秘诀了。"①

1. 主张启发儿童的学习积极性,决不可把学习当作他们的一项任务,也不能变成他们的一种麻烦,要使他们自己去向往学习,把求学当成另外一种游戏或娱乐去追求。他说:"我常发一种奇想:学习可以变成儿童的一种游戏、一项娱乐;觉得如果学习被儿童当作一件充满荣耀、名誉、快乐及娱乐意味的事情,或是把它当成做了某事的奖励;假如他们从未因为忽略了求学就受到责备或惩罚,他们是会向往求学受教的。"②

2. 儿童学习任何事物的时候,教师应该施展其教学技巧,为他们清除一切杂念,专心致志地领会他们所应接受的思想,否则这些思想在他们的心里不会留下印象。但要求儿童长久地专注于某一事情,这对他们而言是一种痛苦。所以,凡是要使儿童专心用功的人,就应尽量使他所提议的事情令人愉悦,至少应避免带来令人沮丧或惊吓的观念。

3. 反对教师用斥责和惩罚的方法迫使儿童注意,这种方法产生的效果必定适得其反。"教师的愤激言辞或打击使得儿童的内心产生恐怖,并迅速蔓延开来,占据了他的整个心理,使它再也没有容纳别的印象的空隙。……他顿时丧失对所在环境的洞察力,他的心里充满了紊乱与慌张,在那种状态之下,再也不能注意任何事物了。"③为了保持儿童的注意力,教师应使儿童理解他所教知识的用途,应让儿童知道利用所学知识能做以前不能做的事情,这种事情能给他以力量,使他具有真正的优势,凌驾于对此一无所知者之上。

4. 父母和教师应使受教儿童敬畏自己,确立自己的权威并以此去管束他们。一旦获得了对儿童的支配权后,他们就应慎重地使用这种权利,不能把自己当做惊吓鸟儿的稻草人,使儿童总是在他们的目光下心惊胆战。这种严酷的方法可使儿童易于管教,但对于他们几乎毫无益处。"你要使他的心理接受你的教导,或者增加知识,就应该使之保持安逸平静。你不能在一颗战栗的心灵上写上美观平正的文字,正如同你不能在一张震动的纸上写上美观平正的文字是一样的道理。"④

---

① [爱尔兰]弗兰克·M·弗拉纳根著,卢立涛,安传达译:《最伟大的教育家:从苏格拉底到杜威》,华东师范大学出版社2012年版,第82页。
② [英]约翰·洛克著,杨汉麟译:《教育漫话》(全译·注释本),人民教育出版社2006年版,第143页。
③ [英]约翰·洛克著,杨汉麟译:《教育漫话》(全译·注释本),人民教育出版社2006年版,第157—158页。
④ [英]约翰·洛克著,杨汉麟译:《教育漫话》(全译·注释本),人民教育出版社2006年版,第158页。

5. 教师在所有的教导中要和蔼可亲,他可以通过谦和的举止让儿童知道教师的爱,知道教师的良苦用心是为了自己好。这是在儿童身上激发爱心,使之一心向学,热爱教师教导的唯一方法。"对于儿童,他应经常流露出亲切与善意,并以此调剂他施予儿童心灵的对他的敬畏之感,这种亲切与善意的情感可激励儿童去完成其本职工作,使之乐于服从他的命令。"①除了顽梗之外,教师对待任何事情都不宜采用专横或粗暴的方式,儿童的所有其他过失都应采用温和方式去改正。

6. 教育孩子应从明白简单的地方开始,一次教授的内容不宜太多,要等到有关材料在他们头脑里扎根,才能再教那门科目的新材料。最初可以给他们一个简单的观念,等他们正确理解和充分吸收后,再增加第二个简单的观念。这样温和地、不知不觉地一步步前进,既不会错乱也不需惊慌,儿童的悟性就可以开启,思想就可以拓展,乃至远远超过人们的预期。如果要使学会的知识记忆牢固,就应鼓励他继续前进,最好是让他把这种知识再转教别人。

7. 应鼓励并尽量满足儿童的好奇心,增强他们的求知欲,提倡主动学习,反对强迫学习。"儿童的好奇心是一种追求知识的热望,因此应加以鼓励,这不仅因为它是一种令人欣慰的迹象,而且因为这是自然为他们提供的扫除天生愚昧的优良工具。如果缺乏这种急切的求知欲,无知就会将他们变成呆滞无用的动物。"②可以让儿童通过领略新奇的事物引发问题,并提供机会让他们自己去求解,以激发他们的好奇心。

此外,洛克强调培养儿童的动手能力,如引导他们自己制作玩具,学习一种手艺或园艺,这样既可调剂生活,又能获得一些必要的知识技能,还可防止儿童将宝贵的光阴虚掷在无益的事情上;教育还应适合儿童的个性特征,因为每个人的心理都与他的面孔一样各有特色,我们很难找到两个能用完全相同的方法进行教导的儿童,王子、贵族和普通绅士子弟的教养方式应当彼此不同。

最后,洛克主张通过旅行结束绅士教育。他认为出国旅行颇为有益,主要表现为学习语言和通过观察与接触各种不同脾性、习俗及生活方式的人们,以增进智慧与持重能力。但当时绅士子弟出国旅行一般安排在16至21岁之间,那时正是人生中最难获得长进的时候。在他看来,年轻绅士出国旅行的最佳时期是年纪较轻、易受管束的时候(7岁至14或16岁);或者年岁较长、无需教师的时候。"人生在此之前,颇具可塑性,尚未变得执拗,故较易

---

① [英]约翰·洛克著,杨汉麟译:《教育漫话》(全译·注释本),人民教育出版社2006年版,第159页。
② [英]约翰·洛克著,杨汉麟译:《教育漫话》(全译·注释本),人民教育出版社2006年版,第116页。

管束、较为安全;过此时期,则理智与远见开始发展,使人留心自身的安全与长进了。"①年纪较轻时需要教师陪同前往,教师既可以用外语传授知识,又能使儿童处于他的管束之下。年纪较长时可以管束自己,在国外会留心观察那些值得注意的事物;由于他事先完全熟悉本国的法律、风俗与道德,他就有材料和国外人士交流,从与他们的交谈中获得知识。然而,许多年轻绅士旅行回来后极少进步,其原因就是没有按照上述办法去做。"……如果国外旅行有时不能使他眼界大开,不能使他小心谨慎,不能使他习惯于考查外表之下的底蕴,不能使他在亲切自然的举止保卫下,去与形形色色的生人交往,显得潇洒自在,而又不致失去别人的好评,那么,这种出国旅行就无甚裨益了。"②

洛克的绅士教育思想反映了当时新兴资产阶级的要求,他立足于当时的社会现实探讨实际教育问题,强烈的功利主义和实用主义,以及为上升时期资产阶级培养有事业心、有能力的接班人是其教育出发点。"洛克的主要贡献是他使教育进一步挣脱了神学和古典主义的束缚,发展了世俗的、为现实生活服务的新教育。夸美纽斯在这方面作过努力,他使现实主义突破了神学和古典主义,但最终让神学束缚了现实主义。弥尔顿在这方面作过努力,但是他面对现实,却习惯地只知道向古人求教,使古典主义淡化了他的现实主义。洛克的教育目的是纯世俗的,已没有一点宗教神学的'来世说'的痕迹。"③"洛克的现实主义既满足了那些注重实际的英国人的需要,也吸引了美国的富兰克林和杰斐逊、法国的卢梭、德国的巴西多及其后继者;甚至那些进步教科书的作者恳求在书的前言写上'令人尊敬的洛克先生'。"④

洛克强调儿童的德、智、体全面发展,要求学习包括新兴自然科学在内的实用知识,革新教育及教学方法,提出教育要顾及儿童能力与兴趣,启发儿童学习积极性和主动性等,这些观点对后世产生了很大影响。"尽管洛克关于培养17世纪青年绅士的忠告不能轻易地移植于现代大众教育的条件,但是他的言论中仍然有很多足以激励和指导今天的教育工作者和家长。"⑤洛克对先天观念的否认也产生了重要的影响,它不仅肯定了教育的重要性,而

---

① [英]约翰·洛克著,杨汉麟译:《教育漫话》(全译·注释本),人民教育出版社2006年版,第200页。
② [英]约翰·洛克著,杨汉麟译:《教育漫话》(全译·注释本),人民教育出版社2006年版,第201—202页。
③ 赵祥麟主编:《外国教育家评传》(第一卷),上海教育出版社2003年版,第514页。
④ Robert Ulich, History of Educational Thought, American Book Company, New York, 1950, p. 209.
⑤ [英]乔伊·帕尔默主编,任钟印,诸惠芳译:《教育究竟是什么?100位思想家论教育》,北京大学出版社2010年版,第63页。

且强调自主推理能力的发展。

洛克的《教育漫话》成为"英国皇家协会"的重要推荐读物,并在首版后近三个世纪的时间内,几乎被全世界所有的书面语言所译介,成为全球通行的"绅士指南"。日本学者岛田川宏指出:"在这部书里,洛克先生以他那敏锐的头脑、深刻的思想,为人们提供了一个绅士的榜样,极大地维护了理性的尊严,展示了思想的力量,这一切都能极大地激励我们和我们的后代。"① 法国学者普克洛尔写道:"许多年已经过去了,但洛克的名字和他的辉煌巨著仍然留在我们的脑海中,并时时激励着我们。洛克吸引我们的,是他那渊博的学识、睿智的思想和他那种绅士的风范。"② 毫无疑问,虽然这部著作是专门针对绅士教育而写,但这并不影响它对所有儿童的教育带来裨益,因为他提出的所有教育原则都具有普遍性。"另外,洛克作为哲学家和政治作家的名望使得他的教育论文更具影响力。"③

由上可知,早期的绅士教育是封建王朝统治时期培养"廷臣"的教育,带有浓厚的贵族性。"在都铎王朝保护下新贵族成为改革的主要动力。许多新贵族靠自己的力量和才能赢得了地位。这个贵族阶层起初对学校教育并没有多大兴趣,但他们很快认识到这种教育的重要性,看到它会使他们在自己的社会地位上发挥更有效的作用。他们也愿意学习可能有助于实现自己抱负的学科。于是,他们开始学习有实际意义的各种人文学科和自然科学。他们既学习传统的算术、几何、天文和音乐等学科——随着知识的发展,这些学科获得了新的价值,他们也学习法语、意大利语、化学、绘画等实用的新学科。但最重要的是要学习使他们适应和平与战争的体育活动。"④ 洛克提出的绅士教育则是为了培养新兴资产阶级所需要的事业家,带有强烈的功利性和世俗性。正如有的学者指出:"洛克对教育所持的观点是职业性的。换言之,他是抱有功利主义以及实用主义的目的。……因此,他将会学到自己的职业生涯中最频繁使用的知识。……洛克关注的教育问题是特殊阶层成员的教育——是针对那些将来会成为土地所有者、政治家、神职人员、管理者和官员之人的英国绅士教育。"⑤

---

① [英]约翰·洛克著,方晋译:《绅士的教育》,西安出版社 2011 年版,日译本序,第 8 页。
② [英]约翰·洛克著,方晋译:《绅士的教育》,西安出版社 2011 年版,法译本序,第 9 页。
③ Robert Ulich, History of Educational Thought, American Book Company, New York, 1950, p. 200.
④ [英]博伊德,金合著,任宝祥,吴元训主译:《西方教育史》,人民教育出版社 1986 年版,第 230 页。
⑤ [爱尔兰]弗兰克·M·弗拉纳根著,卢立涛,安传达译:《最伟大的教育家:从苏格拉底到杜威》,华东师范大学出版社 2012 年版,第 79 页。

总之,从中世纪培养神职人员,到文艺复兴时期培养廷臣,再到17世纪培养世俗人才,这是英国教育思想史上的一个重要转折点,它是新的生产力和社会力量发展的产物,也是至高无上的神权逐渐衰落的反映。绅士教育作为一种世俗的现实主义教育思想,在近代英国教育理论的形成与发展中占有重要地位。

绅士教育所强调的贵族精神、绅士风度、身体强健、性格刚毅等,对英国教育实践尤其是公学教育产生了深远影响。"19世纪以前的公学教育就是一种传承贵族精神和绅士风度的自由教育,其主要目的不在于传播知识,或直接提高全民素质,而在于造就一批有教养的绅士精英。对绅士的培养自然涉及多种学科的教学,然而比这些学科更重要的是它们被嵌入其中的道德架构。"①美国学者弗莱克斯纳(Abraharn Flexner)指出:"公学主要为一个阶级服务;它只生产一种类型——一种精神类型、一种风度类型;它百折不挠、专心致志地以一种确定的方式塑造学生。……只要英国社会仍是贵族的等级分层的社会,公学就能够按自己的方式存在下去。"②可见公学在塑造英国绅士风度和性格方面承担了主要责任。

有人曾把英国绅士分为三类:一是高贵的绅士,即具有良好的出身、高贵的地位、渊博的学识、强健的体魄、优雅的举止、崇高的个人价值,以及优越的条件和漂亮的住宅。这是一种理想化的类型。二是伪绅士,即具有高贵的血统,但缺乏良好的教养。三是虽然没有高贵的出身,但通过出众的优点获得尊重和绅士头衔。这种人"通过美德、智慧、策略、勤奋、法律知识和战争中的勇猛,或者用类似于诚实的方法,使他成为一个受人爱戴和尊敬的人,然后被提拔为高级政府官员,手握大权并享有盛誉,甚至成为英联邦的支柱……"③20世纪英国教育史学家奥尔德里奇(Richard Aldrich)指出:"理想的英国绅士首先是一个业余活动家,至于他有何专门知识、从事什么实业或贸易活动,这些都是次要的细节。他拥有足够的财富、闲暇、涵养和信心,得以担任公职,在政界、政府里发挥作用,或者,在公益部门——教会、法界或军界里发挥作用。"④时至今日,这种绅士及绅士文化仍然深深扎根于英国的土壤之中。

---

① 原青林著:《揭示英才教育的秘诀——英国公学研究》,黑龙江人民出版社2006年版,第254页。
② [美]亚伯拉罕·弗莱克斯纳著,徐辉,陈晓菲译:《现代大学论——美英德大学研究》,浙江教育出版社2001年版,第200页。
③ [英]威廉·哈里森·伍德沃德著,赵卫平,赵花兰译:《文艺复兴时期教育研究》,山东教育出版社2013年版,第310页。
④ [英]奥尔德里奇著,诸惠芳,李洪绪等译:《简明英国教育史》,人民教育出版社1987年版,第26页。

第三章

空想社会主义

教育思想

第三章
空想社会主义教育思想

空想社会主义最早产生于文艺复兴时期，它是伴随资本主义生产关系萌芽而产生的思想体系。它反映了早期无产阶级迫切要求改造现存社会，建立美好社会的愿望，表达了他们的经济、政治和教育诉求。早期空想社会主义的主要代表是英国的莫尔、意大利的康帕内拉(Tommas Campanella)和德国的闵采尔(Thomas Münzer)。1516年莫尔出版的《乌托邦》是空想社会主义产生的标志。

16世纪初，农业和手工业发展及商品生产的扩大，推动了劳动工具和生产技术的革新，英、法、德、西班牙等国的社会生产力得到显著提高，因而加速了封建生产方式解体和资本主义的产生。在西欧各国中，英国是资本主义工商业发展最快的国家。早在14世纪末英国的农奴制已经瓦解，资本主义开始在封建社会的母体孕育。15世纪末由于生产呢绒的手工工场迅速发展，引起对羊毛需求的激增和羊毛价格不断上涨，养羊业成为发财致富的捷径，于是圈地运动狂飙发展。新贵族和新兴资产阶级为了把耕地变成牧场，他们通过暴力手段用树篱把农民世世代代的耕地圈占。成千上万的农民从自己的土地上被驱赶，他们的房屋被拆除，村庄也被夷为平地，成为了一无所有的无产者。1485至1500年，北汉普顿、沃里克、牛津、白金汉和伯克等郡被圈占了16000英亩土地，其中有13000英亩用作牧场。在圈地运动中获利最大的是乡绅，如莱斯特郡所有被圈占的土地中，乡绅占据67%，修道院占17%，贵族占12%，王室占2%。① 在圈地运动中失去土地的农民颠沛流离，境况悲惨，乃至莫尔在《乌托邦》中发出了"羊吃人"的呐喊。

同时，圈地运动破坏了封建土地关系，实现了"耕地牧场化"的资本主义变革，为资本主义发展开辟了道路。圈地运动也加剧了社会两极分化，土地日益集中在少数人手中，不仅产生了农业资本家，而且形成了资产阶级化的新贵族；大批被剥夺土地的农民则沦为无产者或半无产者，他们为资本主义工业发展提供了廉价劳动力。亨利七世在位时(1485—1509)英国已进入农业和手工业并行发展时期。在农村一些失地农民依靠手工业谋生，如考文垂和诺里奇有三分之一的农民从事羊毛纺织业；在伦敦等地一些呢布商则组织了"商人冒险公司"，把未经染色的初加工呢布出口到海外。15世纪末，美洲大陆和通往东方新航路的发现，为新兴资产阶级开辟了广阔的海外市场，这是他们进行原始资本积累的另一主要方式，他们把从海外经营中获得的大量财富转化为资本。1470至1510年间，英国的羊毛纺织品出口翻了三倍。到16世纪初，羊毛及羊毛制品已占英国出口业的90%，其余10%的

---

① 钱乘旦，许洁明著：《大国通史·英国通史》，上海社会科学院出版社2007年版，第120页。

出口物品是煤、锡、铅、谷物和鱼类。①

随着资本主义生产和圈地运动的发展,英国社会两极急剧分化,阶级矛盾日益尖锐。被赶出土地和家园的广大农民走投无路,被迫沦为乞丐、流浪者和小偷。而封建专制王朝则制定一系列立法,残酷地迫害和镇压流浪者,强迫他们到资本主义牧场、农场和手工工场充当廉价劳动力。在血腥立法下,成批的破产农民被处以绞刑。圈地运动和血腥立法把英国广大农民投入悲惨的深渊,他们怀着满腔仇恨点燃反圈地斗争的烈火,到处拆毁树篱,填平沟壑,毁坏牧场,最后形成了反圈地的武装起义。早期空想社会主义学说,就是为了适应早期无产者反剥削压迫的需要而产生。莫尔的《乌托邦》、康帕内拉的《太阳城》、闵采尔的"理想天国"等,既是早期无产者对资本主义剥削方式的抗议,也是对未来理想社会憧憬的表现。

17世纪的欧洲仍然处于封建主义向资本主义过渡时期,伴随着早期无产者和资产者的矛盾逐步尖锐,产生了17世纪的空想社会主义。该时期空想社会主义的代表人物是英国的温斯坦莱(Gerrard Winstanley)和法国的维拉斯(Denis Vairasse)。1640年英国爆发了推翻斯图亚特王朝的资产阶级革命,这次革命由资产阶级和新贵族联盟发起,广大农民、手工业者和无产者则是革命的主力军。但它只是资产阶级和新贵族的胜利,革命果实完全被资产阶级和新贵族所窃取。新成立的资产阶级政府,不仅拒绝满足广大农民的土地要求,改善手工业者和无产者的生活困境,反而采取一系列措施把没收的土地转入资产阶级和新贵族手中,而且保留了教会的什一税和增加了各种新捐税。再加上当时战争导致的工商业凋敝、物价飞涨、粮食歉收,使贫苦农民、手工业者和无产者的处境更加恶化。他们对资产阶级政府深感失望和不满,意识到必须依靠自己的力量实现愿望,于是他们掀起了英国历史上著名的"掘地派"运动。

1649年4月一些贫苦农民和无产者在伦敦西南的圣乔治山荒地定居,他们开辟荒地种植蔬菜,共同劳动和共同生活,自称"真正平等派"或"掘地者"。温斯坦莱是"掘地派运动"的领袖和理论家。由于这一运动代表了广大农民和无产者的利益,反映了他们要求消灭土地私有制,反对奴役和压迫的要求,在英国各地产生了强烈的反响。1650年在诺桑普顿、白金汉、兰开夏、肯特郡等地爆发了声势浩大的贫苦农民掘地运动。这一运动威胁到英国土地私有制的基础,引起资产阶级和新贵族的恐慌,1651年克伦威尔政府镇压了掘地派运动。

---

① 钱乘旦,许洁明著:《大国通史·英国通史》,上海社会科学院出版社2007年版,第121—122页。

这一运动虽然很快失败,但作为无产者的独立运动以及随之形成的温斯坦莱空想社会主义理论,在英国历史上产生了深远影响。

18世纪后半期,欧洲发生的英国工业革命和法国大革命,为19世纪初空想社会主义的产生创造了条件。英国的欧文(Robert Owen)和法国的圣西门(Claude Saint-simon)、傅立叶(Charles Fourier)是该时期空想社会主义的杰出代表。如果说欧文是英国工业革命的产儿,那么圣西门和傅立叶则是法国资产阶级革命的产儿。英国工业革命始于18世纪60年代的棉纺织业,刺激棉纺织业技术革新的外部因素是印度细棉织品物美价廉,东印度公司将之大量输入,迫使英国棉纺织业采用机器生产,以降低成本和提高产品竞争力。1765年哈格里夫斯(James Hargreaves)发明了手摇纺纱机("珍妮机"),同时阿克莱特(Richard Arkwright)发明了水力纺纱机。这些技术突破使英国棉纺织业获得了飞速发展。18世纪70年代和80年代,在英国棉纺织业中出现了世界上第一批近代工厂。从分散的家庭手工业到大机器生产,这是一个重大的发展。这些新兴的棉纺织工厂标志着英国工业革命的开端。"英国工业革命前后约80年,它既是一场技术革命,致使社会生产力飞跃发展,经济结构明显变化;又是一场社会变革,导致阶级结构变动、人口迅速增加,英国最先进入工业社会。"[1]

工业革命引起的重要后果是近代工业无产阶级的诞生。受到机器大生产排挤的手工业者迅速破产,他们同破产农民一起成为无产者的后备军。工业革命使无产阶级和资产阶级之间的矛盾日益尖锐,社会生产力的发展使资产阶级财富激增,却给无产阶级带来无穷的痛苦,使他们变得更加贫困化。许多熟练工被女工和童工所取代,工资水平急剧下降,生活毫无保障。资本主义剥削和压迫的加深,引起工人阶级的反抗和斗争,但当时的工人运动还处在捣毁机器和厂房的自发阶段,没有形成有组织的经济和政治斗争。无产阶级的生活苦难和自发斗争,引起了社会上一些先进思想家的关注和同情,他们开始认真地思考无产者贫困的根源,积极地探索变革现存社会制度的途径,详细地描绘未来理想社会的蓝图。19世纪初欧文、圣西门和傅立叶的空想社会主义学说是无产阶级的象征和先声,反映了不成熟无产阶级对资本主义社会的不满,以及对理想社会的憧憬。

由上可知,空想社会主义作为延续几个世纪的一种社会思潮,作为科学社会主义产生以前的一种进步思想,都是为了适应当时无产阶级对资产阶级的斗争需要而产生。无论是早期空想社会主义者,还是19世纪空想社会主义者,都相信教育在改造社会中的决定作

---

[1] 阎照祥著:《英国史》,人民出版社2004年版,第254页。

用,希望通过教育和普及知识等方式实现其社会改革方案。英国空想社会主义的代表人物是莫尔、温斯坦莱和欧文,他们在各自的作品中勾勒了一幅消灭私有制的理想社会蓝图,并把教育视为其空想社会主义学说的重要组成部分。

一、莫尔

莫尔(1478—1535)既是文艺复兴时期杰出的人文主义者、空想社会主义的奠基人,也是英国著名的政治家和教育家。他在《乌托邦》这部名著中,尖锐地批判了英国资产阶级原始资本积累过程中的"羊吃人"现象,首次阐述了空想社会主义的基本思想。他指出私有制是广大农民贫困和不幸的根源,任何地方只要存在私有制,那么这个国家就很难有正义和繁荣。他说:"我深信,如不彻底废除私有制,产品不可能公平分配,人类不可能获得幸福。私有制存在一天,人类中绝大的一部分也是最优秀的一部分将始终背上沉重而甩不掉的贫困灾难担子。"①同时,莫尔把教育与社会政治、经济、家庭等联系起来进行研究,论述了普及教育、知识教育、劳动教育、道德教育等,其教育思想无论在16世纪还是今天仍然具有重要价值。"宗教精神与古典主义是莫尔教育思想的重要特色。"②

莫尔出生于伦敦一个富人家庭,他的父亲曾经担任英国皇家高等法院的法官,是林肯法学协会会员。莫尔童年时代就读于伦敦圣安东尼学校学习拉丁语,1492年进入牛津大学坎特伯雷学院(即后来的基督学院)攻读古典文学。牛津大学是当时英国人文主义研究中心,许多人文主义学者荟萃于此,如格罗辛、林纳克、利科特等,其中科利特对莫尔的影响颇为深刻。莫尔坦言再没有什么比中断与科利特的联系更痛苦的事,他承认在自己的一生中以科利特为榜样,像他那样去生活。由于科利特在精神上的鼓励,莫尔感到自己的精力日趋旺盛。他在信中讲述了科利特不在身边的生活,"我现在与格罗辛、林纳克和我们亲爱的朋友李利一起度过空闲时间。但正如你所知道的那样,尽管你不在场,你仍首先是我生活中的唯一指导者,第二是我学术研究中的导师,第三是我在一切事务中的最敬爱的信任者和伙伴"。③牛津大学人文主义学者组成了一个传播进步思想的小组,莫尔的世界观就是在

---

① [英]托马斯·莫尔著,戴镏龄译:《乌托邦》,商务印书馆2012年版,第44页。
② 张斌贤,褚洪启等著:《西方教育思想史》,四川教育出版社1994年版,第231页。
③ [苏]奥西诺夫斯基著,杨家荣,李兴汉译:《托马斯·莫尔传》,商务印书馆1984年版,第13页。

那里形成的。

　　同时,莫尔与伊拉斯谟的友谊对其人文主义思想的形成也产生了重要影响。莫尔不仅把伊拉斯谟当作朋友,而且还把他视为自己的志同道合者。1499 年莫尔结识伊拉斯谟时刚二十出头,他们是在一场激烈辩论中偶然认识的。伊拉斯谟对牛津大学人文主义学者给予了高度评价,他说:"……当我在聆听自己的朋友科利特布道时,我仿佛觉得正听着柏拉图本人的讲演。没有一个人不为格罗辛的丰富知识感到惊愕! 再看林纳克的见解又是多么的深邃精辟! 而且,世界什么时候还奉献出过比托马斯·莫尔更为高尚、和蔼可亲的人呢? 的确,令人惊叹的是:古代的学识在这个国度里结出了多么丰硕的成果啊!"①1509 年伊拉斯谟在莫尔的启发下写出了著名的讽刺诗《愚人颂》。同时,莫尔的《乌托邦》也与伊拉斯谟的影响分不开。"那时,莫尔在很大程度上分享了伊拉斯谟的乐观主义信念,认为人文主义理想应该成为进一步改革的工具,……在《乌托邦》里,莫尔比他的朋友伊拉斯谟更清晰、更完整地描绘了人文主义国家和社会的图景。"②

　　在人文主义思想的熏陶下,莫尔成为了一个著名的人文主义学者。他强调希腊文的学习和阅读希腊文原著,认为希腊人的遗产对欧洲文明有着至关重要的意义。他断言希腊人不仅在神学方面,而且在其他一切艺术方面发掘了全部最珍贵的瑰宝。古罗马遗产无法与古希腊遗产相比,尤其是在哲学领域更是如此。在这一领域,"除了西塞罗和塞涅卡留下的遗产外,没有任何一门古罗马人的学说,而有的仅仅是希腊人的或从希腊文翻译过来的学说。更不用提新约了,它开始几乎完全是用希腊文写成"。③ 希腊人是古代对《圣经》最有学识和资格的解释者。牛津大学校园里那些不学无术的"蠢货和懒汉们",他们毫无顾忌地辱骂崇高的学术和语言学习也是不能容忍的。牛津大学应成为研究新学问的园地,从那里培养出许多博学明智的人才,他们不仅能使一个学府增光,而且还能使整个教会添彩! 因此,莫尔号召牛津大学的学者们要加倍努力,去研究古代作家和哲学家留下的遗产。

　　但莫尔的父亲反对他学习古典语言和文学,而是希望他成为一名法官,因此 1494 年(或 1495 年)莫尔被迫离开牛津大学,进入伦敦的林肯法学协会学习法律。1502 年毕业后开始从事律师职业,由于他精通英国法律,而且为人正直、精明能干、处事公正,很快就在伦

---

① [苏]奥西诺夫斯基著,杨家荣、李兴汉译:《托马斯·莫尔传》,商务印书馆 1984 年版,第 20 页。
② Fritz Caspari, Humanism and the Social Order in Tudor England, Teachers College Press, New York, 1968, p. 90.
③ [苏]奥西诺夫斯基著,杨家荣、李兴汉译:《托马斯·莫尔传》,商务印书馆 1984 年版,第 33 页。

敦法律界享有崇高的声誉。1504年莫尔当选为下议院议员，不久因在议会反对亨利七世而遭到迫害，被迫脱离政治活动。1509年亨利八世继位后莫尔重新回到政坛，1510年被任命为伦敦市掌管司法的法官。莫尔对亨利八世推行的教会改革深感不满，1532年他毅然辞去法官职务以示抗议。1534年亨利八世迫使议会通过《至尊法案》，郑重宣告他是英国教会的最高首脑，并强迫全国臣民必须宣誓承认其首脑地位。莫尔和其他反对者因拒绝效忠宣誓而被逮捕，1535年莫尔在伦敦塔监狱被处死。

莫尔生活在欧洲封建制度解体和资本主义原始积累时期，他根据自己对英国社会的观察，敏锐地看到了资本主义萌芽时期所产生的各种矛盾，以及它给早期无产者和广大农民带来的痛苦与灾难，天才地预言了这种人剥削人、人压迫人的私有制社会将被没有剥削和压迫的公有制社会所代替。1516年莫尔用拉丁文写成名著《乌托邦》(*Utopia*)，阐述了他的社会理想。"如果说促使《乌托邦》产生的基本动力是原始积累过程在农村中所引起的群众的疾苦，那么，在制定乌托邦的各种制度方面，毫无疑问，主要是根据城市手工业的情况。"① 莫尔受柏拉图思想的影响，在《乌托邦》中可以清晰地看到《理想国》的印迹。"乌托邦"一词是拉丁文 Utopia 的译音，意为"虚无之地"，中文译为"空想"。《乌托邦》运用对话形式写成，莫尔将自己对现实的批判和未来的设想假借拉斐尔·希斯拉德（Raphael Hythloday）之口加以叙述。"莫尔的《乌托邦》无论是在反对圈地方面，还是在反对基于私有制和剥削的社会政治制度方面，都是一份前所未有的强烈的抗议书。"②

《乌托邦》分为两部分，第一部分揭露了圈地运动所造成的"羊吃人"的社会现实及社会的贫富对立。他说："你们的羊一向是那么驯服，那么容易喂饱，据说现在变得很贪婪、很凶蛮，以至于吃人，并把你们的田地、家园和城市蹂躏成废墟。全国各处，凡出产最精致贵重的羊毛的，无不有贵族豪绅，以及天知道什么圣人之流的一些主教，觉得祖传地产上惯例的岁租年金不能满足他们了。他们过着闲适奢侈的生活，对国家丝毫无补，觉得不够，还横下一条心要对它造成严重的危害。他们使所有的地耕种不成，把每寸土地都围起来做牧场，房屋和城镇给毁掉了，只留下教堂当做羊栏。"③这就是莫尔对英国社会"羊吃人"的揭露，深刻地抨击了资本原始积累过程中"圈地运动"的罪恶。第二部分与第一部分形成鲜明对照，

---

① ［俄］普列汉诺夫等著，中国人民大学编译室等译：《论空想社会主义》（上卷），商务印书馆1980年版，第202页。
② ［苏］奥西诺夫斯基著，杨家荣、李兴汉译：《托马斯·莫尔传》，商务印书馆1984年版，第103页。
③ ［英］托马斯·莫尔著，戴镏龄译：《乌托邦》，商务印书馆2012年版，第20页。

描绘了一个理想社会的画卷,那里没有战争、贫穷、犯罪和社会不公,是一个人人劳动、机会均等的理想国度。莫尔写道:在汪洋大海中有一个新月形的小岛,全长不超过500里,但海岸险峻、易守难攻,是一个天然的安全岛。征服这个岛屿的乌托普国王通过教化,使岛上未开化的淳朴居民成为有高度文化教养的人。在这个岛上的54座城市中,居民拥有共同的语言、风俗习惯和法律。乌托邦岛的最大特点是财产公有,人们经过合理分配从事各种劳动,而且城乡居民轮流交换居住,并轮换相互的工作,所有工作没有高低贵贱之分。经过全体居民共同劳动,乌托邦岛风调雨顺,物产丰富,人们过着富庶安宁的生活。"在乌托邦,一切归全民所有,因此只要公仓装满粮食,就绝无人怀疑任何私人会感到什么缺乏。原因是,这儿对物资分配十分慷慨。这儿看不到穷人和乞丐。每人一无所有,而又每人富裕。"①

莫尔的空想社会主义教育思想贯穿于《乌托邦》全书,但他所说的教育不是狭义的正规学校教育,而是一种广义的、开放性的社会教育,包括男女老幼的教育、家庭教育、生活教育和劳动教育等。"在乌托邦,教育是一辈子的事情。在黎明前、用餐时、晚上空闲时,乌托邦人经常去听公共演讲、虔诚的布道(thoughtful homilies),与年长的智者交谈以及被邀请去学习更多的知识。所有男女公民都能在农业和至少一种(经常是两种)必需的商业方面受到职业训练。更重要的是,所有公民也能受到一种伊拉斯模式的自由教育,尽管事实上只有极少数人从事专职的学术研究。另外,大部分的社会闲暇时间是用于智力追求,包括黎明前的学术讲座,有点令人难以置信地吸引了一大批热心的听众。"②

(一) 论普及教育

"普及教育是莫尔的理想国的卓越的特点之一。"③莫尔十分同情广大农民的疾苦,认为造成他们"愚昧无知"和"智力低下"的原因在于教育缺失。因此他主张实施普及教育,要求所有男女公民都应把参加体力劳动后的剩余时间用于学习,并把追求幸福和快乐作为生活的总目标。乌托邦宪法规定:"在公共需要不受损害的范围内,所有公民应该除了从事体力

---

① [英]托马斯·莫尔著,戴镏龄译:《乌托邦》,商务印书馆2012年版,第114—115页。
② Christopher Brooke and Elizabeth Frazer, Ideas of Education: Philosophy and Politics from Plato to Dewey, Routledge, London and New York, 2013, p.75.
③ [俄]普列汉诺夫等著,中国人民大学编译室等译:《论空想社会主义》(上卷),商务印书馆1980年版,第164页。

劳动,还有尽可能充裕的时间用于精神上的自由及开拓,他们认为这才是人生的快乐。"①普及教育的渠道包括听"公共演讲"、阅读有益的图书、参加各种学术讨论,以及在生产劳动中学习。"工作、睡眠及用餐时间当中的空隙,由每人自己掌握使用,不是浪费在欢宴和游荡上,而是按各人爱好搞些业余活动。这样的空闲一般是用于学术探讨。他们照例每天在黎明前举行公共演讲,只有经特别挑选去做学问的人才能出席。然而大部分各界人士,无论男女,成群结队来听讲,按各人性之所近,有听这一种的,也有听那一种的。但如任何人宁可把这个时间花在自己的手艺上,则听其自便。"②家长、教师、学者及生产技术人员等都有责任教育年轻一代,莫尔还特别强调教士在普及教育中的作用。他说:"教士负有教育儿童及青年的任务,把关心培养他们的品德和关心他们读书求知,看得同等重要。教士从一开始就向儿童的幼嫩而善于适应的心灵,大力灌输有利于维护他们的国家的健全意识。这种意识一旦为儿童所牢固接受,成年后永不会忘记,大有助于对国家情况的关心。"③

与普及教育相联系的是女子教育和儿童教育,莫尔作为人文主义学者尤其关心女子教育,认为女子与男子具有同样的聪明才智,他们应享有平等的受教育权利。他还极力主张妇女接受高等教育,尤其是在经典著作和哲学领域,这与枯燥的音乐、女工和烹饪大相径庭。莫尔的女子教育思想在其三个女儿身上得到了体现,她们不仅会用拉丁文写作,而且经常在家里用拉丁文讨论问题。莫尔坚信儿童是上帝对父母的恩赐,他们既属于上帝也属于民族。因此,他们不仅应从父母那里受到良好的教育,也应从国家和教会那里得到良好的训练,国家和教会应为他们提供充足的高质量师资。可见莫尔已经意识到国家建立学校教育体制的重要性。

(二) 论知识教育

莫尔强调乌托邦岛公民应学习各科知识,并断言世俗知识使人具备美德。"通过人文主义知识使人变得善良,是乌托邦的理想。"④令人惊讶的是,乌托邦人勤勉好学,"对于从事

---

① [英]托马斯·莫尔著,戴镏龄译:《乌托邦》,商务印书馆2012年版,第59页。
② [英]托马斯·莫尔著,戴镏龄译:《乌托邦》,商务印书馆2012年版,第56页。
③ [英]托马斯·莫尔著,戴镏龄译:《乌托邦》,商务印书馆2012年版,第109页。
④ Fritz Caspari, Humanism and the Social Order in Tudor England, Teachers College Press, New York, 1968, p. 123.

智力探讨,他们从不知疲倦"。① 英语是学习各科知识的基础,这种语言词汇丰富、发音清晰,是表达思想的准确工具。"他们很容易学会了希腊字母写法,单词发音无困难,记得牢固,学过的东西能正确无误地背诵出来。我们为之惊讶不已。原因是他们大多数是有学问的人,根据能力选出,并且已达到成熟的年龄,又由于自愿来学而积极性高,同时也按议事会的指示负有学习的任务。"②他们渴望学习希腊文学及其学术,在不到三年的时间他们精通了希腊文,能毫不费力地阅读名家作品。柏拉图、亚里士多德、拉斯卡里(Constantine Lascaris)、普鲁塔克、阿里斯托芬、荷马、索福克勒斯、修昔底德、希罗多德、赫罗提安(Herodian)等人的作品,都是乌托邦人喜爱的读物。他们还十分重视医学,认为医学是最高深、最实用的学问,借助这门学问能对自然的秘密进行探索。

乌托邦人重视自然科学,对于星辰的运行和天体运动极有研究。而且他们善于发明各种仪器,用于精确地观测日月的运行及其位置,以及地平线上所出现的一切星辰。他们在长期的观察中,能预测风雨及其他一切气候变化,知道引起这些变化的原因,以及潮汐如何形成和海水为何含盐等。"总之关于天体和宇宙的起源及本质,他们的论点部分地和我们古代哲学家的论点一致。"③另外,在音乐、论证、算术以及几何各个领域,他们的发现几乎赶得上我们的古典哲学家。通过各科知识的学习和锻炼,乌托邦人的智力非常适合于各种技艺发明。例如,他们经过频繁的试验很快掌握了造纸和印刷技术,只要有希腊作家的底本就不愁书籍缺乏。为了鼓励科学研究,有些人经过教士推荐和行政官的秘密投票,可以免除体力劳动,以便认真从事各种学术研究。但如果他们辜负了做学问的期望,就要重新回到劳动岗位。相反,假如一名工人利用业余时间钻研学问且成绩显著,他就可以摆脱自己的手艺,专门从事科学研究。凡是出国充当外交使节都必须是有学问的人,对于其他重要公职如教士乃至总督也是如此。

乌托邦人热爱知识,心胸开阔,他们欢迎那些才智出众或游历过许多国家的人,他们乐于倾听世界各地发生的事情。"对学习的热爱和对新思想的开放,贯穿于乌托邦人生活的每一个方面。"④他们学习知识不是为了装饰,而是为了启发心灵,使精神更加丰富。他们尽

---

① [英]托马斯·莫尔著,戴镏龄译:《乌托邦》,商务印书馆2012年版,第81页。
② [英]托马斯·莫尔著,戴镏龄译:《乌托邦》,商务印书馆2012年版,第81页。
③ [英]托马斯·莫尔著,戴镏龄译:《乌托邦》,商务印书馆2012年版,第71页。
④ Christopher Brooke and Elizabeth Frazer, Ideas of Education: Philosophy and Politics from Plato to Dewey, Routledge, London and New York, 2013, p.75.

可能把知识运用于生产,以改良土壤和耕种方式,用最巧妙的技术和方法生产各种手工业品。对于外来的技术,他们除了学习理论外,更重视动手实验。

(三) 论劳动教育

乌托邦人除了从事文化教育外,还要人人参加生产劳动。"那儿,每一座城及其附近地区中凡年龄体力适合于劳动的男女都要参加劳动,准予豁免的不到五百人。其中各位摄护格朗特虽依法免除劳动,可是不肯利用这个特权,而是以身作则,更乐意地带动别人劳动。"①他们从小就要学习农业,有时在学校接受理论指导,有时到附近农场进行实习。他们在农场不只是旁观者,每当有体力劳动的机会,就要从事实际操作。农村到处是间隔适宜的农场,那里配有充足的农具。城市居民轮流到这里劳动,每个农场男女成员不少于40人,其中每年有20人返回城市,但他们必须在农村生活两年,其余空额由城市过来的另外20人填补。已在那里生活一年并熟悉耕作的人负责训练新来者,新来者次年又转而训练另一批人,这样能避免因技术缺乏而导致粮食歉收的危险。如果对农事有天然的爱好,他们获得批准后可以多住几年。农业人员主要从事耕地、喂牲口、伐木、养鸡、种植谷物等,"他们对于本城及附近地区消费粮食的数量虽然心中十分有数,却生产出超过自己需要的谷物及牲畜。他们将剩余分给临境居民。当他们需用农村无从觅得的物品时,就派人到城市取得全部供应,无须任何实物交换,城市官员发出这些供应时是毫无议价麻烦的"。②

乌托邦人还要学习一门手工艺,包括毛织、麻纺、冶炼、木工、清洁工等,这些行业都与改善人们的生活密切相关。但男女分工不同,妇女体力较弱,可做轻易的事情,如毛织和麻纺。男子体力较强,可担任其他繁重的工作。这种手工艺一般是子承父业,任何人如果对家传以外的行业感兴趣,他可以寄养到那种行业的人家,他的父亲乃至地方当局都愿意替他找一个庄严可敬的户主。精通一门手工艺后,他可以学习另一门,以后可以从事任一门。乌托邦人每天劳动6小时,其余时间除了用餐和睡眠外,大多用于智力活动。对于生活必需品的供应,这六小时不但够用,而且还绰绰有余。因为乌托邦没有懒汉和吃闲饭的人,没有富人、绅士或地主老爷,劳动是每个人应尽的义务。"因此可想而知,他们制出的好东西

---

① [英]托马斯·莫尔著,戴镏龄译:《乌托邦》,商务印书馆2012年版,第57—58页。
② [英]托马斯·莫尔著,戴镏龄译:《乌托邦》,商务印书馆2012年版,第50—51页。

多么丰富,花时间又多么节省。除此而外,他们对大多数必需的手艺,不如在别的国家要费那么多工,这也是一个便利。"①

(四) 论德行及健康教育

乌托邦人教育观的中心是美德教育。莫尔认为德行应该伴随着真正的学问,就像影子伴随着身躯一样,学问与道德教育的结合是乌托邦实验的核心。他说:"我认为,与美德联系在一起的学问要比王国的全部宝藏还珍贵。"②但在一切财富中美德占首位,而学问位居第二位。莫尔承认"在这两者中美德当然是最重要的,如果没有真正的美德学问实际上毫无价值"。③乌托邦人把德行理解为遵循自然的指示而生活,声称"德行引导我们的自然本性趋向正当高尚的快乐,如同趋向至善一般"。④而至善就是符合自然的生活,人道主义是人所特有的德行。自然号召人们相互帮助,以达到更愉快的生活。自然教人不要在为自己谋利益的同时损害别人利益;自然指示我们过舒适而快乐的生活。莫尔极力利用理性证明乌托邦人的伦理道德观,他说一个人在追求和避免什么的问题上如果服从理性,那就是遵循自然的指导。理性首先激发人们对上帝的敬爱,其次敦促他们过尽量免除忧虑和充满快乐的生活。"因此,乌托邦人组织社会的核心原则是确保'美德有回报'。这条原则导致他们建立了这样一个社会:在不断进行的道德教育计划中,社会组织本身首先是公民的老师。……乌托邦的各种机构组成了一个身临其境的教育环境。从出生起,乌托邦年轻人的行为在每一阶段都受到家族或公共权力某种形式的监督……"⑤乌托邦人的美德既来自于良好的社会机构,也来自于明确的指导和书本学习。

乌托邦人始终遵循以下原则:他们不会贪图小的快乐而妨碍大的快乐,也不会贪图招致痛苦后果的快乐。人生目的在于追求和享受幸福,但构成幸福的不是每一种快乐,而是正当高尚的快乐。快乐是指人们自然而然喜爱的身心活动及状态。真正的快乐分为精神

---

① [英]托马斯·莫尔著,戴镏龄译:《乌托邦》,商务印书馆2012年版,第58页。
② [苏]奥西诺夫斯基著,杨家荣、李兴汉译:《托马斯·莫尔传》,商务印书馆1984年版,第34页。
③ Christopher Brooke and Elizabeth Frazer, Ideas of Education: Philosophy and Politics from Plato to Dewey, Routledge, London and New York, 2013, p. 77.
④ [英]托马斯·莫尔著,戴镏龄译:《乌托邦》,商务印书馆2012年版,第72页。
⑤ Christopher Brooke and Elizabeth Frazer, Ideas of Education: Philosophy and Politics from Plato to Dewey, Routledge, London and New York, 2013, p. 76.

快乐和身体快乐两种。精神快乐是指从追求真理中所获得的喜悦,或者对过去美好生活的回忆和对未来幸福的期望。身体快乐又分为两类:一是能充分感觉到明显的愉快,如从音乐产生的快乐;二是指身体的安静及和谐,即拥有免于疾病侵扰的健康。乌托邦人主张追求精神快乐,并把它置于一切快乐的首位。他们认为精神快乐源于德行的实践以及高尚生活的自我意识。至于身体快乐,他们首推健康。饮食可口及诸如此类的享受,本身没有令人向往之处,而是由于它们能抵抗疾病的侵袭。一个明智的人尽量避免生病,而不是病后求医;他总是使痛苦不生,而非寻求减轻痛苦的药。"几乎全部乌托邦人把健康看成最大的快乐,看成所有快乐的基础和根本。只要有健康,生活就安静舒适。相反,失去健康,绝对谈不上有快乐的余地。在没有健康的情况下而不觉得痛苦,乌托邦人认为这是麻木不仁而不是快乐。"①乌托邦人还重视美育,他们把"美观、矫健、轻捷"视为大自然的特殊礼品而加以珍惜。在美育中,音乐占有特殊地位,它能触动我们的官能,使我们感到一种神秘而动人的力量。因此,每逢晚餐必有音乐,以使所有人心情愉快。

以上是乌托邦人对德行及健康快乐的看法,这些思想既反映了莫尔对伦理道德的理解,又涉及他对人生快乐的思考,是其人文主义思想的重要组成部分。莫尔号召人们享受由快乐构成的幸福,享受幸福是至善的道德行为。正是为了谋求人生的幸福,莫尔才设计了乌托邦这一理想国度。

此外,在乌托邦仍然保留着宗教,人们可以信仰任何一种宗教,有人崇拜日神,有人崇拜月神,有人崇拜某一星辰,有人崇拜以道德或荣誉著称的先贤等。乌托邦人尽管信仰不一,但他们相信只有一个至高的神,它是全世界的创造者和真正主宰,他们称之为"密特拉"(即古代波斯的太阳神)。乌托邦的教士数量不多,每个城市只有13人(13座教堂),但他们忠于教会。主教只有一人,他是所有教士的首领。凡是教士都由国民选出,唯一标准是贤良,其方式是秘密投票,以防止徇私舞弊。教士主持礼拜,掌管宗教事务,监察社会风纪。任何人如果因生活放荡而受到教士传唤或斥责,都被认为是奇耻大辱。教士的职责只限于劝说和告诫,至于惩罚措施则由总督及其他文职官员执行。在乌托邦岛,没有其他公职比教士职位更受尊敬,乃至即使教士犯罪,不是送交法庭,而是由上帝和良心去裁判。莫尔是一个虔敬的基督教徒,他的宗教观受到16世纪欧洲宗教改革运动影响,宗教是他构建空想社会主义的基石之一,他认为基督教精神与乌托邦制度是一致的。他说:"灵魂不灭,灵魂

---

① [英]托马斯·莫尔著,戴镏龄译:《乌托邦》,商务印书馆2012年版,第78页。

由于上帝的仁慈而生来注定享有幸福。我们行善修德,死后有赏;我们为非作恶,死后受罚。"①这也是乌托邦人的宗教信念。在乌托邦,宗教似乎成为巩固经济和政治制度的精神手段。

由上可知,莫尔《乌托邦》表现出的思想十分丰富,尽管带有很多空想成分,在当时难以实现,但它毕竟为人类发展找到了一条崭新的道路,直到18世纪法国资产阶级革命为止,人类社会主义思想史上还没有一部与之媲美的作品。因此,莫尔是远超自己时代的伟大思想家,完全称得上是空想社会主义的鼻祖。《乌托邦》最早对空想社会主义所特有的某些原理加以阐述,这正是它经久不衰的原因。"莫尔的伟大功绩,就是他在贫苦农村的不满情绪的影响下,能够运用他那人文主义的学识,制定出一种比无产阶级化的农民本身的社会觉悟水平高得无可比拟的社会方案。"②但正如柏拉图的"理想国","乌托邦"是一个可向往和可追求的理想,而不是一个可以达到的目标。它留给后人理性的启示和心智发展的空间,而不是一个现实的存在。"莫尔和伊拉斯谟一样重视人文主义在社会生活中的作用,为了巩固人文主义在英国和欧洲的地位,他在《乌托邦》中进行了重要的尝试。"③"在《乌托邦》中,莫尔对于英国社会、经济问题及其法制不公的犀利分析,使得它至今仍然是一部著名的社会历史文献。"④

同样,莫尔的教育思想也具有纯粹空想性质,但他关于教育与生产劳动相结合、脑力劳动与体力劳动相结合、德智体美劳相结合的思想,时至今日仍然弥足珍贵和颇具启发性。早在1520年,《乌托邦》的崇拜者、牛津大学文法学家罗伯特·威廷顿(Robert Wittinton)说:"莫尔是一个智慧超群和学识极其渊博的人。我不知道还有谁堪与他媲美,我们从哪里还能找到情操如此高尚、待人如此谦逊和彬彬有礼的人呢?他时而醉心于令人惊讶的纵情欢乐,时而又表现出令人难堪的严肃认真和一丝不苟。真是一位永垂青史的人啊!"⑤另有学者指出,托马斯·莫尔真正是一个"不朽的人","他是集学者、律师、神学家、政治家乃至

---

① [英]托马斯·莫尔著,戴镏龄译:《乌托邦》,商务印书馆2012年版,第72页。
② [俄]普列汉诺夫等著,中国人民大学编译室等译:《论空想社会主义》(上卷),商务印书馆1980年版,第201页。
③ Fritz Caspari, Humanism and the Social Order in Tudor England, Teachers College Press, New York, 1968, pp. 92-93.
④ Fritz Caspari, Humanism and the Social Order in Tudor England, Teachers College Press, New York, 1968, p. 98.
⑤ [苏]奥西诺夫斯基著,杨家荣,李兴汉译:《托马斯·莫尔传》,商务印书馆1984年版,第1页。

殉教者于一身的人,其影响与其说在英国宗教改革方面多一些,不如说在独创一种写作方式上多一些,这种写作述及未来与理想中的社会"。①

二、温斯坦莱

温斯坦莱(约 1609—1652)是 17 世纪英国资产阶级革命时期的"掘地派"(Diggers)领袖、空想社会主义者。他出生于兰开夏郡的一个商人家庭,英国内战期间他在伦敦开设了一家贩卖布匹的商店,1643 年战争引起的经济萧条导致店铺破产。在亲友帮助下,温斯坦莱移居到伦敦附近的萨里郡替人放牧牛羊。生活环境的变迁,使他有机会广泛接触下层阶级,了解他们的疾苦和对土地的渴望,也使他有充足的时间思考改革社会的理想。正是这一经历促使温斯坦莱从一名商人转变为空想社会主义者,并成为掘地派运动的领袖和理论家。

(一) 论掘地派运动的合法性

1649 年 1 月温斯坦莱出版了《正义新法》,首次论述了社会政治问题,表达了共同利用土地和享受劳动果实的思想,这一思想后来成为掘地派运动的纲领。掘地派也被称为"真正平均派",主要由乡村贫民组成,是英国资产阶级革命时期出现的无产阶级先驱。1649 年 4 月,掘地派着手实现自己的纲领——在萨里郡的圣乔治山上共同耕种土地,温斯坦莱积极参加和领导这一运动,并通过一系列著述加以大力宣传。反对土地私有,要求土地共有,主张消灭阶级划分的思想,像一根红线贯穿温斯坦莱的所有著作。在这些著作中,温斯坦莱反复阐明了掘地派运动的目的及实施办法,驳斥了对掘地派运动的各种诬陷,论证了掘地派运动的合法性和正义性。

1649 年 4 月 26 日,温斯坦莱发表了由他起草和 15 人签名的《真正的平均派举起的旗帜》一文,他在宗教神秘主义外衣下论述了自己的社会政治观。他认为人类处于混沌初开之时,伟大的造物主就让土地成为共同的财富,最初没有人压迫人的现象,因为每一个人无

---

① [摩洛哥]扎古尔·摩西主编,梅祖培、龙治芳等译:《世界著名教育思想家》(3),中国对外翻译出版公司 1995 年版,第 148 页。

论男女,本身都是完美的创造物。他说:"按照造物主的本意,土地被创造出来,是为了成为一切动物的共同财富,而现在却被买卖,被少数人所霸占,这是对伟大的造物主的一个极大侮辱,似乎伟大的造物主崇拜个别的人,似乎他很乐意让少数人过丰衣足食的生活,而对其余的人的饥寒交迫则表示庆幸。原先事情并不是这样的。"①

温斯坦莱号召广大贫民一起开垦和耕种圣乔治山及其附近的荒地,播种和收获自己的粮食。他说我们应该本着正义去工作,为把土地变成一切人(既包括富人,也包括穷人)的共同财富奠定基础,使在本国出生的每个人都能依靠土地而生活。如果我们或其他人还保存着私有财产,我们就是同意让创造物陷于被奴役的地位,阻碍复兴的事业,违背神赐给我们的光明。"要知道,在无地的贫农还未得到允许耕种村社的土地,还没有生活得像住在自己圈地上的地主那样富裕以前,英国不会有自由的人民。"②我们开始垦殖圣乔治山上的土地,是为了能够一起吃自己的面包——我们辛勤地从事正义工作的果实,因为神在梦中或不在梦中都要求我们在这里奠定基础。"不仅这块公社土地或者荒地将被人民耕种,而且英国和全世界的公社土地和荒地都将被没有财产的人公正地拿来耕种。土地将要成为共同的宝库,它最初就是作为一切人的共同宝库被创造出来的。"③我们希望没有一个人生活在贫穷、困苦或侮辱之中,每个人都能享受自己所创造的一切物质财富,我们心中充满和平、幸福与甜蜜,虽然我们吃的是菜根和面包。

1649年6月1日,温斯坦莱又发表了由他起草和45人签名的《英国被压迫的穷人的宣言》,它是掘地派对一切侵占公社土地和荒地的人的警告。他说土地并不是专为你们而创造,使你们成为土地的主人,而使我们成为你们的奴隶、仆人和乞丐;土地被创造出来是要成为所有人的共同财产,你们互相买卖土地及其果实是战争带来的可诅咒的事情,它肯定了一部分人对其余的人进行杀戮和盗窃的权利,这是创造物在其淫威下产生的非正义权力。因为把土地圈起来据为己有的权力,是你们的祖先凭借刀剑的力量获得,他们先用刀剑杀死自己的兄弟,然后掠夺和窃取其土地,把这些土地作为遗产留给你们。因此,即使你们没有亲自杀人和偷窃,你们也是依靠刀剑的力量掌握权力,从而为你们父辈的邪恶进行辩护。温斯坦莱指出:"虽然你们和你们的祖先用杀戮和偷窃的办法得到了你们的财产,并

---

① [英]温斯坦莱著,任国栋译:《温斯坦莱文选》,商务印书馆1982年版,第6页。
② [英]温斯坦莱著,任国栋译:《温斯坦莱文选》,商务印书馆1982年版,第16页。
③ [英]温斯坦莱著,任国栋译:《温斯坦莱文选》,商务印书馆1982年版,第17页。

且用这种手段使我们得不到这种财产,但根据造物主的正义法律我们有同你们一样的权利来得到土地,而没有理由(正如你们没有理由一样)由于这种叫做私有财产的兴风作浪的魔鬼而发生争吵,因为土地及其一切果实——五谷、牲畜等等,是作为全人类(不管是朋友还是敌人)的共同的食品宝库而创造出来的。"①因此,我们决定占有村社的土地和树木以获得生活资料,并且把你们看做与我们平等的人,英国应该成为所有人的共同生活资料的宝库。

1649年6月9日,温斯坦莱为掘地派草拟了《致费尔法克斯阁下及其军事会议的信》,并受在圣乔治山垦殖土地的人委托,把这封信交给费尔法克斯(Baron Fairfax)勋爵②及其下属高级军官。这封信以不可辩驳的理由证明平民可以在村社土地上耕种和居住,既不需租用这些土地,也不必向任何人交纳地租。温斯坦莱指出,我们耕种村社土地这件事已成为全国性的话题,有人赞同也有人反对,我们的意图只是为了改善村社的状况,为了消灭创造物在其淫威下呻吟的压迫和外来的奴役,为了提高和保持我们事业的纯洁性。我们希望通过公正的劳动从村社土地上得到生活满足,而从事这种劳动是我们的自由,因为我们都是平等的英国人。"让所有的人都以互爱、宽容和正义的精神来对待别人,让正义的精神成为我们的教导者、统治者和裁判者吧。我们用这样的行为来表示我们对天父的尊敬,表示对赋予我们生命的神明的尊敬。我们将本着正义来耕种土地,使它不受压迫和奴役,以此来表示我们对我们的土地母亲的尊敬。"③

12月8日,温斯坦莱在《给将军阁下及其军事会议的信》中,驳斥了地主们对掘地派的诬蔑。当时一些地主向政府告密,宣称掘地派是大逆不道之徒,不受司法管辖,采用暴力强占土地和房屋,并藏有武器准备自卫等。对此,温斯坦莱指出:"实际上,他们虚伪地强加在我们头上的一切指责,我们和我们周围的人都能一一加以驳倒,如果你能让我们同他们当面对谈的话"。④ 我们和国内一切受尽压迫的穷人通过耕种村社土地,用我们在土地上的诚实劳动得到有保障的生活。当我们这些穷苦百姓不能自由享用土地及其利益的时候,英国就不能成为自由的共和国,甚至比查理一世国王统治时期还要糟糕。

---

① [英]温斯坦莱著,任国栋译:《温斯坦莱文选》,商务印书馆1982年版,第27页。
② 费尔法克斯(1612—1671)——英国陆军将领,议会军队总司令。1649年5月26日,他亲自到圣乔治山调查掘地派的实力和性质,这封信就是针对议会军总司令部对掘地派运动表现出恐惧情绪而写的。
③ [英]温斯坦莱著,任国栋译:《温斯坦莱文选》,商务印书馆1982年版,第41页。
④ [英]温斯坦莱著,任国栋译:《温斯坦莱文选》,商务印书馆1982年版,第54页。

然而,掘地派的出现还是引起了资产阶级和新贵族的恐惧,费尔法克斯派遣部队前往萨里驱散掘地派,并严防以后发生同类事件。温斯坦莱揭露了政府军对掘地派的野蛮行径,他写道:"经验表明,真实情况正是这样:在关于土地及其果实的公有制的事业中,可以清楚地看到羔羊与毒龙之间展开一场战斗。羔羊体现着爱情、温和、正义的精神,而毒龙则代表着嫉妒、骄横和非正义的力量,它力图使创造物保留在受奴役的地位,把创造物的光辉掩盖起来不让人类看到……"①同时,他也警告说如果你们的部队还要侮辱或杀死我们,我们就准备为履行自己对造物主应尽的职责而死,就准备竭力为使创造物摆脱奴役而死。1650 年经护国主克伦威尔(Oliver Cromwell)提议,英国议会通过法令禁止掘地派共同耕种村社荒地。到 1651 年底,萨里和英国其他地方的掘地派运动先后被克伦威尔的军队镇压。"掘地派运动是英国近代史上劳动群众一次真正地对平等的呼唤,他们的目的在于变土地为公产,每一个人都对土地拥有平等的使用权。在这里,人们隐约听到了中世纪大同思想的回声,比如托马斯·莫尔的《乌托邦》。"②

(二) 论真正的自由共和国

掘地派运动失败后,温斯坦莱并没有停止自己的活动,过去的斗争使他深切地感到必须建立系统的理论。1651 年 11 月温斯坦莱完成代表作《自由法》(全称是《以纲领形式叙述的自由法,或恢复了的真正管理制度》),并于次年正式出版发行。在这部著作中,他不仅继续捍卫土地公有制的思想,详细阐述了掘地派的政治和经济纲领,而且用法律形式描绘了一幅未来理想社会的蓝图。因此,《自由法》被认为是早期空想社会主义的重要文献,它与莫尔的《乌托邦》、康帕内拉的《太阳城》同样著名。

《自由法》的开头是写给克伦威尔的信,当时温斯坦莱对克伦威尔还抱有一定的幻想,天真地认为克伦威尔会接受他的建议。温斯坦莱向克伦威尔提出忠告,即保证把压迫者的政权和压迫者本人一起铲除,设法把英国被压迫的平民自由占有土地和享受自由的权利固定下来。他认为,当被征服者的土地和自由,没有回到为其冒过丧失生命和财产危险的人手中时,荣誉的桂冠不能属于您,您的胜利也不能叫做胜利。现在土地权掌握在您手中,您

---

① [英]温斯坦莱著,任国栋译:《温斯坦莱文选》,商务印书馆 1982 年版,第 38—39 页。
② 钱乘旦、陈晓律著:《在传统与变革之间:英国文化模式溯源》,江苏人民出版社 2010 年版。第 99 页。

必须做出如下选择：要么为了曾经帮助过您和支付过军饷的被压迫者而把土地解放出来，这样您就会履行自己的职责，从而获得应有的荣誉；要么把征服者的权力从国王手中夺取过来，把它交给像从前那样遵循古老法律的另外一些人手中，这样您的智慧和荣誉将会永远丧失。温斯坦莱认为，王权推翻以后所有人应该成为法律的臣民，而不应该成为执政者的臣民。"执政者如果管理有方，他应该得到双倍的荣誉，而这是能够做到的，只要他本人是法律的臣民，并且要求所有其他的人也成为法律的臣民；他履行自己的职责是为了要服从法律，而不是服从自己个人的意志。这样的执政者是可靠的，他们一定会成为同我们一样的臣民，因为共和国的一切执政者都是他的公职人员，不是骑在人民头上的领主和国王。"①温斯坦莱把《自由法》敬献给克伦威尔，希望克伦威尔实行自己的社会改革方案。他说："我把这份纲领交给您，以此向您致敬，并且表明我将永远是一个共和管理制度、和平与自由的真正崇拜者。"②

《自由法》是总称，表明了法律的性质。它包括耕种法、游手好闲惩治法、仓库法、监督人法、买卖惩治法、航海法、金银法、公职人员选举法、背叛惩治法、失去自由人法、奴隶恢复自由法、婚姻法等。通过这些法律，温斯坦莱提出了未来社会的基本纲领，并且形象地描绘了理想社会的蓝图。"每个家庭都将像现在这样单独生活。像现在一样，每个男人都有自己的妻子，每个女人都有自己的丈夫。一切事情都将比现在完善得多。所有的孩子都将受到良好的教育，比现在更加听从父母和长者的话。土地将被垦种，打下的粮食将由每家合力送进仓库，因为仓库的财产将成为每家的共同储备。全国将再不会有寄生虫，也不会有乞丐。"③温斯坦莱认为，真正的自由是赖以在世界上建立共和国的基础，它存在于人们获得食物和生活资料的地方，也就是使用土地的自由。如果土地被贵族、领主和地主等少数人霸占，广大穷苦农民不能自由使用土地，他们就必然受到压迫和奴役，所以"自由利用土地就是真正的自由"。

在真正的自由共和国，实行生产资料和土地公有原则。无论土地还是土地的果实，居民之间不能进行买卖。人们也不会游手好闲，因为每个家庭都会耕种土地，收割庄稼，并把果实送到粮仓。每个人都要受到教育，学习手艺和各种农业劳动。每个手艺人都将从公共

---

① [英]温斯坦莱著，任国栋译：《温斯坦莱文选》，商务印书馆1982年版，第97页。
② [英]温斯坦莱著，任国栋译：《温斯坦莱文选》，商务印书馆1982年版，第104页。
③ [英]温斯坦莱著，任国栋译：《温斯坦莱文选》，商务印书馆1982年版，第105—106页。

仓库领取材料——皮、毛、麻、谷物等物品进行加工,而不用买卖任何东西。但共和国也保留了私有财产,如每个人的住宅和其中的设备属于私有财产,他从仓库中领取的东西也属于个人所有,每个男人的妻子和每个女人的丈夫都只属于他们自己,他们的孩子在长大成人以前也受他们支配。谁想强占他的住宅、设备、粮食、妻子或孩子,说这些东西都是公有的,从而破坏和平的法令,那么这个人就是破坏分子,将会受到政府和法律的制裁。共和国的法律应该保护每个人的安宁和私人住宅,使之不会受到可能出现的粗暴和无知行为的侵犯。如果有人丧失理智,借口公有而强奸妇女或对女人有粗暴行为,有关法律就会对这种行为进行惩罚,因为共和国的法律是护卫温和、勤劳和淳朴风气的法律。

《自由法》规定,共和国的管理原则是"对土地建立英明的自由的制度,使人们习惯于遵守有关法令或规定,以便让全体居民都能在自己出生和受教育的国家中和睦地生活在幸福和自由之中"。① 共和国的管理制度包括三个组成部分:法律、胜任的公职人员,以及对这些法律的认真执行。什么是法律?温斯坦莱认为,法律就是人和其他创造物在自己的行动中为了保持普遍和平而遵循的规则。最好的法律应简明扼要,鲜明有力。对于每件事情和人们几乎所有的行为都应制定适当的法律。"真正的管理就是正确调整一切活动,使每一种行为或事物都保持适当的分量和尺度,这样就可以防止发生混乱……每个季节和时间都有自己的法律或适当的规定,这样就会建立健全的政府,因为它会适当地维持和平。"②公职人员要非常温和、明智,没有自私心,能把国家制定的法令当做自己的意志去执行,而不会因傲慢和虚荣心把自己的意志置于自由条例之上,要求自己享有特权。

《自由法》要求所有公职人员都应该是选举出来的,而且每年应该改选一次。因为一个人长期担任公职,将会蜕化变质,不再温顺、诚实和关怀兄弟。如果每年更换一次,就会促使所有的人保持公正、待人和蔼。"这样一来,共和国就会涌现出一批适合进行管理的有才干、有经验的人,他们将会非常珍惜我们国家的荣誉与和平。教育儿童时应当非常重视这种荣誉与和平,这样,随着时间的推移,就会使我们英吉利共和国成为世界各国人民所热爱的共和国。"③公职人员的职责是检查法律执行情况,维护世界和平。既然真正的共和自由是自由使用土地,那么任何使他们的弟兄失去使用土地自由的法律或习惯,都应该像废物

---

① [英]温斯坦莱著,任国栋译:《温斯坦莱文选》,商务印书馆1982年版,第119页。
② [英]温斯坦莱著,任国栋译:《温斯坦莱文选》,商务印书馆1982年版,第120页。
③ [英]温斯坦莱著,任国栋译:《温斯坦莱文选》,商务印书馆1982年版,第136页。

一样被抛弃。"共和管理制度的基础就是普遍自由的法律,这些法律使哥哥和弟弟都得到生活在世界上的资料,不是使一部分人奴役另一部分人,而是使所有的人都能丰衣足食,都有自由。"①

(三) 论自由共和国的教育

温斯坦莱十分重视教育的作用,认为年轻人就像马驹一样,在没有受教育之前总是不顺服和愚笨的,这也是世界上产生深仇大恨和发生骚乱的原因。共和国的法律要求不仅父亲,而且所有的监督人和公职人员都有责任教育儿童,用正确的守则教育儿童,并要求他们学习某一种手艺,使任何一个教区的儿童不至于虚度光阴,使他们受到人而不是野兽所应该接受的教育。这样共和国就能够由勤劳、聪明和有经验的人建立,而不是由愚蠢的懒汉建立起来。

温斯坦莱指出:"父亲有义务关心自己的孩子,直到把他们养大成人,成为聪明的、有能力的人为止。其次,他应该作为教师教他们读书,帮助他们学习语言、艺术和科学,或教他们学会工作的本领,教给他们某种手艺……"②监督人应当监督父母把青年送到师傅那里学习某种农活、手艺和科学,或者送去当仓库保管员,使每个家庭没有人受到游手好闲风气的沾染。同样,监督人应帮助每个家庭师傅,向他指点某种手艺的秘诀,使年轻人能从长者的经验中掌握知识,探求自然界的奥秘。如果监督人发现某个青年能力强而适宜于做别的手艺,他就同那种手艺的监督人商量,为这个青年找一个师傅,并征得这个青年的父亲同意。各种手艺的监督人可以说是某个公司或某种手艺的行家、督察和助手,所有这些监督人每年重新选举一次,每种手艺的所有家长和自由人都是选民。这种监督人的职责是使所有人在各种手艺、学科或劳动方面达到和谐,使共和国不会有乞丐和寄生虫。

此外,共和国的僧侣也可以发表演说,宣讲关于各种艺术和科学的情况,如物理学、外科学、占卜术、天文学、航海术、农艺学等。他们还可以向人们介绍各种草木、恒星和行星的本性,以及人的本性、阴暗面和光明面、弱点和优点、爱和嫉妒、忧伤和欢乐、内在和外在的奴役、内在和外在的自由等。"由牧师每年选举出来的宣讲人,不是进行说教和发表演说的

---

① [英]温斯坦莱著,任国栋译:《温斯坦莱文选》,商务印书馆1982年版,第126页。
② [英]温斯坦莱著,任国栋译:《温斯坦莱文选》,商务印书馆1982年版,第140页。

唯一的人。每一个人只要拥有某一方面的经验,或者能够讲解某种艺术和语言,以及天体和土地的性能,都有讲话的充分的自由……"①温斯坦莱要求每个讲授某种草木、艺术或人类本性的人不说自己虚构的东西,而是讲解自己用心学会或通过实验观察到的东西。

温斯坦莱把人的一生可划分为四个时期:幼年、青年、成年和老年。从出生到四十岁属于幼年和青年时期,婴儿断奶后父母亲就要教育他,使他对所有人都采取亲切、谦逊的态度。当他的智力逐渐成熟后,把他送入学校学习共和国的法律、技艺和语言。这样他就能利用这些知识成为有理性的人,从而能更好地管束自己。同时,由于熟悉管理工作,他也可以成为优秀的共和主义者。如果英国要派遣使节去别的国家,就可以挑选熟悉这个国家语言的人。但儿童不会只学习书本知识而不做其他事情,他不会成为君主制下的那种繁琐哲学家。为了避免游手好闲,当他受过学校教育后,还必须学习一种适合其智力和体力的手艺、技术与科学,并且一直学习到四十岁为止。从四十岁到八十岁,他将免除任何劳动和义务,如果他自己不愿承担的话。所有公职人员和监督法律执行情况的监督人,可以从这一年龄的人中选拔。所有人在四十岁以前,都应当成为工人和仓库保管员,而不能被选举为公职人员。

温斯坦莱认为,凡是能帮助探寻创造物的秘密和如何正确管理土地的知识,任何一种手艺、技术或科学都可以学习。所有的技术和科学可分为五类:一是农业,即合理耕种土地,以便提高土地的肥力。农业又分为两个分支,第一个分支是指耕种土地,开垦荒地,施肥,烧树木草根,耕耘和翻耕土地,使土地适合播种并获得丰收。第二个分支是指园艺业,即种植、剪接和培植各种果树,以及平整土地用于种花、种草和种菜,以供欣赏、食用或医疗。在这里,所有的医生、药剂师、酿酒者、榨油者、制造各种罐头者等,都可以通过观察去探讨如何做才能有益于人类和动物。二是矿业,即勘探土地,寻找金、银、铜、铁、锡、铅、煤,以及其他矿石、硝石、盐、明矾等产地。在这里,所有的化学工作者、火药制造者、石匠、铁匠等,可以研究如何把这些宝藏用于造福人类。三是畜牧业,即合理饲养牲畜。在这里,牧人和牲口主人可以学习如何饲养与培育奶牛、羊、马等,所有的皮匠、鞋匠、纺织工、缝纫工、油漆工等可以学习如何看管和照料牲畜。四是林业,即种植、砍伐和培育林木,以及锯木用于建房和造船等。在这里,所有的木匠和制造各种生产工具、乐器的人,以及所有从事林业工作的人,都可以研究自然界的秘密,探讨如何使树木长得更粗壮、更快速,更有利于生产。五是天文学,即观察太阳、月亮和星球的运行,潮水的涨退,海洋的作用等。在这里,可以研

---

① [英]温斯坦莱著,任国栋译:《温斯坦莱文选》,商务印书馆1982年版,第162页。

究天文学、气象学、水利学、风向和天气变化等。以上这五类知识属于积极的知识,有利于保持普遍的和平,它们应通过实践获得。还有一种传统的知识,它不是通过实践而是从书本或别人那里获得,这种知识使人游手好闲。"这只是一种满足于读书和静观的表面的知识;它听别人怎么说,自己也跟着怎么说,可就是不动手去做。"①

为了防止发生游手好闲和运用阴谋诡计进行欺骗活动,温斯坦莱要求孩子学会一种手艺和体力劳动,学习各种语言和历史,这对自由共和国是有利的。他要求男孩学会读书和劳动,女孩学会读书、缝纫、刺绣、纺织、音乐等。如果这个纲领被通过,国内既不会有游手好闲之徒,也不会有乞丐,国库的收入也会极大地增加。温斯坦莱还鼓励人们从事发明创造,并使有发明创造的人得到荣誉。他说:"无疑地,当人们有吃有穿的时候,他们的智慧就会成熟,就会去探求万物的各个方面的秘密;当人们担心挨饿受冻和只想着怎样向监工交租的时候,就不会出现许多稀有的发明创造。"②

由上可知,温斯坦莱在《自由法》中所描绘的虽然是一个虚无缥缈的理想社会,但在某种程度上却是一个符合当时英国广大贫民愿望的共和国模型。"温斯坦莱的思想里既有先知空想的成分,又有现实主义的成分。"③尽管他的思想中还存在着不少宗教神秘主义因素,但这并不妨碍他成为一名超越时代的杰出思想家。温斯坦莱把教育视为自由共和国培养一代新人的重要途径,他强调每个人都有受教育的权利,父母、监督人及公职人员都有责任教育儿童。他相信人们用理性的力量能够摆脱困境,肯定科学教育和技术进步的价值。他主张通过实践学习有用的知识、教育与生产劳动相结合、脑力劳动与体力劳动相结合、鼓励新的发明创造等。这些观点在当时非常新颖并且具有十分重要的意义。

温斯坦莱与莫尔的不同之处,在于他不仅否定了私有制,肯定了公有制的必要性,而且力图将自己的学说付诸实践,他发起并领导了著名的掘地派运动。"莫尔的伟大之处,是他对遥远的未来有预见,而他的弱点则是不能够把这种预见同他所生活的那个世界联系起来。莫尔既不能看到,也不能想到那种能够实现向'乌托邦'社会过渡的力量。"④总之,温斯

---

① [英]温斯坦莱著,任国栋译:《温斯坦莱文选》,商务印书馆1982年版,第180页。
② [英]温斯坦莱著,任国栋译:《温斯坦莱文选》,商务印书馆1982年版,第181页。
③ [奥地利]弗里德里希·希尔著,赵复三译:《欧洲思想史》,广西师范大学出版社2007年版,第390页。
④ [俄]普列汉诺夫等著,中国人民大学编译室等译:《论空想社会主义》(上卷),商务印书馆1980年版,第164页。

坦莱的学说是空想社会主义发展史上的重要篇章,它对后来的空想社会主义思想产生了深远影响。

三、欧文

欧文(1771—1858)是19世纪英国空想社会主义思想家和教育家。他出生于威尔士蒙哥马利郡一个手工业者家庭,只上过初级小学,9岁开始在一家杂货店当学徒以自谋生计。他是一个早熟的孩子,10岁时怀揣40先令到伦敦求职,在繁重的劳动环境下,利用业余时间自学,弥补自己知识的不足。1787年欧文到曼彻斯特工作,当时曼彻斯特已成为英国棉纺织业的中心,他亲眼目睹了工业革命引起的变化。他在曼彻斯特当商业雇员时,参加了当地的文学和哲学协会,做过关于社会经济问题的报告,并结识了不少学术界的代表人物。1789年欧文独自经营了一家纺纱厂,取得了令人瞩目的成绩。1791年他应聘到一家拥有500名职工的大纺纱厂当经理,在这里充分发挥了经营管理的才能。他按照自己的理论进行初步实验,改进生产过程和提高管理水平,并积累了管理工厂的丰富经验。欧文的组织能力很快为人们所赏识,年仅20岁时就在英国工商界崭露头角。

1800年欧文离开曼彻斯特,担任了苏格兰拉纳克一家大棉纺厂的经理。拉纳克有工人2500人(其中五六岁的童工约500人),它是工业革命时期英国社会的一个缩影,集中反映了工业革命及工厂制度对劳动者带来的一切苦难。这里有失地的苏格兰和爱尔兰农民、破产的手工业者、流浪者和乞丐,以及来自孤儿院的儿童和各种堕落分子。他们工作时间长达十三四小时,居住条件恶劣,工作环境肮脏,生活极端困苦。欧文决定改善所有这一切,他接管拉纳克棉纺厂后,把它更名为新拉纳克(New Lanark)。他以改良家和慈善家的身份,秉承既有利于工厂主,也有利于工人;既为工厂主获得较高利润,也为工人谋取较多福利的原则,对棉纺厂进行了一系列改革。欧文写出了《关于新拉纳克工厂的报告》(1812)和《新社会观,或论人类性格的形成》(1813—1814)等论著,宣传其思想和改革新拉纳克的成就,引起社会的广泛关注。"欧文的中心论点是人的性格由环境形成,而教育则是改造社会的关键。"①但欧文在经营工厂的实践中,也逐渐认识到工业革命给英国社会带来的弊端,以及资本主义生产的秘密,即工厂主占有了工人所创造的利润。这激发了他对资本主义制度

---

① A. V. Judges, Pioneers of English Education, Faber and Faber Limited, London, 1951, p. 67.

的不满和工人阶级的同情。在自学过程中,欧文接受了早期空想社会主义和18世纪法国唯物主义的影响,开始探索改造社会的方案。1820年他写出了《致拉纳克郡报告》,首次明确阐述了自己的空想社会主义思想,提出消灭私有制,实行财产公有制,权利平等和共同劳动的理想社会蓝图,这标志着欧文空想社会主义理论的形成。

欧文的教育思想非常丰富,主要体现在他的著作和教育实践活动之中,而没有形成一个完整的体系。

(一) 性格形成学说

性格形成学说是欧文从事社会改革及教育实验的指导思想,他在1813年发表的《新社会观》和1849年发表的《人类思想和实践中的革命或将来从无理性到有理性的过渡》等论著中系统地论述了有关思想。"像功利主义者一样,欧文受启蒙思想家的影响极大;实际上,他是'1790年代葛德文派激进理性主义的产物,而不是1810年代功利主义的产物'。"①

从思想渊源而言,欧文继承了洛克的"白板说"及其唯物主义经验论传统。他说:"儿童们毫无例外地都是可以由人任意塑造的、结构奇妙的复合体。……这些复合体虽然像所有其他的自然产物一样有无数的种类,但都具有一种可塑性;如果行之得宜、持之以恒,最后是可以把它们塑成充分体现人们的合理希望和要求的形象的。"②在自然观上,欧文是唯物主义者,认为整个世界是由为数不多的元素及原子构成,这些元素和原子各种不同形式的结合,形成了世界的多样性。在认识论上,欧文是唯物主义经验论者,认为人的思想和知识不是天赋观念,更不是上帝的启示,而是对外界客观事物的反映。人生来就具有各种官能,它们在成长过程中接受、传达和比较各种观念,这些观念构成了人的知识或智慧。人所接受的知识是从周围事物中获取,这种知识可以是有限的,也可以是广泛的;可以是正确的,也可以是错误的。他说:"一个精力充沛的人事先不搜集一切有关的已知事实,能对任何问题作出合理的判断吗?搜集一切有关的已知事实难道不是人类在过去、现在和将来获得知识的唯一途径吗?"③

---

① G. H. Bantock, Studies in the History of Educational Theory, Volume Ⅱ, The Minds and The Masses, 1760-1980, George Allen & Unwin, London, 1984, p.134.
② [英]欧文著,柯象峰、何光来等译:《欧文选集》(第一卷),商务印书馆1997年版,第21—22页。
③ [英]欧文著,柯象峰、何光来等译:《欧文选集》(第一卷),商务印书馆1997年版,第51页。

第三章
空想社会主义
教育思想

欧文接受了18世纪法国唯物主义者关于"人是环境和教育的产物"这一思想,认为人的性格不是先天就有,而是在后天环境中形成的。他说自古以来人们立身处世都是根据这样一种假设,即每个人的性格是由他自己形成的,每个人要对自己的一切行为和情感负责。因此,他应该由于某些行为和情感受到奖励,由于另外一些行为和情感而受到惩罚。以往的每一种制度都是根据这些错误观念建立的,其实只要我们公平地考察这些观念,就会发现它们同所有的经验及感性知识完全相反。"这并不是一个细小的、其后果无足轻重的错误;这是一个天大的根本性的错误。从一个人的孩提时期开始,我们所做的涉及他的一切行为便都含有这种错误。我们可以看到,这是真正的、唯一的、产生祸害的根源。……总之,它的一切后果都包含着灾难。"①欧文经过长期的研究和观察后指出,每个人的性格从来不是而且永远不可能由他自己形成,性格毫无例外地是由外力形成的。"一般而言,性格从最好到最坏,从最无知到最有见识,通过运用适当的手段可以给予任何社会,甚至整个世界;在很大程度上,这意味着性格取决于对人类事务产生影响的那些人的控制。"②

欧文认为形成人的性格有两种因素,即天赋能力(或遗传因素)和社会环境。人的品质、感情、信念和行为始终是上述两种因素之一的产物,或是两者的共同产物。上帝或自然界创造了天赋品质,人带着这种天赋品质降生,然后由社会予以形成。他说:"人们的天赋的品质和志趣是在他们出生时不经他们同意和获悉而为他们创造的,他们以后的性格和行为是他们的这种原初本性和社会使他们所处的好的或坏的环境的必然产物……"③世界各地的儿童,无论是过去、现在和将来,永远具有与父母和师长相类似的习惯及情感,只是由于过去、现在或将来可能遇到的环境及个人特质不同而有所变化。欧文指出:"我在研究了过去的历史和现在的世界状况之后,头脑中产生了深刻的信念,认为无论过去、现在和将来,一个人永远是他出生前后所存在的周围环境的产物。"④在他看来,环境决定着人们的语言、宗教、修养、风尚、意识形态和行为性质。一个人之所以或善或恶,或智慧或愚昧,都取决于他所生活的环境。"也就是说,他是一个极端的环境论者。"⑤

---

① [英]欧文著,柯象峰,何光来等译:《欧文选集》(第一卷),商务印书馆1997年版,第47页。
② A. V. Judges, Pioneers of English Education, Faber and Faber Limited, London, 1951, p. 70.
③ [英]欧文著,柯象峰,何光来等译:《欧文选集》(第二卷),商务印书馆1997年版,第166页。
④ [英]欧文著,柯象峰,何光来等译:《欧文选集》(第二卷),商务印书馆1997年版,第84页。
⑤ G. H. Bantock, Studies in the History of Educational Theory, Volume II, The Minds and The Masses, 1760 - 1980, George Allen & Unwin, London, 1984, p. 135.

社会环境包括社会制度和教育,它们对人的性格形成起主导作用。欧文认为,社会上存在的一切罪恶都是由不合理的制度产生,因此要消灭罪恶就应废除这种不合理的社会制度。他说:"就目前表现出罪恶的种种性格而论,过错显然不在于个人,问题在于培育个人的制度有缺点。消除那种容易使人性产生罪恶的环境,罪恶就不会产生;代之以适于养成守秩序、讲规矩、克己稳重、勤勉耐劳等习惯的环境,这些品德也就可以形成。"①也就是说,改造社会环境就要用理想的社会制度取代现行制度。他预言说:"推行理性的制度和以亲睦、和平、不断完善、普遍幸福的精神改造人的性格与管理世人的方法的时期即将到来;任何人力都抗拒不了这一变革。"②欧文还强调性格培养尤其依赖于正确的教育,教育人就是培养他的性格,儿童们经过教育可以养成任何一种情感、习惯和性格。"知道怎样培养人的性格,就等于知道用什么方式去消灭造成世上灾难的主要原因,消除对于法律的需要,消除个人之间、民族之间和种族之间的互相排斥的原因,保证普遍和平和政治修明,促进知识和福利的有效提高,铲除现在只是受到愚昧无知的支持而存在的一切低级有害的欲念的成因,摧毁一切犯罪和恶行的基础,使十分不公正的个人惩罚制度成为不必要的东西,而个人奖励也不再受人欢迎,培养出人人赞许的从体、智、德、行的角度看来是善良的、必要的性格。"③在欧文看来,只有通过教育培养人们良好的性格和习惯,才能改革资本主义制度和消除资本主义社会的罪恶。

正是因为欧文重视教育对人的性格形成的作用,他才始终不渝地致力于教育改革实验。"欧文的教育观直接源于他的性格形成学说,即'合理地训练任何人群,都将使他们变得理智'。"④他的全部教育活动乃至社会改革活动,都是建立在性格形成学说基础之上。

(二) 新纳拉克教育实验

1800年1月1日,欧文正式接管新拉纳克工厂。在新拉纳克他发财致富了,但他从未对金钱本身感兴趣,而是把它作为使自己心中早已形成的思想付诸实践的手段。当时新拉

---

① [英]欧文著,柯象峰,何光来等译:《欧文选集》(第一卷),商务印书馆1997年版,第35页。
② [英]欧文著,柯象峰,何光来等译:《欧文选集》(第二卷),商务印书馆1997年版,第49页。
③ [英]欧文著,柯象峰,何光来等译:《欧文选集》(第二卷),商务印书馆1997年版,第138页。
④ A. V. Judges, Pioneers of English Education, Faber and Faber Limited, London, 1951, p. 72.

纳克镇的居民主要是纺纱工人,但也有铁匠、铜匠、锡匠、木匠、鞋匠、泥水匠、锯木工、修理工、油漆工、陶瓷工、裁缝、屠夫、店员、医生、牧师、农民、劳工、警察,以及各部门的管理员和办事员等,这些人构成了一个复杂社会。欧文并不想成为一个纯粹以赚钱为主的棉纱厂经理,而是希望利用新拉纳克作为实验基地,寻求改善贫民和劳动阶级的生活并使雇主获益的方法。但在改善劳动阶级的生活状况和道德习惯方面,他遭遇了重重障碍。这些障碍是什么呢?欧文写道:"他们愚昧无知、教育不良,因而养成了酗酒、偷盗、欺骗和不爱清洁的习惯;他们的利益互相对立;他们具有教派感情;他们在政治和宗教方面都有强烈的民族偏见,反对外人改善他们的生活状况的一切企图;此外,他们的工作的性质也是有害健康的。"①在新拉纳克,欧文为自己设定的第一个目标是改善2000工人的境况,他仔细研究产生这些现象的原因并努力加以消除,他的目标是把新拉纳克建成一个管理有序的社会。

在新拉纳克实验中,欧文倡导建立一个理性的社会制度,这种制度是以人们所探明的自然法为基础,它的宗旨是改造人的性格,用团结与和平的精神管理居民,使他们不断完善和幸福。以人的本性为基础建立的社会制度,与以虚伪为基础并违反人性建立的社会制度完全不同,后者会导致世界一步步走向地狱。有理性的政府一心谋求人们的幸福,并了解人的幸福所必需的条件。它意识到人的天性既可以得到社会的正确指导,也可以得到社会的错误指导。这种政府将在人类历史上首次采取合理的措施,使这些天赋特性在人的一生中都得到正确指导。他说:"一个伟大的真理由此证实了。这个真理就是:合理组织的社会从今以后可以通过一种途径,就是环境对人类的神造材料施加适当影响的途径,而使一切人从出生之日起就得到一种教导,从而变成善良、有用、聪明、知足的人,并且能够根据神造材料特定的优劣高低而享受不同程度的幸福。"②他认为,在未来生产力高度发达,科学技术空前进步,物质财富异常丰富的理性社会,教育应该培养体、智、德全面发展的有理性的人,也就是脑力劳动和体力劳动相结合的人。

为了培养理性的性格和全面发展的人,欧文认为每个人从出生到成年,都应当运用目前最好的方式进行教育。1816年欧文在新拉纳克工厂的中心地带成立了"性格陶冶馆",他称之为"新馆"。该馆为一座两层楼房,一楼分为三间,大小相似;二楼分为两间,大小不一。1816年元旦欧文在新馆二楼致开幕词,听众约1200人。他指出,建立本馆旨在使全体居民

---

① [英]欧文著,柯象峰,何光来等译:《欧文选集》(第一卷),商务印书馆1997年版,第197页。
② [英]欧文著,柯象峰,何光来等译:《欧文选集》(第二卷),商务印书馆1997年版,第99页。

的内在和外在性格彻底而全面地得到改进,因为它关系到全体居民的切身利益和安乐,以及不列颠帝国全境的广泛改良和全世界各国的逐步改善。性格陶冶馆分为三部分:一是为2—5岁儿童开办的幼儿学校;二是为5—12岁儿童设立的日校;三是为少年和成年人开设的夜校。1816年大约有280名孩子在全日制学校学习,近450名年龄在10—20岁的青少年参加了夜校,有40人在夜校学习到25岁,但其中只有一个女孩。①

从性格形成学说出发,欧文十分重视幼儿教育。他说要为人类陶冶最优良的性格,就应当从儿童出生起开始加以训练和教育。"惯于仔细观察儿童的人一定能清楚地看出,许多好事和坏事都是他们在很小的时候被教会或学会的,许多好的或坏的脾气和性情都是两岁以前养成的,许多深刻难忘的印象则是在一岁以前甚至在半岁以前获得的。因此,没有受过教育的或所受教育很差的人的子女,在这几年以及随后几年的童年和青年时代里,在性格的形成方面都受到很大的损害。"②相反,凡是有幸在出生后就受到正确教育的儿童,直到成年都明显地保留着这种教育的效果。欧文认为,最初的时候儿童教育应建立在感官教育而不是书本知识的基础之上。"孩子们不应该为书本知识所烦扰,而应该学习周围普通事物的用途、性质或特点;当孩子们的好奇心被激发起来时,应通过熟悉的对话引导他们提出问题。"③

欧文在新馆一楼为幼儿学校安排了教室,并用图画、地图以及从花园、田野和树林采集的实物加以装饰。游戏场是幼儿学校的重要设施,它是新馆前面圈出的一片场地,用于儿童游戏和军事操练,以及5—10岁儿童课前和放学的集合点。游戏场还搭建了一个棚子,用于孩子们躲避风雨。要使孩子们身体强壮,就必须让他们尽量在室外活动。当2岁儿童进入游戏场时,所接受的格言是"要尽力使小朋友快乐"。为了孩子们的健康和心灵,无论男孩或女孩都要学习舞蹈;声音悦耳或具有音乐欣赏力的儿童,还要学习唱歌或演奏某种乐器。此外,男孩和女孩都要到游戏场操练,以逐渐适应军训的要求。"这种操练如果行之得法,对于孩子们的健康和精神是有很大的好处的,它可以使他们具有挺拔匀称的体形,养成精神集中、行动迅速和遵守秩序的习惯。"④夏天,可以让教师经常带领孩子们到邻近地区

---

① A. V. Judges, Pioneers of English Education, Faber and Faber Limited, London, 1951, p. 75.
② [英]欧文著,柯象峰,何光来等译:《欧文选集》(第一卷),商务印书馆1997年版,第41—42页。
③ G. H. Bantock, Studies in the History of Educational Theory, Volume II, The Minds and The Masses, 1760‐1980, George Allen & Unwin, London, 1984, p. 138.
④ [英]欧文著,柯象峰,何光来等译:《欧文选集》(第一卷),商务印书馆1997年版,第62页。

或周围乡村走走,使他们能亲身体验大自然的美好并获得相关知识。总之,欧文希望孩子们在新拉纳克工厂能尽量得到丰富多彩的娱乐,因为教导幼儿的一切事情都要寓于乐趣。他指出:"舞蹈、音乐和军训将永远成为一种陶冶性格的合理制度中的突出环境。它们能使儿童身体健康,体态富于自然美,教导他们在潜移默化下愉快地养成服从指挥和遵守秩序的习惯,在他们的内心产生安宁和幸福感,并使他们在思想上有足够的准备,能够在获取一切知识方面有重大的进步。"①

在智育方面,欧文主张教学要从孩子们最熟悉的事情开始,逐渐涉及个人将来必须知道的最有用的知识。然而当时的情形是:从呱呱坠地之日起,儿童就被灌输了一套关于自己和整个人类的错误观念。在许多学校,教师从未引导儿童理解读物的内容,而是把时间浪费在似是而非的教学上。教师让儿童一味相信自己所学的东西,而不去追究其中的道理,久而久之儿童也就不会正确地思考和推理。因此,首要的事情就是教人辨别真伪。如果从幼儿时期开始,一个人的推理能力就得到适当培养或训练,而且在儿童时期受到合理的指导,知道要排除那些自相矛盾的观念,那么这个人就会获得真实的知识。欧文认为,对于幼儿和年龄较小的儿童,除了用明显的示范动作、图画、实物或模型施教外,还需用亲切的谈话循循诱导。由于教师在幼儿性格培养方面责任重大,欧文选聘教师的条件是热爱儿童、性情温顺,对儿童有无限的耐心。他们决不可以责骂任何儿童,或者在说话和行动上威胁儿童,而是要经常和颜悦色地同他们谈话,做到态度亲切、语气柔和。教师不能让儿童为书本所困惑,而要教他们知道周围事物的用途和性质。其办法是通过交谈让儿童产生好奇心,在循循诱导下提出有关那些物品的问题,再让他们了解物品的用途和性质。经过这样的训练和教育之后,儿童就会奠定坚实的基础,能养成良好的习惯、礼貌、性情和待人接物的态度,同时具有始终如一和头脑清晰的理智。幼儿学校没有惩罚措施,其诀窍在于儿童对教师产生了深厚的感情,他们愿意自动地尽量发挥其固有的能力。

在新拉纳克工厂,不再雇用6—8岁的儿童。凡5—12岁的儿童均需到全日制学校学习,幼儿学校的许多教育原则、方法及内容在日校得以延续。当他们满了12岁以后,如果父母愿意的话,可以进厂当技工和纺纱工,或在其他任何部门工作。夜校是为白天做工的青少年所开设,新馆二楼房间可以供夜校使用。夜校开设的课程包含读写算、缝纫、编织、家政、音乐、舞蹈、化学和机械等课程,每晚上课两个小时,工人们可按兴趣选修。新馆每周

---

① [英]欧文著,马清槐、吴忆萱等译:《欧文选集》(第三卷),商务印书馆1997年版,第237页。

利用三个晚上举行讲演会,对象是成年工人及其家属。欧文认为,对于人数众多受教育程度低的人,这种讲演具有难以估量的价值。它通过亲切的谈话,用浅显易懂的语言,教给成年人一些实用知识,如怎样教育孩子、怎样有效使用工资、怎样支配剩余工资等。"总之,可以通过这些讲演以饶有风趣的、合人心意的方式向目前村社中最愚昧的人传授极有价值而又实在的知识。"①性格陶冶馆开办两年后,欧文访问了欧洲大陆,拜访了一些著名教育家,如奥贝尔林、裴斯泰洛齐(Johann Heinrich Pestalozzi)、费伦贝格等。裴斯泰洛齐的直观教学法、费伦贝格的民主管理方式,都给欧文留下了深刻的印象。同时,他也毫不谦逊地写道:"人们认为,我在这一时期(1817)的公共教育活动超越那个时代几百年,有人说是几千年"。②

欧文在新拉纳克的教育实验取得了巨大成功,幼儿学校和性格陶冶馆声名远播,国内外知名人士纷至沓来,参观人数逐年增多,他们都想看看新纳拉克的奇迹。"在1815至1825年间,访问者签名簿上写着20,000人的名字。……其中有埃斯特里齐王储、俄国沙皇、尼古拉大公爵、布鲁厄姆、坎宁、科贝尔、马尔萨斯、詹姆斯·穆勒、弗朗西斯·普莱斯及李嘉图。"③新拉纳克工厂毫无保留地向所有来宾开放,让他们尽量调查研究,所有参观者都对舞蹈、音乐、军训和地理课产生浓厚兴趣,他们对这些孩子的天真活泼表示惊讶和赞赏。欧文写道:"这个性格陶冶馆,以及总的说来在我直接指挥期间的新拉纳克企业,被世界上思想比较进步的人士看作现代最伟大的奇迹之一。"④

(三) 新和谐公社教育实验

早在1817年3月发表的《致工业和劳动贫民救济协会委员会报告书》中,欧文提出在不改变现存制度的基础情况下,通过成立劳动新村或劳动公社消除失业现象。他把公社看做一种"新社会体系",认为公社制度是完全符合人的本性的制度。欧文认为,旧制度是建立在谬见的基础之上,充满着虚伪和无知、贫苦和压迫、暴行和犯罪。他提出一种新制度来取

---

① [英]欧文著,柯象峰,何光来等译:《欧文选集》(第一卷),商务印书馆1997年版,第54页。
② [摩洛哥]扎古尔·摩西主编,梅祖培,龙治芳等译:《世界著名教育思想家》(3),中国对外翻译出版公司1995年版,第234页。
③ [摩洛哥]扎古尔·摩西主编,梅祖培,龙治芳等译:《世界著名教育思想家》(3),中国对外翻译出版公司1995年版,第234页。
④ [英]欧文著,马清槐,吴忆萱等译:《欧文选集》(第三卷),商务印书馆1997年版,第241页。

代它,这种新制度建立在真理和科学基础之上,以保证人人享受物质和精神生活的幸福为目的。新制度的原则是:所有人不分性别和地位权利一律平等;在工作和娱乐中通力合作;共同劳动;义务平等;财产公有;言行自由;保护健康;寻求知识;勤俭办事;遵守法律等。依据上述原则可以组成一个平等的团体即劳动公社。欧文描绘了这一理想社会的组织形式:"全体公社成员是一个大家庭,任何人的活动都没有高低之分。人人都将按照年龄的区分,在供应所能做到的范围内,得到同样的食物、衣服和教育;只要可以办到,全体社员将住同样的住宅,而且在一切方面都得到同样的安排。每个社员都要按照公社通过的章程和决议,为公共福利作出可能的最大贡献。公社的首要任务,将是使全体社员在体、德、智方面经常受到最好的教育。"①

为了用范例证明自己的思想切实可行,欧文决定建立示范性公社。1824年秋欧文辞去新拉纳克工厂经理职务,怀着建立劳动公社的美好理想,带着四个儿子前往美国。他在《自传》中写道:"我到美国去,是为了在那新的肥沃土壤里播种这种社会制度的种子,那里有着宜于发展精神和物质的新环境,是人类未来自由的摇篮,而那种自由不但是旧世界各国的人民,而且是当时美国的人民所不知道的。"②1825年4月欧文购买了印第安纳州30,000英亩未开垦的土地,成立了"新和谐公社"(New Harmony Community)。

同其他空想社会主义者一样,欧文详细地描述了新和谐公社的外貌,以及公用建筑、住宅和厂房的布局。主要建筑群位于公社的中央,组成一个方形村,每个方形村足以容纳1200人左右,周围的土地约有1000—1500英亩。在方形村中有许多公共建筑,把村子分成一些平行四边形。中央建筑物包括一个公共厨房、若干食堂,以及经济舒适的烹调房和餐厅。右边建筑物的一楼用作幼儿园,二楼用作讲堂和教堂。左边建筑物用于年龄较大儿童的学校,一楼设有委员会办公室,二楼设有图书馆和会议厅。方形村里的空地将辟作若干运动场和游戏场。方形村的四边是住宅、仓库、医疗所和招待所。方形村周围房屋后面,辟有花园和菜地。最外围是机械厂、制造厂、屠宰场、牲口棚、浆洗房、漂白室、酿酒厂、磨坊、田园和牧场等,围篱用果树栽成。建立这种容纳1200人的劳动公社需要花钱,欧文建议每人平均分摊80英镑,如以年利5厘计算,则每人每年平均投资4英镑。他说:"首要的问题是:筹划一笔足够的款项,购买(或租用)土地,建筑方形村、工厂、农业作坊及其附属建筑

---

① [英]欧文著,柯象峰、何光来等译:《欧文选集》(第二卷),商务印书馆1997年版,第190页。
② [英]欧文著,马清槐、吴忆萱等译:《欧文选集》(第三卷),商务印书馆1997年版,第254页。

物,购置农具并准备其他一切使整个生产组织行动起来。"①

新和谐公社分设六个部门,即农业部,工业和机械部,文学、科学和教育部,家政部,经济部,商业部。这些部门又按照各种活动加以细分。公社的立法权属于由年满21岁的社员组成的全体大会,议案的表决应经过他们六分之一同意。行政权属于由公社书记、司库、管理员和总经理组成的理事会,他们都由全体大会选举产生。全体大会每周召开,不经全体大会的多数通过,任何人都不能成为新社员;不经全体大会三分之二的同意,任何人也不能被开除出公社。任何社员都有权退社,但应提前一星期通知公社,这样退社的社员就有权按照以前付出的劳动,从公社产品中取得合理的报酬。公社对社员的私人债务不负责任,社员存入公社的现金退社时应当归还。全体社员在一切知识领域和宗教信仰方面享有充分的自由,社员之间可能发生的一切误会应由公社调解。理事会的职责是缔结各种合同,执行各种决议,领导各种工作,监督各项工作是否按照指示执行。理事会每周应向全体大会报告各部门的工作和收支情况,以及对每位经理的考查意见。对公社的一切报告每周至少检查一次,并将检查结果通知全体大会。总经理和书记的报告以及全体大会的决议,都应登记备案和妥为保管,以便随时调阅。

在欧文设计的公社里,工业劳动和农业劳动互相结合,并且在一定程度上偏重后者。同时,既没有脑力劳动和体力劳动之分,而且也没有城乡之间的差别。全体社员都要从事一定的公益劳动,没有通常所说的那种阶级划分。"阶级和社会地位的差别是人为地造成的;这种差别是人们在蒙昧无知、没有经验和缺乏理性的时期构思出来和确定下来的。"②任何一个人不曾为别人服务,也就没有权利要求别人为他服务。"如果对社会实行合乎自然和理性的划分,就可以永远保证这种权利不被破坏。为了全人类最广泛的利益,为了全人类的幸福,应该到处都采用这种划分,因为它可以消除各种恶劣的欲念,终止一切争端(私人的和社会的,个人之间的和各国之间的),并使人类的一切事业秩序井然和明智合理,而不致杂乱无章和没有理性。"③欧文认为合乎自然和理性的社会划分,就是按照社员年龄和经验进行新的划分。"在重新划分的社会中,一切新人都将受到良好的教育和合理的训练,以便最妥善地利用财富,经常得到最大的快乐,而不滥用任何东西。"④

---

① [英]欧文著,柯象峰,何光来等译:《欧文选集》(第一卷),商务印书馆1997年版,第188页。
② [英]欧文著,柯象峰,何光来等译:《欧文选集》(第二卷),商务印书馆1997年版,第33页。
③ [英]欧文著,柯象峰,何光来等译:《欧文选集》(第二卷),商务印书馆1997年版,第34页。
④ [英]欧文著,柯象峰,何光来等译:《欧文选集》(第二卷),商务印书馆1997年版,第47页。

欧文在《新道德世界书》第五篇《关于社会的划分》中把30岁以内的人分为6组,并规定了每一年龄组所从事的活动。第一组包括从出生到5岁的儿童。他们要进入保育室和幼儿学校,用最有营养的食品哺育他们,让他们经常在户外新鲜空气中活动;只要他们年幼的智力能够办到,就应当使他们获得一切事物的确切知识。第二组包括5—10岁的儿童。他们的任务主要是获得有用的经验,并根据体力和能力学习某些最容易的生活技能。他们获得知识的方法,主要是依靠亲自了解事物,以及同有经验的人进行交流。从7岁起他们就可以做力所能及的家务工作,而且会干得很出色。到10岁时就成为受到良好教育的通情达理的人,在智慧、习惯、志趣、感情和行为方面都优越于现在的一切人。第三组包括10—15岁的儿童。在最初的两年,他们要领导第二组儿童,帮助他们做家务工作和从事各种活动。从12岁起要学习比较复杂的原理和方法,包括农业、矿业、渔业、食品制造、食品保管、烹饪、纺织、房屋建筑、家具制造、机械制造,以及生产和制造社会所需要的其他一切物品。他们将在不损害体、智、德方面发展的情况下,每天工作几个小时。

第四组包括15—20岁的青年。这是人生最有趣的时期,他们在体、智、德方面将成为新型的人,他们的思想和感情是公开的,性情相投的人可以互相匹配结合。他们将获得更为持久的爱情,享受更多的快乐和幸福。他们既是社会所需各种物品的生产者,也是第三组年龄较大儿童学习的指导者。第五组包括20—25岁的成人。他们将担负一切生产和教育部门的领导者和指挥者,他们既能生产最有价值的财富,也能正确地利用和享受财富。第六组包括25—30岁的成人。他们的职责是妥善保管财富并进行合理分配,他们每天只需两个小时就能出色完成工作,其余时间用于视察工作、技术改进、与人交谈、收集信息或拜访亲友。他们既有理论知识又有实践知识,而且在广度和深度方面都超过人们至今所达到的水平。此外,欧文还把30—60岁的人分为两组,即第七组包括30—40岁的成人,第八组包括40—60岁的成人。第七组成员的职责在于管理内部事务,以保持社会的和平秩序与仁爱感情。第八组成员将负责对外政策,如接待客人、对外联络、考察道路工程、修建公共设施、交换剩余产品、开展发明创造等,以使各地区居民都能自由享有全世界积累的知识所带来的利益。

由上可知,欧文继新拉纳克教育实验后,在新和谐公社继续开展了教育与生产劳动相结合、培养德智体劳全面发展的新人的实验。这种示范性公社引起了美国和西欧社会的广泛关注。欧文在华盛顿发表了演讲,听众中有美国总统约翰·亚当斯(John Adams)和一些国会议员。"人们从四面八方来到此时叫做新和谐的地方。在最初的几个星期里就有约

800人来到这里……"①但正如在资本主义条件下建立类似公社的其他实验一样,欧文的这次尝试也最终失败了,他在这次实验中耗费了4/5的财产。欧文自己也承认实验是一场失败,他得出的结论是:"除非预先经过道德训练,人们不可能适合在公社中生活"。②欧文对新和谐公社的居民说:"我在此试图进行一项新的事业,我曾希望50年的政治自由已使美国人民为这一事业作好了准备——也就是说,有效地管理他们自己。我提供了土地、住房和大量资金……,但是经验证明,为把那些以前未受过教育的陌生人团结在一起实现这一目的所作的尝试还为时过早,这些陌生人应该为他们共同的利益去做大量的工作像一个普通的家庭那样生活在一起。"③虽然新和谐公社的实验失败了,但在整整一代人甚至更长的时间里,新和谐一直都是社会和教育研究的中心。

欧文所建立的公社解散后,他把一部分土地租给愿意保持公有经济的人,其余大部分土地不得不分散出售。苏联学者费金娜在《罗伯特·欧文传略》中指出:"欧文的'共产主义'创举在资本主义条件下的失败是必然的,但是这个失败由于宗教上的意见分歧、民族偏见、特权阶级人物的个人主义倾向(他们加入了公社,但不愿意同劳动阶级人物同样劳动)、消费的增长超过生产等等而提前到来了。"④欧文打算到墨西哥购买土地以便进行新的实验,但是没有成功。于是他把四个儿子留在美国,自己于1829年回到英国,又投身到工人阶级运动之中。

欧文的教育实验受到马克思的高度评价,他说正如我们在欧文那里可以详细看到的那样,从工厂制度中萌发出了未来教育的萌芽,未来教育对所有已满一定年龄的儿童来说,就是生产劳动同智育和体育结合,它不仅是提高社会生产的一种方法,而且是造就全面发展的人的唯一方法。欧文的教育思想虽然是空想社会主义的,但他对科学社会主义教育思想的形成具有重大贡献,为马克思主义教育学说提供了丰富的思想养料。"应该看到,在马克思主义教育理论诞生之前,欧文的教育思想已包含了马克思主义教育理论的萌芽。"⑤与其

---

① [摩洛哥]扎古尔·摩西主编,梅祖培,龙治芳等译:《世界著名教育思想家》(3),中国对外翻译出版公司1995年版,第236页。
② [英]C.W.克劳利等编,中国社会科学院世界历史研究所组译:《新编剑桥世界近代史》(第9卷),中国社会科学出版社1999年版,第150页。
③ [摩洛哥]扎古尔·摩西主编,梅祖培,龙治芳等译:《世界著名教育思想家》(3),中国对外翻译出版公司1995年版,第238页。
④ [英]欧文著,柯象峰,何光来等译:《欧文选集》(第二卷),商务印书馆1997年版,第307页。
⑤ 赵祥麟主编:《外国教育家评传》(第二卷),上海教育出版社2003年版,第161—162页。

他空想社会主义者相比，欧文进行了长期的社会改革和教育实验活动，并在此基础上形成了比较系统的教育思想，因此欧文的教育思想具有鲜明的实践性质。"作为苏格兰新拉纳克工厂的经理和股东，他试图实施已经形成的关于人类性格和环境的理念：改善工作和生活条件、使儿童的劳动适度、提供幼儿教育。这些观点及其社会实验反映在《新社会观》(1813—1814)之中。随后，欧文试图扮演更多的公共角色，最初是作为工厂立法的权威声音，然后是作为当代社会激进的批评家。……他预言了旧秩序的即将解体和新道德世界的出现。"①

欧文首次为工人阶级创办了幼儿学校、日校和夜校，其中幼儿学校的创办符合历史潮流及社会需要，在工业化国家中影响最大。故其问世后迅速在各国得以推广，引发了19世纪上半期欧美幼儿学校运动的热潮。有人认为，"英国对当时教育实践的主要贡献是以欧文为先驱的幼儿学校"。②"在罗伯特·欧文的榜样影响下，出于慈善和利己的综合考虑，许多制造商在工厂周围创办了微型福利社区。在曼彻斯特附近，阿什沃斯(Ashworths)、艾希顿(Ashtons)、格雷戈(Gregs)和怀特黑德(Whiteheads)建立了日校、夜校、图书馆，甚至澡堂和银行。"③科尔(M. Cole)则写道："罗伯特·欧文有着令人惊奇的现代见解。确实如此，1816年至1826年间的新拉纳克(New Larnark)可以被看成是随后的100年中英国教育进展的缩影。"④欧文的历史功绩是伟大的，他在宣传和实践社会改革方面取得了卓越成就。正如苏联学者沃尔金评价说："在被科学共产主义誉为自己的先驱者的伟大思想家和活动家中，欧文完全有资格占有最前列的一席地位。"⑤

总之，英国空想社会主义代表人物莫尔、温斯坦莱和欧文，在他们的社会主义学说中都十分重视教育问题，并对其进行了深刻的探讨，提出了在当时而言最进步的教育思想。虽然由于历史条件、阶级地位和社会观的局限，他们的教育思想带有纯粹空想性质，但其中蕴

---

① Christopher Brooke and Elizabeth Frazer, Ideas of Education: Philosophy and Politics from Plato to Dewey, Routledge, London and New York, 2013, p. 179.
② [英]C. W. 克劳利等编，中国社会科学院世界历史研究所组译：《新编剑桥世界近代史》(第9卷)，中国社会科学出版社1999年版，第277页。
③ W. H. G. Armytage, Four Hundred Years of English Education, Cambridge University Press, 1964, pp. 101-102.
④ [英]伊丽莎白·劳伦斯著，纪晓林译：《现代教育的起源和发展》，北京语言学院出版社1992年版，第196页。
⑤ [英]欧文著，柯象峰，何光来等译：《欧文选集》(第二卷)，商务印书馆1997年版，第302页。

含的天才预见却放射出真理的光芒,如教育与生产劳动相结合、脑力劳动与体力劳动相结合、德智体美劳相结合、培养全面发展的人等思想,为马克思主义教育学说留下了重要的思想遗产。正如有的学者指出:"空想社会主义教育思想对后世的最大影响,就是为马克思主义教育思想的形成提供了丰富的材料和启示,这是对世界教育思想史乃至对整个人类社会发展的重大贡献。"①

---

① 吴式颖,任钟印主编:《外国教育思想通史》(第七卷),湖南教育出版社2002年版,第247—248页。

第四章

国 民 教 育 思 想

第四章
国民教育思想

　　国民教育思想是随着欧美近代民族国家的兴起而产生,并以近代经济学、政治学和哲学的一些原则为基础。国民教育与国家主义教育既有区别,也有联系。国家主义教育是指教育的国家化,即由国家而不是教会或慈善机构管理教育,国家以立法形式规定建立学校、设置课程等。"国民教育"是指教育对象,它是国家主义教育的主要表现形式。"从历史上看,教育方面的实际问题不是国家是否应该举办教育,而是个体与国家之间的关系。最初,教育主要关心的是个体。个体是目的,国家是手段。"①18世纪末法国哲学家孔多塞(Condorcet)指出:"要为人类的每个人提供满足其需要、保障其福利的手段以及认识和实践自身权利、理解和履行自己义务的手段。……这应该是任何国民教育的首要目的。从这一观点出发,对于政府来说,这是一项正义的事业。"②国家主义教育不仅为欧美近代国民教育制度的确立提供了理论依据,而且对这些国家的教育发展及普及产生了重要影响。"毋庸讳言,正像资产阶级革命成功背后,有众多锐利、远大目光的思想家所鼓吹和预见那样,国民教育制度的建立,公立学校的确立也是由国家主义教育思想家的筹划、设计所取得的。"③

　　在建立国民教育制度之前,欧洲教育事业基本上是由宗教组织和泛爱主义组织控制。泛爱主义者对贫苦大众的教育产生兴趣,是文艺复兴后人道主义精神的产物,这种兴趣为普及世俗教育铺平了道路。早在1640至1660年清教革命时期,一些教育改革者对于英国的教育现状和办学条件普遍不满,各种教育改革建议层出不穷。"最大胆的改革方案是在全国实施强制的、免费的和普及的或接近普及的教育制度的建议。"④例如,英国著名经济学家威廉·配第(William Petty)强调教育应为国家政治和经济发展服务。他认为教育是国家和公共的事情,应该由国家统一办理,不能因为贫困而剥夺人们受教育的机会,教育费用也应列入国家公共经费开支。他说:"的确,学校或学院这些机构,目前大多数是某些特殊人物所捐献的,或者是某些特殊人物为追求他们私人目的而花费金钱和时间的场所。但是,如果它们的目的是在于给最优秀而有天资的人提供一切意想得到的帮助,使其从事于探求自然界的一切运行规律,那无疑是一种善举。在这个意义上,它们所需的经费也应当是一

---

① [美]约翰·S·布鲁巴克著,单中惠,王强译:《教育问题史》,山东教育出版社2012年版,第63页。
② [美]约翰·S·布鲁巴克著,单中惠,王强译:《教育问题史》,山东教育出版社2012年版,第64页。
③ 张斌贤,诸洪启等著:《西方教育思想史》,四川教育出版社1994年版,第474页。
④ 徐辉,郑继伟编著:《英国教育史》,吉林人民出版社1993年版,第98页。

项公共经费。"①政治理论家詹姆斯·哈灵顿(James Harrington)认为建立学校是国家的首要职责。弥尔顿呼吁在全国建立学校,向生活于贫困和无知中的人们传播知识、礼仪和神灵的启示。这是英国最早的国家办教育主张。

18世纪英国国民教育思想的代表人物是亚当·斯密(Adam Smith)、葛德文(William Godwin)和马尔萨斯(Thomas Robert Malthus),19世纪的欧文和斯宾塞(Herbert Spencer)也对国民教育问题进行了论述。与前面三位思想家相比,欧文和斯宾塞国民教育观形成的历史条件相差很大,但他们之间的思想一脉相承,其中亚当·斯密、马尔萨斯和欧文倡导建立国家教育制度,而葛德文和斯宾塞则极力反对国家干预教育,这是英国近代国民教育理论形成的主要特征。

国民教育思想首先发轫于法国,随后在欧美国家得以广泛传播。16至18世纪前期,法国教育的控制权主要掌握在耶稣会和宗教团体手中,学校里充满了浓厚的宗教教育气息。但在大革命前夕,情况却有所改变。"在这个时候,法国社会正越来越直接意识到自身,正在学会跳出所有宗教性的象征体系来思考自身。人们越来越认识到,法国社会有其自身独立的存在,有它完全世俗的形式……在这段时期里,一切具有反思能力的人们都一致认为,教育的根本宗旨在于确保社会的有效运行。"②18世纪中期法国掀起了一场波澜壮阔、气势磅礴的思想启蒙运动,随着启蒙思想的快速升温,资产阶级力量的日益壮大,资产阶级和部分贵族开始接受新鲜而激进的思想,一种新的政治氛围逐渐形成。在很短的时间里,法国教育思想得到了超乎寻常的复兴,国民教育的概念第一次得到详细阐述。该时期一些启蒙思想家最早对法国的国民教育体系进行了勾画,后来拿破仑(Napoleon)就是参照这些蓝图建立国家教育体系的。

1763年拉夏洛泰(La Chalotais)出版了《论国民教育》,强烈批判了耶稣会和宗教团体对法国教育的垄断,系统地论证了国家办学和为国家培养公民的观点。他说耶稣会提供的教育落后于时代需要,这种教育并不是为国家和公民谋取最大利益,它的主要原则是错误的,因此整个教育制度必须从根本上重建。"我主张国民的教育只能依靠国家,因为它基本上是属于国家的;因为每个国家都有不可剥夺和不可取消的权利去教育它的成员;最后,还因为国家的儿童必须由这个国家的成员加以教育。……诚然,每个国家的教育目的都应该

---

① 陈冬野,马清槐,周锦如译:《配第经济著作选集》,商务印书馆1981年版,第18—19页。
② [法]爱弥尔·涂尔干著,李康译:《教育思想的演进》,上海人民出版社2003年版,第403页。

是激发公民精神;而对我国来说,教育的目的应是培养法国人,是为了形成法国人,努力将他们造就成人。"①实际上,拉夏洛泰在这里提出了国家办学和公民教育的概念。在"国家与教育"的关系上,他认为教育应该首先考虑的是国家和大多数公民。他说:"应该从多方面考虑教育:正像田野需要耕耘一样,学识需要培植;一切科学和有益的艺术需要完善;法制需要执行,宗教需要传授;有魄力的将军、行政官员、牧师、灵巧的艺术家和公民都需要有适当比例地加以培养。政府应该使每一个公民都由于不至于被迫辍学而感到满意。"②拉夏洛泰把最大限度地使人们心智完善、品德高尚和身体健康作为教育的理想目标。他说教育的目的既然是为国家培养公民,很显然它就必须与国家的政治制度和法律相适应,一种由国家法律支持的教育制度有什么事情做不成功呢?几年之后它就会改变整个民族的风俗习惯。拉夏洛泰的国家办学思想旨在改变由教会控制学校的局面,对法国驱逐耶稣会运动起了推动作用。他的《论国民教育》出版后,在法国引起了极大的反响。

伏尔泰(Voltaire)是18世纪法国启蒙运动的开拓者和著名领袖,他猛烈抨击天主教会的罪恶行径,尖锐地指出教皇的势力是建立在"成见和无知"的基础上。他把教皇比作"两足禽兽"、教士称作"文明的恶棍"。在他看来,宗教裁判所的罪恶甚于拦路抢劫的强盗,强盗只要金钱,而宗教裁判所则要剥夺人们的一切,包括思想和生命。"基督教的历史就是一连串的抢劫、谋杀的历史,一部残暴的血腥史。"③1764年伏尔泰在匿名发表的《哲学词典》中论述了"教会与国家"的关系,他明确指出未经政府批准,教会制定的任何法律都没有丝毫效力。"所有教会都隶属于国家,因此,它们在任何方面都应受政府的管辖。"④伏尔泰认为理性是社会历史发展的支配力量,而在此以前理性为宗教迷信所压抑。社会罪恶的根源在于愚昧无知和缺乏教育,教育的目的就是普及科学和消除愚昧,培养"健全理性的自由人"。伏尔泰指出,宗教和理性是不相容的,宗教是理性的大敌。随着教育的逐步发展,科学知识的日益普及,宗教狂热和偏见必将消失,理性将会取得更大的成就。在他看来,最符

---

① [美]E.P.克伯雷选编,华中师范大学、西南师范大学等教育系译:《外国教育史料》,华中师范大学出版社1991年版,第457页。
② [美]E.P.克伯雷选编,华中师范大学、西南师范大学等教育系译:《外国教育史料》,华中师范大学出版社1991年版,第459—460页。
③ 冒从虎,张庆荣,王勤田著:《欧洲哲学通史》(下卷),南开大学出版社1992年版,第13页。
④ [美]E.P.克伯雷选编,华中师范大学、西南师范大学等教育系译:《外国教育史料》,华中师范大学出版社1991年版,第441页。

合人类理性的政治制度是英国的君主立宪制,在这种制度下一切按照法律治理,君主的权力受到限制,贵族依然高贵但不敢骄横,人民能够参与国事。伏尔泰的进步思想对后来唯物主义思想家产生了巨大影响。

唯物主义哲学家爱尔维修(Helvetius)也对封建专制制度和教会控制学校进行了批判。他指出,在专制制度下财富被集中于少数贵族家庭,君主昏庸而挥霍无度,道德风尚败坏。专制制度的特点就是扼杀人们的思想和美德,要消灭社会上的罪恶必须反对专制制度。只有在民主国家公民才是自由幸福的,因为他们只服从自己制定的法律。爱尔维修是基督教和一切传统宗教的批判家,他认为宗教维护的是无知,迫害的是科学。宗教史就是一部罪恶史。宗教给人类带来尸横遍野,血流成河,城市焚烧,帝国残破。宗教进行虚伪的道德说教不仅不能使人变好,反而使人变坏。1767年爱尔维修写成了《论人的理智能力和教育》,他指出法国的学校受教会控制,教学内容渗透了宗教精神,因此必须改变这种状况,由国家创办世俗教育。他说一个民族如果把公民教育委托于教皇,这是民族的灾难。只有由国家创办的国民教育,才能使它成为社会服务的工具。教育的目的在于增进全社会的"公共福利"和大多数人的"共同幸福"。教育应该培养将个人和民族利益结合在一起的有才能、有美德的爱国者。教育对于天才、个人性格和民族性格有意想不到的影响,而教育归根到底要依靠政体来制定方针和政策。政体形式规定了一个人的发展,决定了一个民族文化的风格。每个国家都有它特殊的观察方式和感觉方式,这种方式形成了它的性格。"因此经验证明,各个民族的性格和精神是随着它们的政治形式变化的;一种不同的统治轮流给予同一个民族以高尚的或卑下的、坚定的或轻浮的、勇敢的或怯懦的性格。"①实际上,爱尔维修的民族性格与政体观在某种程度上揭示了"人与国家"的关系。

1772年卢梭(Rousseau)应波兰伯爵威尔豪斯基(Wielhorski)的请求写了《关于波兰政治的筹议》,详细论述了民族国家的教育问题。卢梭认为教育是以民族的形式塑造人们的心灵,并把他们造就成为爱国者。每一个爱国者对于国家的爱是和母亲的爱一样,这个爱就是他的全部生命。"他只想到他的国家而不及其他。他生着只是为他的国家。至于他自己个人,那是不值得什么的。倘使他的国家不再生的了,他也就死亡了。"②这里充分体现了卢梭在国家和民族危难时刻强烈的爱国主义情感。卢梭倡导教育权利的平等,认为国家的

---

① 任钟印主编:《世界教育名著通览》,湖北教育出版社1994年版,第483页。
② 张焕庭主编:《西方资产阶级教育论著选》,人民教育出版社1996年版,138页。

教育是自由人的特权。他说:"我不喜欢把两种贫富不同而并有身份的人划开两种学校按两种课程来进行教育。既然照本国宪法他们是平等的,他们就应该一起受教育,而且是同样的;即使不可能建立一种完全免费的公家教育,不管是哪一处,所收的费应该是放低到使最贫苦的也能付与。"①卢梭认为讲授波兰民族文化的教师不应是外国人,只有波兰人才能批准为教师。这些教师应是已婚男子,他们不仅具有良好的学识和智慧,而且在德行方面为人们所信赖。

卢梭还建议设立一个最高行政院作为教育的最高管理机构,负责校长的任命和罢免,以及其他教师职务的升迁等。他说:"这些制度为一个共和国家将来的希望与一个国家的荣华和命运所攸关,因此我敢坦直地认为它们是具有极大重要性,而惜乎从没有一个国家曾作如此的估计,这诚使我惊异的。"②同时,他也痛心地看到,这种良好而实用的教育制度从未付诸实施。卢梭提出了培养"民族的人"这一观念,认为教育的目的是培养波兰人,而不是法国人、英国人、西班牙人、意大利人和俄罗斯人。作为一个波兰人,他应该熟悉本国的物产、省区、道路、城市、历史、法规和光辉人物等。培养人们的才能、性格、兴趣和道德,并使波兰人不同于其他国家的人的正是国民教育机构。可见,培养"民族的人"和建立国民教育机构,是近代民族国家产生以后最显著的教育特征。在西方教育史上,卢梭是第一个把培养民族爱国者的重要责任赋予教育的思想家,也是近代最早提出建立国家教育管理制度的思想家之一。"卢梭的国民教育理论代表了他那个时代的最高成就。他对其他国民教育理论家的影响随处可见。"③

在法国国民教育思想家中,对于"教育与民族"的关系进行明确论述的是狄德罗(Denis Diderot)。1775年狄德罗应叶卡捷琳娜二世(Catherine Ⅱ)之邀,为俄罗斯民族拟订了一份《俄罗斯大学计划》。该计划开宗明义地指出:"教育一个民族就是使这个民族文明化。"④阻碍民族境内的学习,就是使民族退化到野蛮的原始状态,这是一条人类历史永恒不变的规律。一个没有受过教育的民族也许是庞大和强盛的,但它是野蛮的。希腊和意大利原先是

---

① 张焕庭主编:《西方资产阶级教育论著选》,人民教育出版社1996年版,139页。
② 张焕庭主编:《西方资产阶级教育论著选》,人民教育出版社1996年版,141页。
③ 朱旭东著:《欧美国民教育理论探源——教育制度意识形态论》,北京师范大学出版社1997年版,第83页。
④ 朱旭东著:《欧美国民教育理论探源——教育制度意识形态论》,北京师范大学出版社1997年版,第103页。

野蛮民族,通过教育后变得繁荣昌盛;但如今却又变成野蛮的,这是没有教育所致。非洲和埃及的命运同样如此,地球上所有国家都将会有这种结局。教育不仅可以陶冶人性,培养正义、正直和爱国主义等品德,而且可以消除人的恶习。教育能使人所固有的自然素质得到发展,特别是能发展人的智能,使人的认识能力不断提高。狄德罗在《俄罗斯大学计划》中提出,俄罗斯学校应当对一切儿童敞开大门,不应有任何等级区别。他深刻揭露了封建专制制度剥夺人们受教育的机会、利用教育愚弄人们和扼杀大量天才的事实,主张剥夺教会的教育管理权,把学校交由新的国家政府管理,教会人员不得在新学校中任职。国家应当推行强迫义务教育,使每一个人都学会读写算。"法国大革命中的改革方案、拿破仑的教育改革、19世纪俄国教育改革和英国空想社会主义者的思想中,都或多或少地体现出狄德罗的思想影响。"①

以上启蒙思想家的教育主张,对法国国民教育制度的建立产生了巨大影响。"启蒙思想家的这些设想是与历史的决裂,集权国家成为教育摆脱封建约束的工具。启蒙思想家在对资产阶级和部分贵族阶级产生重要影响的反教士运动中应运而生,最直接的目的就是挑战并替代教堂对学校教育的统治。通过把教育的控制权交给国家,教士对教育的约束被取消,教育就可以服务于国家的一般利益。教育将变得世俗化、理性化并开始精英化,由此就能最为有效地为国家提供所需的技术人才。"②1768年巴黎市议会议长罗兰(Baltheley Rolland)提出了一个改进教育工作的报告,要求建立国家主义的教育体制,以取代教会办理的学校。1775年法国财政大臣杜尔阁(Anne Robert Turgot)提出的教育改革计划中也包含了类似主张。可见,改革封建教育制度和建立新的国民教育体系已成为法国社会生活中的迫切要求。"然而,国民教育体系实际上并没有在这一时期建立起来,虽然那些进步人士早已在头脑中勾勒出了它的未来,却一直到大革命时期,才有足够的物质条件将它付诸实施。"③

1791年在大革命中诞生的制宪议会通过了法国历史上第一部宪法,明确规定法国为君主立宪国,宣称"主权属于国民",要求建立一个面向所有国民的公共教育制度。随后在法

---

① 吴式颖,李明德主编:《外国教育史教程》,人民教育出版社2015年版,第162页。
② [英]安迪·格林著,王春华等译:《教育与国家形成:英、法、美教育体系起源之比较》,教育科学出版社2004年版,第150页。
③ [英]安迪·格林著,王春华等译:《教育与国家形成:英、法、美教育体系起源之比较》,教育科学出版社2004年版,第151页。

国大革命中先后上台的立宪派、吉伦特派、雅各宾派，分别制定了三个有代表性的教育改革方案，即塔列兰(Talleyrand)教育法案(1791)、孔多塞国民教育计划纲要(1792)和雷佩尔提(Lepelletier)教育方案(1793)。它们都主张建立国家教育制度，人人享有受教育的机会与权利，实现教育内容的世俗化与科学化等。从整体上看，法国大革命时期教育领域的主要成就表现为：巩固了教育的世俗化和国家化原则，实现了教育为国家服务，培养全民共和精神等，这些思想遗产一直影响到整个19世纪的法国教育。"在大革命时期及之后的拿破仑执政的资产阶级巩固时期，法国发展起了一种独特的国民教育，其特征明显地反映出了法国独特的国家形式和目标。"① 如果说法国国民教育思想首先是由启蒙思想家所构思出来，那么可以说国民教育体系的基础是在法国执政府和帝国时期(1799—1814)真正得到确立。拿破仑通过建立大学及赋予其权力，率先确立了国民教育的立法和管理基础。到拿破仑帝国时期结束之时，法国国民教育的基本框架已经确立。

同样，在欧洲中世纪及其后的一段时期内，英国教育主要是为神职人员服务，教会被认为是理所当然的教育管理者。"在英国，宗教对所有各级学校教育的影响，要比法国大，或许比德意志也大些。"② 宗教改革以后，英国所有的初等学校都掌握在国教会和各宗教团体手中，由它们负责向贫苦儿童传播宗教知识，于是产生了一些比较简陋的教区学校。这是英国初等教育的最初形式。1662年英国议会通过一项法令，规定教师必须忠于国教，初等学校的一切权力属于教会。1698年英国国教会成立了"基督教知识促进会"，它在捐助慈善学校和发展初等教育方面做出了重要贡献。"英国的初等教育形成过程中，最具特色的是慈善教育的出现和主日学校的设立。"③ 慈善学校是由传统的教区学校发展而来，特别重视问答教学法，学习内容是一些初步的读写算和宗教知识。"慈善学校提供的是一种基督徒的、有用的教育，并且灌输了一种虔诚、善、服从的秉性。"④ 可以说，18世纪大多数英国人的初等教育是由慈善事业捐办。

另一方面，始于18世纪中期的产业革命，给英国社会带来翻天覆地的变化，随着人口

---

① ［英］安迪·格林著，王春华等译：《教育与国家形成：英、法、美教育体系起源之比较》，教育科学出版社2004年版，第165页。
② ［英］C. W. 克劳利等编，中国社会科学院世界历史研究所组译：《新编剑桥世界近代史》（第9卷），中国社会科学出版社1999年版，第38页。
③ 戴本博主编：《外国教育史》（中），人民教育出版社1997年版，第168页。
④ ［英］奥尔德里奇著，诸惠芳，李洪绪等译：《简明英国教育史》，人民教育出版社1987年版，第72页。

激增和城市发展，英国提供教育的传统发生了变化。1781 年热心于贫民儿童教育的报业主雷克斯（Robert Raikes）创办了一种主日学校（Sunday School），利用星期日对儿童和没有受过正规教育的成人，进行一些粗浅的读写算、宗教和道德教育。许多主日学校是建立在教堂的基础之上，由牧师及其家人负责组织，把宗教和道德教育置于首位。这种学校引起社会的广泛关注，并迅速在全国形成了一场星期日学校运动。在许多新兴的工业小镇，主日学校更是唯一的学习场所。到 1795 年，整个英国已设立 1012 所主日学校。① 直至 20 世纪前后，随着正规初等学校的创办，主日学校的数量才逐渐减少。"在实施强制性的日常初等教育的早期，主日学校是极其受人欢迎的。在 1881 年，占英格兰、苏格兰和威尔士总人口 19%的人进了主日学校。"②

由上可知，英国的传统势力十分强大，英国政府并不介入教育，也未曾尝试建立自己的学校系统，以便按照国家描绘的蓝图去塑造国民。"英国传统要求人们有选择学校与教师的自由。当时的社会思想宁要自由而不肯接受官方的控制。宗教领袖们坚定不移地相信，教育与宗教是不可分离的，国家的接管必将导致教育的世俗化，即便政府的统治者就是教会的首脑，也不能把宗教讲授托付给国家。以上这些因素使得英国的国家教育体系一直未能产生。"③按照政府坚持的理想模式，教育应由父母或监护人负责，或由慈善机构和慈善家们免费提供。这一模式统治了整个英国的教育，并形成了独特的英国教育体系。"整个 16、17、18 世纪，英国的特点是她的王国相对统一，她的制度和统治集团相对稳定和持久。……所以，在没有来自国家的持续干涉的情况下，早期工业化能够完完全全地自然产生。"④然而，越来越多的迹象表明，这种模式无法满足工业革命时代的需要。

在法国启蒙思想家的影响下，以亚当·斯密为代表的英国古典政治经济学家提出，英国政府应该承担发展国民教育的职责，并主张以社会公共教育取代英国传统的慈善教育。马尔萨斯则关注工业革命导致的人口激增问题，强调教育是解决社会贫困的主要手段。与此同时，自由主义思想家葛德文从社会正义角度出发，反对国家实施国民教育。

---

① 戴本博主编：《外国教育史》（中），人民教育出版社 1997 年版，第 169 页。
② [英]奥尔德里奇著，诸惠芳、李洪绪等译：《简明英国教育史》，人民教育出版社 1987 年版，第 74 页。
③ [美]S. E. 佛罗斯特著，吴元训等译：《西方教育的历史和哲学基础》，华夏出版社 1987 年版，第 356 页。
④ [英]安迪·格林著，王春华等译：《教育与国家形成：英、法、美教育体系起源之比较》，教育科学出版社 2004 年版，第 43 页。

一、亚当·斯密

亚当·斯密(1723—1790)是18世纪英国杰出的古典政治经济学家。1723年出生于苏格兰爱丁堡附近的一个小镇,父亲是海关职员,但在斯密出生前就已去世;母亲出生于一个富裕家庭,斯密由母亲抚养成人。斯密自幼敏而好学,年仅14岁时进入格拉斯哥大学,先后学习了拉丁语、希腊语、数学、伦理学、法学和政治经济学。由于成绩优异,1740年7月斯密被推荐到牛津大学贝利奥尔学院学习。他放弃了在格拉斯哥大学喜爱的数学,转而钻研拉丁语和希腊语的古典著作。"他广泛而深入地阅读了许多学科和许多种语言的大量书籍,没有让时间白白浪费掉。整整六年他都在读书和思考,这可以说是一种最好的教育。"[1] 1746年8月斯密返回苏格兰与母亲共同生活。1748年他应邀到爱丁堡大学讲授修辞学、文学及法学,讲课的成功为他赢得了声誉。1751年他受聘为格拉斯哥大学的逻辑学教授,先后讲授修辞学、文学、法学和政治学。1752年斯密当选为格拉斯哥大学道德哲学教授。1758年他担任格拉斯哥大学图书馆财务主管,一直任职到1760年。

1759年斯密出版《道德情操论》。"这部著作论证并阐明了这样一种学说,即道德上的肯定或否定归根到底是对假设的公正的第三者的感情发生共鸣的表现。"[2]该书独到的见解、雄辩的语言、丰富有力的例证获得了社会的广泛赞誉,从此使他跻身于英国一流学者行列。英国政治家埃德蒙·柏克(Edmund Burke)对这本书给予了高度评价,1759年9月10日,他在致斯密的信中说:"拜读此书的确非常值得,而且收获丰富,我不仅从您书中富有的独创见解而感到喜悦,而且深信书中所说的是真情实理。我想不到,我能不觉得有多大困难便接受这么多我以前完全陌生的道理。……在您的大作中除了许多有力的推理外,还有许多对生活方式和人的情感方面的优雅描绘,这方面的描绘本身即具有莫大价值。"[3]

1761年斯密担任格拉斯哥大学副校长,任职到1763年。1764年斯密辞去了格拉斯哥大学的教授职位,担任年轻的巴克勒公爵(Duke of Buccleuch)的家庭教师,陪同他前往法国旅行。"在英国,青年人刚在学校卒业,不把他送入大学,却把他送往外国游学,这件事已经

---

[1] [英]约翰·雷著,胡企林、陈应年译:《亚当·斯密传》,商务印书馆1983年版,第22页。
[2] [英]约翰·雷著,胡企林、陈应年译:《亚当·斯密传》,商务印书馆1983年版,第125页。
[3] [英]欧内斯特·莫斯纳,伊恩·辛普森·罗斯编,林国夫、吴良健等译:《亚当·斯密通信集》,商务印书馆2012年版,第93—94页。

一天一天成了流行的风尚。据说,青年人游学归来,其智能都有很大的增进。"①他们在国外逗留了两年多时间,在图卢兹斯密开始构思《国民财富的性质和原因的研究》(即《国富论》)。在日内瓦,斯密拜见了法国文学泰斗伏尔泰。在巴黎,斯密频繁地出入社交界,他成了当时几乎所有著名的文学沙龙的常客。期间他还结识了哲学家爱尔维修和经济学家莫尔莱(Morellet),以及重农主义学派的代表人物杜尔阁和魁奈(Pierre Quesnay)。斯密当时正在写作的《国富论》深受法国重农主义学派的影响。"如果说他同莫尔莱谈论的主要是政治和经济方面的问题,那么他同杜尔阁就同样的问题交谈时,涉及的范围很可能更为广泛,因为这时他们都正忙于撰写有关这些问题的极为重要的著作。"②

1766年斯密回到伦敦后,继续致力于《国富论》的写作。1776年3月9日,斯密正式出版了享誉世界经济学领域的《国富论》,它的问世标志着古典经济学体系的形成。"它囊括了以往经济学家的全部经济理论,有的加以批判,有的加以修正,有的加以发展或修改。在它那里,它们似乎构成了一个有机整体。并且,这本关于人类的书同十八世纪为争取本性自由和人类开明的斗争完全合拍。因此,这本杰作不仅是迄当时为止经济思想的宝库,而且还成为十九世纪经济思想的出发点和动力……"③

1776年4月1日,大卫·休谟(David Hume)在致斯密的信中说:"写得好!真出色!亲爱的斯密先生:您的著作真让我爱不释手,细读之后,我焦灼的心情一扫而光。这是一部您自己、您的朋友和公众都殷切期待的著作,它的出版是否顺利一直牵动着我的心,现在我可以放心了。虽然要读懂它非专心致志不可,而公众能做到这一点的又不多,它开始能否吸引大批读者我还是心存疑虑;但它有深刻的思想、完整的阐述和敏锐的见解,再加上有很多令人耳目一新的实例,它最终会引起公众注意的。"④4月3日,爱丁堡大学修辞学和文学教授布莱尔(Hugh Blair)也在致斯密的信中写道:"……论述这些问题的著作很多,但读了只有使人更加迷惑不解,我是连彻底弄懂的念头都给打消了。有了您的书,我这才茅塞顿开,

---

① [英]亚当·斯密著,郭大力,王亚南译:《国民财富的性质和原因的研究》(下卷),商务印书馆1997年版,第331页。
② [英]约翰·雷著,胡企林,陈应年译:《亚当·斯密传》,商务印书馆1983年版,第181页。
③ [英]亚·沃尔夫著,周昌忠,苗以顺,毛荣运译:《十八世纪科学、技术和哲学史》(下册),商务印书馆1997年版,第896页。
④ [英]欧内斯特·莫斯纳,伊恩·辛普森·罗斯编,林国夫,吴良健等译:《亚当·斯密通信集》,商务印书馆2012年版,第283—284页。

疑团冰释。我的确认为这整整一代人都很感激您,但愿他们铭记您的恩惠就好。您戳穿商人用以混淆整个商业问题的一切诡辩术,对世界作出了重大贡献。大作应该成为万国商业法典,我也相信在某种程度上会具有这种性质。每读一章,我都深受启发,获益匪浅。我确信,自孟德斯鸠的《论法的精神》问世以来,欧洲还没有任何一部著作比得上大作在可能导致人类思想得以扩大和澄清上,起到了那么大的作用。"①

斯密以贵族家庭教师身份游历法国时,正是法国知识界热烈讨论国民教育问题之际,他所受的影响在《国富论》中有关段落可以看到。"他的观点和拉夏洛泰不同,这是事实。有些方面更接近于卢梭,卢梭的自由天赋的学说在他关于经济和社会的论述中到处都可找到。他赞同拉夏洛泰教育是关系公众大事的观点,但不赞成对中上层阶级的教育作任何干涉,认为可以完全相信他们能够教育他们自己。"②斯密的国民教育思想正如其经济理论一样,是以国家职能观和分工理论为前提的。

(一) 国家职能

什么是国民财富?斯密在《国富论》的序论中写道:"每个国家国民每年的劳动,本来就是供给他们每年消费的全部生活必需品和便利品的资源。构成这种必需品和便利品的,总归或是这劳动的直接产品,或是用这产品从他国购买的物品。因此,国家提供其国民所需要的全部必需品和便利品的情况的好坏,取决于这产品或用它购得的物品同消费者人数之比的大小。"③国家所创造的财富总量与该国国民的整体劳动能力成正比,个人所创造的财富总量与其劳动能力的高低有关。这是斯密研究的结论,也是他的基本立足点。斯密的整个经济理论体系就是以如何增进国民财富为主题,而贯穿其理论体系的一个重要思想是经济自由。

工业革命前,英国政府根据重商主义原则(即把外贸顺差看作增加国家财富的唯一原因),在维护土地贵族利益的前提下,长期推行限制进口、支持出口的保护关税政策。最典

---

① [英]欧内斯特·莫斯纳,伊恩·辛普森·罗斯编,林国夫,吴良健等译:《亚当·斯密通信集》,商务印书馆2012年版,第286页。
② [英]博伊德,金合著,任宝祥,吴元训主译:《西方教育史》,人民教育出版社1986年版,第302页。
③ [英]亚·沃尔夫著,周昌忠,苗以顺,毛荣运译:《十八世纪科学、技术和哲学史》(下册),商务印书馆1997年版,第884—885页。

型的例子是1815年议会制定的《谷物法》，它规定当国内小麦价格低于每夸特80先令时，禁止外国谷物进口。这项法令确保地主阶级继续获取高额利润，却严重损害了工业资产阶级的利益。1832年第一次议会改革后，自由贸易的问题日益突出。随着工业革命的完成，英国成为世界上第一个工业国家，工商业资产阶级越来越希望实行彻底的"自由放任"，国家完全不干预。在此背景下，斯密首先对重商主义进行了猛烈批判，他认为重商主义是一种限制与管理的学说。他说："消费是一切生产的唯一目的，而生产者的利益，只在能促进消费者的利益时，才应当加以注意。……但在重商主义下，消费者的利益，几乎都是为着生产者的利益而被牺牲了；这种主义似乎不把消费看作一切工商业的终极目的，而把生产看作工商业的终极目的。"①在斯密看来，克服这种弊端的出路在于实现真正的经济自由。"他受着一只看不见的手的指导，去尽力达到一个并非他本意想要达到的目的。也并不因为事非出于本意，就对社会有害。他追求自己的利益，往往使他能比在真正出于本意的情况下更有效地促进社会的利益。"②斯密的论述是对重商主义的全面抨击，标志着产业资本最终克服了商业资本的局限，这是一种具有历史意义的进步。

　　与重商主义不同，重农主义是把土地生产物看作各国收入及财富的唯一来源。但这一学说从未被任何国家所采用，它只是存在于少数学者的理论之中。斯密认为重农主义是对重商主义的矫枉过正，重商主义以牺牲农业为代价，片面发展手工业和外贸；重农主义则强调只有农业才是生产的，而把手工业列入不生产领域。重农主义者把对土地生产物有所贡献的阶级分为三种：一是土地所有者阶级；二是耕作者、农业家和农村劳动者阶级，即"生产阶级"；三是工匠、制造者和商人阶级，即"不生产阶级"。土地所有者把钱用于土地改良，如建筑物、排水沟、围墙、土地保养等，便于耕作者生产更多的产物。这种费用称为土地费用；耕作者或农业家出资用于购买农具、牲畜、种子和雇工等。这种费用称为原始费用或年费用。重农主义者认为，只有土地费用、原始费用和年费用才能称为生产性费用，其他一切费用被视为是完全不生产的。商业资本和制造业资本同样是不生产的，它只能延续其自身价值的存在，不能生产任何新的价值。工匠、制造业者和商人的劳动都是不生产的，它们对于土地原生产物总额的价值没有增加。斯密对于重农主义的批评在于如何看待"不生产阶

---

① ［英］亚当·斯密著，郭大力，王亚南译：《国民财富的性质和原因的研究》（下卷），商务印书馆1997年版，第227页。

② ［英］亚当·斯密著，郭大力，王亚南译：《国民财富的性质和原因的研究》（下卷），商务印书馆1997年版，第27页。

级"的性质,他指出:"这种学说最大的谬误,似乎在于把工匠、制造业工人和商人看做全无生产或全不生产的阶级。"①这一学说把投入在土地上的劳动看做唯一的生产性劳动,这一见解未免失之偏颇;但它认为国民财富并非由不可消费的货币财富构成,而是由社会劳动每年再生产的可消费的货物构成,完全自由是使这种再生产最大限度提高的唯一途径,这一见解又是公正的。

斯密在对重商主义和重农主义进行评论后,系统地阐述了他的经济自由主义思想。他说:"任何一种学说,如要特别鼓励特定产业,违反自然趋势,把社会上过大一部分的资本拉入这种产业,或要特别限制特定产业,违反自然趋势,强迫一部分原来要投在这种产业上的资本离去这种产业,那实际上都和它所要促进的大目的背道而驰。那只能阻碍,而不能促进社会走向富强的发展;只能减少,而不能增加其土地和劳动的年产物的价值。"②斯密认为这种限制应予废除。"一切特惠或限制的制度,一经完全废除,最明白最单纯的自然自由制度就会树立起来。每一个人,在他不违反正义的法律时,都应听其完全自由,让他采用自己的方法,追求自己的利益,以其劳动及资本和任何其他人或其他阶级相竞争。这样,君主们就被完全解除了监督私人产业、指导私人产业、使之最适合于社会利益的义务。"③

在倡导经济自由主义时,斯密并不主张废除国家的管制。相反,他认为国家的职能应体现在以下三个方面:(1)保护国家安全,使其不受外国的侵犯;(2)保护个人安全,使其不受社会上其他人的侵害或压迫,即建立严明公正的司法机构;(3)建设和维护某些公共事业及公共设施。这就是说,国家的职能在于为私人经营创造一个安全的外部环境,充当"守夜人"的角色,而不必插手其经济事务;那些私人不愿经营或经营不好的公共事业及公共设施应由国家管理。

斯密认为政府执行上述职能需要一定的费用,而这些费用必须有其合理的来源。他详细考察了国家的各项费用,包括国防费、司法经费、公共事业及公共设施的费用,以及维护君主尊严的费用。他提出国家各项费用应由受益者分担,以有利于社会财富的增长,如国

---

① [英]亚当·斯密著,郭大力,王亚南译:《国民财富的性质和原因的研究》(下卷),商务印书馆1997年版,第241页。
② [英]亚当·斯密著,郭大力,王亚南译:《国民财富的性质和原因的研究》(下卷),商务印书馆1997年版,第252页。
③ [英]亚当·斯密著,郭大力,王亚南译:《国民财富的性质和原因的研究》(下卷),商务印书馆1997年版,第252页。

防费应由全社会负担、司法费用应由法院手续费支付。公共事业及公共设施的费用,不能期望个人或少数人出资创办和维持。这些费用除了国防及司法行政费之外,还包括便利社会商业和促进教育的公共设施费。便利社会商业的公共设施及公共事业,包括一般商业方面的公路、桥梁、运河、港湾,以及特殊商业方面的合租公司、股份公司,其费用应由受益的工商业者负担。促进教育的公共设施费应由受教育者或教会分担。斯密指出:"一国的教育设施及宗教设施,分明是对社会有利益的,其费用由社会的一般收入开支并无不当。可是,这费用如由那直接受到教育利益宗教利益的人支付,或者由自以为有受教育利益或宗教利益的必要的人自发地出资开支,恐怕是同样妥当,说不定还带有若干利益。"①

(二) 劳动分工

斯密认为,劳动分工是提高劳动生产力,从而增加国民财富的一个重要途径。"劳动生产力上最大的增进,以及运用劳动时所表现的更大的熟练、技巧和判断力,似乎都是分工的结果。"②凡是能采用分工制的工艺,一旦分工后便能相应地提高劳动生产力。"一个国家的产业与劳动生产力的增进程度如果是极高的,则其各种行业的分工一般也都达到极高的程度。未开化社会中一人独任的工作,在进步的社会中,一般都成为几个人分任的工作。在进步的社会中,农民一般只是农民,制造者只是制造者。而且,生产一种完全制造品所必要的劳动,也往往分由许多劳动者担任。"③分工能提高劳动生产力的原因有三方面:一是分工能使劳动者的技巧专门化并且逐步增强;二是分工可以避免工作转换造成的时间损失;三是分工使许多简化和缩减劳动的机械得以发明,从而使一个人能够完成许多人的工作。

斯密不仅关注制造业内部的分工,而且分析了哲学家和思想家的职能。他认为哲学家或思想家的任务,不在于制造任何实物,而在于观察一切事物。随着社会的进步,哲学或推想也像其他职业那样,成为某一特定阶层人们的主要业务和专门工作。这种业务或工作分成了许多部门,每个部门又各成为一种行业。这种哲学上的分工像产业分工那样,既增进

---

① [英]亚当·斯密著,郭大力,王亚南译:《国民财富的性质和原因的研究》(下卷),商务印书馆1997年版,第375页。
② [英]亚当·斯密著,郭大力,王亚南译:《国民财富的性质和原因的研究》(上卷),商务印书馆1997年版,第5页。
③ [英]亚当·斯密著,郭大力,王亚南译:《国民财富的性质和原因的研究》(上卷),商务印书馆1997年版,第7页。

了技巧也节省了时间。每个人都擅长自己的特殊工作,不仅能增加全体人民的成就,而且能极大地增进科学的内容。他指出:"在一个政治修明的社会里,造成普及到最下层人民的那种普遍富裕情况的,是各行各业的产量由于分工而大增。各劳动者,除自身所需要的以外,还有大量产物可以出卖;同时,因为一切其他劳动者的处境相同,各个人都能以自身生产的大量产物,换得其他劳动者生产的大量产物……别人所需的物品,他能予以充分供给;他自身所需的,别人亦能予以充分供给。于是,社会各阶级普遍富裕。"①

在他看来,人们天赋才能的差异并不像我们感觉的那么大,他们壮年时在不同职业上所表现的才能,大多数情况下与其说是分工的原因,倒不如说是分工的结果。例如,两个性格极不相同的人,一个是哲学家,另一个是街上的挑夫,他们之间的差异似乎归因于习惯、风俗和教育,而不是天性。他们在七八岁以前,彼此的天性极其相似,看不出任何显著的差别。后来由于从事不同的职业,他们才能的差异逐渐增大。斯密指出,使各种职业能力形成显著差异的是交换倾向,使这种差异成为有用的也是这一倾向。这种倾向为人类所共有,也为人类所特有,在其他动物中并不存在。别的动物一旦到达壮年期,几乎全部都能够独立,在自然状态下不需要其他动物的援助,但人类几乎随时随地都需要同胞的协助。由于人类所需要的相互帮助,大部分是通过契约、交换和买卖取得,所以当初产生分工也正是人类要求互相交换这一倾向。"他们彼此间,哪怕是极不类似的才能也能交相为用。他们依着互通有无、物物交换和互相交易的一般倾向,好像把各种才能所生产的各种不同产物,结成一个共同的资源,各个人都可从这个资源随意购取自己需要的别人生产的物品。"②

尽管斯密肯定了劳动分工对社会进步的作用,但他认为分工也有其不利结果。对这种"不利结果"的认识是斯密建立国民教育理论的基础,他认为分工使人"变成最愚钝最无知的人",因而产生了国民教育的需要。他说:"分工进步,依劳动为生者的大部分的职业,也就是大多数人民的职业,就局限于少数极单纯的操作,往往单纯到只有一两种操作。可是人类大部分智力的养成,必由于其日常职业。一个人如把他一生全消磨于少数单纯的操作,而且这些操作所产生的影响,又是相同的或极其相同的,那么,他就没有机会来发挥他的智力或运用他的发明才能来寻找解除困难的方法,因为他永远不会碰到困难。这一来,

---

① [英]亚当·斯密著,郭大力,王亚南译:《国民财富的性质和原因的研究》(上卷),商务印书馆1997年版,第11页。
② [英]亚当·斯密著,郭大力,王亚南译:《国民财富的性质和原因的研究》(上卷),商务印书馆1997年版,第16页。

他自然要失掉努力的习惯,而变成最愚钝最无知的人。"①这种精神上的无感觉状态,不但使他无法领会或参加一切合理的活动,而且使他不能养成一种宽宏的、高尚的情感。其结果对于许多日常生活事件,他没有能力做出适当的判断,至于国家的重大利益更是全然不知。"他的无变化生活的单调性质,自然把他精神上的勇气销毁了,使他看不惯兵士们的不规则、不确定和冒险的生活。就是他肉体上的活动力,也因这种单调生活毁坏了,除了他已经习惯了的职业外,对于无论什么职业,他都不能活泼地、坚定地去进行。这样看来,他对自身特定职业所掌握的技巧和熟练,可以说是由牺牲他的智能、他的交际能力、他的尚武品德而获得的。但是,在一切改良、文明的社会,政府如不费点力量加以防止,劳动贫民,即大多数人民,就必然会陷入这种状态。"②正是为了避免劳动分工而造成智力和体力的萎缩,斯密倡导实行国民教育。

(三) 国民教育

斯密认为,早在古希腊罗马时期就建立了国民教育体系。在古希腊,全体自由民在国家官吏的指导下学习体操和音乐。"体操的用意,在于强健肉体,尖锐勇气,并养成堪耐战时疲劳和危险的能力。……至于其他一部分教育,即音乐教育……乃在于使人通人情,使人的性情柔和,并使人有履行社会生活及个人生活上一切社会义务、道德义务的倾向。"③这种体操、音乐及舞蹈技能,在很长时期成为古希腊城邦公共教育的重要内容。在古罗马,体操训练也收到了同样的效果,但它没有类似希腊的音乐教育。而罗马人的道德水平并不比希腊人差,在整体上远比希腊人好。它表现为党派之间的争执不走极端,这是自由民社会道德最重要的体现。古希腊罗马时期的教育内容还有读写算,富人子弟聘请家庭教师教授,贫民子弟则到识字奴隶或自由人开办的学校学习。无论家庭教育还是学校教育,都由父母或监护人负责,国家不加以监督或指导。据梭伦(Solon)制定的法律规定,父母或监护人如果忽视其义务,不让子女学习有用的知识,那么子女也将免除为其养老的义务。

---

① [英]亚当·斯密著,郭大力,王亚南译:《国民财富的性质和原因的研究》(下卷),商务印书馆 1997 年版,第 338—339 页。
② [英]亚当·斯密著,郭大力,王亚南译:《国民财富的性质和原因的研究》(下卷),商务印书馆 1997 年版,第 339 页。
③ [英]亚当·斯密著,郭大力,王亚南译:《国民财富的性质和原因的研究》(下卷),商务印书馆 1997 年版,第 332 页。

至于那些由哲学家或修辞学家创办的学校,国家只予以默认或提供特定的场所作为校址,柏拉图、亚里士多德、芝诺(Zeno)的讲学场所似乎都是国家赐予。但无论何等教师都不曾从国家领取薪俸,除了学生奉送的谢礼或酬金外,教师再无其他任何报酬。毕业于这类学校并没有什么特权,法律既不强制任何人进这类学校,也不给他们什么好处。教师对于学生没有管辖权,除了凭借德行和才能博得学生喜爱,再无其他权威可言。在古罗马,法律很早就成为一门科学了,那些通晓法律的市民都会获得荣誉。而在古希腊城邦,尤其是雅典,普通法院是由许多无秩序的人民团体组成,他们作出的判决几乎取决于宗派意见或党派精神。相反,罗马的法院通常由裁判官组成,如果判决草率或不公,裁判官的人格就会受到损害。"所以,遇到有疑问的案件,这些法院因渴望避免世人的非难,自然常常力图以本法院或其他法院各前任裁判官所留的先例或判例作护符。罗马法就因为这样对于惯例或判例的留意,而成为这样有规则、有组织的体系流传至今日。"①然而,民法并未成为古罗马普通市民教育的内容,而只是少数特定家族的教育;想要获得法律知识的青年,只能从了解法律的亲朋好友那里获取。

在分析古希腊罗马国民教育的基础上,斯密指出:"国家对于人民的教育,不应加以注意么? 如果有注意的必要,那么,对各等级人民,国家所应注意的,是教育的哪些部分呢? 而且,它应该怎样注意呢?"②基于上述问题,斯密阐明了自己的国民教育观。他说:"在某种场合,政府尽管不注意,社会的状态,必然会把大多数人安排于一种境地,使他们自然养成那为当时环境所需要、所容许的几乎一切的能力和德行。在其他场合,因为社会状态,不能把大多数人安排在那种境地,所以为防止这些人民几乎完全堕落或退化起见,政府就有加以若干注意的必要。"③可见,为了避免大多数人的堕落或退化,政府必须承担起实施国民教育的职责。

斯密首先对于不同社会中普通民众的智力状况进行了对比,他认为在所谓的野蛮社会,即猎人社会、牧人社会和农夫社会,由于每个人的工作多种多样,他必须竭尽所能去应

---

① [英]亚当•斯密著,郭大力,王亚南译:《国民财富的性质和原因的研究》(下卷),商务印书馆1997年版,第336页。
② [英]亚当•斯密著,郭大力,王亚南译:《国民财富的性质和原因的研究》(下卷),商务印书馆1997年版,第338页。
③ [英]亚当•斯密著,郭大力,王亚南译:《国民财富的性质和原因的研究》(下卷),商务印书馆1997年版,第338页。

对不断发生的困难，致使发明创造层出不穷，人的智力也不会陷入呆滞无用的状态。而在文明社会，虽然大部分人的职业几乎没有变化，但社会全体的职业种类则不可胜数，这为少数没有特定职业的人提供了更多选择。他们必然会用心去比较和组合，从而使其智力变得异常敏锐。尽管这少数人能力很强，但大多数人的高尚品格可能在很大程度上消失了。因此，在文明社会，普通人民的教育恐怕比少数"有身份有财产者"的教育更需要国家注意。一般而言，"有身份有财产者"是十八九岁以后才从事某种特定的职业，在此以前他们有充分的时间获得一切知识。而且他们的职业几乎全部是极其复杂的，用手的时候少，用脑的时候多，他们的理解力不会因其职业而变得迟钝。相反，普通人民几乎没有受教育的机会。幼年时期他们的父母无力维持教育，成年时期他们必须马上谋生。他们的职业大多很单纯，没有什么变化，无需运用多少智力；他们的劳动也没有间断，没有闲暇时间做别的事情。

然而，斯密毕竟是一位资产阶级经济学家，他认为无论在哪种文明社会，普通人民不可能受到"有身份有财产者"那样好的教育，但读写算的教育是最重要的，他们应在从事职业以前就习得。国家只需以极少的费用就能便利全体人民，鼓励全体人民，强制全体人民接受最基本的读写算教育。为实现这一国民教育的目标，斯密主张在各教区、各地方设立国民小学，其收费原则务必使每一个普通劳动者能负担得起。至于教师的薪酬，不能全由国家负担，国家只能负担一部分，否则教师便会习惯于松懈和懒惰。在教育内容上，斯密主张取消全无用处、一知半解的拉丁语，而代之以几何学及机械学的初步知识。他说："没有一种普通职业，不提供应用几何学及机械学的原理的机会，从而，没有一种普通职业，不逐渐使普通人民能了解这些原理——这些原理是最高尚最有用的科学的必要入门。"[1]

斯密认为，对于那些在学业上较为优良的儿童，国家应给予奖励或颁发荣誉证书。此外，任何人在加入某种职业团体或获得某种职业资格之前，必须接受国家证书的考试或鉴定，这样才能强制全体人民接受最基本的教育。斯密的认识源于他对古希腊罗马教育的考察。在古希腊罗马时期，维持全体人民的尚武精神就是依靠这一方法，强制人民接受军事及体操方面的训练。国家设立公共体育馆供人民训练之用，并赋予教师在这种场所教学的特权，但教师的薪酬不是国家供给，而是完全出自学生。为鼓励这项学习，国家对成绩特别优异的学生给予奖励。在奥林匹克运动会中获奖的学生，不仅本人而且其家族都享有荣

---

[1] [英]亚当·斯密著，郭大力，王亚南译：《国民财富的性质和原因的研究》（下卷），商务印书馆1997年版，第342页。

誉。斯密指出:"治化改进,军事教练,便须由政府费相当气力予以支持,否则不免日渐松懈,从而大多数人民的尚武精神,同时随着衰退;关于这种趋势,近代欧洲事例提示得十分明显。……这尚武精神、军人精神,一方面在外敌侵略时,可以大大便利常备军的行动;另一方面,假使不幸常备军发生违反国家宪法的事故,它又可以大大地加以阻止。"① 因此,对于国民教育中的尚武精神,斯密给了了充分肯定。如果一个人不能保护自己或具备复仇的能力,那么他便缺乏人性中最重要的部分,精神方面的颓废无异于一种最严重的肢体毁损。同样,如果一个人不能合理地运用他的智力,那就比怯懦者还要可耻,那是人性中更重要部分的颓废。

通过以上分析,斯密得出的结论是,国民教育"对政府确是一件非常重要的事"。他说:"国家即使由下级人民的教育,得不到何等利益,这教育仍值得国家注意,使下级人民不至陷于全无教育的状态。何况,这般人民有了教育,国家可受益不浅呢。在无知的国民间,狂热和迷信,往往惹起最可怕的扰乱。一般下级人民所受教育愈多,愈不会受狂热和迷信的迷惑。加之,有教育有知识的人,常比无知识而愚笨的人,更知礼节,更守秩序。"② 正如《国富论》受法国重农主义学派的影响,斯密的国民教育理论无疑带有法国启蒙思想家的烙印。同样,正如他是古典经济学的真正创始人一样,斯密的国民教育理论开启了英国国家主义教育讨论的先河,随后的经济学家及政治家在国民教育问题上的争论愈演愈烈。"斯密主张国家支持教育的扩展,而且这种扩展应遍及全体民众。就此意义上而言,斯密的主张触及近代国民教育的精髓与真谛。"③

二、葛德文

葛德文(1756—1836)是18世纪末至19世纪初英国著名政治哲学家、"无政府主义鼻祖"。他早年在著名的异教徒学院——霍克顿学院(Hoxton Academy)接受严格的宗教教育,其父亲是加尔文教派的传教士,他自己也曾投身于宗教事业,担任了几年的牧师职务。

---

① [英]亚当·斯密著,郭大力,王亚南译:《国民财富的性质和原因的研究》(下卷),商务印书馆1997年版,第343页。
② [英]亚当·斯密著,郭大力,王亚南译:《国民财富的性质和原因的研究》(下卷),商务印书馆1997年版,第344—345页。
③ 吴式颖,任钟印主编:《外国教育思想通史》(第六卷),湖南教育出版社2002年版,第337页。

在18世纪法国启蒙运动和法国革命的影响下,葛德文的世界观发生了重大转变,他与基督教决裂,成为彻底的无神论者和唯物主义者。不过在他的著作中仍然可以看到加尔文主义的痕迹,这既表现在他的逻辑推理上,也表现在他的道德原则方面。葛德文是一位多产的作家,他出版了50多部著作,涉及范围较广,包括政治学、哲学、历史和小说等。其中最著名的有:1793年的《政治正义论》(Enquiry Concerning Political Justice)、1794年的《凯莱布·威廉姆斯》(Caleb Williams)、1783年的《卡博特贝姆的生活》(Life of Cbatbam)等。1797年3月葛德文与女权主义活动家沃斯通克拉夫特(Mary Wollstonecraft)结婚,他们的女儿玛丽(Mary)成为了诗人雪莱的妻子。

1793年葛德文在同埃德蒙·柏克①就法国革命问题的论战中出版了《政治正义论》,该书为葛德文赢得了英国激进主义哲学代表的桂冠,不仅对当时英国激进主义思想产生重要影响,也对19世纪英国浪漫主义作家产生明显影响。"它是法国启蒙运动和法国革命在英国文坛上最独特、最令人注目的反响之一。"②《政治正义论》中既有唯理主义哲学思想,也有历史学、政治学、社会伦理学等多学科理论,结构宏大,内容丰富。有的学者写道:"在法国革命的霹雳闪电中,当时英国的知识分子热诚地倾听百科全书派学者的各种宣言,并渴望对于各种理论有一个系统的解释。葛德文的著作满足了他们的这一要求。"③葛德文的同事激进主义者威廉·黑兹利特(William Hazlitt)指出:"他的声誉像太阳一样闪耀,无论是关于自由、真理还是正义的主题,没有人比他被谈论得更多、受到更多的尊重和更受欢迎,他的名字并不遥远……在我们的时代,没有作品像著名的《政治正义论》那样给予国家的哲学思想以如此打击。"④

在哲学上,葛德文是法国唯理主义的信徒,其《政治正义论》的基本原则是"人的理性万能"思想。"葛德文的学说可以认为是最彻底地运用唯理论的方法研究社会和政治问题的典型。"⑤他把人的全部精神生活都归结为理性活动,认为理性决定着人的一切行为;但他同

---

① 埃德蒙·柏克(1729—1797),18世纪英国著名的政治家和保守主义政治理论家,1790年撰写了《法国大革命沉思录》。
② [苏]维·彼·沃尔金等著,郭一民等译:《论空想社会主义》(中卷),商务印书馆1982年版,第116页。
③ [英]马尔萨斯著,朱泱,胡企林,朱和中译:《人口原理》,商务印书馆1996年版,第6页。
④ Peter Marshall, The Anarchist Writings of William Godwin, Freedom Press, London, 1986, p. 9.
⑤ [苏]维·彼·沃尔金等著,郭一民等译:《论空想社会主义》(中卷),商务印书馆1982年版,第117页。

时强调理性必须依靠知识的增长才能明晰而有力量。理性在人的本性中起着主宰作用,它对人的支配达到这样的程度,使人不可能违背它的旨意。葛德文认为,人的自觉行动不是取决于感官和冲动,而是取决于理性的判断。他说:"可以毫不犹豫地承认,人的行动是从他们在行动之前那一瞬间的思想状态中产生的。因此在行动之前先有'这是好的'或者'这是我所希望的'这样一种判断,而行动就是从对一件事物的判断或者见解中产生的。"① 对此,马尔萨斯指出,葛德文把人类看做仅仅具有理性的动物,这是一种谬误;人是一种复合动物,情欲对于人类理智作出的判断将永远是一种干扰力量。"人作为理性动物会明白真理,相信真理,但作为复合动物,人又会决心逆真理而动。贪欲、嗜酒、想占有美女的欲望,会促使人行动,尽管他们在采取行动时明明知道这样做会给整个社会的利益带来极其严重的后果。"②

葛德文继承了18世纪法国唯物主义者的观点,认为人的智慧完全是环境的产物。"人的性格产生于他们外部的环境。"③ 人的善恶主要由精神环境如法律、制度、教育等形成,而不是自然环境的产物。"首先,人类的行为和气质不是任何原始偏见的产物,这种偏见只产生于一种感情或性格而不是别的感情或性格;而是完全产生于环境和事件的控制,它们作用于人获得感知印象的能力。"④ 环境的组织方式对于人类至关重要,在恶劣的生活条件下,人的理性浸透了偏见和谬误;而在健全的环境中人的理性乃至整个人类都是健全的。道德是指理性动物出于同情和善心,所采取的有助于普遍幸福的行动。道德作为一种准则,它教导我们在一切情况下应尽力为人类的利益和幸福做出贡献。"但我们的道德倾向和品质,也许完全取决于教育。"⑤

在社会管理制度中,如果理性和道德的原则占支配地位,那么这种环境便可称为健全的环境,这也是政治上的公正。公正的制度是符合理性要求的制度。人的理性能够发现社会制度的规律,就像它能够发现任何真理一样。理性政治的目的在于它不使人们之间的利

---

① [英]威廉·葛德文著,何慕李译:《政治正义论》(第一卷),商务印书馆1997年版,第40页。
② [英]马尔萨斯著,朱泱,胡企林,朱和中译:《人口原理》,商务印书馆1996年版,第98页。
③ Brian Simon, The Radical Tradition in Education in Britain, Lawrence and Wishart, London, 1972, p. 25.
④ Brian Simon, The Radical Tradition in Education in Britain, Lawrence and Wishart, London, 1972, p. 25.
⑤ Peter Marshall, The Anarchist Writings of William Godwin, Freedom Press, London, 1986, p. 140.

益发生冲突,而且还要促使人们的利益彼此结合。由于理性是道德的基础,并负有指导人的行为的使命,因此任何人都无权把永恒正义所不承认的东西宣布为法律。理性是我们唯一的立法者。法律造成了不利于理性活动的环境,为了使理性彻底苏醒,必须给它以完全的自由。"在现世所有的优点中,最值得拥有的是自由。"①理性的解放能够使人成为自己的立法者,理性必然会使他树立为社会谋幸福的目标。

(一) 论政治正义

葛德文认为,实现政治正义的前提是人类生而平等。他说:"我们都享有共同的天性;使这个人获益的同样原因也会使其他的人获益。我们的感觉和能力都一样。所以我们的快乐和痛苦也是相似的。我们都天赋有理智,能够比较,能够判断,能够推理。所以这个人希望改善的也就是另一个人希望改善的。我们越不受成见限制就越有自知之明,彼此就越能互相帮助。"②人的天赋才能和知识有差别,但在彼此关系和取得生活资料方面都有平等权利。个人的权利神圣不可侵犯。"人的真正权利或者假定的权利有两种:积极的和消极的;在某种情形下按照我们想的去做的权利;和我们所具有的要求别人克制或取得别人帮助的权利。"③个人最重要的一项权利是判断权利。"对于一个理性的动物来说,只能有一个行为的准则,那就是正义;只能有一种决定这个准则的方式,那就是运用自己的智力。"④人的行为准则是正义,而人类的一切罪恶都是非正义。"正义是一个最具有普遍性的原则,它在一切可能影响人类幸福的事情上都规定出一种明确的行动方式。"⑤正义的原则就是"一视同仁",它要求我们站在公正的旁观者立场,看待人与人之间的关系,而不带有自己的偏爱。葛德文有一句名言:"个人没有权利,社会也就没有权利,因为社会所有的,只不过是个人带进来的共同储备。"社会除了个人授予它的权利以外,对个人没有任何支配权利。一切民族都有选择自己的政府形式的权利,管理制度不应该迁就各个民族的特性、习惯和偏见。

在葛德文看来,人们在社会生活中的非正义行为和暴力行为产生了对政权的要求。从

---

① Peter Marshall, The Anarchist Writings of William Godwin, Freedom Press, London, 1986, p. 153.
② [英]威廉·葛德文著,何慕李译:《政治正义论》(第一卷),商务印书馆1997年版,第99页。
③ [英]威廉·葛德文著,何慕李译:《政治正义论》(第一卷),商务印书馆1997年版,第107页。
④ [英]威廉·葛德文著,何慕李译:《政治正义论》(第一卷),商务印书馆1997年版,第115页。
⑤ [英]威廉·葛德文著,何慕李译:《政治正义论》(第一卷),商务印书馆1997年版,第12页。

最严格的意义上说,建立政权的目的是消极的,是要维护我们所享有的某种有利地位,以防止有时会发生的国内外侵略者的敌对行为。在政权问题上,葛德文基本上是无政府主义者。他认为政权是一种强制机构,政权本来应该制止非正义行为,但它却给非正义行为提供了新的机会和诱因,所以政权通常是人们的愚昧和错误的产物。政权所使用的手段是限制,是对于个人独立性的剥夺。政权给压迫、专制、战争和征服提供了机会,并助长了许多有害的情欲,刺激人们巧取豪夺和尔虞我诈。他说:"我们已经看到,政权所主要依靠的就是迷惑。不管政治体制多么不完善,其治下的人通常总是被说服要对它崇拜和盲目的尊敬。"①成文制度由于它本身的性质,总是趋向于阻碍思想活动和进步。国家或政府是一种正规的强力,是由于少数人的错误和邪恶才得以存在。现行的法律体系是以暴力为基础,它不符合普遍幸福原则的要求。对社会而言,它不仅是多余的,而且是有害的。

几乎每个国家的立法大致都是有利于富人而不是穷人,"富人被鼓励联合起来执行最不平和最暴虐的成文法律;垄断和专利权被毫不吝啬地分配给那些有力量购买的人;同时采取防范最严的政策来阻止穷人联合起来确定劳动的价格,并剥夺他们根据自己慎重考虑和判断来选择劳动场所的权利"。② 同样,司法行政也不公正,在与财产有关的诉讼中,法律的实施达到这样的程度,以致它在名义上的公平都是毫无价值的。诉讼期之长,逐级上诉之繁,法律顾问、代理人、秘书和书记员的巨额费用,起诉书、传票、答辩书的草拟,以及所谓打官司"胜败难定"等,所有这一切会使人们认为放弃一笔财产比为此打官司更为明智。葛德文宣称,即使在最好的形态下,政权也仍然是一种弊害。无论何种形式的政权,总是侵犯个人的独立见解和良知。"我们热烈希望的是:每一个人都能有足够的智慧来管理他自己,而不需要任何强制束缚的干预;并且,因为政权即使在最好的形态下也是一个弊害,所以我们所抱的主要目的就应该是:在人类社会的普遍和平所能允许的情况下统治得越少越好。"③

葛德文分析了君主政体、贵族政体和民主政体(代议制)三种不同的政治制度。他认为君主政体的实质在于全体公民将个人事务及幸福委托给一个人——国王管理,这一社会管理制度既是一种大胆的冒险,又违反了平等的原则。"如果我们想到人类体质和精神上的

---

① [英]威廉·葛德文著,何慕李译:《政治正义论》(第一卷),商务印书馆1997年版,第168页。
② [英]威廉·葛德文著,何慕李译:《政治正义论》(第一卷),商务印书馆1997年版,第17页。
③ [英]威廉·葛德文著,何慕李译:《政治正义论》(第一卷),商务印书馆1997年版,第166页。

平等，那么，把一个人安置在跟他的同类距离如此悬殊的地位上，那就未免粗暴地违反了这一平等的原则。"①这种政体是以欺骗为基础的，它认为某个人特别适合于一个重要职位，而他的条件也许并不比社会上最普通的人优越。这种政体也是以非正义为基础的，因为它不是根据一个人所具有的优点，而是武断地把他永久性抬高到社会其他成员之上。所有的国王都享受到高度豪华和安逸的生活，都曾经为极端的谄媚和谎言所包围，并且个人可以完全不负责任，以致损害了人类思想的自然和健全面貌。"一切国王本质上都是暴君"，也就是说，一切国王不可避免地必然都是人类的公敌。他的存在就意味着一群献媚者、一系列阴谋，以及卑躬屈节、黑暗势力、喜怒无常和贪财纳贿的存在。"君主政体，实际上是十分不近人情的，所以历代的人一直就十分怀疑它是同人类幸福不相容的制度。"②

葛德文认为，贵族政体与君主政体一样是以虚妄为基础，是与真正的事物本性毫不相干的人工产物，因此也必然像君主政体一样要依靠权术和欺诈。贵族政体的实质是凭借政治制度的干预，使人类的不平等更加固化和明确。与君主或国王相比，贵族的统治更加黑暗和违反社会原则，君主认为对待大臣和官吏可以使用奉承或讨好手段，而贵族却认为使用铁棒或高压政策就足够了。君主政体还允许公民进行某种程度上的学习，贵族政体却把知识传播视为最可怕的革新而竭力反对。这些以自我为中心的贵族统治者，他们的诀窍就在于把人类保持在永久的堕落状态。贵族政体有两个主要特点，即特权和财富垄断。这两个特点都是同一切健全的道德和高尚独立的人格不相容。特权是一种限制，它使少数幸运儿独占大自然普遍赐给它一切子女的恩惠，它把压迫其他人的工具交给少数人，使他们充满虚荣心并给予他们一切鼓励，使他们变得傲慢并对别人的感情和利益漠不关心。加强对财富的垄断一直是贵族政体不断追求的最大目标，这样就开始有了财产继承权，使得本来就不容易流通的财产，比过去更加无数倍地停滞和陈腐。可见，贵族政体较之君主政体更加令人难以容忍。

基于对君主政体和贵族政体的批判，葛德文阐述了他对民主政体的态度。他说："如果君主政体和贵族政体的趋向不是破坏它们臣属的美德和智力，它们就不成其为弊端了。最必要的事情在于消除一切阻止人类思想发挥其真正力量的障碍。轻信、盲目屈从权威、怯

---

① ［英］威廉·葛德文著，何慕李译：《政治正义论》（第二、三卷），商务印书馆1997年版，第316—317页。
② ［英］威廉·葛德文著，何慕李译：《政治正义论》（第二、三卷），商务印书馆1997年版，第329页。

懦畏缩、不相信自己的力量、忽视自己的重要性和可能实现的良好作用——这一切乃是人类进步的主要障碍。"①葛德文认为，民主政体能使人类重新意识到自身的价值和服从理性的指导，使他们敢于坦率质朴地对待其他一切人，引导他们不再把别人看做应当防范的敌人，而是应当给予帮助的弟兄。在民主政体下，一切人都被看做平等的。然而，民主政体也存在一些问题。如普通民众容易受到政治家的煽动而使社会陷入动荡不安；少数服从多数的原则，使得少数人在提出反对意见后，实际上屈从于自己表示异议的意见。"因此，代议制虽然是对某些弊端可采的一种对策，或者不如说是一种缓冲手段，但却不是美好和完善到使我们可以完全信赖的对策，并把它当作是社会秩序所能达到的进步的顶峰。"②

同时，葛德文指出政权是为了防止弊害而采取的一种权宜手段，是以全体人民的名义为全体人民谋福利。但如果政权超出了正义的界限，它的权力就应立即结束。葛德文对革命一方面表示赞扬，认为革命产生于对暴政的愤怒，所引起的愤怒越大，压迫者的崩溃越突然和越惨重，失败一方的心里反感就越深。另一方面，他又认为革命本身的强暴也有其坏处，如革命倾向于限制我们表达自己的思想和束缚我们的自由；革命是一场不能以妥协或耐心劝解而只能以武力解决的斗争，也许没有一次重大革命是不流血的；革命扰乱理性的和谐，阻碍科学的正常发展，搅乱自然和理性的进程。在他看来，政治家的责任在于，即使不能阻止革命也要推迟革命，革命发生得愈晚危害愈少。可见葛德文对于革命的看法本身就是矛盾的。葛德文认为，实现革命的方式，既不是暴力也不是怨恨，而是辩论和说服。"因此，我们必须仔细地分清什么是教育人民和什么是煽动人民。我们应该反对愤懑、怨恨和狂怒；我们应该要求的只是清醒的思维、清楚的辨识和大胆的讨论。"③

葛德文主张通过局部改革达到理想的社会，他认为逐步提高是人类天性中一个最明显的规律，在某种意义上逐步改革是改革和不改革之间的唯一出路。他说："在无边无际的真理的海洋上，人类中有识之士有如一叶孤舟，他们的航行虽然每时每刻都有获益，却永远不会有个尽头。所以，如果我们停滞不前，一直等到设计出这样一种完善的改革，可以永远不再需要进一步的改革来使它更为完善，我们就将永远无所作为。凡在一般原则上为社会中相当大一部分人所适当理解、并且没有人或者很少有人反对，就可以看做相当成熟可以付

---

① [英]威廉·葛德文著，何慕李译：《政治正义论》（第二、三卷），商务印书馆1997年版，第392页。
② [英]威廉·葛德文著，何慕李译：《政治正义论》（第二、三卷），商务印书馆1997年版，第394页。
③ [英]威廉·葛德文著，何慕李译：《政治正义论》（第二、三卷），商务印书馆1997年版，第732页。

之于实施的。"① 葛德文心目中的理想社会,就是一群群的人们居住在各个小公社,过着既不贫困也不富裕的简朴生活,彼此自由、友爱、明智地共同协作,共同享受劳动成果。

(二) 论国民教育

国民教育是葛德文论政治正义的重要内容,但其国民教育观与同时代的亚当·斯密、马尔萨斯等人完全不同。基于对国家强权的反对及个人权利的尊重,他对国民教育进行了批判。葛德文把教育看做国家或政府为了影响民意而经常采取的一种干涉方式,而且这种方式得到了一些热心拥护政治改革的人的支持。国民教育究竟是否合理,取决于对其利弊进行全面分析。他说:"如果地方官为任何教育制度所做的努力,能够经得起考验,证明是有利于公益的,毫无疑问他没有理由可以忽视这种努力。如果相反,这种努力是有害的,那么,做这种努力就是错误和没有道理的。"②

葛德文认为,国民教育制度所产生的害处主要有三个方面。

首先,"所有的公共设施本身都包含了永久不变的观念"。③ 它们试图努力巩固和传播对于社会有利的一切观念,但它们忘记了还有更多的东西有待于认识。如果说刚开始公共教育制度体现了最实际的利益,那么实行越久它们的功效必然逐渐减少。因为它们束缚人们的思想自由,并且把人们的思想固定在错误的信仰上。"我们经常看到在大学以及广泛的教育机构里所讲授的知识比同一个政治社会里的不受拘束、没有偏见的成员所具有的知识落后一个世纪。任何行动计划一旦被永久确定下来,它就立刻作为它的一个特征而深深地反对变革。……真正智力的发展要求人类的思想尽快地前进,达到在社会上有觉悟的成员中间已经存在的知识高峰,并且从那里出发追求进一步的成就。"④但公共教育却一直极力支持偏见,它教导学生的不是坚毅精神,而是为教义辩护的技巧。在一切公共教育机构,研究亚里士多德和托马斯·阿奎那(Thomas Aquinas)等人,不是为了发现他们的错误,而是为了使自己的思想充满谬论。甚至在主日学校(Sunday school)这种小机构,所讲授的主

---

① [英]威廉·葛德文著,何慕李译:《政治正义论》(第二、三卷),商务印书馆1997年版,第735页。
② [英]威廉·葛德文著,何慕李译:《政治正义论》(第二、三卷),商务印书馆1997年版,第505页。
③ Peter Marshall, The Anarchist Writings of William Godwin, Freedom Press, London, 1986, p. 146.
④ [英]威廉·葛德文著,何慕李译:《政治正义论》(第二、三卷),商务印书馆1997年版,第505页。

要课程也是对英国国教的盲目崇拜。葛德文指出:"所有这些都与人类真实的利益直接相反,在我们开始成为明智的人之前,它们都必须被摒弃。"①受这种教育的人和永远保持思想活泼的人之间的区别,就是怯懦与刚毅之间的区别。"因此,看来,教导我们把任何判断当作是最后的判断而不容别人批评乃是一种最有害的罪恶。适用于个人的这一原则,也同样适用于社会。没有任何现在被认为正确的命题是如此地有价值,以至于应该设立一个机构来把它向人类谆谆教导。让人们去读书、去交谈、去思考;但是不要教给他们教义问答,不论是道德上的或者是政治上的。"②

其次,"国民教育的观念是以忽视人类的天性为基础"。③ 葛德文认为,每个人依其天性去做的事情可能做得很好,由别人或国家代替的事情不一定做得好。国家应该鼓励人们自己去行动,而不把他们视为永久的不成熟状态。因为想要学习的人会听从教诲并且理解这些教诲的意义,想要教学的人会带着热情和干劲去从事他的业务。如果国家企图对所有人都指定岗位,那么所有人都会因循苟安和漠不关心地对待职业。依靠自己的能力所获得的知识,就会按照其真正价值予以评价,但强行灌输的知识可能使人懒惰。如果企图不根据人们的努力而给予他们获得幸福的手段,那是愚蠢透顶。国民教育就是以这样一种假设为前提,即认为不受保护的真理不足以启发人类的觉悟。

最后,"国民教育计划与国家政权紧密相连"。④ 葛德文认为,这种联盟比那种古老和受过很多抗争的教会与国家的联盟更加可怕,国家政权必然会利用国民教育加强自己的力量和延续自己的制度。作为国民教育制度的建立者,执政者的教育观与其政治观往往有着内在的联系。那些为政治家的行为辩护的论据,会成为他们教导别人的基础。"宪法不论多么完善,要说应该教导我们的青年去尊崇它总是不正确的;应该引导他们去尊重真理,而只有在宪法符合他们从真理得出来的不受影响的推论时,才去尊重宪法。"⑤即使在专制国家,也不可能通过国民教育计划使真理永远窒息;在自由主导的国家,也会存在一些严重的缺

---

① Peter Marshall, The Anarchist Writings of William Godwin, Freedom Press, London, 1986, p. 146.
② [英]威廉·葛德文著,何慕李译:《政治正义论》(第二、三卷),商务印书馆1997年版,第507页。
③ Peter Marshall, The Anarchist Writings of William Godwin, Freedom Press, London, 1986, p. 146.
④ Peter Marshall, The Anarchist Writings of William Godwin, Freedom Press, London, 1986, p. 147.
⑤ [英]威廉·葛德文著,何慕李译:《政治正义论》(第二、三卷),商务印书馆1997年版,第508页。

点,国民教育的趋势就是把这些缺点固定下来,并且按照一个模式塑造人类的思想。

在葛德文看来,人们都知道严重的犯罪行为危害公共福利,而不必用法律形式加以颁布,或者由宣传人员宣扬,或者由牧师详加解说。一切应受法律制裁的真正罪行,都是人们能够辨识出来的,而不必学习法律。所有不能被辨识出来的犯罪行为,都应该永远处于健全的法律管辖之外。事先向人类预告你打算对某种行为实行惩罚,是对于不公平的惩罚一种最没有力量和可耻的掩饰。葛德文极力抵制国民教育,他大声疾呼:"你要是愿意的话就杀了我们吧;别想用国民教育来消灭我们明辨是非的能力。如果政权和法律从未打算武断地把无罪变成有罪,这种国民教育的想法,乃至认为必须有一套成文法的想法原是永远不会产生的。"①

在对国民教育进行批判的基础上,葛德文指出人们获得真理的主要途径是观察和经验。他说:"能够把真理传达给人的思想的唯一方法,是通过感官的道路。一个人被关在一间密室里,大概是永远不会聪明的。如果我们打算获得知识,就必须打开眼界观察宇宙。……在艰苦中成长以外,还有获得智慧和能力的其他道路,但是任何道路都必须通过经验这个媒介。换句话说,经验为我们的智力提供原材料。"②了解人类思想的人,一定亲自考察过;洞悉人类思想的人,一定是在千变万化的情况下考察过。真正的哲学家、政治家以及有益于人类的人之教育都是如此。

相反,王子的教育却是另外一种情形。首先,王子所接受的是一种极端温和的教育。他的日常生活如饮食起居、穿衣戴帽等都有随身仆从侍候,他周围的人从不坦率地表达自己的观点,他们全都带着假面具,对于王子的一切喜怒无常都曲意奉承。其次,王子听不到朴素纯粹的真理。由于长期习惯于谎言谄媚,真理就会受到冷落甚至觉得刺耳。这样的教育导致王子骄横跋扈、性情傲慢,不容直言极谏。他会变得对整个人类漠不关心,对人们的痛苦无动于衷,并且认为有道德的人也不过是戴着面具的无赖。"这种处境所给他的最初的观念就具有镇静和麻醉的性质,使他认为自己不可思议地拥有某种比别人优越的天赋条件,凭借这种条件,他生来就是要发号施令,而别人则要俯首听命。"③王子的处境不断地把他推向罪恶,使他身上任何正直和美德的幼苗在出土前就全部被摧毁,我们没有理由期待

---

① [英]威廉·葛德文著,何慕李译:《政治正义论》(第二、三卷),商务印书馆1997年版,第509页。
② [英]威廉·葛德文著,何慕李译:《政治正义论》(第二、三卷),商务印书馆1997年版,第319页。
③ [英]威廉·葛德文著,何慕李译:《政治正义论》(第二、三卷),商务印书馆1997年版,第322页。

他会做出任何慷慨而近人情的事情。所以王子是人类最不幸和最容易陷入迷途的人。

总之,葛德文的唯理主义和以公正原则改造人类社会的理想,反映了当时遭受产业革命影响的广大贫民阶级的愿望。"为解放人类理性和按公正原则改造人类社会这种崇高目的而斗争,是葛德文的全部议论的一个激动人心的思想。"①葛德文以唯理主义为依据批判了国家政权,认为国家是违反普遍幸福原则和妨碍理性自由发展的制度,法律往往是一个阶级为了巩固其统治而制定的,现行制度是永远保持不平等和奴役的工具。因政府受益的上层阶级无疑是自由的敌人,国家机关永远是社会上一部分人统治另一部分人的工具,它们支持政治上的不公正现象。无论实行何种管理方式——君主制、贵族制或民主制,政府永远蹂躏个人的独立见解和良心。只要存在政府,道德上就不可能有真正的进步。社会是人们生活的自然形态,国家应该由人们共同生活的社会所取代,这个社会只服从理性的指导并遵循普遍幸福的原则,自由的理性所形成的社会舆论将保证社会秩序。从个人理性自由发展的原则出发,葛德文甚至否定国民教育,认为它是一种强求个人见解一致从而妨碍心智发展的制度。国民教育是政府手中的有力工具之一,它能够协助政府长期维持其统治。"葛德文不再是一个'被忽视的个人自由的先知',他不仅是最伟大的激进的英国哲学家,而且也是哲学无政府主义最深刻的诠释者。"②

葛德文的思想对于19世纪初英国激进主义思想的发展起了推动作用,对于后期空想社会主义思想的形成也产生了重要影响。"威廉·葛德文的《政治正义论》(1793)也反映了一个革命的或者至少是相当激进的政治观。"③有的学者认为,"它不仅影响了像约翰·塞尔维尔(John Thelwell)和弗朗西斯·普莱斯(Francis Place)这样的工匠领导人,他们为英国劳工运动奠定了基础;而且使得年轻诗人华兹华斯、骚塞(Southey)和柯勒律治黯然失色。实际上,葛德文的思想在某种程度上表达了新兴工人阶级和非国教徒知识分子的愿望"。④但正如马尔萨斯指出:"葛德文先生所提倡的平等制度无疑比现已存在的任何制度都更为美好和令人向往。仅仅凭借理性和信念所进行的社会改良,比凭借权力施行和维持的任何

---

① [苏]维·彼·沃尔金等著,郭一民等译:《论空想社会主义》(中卷),商务印书馆1982年版,第135页。
② Peter Marshall, The Anarchist Writings of William Godwin, Freedom Press, London, 1986, p. 11.
③ Brian Simon, The Radical Tradition in Education in Britain, Lawrence and Wishart, London, 1972, p. 9.
④ Peter Marshall, The Anarchist Writings of William Godwin, Freedom Press, London, 1986, p. 9.

变革都将更为持久。……但是，可惜得很！这个时刻决不会到来。这一切不过是一场梦，一个美好的想象的幻影。"①

三、马尔萨斯

马尔萨斯(1766—1834)是18世纪末至19世纪初英国著名经济学家、人口学家,现代人口学的奠基人。"马尔萨斯因其'人口论'而驰名于世,又以其经济学说而引人瞩目。"②他出生于英国萨里郡一个乡村律师家庭,父亲是一名思想激进的绅士,与休谟和卢梭交往密切。1784年马尔萨斯进入牛津大学耶稣学院,1788年获得文科学士学位。同年加入英国国教会,并在萨里郡的奥尔伯里担任牧师。后来又进入剑桥大学学习神学和哲学,1791年获得文科硕士学位。1798年马尔萨斯匿名出版了《人口原理》第一版,英国当时已经出现的人口和贫困问题,是促成该书问世的主要因素。鉴于该书的成功效应,马尔萨斯于1799至1802年赴欧洲大陆各国旅行,足迹遍及德国、法国和斯堪的纳维亚国家,他将所收集的资料加以整理,于1803年出版了《人口原理》第二版。后来该书又修订再版了四次(1806年、1807年、1817年和1826年),除了第一版与第二版差别较大外,其余版本皆相差无几。

随后,马尔萨斯的兴趣从人口问题转向政治经济学。1805年他担任了英国东印度公司设立的东印度学院历史和经济学教授,直到1834年12月29日去世。在此期间,马尔萨斯就当时的热点社会经济问题发表了一系列论著,并在许多问题上与盟友李嘉图(David Ricardo)和萨伊(Jean Baptiste Say)等人进行辩论。主要经济学著作有:《地租的性质与发展》(1815)、《济贫法》(1817)、《政治经济学原理》(1820)、《价值的尺度》(1823)、《政治经济学定义》(1827)等。

马尔萨斯的国民教育理论建立在其人口学理论基础之上。

(一) 人口原理

马尔萨斯在《人口原理》序言中指出,人口必然总是被压低至生活资料的最低水平,这

---

① [英]马尔萨斯著,朱泱,胡企林,朱和中译:《人口原理》,商务印书馆1996年版,第68—69页。
② 晏智杰著:《古典经济学》,北京大学出版社1999年版,第105页。

是一条显而易见的真理,但迄今还没有哪位学者仔细研究这种水平是如何形成的,如果不考察这一问题便会极大地妨碍社会的进步。由于食物为人类生存所必需,而且两性之间的情欲是必然的,人口若不受到抑制便会以几何比率增加,而生活资料却只以算术比率增加。与生活资料相比,人口的力量多么巨大。也就是说,人口的增值力无限大于土地为人类生产生活资料的能力。根据粮食为人类生活所必需这一法则,这两种不相等的能力必须保持平衡。这意味着获取生活资料的困难,会经常对人口施加强有力的抑制。马尔萨斯由此得出结论:"人口增值力和土地生产力天然地不相等,而伟大的自然法则却必须不断使它们的作用保持相等,我认为,这便是阻碍社会自我完善的不可克服的巨大困难。与此相比,所有其他困难都是次要的,微不足道的。这一法则制约着整个生物界,我看不出人类如何能逃避这一法则的重压。任何空想出来的平等,任何大规模的土地调整,都不会消除这一法则的压力,甚至仅仅消除100年也不可能。所以,要使全体社会成员都过上快活悠闲的幸福生活,不为自己和家人的生活担忧,那是无论如何不可能的。"①

马尔萨斯指出,在一个国家里,如果人人享有平等权利,道德风气良好,社会风俗淳朴,生活资料充足,没有人为生活而担忧,人口增值力可以不受限制地发挥作用,那么该国人口的增长就会大大超过迄今已知的速度。他发现与欧洲任何国家相比,美国的生活资料较充裕,社会风俗较淳朴,对早婚的抑制也较少,因而其人口每25年翻一番。他说:"这种增长率虽说还未达到最高的人口增值力,却是实际观察到的结果,因而我将它看作一条规则,即人口若不受到抑制,将会每25年增加一倍,或者说将以几何比率增加。"②相反,生活资料却是按照算术比率增加的。假如通过实施尽可能好的政策,开垦更多的土地,大力发展农业,英国的产量可以在第一个25年里增加一倍;但在第二个25年决不能假设产量会增加到原来的四倍,我们所能想象的最大增幅或许与原产量相等。因此我们也可以把它看作一条规则,即通过作出巨大努力,英国每25年可以按照最初的产量增加其总产量。"即便是最富于激情的思辨家,也不能想象有比这更大的增加额了。以这样的幅度增长,要不了几百年,就会把这岛国的每一亩土地耕种得像菜园一样。"③

在马尔萨斯看来,如果不对土地的产量施加任何限制,则土地的产量会不断增加,超过

---

① [英]马尔萨斯著,朱泱,胡企林,朱和中译:《人口原理》,商务印书馆1996年版,第8页。
② [英]马尔萨斯著,朱泱,胡企林,朱和中译:《人口原理》,商务印书馆1996年版,第11页。
③ [英]马尔萨斯著,朱泱,胡企林,朱和中译:《人口原理》,商务印书馆1996年版,第11页。

人们所能指出的任何数量；然而人口增值力仍然占据着优势，要使人口的增长与生活资料的增加保持平衡，只能依靠强有力的自然法则不断发挥作用，以抑制强大的人口增值力。就植物和动物而言，情况比较简单。它们受强大的本能驱使而繁衍自己的物种，这种本能不受理性的制约，也不会因担心其后代的生活而受到阻碍。由于不受限制，它们的繁殖力得以充分发挥，其后果是因空间和营养缺乏而受到抑制。同样，人类受强大的本能驱使而繁衍自己的种族，但理性却向他提出这样的问题，即如果无力供养子女，是否可以不生育。在目前的社会状态下，人们还会考虑另外一些问题。例如，如果生育孩子，生活质量是否会降低？生活是否会遇到更多的困难？是否要更卖力地工作？如果家庭人口很多，尽最大努力能否养活他们？是否会看着子女受冻挨饿而又无能为力？是否会陷入不能自食其力的贫困境地，而依靠他人施舍生活？马尔萨斯认为，在所有社会，甚至在最放纵邪恶的社会，合乎道德地爱慕一个女子的倾向总是十分强烈，以致人口会不断增加。其结果会使社会下层阶级陷入贫困，使他们的境况永远得不到明显改善。人口的不断增长也会对富裕家庭造成冲击，有限的生活资料使上层阶级清楚地认识到，他们难以按照同样的生活方式供养家庭。因此，马尔萨斯断言：人口增长过快是导致全体人们陷入贫困境地的罪魁祸首。

马尔萨斯指出，现在欧洲大多数国家的人口比恺撒①时代多得多，其原因是这些国家的人们辛勤劳作，生产出了更多的生活资料。然而，当前欧洲各国人口的增长却较为缓慢，要使人口增长一倍，25年的时间已经不够，现在需要三四百年的时间才能增长一倍。实际上，有些国家的人口处于停滞状态，而另一些国家的人口甚至在减少。人口增长缓慢的原因，不是因为两性之间情欲的衰退，而是预防性抑制和积极抑制阻止了人口的自然增长。所谓预防性抑制，是指人们对养家糊口的担忧，它在某种程度上影响英国所有的社会阶层。"甚至一些社会地位很高的人，想到成家后须节俭度日，须放弃自己喜爱的快乐生活，也会因此而不娶妻。当然，在上层阶级中，这种考虑是微不足道的，但我们所考察的社会阶层愈低下，这种对未来生活的忧虑也就愈大。"②所谓积极抑制，是指一些下层阶级处在的困难境地，使他们不能给予子女应有的食物和照料。在英国每年死亡的儿童中，很大一部分是由于父母不能给予充足食物和适当照料造成的。"回顾现代欧洲各国对人口增长的抑制情况，与古代和世界许多未开垦地区相比，看来积极抑制较少，而预防性抑制较多。……或许

---

① 凯撒（公元前100—公元前44），古罗马杰出的军事家、政治家和作家，罗马共和国末期的独裁者。
② ［英］马尔萨斯著，朱泱，胡企林，朱和中译：《人口原理》，商务印书馆1996年版，第26页。

可以有把握地说,在现代欧洲几乎所有比较发达的国家中,目前使人口与实际生活资料保持在相应水平上的主要抑制,就是对结婚的谨慎抑制。"①在所有历史悠久的国家,除了预防性抑制和积极抑制外,还有对妇女的不道德习俗、大城市、有碍健康的制造业、流行病和战争等抑制因素。所有这些抑制因素可以归结为贫困和罪恶两大类,每当这些因素被极大削弱时,人口便会较为迅速地增长。

马尔萨斯对当时盛行的《济贫法》②进行了分析。他认为虽然《济贫法》的颁布是出于仁慈目的,但它并未达到预期目标,依靠救济为生的贫民远未摆脱贫困。《济贫法》在两个方面致使穷人的境况趋于恶化。首先,它往往使人口趋于增长,而养活人口的食物却不见增加。穷人明知无力养家糊口也要结婚,所以在某种程度上说,《济贫法》产生了它所养活的穷人。其次,济贫院收容的人并非是最有价值的社会成员,但他们消费的食物会减少那些更为勤劳、更有价值的社会成员应享有的食物份额,因而也会迫使更多的人依赖救济为生。另外,《济贫法》削弱了普通人的储蓄能力与意愿,从而减弱了人们节俭勤勉度日、追求幸福的强烈动机。马尔萨斯指出,应该形成一种风气,把没有自立能力而陷入贫困看做一种耻辱,这对个人而言尽管很残酷,但对促进全人类的幸福而言似乎是必需的。这种耻辱感对于懒惰和挥霍是一种最强有力的抑制,如果去掉这种抑制,诱使不能养家糊口的男子结婚成家,则只能从总体上减少普通人的幸福。"毫无疑问,应该把阻碍结婚的每一个障碍都看做一种不幸。但是,既然按照自然法则,人口的增长总要受到某种抑制,所以,与其鼓励人口增长,然后让匮乏和疾病对其加以抑制,还不如从一开始就让预见与担忧来抑制人口:预见到自己养家糊口有困难,担心丧失自立能力而陷入贫困。"③同样,马尔萨斯认为《教区法》极大地助长了穷人那种漫不经心和大手大脚的习气,这与商人和农场主的小心谨慎和克勤克俭形成鲜明对比。他们把全部心思都用于如何满足现时欲望,而很少考虑未来。

总之,伴随《济贫法》的弊端太多,无法予以消除。该法案的根本缺陷是它有助于增加人口,却不能增加养活人口的生活资料,从而使不靠救济为生的那部分人生活境况恶化,造成更多的穷人。为此,马尔萨斯建议首先要废除所有现行的《教区法》,使英国农民享有行

---

① [英]马尔萨斯著,朱泱,胡企林,朱和中译:《人口原理》,商务印书馆1996年版,第183—184页。
② 《济贫法》:16世纪英国圈地运动迫使众多农民背井离乡沦为流浪汉,失业现象日益严重。1601年伊丽莎白女王颁布《济贫法》,规定贫民应该在其出生的教区领取救济金。济贫法历经修改,直至1948年废除。
③ [英]马尔萨斯著,朱泱,胡企林,朱和中译:《人口原理》,商务印书馆1996年版,第35—36页。

动自由，以便他们不受妨碍地选择那些工作机会多、劳动价格高的地方居住。其次是鼓励人们开垦新土地，尽最大可能鼓励农业而不是制造业，鼓励耕种而不是畜牧。他说："鼓励农业，既有助于向市场提供愈来愈多的有利于健康的职业，又可增加国家的农业产量，从而提高劳动的相对价格，改善劳动者的生活境况。生活境况有所好转，再加上不能指望教区给予救济，劳动者会更加愿意也更加有能力为防备自己或家人患病而结成互助团体。"①此外，对于那些极端贫困的人各郡可以设立济贫院，由国家统一征收济贫税提供经费，收容各郡乃至各国的贫民。济贫院的生活应该是艰苦的，凡是能够工作的人都应该强迫他们工作。他们不应把济贫院看做困难时期享受舒适生活的避难所，而是看做可以稍微缓和严重困苦的地方。或者建立一些新的济贫院，在那里任何人都可以全天工作，并按市场价格获取报酬。马尔萨斯认为这种计划似乎更能增加英国普通人的幸福总量。1834 年英国议会通过了《济贫法（修正案）》（后人称之为《新济贫法》），实际上采纳了马尔萨斯的主张。《新济贫法》取消了贫民补助金，在各地设立了"劳动院"，规定救济金只在劳动院发放，游手好闲者难以得到任何救助。

（二）国民教育

马尔萨斯在其人口理论的基础上阐述了国民教育观。他在论及穷人救济与教育问题时指出，英国人花钱去救贫，而不从教育着手，这是毫无裨益的。我们已经在穷人身上花费了大量金钱，但我们有充分理由认为这些金钱却常常加深了他们的苦难。相反，在对他们进行教育以及宣传跟他们密切相关的政治常识方面，我们做得非常不够，而这些工作也许是我们在力所能及范围内唯一能够改善，并且使他们成为比较幸福安定的公民的途径。马尔萨斯认为，把英国下层阶级的教育仅仅交给由私人捐办的星期日学校，这是全民族的耻辱。这些学校只知道把各种各样的偏见塞进课程之中，它们的改良也将遥遥无期。

在马尔萨斯看来，那些反对国民教育的种种论据，不仅显得失之偏颇，而且理由极不充分。其中，反对建立英国国民教育体系的一个主要论据是，如果使普通公民有能力阅读像托马斯·潘恩（Thomas Paine）②《人权论》之类著作，其后果对于政府而言可能是致命的。

---

① ［英］马尔萨斯著，朱泱、胡企林、朱和中译：《人口原理》，商务印书馆1996年版，第38页。
② 托马斯·潘恩（1737—1809），英裔美国思想家、政治活动家、激进民主主义者，1791 年出版《人权论》。

在这一问题上,马尔萨斯赞同亚当·斯密的观点,即认为一个受过教育和具有相当知识的人,相比愚昧无知的人而言,不容易受一些煽动性著作的蛊惑,也有能力识破有图谋、有野心的煽动家的虚假宣言。他说:"一个教区只要有一两个读者,就足以传播任何数量的煽动性言论。如果他们站在平民的一边,挑选那些最适合听众心理的段落,选择最易于发生效力的时刻发表演说,他们也许就有能力制造任何一种危害。但如果教区的每个人都有能力自己阅读并对一切作出判断,同时阅读和判断可望能送到他们手边的反面议论,那样,造成危害的可能就小得多了。"①

马尔萨斯认为,如果学校成为国民教育的场所,教给普通民众什么是正确的知识,让他们认识到除了自己勤勉工作和谨慎之外,任何政府的更替都不能改变他们的境遇;教育他们尽管能摆脱某些方面的痛苦,但从养家糊口的大处着眼,他们根本不会得到什么益处;告诉他们一场革命不会使劳动力需求与供应之间的比例发生变化,也不会改变食物供应与消费者之间的比例。如果劳动力供应大于需求,食物需求大于供应,即使在最自由完美的政府管理下,他们也会遭受最严酷的贫困。对于以上真理的认识,有助于促进社会的和平与安定,有助于削弱那些蛊惑人心的著作的影响力,以防止对政府的不明智抗议行为。那些反对国民教育的人士,我们怀疑他们动机不纯,即为了鼓励愚昧,为独裁统治寻找借口等。

马尔萨斯在1820年出版的《政治经济学原理》中,分析了由于实际工资高可能导致的两种不同结果:一是人口迅速增长,高工资主要花费在供养家庭上;二是生活方式的明显改善,人们享受生活的便利和舒适,却没有引起人口增长率的相应提高。马尔萨斯认为,造成第一种结果的有效因素是专制、压迫和愚昧;造成第二种结果的有效因素是公民自由、政治自由和教育。在鼓励社会下层阶级养成谨慎习惯方面,公民自由无疑是主要因素。如果人们对于自己的能力是否可以自由发挥毫无把握,对于自己的财产是否受到法律保护毫无把握,那么他们就不会习惯于为未来制订计划。政治自由同样重要,它迫使上层阶级尊重下层阶级;没有政治自由,公民自由无法长期存在。关于教育问题,马尔萨斯指出,教育本身对于保护财产起不了多大作用,但它有助于人们从公民自由和政治自由获得益处,没有教育就不能把公民自由和政治自由看成是完美无缺的。②

---

① [美]E. P. 克伯雷选编,华中师范大学、西南师范大学等教育系译:《外国教育史料》,华中师范大学出版社1991年版,第582页。
② [英]马尔萨斯著,朱泱,胡企林,朱和中译:《人口原理》,商务印书馆1996年版,第181—182页。

马尔萨斯把人口完全看做一种自然现象，认为它只受某种自然法则支配，而否认人口的社会性质和受经济规律支配，显然是片面和错误的。马克思指出："事实上，每一种特殊的、历史的生产方式都有其特殊的、历史地起作用的人口规律。抽象的人口规律只存在于历史上还没有受过人干涉的动植物界。"①但马尔萨斯强调人口增加必须与生活资料保持平衡，否则会引起严重后果，这一点已经为世界各国的事实所证明。他主张取消所有现行的《教区法》，代之以鼓励耕种和推行国民教育，使下层阶级真正认识到贫困和罪恶的根源，并掌握改变自身生活状况和提高社会地位的知识，这无疑是具有进步意义的。

除了上述亚当·斯密、葛德文和马尔萨斯的国民教育观外，19世纪空想社会主义者欧文、著名社会学家斯宾塞、辉格党杰出政治家托马斯·麦考莱（T. B. Macaulay）等人也发表了对国民教育的看法。

欧文从性格形成学说出发，认为任何社会成员遭遇的苦难或幸福取决于他所形成的性格，因此培养国民性格既是每个国家的最高利益，也是每个国家的首要任务。他说："如果任何一种性格，从最愚昧、最可悲的到最合乎理性、最幸福的性格都可以形成，那么采取能形成后一种性格并防止前一种性格的办法，便值得每一个国家最郑重地加以采纳。"②欧文得出的结论是：每一个要求治国有方的国家应把主要注意力放在培养性格方面，治理得最好的国家必然具有最优良的国家教育制度。他主张建立一种国家教育制度，使它成为最安全、最简易、最有效和最经济的政府工具，并且使它具备足够的力量去完成最宏伟和最有利的目标。欧文认为，只有通过教育才能使人们认识到他们目前的不合理状态，英国政府为贫苦而未受教育的人建立一种国家教育制度的时刻已经到来，这种制度如果计划得好、执行得好，就足以实现最有益的变革。但他同时指出，为了形成一个教育良好、团结一致和生活幸福的民族，这种国家教育制度必须在全国统一实施，而且必须以和平和理智精神为基础。

欧文把贝尔（Andrew Bell）、兰卡斯特（Joseph Lancaster）和惠特布雷（Samuel Whitbriad）提出的教育计划，也视为"全国性的贫民教育方案"，但他认为这些方案并不适合实现国家教育制度所应完成的全部目标。贝尔和兰卡斯特先生的"导生制"只是一种教授读写算的体系，它仅仅在教学方式上对以前的教学法有所改进。欧文认为，读书和写字只

---

① 《马克思恩格斯全集》（第23卷），人民出版社1972年版，第692页。
② ［英］欧文著，柯象峰、何光来等译：《欧文选集》（第一卷），商务印书馆1997年版，第79页。

是传授正确或错误知识的手段,我们教儿童读书和写字时,还要教他们怎样正确地运用这些手段,否则就没有什么价值可言。"但是国家教育的要义是使年青一代养成有助于个人与国家的未来幸福的观念与习惯;要做到这一点,唯一的办法是把他们教导成为有理性的人。"①如果我们抛开民族偏见,考察某些贫民教育方案中的教学内容,我们会发现这些内容几乎糟糕透顶。尽管教学方式由于贝尔和兰卡斯特的倡议而得以改良,但他们各自的教学体系帮助人们把谬误铭刻在幼儿的头脑之中。同样,由于早年所受教育的错误,惠特布雷的贫民教育方案也显得杂乱无章,如果试图实行他的教育计划,就会在整个王国内造成一片混乱。欧文主张建立一种全国性兼容并包的贫民教育计划,它将无可置疑地肃清各种体系中所存在的一切谬见。在这一计划完全实施之后,任何违反事实的信条都不能长久维持下去。

然而,欧文指出,直到目前为止,英国政府尚未为千百万未受教育的贫民建立任何国家教育制度,不列颠人民的思想和习惯培养处于放任自流,或者是由帝国中最不胜任的人控制,结果到处都充满了严重的愚昧和纠纷。这种愚蠢的事情不能再继续下去了。他呼吁应当立即为劳动阶级安排一种国家教育制度,只要计划合理就能为我们带来最有价值的改良。欧文主张通过一项联合王国全体贫民与劳动阶级的教育法案,法案应当规定:指派适当人员负责这一新设部门;建立学习教学法与教学内容的讲习所;在联合王国普遍设立讲习所,并有足够规模容纳一切需要学习的人;为讲习所提供必需的创办费和维持费;制订最优良的教学计划;为各讲习所指派适当的教师;讲习所的教材应符合个人和国家的需要。由上可知,这一教育法案实际上是一个教师培养计划。欧文指出:"目前我们王国之内还没有任何人受到训练,能根据全人类的利益与幸福来教育年青的一代。教育下一代是最最重大的问题,因为我们给这个问题以应有的考虑之后就可以看出,年轻人的教育必然是社会的上层建筑赖以建立的唯一基础。"②

19世纪英国著名社会学家斯宾塞认为,国家的基本职责是维护人们的权利,它不仅保护每个公民免受其邻人侵害,而且保护他和整个社区不受外国侵害。"给每个器官一项职能,每个器官都有它自己的职能,这就是一切组织所遵循的法则。要做好它的工作,一个机

---

① [英]欧文著,柯象峰,何光来等译:《欧文选集》(第一卷),商务印书馆1997年版,第81页。
② [英]欧文著,柯象峰,何光来等译:《欧文选集》(第一卷),商务印书馆1997年版,第91页。

构必须具有做那项工作的特殊适合性;这也就暗含对任何其他工作的不适合性的意思。"①同样,国家在承担其基本职能之外的任何职能时,它就开始丧失执行其基本职能的能力。"无论我们用哪一种方式去说明国家的职责,它都不能超越那个职责而不使自己被挫败。如果看作保护者,我们发现一旦它做的事情超出了保护的范围,它就变成侵犯者而不是保护者了;而如果看作对适应的帮助,我们发现一旦它做的事情超出了维护社会状态的范围,它就要推迟适应而不是加速适应。"②因此,如果我们把政府看作维护社会状态的手段,当政府承担额外的职能时,就会危及它履行原来的职能。他说:"一个公民享有的自由不是由他生活其下的国家机器的本质决定,无论是代议制的还是其他的,而是由强加于他之上的限制数量决定。而且,无论这种机器是不是他曾参与组织的,除了为防止该机器或直接或间接地侵犯国民——即维护国民的自由,防止其受到侵略——所必需外,只要它使人民受到更多的约束,其行动就不合乎自由主义的精神;因此,强制性的约束应是消极性质的,而不能是积极主动的。"③

斯宾塞认为,在没有永久性政府存在之前,每一个体都有"不理睬国家的权利"。"作为这一命题的必然结果,所有机构都必须服从同等自由的法则,我们不能选择但是允许公民有权接受自愿放逐的条件。如果每个人都有自由去做他愿意的事情,只要他不侵犯任何其他人的同等自由,那么他就可以自由地减少与国家的联系——放弃它的保护,并拒绝向它的支持付费。"④基于国家职责的限度,斯宾塞反对由国家管理教育。"显然,斯宾塞理解的是消极意义上的自由,也就是免于约束的自由。这种解释为他的教育学说和论政府在教育中的适当作用,提供了一种理论辩解,也就是不干涉原则。"⑤有的学者指出:"除政客和宗派分子之外,赫伯特·斯宾塞是集中统一领导的国民教育的最顽固的反对者。……他对政府采取的略微'越轨'的任何措施都表示怀疑。所以,他认为从本质上讲,教育只是个人的事情,政府的任何插手控制教育的企图只会有害无益。"⑥

---

① [英]赫伯特·斯宾塞著,张雄武译:《社会静力学》,商务印书馆1999年版,第117页。
② [英]赫伯特·斯宾塞著,张雄武译:《社会静力学》,商务印书馆1999年版,第123页。
③ [英]赫伯特·斯宾塞著,谭小勤等译:《国家权力与个人自由》,华夏出版社2003年版,第17页。
④ Andreas M. Kazamias, Herbert Spencer on Education, Teachers College Press, Columbia University, New York, 1966, pp. 83-84.
⑤ Andreas M. Kazamias, Herbert Spencer on Education, Teachers College Press, Columbia University, New York, 1966, p. 38.
⑥ [英]博伊德,金合著,任宝祥,吴元训主译:《西方教育史》,人民教育出版社1986年版,第366页。

在斯宾塞看来,政府拿走个人的财产超过为维护他的权利所必需,就是侵害他的权利;拿走他的财产去教育他自己或别人的孩子,并非为维护他的权利所必需,因而也是错误的。在儿童的权利受到侵犯以前,不能表明进行干预的任何理由,而儿童的权利并不因为忽视其教育就受到侵犯。如果教育的利益、重要性或必要性被认定为政府进行干预的充分理由,那么儿童衣食住行的利益、重要性或必要性也可以被认定为政府的职责。斯宾塞认为父母是孩子最好的教师。他说:"对子女的爱是我们最强有力的激情之一。做父母几乎是一种普遍的愿望。在闪闪发光的眼睛、温情的吻和亲热的抚爱中,在母亲从不厌倦的耐心和无时不有的担忧中所表现的强烈爱情,是一切时代哲学家写作和诗人歌唱的主题。"①母亲由于孩子们的进步感到满足而激励她去教育子女,父亲由于孩子们获得的荣誉而督促他们进步。

斯宾塞反对国家干预教育,并把教育看做一种商品。他认为消费者的兴趣不仅是消费品优质的有效保证,而且也是最好的保证。无论在表面上如何不同,教育这个商品的选择和其他商品一样,可以放心地让买主自己去判断。假定政府的"兴趣和判断"是充分的保证,我们有足够的理由对此表示异议。因此,建立一个全国性的教育制度,并且委托政府对它进行监督显然是失策的,因为这种制度在精神上倾向于保守而非进步。"一切社会公共机构都具有自我保存的本能,这产生于和它们有联系的那些人的自私。它们总是植根于过去和现在,而决非将来。改变会威胁它们,修改它们,最终毁灭它们。因此它们一律反对改变。而另一方面,教育——有理由这样称呼的——却是与改变紧密联系的,总是在使人们适应于更高级的事物,而不适应于事物的现状。"②建立国家教育制度的目的正是如此,教学组织本身和领导它们的政府必然倾向于保持现状,让它们去控制国民的心灵,去抑制人们追求事物应有状态的强烈愿望。因此,正如那些激烈反对建立国教的人一样,根据类似的理由国家教育也是应该反对的。"一切真理,无论是宗教的还是尘世的,都是一个前后一贯的整体的部分内容,如果认为国家没有能力传授其中的某一些内容,却有能力传授其中的另一些内容,似乎是很奇怪的。"③

19世纪中期著名演说家和历史学家托马斯·麦考莱在一次下院演说中,论述了国家或

---

① [英]赫伯特·斯宾塞著,张雄武译:《社会静力学》,商务印书馆1999年版,第153页。
② [英]赫伯特·斯宾塞著,张雄武译:《社会静力学》,商务印书馆1999年版,第158页。
③ [英]赫伯特·斯宾塞著,张雄武译:《社会静力学》,商务印书馆1999年版,第171页。

政府提供教育的职责。他说："我坚持认为，为普通老百姓提供教育是国家的权利与职责。……所有的人都同意这是每个政府的神圣职责：采取有效措施以保证人身与公众财产的安全，任何忽视这一职责的政府就不配在其位置上。既已承认这一点，我就要问，难道能否认普通人民的教育不就是最有效的保护人身与财产安全的措施吗？"①麦考莱赞同亚当·斯密的观点，认为国家不应该插手上层阶级的教育，但在一个高度文明和商业化的社会，下层阶级的教育却是政府最为深切关心之事。政府如果忽视了这一职责，国家就有可能陷于可怕的动乱之中，1780年的暴乱就是一个例证。麦考莱指出，一切暴乱都是大众的粗野、残忍和愚昧无知的结果，政府必须采取措施消除下层阶级中广泛存在的愚昧无知。"他们是基督徒中的猛兽，文明世界的野人……如果在我们的社会里，普通劳动阶级都使自己的头脑开化，接受教育，教育他们在应用自己的智力中发现乐趣，教育他们尊重自己的劳动产品，教育他们以善待人，同样也教育他们尊重合法当局，教育他们怎样通过合乎宪法的方式去申雪自己遭受的真正冤屈，这样的事，我们想难道还会发生吗？"②

同样，英国教育家乔治·考姆（George Combe）发表了"关于国民教育的演说"，他主张建立以科学为主要课程的国民教育体系。罗素也认为，除了增强一个国家内部的民族凝聚力外，所有的国家教育都试图实现国际之间的凝聚，如果要保存我们的科学文明，作为整个人类的一个合作单元，国家教育是必要的。"如果考虑到亚物种存在形态，我认为个人的教育要优于国民教育；但从政治的角度考虑，与当时的需要有关，恐怕国民教育必须占据首位。"③

18世纪后期至19世纪中期，欧美国家都以不同方式向教会夺取教育权，因而出现了教育管理权由教会向国家转移的趋势。与德国、法国、俄国和美国相比，英国在理解国家管理教育的必要性方面显得十分迟缓，长期以来国家不承担发展教育的责任，在19世纪初期的前25年国家仍然采取不干涉教育的态度，直到19世纪后半叶才加快了建立国民教育制度的步伐。英国学者安迪·格林（Andy Green）写道："在19世纪的大部分时间里，英国政府

---

① ［美］E. P. 克伯雷选编，华中师范大学、西南师范大学等教育系译：《外国教育史料》，华中师范大学出版社1991年版，第589页。
② ［美］E. P. 克伯雷选编，华中师范大学、西南师范大学等教育系译：《外国教育史料》，华中师范大学出版社1991年版，第590页。
③ Alan Cohen and Norman Garner, Readings in the History of Educational Thought, University of London Press Ltd, 1967, p. 81.

一直抵制欧洲大陆借助国家发展教育的策略。英国的主流教育传统仍然是自愿捐助制,一种基于个人的自愿捐助并且拥有独立控制权的学校组织形式。……因此,在很长时间里,英国的教育一直处于僵持状态,许多重要改革一直到许多教育界人士都认识到其重要性之后很久才得以实施。"①在19世纪的主要国家中,英国是最后一个建立全国性教育体系。

19世纪60年代是英国教育转型的关键时期,1860年以后的10年自由捐助传统逐渐走向衰亡。该时期政治和经济上的一系列变化使得教育制度改革成为可能,来自欧洲大陆的工业挑战使得教育的重要性日益凸显。同时,对国家办学的态度也发生了相应的转变,随着国教反对派抵触情绪的缓和以及对普及初等教育的认识,人们对改革教育制度的认可程度不断提高。在这种背景下,由约瑟夫·张伯伦(Josheph Chamberlain)领导的国家教育联盟(National Education League),呼吁建立一个免费的、强制性的、非宗教而且享受地方财政资助的全国性教育体系。1870年颁布的《初等教育法》奠定了英国国民教育制度的基础,它首次规定政府应承担普及初等教育的责任,从而实现了福斯特(W. E. Forster)"第一次把初等教育送到每个英国人的家门口"的宏愿。然而,该法案与国家教育联盟的要求相去甚远,它既没有提供免费的强制性初等教育,也没有尝试建立全国性的统一体系,它在本质上是一个与自由捐助制折衷的方案。直到1902年《巴尔福教育法》的颁布,英国才形成了一个初等教育和中等教育衔接的国民教育体系,最终让英国与其他欧洲国家站在了同一起跑线上。

---

① [英]安迪·格林著,王春华等译:《教育与国家形成:英、法、美教育体系起源之比较》,教育科学出版社2004年版,第224页。

第五章

功利主义教育思想

第五章
功利主义
教育思想

功利主义产生于18世纪末、19世纪初，它是英国近代自由主义的一翼。作为一个学派其影响不只是局限于道德生活领域，而且在哲学、政治、经济和教育方面的作用也不可低估。功利主义教育思想是在19世纪二三十年代英国激进主义运动中出现的，其主要代表人物是杰里米·边沁(Jeremy Bentham)、詹姆斯·密尔(James Burrow Mill)和约翰·密尔(John Stuart Mill)。"边沁和功利主义被普遍认为具有典型的英国特色。作为道德哲学的基础，边沁的'幸福计算'或商业盈亏记录被公认为英国民族特性的表现。……功利主义动机总是体现在那些说英语的哲学家著作之中。甚至在边沁牢固地建立功利主义学派之前，培根、霍布斯、洛克、休谟、佩利、普里斯特利都可以被称为功利主义者。"①

19世纪的英国处于一个大变革时代，工业革命不仅使英国走上了工业化道路，促进了经济的飞速发展，也使英国的社会结构发生了巨大变革。正如有的学者写道："英国工业革命前后约80年，它既是一场技术革命，致使社会生产力飞跃发展，经济结构明显变化；又是一场社会变革，导致阶级结构变动、人口迅速增加，英国最先进入工业社会。"②1801—1851年，在英国国民生产总值中，农牧业的比重由31%下降到20%，而工业产值却大幅提高。1850年英国工业产值占世界工业产值的39%，商业贸易占世界贸易总额的35%。英国的工业产品源源不断地输送到世界各地，成了名副其实的"世界工厂"。这一时期英国人口的增长速度也空前提高，1541—1741年英格兰人口从277万增加到557万，200年里增长一倍。③ 1780—1851年英格兰和威尔士的人口从900万增加到2100万。由于经济增长速度高于人口增长速度，人均实际收入也得到显著提高。1801—1851年英国人均实际收入从13英镑增加到24英镑，几乎翻了一番。④ 随着新型工业的兴起和工业资产阶级的出现，人口众多的无产阶级产生了，工业资产阶级与无产阶级的矛盾逐渐成为社会主要矛盾。

虽然19世纪英国的经济和社会结构发生了巨大变化，但政治结构却未进行相应的改革，工业资产阶级和工人阶级没有获得选举权，无法在现存政治体制内实现自己的愿望，这种政治体制与社会要求的冲突导致了议会改革。1832年6月经过18个月的激烈斗争，议会改革法由国王签署正式生效，成为英国政治改革的重要起点。这次改革缓解了统治阶级

---

① A. V. Judges, Pioneers of English Education, Faber and Faber Limited, London, 1951, p.83.
② 阎照祥著：《英国史》，人民出版社2004年版，第254页。
③ 阎照祥著：《英国史》，人民出版社2004年版，第255页。
④ [美]约翰·巴克勒，贝内特·希尔等著，霍文利，赵燕灵等译：《西方社会史》(第二卷)，广西师范大学出版社2006年版，第525页。

内部的矛盾，为工业资产阶级代表进入议会创造了条件。改革法把英国的选民从48.8万增加到80.8万，从人口总数的约2%提高到3.3%。① 大多数工业资产阶级获得了选举权，成为了有权的阶级。但工人阶级仍然被排斥在改革之外，完全没有获得选举权，这使他们对议会改革十分不满，因此改革后不久便发起了轰轰烈烈的宪章运动。宪章运动是一场以工人阶级为主体，以争取议会改革为核心的群众性民主运动。宪章运动的斗争方式是激进主义的，包括征集签名、提交请愿书、大规模群众集会与游行、散发小册子、召开全国性的代表大会等。这一运动在1839—1842年达到高峰，直到1848年后仍保持巨大的影响力。"总之，无论从组织结构、阶级构成、纲领还是行动方式上看，宪章运动都是过去几十年工人激进主义的延续，它是工人激进运动的最高潮，也是最后一次高潮。"② 从19世纪60年代起，工人运动又一次把注意力转向政治方面，那就是为工人阶级争取选举权，首先获得政治上的权利，然后再争取平等的经济权。在某种意义上说，这是宪章运动的复活，但这次由于工会力量的强大，工人阶级在第二次、第三次议会改革中取得了完全不同的结果，大部分成年男性拥有了选举权。

19世纪英国和欧洲大陆盛行各种社会思潮，如自由主义、保守主义、浪漫主义、实证主义、空想社会主义等，许多社会思潮发端于18世纪，但其影响却十分深远。各种思潮在不同阶段表现出不同的理论形式，其中影响功利主义思想的重要思潮是自由主义。自由主义是近代出现的一种学说和意识形态，约翰·格雷(John Gray)把自由主义的起源确定为17世纪。他说："尽管历史学家从古代世界，尤其是从古希腊与罗马中，找出自由观念的成分，然则，这些成分仅仅构成自由主义史前的内容，而不是现代自由主义运动的组成部分。作为一种政治思潮与知识传统，作为一种可以辨认的思想要素，自由主义的出现只是十七世纪以后的事。"③ 19世纪"自由主义"首次被用于称呼一种政治运动，1816年英国托利党以贬抑的语气使用"自由主义"这一术语。1822年英国文学家拜伦(George Byron)、雪莱(Percy Shelley)等人创办了一份以《自由主义》命名的杂志，但它的影响甚微。

到了19世纪三四十年代，"自由主义"才开始在英国被广泛使用。早期自由主义以近代自然法理论为基础，其主要任务是反对封建专制统治，争取个人的政治权利，建立资产阶

---

① 钱乘旦,许洁明著:《大国通史·英国通史》,上海社会科学院出版社2007年版,第249页。
② 钱乘旦,许洁明著:《大国通史·英国通史》,上海社会科学院出版社2007年版,第256—257页。
③ 李强著:《自由主义》,中国社会科学出版社1998年版,第15页。

级宪政政府。到19世纪中期,欧美主要国家大致完成了这方面的任务。政治任务完成后,自由主义者开始关注经济领域的活动,经济自由主义理论逐步形成。经济自由主义作为一种系统的理论始于亚当·斯密,随后英国的功利主义者与曼彻斯特学派进一步发展了经济自由主义,并将它转变为英国的经济政策。经济自由主义的核心是对经济与财产权利的强调,其基石是私有财产、市场经济以及国家减少对经济的干预等。英国哲学家霍布豪斯(L. T. Hobhouse)指出:"早期的自由主义必须对付教会和国家的极权统治。它必须为人身自由、公民自由及经济自由辩护,在这样做的时候,它立足于人的权利,同时因为它必须是建设性的,又不得不适当地立足于所谓的自然秩序的和谐。"①

自由主义作为一种政治理念,需要一套具有普遍主义特征的道德哲学,以便评估现存的制度和构建理想的秩序,这种理论需求由于功利主义的兴起而得到满足。"如同自然法理论一样,功利主义是相当普遍主义的,而且是相当'激进'的。"②功利主义学说将功利原则视为道德与立法的根本原则,它批评自然法理论和神权学说,认为趋乐避苦是个体行为的唯一动机,"最大多数人的最大幸福"是评价是非善恶的价值标准。功利主义学说的创始人边沁等思想家按照功利主义标准解释现实生活,并把它运用于英国社会改革之中,他们认为对社会有用的制度应把最大限度的快乐带给最大多数人。功利主义构成了19世纪英国自由主义政治思潮的重要理论基础。"在某种意义上,边沁的功利主义原则可以被视为自由主义政治哲学发展中的革命。"③

一、边沁

边沁(1748—1832)是英国著名法学家、政治思想家,功利主义学说的主要代表。约翰·密尔指出:"边沁是英国学说和制度上的革新之父,他是那个时代英国伟大的颠覆性思想家,用大陆哲学家们的话来说,也是伟大的批判思想家。"④边沁出生于伦敦一个律师家庭,父亲和祖父都是律师。"他从小就是一个神童;当别的同龄孩子正以童话满足他们想象

---

① [英]霍布豪斯著,朱曾汶译:《自由主义》,商务印书馆2002年版,第26页。
② 李强著:《自由主义》,中国社会科学出版社1998年版,第92页。
③ 李强著:《自由主义》,中国社会科学出版社1998年版,第91页。
④ [英]约翰·穆勒著,白利兵译:《论边沁与柯勒律治》,上海人民出版社2009年版,第6页。

的欲望时，他就读起历史与法文、拉丁文和希腊文来了。"①边沁在 7 岁时读了法国作家费奈隆(Francois Fenelon)的小说《忒勒马科斯历险记》，给他留下极为深刻的印象。他说："这本小说可以说是我整个性格的基石，也是我一生事业的出发点。我认为功利原理在我心里的第一次萌芽，可以溯源于这部书。"②1755 年边沁进入威斯敏斯特学校。1760 年 6 月进入牛津大学王后学院，1763 年获得文学学士学位。后进入林肯法律协会，并在高等法院见习。1763 年又回到牛津大学，1766 年获得文学硕士学位，结束了他的大学生活。

1770 年边沁远赴法国旅行，来自上层家庭的青年前往法国完成学业成为时尚。他阅读了伏尔泰的作品，并将其《故事集》译成英文；他从莫佩尔蒂(Maupertuis)那里借用了"道德微积分"的公式；他欣赏沙特吕(Chastellux)的《论公共幸福》，并与之过从甚密；他阅读了爱尔维修的著作，并发现了他的使命。爱尔维修希望像其他科学那样对待道德，并像实验物理学那样制定实验性的道德准则。他把道德原则归结为"公共的利益，也即最大多数人的最大幸福"，同时他使正义与有益于最大多数人的实践行为保持一致。他认为道德与立法是同一门科学，只有通过良法才能造就具有美德之人。整个立法艺术在于通过人们的自爱感迫使人与人之间公正相待；整个道德学家的研究在于确定奖惩的运用，协助人们将个人利益与普遍利益联结起来。他说："法的卓越取决于立法者观点的一致，以及法律本身的相互依赖性。但为了建立这种相互依赖性，必须存在着将所有法律简化为简单原则的可能性，诸如公共功利的原则，亦即最大多数人服从于同一个政府形式；没有人知道这一原则的整体范围和丰富性；这是一个囊括整个道德与立法的原则。"③作为爱尔维修的门徒，边沁承认所有个人之间的不平等都源于道德原因，性别之间的不平等也产生于类似的原因。在爱尔维修的影响下，边沁致力于建立一种能够成为精确科学的道德学说。

1772 年边沁秉承父亲的旨意成为一名律师，但不久就放弃了律师职业，转而从事改良法律的研究工作。他认识到英国法律和政治制度的缺陷，并开始探寻一条通用的标准，以衡量每一特定法律的价值。边沁在读了休谟的《论文集》后，找到了他想要的衡量标准，那就是功利主义原则，因此他将功利原则的发现归功于休谟。休谟被视为功利主义道德学说的先驱，他将产生幸福的倾向取名为"功利"。他提出道德行为的特征就是产生幸福的倾

---

① [英]索利著，段德智译：《英国哲学史》，山东人民出版社 1996 年版，第 218 页。
② [英]边沁著，沈叔平等译：《政府片论》，商务印书馆 1995 年版，第 3 页。
③ [法]埃利·哈列维著，曹海军，周晓，田玉才等译：《哲学激进主义的兴起——从苏格兰启蒙运动到功利主义》(上)，吉林人民出版社 2011 年版，第 19—20 页。

向,但人类作为社会动物是从别人的幸福中感到快乐,所以他们应以自己和别人的快乐作为行动目的。休谟在《人性论》中试图将推理实验的方法引入道德主题,并希望同牛顿为自然哲学作出贡献一样,为道德哲学作出同样的贡献。"他在道德领域寻找类似于万有引力的动因和法则。他以综合与演绎的形式建立了其后整个思想学派得以立足的道德科学。"①

此外,边沁学说最重要的原则和立法的方法,大部分获益于意大利法学家贝卡里亚(Cesare Beccaria)。贝卡里亚在1764年出版的《论犯罪与惩罚》一书导言中说:"如果我们看一看历史,就会发现法律是,或者应当是人们在自由形态下彼此之间的契约,然而它们绝大部分已经成为根据少数人的情感,或者偶然的原因,或者临时的需要而制定的。它们不是由那些对于人性做过冷静考察的人制定的,这些人知道怎样把众人的行为归结为一点,他们只考虑一个目的,即最大多数人的最大幸福。"②同时,他指出:"如果人生的善与恶可以用一种数学方式来表达的话,那么良好的立法就是引导人们获得最大幸福和最小痛苦的艺术"。③ 边沁正是从贝卡里亚那里得到启发,提出了功利主义原则和快乐与痛苦的计算法。"贝卡里亚指出了许多原理,然而都只是提出而未详论。边沁却以惊人的毅力抓住了这些原理,对它们作出十分清晰的定义,并且由此得出无数的推论。"④

1776年边沁匿名发表了《政府片论:评威廉·布莱克斯通爵士〈诠释〉一书导言中关于政府问题的一般理论》(简称《政府片论》),批判布莱克斯通(William Blackstone)⑤的《英国法律释义》。布莱克斯通于1758年担任牛津大学英国法讲座教授,边沁1763年重返牛津后听了他讲授的英国法课程。《英国法律释义》是布莱克斯通在其讲稿基础上写成的,条理分明,优雅而清晰,1765年问世后得到了普遍的赞扬。边沁评论说:"总之,在所有讲授法理学而又是法律制度评论者的作家中,他是第一个用学者和绅士的语言来谈法理学的人。他使这门文句艰涩生硬难读的科学得到了润饰,为它洗清了官府里的尘埃和蛛网。即使他没有用那只能从科学宝库中获得的精密的思想来充实法律,至少也是从古典学术的梳妆台上拿

---

① [法]埃利·哈列维著,曹海军,周晓,田玉才等译:《哲学激进主义的兴起——从苏格兰启蒙运动到功利主义》(上),吉林人民出版社2011年版,第10页。
② [英]边沁著,沈叔平等译:《政府片论》,商务印书馆1995年版,第29页。
③ [英]边沁著,沈叔平等译:《政府片论》,商务印书馆1995年版,第29页。
④ [英]边沁著,沈叔平等译:《政府片论》,商务印书馆1995年版,第34页。
⑤ 布莱克斯通(1723—1780),英国著名法学家,他的《英国法律释义》一书是对18世纪中叶英国法律的系统阐述。

了许多化妆品,把法律打扮得非常漂亮。"①但边沁也发现了这本书的几个荒谬之处,它们在该书导论第二部分讨论法律的一般性时暴露出来。他说:"这一部分的篇幅虽短,然而却是该书中最显著和最富特性的部分,也是作者独出心裁的部分。其余部分差不多全是编纂的东西。"②边沁通过对该书导论第二部分的批判,对17至18世纪启蒙学者所倡导的社会契约论、自然法理论提出异议,进而从功利主义原则出发提出了独到的见解。"边沁的《论政府片断》是系统地有条理地把功利原则运用到政府理论上的第一次尝试,它采取了'对《评注》的评注'形式,是对在同一个题目上布莱克斯通的有名著作里已提出来的那个学说的一个详尽批评。"③边沁在《政府片论》序言中提出了"最大多数人的最大幸福是正确与错误的衡量标准"这一基本原理。他一方面将功利原则应用于整个司法问题的解决;另一方面赋予功利主义哲学以数学般的精确,发现了较之爱尔维修更为明确的"最大多数人的最大幸福"公式。

1789年边沁出版了《道德与立法原理导论》,标志着其功利主义思想体系的形成。"《原理》表面看来论题杂乱,编排无章,但实际上却是一部条理分明的著作。"④1823年边沁还出资创办了功利主义学派的杂志《威斯敏斯特评论》,编辑人员几乎都是他的门生,该杂志成了向普通民众传播边沁学说的主要工具,从而使功利主义成为英国家喻户晓的社会理念。

(一) 自由观

边沁对于自由的态度虽然经历了一些变化,但从总体上说他是一位提倡自由的思想家。他说:"自由的定义是我的体系的奠基石之一:无此我将不知如何着手。"⑤他在《政府片论》中表明要捍卫个人判断的权利,这种权利是英国人所珍视的一切东西的基础,个人应把自己的判断力从权威的束缚中解放出来。但边沁认为,个人权利如果不建立在明确规定的原则上,就无法加以说明。"我说我有一种权利","我说你没有这种权利"。在这两种争论中,由谁来裁决或者根据什么标准裁决? 所谓的自然法则是什么? 它是什么时候制定

---

① [英]边沁著,沈叔平等译:《政府片论》,商务印书馆1995年版,第113页。
② [英]边沁著,沈叔平等译:《政府片论》,商务印书馆1995年版,第95页。
③ [英]索利著,段德智译:《英国哲学史》,山东人民出版社1996年版,第222页。
④ [英]边沁著,时殷弘译:《道德与立法原理导论》,商务印书馆2006年版,第10页。
⑤ 黄伟合著:《英国近代自由主义研究——从洛克、边沁到密尔》,北京大学出版社2005年版,第20页。

的,依靠什么人的权威？我们根据什么理由断言人是自由或平等的？我们按照什么原则,在什么范围内维护或能够维护财产权利？边沁强调必须按照共同利益或法律来规定个人权利的范围,从而使之有可能按照一个总原则来研究一切相冲突的要求。一个人有权利自由表达他的意见吗？如果按照边沁的观点回答这个问题,我们必须问,允许自由表达意见是否对社会有益。如果允许自由表达意见,错误的意见就会发表出来,会使许多人误入歧途。传播错误意见所包含的失,是否和自由讨论所包含的得相抵消？边沁会根据结果加以判断。国家是否应该维护私有财产权利？如果维护这些权利对全社会有益就应该维护,如果无益就不应该维护。有些财产权利可能是有益的,而其他一些则是无益的,社会有权自由进行选择,它不受个人"不可侵犯"的权利的限制。如果社会发现某些财产只对个人有利,而对共同利益不利,它就有正当理由没收这些财产,同时保护其他根据对共同利益的影响判断是合理的财产。

  边沁对洛克关于绝对自由的观念提出了批评。洛克把自由视为来自于上帝的不可剥夺的礼物,认为自由不依赖于任何社会体系而独立存在。他说:"那是一种完备无缺的自由状态,他们在自然法的范围内,按照他们认为合适的办法,决定他们的行动和处理他们的财产和人身,而毋需得到任何人的许可或听命于任何人的意志。"[1]相反,边沁把绝对自由看做法律意义上的虚构实体,因为人类是不可能生而完全独立的,所以绝对自由只具有虚假的真理性,绝对自由必然是不可欲的。边沁把自由分为两个范畴:脱离法律的自由和在法律之下的自由。脱离法律的自由只存在于"没有法律的土地上",那里所有的行为都是自由的,限制、制约、压制、强迫、义务和责任等都是闻所未闻的。在他看来,关于自由的观念是自相矛盾的,因为没有法律强制的自由意味着来自他人更大程度的限制。"在这种情况下,你当然不可能对他人有自由;恰巧相反,你的全部自由已被他人所剥夺。"[2]可见脱离法律的自由不是真正的自由,它只是一种虚构的法律实体。真正的自由是在法律之下的自由,只有根据人们对追求幸福的需要而建立的法律,才能给人们以个人自由和权利。因此,真正的自由不可能是绝对的,它们都是法律设计的产物。同样,个人的权利也不是绝对的,因为没有脱离法律的权利。

---

[1] [英]洛克著,叶启芳,瞿菊农译:《政府论》(下篇),商务印书馆1981年版,第5页。
[2] 黄伟合著:《英国近代自由主义研究——从洛克、边沁到密尔》,北京大学出版社2005年版,第23页。

边沁对洛克、布莱克斯通的自然权利理论也进行了批评。在他看来,洛克的自然权利理论具有无可救药的任意性,布莱克斯通的自然状态说是对文字的滥用。边沁认为,真正的问题在于,是什么理由使得人们拥有权利？在什么基础上我们必须坚持人是自由的？洛克、布莱克斯通的理论对回答这些问题却毫无帮助。边沁担心这种没有根据的自然权利理论,将会导致任意的革命和无政府主义的混乱局面。他试图用功利原则和计算方法解决这种理论的任意性问题,认为社会哲学的最高价值标准是功利原则而非自由原则,最大多数人的最大幸福是正确与错误的衡量标准。边沁强调自由与幸福的关系,而不是孤立的自由问题。他认为自由本身并非作为最高目的而具有价值,自由也不是达到幸福的最重要手段,适度的自由只是导致"最大多数幸福"的有效途径之一。在边沁的思想中,"自由"和"权利"并不是最基本的概念,"增进幸福"和"避免不幸"才是最根本的。边沁用功利原则取代自然权利说,从而建立了他的整个政治哲学体系。"更准确地说,边沁的工作是证明,自由必须由其他的价值来为之作论证。而他是在功利主义的理论中找到这种论证基础的。"①

(二) 伦理观

边沁认为自然权利理论充满了谬误,它不是人们行为正当性的来源和基础,行为正当性的依据只能是功利。"功利原则是绝对的,是一种不以人的意志为转移的客观规律。"②边沁把功利主义原则作为衡量个人行为与集体行为的唯一原则,以及衡量现存法律、政治、经济与社会制度的唯一标准。功利主义原则的基本出发点是,道德原则必须建立在人的感知基础上。人的基本感觉分为快乐与痛苦两大类,人性的基本特征是追求快乐、避免痛苦。他说:"自然把人类置于两位主公——快乐和痛苦——的主宰之下。只有它们才指示我们应当干什么,决定我们将要干什么。是非标准,因果联系,俱由其定夺。凡我们所行、所言、所思,无不由其支配;我们所能做的力图挣脱被支配地位的每项努力,都只会昭示和肯定这一点。"③所谓道德的行为,无非是能给相关人员带来快乐或避免痛苦的行为;所谓不道德的行为,无非是给相关人员造成痛苦的行为。

---

① 黄伟合著:《英国近代自由主义研究——从洛克、边沁到密尔》,北京大学出版社2005年版,第29页。
② 刘玉安,楚成亚,杨丽华著:《西方政治思想通史》,山东大学出版社2004年版,第384页。
③ [英]边沁著,时殷弘译:《道德与立法原理导论》,商务印书馆2006年版,第57页。

边沁功利主义的特征是以"快乐"定义功利,即强调感官的快乐。"一个行为如果倾向于促进尽可能多受该行为影响的人的尽可能大的快乐,就是好的。一个行为如此,一个机构或一项社会制度也无不如此。符合这项原则就是有益的,不符合这项原则就是有害的。符合这个原则就是正确的,不符合这个原则就是错误的。最大的快乐原则就是行为的唯一的和最高的原则。"①快乐在积极方面表现为愉快,消极方面表现为没有痛苦。如果把快乐和痛苦的因素去掉,不仅"幸福"一词失去意义,而且正义、义务、责任及美德等被视为与快乐和痛苦无关的词,也将变得毫无意义。快乐和痛苦实际上决定了个人如何去行为,对快乐或免除痛苦的期待是驱动人们行为的动机,因而追求快乐或避免痛苦成为行动的最终目的。

边沁对快乐和痛苦的类型进行了划分,他把人们感觉到的简单快乐分为:感官之乐、财富之乐、技能之乐、和睦之乐、名誉之乐、权势之乐、虔诚之乐、仁慈之乐、作恶之乐、回忆之乐、想象之乐、期望之乐、联想之乐、解脱之乐;他把人们感觉到的简单痛苦分为:匮乏之苦、感官之苦、棘手之苦、敌意之苦、恶名之苦、虔诚之苦、仁慈之苦、作恶之苦、回忆之苦、想象之苦、期望之苦、联系之苦。② 几种简单的苦乐可以构成一种复杂的苦乐,一种复杂的苦乐也可以分解为几种简单的苦乐,合成与分解的过程都是依赖心理联想的作用。

为了衡量快乐和痛苦的程度,边沁提出了一套计算苦乐强度、持久性、确定性、远近性、丰富性、纯洁性和广延性的方法。"他的方法的重大特征在于它是定量的。……边沁是通过详尽无遗的列举和对一切想得到的后果的分类把它贯彻到它的一切细节中去的第一人。他的目标是使道德和立法像物理科学那样精确和确实。"③如果将这些影响苦乐的各种因素都计算在内,就可以衡量苦乐的总量,并以此判断行为的善恶。"边沁主张,所谓善便是快乐或幸福(他拿这两个词当同义词使用),所谓恶便是痛苦。因此,一种事态如果其中包含的快乐超过痛苦的盈余大于另一种事态,或者痛苦超过快乐的盈余小于另一种事态,它就比另一种事态善。在一切可能有的事态当中,包含着快乐超过痛苦的最大盈余的那种事态是最善的。"④对快乐和痛苦的分类与计算,除了判断道德行为的善恶之外,还可用于计算对人类活动和社会机构的功用。"快乐计算方法贯穿于边沁的整个伦理学体系中,个人苦乐

---

① [英]霍布豪斯著,朱曾汶译:《自由主义》,商务印书馆2002年版,第33页。
② [英]边沁著,时殷弘译:《道德与立法原理导论》,商务印书馆2006年版,第90—91页。
③ [英]索利著,段德智译:《英国哲学史》,山东人民出版社1996年版,第230页。
④ [英]罗素著,马元德译:《西方哲学史》(下卷),商务印书馆1997年版,第328页。

的计算、社会功用的判断、法律调节的施行,都需要这一方法的襄助。"①

在边沁的理论中,快乐原理与功利原理密切相关。"功利是指任何客体的这么一种性质:由此,它倾向于给利益有关者带来实惠、好处、快乐、利益或幸福(所有这些在此含义相同),或者倾向于防止利益有关者遭受损害、痛苦、祸患或不幸(这些也含义相同);如果利益有关者是一般的共同体,那就是共同体的幸福,如果是一个具体的个人,那就是这个人的幸福。"②最大化原则是功利主义的重要原则,其基本内涵是追求功利的最大化。在边沁看来,衡量集体行为是否正当的基本原则是"该行为所涉及的最大多数人的最大幸福"。最大幸福的计算方式是:在行为所产生的幸福总量中减去行为所产生的痛苦总量。用最大化原则衡量一切,凡符合最大多数人的最大幸福,就符合功利主义的原则;凡不符合最大多数人的最大幸福,就违背了功利主义的主旨。这个标准不仅用于判断个人的行为,也用于判断政府的行为。政府必须为"最大多数人的最大幸福"恪尽职守,只有做到这一点才算是好政府。边沁为合格的政府设计了如下职责:(1)它必须有助于创造社会财富;(2)它必须减少不平等;(3)它应该保障公民的人身、荣誉和物质生活条件方面的权利;(4)它能够确保公民的生存;(5)它制定法律为社会提供必要的服务;(6)它在公民中传播同情和仁慈。时至今日,英国人似乎仍然以这些标准去评判他们的政府。

法律是调节伦理关系、控制社会秩序的手段,也是边沁伦理学的重要组成部分。在他的思想中,道德与立法密切相关,立法从属于广义上的道德,它们的共同之处在于都以幸福为目的。从广义上说,道德是指导人的行为产生最大可能数量的幸福的艺术。"整个伦理可以定义为这么一种艺术:它指导人们的行为,以产生利益相关者的最大可能量的幸福。"③为产生"最大多数人的最大幸福"而指导他们行动的艺术则属于立法。道德与立法并行不悖,它们的目的性质相同。它们应当考虑其幸福的那些人,恰恰就是它们应当负责指导其行为的那些人,它们应当关注的那些行为在很大程度上相同。谋求最大量的幸福是道德与立法的真正目标。因此,《道德与立法原理导论》既为边沁赢得了伦理学家的称号,也奠定了他作为法理学家的地位。

边沁深信人类福利体系的建立要凭借"理性"和"法律"的力量,好的立法能够最大限度

---

① 牛京辉著:《英国功用主义伦理思想研究》,人民出版社2002年版,第48页。
② [英]边沁著,时殷弘译:《道德与立法原理导论》,商务印书馆2006年版,第58页。
③ [英]边沁著,时殷弘译:《道德与立法原理导论》,商务印书馆2006年版,第348页。

地促进"最大多数人的最大幸福"。在他看来,法律的作用是防止人与人之间发生冲突,它是辅助道德调节伦理关系的手段,也是道德的另一种保障。"一切法律所具有或通常应具有的一般目的,是增长社会幸福的总和。"① 法律体系也是以苦乐原理为出发点,凡是能减轻痛苦或增加快乐者,在道德上就是良善,在政治上就是优越,在法律上就是权利。苦乐原理和功利原则是贯穿于个人道德、政治和法律领域的一种共同的标准。同样,边沁的社会改革理论仍是以苦乐原理为基础,他认为现实社会中人们都服从于苦与乐的支配,追求幸福和避免痛苦,因此社会制度应当是人们现实苦乐、利益和需要的产物,应当建立在能够促进"最大多数人的最大幸福"原则之下,凡是不符合这一原则的都应该进行改革。边沁在功利主义原则基础上论证了社会变革的合理性,也为政治激进主义奠定了理论基础。

(三) 教育观

边沁认为,痛苦和快乐在某些原因的影响下产生于人的内心,但痛苦和快乐的量并非与原因完全相称。他把个体在具有既定效力的原因作用下必然感觉到一定量苦乐的倾向,称为敏感的程度或分量。这种对苦乐的敏感性,既涉及一定时期作用于他的原因总和,也涉及任何一类特殊原因。边沁把作为快乐或痛苦的原因发挥作用的任何事件称为动因。如果是快乐的动因,那就是令人愉快的原因;如果是痛苦的动因,那就是令人悲哀的原因。他列举了32种影响苦乐敏感性状况的原因,包括健康、体力、耐力、身体缺陷、知识质量、智力、坚毅、稳定、取向、道德情感、道德偏向、宗教情感、宗教偏向、同情心、同情偏向、厌恶心、厌恶偏向、精神错乱、癖好、财务状况、同情性联系、厌恶性联系、身体原质、精神原质、性别、年龄、地位、教育、气候、血缘、政府状况、宗教信仰。在上述原因中,教育的影响更为广泛。

在边沁看来,一个人所受的教育,一部分得自别人,一部分得自他自己。"因此,教育一词所能表述的,莫过于一个人所处的这么一种状态:它关系到那些一部分出自别人(主要是在他早年支配他的人)的安排筹划、一部分出自他自己的安排筹划的主要状况。"② 教育分为身体教育和心智教育,身体教育包括健康、体力和耐力状况等,而心智教育又分为智育和德育,即理解力和情感的培养。知识质量状况,甚至坚毅和稳定属于智育;取向、道德情

---

① [英]边沁著,时殷弘译:《道德与立法原理导论》,商务印书馆2006年版,第216页。
② [英]边沁著,时殷弘译:《道德与立法原理导论》,商务印书馆2006年版,第115页。

感、宗教情感、同情心和厌恶心则属于德育。癖好、财产状况和谋生手段等也包含在三种教育内,但受外在事件的影响。"的确,与所有这些有关,教育的影响以比较明显或不够明显的方式被外在事件改变;并以几乎完全不明显的方式,完全不能估算地被天生的身心特征和构造改变。"①

边沁是 19 世纪初英国中产阶级的代表人物之一,他与国内的一些经济学家如大卫·李嘉图(David Ricardo)、亚当·斯密、詹姆斯·密尔、约翰·密尔等一起大声疾呼,要求为所有的人提供教育机会。1816 年边沁为其朋友的孩子设计了一份学校计划,他依据实用主义的原则,强调实用知识、系统学习和个人竞争。边沁认为任何知识都应具有社会功能,必须为孩子们的职业做准备,并且应与日常生活相关。他没有把古典学科放在首位,取而代之的是科学技术。他设计了一种分级课程,把教学科目按照难易程度排列,然后由简单到复杂、由特殊到一般地进行教学。他的教学原则源于功利主义的"趋乐避苦"原则,并引入对学生的奖惩制度,通过经常性的考试鼓励竞争,从而激发孩子们的学习兴趣。

由于传统的中等和高等教育机构无法实现中产阶级的理想,边沁要求改革当时的中等和高等教育。他曾提出创办一所以功利主义原则为基础的新型中学,为中上层阶级子弟提供一种百科全书式的教育,教学内容既有古典学科,也有自然科学知识和职业技术训练。"因此,在边沁的方案中,科学和技术是教育内容不可缺少的部分,实际上也是教育过程的核心。他完全接受教育的职业原则,而不是狭隘意义上的专业训练;但他倡导一般的调查并把科学和技术理解为未来职业选择的基础。"②边沁的理想学校一直没有实现,主要原因是他坚持把宗教教育排除在学校之外。在高等教育方面,原有的牛津和剑桥大学已不能适应 19 世纪初英国社会发展的需要,它们控制在绅士和教会手中,根本没有改变的愿望。边沁和詹姆斯·密尔等激进派竭力倡导在伦敦创办一所新型大学,不分阶级和信仰,向所有符合入学条件的学生提供大学教育,为此他们于 1828 年创办了伦敦大学学院。1831 年国教徒创办了与之抗衡的国王学院。1836 年两所学院合并成立伦敦大学。边沁的许多思想在伦敦大学得以实践,因而被视为伦敦大学的建校先驱之一。

---

① [英]边沁著,时殷弘译:《道德与立法原理导论》,商务印书馆 2006 年版,第 115 页。
② Brian Simon, Studies in the History of Education, 1780-1870, Lawrence & Wishart, London, 1960, p. 80.

边沁的功利主义思想影响了一大批人,大卫·李嘉图、詹姆斯·密尔等都是他的拥护者。当时他被公认为激进主义学说的领袖,在其周围形成了一个被称为"哲学激进主义"的派别,这一派别阐述了政治、经济、法律和社会改革方面的基本原则,在维多利亚时期发挥了重要作用。边沁主义在很多方面实际上代表了最为广泛的社会阶层利益,当时爆发的一些民众运动,如争取普选权的英国宪章运动、争取教育权的民众教育运动等,也都与边沁的学说有关。"这样,功利主义团体便代表了一种英国哲学史无前例的现象——一套简明的学说受到共同遵从,被运用到各种不同领域,一帮热情的工作者为着同一的目标辛勤劳作,且由于共同崇拜他们的老师而团结在一起。"①西蒙写道:"边沁思想的直接动力,源自于为日益壮大的中产阶级创造一种新式教育的实际需要。"②

二、詹姆斯·密尔

詹姆斯·密尔(1773—1836)是19世纪英国功利主义经济学家和政治学家、联想主义心理学的代表人物。他出生于苏格兰农村的一个小手工业者家庭,因聪明好学,1790年得到当地乡绅约翰·斯图亚特爵士(Sir John Stuart)的资助,进入爱丁堡大学攻读神学硕士学位。他在爱丁堡大学学习过7年,并获得了传教士证书。但他从未担任过教会职务,而以不信奉任何宗教学说自居。大学期间,詹姆斯·密尔的学习课程涵盖了当时的大多数科目,包括自然科学;但哲学是他学习的重点,尤其是古希腊哲学,其中古典语言课程是它的基础。后来,在对他儿子约翰·密尔的教育中,詹姆斯·密尔也把古典语言知识和古希腊哲学视为良好教育的基础。

毕业后,詹姆斯·密尔在苏格兰一些贵族家庭担任私人教师。1802年詹姆斯·密尔跟随当选为议员的约翰·斯图亚特爵士前往伦敦,他在给一位朋友的信中写道:"我非常热切地留在这儿,我觉得这对一个文人来说是一个绝佳的地方,你只有在这里,你才知道它是什么样。"③他在伦敦从事记者和编辑工作,并担任了《文学杂志》的主编,该杂志发表的大多数

---

① [英]索利著,段德智译:《英国哲学史》,山东人民出版社1996年版,第218页。
② Brian Simon, Studies in the History of Education, 1780 - 1870, Lawrence & Wishart, London, 1960, p.79.
③ [法]埃利·哈列维著,曹海军,周晓,田玉才等译:《哲学激进主义的兴起——从苏格兰启蒙运动到功利主义》(上),吉林人民出版社2011年版,第256页。

论述政治和经济问题的文章均出自他的手笔。詹姆斯·密尔以写稿养家糊口,除稿费外没有别的收入,直到1819年在东印度公司得到一个职位,才有了独立和安全的经济保障,他在这里一直工作到1836年。约翰·密尔在自传中写道:"在许多岁月里,单就他用写作勉强维持一家生计,不负债,不陷入经济窘境而言,就是一件不容易的事情,何况他所持的不论是关于政治还是宗教的见解,为所有有权势的人士和普通富裕的英国人所厌恶,其程度之严重是以往和后来所没有的。"①

从1806年起,詹姆斯·密尔开始《英属印度史》的写作,这部书花费他大约十年时间,1818年《英属印度史》以三卷本形式出版。他在这部书中第一次全面介绍了英国对印度的征服,并以自己功利主义和人道主义的立场阐述印度文化的演变,猛烈抨击了英国人在印度的殖民统治。"此书充满着当时被认为是极端派的民主激进主义的思想与批评态度,它以当时最不寻常的严厉态度对待英国宪法、英国法律和在国内拥有相当势力的所有党派与阶级。"②这部作品成为当时这一专业领域的权威著作,并导致他于1819年春开始在东印度公司任职。他被任命为印度通讯部稽核官助理,其职责是草拟发往印度的公文,将它们呈送公司主要行政部门的董事审定。在很大程度上,他把自己对印度问题的看法贯彻在草拟的公文里,他第一次提出了许多治理印度的真正原则,因此草拟的公文比前人更多地推动了印度的改革。"我深信,倘若把他写的公文选印出版,此书将使他称得上一位实际的政治家,完全可与他作为理论家的卓越地位相媲美。"③

1808年詹姆斯·密尔与边沁相识,从此两人建立了长达20余年的深厚友谊。约翰·密尔在自传中写道:"我不知道父亲到英格兰后过多久才与他结识,但父亲可算是英国文人中最早彻底了解和大体上采用边沁的伦理、政治和法律观点的人,而此种了解是他们意气相投的自然基础,使他们在边沁生活中那段不大接见来客时期(后来就不是这样)成为亲密的友侣。"④晚年的边沁身边聚集了许多弟子,其中以詹姆斯·密尔最为出色,他是边沁学说的忠实信徒,也是一名激进主义者。密尔的长处是善于结合经验主义哲学和李嘉图的政治经济学观点,弘扬边沁的功利主义原则。"正是密尔把边沁的法律理论转换成一场运动,也

---

① [英]约翰·穆勒著,吴良健,吴衡康译:《约翰·穆勒自传》,商务印书馆1987年版,第11页。
② [英]约翰·穆勒著,吴良健,吴衡康译:《约翰·穆勒自传》,商务印书馆1987年版,第23页。
③ [英]约翰·穆勒著,吴良健,吴衡康译:《约翰·穆勒自传》,商务印书馆1987年版,第24页。
④ [英]约翰·穆勒著,吴良健,吴衡康译:《约翰·穆勒自传》,商务印书馆1987年版,第39—40页。

正是密尔为政治功利主义提供了哲学基础。"①詹姆斯·密尔在其一生中写了许多文章,用边沁的功利主义原理阐述诸如政府、教育、新闻自由、殖民地、司法和监狱等主题。美国学者安德森评论说:"尽管詹姆斯·密尔不像边沁那样是有创见性的思想家,但也以其人格魅力吸引了一小圈积极改革者围绕在他们周围。这个团体日益被人们认为是提倡民主和言论自由的'哲学激进主义者'。这些人是他们时代的先驱者,正如75年后的'费边主义者'。"②他们追随着詹姆斯·密尔,并自称自由思想者。

从19世纪20年代初起,詹姆斯·密尔的思想开始对政治产生特有的影响。"正是他发展了'民主'的理论,特别是普选作为一种团结人民大众的方式;他支持中产阶级推翻贵族寡头统治的国家。随后,他还提出了普及教育(universal education)的想法。……总之,他能使社会各阶层的利益统一起来,并能促进最大多数人的最大幸福。"③他在《威斯敏斯特评论》《爱丁堡评论》等杂志发表文章,宣传功利主义思想,并提出政治改革、司法改革等激进主张。"詹姆斯·密尔倡导议会改革,要求扩大选举权,建立代议制政府,是将边沁的道德哲学忠实地应用于政治领域的主要人物。"④此外,1821年詹姆斯·密尔出版了《政治经济学要义》这部著作,他以最为简明的形式阐述了李嘉图的理论,并把政治经济学划分为生产、分配、交换和消费四部分。该书被现代西方经济学家誉为"第一本用英文写出的经济学教科书","是一部特别精确而明晰易懂的作品"。⑤ 然而,詹姆斯·密尔最重要的成果,是培养了约翰·斯图亚特·密尔,并通过他将功利主义学说推向了顶峰。

(一) 联想主义心理学

詹姆斯·密尔运用并发展了休谟、哈特莱(David Hartley)的联想主义心理学理论,试图用"观念联想"原理为其功利主义思想提供心理学依据,但他仿效哈特莱要比休谟多得多。休谟是经验论心理学家,联想主义心理学的促进者。他认为知觉是人的经验或认识的

---

① W. H. Burston, James Mill on Education, Cambridge University Press, 1969, p.35.
② [美]苏珊·李·安德森著,崔庆杰、陈会颖译:《最伟大的思想家:密尔》,中华书局2014年版,第10页。
③ Brian Simon, Studies in the History of Education, 1780-1870, Lawrence & Wishart, London, 1960, p.75.
④ 李强著:《自由主义》,中国社会科学出版社1998年版,第97页。
⑤ [英]詹姆斯·穆勒著,吴良健译:《政治经济学要义》(中译本前言),商务印书馆1993年版,第6页。

最初来源,也是心理学研究的主要对象。他说:"除了心灵的知觉或印象和观念以外,没有任何东西实际上存在于心中,外界对象只是借着它们所引起的那些知觉才被我们认识。恨、爱、思维、触、视,这一切都只是知觉。"①这里的"知觉"类似于"意识",是人的有意识心理活动的总称。他把联想视为观念的联合功能,并指出联想有两种模式,即由简单观念联结成复杂观念、由各种观念之间的吸引而联结成的复杂观念。这种吸引力乃是各种观念联结的纽带和动力,也是牛顿(Isaac Newton)万有引力定律在心理世界的反映。联想有三项法则:相似性、时空接近性和因果性。

哈特莱是18世纪英国进步思想家,联想主义心理学的创始人。他认为联想是解释一切心理现象的基本原则,不仅在感觉与感觉、观念与观念之间可以形成联想,而且在观念与动作、动作与动作之间也可以形成联想。联想分为同时性和相继性两种。通过联想的作用,不仅可以组合为数众多的复合观念,而且可以集结为新的复杂观念。哈特莱力图用神经振动说解释联想的生理机制,认为联想是由于原来神经振动痕迹作用产生的结果。他反对洛克的反省说,坚持反映论,强调感觉对外在刺激的依赖性,主张对心理现象进行生理分析。他认为传统的三大联想规律均可归结为一个根本规律——接近律。边沁追随哈特莱,把联想当作心理学的基本原理。"他的全部哲学以两个原理为基础,即'联想原理'和'最大幸福原理'。"②詹姆斯·密尔继承了前人的思想,使联想主义心理学发展到顶峰。

詹姆斯·密尔赞同哈特莱的观点,主张把联想分为两种:(1)同时性联想,即由同一外物引起的感觉可以产生一连串观念。例如,看到石头就会将它的颜色、硬度、形状、大小和重量联合起来,这些同时存在的观念叫做"石头"。(2)相继性联想,即由前项能引的感觉或观念所引的后项观念,在我们的一生中这两种意识状态不断地衔接并连成一片。"我看见一匹马,那是一个感觉。我便想到马的主人,那便是一个观念。这个马主人的观念又使我想到马主人的职位,如他是一个大臣,这便是另外一个观念……"③这就是詹姆斯·密尔由相继性联想所得出的关于人的意识活动。1829年詹姆斯·密尔出版了《人的心理现象的分析》,"在这部著作中,他为功利主义的上层建筑打下了心理学基础"。④

---

① 车文博主编:《西方心理学思想史》,湖南教育出版社2007年版,第121页。
② [英]罗素著,马元德译:《西方哲学史》(下卷),商务印书馆1997年版,第327页。
③ 车文博主编:《西方心理学思想史》,湖南教育出版社2007年版,第135页。
④ [英]索利著,段德智译:《英国哲学史》,山东人民出版社1996年版,第242页。

从认识论而言,詹姆斯·密尔是一个经验论者。他认为"'真正的知识'是经验的产物"。① 感觉是最简单的心理元素,一切心理现象均起源于感觉,观念则是感觉所留下的摹本和影像。意识是人的心理状态的总称,感觉和观念是意识的两种主要状态。联想是观念的联合,它虽然不是感觉元素的直接生成,但它离不开感觉元素的积累。詹姆斯·密尔认为,简单观念通过联想的作用会形成复杂观念,但这种观念的联合受机械规律的制约。无论多么复杂的观念,都是由几个简单观念生成多层观念,再由多层观念按照力学原理机械拼凑起来的。"密尔运用联想原则作为分析的武器,起因于他希望建立一个类似于物理科学的精神科学,因此他试图把人类心理现象缩小到它们最小的原子元素。"②

此外,詹姆斯·密尔反对休谟的三大联想法则,只承认接近性是联想的主要法则,并把因果性、相似性和对比性均纳入这一法则。接近性不仅适用于人的认知领域,也适用于人的情感等其他心理领域。他认为生动性(度)和频率性(或频度)是影响联结强度的两个主要因素;感觉比观念更生动,因此感觉之间的联结比观念之间的联结更强;与快乐或痛苦相联系的感觉比与之无关的感觉更生动;最近产生的观念比以前产生的观念更生动,因而产生的联结更强烈。约翰·密尔评论说:"在心理学方面,他的基本信条是所有人的性格由环境形成,通过普遍的联想原则,教育可以提高人类道德和智力状态的无限可能性。"③英国哲学家索利(W. R. Sorley)指出:"他当然是最大幸福原则的真诚拥护者,而对它的表述也没添加什么;但是,他在用哲学理由对它进行辩护方面,更加训练有素,而且他能够弥补边沁作为一个心理学家的缺陷。"④

(二) 功利主义教育观

早在1806年,詹姆斯·密尔发表了《贫穷劳动者的教育制度》(*System of Education for the Labouring Poor*)一文,他强调教育在性格形成中的至高重要性,并声称教育政策的要素是使人民认识到他们的真正利益,这是一切好政府的基础。詹姆斯·密尔的教育观有

---

① G. H. Bantock, Studies in the History of Educational Theory, Volume II, The Minds and The Masses, 1760-1980, George Allen & Unwin, London, 1984, p. 177.
② W. H. Burston, James Mill on Education, Cambridge University Press, 1969, p. 15.
③ F. A. Cavenagh, James & John Stuart Mill on Education, Cambridge University Press, 1931, p. vii.
④ [英]索利著,段德智译:《英国哲学史》,山东人民出版社1996年版,第241—242页。

三个理论基础:"一是他强调心理学方法和观念联想学说;二是他相信人类的进步和人性的完美;三是他真诚地坚持政府的民主理论,并且把民众的普及教育作为一个必要的前提。"①

首先,詹姆斯·密尔的联想原理为其功利主义伦理观和教育观提供了心理学依据。他曾声明观念联想学说是源自洛克、休谟、孔狄亚克(Bonnot de Condillac)和哈特莱的著作,他把这一学说运用于教育。在联想原则支配下,每个人都能从自爱联想到爱他人,从个人快乐联想到他人快乐,这样利己与利他就能在观念联想基础上统一起来。他认为,与快乐和痛苦相联系的感觉会对人的精神状态产生深刻影响,如食物充足带来的快乐有益于人的精神状态,身体健康或疾病也会直接影响人的精神状态。

其次,詹姆斯·密尔运用联想主义心理学分析教育对象的某些心理现象及特征,主张教育应利用和创造有益于身心健康的"观念联想",并阻止那些不利于身心健康的"观念联想"。人类心智的特征在于观念联结,教育的目标在于不断地创造某种联结。约翰·密尔在自传中写道:"我的学习过程使我相信:所有精神的和道德的感情和性质,不管是好是坏,都是与外界联想的结果;我们爱一种事物,恨另一种事物,我们对一种行为和意图感到喜悦,对另一种感到痛苦,是由于我们对那些事物有喜悦或痛苦的观念,是出于教育或经历的效果。由此我推论(这种推论是我父亲常说的,我自己也深信不疑)教育的目的应该是建立最牢固的、可能的、有益事物的联想;把喜悦与所有有利于大多数人的事物联想起来,把痛苦与所有有害于大多数人的事物联想起来。这个道理似乎是颠扑不破的……"②

詹姆斯·密尔的教育观体现了他的功利主义思想,1815年他在为《大英百科全书》所写的《论教育》中指出:"教育的目的是尽可能使个人成为幸福的手段,首先成为自身幸福的手段,然后成为他人幸福的手段。"③也就是说,教育目的有两个:一是追求个人幸福;二是为他人谋幸福。幸福是目的,教育是手段。功利主义宣称社会是由个人组成的,社会利益或幸福不过是个人利益或幸福的总和,因此实现个人幸福是实现他人幸福的前提。霍布豪斯评论说:"使个人利益与公共利益相一致存在着困难,这是不容否认的。但是詹姆斯·密尔等人特别致力于研究这个问题,认为这些困难可以用道德教育来克服。一个人从小就受到把他人利益同本身利益结合起来的教育,长大就会像关心自己的幸福一样地关心他人的幸

---

① A. V. Judges, Pioneers of English Education, Faber and Faber Limited, London, 1951, p. 97.
② [英]约翰·穆勒著,吴良健,吴衡康译:《约翰·穆勒自传》,商务印书馆1987年版,第84页。
③ W. H. Burston, James Mill on Education, Cambridge University Press, 1969, p. 41.

福。因为,归根到底,公共利益是和个人利益一致的。尤其是在自由经济制度下,每个人沿着最大个人利益的道路前进,就会完成对社会有最大利益的任务。"①詹姆斯·密尔认为,只有当一个人真正体验过幸福,他才会懂得给予他人的幸福是什么。教育在引导受教育者追求其自身幸福的同时,还应把他们培养成为"尽可能给他人谋求幸福的人"。在他看来,为了能给他人谋求幸福,每个人必须考虑其自身行为的后果。每个人应具有产生最大量快乐的行为,但不必考虑是谁享受快乐。

詹姆斯·密尔赞同边沁的观点,认为快乐是唯一的善,痛苦是唯一的恶。但他又像伊壁鸠鲁(Epicurus),最看重适度的快乐。他的儿子约翰·密尔在自传中阐明了父亲的性格:"他对人生的看法,带有古代的斯多葛、伊壁鸠鲁和犬儒学派的特性。在他个人品格方面主要是斯多葛学派的;在道德标准上是伊壁鸠鲁学派的,也就是功利主义的,以行为产生的是快乐还是痛苦,作为决定是非的唯一标准。但是他又不贪图快乐(这一点又是犬儒主义的),至少在他的晚年是如此……他认为大多数生活中的失败,都是过分重视快乐的后果。因之,希腊哲学家所指的广义的克制——就是所有欲望必须止于适度这一点——对他来说同对那些希腊哲学家一样,几乎是教育箴言的中心要旨。在我的童年回忆中,他对这个美德的谆谆教导占有很重要的地位。"②可见詹姆斯·密尔强调要教育人们学会放弃暂时的利益,而去追求长远的利益和幸福。同时,他认为幸福与个人身体和精神状态密切相关,它直接地取决于人的身体状态,间接地取决于人的精神状态(或心理品质);教育作为实现最大幸福的手段,应重点关注和培养人的心理品质。他把人的精神状态归结为四种心理品质,即"聪颖"、"节制"、"公正"和"慷慨",其中"聪颖"和"节制"是有助于个人幸福的心理品质,而"公正"和"慷慨"是有助于他人幸福的心理品质,教育应追求的普遍目标是通过培养这四种心理品质实现人类的幸福。

在四种心理品质中,"聪颖"(或智力)是最重要的心理品质,它包含知识和洞察力两个要素。人们为了获得幸福就要具有丰富的知识,但仅有知识是不够的,一大堆记忆的事实只是无用的财富。在多种多样已知的事实中,哪些对我们追求幸福的目的有用,哪些是无用的,对此应加以辨别和选择,这就是洞察力。对于个人而言,知识和洞察力缺一不可。"知识提供材料,而洞察力对此施加影响;知识表明事实存在,而洞察力使知识得以最大地

---

① [英]霍布豪斯著,朱曾汶译:《自由主义》,商务印书馆2002年版,第37页。
② [英]约翰·穆勒著,吴良健,吴衡康译:《约翰·穆勒自传》,商务印书馆1987年版,第36页。

利用。"①詹姆斯·密尔认为知识是最高的乐趣,节制是首要的美德。他所说的"节制"并非基督教宗教道德宣扬的"禁欲",而是指抵制暂时性的嗜好和追求持久的快乐。在他看来,个人幸福并不意味着去追求每一种快乐,或者满足每一个短暂的欲望。相反,它意味着要抵制某些欲望和克制某些快乐,从而去追求那些能带来"更大的满足及最可能多的幸福"的快乐。为此,必须培养节制和坚忍的品质,节制是抵制欲望和激情的力量,坚忍则是承受痛苦的能力。只有借助节制,人们才能获得最可能多的幸福。满足短暂的欲望不会带来持久的快乐,却阻止了对持久快乐的追求。要想获得幸福,必须追求持久的快乐。詹姆斯·密尔把"公正"和"慷慨"合称为"仁慈",为了给他人以幸福必须做到公正和慷慨。他说:"一个人可以影响他人的幸福,或避免伤害他人,或做有益于他人的事。避免伤害他人就叫公正;有益于他人称为慷慨。公正和慷慨是适于一个人促进同伴幸福的两种品质。"②上述四种心理品质既承袭了西方伦理思想的传统,又体现和贯彻了"个人主义"和"平等主义"原则,它们较为全面地反映了詹姆斯·密尔的功利主义教育观。

詹姆斯·密尔受到孔多塞、爱尔维修等人所主张的"教育万能论"、"环境决定论"影响,把"环境和系统训练"视为教育功效的保障。正如罗伯特·欧文声称:"任何性格,从最好到最坏,从最无知到最开明,可以给予任何社会",詹姆斯·密尔也声称:"无论如何,可以确定的是,不同阶级之间所有现存的差别,或者使这种差别永远存在的因素,完全取决于教育"。③ 罗素指出,詹姆斯·密尔非常钦佩孔多塞和爱尔维修,他和那个时代的所有激进主义者一样信服教育万能。④ 他认为尽管每个人的禀赋不同,但这并不足以造成人与人之间的明显差别,造成差别的真正原因是教育,存在于不同阶级和不同团体间的所有差别皆源自教育。但教育并不局限于学校教育,而是包括影响人的心理品质的各种环境和条件。在这种语境下,"教育"当然是广义上的,它实际上是指"环境"和"天性"。

在詹姆斯·密尔看来,人类所处的环境包括物质(physical)和道德(moral)两方面。"所有的物质环境(the physical circumstances),都会内在或外在地对人的心理产生影响。那些

---

① W. H. Burston, James Mill on Education, Cambridge University Press, 1969, p. 63.
② W. H. Burston, James Mill on Philosophy and Education, The Athlone Press, London, 1973, p. 104.
③ F. A. Cavenagh, James & John Stuart Mill on Education, Cambridge University Press, 1931, p. viii.
④ [英]罗素著,马元德译:《西方哲学史》(下卷),商务印书馆1997年版,第330页。

身体外部的物质环境,首先通过作用于身体进而影响人的心理(the mind)。"①身体外部的环境是指食物、劳动、空气、气候、活动、休息;身体内在的环境是指健康或疾病、坚强或软弱、完美或缺陷、性情、年龄、性别。人类应充分利用和改善有利于身心发展的"物质环境",它有助于培养稳定的心理品质。同样,道德环境(the moral circumstances)也可以通过教育对人的心理产生作用。"道德环境决定人的心理训练,从而影响他的行为特征……它影响人类心智的形成。"②道德环境包括家庭教育(domestic education)、技术教育(technical education)、社会教育(social education)和政治教育(political education)。

詹姆斯·密尔首先阐明了家庭教育的重要性。他说:"大多数人性格的基础几乎完全可以追溯到家庭教育,因为最原始的特征是通过家庭教育而形成。"③家庭教育代表着儿童所听到和看到的一切,所经历的受苦或享乐以及所有允许或限制做的事情。第一次感觉体验会产生巨大的影响,尤其是早期的感觉重复会形成最恒久的习惯,这似乎是人类天性的一条规律。詹姆斯·密尔认为,一些品质对于个人和他人的幸福有帮助,如聪颖、节制和慷慨,很显然这些品质是所有人都应该具备的,而与它们密切相关的是技术教育。"如果在所有人中能够最高程度地获得这些品质,人类的天性将会变得多么高尚。"④詹姆斯·密尔所说的"技术教育",主要是指"学术教育"(scholastic education)或"自由教育"(liberal education)。他谴责大学的中世纪精神和它们对灌输宗教思想的热忱,它们的宗教愚民政策和普遍懈怠,造成了教学工作的荒废和大学生惊人的无知,他要求立足社会实际改革当时英国的学校教育。

詹姆斯·密尔强调社会环境、政治制度对人的思维和行为方式产生的巨大影响,认为良好的教育是良好社会的产物,教育改革必须与社会改革同步进行。政治教育取决于政治制度,是指政治环境对人的影响,它与社会教育有交叉之处。在社会教育中,社会是立法者(society is the institutor)。在社会中每个人都是通过不容置疑的经验获得知识,个人行动会对他的思维方式和行为产生巨大影响。社会教育的目标是确定这种影响的程度以及它

---

① W. H. Burston, James Mill on Education, Cambridge University Press, 1969, p. 74.
② W. H. Burston, James Mill on Education, Cambridge University Press, 1969, p. 91.
③ F. A. Cavenagh, James & John Stuart Mill on Education, Cambridge University Press, 1931, p. 48.
④ F. A. Cavenagh, James & John Stuart Mill on Education, Cambridge University Press, 1931, p. 59.

所产生的方式。"这种影响力来自两个方面：模仿原则；社会对我们幸福和痛苦所施加的力量。"①政治教育就像拱门的拱心石，整个力量都取决于它。如果说家庭教育和技术教育的力量几乎完全取决于社会，那么毫无疑问的是社会教育的性质几乎完全取决于政治。而且物质环境最重要的部分（如食物供应和下层阶级的劳动状况），从长远来看也是由政治制度决定。因此，政治制度对人的心理产生重要影响，它作用于形成个人心理特性的每件事情。在詹姆斯·密尔看来，社会和政治教育的一个重要特征，在于它们不是直接而是间接地产生影响，这两种力量会影响父母和教师的性格，并分别控制着家庭和技术教育。

在现实生活中，詹姆斯·密尔发现许多父母总是竭力呵护孩子使其免受痛苦，结果导致他们长大后无法适应真实的环境或产生错误的观念。因此，他告诫父母要为儿童提供一个自然而真实的环境，使之既能感受快乐又能体验痛苦。"儿童获得的最深刻的印象是痛苦和快乐，必须在儿童开始有感觉的时候便尽可能使上述两种印象与自然真实的秩序相吻合。"②尽管在儿子的教育方面，詹姆斯·密尔的理论既不成功也不合理，但他关于国家教育的政策自此以后开始产生。"他是一个非常严厉和性格受限的人，但他怀有改造世界的迫切愿望。功利主义哲学提供了灵丹妙药，实施这一目标的第一步在于教育。如果教育没有他想象那么有效，至少它已经达到了很多目标。"③

詹姆斯·密尔赞同政府对教育进行有限的干预，但他对这种干预的效果表示相当地谨慎。他说："如果政府在替别人做人家很愿意自己做的事情，而且他们每个人也都会有比立法更好的做事方法的话，那么，立法实际上在自找麻烦，而且是在自找一个非常不必要也不很清白的麻烦。"④然而，当人们非常无知而又贫穷支付不起教育费用时，国家就有必要进行干预，以推动这项事业的发展。为了防止国家滥用权力，建立一种知识的独裁，就必须保证出版自由。他声明尽管有些犹豫，但期望国家支持教育工作，至少关心学校的建立和支付少量的薪水，以确保由家长们选出的教师有住处。无论如何，教育普及在本质上是好的，教

---

① F. A. Cavenagh, James & John Stuart Mill on Education, Cambridge University Press, 1931, p. 69.
② W. H. Burston, James Mill on Philosophy and Education, The Athlone Press, London, 1973, p. 95.
③ F. A. Cavenagh, James & John Stuart Mill on Education, Cambridge University Press, 1931, p. xxii.
④ [英]安迪·格林著，王春华等译：《教育与国家形成：英、法、美教育体系起源之比较》，教育科学出版社2004年版，第275页。

育是在最大程度上给予人类幸福事业而采用的最佳手段。"如果教育就在于交流获得幸福的技术,如果智慧由两部分组成,决定我们快乐与痛苦的自然活动顺序的知识,和发现达到目的的最佳手段的洞察力,那么,知道人民是否应该接受教育这个问题就回到了人民是应该幸福还是应该痛苦的问题上来。"①西蒙指出:"每一个阶级都有它的发言人和思想家,他们总结整个阶级的经验和指明前进的方向,尤其是在激烈的政治斗争时期促进阶级意识的发展。在19世纪初,正是卓越的詹姆斯·密尔为中产阶级扮演了这一角色。"②

总之,詹姆斯·密尔继承了边沁的功利主义思想,并运用联想主义心理学阐述功利主义教育观,明确地把教育理论建立在心理学的基础之上,这也可以说明他是使教育学走上科学化道路的先驱之一。正如有的学者指出,在整个19世纪功利主义影响极大,在这场运动中我们应该考虑詹姆斯·密尔的地位,尤其是他的教育理论地位。③"在他的一生中,密尔对教育的实际兴趣主要表现在三方面:第一,他是导生制教学的早期倡导者……。第二,他认为广义上的'教育'是指整个环境的影响,他全权负责长子约翰·斯图亚特·密尔的教育,并且控制他的整个环境和课程学习。詹姆斯·密尔相信导生制的教育价值,并逐步地用它教育自己的孩子。第三,作为筹备委员会的成员,他积极参与伦敦大学学院的早期创建工作。"④约翰·密尔写道:"他在我国文学史上,甚至在我国政治史上占有一席崇高的地位。……可是他绝对不仅仅是边沁的追随者或门徒,确切地说,他是他那个时代最有创见的思想家之一,他还是一位最早重视和吸取上一代人创立的大量最重要思想的学者。他的思想与边沁的思想基本上属于不同的结构。……他的著作和个人影响使他成为他那一代人的中心。在他后来一些岁月中,他是英国激进知识分子的泰斗和导师,和伏尔泰是法国哲学界的泰斗和导师一样。……此外,他的任何著作要经过许多年代才会被别人的著作所取代,或者才不再作为这门功课的研究者的有启迪作用的读本。他的智力和品性力有感化他人的信念和宗旨的力量,他又能努力使用这种力量促进自由与进步……"⑤

---

① [法]埃利·哈列维著,曹海军,周晓,田玉才等译:《哲学激进主义的兴起》,吉林人民出版社2006年版,第311—312页。
② Brian Simon, Studies in the History of Education, 1780 - 1870, Lawrence & Wishart, London, 1960, p.74.
③ W. H. Burston, James Mill on Education, Cambridge University Press, 1969, p.35.
④ W. H. Burston, James Mill on Education, Cambridge University Press, 1969, pp.3 - 4.
⑤ [英]约翰·穆勒著,吴良健,吴衡康译:《约翰·穆勒自传》,商务印书馆1987年版,第121—122页。

三、约翰·密尔

约翰·密尔(1806—1873)是19世纪英国著名哲学家、经济学家,功利主义的集大成者。① 他1806年5月出生于伦敦,是詹姆斯·密尔的长子,并以当地乡绅约翰·斯图亚特命名。密尔从小受到父亲严格的教育,3岁时就接受希腊语教育,不久开始阅读希腊语作品,最早读的是《伊索寓言》。"在我学习希腊文功课的整个过程中,他总是与我在同一间房子里同一张桌子上写他的作品,他为我的教育乐意承担的责任,从这件事情中可见一斑。"② 密尔8岁时开始学习拉丁语和阅读拉丁语作品。他的时光主要用于学习,他没有玩具和小儿书,除了亲友送给他的一些礼物,最令人瞩目的是《鲁滨逊漂流记》。"更有甚者,他(父亲)在整个写作时期,几乎每天要抽出相当时间用以教育他的孩子,对他的孩子中的一个——我,他所花的劳力、心力和耐心之多为其他教育儿女者所罕有,他依照自己的意见,力图使我得到最高等的知识教育。"③

密尔没有一起玩的伙伴,父亲限制他与别的孩子交往,因为他必须避免粗俗的思想方法和情感方式的影响。"我每天接受教育,正式授课只占一部分,大部分学习还包括自己阅读和父亲对我的口头教导,后者多半在散步时进行。……在漫步时我常常陪着他,因之在我最早记忆中,绿茵和野花总是混合着每天向他复述上一天读过课文的情景。"④ 8至12岁时,除了阅读维吉尔、贺拉斯(Quintus Horatius)、奥维德、西塞罗等人的拉丁文作品;以及希腊古典作品,如《伊利亚特》、《奥德赛》,索福克莱斯、欧里庇得斯和阿里斯托芬的剧本,色诺芬的《希腊史》,亚里士多德的《修辞学》等;密尔还学习了代数、几何、微积分、高等数学、实验科学等。这种严格的早期教育对他产生了重要影响,使他后来就任圣安德鲁斯大学名誉校长时坚决地捍卫古典教育,并坚持古典教育与科学教育并重。

密尔从12岁起开始学习逻辑学,阅读了亚里士多德的《工具论》、霍布斯(Thomas Hobbes)的《计算法和逻辑学》,以及关于经院逻辑的拉丁文论文。他尤其推崇经院逻辑,认为它是养成思维习惯和智力训练的重要工具。他说:"我相信,在现代教育中,没有任何学

---

① 1903年严复先生最早翻译《论自由》时,将John Mill译为约翰·穆勒。
② [英]约翰·穆勒著,吴良健,吴衡康译:《约翰·穆勒自传》,商务印书馆1987年版,第12页。
③ [英]约翰·穆勒著,吴良健,吴衡康译:《约翰·穆勒自传》,商务印书馆1987年版,第11—12页。
④ [英]约翰·穆勒著,吴良健,吴衡康译:《约翰·穆勒自传》,商务印书馆1987年版,第13页。

科比适当运用经院逻辑学更能造就善于把握词和命题的精确含义,并不被空洞含糊或模棱两可的词句所蒙蔽的真正思想家。"①该时期,密尔继续阅读拉丁文和希腊文书籍,尤其是德摩斯梯尼的演说词和柏拉图的对话集。"父亲认为只有柏拉图是赋予他精神文化的作家,他向年轻学生最经常推荐的也是柏拉图的作品。我自己也能提出同样的证明。苏格拉底式的表达方法——柏拉图的对话是这种方式的典型——作为一种训练手段,用以纠正错误,澄清悟性(通过通俗用语形成各种联想)混乱,是无与伦比的。它那种严谨缜密的对话方法,使概念糊涂的人不得不使用明确言词整理自己的思想,或者被迫承认自己言不由衷……"②另外,詹姆斯·密尔的《英属印度史》对他的教育也产生了重要影响。"我从这本杰出作品中得到许多新的观念,书中对印度的社会与文明和对英国制度与治理所作的批判和探讨,在我思想中起了推动、刺激和指导的作用,使我很早就熟悉这些道理,对我的日后进步大有裨益。"③

13岁时密尔开始学习政治经济学,詹姆斯·密尔采取在散步中进行讲授的方式,每天详尽地讲解一部分,由密尔笔录讲稿和重新改写,直到文稿清楚、准确和完整,密尔笔录的概要后来成为父亲写作《政治经济学要义》的材料。詹姆斯·密尔还要求他用同样的方式读李嘉图和亚当·斯密的著作,通过对比他们的政治经济学观点,找出斯密论点中的谬误之处。"我相信,没有哪一种科学的教育法能比父亲对我教授逻辑学和政治经济学的方法更加彻底,或在培养才能上更为合适。他力图(甚至有点过分)唤起我的智力活动,所以一切问题都要我自己去解决,事先不向我解释,总要在我碰到困难无法解决以后,才对我讲解。他不但把这两门重要学科的精确知识传授给我,达到当时一般理解的程度,而且要我成为对二者进行独立思考的思想家。"④到14岁时密尔的正式功课结束了。

1820年5月密尔前往法国游学,在边沁的弟弟塞缪尔·边沁(Samuel Bentham)家中住了一年。在法国期间他学习了法文、法国文学、各种体操,并听了一些著名学者关于化学、动物学和逻辑学的讲座。"在这段时间的教育中,我获益最多的也许还是在整整一年里吸入大陆生活的自由而宜人的空气。这种好处是实实在在的,虽然当时我不但无法估计它,

---

① [英]约翰·穆勒著,吴良健,吴衡康译:《约翰·穆勒自传》,商务印书馆1987年版,第20页。
② [英]约翰·穆勒著,吴良健,吴衡康译:《约翰·穆勒自传》,商务印书馆1987年版,第21—22页。
③ [英]约翰·穆勒著,吴良健,吴衡康译:《约翰·穆勒自传》,商务印书馆1987年版,第23页。
④ [英]约翰·穆勒著,吴良健,吴衡康译:《约翰·穆勒自传》,商务印书馆1987年版,第25—26页。

而且甚至没有意识到它。"①在途经巴黎时,密尔还见到了政治经济学家萨伊(Jean Baptiste Say)和空想社会主义者圣西门等著名人士,从这些人那里获得的主要收获是对欧洲大陆自由主义产生强烈兴趣。"这种自由主义在当时英国人中间绝不寻常,它对我以后的发展极有裨益,使我能不犯流行于英国的以英国标准判断世界问题的错误,这种错误即使像我父亲那样能摆脱各种偏见的人亦在所难免。"②1821年7月密尔回到英国重新接受常规教育。在父亲的指导下,他学习了孔狄亚克的《感觉论》、约翰·奥斯丁(John Austin)的罗马法、布莱克斯通的作品以及边沁的《立法论》,其中边沁的《立法论》成为密尔生活中的一个新时代,也是其思想发展的一个转折点。"当我读完《立法论》的最后一卷时,我的思想完全变了。像边沁那样理解的,像边沁在三卷《立法论》中那种方式运用的'功利原则',确实成为把我分散零碎的知识和信仰融合一起的基本原理,使我对事物的概念统一起来。……《立法论》介绍的种种思想和法律在我面前展示了一幅人生最美妙的图景。"③在某种意义上说,密尔以前所接受的教育也合乎边沁的功利主义思想,因为父亲一直教导他运用边沁的"最大幸福"原则观察事物。

需要指出的是,密尔自幼没有接受宗教教育。他的父亲虽然受过苏格兰长老会教义的教育,但他相信万物的起源是不可知的,宗教不仅是精神错觉产生的感觉,而且是极度的道德堕落。他把宗教视为人类德行的最大仇敌,因为它树立虚假的美德,笃信教义、虔诚的感情及宗教仪式,与人类的幸福毫不相干。密尔从小就在这种对宗教持消极态度的氛围里长大,在他眼里现代宗教和古代宗教都与他毫不相干。"事实证明,正是由于密尔不轻信宗教和宗教式说教,才会成为善于独立和创造性思考的思想家,才能建立具有特色的理论体系,成为自由主义的'教父'和'维多利亚时代的亚里士多德'。"④

1822至1823年冬天,密尔组建了功利主义学会,承认功利为伦理和政治的标准。该学会每两周集会一次,讨论大家共同关心的问题,直到1826年解散。1823年5月父亲为密尔在东印度公司找到一个职位,在印度通讯部稽核官办公室工作,在父亲的领导下负责草拟电文稿件。这项工作决定了他随后35年的生活和地位,直到1858年东印度公司由政府接管。同时,密尔开始为《旅行者》《晨报》《威斯敏斯特评论》《爱丁堡评论》等报刊写文章。

---

① [英]约翰·穆勒著,吴良健,吴衡康译:《约翰·穆勒自传》,商务印书馆1987年版,第41页。
② [英]约翰·穆勒著,吴良健,吴衡康译:《约翰·穆勒自传》,商务印书馆1987年版,第43页。
③ [英]约翰·穆勒著,吴良健,吴衡康译:《约翰·穆勒自传》,商务印书馆1987年版,第46页。
④ 阎照祥著:《英国政治思想史》,人民出版社2010年版,第316页。

大约在 1825 年,密尔为边沁编辑和出版了五卷本《司法证据的基础理论》,该书对英国法律的弊端进行了详尽的揭露,并阐明了英国议会的全部程序和做法,是边沁所有著作中内容最丰富的一部。"所以,我编辑此书得到的直接知识,深深印在我的脑海里,比一般性阅读要彻底得多,真是不小的收获。这件工作还给我想象不到的好处,它使我写作能力有巨大的提高。自从我做了编辑工作后,所写的东西比以前要高明得多。"①1834 年夏,密尔就任新创刊的《伦敦评论》主编,后来它与《威斯敏斯特评论》合并,改成《伦敦和威斯敏斯特评论》。1834—1840 年间,编辑这份刊物占去密尔大部分业余时间。1865 年初密尔进入英国议会工作,成为下院的一名议员。他经常发表演说倡导社会改革,直到 1868 年秋天议会解散。从 1840 年起,密尔出版了一系列代表性著作,主要包括:《逻辑学体系》(1843)、《政治经济学原理》(1848)、《论自由》(1859)、《代议制政府》(1861)、《功利主义》(1863)、《孔德与实证主义》(1865)、《在圣安德鲁斯大学的就职演说》(1867)、《论妇女的从属地位》(1869)、《自传》(1873)等。

(一)自由观

19 世纪是英国自由主义理论与实践的黄金时代,自由主义成为英国政治经济领域的主调。该时期自由主义发展的显著特点是它与功利主义密切结合,密尔是这一时期自由主义最耀眼的明星。"密尔对功利主义的贡献在于,他把功利的原则与自由主义的原则成功地融为一体,从而使功利主义与自由主义有了相当牢固的亲缘关系。"②密尔对自由主义的最大贡献体现在《论自由》和《代议制政府》,前者阐述了个人自由的基本原则,后者为自由主义民主理论奠定了基础。

在《论自由》引论中,密尔指出他所探讨的自由不是意志自由,而是公民自由或称社会自由,也就是要探讨社会合法施用于个人的权力的性质和限度。他说:"本文的目的是要力主一条极其简单的原则,使凡属社会以强制和控制方法对付个人之事,不论所用手段是法律惩罚方式下的物质力量或者是公众意见下的道德压力,都要绝对以它为准绳。这条原则就是:人类之所以有理有权可以各别地或者集体地对其中任何分子的行动自由进行干涉,唯一的目的只是自我防卫。"③密尔对自由的辩护毫不妥协,他认为在有些领域个人自由应

---

① [英]约翰·穆勒著,吴良健、吴衡康译:《约翰·穆勒自传》,商务印书馆 1987 年版,第 72 页。
② 李强著:《自由主义》,中国社会科学出版社 1998 年版,第 98 页。
③ [英]约翰·密尔著,许宝骙译:《论自由》,商务印书馆 2005 年版,第 10 页。

该是绝对的,不可偏废的。"任何人的行为,只有涉及他人的那部分才须对社会负责。在仅只涉及本人的那部分,他的独立性在权利上则是绝对的。对于本人自己,对于他自己的身和心,个人乃是最高主权者。"①

密尔认为公民自由主要包括两个方面:

1. 思想自由

思想自由是指在科学、道德、政治、文化、宗教信仰等问题上,人们有形成、阐述和坚持自己意见的自由。密尔指出,压制人们心声和控制人们发表意见的权力是不合法的,最好的政府并不比最坏的政府有资格运用它,符合公众的意见和违反公众的意见使用它同样有害。"迫使一个意见不能发表的特殊罪恶乃在它是对整个人类的掠夺,……假如那意见是对的,那么他们是被剥夺了以错误换真理的机会;假如那意见是错的,那么他们是失掉了一个差不多同样大的利益,那就是从真理与错误冲突中产生出来的对于真理的更加清楚的认识和更加生动的印象。"②我们不能确信所力图压制的意见是一个谬误,那个意见可能是正确的,试图压制它的人们当然否认其正确性。但他们没有权利去代替全体人们决定问题,并把每个人排斥在判断之外。"纵使被迫缄默的意见是一个错误,它也可能,而且通常总是,含有部分真理;而另一方面,任何题目上的普遍意见亦即得势意见也难得是或者从不是全部真理:既然如此,所以只有借敌对意见的冲突才能使所遗真理有机会得到补足。"③

密尔主张政府和社会公众都应以宽容态度对待公民的思想和言论自由,但他并不主张人们任意利用言论自由攻击和反对政府,言论自由应以不煽动骚乱为限度。"他的原则不是根据抽象的权利,而是根据'最广义的功利,这种功利建立在作为不断进步的生物的人类的永恒利益的基础上'。"④制止人们发表意见和讨论就是违反了这些永恒的利益。因此,人类应当有自由去形成意见并且毫无保留地发表意见,这个自由如果得不到承认,那么在人的智性和德性方面便有毁灭性的后果。英国学者伯里(J. B. Bury)指出:"如果说文明的历史曾给我们什么教训,这就是:思想与道德的进步,有一个完全是人类本身力所能及的最高条件,这就是思想和讨论的完全自由。建立这种自由制度,可以认为是现代文明最有价值

---

① [英]约翰·密尔著,许宝骙译:《论自由》,商务印书馆2005年版,第11页。
② [英]约翰·密尔著,许宝骙译:《论自由》,商务印书馆2005年版,第19—20页。
③ [英]约翰·密尔著,许宝骙译:《论自由》,商务印书馆2005年版,第61页。
④ [英]J. B. 伯里著,周颖如译:《思想自由史》,商务印书馆2012年版,第147页。

的成就,并且应看成是社会进步的基本条件。"①

2. 个性自由

个性自由是指人们有选择符合自己趣味和需要的生活方式,形成自己多样化的爱好和性格的自由。密尔指出,只要我们的所作所为无害于同胞,这种自由就不应该受到妨碍,即使他们认为这种行为是愚蠢或错误的。凡是压制人的个性的都是专制,不管它叫什么名字,也不论它自称是执行上帝的意志,或者自称是执行人们的命令。密尔认为,一个进步的民主社会只允许人们有思想和言论自由是不够的,还应当允许人们把自己的想法在生活中付诸实施。"既然说当人类尚未臻完善时不同意见的存在是大有用处,同样在生活方面也可以说:生活应当有多种不同的试验;对于各式各样的性格只要对他人没有损害应当给以自由发展的余地;不同生活方式的价值应当予以实践的证明,只要有人认为宜于一试。"②允许个性自由发挥有利于提高人们的智力和道德取舍能力。"人类的官能如觉知力、判断力、辨别感、智力活动,甚至道德取舍等等,只有在进行选择中才会得到运用。而凡因系习俗就照着办事的人则不作任何选择。因而他无论在辨别或者要求最好的东西方面就都得不到实习。智力的和道德的能力也和肌肉的能力一样,是只有经过使用才会得到进展的。"③允许个性自由发挥有助于保护首创精神,并为天才的发展提供良好的土壤。"任何人也不会否认,首创性乃是人类事务中一个有价值的因素。永远需要有些人不断发现新的真理,不断指出过去的真理在什么时候已不是真理,而且还在人类生活中开创一些新的做法……诚然,有天才的人乃是而且大概永是很小的少数;但是为了要有他们,却必须保持能让他们生长的土壤。天才只能在自由的空气里自由地呼吸。有天才的人,在字义的命定下就是比任何人有较多个性的……"④

此外,个人之间还有相互联合的自由,即人们有自由为着任何无害于他人的目的而彼此联合,只要参加联合的人们是成年人,而且不是出于被迫或受骗。

密尔指出,在任何一个社会如果上述自由得不到法律的保障和尊重,这个社会就不可能称作民主社会,而只能是一种专制或变相专制的社会。那么,个人自由是以什么为正当的限制呢?社会的权威又体现在哪里呢?密尔认为,凡是关涉个人的那部分生活应当属于

---

① [英]J.B.伯里著,周颖如译:《思想自由史》,商务印书馆2012年版,第149页。
② [英]约翰·密尔著,许宝骙译:《论自由》,商务印书馆2005年版,第66页。
③ [英]约翰·密尔著,许宝骙译:《论自由》,商务印书馆2005年版,第68页。
④ [英]约翰·密尔著,许宝骙译:《论自由》,商务印书馆2005年版,第75—76页。

个性,凡是关涉社会的那部分生活应当属于社会。他说:"每人既然事实上都生活在社会中,每人对于其余的人也就必得遵守某种行为准绳,这是必不可少的。这种行为,首先是彼此互不损害利益,彼此互不损害或在法律明文中或在默喻中应当认作权利的某些相当确定的利益;第二是每人都要在为了保卫社会或其成员免于遭受损害和妨碍而付出的劳动和牺牲中担负他自己的一份(要在一种公正原则下规定出来)。这些条件,若有人力图规避不肯做到,社会是有理由以一切代价去实行强制的。"① 密尔从总体上把自由归结为两条基本原则:第一,个人的行动只要不涉及他人的利益,他就不必向社会负责。当社会对他的行为表示不满或非难时,所采取的正当步骤只是忠告、指教、劝说或远而避之,但无权采取强制行动。第二,对他人利益有害的行为,个人应当负责并且承担社会或法律的惩罚。

密尔的《代议制政府》是西方第一部论述代议制的著作,也是对当时国家理论和政治社会关键性问题的积极回应。密尔认为,政治制度的确立是人们选择的结果,它们的根基和全部存在均有赖于人们的意志。同时,政府机器的正常运转需要人们的积极参与,它们必须具备三个基本条件:"为人民而设的政府形式必须为人民所乐意接受,或至少不乐意对其建立设置不可逾越的障碍;他们必须愿意并能够做使它持续下去所必要的事情;以及他们必须愿意并能够做为使它实现目的而需要他们做的事情"。② 建立好政府的第一要素是促进人们的美德和智慧发展,完善政府的理想类型一定是代议制政府,代议制是人类社会发展到较高阶段的一种标志。在这种理想的代议制政府下,全体人们共同享有自由,被统治者的福利是政府的唯一目的,人们在道德和智力上是进步的。然而,所谓人们的意志,实际上只是多数或者最活跃的一部分人的意志,因此代议制也会像以往的专制政府那样产生"暴虐"。代议制政府的特点是:全体或大部分人们通过他们定期选举的代表行使最后的控制权。密尔认为民主政治最大的危险是多数人实行暴政,"和他种暴虐一样,这个多数的暴虐之可怕,人们起初只看到,现在一般俗见仍认为,主要在于它会通过公共权威的措施而起作用"。③

总之,密尔的自由主义是建立在个性发展基础之上,认为只有培养个性才能产生出发展很好的人类。"人类要成为思考中高贵而美丽的对象,不能靠着把自身中一切个人性的东西都磨成一律,而要靠在他人权利和利益所许的限度之内把它培养起来和发扬出

---

① [英]约翰·密尔著,许宝骙译:《论自由》,商务印书馆2005年版,第89页。
② [英]J. S. 密尔著,汪瑄译:《代议制政府》,商务印书馆1982年版,第7—8页。
③ [英]约翰·密尔著,许宝骙译:《论自由》,商务印书馆2005年版,第5页。

来。……相应于每人个性的发展,每人也变得对于自己更有价值,因而对于他人也能够更有价值。"①因此,个性自由发展乃是人类幸福的主要因素之一,它也成为沟通密尔功利主义与自由主义的桥梁。"可以毫不夸张地说,如果没有关于个性的论述,密尔的个人主义与自由主义将会大为逊色。"②可见密尔最重要的遗产是对个性自由的捍卫。

在自由主义发展史上,密尔被视为一个贯通古典自由主义与新自由主义之间桥梁的关键人物。"英国的自由主义经过近二百年的发展,到了密尔达到近乎完善的地步。自由主义的几乎所有基本原则在密尔那里都得到阐述,自由主义的所有内在矛盾、弱点在密尔那里都有清楚的暴露。密尔是近代自由主义发展史上最后一个全面阐述自由主义原则的思想家。"③密尔的自由观是其时代和人生的哲学反映,他的学说代表了英国古典自由主义的终结。《论自由》是密尔激进自由主义的主要代表作,体现了19世纪50年代前后英国资产阶级主张实行自由竞争、自由贸易的要求。"在激进者的行列中,约翰·斯图亚特·密尔的自由主义思想影响着政界、知识界和公众,成为自由主义最鲜艳的旗帜。其《论自由》被赞扬为法律规定的公民自由权的鉴定书,标志着英国自由主义进入'社会自由阶段'。"④

(二) 伦理观

密尔不仅是一个自由主义者,也是一个功利主义者,是一个试图将理论建立在功利主义基础上的自由主义者。他认为对行动自由的限制不仅使人类幸福的主要源泉枯竭,而且使为个人生活带来价值的一切事物丧失殆尽。他试图利用功利主义哲学证明在《论自由》中提出的观点。正如英国学者约翰·格雷(John Gray)指出:"密尔的自由理论得到一种人类幸福观的支撑,后者依赖于他对人性的理解。密尔的信念在《论自由》以及《功利主义》中有明显的体现,他认为那些唯人类所特有的各种形式的幸福只有在确保自由与安全的环境中才有可能实现。人类幸福,在它的最充分意义上,预示了一种社会秩序,在其中,那些重大利益得到可靠的保障,同时一定程度的文化与道德发展得以实现。"⑤如果说《论自由》被

---

① [英]约翰·密尔著,许宝骙译:《论自由》,商务印书馆2005年版,第74页。
② 李强著:《自由主义》,中国社会科学出版社1998年版,第164页。
③ 李强著:《自由主义》,中国社会科学出版社1998年版,第100页。
④ 阎照祥著:《英国政治思想史》,人民出版社2010年版,第263—264页。
⑤ [英]约翰·格雷,G. W. 史密斯主编,樊凡,董存胜译:《密尔论自由》,吉林人民出版社2011年版,第80页。

看做为个人主义辩护的经典著作,那么《功利主义》则主要是为集体主义哲学而争辩。

1863年密尔出版的《功利主义》是继边沁的《道德与立法原理导论》之后又一本重要的功利主义著作。他继承了边沁的功利主义哲学,主张功利原则是道德的最高原则,把"趋乐避苦"视为人类行为的唯一动机,把"最大多数人的最大幸福"看做根本的道德标准。但他对边沁的功利主义学说进行了修正,使功利主义少了些享乐主义、利己主义和悲观主义色彩,从而形成了一个更加完善的理论体系。

1. 精神追求高于肉体感官的快乐

边沁认为快乐只有量的差别而没有质的不同,并提出了计算快乐数量的方法。密尔则强调快乐不仅有量的不同,而且还有质的差别。所谓质的差别,是指人不仅有肉体感官上的快乐,而且还有精神上的追求。个人幸福既包括低级快乐,也包括高级快乐,而后者更为重要。理智、感情、想象以及道德情操的快乐,所具有的价值要远高于单纯感官的快乐。"承认某些种类的快乐比其他种类的快乐更值得欲求,更有价值,这与功利原则是完全相容的。荒谬的倒是,我们在评估其他各种事物时,质量与数量都是考虑的因素,然而在评估各种快乐的时候,有人却认为只需考虑数量这一个因素。"①密尔认为,与低等的动物相比,具有高级官能的人需要较多的东西才能使自己幸福,对苦难的感受也很可能更深切,而且会在更多的地方感受到痛苦。尽管如此,他也不会希望自己沉沦到一种低级的生存状态。极少有人会因为可以尽量地享受禽兽的快乐而同意变成低等动物,凡聪明人都不会同意变成傻瓜,凡受过教育的人都不愿意成为无知之人。"无可辩驳的是,存在物的享乐能力较低,其享乐能力得到充分满足的机会便较大;赋有高级官能的存在物总会觉得,他能够寻求的任何幸福都是不完美的,因为世界就是这样。……做一个不满足的人胜于做一只满足的猪;做不满足的苏格拉底胜于做一个满足的傻瓜。"②密尔把这种偏好能运用高级官能的生存方式称为"尊严感",这种尊严感人人都以某种形式拥有,并且与他们拥有的高级官能成某种比例。在自尊心很强的人看来,这种尊严感还是构成其幸福的一个不可或缺的部分。

2. 幸福是道德的基础和本质

密尔以幸福代替了边沁的快乐,"幸福"是其功利主义学说的核心概念。他提出幸福是道德的基础和本质,社会道德的基本原则是"最大多数人的最大幸福"。"密尔对幸福的观

---

① [英]约翰·穆勒著,徐大建译:《功利主义》,商务印书馆2015年版,第10页。
② [英]约翰·穆勒著,徐大建译:《功利主义》,商务印书馆2015年版,第12页。

点是其对快乐主义修正的核心,也是深入理解快乐的质和量的区别、个人的自我发展和自由的价值的关键。"①与边沁一样,密尔认为幸福是指快乐和免除痛苦,不幸是指痛苦和丧失快乐。这种伦理观的理论依据是,人生唯有快乐和免除痛苦是值得欲求的目的,所有值得欲求的东西,或是因为内在于它们之中的快乐,或是因为它们是增进快乐和避免痛苦的手段。但密尔对幸福的理解是多元的,他认为幸福的成分种类繁多,每一种成分本身都是值得欲求,而不只是因为它能增加幸福的总量。"功利原则并不意味着,任何特定的快乐,如音乐;或者任何特定的痛苦免除,如健康,都应当视为达到某种叫做幸福的集合体的手段,并由此应当被人欲求。它们被人欲求并且值得欲求,乃在于它们自身。它们不仅是手段,也是目的的一部分。"②例如,金钱的价值仅在于它可以买到各种东西,我们所欲求的是金钱之外的其他东西,金钱只不过是满足这些欲望的手段。因此,金钱原本是达到幸福的一种手段,现在却成了个人幸福观的主要成分。同样,权力和名望也是达到幸福的手段。人们只要拥有了这种手段就会感到很幸福,如果未能得到这种手段就会感到很不幸。"这种手段之被人欲求,就像大家热爱音乐或欲求健康一样,与欲求幸福并无不同。它们都包含在幸福之内,是一些对幸福的欲求的构成要素。幸福不是一个抽象的观念,而是一个具体的整体,所以这些东西便是幸福的组成部分。功利主义的标准同意并赞许它们如此。"③

3. 个人幸福应与全体幸福相结合

边沁功利主义学说的"最大幸福原则"主要建立在个人利益基础之上,具有鲜明的利己主义色彩。密尔则认为真正的功利主义者应以个人利益为基础,把个人利益与整体利益协调起来,把一己幸福与全体幸福联结起来。他说:"我必须重申,构成功利主义的行为对错标准的幸福,不是行为者本人的幸福,而是所有相关人员的幸福……功利主义要求,行为者在他自己的幸福与他人的幸福之间,应当像一个公正无私的仁慈的旁观者那样,做到严格的不偏不倚。"④为此,密尔提出了功利主义的两条原则:一是法律和社会组织应当使每个人的幸福或利益,尽可能地与社会整体利益和谐一致;二是教育和舆论对人的品性塑造有很大作用,它们应使每个人把自己的幸福与社会整体福利牢固地联系起来。密尔主张利他主义的又一例证是对自我牺牲的提倡。他指出,功利主义并不反对自我牺牲,但否认牺牲

---

① 牛京辉著:《英国功用主义伦理思想研究》,人民出版社2002年版,第95页。
② [英]约翰·穆勒著,徐大建译:《功利主义》,商务印书馆2015年版,第44页。
③ [英]约翰·穆勒著,徐大建译:《功利主义》,商务印书馆2015年版,第45页。
④ [英]约翰·穆勒著,徐大建译:《功利主义》,商务印书馆2015年版,第21页。

本身就是善事。功利主义道德观认为人具有一种力量，能够为了他人的福利而牺牲自己的最大福利。但是这种牺牲如果没有增进或不会增进幸福的总量，那么就是浪费；如果是为了他人幸福或有利于他人幸福而做出牺牲，那么就是高尚的。根据以上所说的"最大幸福原则"，人生的终极目的就是尽可能多地免除痛苦，并且在数量和质量两方面尽可能多地享有快乐，而其他一切值得欲求的事物都与这个终极目的有关，并且是为了这个终极目的。

密尔的利他主义建立在联想原理和社会感情论基础之上，前者用以解释利他主义行为发生的心理过程，后者用以说明利他主义心理产生的人性基础。密尔把联想看做主动的观念联结，认为意识不只是一系列心理状态的先后相继，而是有主动成分在内的联想链。复杂观念不是简单观念的机械联结，而是简单观念的有机结合。这种结合成的新观念具有与原先观念不同的性质，如氢和氧合成水后具有新的性质。密尔将心理混合改为心理化合，用联想化学观取代联想力学观，这一看法比较符合心理事实。密尔提出联想有四个法则，即接近律、类似律、频因律和不可分律。他强调联想律的整合功能，认为各个联想律不能独立发生作用，而是在联想的总原则下发挥各方面功能。

密尔认为联想是良心形成过程中的重要因素，观念联想往往使人将某一事物与另一事物联系起来，所以当我们接受某一事物后，对它的好恶就会转移到与之相联系的事物。这种好恶情绪的转移就产生了习得性的道德心。但良心的形成不仅是由于联想的作用，还因为在人性中有一种自然情感，即人类的社会感情。社会感情是人们在社会生活中逐渐形成的，它足以说明人的利他情感的产生。他说："个人是一种社会存在的想法现在已深入人心，它会使每个人都感到，自己在感情和目标上与同胞们和谐一致是自己的自然需求之一。……发自他们内心的这种感情，既不是由教育塑造出来的一种迷信，也不是由社会权力强加于他们的一种法则，而是一种对他们来说缺了便很遗憾的属性。这种信念乃是最大幸福道德的最终约束力。"①

边沁认为，人类趋乐避苦主要依靠外部制裁的约束，具有悲观主义的色彩。密尔则认为保障功利原则的实现主要依靠"内部制裁"，这种内部制裁的力量来自我们内心的感情。与其他各种道德标准的约束力一样，"功利主义道德标准的约束力也是人类出于良心的感情"。这意味着在人类趋乐避苦的行为过程中，存在一种源自人类内心情感的自我约束机制，而无须完全依靠外部制裁。他说："凡受过良好教养的有道德之人，违反义务时便会产

---

① [英]约翰·穆勒著，徐大建译：《功利主义》，商务印书馆2015年版，第41页。

生程度不等的强烈痛苦,这种痛苦如果比较严重,甚至会使人不能自拔。这种感情,如果是公正无私的,并且与纯粹的义务观念相关联,而不与某种特定形式的义务或任何附加的情况相关联,那么它就是良心的本质。"①道德感情不是先天就有,而是后天获得的。就像其他后天获得的能力一样,它是从我们本性中自然生长的,并通过培育而得到高度发展。

总之,密尔注重精神追求和强调利他主义的伦理观,其功利主义包含两个相互联系的方面,即个人幸福和社会进步。他不仅阐述和宣传边沁的学说,而且还对边沁的快乐主义理论进行修正。"然而在有些方面,密尔所理解的功利主义虽然在论证上不如边沁的功利主义观那样前后一致,但却更为精到。"②有的学者指出:边沁的后继者很多,然而他们往往都是从一个侧面继承和发展他的学说。在经济学方面是大卫·李嘉图,在心理学方面是詹姆斯·密尔,在法学方面是奥斯丁,而在基本原理和伦理学方面把边沁的学说推向新的阶段的只有密尔一人。③ 如果说边沁是功利主义的重要阐释者,那么密尔则是功利主义的集大成者。"密尔是功利主义的一个最强有力的辩护者。"④19 世纪后期,随着密尔《论自由》、《功利主义》等著作的相继发表,功利主义伦理学理论受到广泛重视。

(三) 教育观

密尔的教育观建立在其幸福主义理论基础之上,他指出功利主义的行为标准并非行为者本人的最大幸福,而是全体相关人员的最大幸福,一个高尚的人可能不会因其高尚而永远比别人幸福,但毫无疑问他必定会使别人更加幸福,整个世界也会因此而受益。"所以,即便每个人都仅仅由于他人的高尚而得益,而他自己的幸福只会因自己的高尚而减少,功利主义要达到自己的目的,也只能靠高尚品格的普遍培养。"⑤但是,目前公众利益在大多数人心目中非常淡薄,这种情况并非注定不能变更,而是因为人们心里不习惯考虑公众利益,他们朝思暮想的只是个人利益。"成为社会现状普遍特点的根深蒂固的自私心,其所以如

---

① [英]约翰·穆勒著,徐大建译:《功利主义》,商务印书馆 2015 年版,第 34 页。
② [英]乔伊·帕尔默主编,任钟印,诸惠芳译:《教育究竟是什么? 100 位思想家论教育》,北京大学出版社 2010 年版,第 136 页。
③ 王润生著:《西方功利主义伦理学》,中国社会科学出版社 1986 年版,第 22 页。
④ [美]撒穆尔·伊诺克·斯通普夫等著,丁三东,张传友等译:《西方哲学史》(第七版),中华书局 2005 年版,第 505 页。
⑤ [英]约翰·穆勒著,徐大建译:《功利主义》,商务印书馆 2015 年版,第 14 页。

此根深蒂固完全是目前制度的全部做法促成的,而现代制度在某些方面比古代制度更有这种倾向,因为现代生活中号召个人无偿地为公众尽义务的情况远比古代较小的共同社会少。"①因此,高尚品格的培养将使一个普通人像随时准备为祖国而战那样随时准备为祖国耕织。但要使普通人们达到这种程度决非一朝一夕之功,它需要一套培养的方法逐步实行,而且要持续好几个世代。

密尔认为,最大幸福是人类生活的目的,生活就是尽可能地远离痛苦,而且尽可能丰富地享受快乐。"对人类而言,最有价值的幸福在于我们更高级的人的能力的发展和自我发展。"②然而,对于几乎所有的人而言,影响他们享有幸福生活的唯一障碍是糟糕的教育和社会制度。密尔对教育的解释非常宽泛,他认为教育这个词在最普遍的意义上包含了对人格和能力产生间接影响的各种事物,如法律、政治制度、产业技术、生活方式、气候、风土、地理位置等。"对于人的成长产生影响的所有事物——即促使他成为他那样子,阻止它变成其他样子的所有事物都是教育的一部分。"③这种广义的教育适用于生活的各个领域,而不只是局限于学校教育。他说:"人们之所以对生活感到不满,其主要原因除了自私之外,便是缺乏心灵的陶冶。凡受过陶冶的心灵——我不是指哲学家的心灵,而是指任何曾受过知识的浸润,并且在一定程度上学习过如何运用自己官能的心灵——都会对自己周围的事物,如各种自然物体、艺术作品、诗歌想象、历史事件、人类过去和现在走过的道路,以及他们的未来前景等等,发生无穷无尽的兴趣。"④可见密尔把教育视为实现最大幸福的途径之一,认为国家有责任通过教育培养人们的高尚品格,因为道德不是与生俱来,而是后天努力获得的,其中教育是我们拥有这种感觉的关键。因此,"迫切的任务是利用教育的力量去培养其满足与全体人民的幸福最少矛盾的欲望,最理想的是培养为别人谋幸福的欲望"。⑤

正如他的父亲和边沁一样,约翰·密尔在本质上是一名改革家,并且把教育视为一种

---

① [英]约翰·穆勒著,吴良健,吴衡康译:《约翰·穆勒自传》,商务印书馆1987年版,第137页。
② [英]Randall Curren主编,彭正梅等译:《教育哲学指南》,华东师范大学出版社2011年版,第114页。
③ [英]约翰·密尔著,孙传钊,王晨译:《密尔论大学》,商务印书馆2013年版,第14页。
④ [英]约翰·穆勒著,徐大建译:《功利主义》,商务印书馆2015年版,第17页。
⑤ [英]乔伊·帕尔默主编,任钟印,诸惠芳译:《教育究竟是什么? 100位思想家论教育》,北京大学出版社2010年版,第138页。

改革的工具。① 他认为,教育的主要目标和价值是追求"改进",教育的作用在于促进社会稳定和社会变革、促进个体发展和培养优点,同时有助于提高政府的工作效率和社会总福利。"因此,教育不仅是'持久和进步'、文化传播和文化变革,而且是朝向一个更加均衡与平等社会发展的催化剂。"②密尔习惯性地从狭义和广义两方面思考教育,其中狭义教育是指正规教育、广义教育是指非正规教育。"教育"在这两种意义上都存在,有时是广义的、非正规的,有时是狭义的、正规的、占优势的。教育的社会作用要求这两者亲密互助,实际上这是他的'教育社会'(educative society)观念的基本要素。③ 在这样的社会中,政府和人们通过教育事业的合作,利用广义上的教育促进改良和增加人类幸福的总量。密尔指出:"在任何社会,教育的主要功能是促进社会的凝聚力和连续性,以及它作为一个不断发展而且有组织的共同体的独特性。在服务于这一目的时,教育并不是独一无二的:军队和警察机关对于物理安全是必要的;法律制度、政府和行政机构、福利和交通服务都有助于保持社会的和谐。"④

密尔的一生几乎与英国国民教育制度的建立相吻合,1806 年他出生时国家对于教育既不干预也无兴趣,到 1873 年他去世时国家已经为建立一个普通的、免费的和强制性的初等教育制度奠定基础。在这一过程中功利主义者发挥了重要作用,其中密尔的父亲詹姆斯·密尔尤为突出。密尔本人对于国民教育的态度,最开始有所犹豫并持保留意见。但最后也致力于建立某种形式的国民教育制度,或者至少是主张国家对于孩子们的教育进行监督和施加强制性力量。

1. 论国民教育

(1) 政府应承担国民教育的职责

密尔在作为下院议员的三年任期内,曾就社会改革(包括教育改革)作过许多重要演说,他把教育看做"改善劳动人民习惯的两种相互有关的方法之一"(方法之二是通过国外

---

① G. H. Bantock, Studies in the History of Educational Theory, Volume Ⅱ, The Minds and The Masses, 1760－1980, George Allen & Unwin, London, 1984, p. 181.
② F. W. Garforth, Educative Democracy: John Stuart Mill on Education in Society, Oxford University Press, 1980, p. 56.
③ F. W. Garforth, Educative Democracy: John Stuart Mill on Education in Society, Oxford University Press, 1980, p. 39.
④ F. W. Garforth, Educative Democracy: John Stuart Mill on Education in Society, Oxford University Press, 1980, p. 40.

和国内的殖民或移民,予以大规模的直接救济),呼吁实施初等国民教育。他说:"为了改变劳动人民的习惯,对于他们的智力和贫困,需要同时采取双重行动。首先,对于劳动阶级的子女,要进行有效的国民教育。与此同时,要采取一系列措施(像法国大革命时的情形那样),消除整个一代人的极端贫困状态。"①密尔指出,可以毫无疑问地说,对普通民众进行一切智力训练,其目的在于使他们增加常识,并对其周围环境做出可行的判断。真正的教育决不会削弱反而会增强和扩展人的各种能力,无论是以什么方式接受教育都有利于培养人的独立精神。"教育目标是把人们教育和社会化为有个性的、独立自主的人和有责任感的民主公民。"②教育的目的一旦确定而被人们接受,要决定教什么和怎样教就毫无困难了。

在密尔看来,对普通民众实施一种传播有益常识的教育,使他们获得能够判断自己行动倾向的知识,这种教育即使不经过反复灌输也会形成一种舆论,即认为各种放纵和不顾未来的行为都是不光彩的。例如,造成劳动市场供给过剩的行为,就是一种侵害公共利益的行为,这种不顾未来的行为应该遭到痛斥。这样的舆论一旦形成必定能使人口的增加受到限制。他说:"我只希望用实行普遍教育的办法,使人们自愿限制人口,这样一部分穷人的生活可能稍有改善。……因为只要教育长期如此不完善,民众的无知,尤其是民众的自私与野蛮,是令人害怕的。"③

19世纪是功利主义占主导地位的世纪,也是自由放任主义时代。密尔虽然对自由进行了辩护和论证,但他认为自由放任也有许多例外,那些主要用于提高人类素质的东西(如教育)就是这样。密尔指出,未开化的人是不能很好地鉴别教化的价值,那些最需要提高知识和道德水平的人,却往往最不想提高知识和道德水平,而即使想提高靠他们自己也做不到。"在这种情况下,任何善意的、较为文明的政府都可以认为自己具有或应该具有比其所统治的普通人高的教化水平,因而同大多数人的自发需要相比,应该能够向人民提供更好的教育。所以,从原则上说,就应该由政府向人民提供教育。这个例子说明,不干预原则在一些情况下不一定适用,或不一定普遍适用。"④在他看来,自由放任原则尤其不适用于初等教

---

① [英]约翰·穆勒著,赵荣潜,桑炳彦,朱泱,胡企林译:《政治经济学原理》(上卷),商务印书馆1997年版,第425页。
② [英]Randall Curren主编,彭正梅等译:《教育哲学指南》,华东师范大学出版社2011年版,第113页。
③ [英]约翰·穆勒著,吴良健,吴衡康译:《约翰·穆勒自传》,商务印书馆1987年版,第136页。
④ [英]约翰·穆勒著,胡企林,朱泱译:《政治经济学原理》(下卷),商务印书馆1997年版,第543页。

育,因为某些基本知识是所有人在儿童时代必须掌握的,如果他们的父母或抚养人有能力使其受教育却未能做到,那么他们的父母就没有尽到职责。"所以,政府可以运用自己的权力,规定父母在法律上负有使子女接受初等教育的职责。但要使父母承担这种职责,则政府就必须采取措施确保人们能够免费或以极低的费用接受初等教育。"①密尔认为,在教育问题上政府之所以有理由进行干预,是因为消费者的利益和判断不足以确保提供优质服务。

(2) 政府有义务资助初等教育

关于初等教育的费用问题,当时有一种观点认为,教育子女的费用应由父母负担,即使是劳动阶级也不例外。父母应意识到用自己的钱履行这项义务是义不容辞的责任,而由别人出资提供教育,正像由政府提供生活费那样,会相应地降低工资水平和减少人们努力工作的动力。但密尔认为这种论点至少在以下情形才正确,即劳动阶级中的所有父母已认识到自己有义务花钱使子女接受教育。如果父母没有履行这一职责,没有把教育费用列入其工资必须支付的范围,那就说明一般工资水平还不足以承担这项费用,而必须由其他来源承担。在英国和欧洲大多数国家,非熟练工人依靠普通工资不能为其子女支付全部初等教育费用,即使能够支付恐怕也不愿意。因此,密尔指出我们不应在政府负责与私人负责之间进行选择,而应在政府资助与自愿资助之间进行选择,也就是在政府干预和民间团体干预之间进行选择。所谓民间团体的干预是指由私人捐款办学,凡是靠私人捐款能办好的事情,就不应采取强制征税的办法处理。密尔深信民间教育的力量,但要求对其质量进行改进。鉴于当时大多数民间教育徒有虚名甚至糟糕透顶,密尔强调政府有义务弥补这一缺陷并资助初等教育,以使贫穷家庭的所有孩子能够免费或以少量的费用接受初等教育。

(3) 政府不应过多干涉个人教育

密尔尽管倡导实施国民教育,但他作为一名自由主义者,担心政府过多干预个人生活。"一般说来,生活中的事务最好是由那些具有直接利害关系的人自由地去做,无论是法令还是政府官员都不应对其加以控制和干预。那些这样做的人或其中的某些人,很可能要比政府更清楚采用什么手段可以达到他们的目的。"②密尔反对政府垄断教育,无论是初等教育还是高等教育都不应加以垄断。政府在法律或事实上完全控制教育是令人不能容忍的,拥有这种控制权就是实行专制统治。"所以,虽然政府可以而且在许多情况下也应该设立各

---

① [英]约翰·穆勒著,胡企林,朱泱译:《政治经济学原理》(下卷),商务印书馆1997年版,第544页。
② [英]约翰·穆勒著,胡企林,朱泱译:《政治经济学原理》(下卷),商务印书馆1997年版,第542页。

级学校,但它却不应强迫或诱使人们上公立学校,私人建立学校的权力也不应在任何程度上取决于政府的批准。要求一切人都必须接受一定程度的教育,是有道理的,但如果规定人们应如何接受教育,或应该从谁那里接受教育,那就没有道理了。"①可见,密尔对国家干预教育表现得很谨慎,这与他坚持自由主义立场有关。他指出,政府只要承认实行普遍教育的义务,要求每个儿童都受到良好教育,而不必自己操心去创办这个教育。父母可以自由地选择让子女在哪里受到怎样的教育,国家只需资助家境比较困难或完全无人负担的儿童入学。"要知道,由国家强制教育是一回事,由国家亲自指导那个教育是完全不同的另一回事;人们所举的反对国家教育的一切理由,对于前者并不适用,对于后者则是适用的。若说把人民的教育全部或大部交在国家手里,我反对绝不后于任何人。"②密尔不赞成国家办学是由于担心它会造成千篇一律和对舆论的钳制。

(4) 公立学校和私立学校相结合

在密尔看来,由国家控制教育会破坏多样性和个性。它无非是要把人们铸成一个模子,而这个模子又必定是政府中的权势者乐于采取的,因此就不免自然而然地形成对人的身心的控制。这种由国家创办和控制的教育如果还有存在的必要,也只能作为多种教育选择中的一种而存在,并以示范和鼓舞其他教育机构达到优良标准为目的。"实在说来,只有当整个社会状态落后到不能或不想举办任何适当的教育机关而非由政府担负起这项事业不可的时候,在'两害相权取其轻'的考虑之下,才可以让政府自己来主持学校和大学的业务;……但是一般说来,如果国内不乏有资格能在政府维护之下举办教育事业的人士,只要法律既规定实行强迫教育,国家又支付贫寒子弟助学金,以保证办学不致得不到报酬,那么,他们就会能够也会情愿根据自愿原则办出一种同样良好的教育的。"③可见,密尔主张通过公立和私立学校相结合,以避免国家对教育的垄断。他认为我们不能低估社会机构的教育作用,所有的教育机构都可用以实现幸福生活的目标。同时,他强调国家应通过公共考试协调这一教育系统,以确保不同的教育经历都达到某一特定的标准。具体办法是规定一个年龄让每个儿童接受考试,以判断他们是否能够阅读。如果还有孩子不能阅读,对于其父亲要处以罚款,或者让他用自己的劳动筹措孩子的学费。这种考试应每年举行一次,并逐渐

---

① [英]约翰·穆勒著,胡企林,朱泱译:《政治经济学原理》(下卷),商务印书馆1997年版,第546页。
② [英]约翰·密尔著,许宝骙译:《论自由》,商务印书馆2005年版,第126页。
③ [英]约翰·密尔著,许宝骙译:《论自由》,商务印书馆2005年版,第127页。

扩展考试科目的范围，这样就能强制所有儿童普遍获得最低限度的知识。而且，为了防范国家对人们的观念施加不正当的影响，考试内容应严格限制在事实和实证科学的范围之内。

由上可知，密尔的国民教育思想体现了明显的折衷主义特征，他认为国家或政府的教育职责应限于推行强迫教育和提供资助，而不必直接办理学校和过分干预教育，以免破坏英国历来由宗教和慈善团体自由办学的传统。密尔的上述观点在当时颇有影响，1870年颁布的《初等教育法》就是一个与自由捐助制有关的折衷方案。有的学者认为，激进派主张国家对教育进行有限干预的方法源自他们哲学上的内在矛盾。一方面，他们赞同亚当·斯密的学说，认为在市场秩序中存在天然的和谐，因而个人利益最终会等同于公众利益。另一方面，他们也认识到这种情况并非总是自发产生，从而就会出现社会冲突。教育的作用在于帮助个体理解什么是他们的最高利益，这种理想只有通过国家的干预才能实现，因为私人和慈善团体不会有充分的动机办好普通教育。因此，他们承认对于国民教育自愿捐助不足以实现其目标，他们还需进一步寻求国家的资助。① "自由主义的中产阶级通常不喜欢国家干预，并且激进派也不是国家干预最积极的倡导者。他们本身都显得很矛盾并且怀疑整个计划的合理性。他们总是从一种负面的甚至是防御性的角度出发来论证国家干预的合理性，国家干预仅仅被当成了一种权宜之计或者是一种几乎是防范的或补救的措施。"②以上观点有助于我们更好地认识密尔的国民教育思想。

2. 论大学教育

1867年2月在繁忙的议会工作之余，密尔被圣安德鲁斯大学的学生选为名誉校长（rector）。在就任名誉校长的典礼上，密尔发表了长达两个小时的演说，系统地阐述了自己的大学教育观。他在自传里谈到了这次演说："在这篇演说中我详细地阐述我生平积累的许多思想和见解，有关属于自由教育的各种学科，它们的功用与影响，以及为使这些学科发挥最有利影响应该采取的研究方法。为证明古典学科和新兴科学学科具有同样崇高的教育价值，采取较之大部分宣传者所主张的理由有更坚实基础的立场，并坚决认为只有愚蠢无能的平庸教导法才使人们把那些学科看成相互排斥而不是相辅相成的东西；我想这种立场不但有助于促进在全国高等教育机构业已顺利开始的改革，而且能（经过最高度的精神

---

① ［英］安迪·格林著，王春华等译：《教育与国家形成：英、法、美教育体系起源之比较》，教育科学出版社2004年版，第275—276页。
② ［英］安迪·格林著，王春华等译：《教育与国家形成：英、法、美教育体系起源之比较》，教育科学出版社2004年版，第276页。

训练)传播较之我们在受过高等教育人士中常常发现的更公正的思想。"①密尔指出,大学应该是自由思考的场所,大学的任务是鼓励青年排除万难探索真理。

(1) 阐明大学教育的目的

密尔认为大学不是进行职业训练的场所,不是为了解决人们的生计而传授那些特定技能所必需的知识。医学院、法学院、工学院、技术学校等属于公共职业培训机构,它们确实有存在的必要,国家从这些学校体系中受益良多。但它们单纯传授技术不属于向后代传承的应有义务,也无法支撑各时代的文明和价值。这种技术只是那些出于强烈个人动机的少数人所需要,而且他们在完成正规教育之前不能有效地运用它。在习得一门技术之后,如何使用它不是取决于传授技术的方法,而是取决于他们的知性和良心。因此,大学教育不是培养熟练的律师、医生和工程师,而是培养有能力、有教养的人才。"当你被培养成贤明、有能力的人之后,才能成为贤明的律师、医生,成为从事专门职业的人。他们在大学应该学习的不是专门知识,而是能正确利用专业知识的方法,以普遍教养之光来诱导专业领域技术正确的发展方向。"②作为对人生有价值的主要手段,大学教育必然是把所有的知识授予学生,不仅使他们成为对人类有实际作用的人,还能提高人本身的品性,使得人性更加有用和高贵。

(2) 强调大学博雅教育的重要性

密尔认为,一名律师如果要探究事物的原理而不只是通过背诵记住知识,那么博雅教育是必不可少的。即使像机械类这种实用学科也需要一般的博雅教育,一个制鞋工人如果要成为知性的鞋匠,必须经过知性的训练并养成思考的习惯。博雅教育旨在帮助学生把他们分门别类学到的知识加以整合,包括对科学方法的研究,它是人类知性从已知到未知的途径。"我们必须总结人脑拥有哪些探索自然的能力,也就是必须学习如何发现世界中实际存在的各种事实,如何验证是否真正的发现。这毫无疑问正是博雅教育的终极和完成。"③一般说来,基础教育不应是大学关心的事情,学生在进入大学之前就已习得这些知识,中小学必须教给年轻人所有学科的一般知识,尽管它们是分门别类进行传授。但是这种学校似乎很少,英伦诸岛更没有这种学校,因此大学必须承担这一功能,即承担教授这些学科大部分知识的任务。"事实上,苏格兰的大学把从基础开始所有的博雅教育包含在其

---

① [英]约翰·穆勒著,吴良健,吴衡康译:《约翰·穆勒自传》,商务印书馆1987年版,第176页。
② [英]约翰·密尔著,孙传钊,王晨译:《密尔论大学》,商务印书馆2013年版,第16页。
③ [英]约翰·密尔著,孙传钊,王晨译:《密尔论大学》,商务印书馆2013年版,第17页。

大学功能之中。而且,诸位在学的大学课程,几乎也从设立之初就已将含有深度和广度的整体作为其办学目标。"①

但是,博雅教育并不意味着普遍知识(而非专业知识)的每一分支都包含在大学课程之中,有些课程最好放在学校之外或学校生活结束之后,如现代语言(法语、德语等)在日常生活中更容易掌握,在某个国家旅居几个月就能有效地学习外语,这比在学校学习几年会有更大进步;历史和地理知识也可以通过自学习得。"大学是引导学生走向'历史哲学'的场所,即大学不仅是让学生知道各式各样事实的场所,还成了用理性的光芒照亮这些事实的教授们向学生开示人类过去发生的事件的原因和尽力说明其各种要因的场所。历史批判,即验证历史的真实,也成了这个教育阶段应该诱导学生去关注的课题"②

(3) 主张古典教育与科学教育并重

密尔指出,英格兰大学在很长时期内把教育目标限于古典语言和数学两个领域,直到最近才设立了自然科学和道德科学课程及考试制度。而苏格兰大学并非如此,它们很早以前就系统地传授自然科学与道德科学,并且是由最有声望的教授执教这两大部门的课程。这两大部门课程以其独特的方式为个体精神发展和民族福祉做贡献,并且为纯化我们共同的人性和提供必需的精神力量通力协作。对于当时英国高等教育界进行的关于古典教育与科学教育的大辩论,密尔指出:"对高等教育的争论,我只能回答大家为何对这两方面不兼收并蓄呢。因为我认为不包含文学和科学两方面的教育都不能称作优秀的教育。科学教育是教我们如何思考,文学教育是教我们如何表达思想——假如您对此没有任何异议的话,怎么会说这两者中任一方没有必要呢? 如果某人欠缺两者中某一方,那么此人在人性上必定贫弱、畸形和发育不良。我们也没有必要特意重新提起是掌握语言重要还是掌握科学重要之类的问题"。③ 就算人生苦短,我们的精神也没有贫弱到人文学家对自然法则及特性甘于无知,科学家缺乏诗的熏陶和艺术教养那种地步。经验表明,如果只埋头研究一种学问,对其他所有的学问与研究充耳不闻,必然导致人类精神偏狭而误入歧途。

密尔认为,很多教育改革家只是在非常狭义的范围内认识人的学习能力,他希望这些教育改革家把矛头指向那些效率低下的公立和私立学校,谴责那些糟糕的教学法和难以容

---

① [英]约翰·密尔著,孙传钊,王晨译:《密尔论大学》,商务印书馆2013年版,第18—19页。
② [英]约翰·密尔著,孙传钊,王晨译:《密尔论大学》,商务印书馆2013年版,第27页。
③ [英]约翰·密尔著,孙传钊,王晨译:《密尔论大学》,商务印书馆2013年版,第20页。

忍的倦怠,以致浪费学生整个少年时代却只学会一些皮毛知识。在博雅教育中,密尔把古典研究放在比"严密的科学研究"(数学和应用数学)更高的地位。他说:"相对于古典研究启发精神整体,科学研究只是启发人的精神的极小一部分。数学的对象不过是数与线,而古典研究的对象则是人生,从最崇高的人生到最普遍的人生都是它的对象。"①

(4) 重视古典教育与科学教育的价值

密尔认为,在一般教养性课程中希腊文和拉丁文学应在大学课程中占据重要地位,因为这些言语和文学知识具有独一无二的教育价值,能使人获得一种纯粹知性的益处。他说:"了解其他拥有文化和文明的国民的语言和文学是极其有意义的,对于我们来说,在这一点上最有价值的不外就是古代语言和文学。"②有人提出通过现代著作可以了解古人,密尔认为这是毫无意义的主张,因为通过现代著作毕竟不能学习古代的思想,能学到的不过是一点现代人对古代思想的见解,古希腊人、罗马人决不会在现代著作中呈现出来。现代读物只是作者对古希腊人、罗马人的现代解释。为了描绘古希腊人的思维方法,在某种程度上借助古希腊语思维是必要的,不仅在形而上学领域是这样,即使有关政治、历史、宗教乃至日常事务也是如此。例如,我们通过研读古希腊文、拉丁文,运用原著学习历史就很有价值,我们研究这些历史就能接触那个时代的精神。我们研究古代伟大著述家时,不仅可以理解古代精神,还能积累对我们当今有价值的思想。"与此同时,我们还会熟悉迄今为止人类精神孕育出的最完美和最完善的文学作品,即使在人类改变了生活环境之后,依然因其具有永恒的文学价值,成为流传千古无与伦比的精品。"③因此,古典语言与现代语言相比,具有无与伦比的卓越性。

从教育的价值来看,文学作品更加重要。修昔底德的演说,亚里士多德的修辞学、伦理学和政治学,柏拉图的对话篇,德摩斯梯尼的雄辩,贺拉斯的讽刺诗和书信,塔西陀和昆体良的著作等。这些作品都是关于人类本性和行为的经验知识的积蓄,它们就是古人积累起来的所谓生活智慧,大部分依然保持原有的价值。"在纯粹的文学成就上(即形式的完美),古人的出类拔萃是毋庸置疑的。无论涉足哪个领域(实际上他们几乎涉足了所有领域),他们的作品都像他们的雕塑一样,成为现代艺术家的最佳典范。……对于近代艺术家来说,古希腊人的

---

① [英]约翰·密尔著,孙传钊,王晨译:《密尔论大学》,商务印书馆2013年版,第120页。
② [英]约翰·密尔著,孙传钊,王晨译:《密尔论大学》,商务印书馆2013年版,第31页。
③ [英]约翰·密尔著,孙传钊,王晨译:《密尔论大学》,商务印书馆2013年版,第33—34页。

作品是引导他们进步的、犹如天上的光芒具有无限的价值的经典。历史学、哲学和诡辩术也是如此，即使散文和韵文、史诗和抒情诗乃至戏剧领域，他们也高高在上，处在巅峰。"①由上可知，密尔主张古希腊文、拉丁文及其文学作品应在大学课程中占有重要地位。

密尔指出，科学教育是绝对必要的，科学知识本身就可以证明科学教育的有用性。科学教育的功能是为我们提供有关宇宙最重要的知识，以使我们不会因无法理解而感到乏味，乃至将周围的世界看成一本打不开的书。发现真理的途径无非是观察和推理，而它们能达到最高水平的领域是自然科学。"古典文学给我们的典范是完美的表现形式，而自然科学为我们提供完美的思维形式。数学、天文学和自然哲学（物理学）是典型的由推理来发现真理；实验科学是通过直接观察发现真理的最典型事例。"②牛顿将推理与观察相结合为我们提供了一个最完美的形式，即利用直接观察的事实作为中介支配很多其他的事实。数理科学为我们提供了由推理确认真理的典型事例，自然科学（如化学、实验物理学等）也向我们显示了通往真理的途径，尤其是实验科学给予人们的知性训练更加重要。密尔认为，数学和物理学只有添加逻辑学之后才能成为知性的学科，因为逻辑学规定了探求真理的各种普遍原理和法则。"数学和物理学提供实践，逻辑学使之理论化。逻辑学宣布原理、规则和准则；数学和物理学显示它们在自己研究领域遵守这些东西。"③另外，大学生了解一些生理学和心理学的知识也有价值。生理学是一门研究动物生命法则的学科，特别是人体的结构和功能；卫生学和临床医学的基本常识在大学博雅教育中也应有所体现。心理学是研究关于人性的各种法则的知识，它适合作为一种普遍教养学问的学科。

最后，密尔还简要地分析了伦理学、政治学、历史学、经济学、法学、道德教育、宗教教育、艺术教育（包括绘画、雕塑、诗歌等）的价值。这些学科能唤起学生对学问的兴趣，培养他们追求更大进步的志向，并向他们展示今后最好的人生道路和谋生手段。密尔指出："现在你们有机会在一定程度上洞察远比买卖或工作中的细枝末节高尚的东西，学会熟练地思考所有事关人类更高利益的问题，并把它们带到日常生活中去。在你的余生，它们将不会允许你有片刻偏离崇高目标。……让自己更好地投入到善与恶之间永不停息的激烈斗争中，更好地应对人类天性和社会的变化不断带来的新问题，这些是学习的真正价值所在……"④

---

① ［英］约翰·密尔著，孙传钊，王晨译：《密尔论大学》，商务印书馆2013年版，第37页。
② ［英］约翰·密尔著，孙传钊，王晨译：《密尔论大学》，商务印书馆2013年版，第46页。
③ ［英］约翰·密尔著，孙传钊，王晨译：《密尔论大学》，商务印书馆2013年版，第52页。
④ ［英］约翰·密尔著，孙传钊，王晨译：《密尔论大学》，商务印书馆2013年版，第85页。

当代自由主义者罗尔斯(John Rawls)认为,密尔的功利主义是一种综合的学说,功利原则通常适用于各种问题,从个人行为到个体与社会整体的组织关系。国民教育的目的也是促进功利,促进人格的自我完善。有教育意义的过程必须促进双重目标的实现,既展现对人性的进步主义的看法,又促进对于人类的善的理解。因为培养参与民主政治的公民教育,同样也在引导人们过一种能充分发挥自身潜能的、有意义的生活。"实现的途径是:一方面发展个体的能力和个性特征,使之自主地形成关于有意义的、完善的生活的概念,并自主地选择这种生活;另一方面,使之能在公共领域中同其他公民合作以促进共同的善。"①但从总体上看,密尔的思想带有明显的折衷主义特征,这主要体现为个人利益与社会利益、个体幸福与全体幸福、公立学校与私立学校、古典教育与科学教育的结合等方面。尽管如此,"穆勒的影响不止一代支配着哲学和政治思想各个领域;他富于开拓精神,为他的信徒也为他的对手提出问题;而且他的著作也成了大学教科书。这在政治学、经济学、伦理学、心理和逻辑学方面都是如此……"②

总之,功利主义教育反映了19世纪英国中产阶级的教育理想,他们不仅要按照自己的信仰改造国家的政治经济结构,而且还企图把教育转化为他们实现自身目的的工具,他们对教育的期望是由他们特有的经济需要和意识形态决定的。"在理论上,功利主义者主张为所有人提供理性、世俗和科学的教育。"③在功利主义学派中,边沁是奠基人,詹姆斯·密尔是积极倡导者,约翰·密尔则是集大成者。尽管三人的主张并不完全一致,但他们都是自由主义的倡导者,提倡功利主义伦理观,强调每个人都享有受教育权,教育目的是为了谋求"最大多数人的最大幸福",重视道德教育等。"但是直到约翰·密尔提供一种更为自由的解释,功利主义才成为英国教育中一种积极的力量。"④此外,在功利主义教育思想的影响下,伦敦大学和曼彻斯特等城市学院出现了一系列的教育改革,它们高举"学以致用"的旗帜,向牛津和剑桥大学的古典主义教育发起挑战。

---

① [英]Randall Curren主编,彭正梅等译:《教育哲学指南》,华东师范大学出版社2011年版,第116—117页。
② [英]索利著,段德智译:《英国哲学史》,山东人民出版社1996年版,第266页。
③ Brian Simon, Studies in the History of Education, 1780-1870, Lawrence & Wishart, London, 1960, p.144.
④ A. V. Judges, Pioneers of English Education, Faber and Faber Limited, London, 1951, p.102.

第六章

科学教育思想

科学教育思想分为两个阶段,早期科学教育思想产生于16世纪末至17世纪初,其主要代表人物是培根;后期科学教育思想产生于19世纪中期,其主要代表人物是斯宾塞和赫胥黎(Thomas Henry Huxley)。早期科学教育思想对经院哲学和经院主义教育进行了猛烈批判,崇尚人的理性和力量,强调传授实用知识,倡导运用科学方法。后期科学教育思想则猛烈抨击古典人文主义教育,强调科学知识最有价值,提倡制定以科学知识为核心的课程体系。无论是早期还是后期科学教育思想,它们都有力地促进了学校课程和方法的改革,极大地推动了科学教育理论和实践的发展。

在近代之初,科学与哲学尚未分离,科学也没有分化成众多的门类。知识仍然被视为一个整体,哲学被用以指称任何一种探索,不管是科学探索还是哲学探索。"古代哲学轻视实用而满足于静止。它大量地探讨道德完善的理论,这种理论是如此崇高,它是决不可能超出理论之外的;它力图解答那些不能解答的谜,主张达到不能达到的精神状态。它不能屈尊以尽为人造福的卑贱的职能。学术界都把这个职能鄙视为卑贱的职能,有的甚至指责它为不道德。"①古代哲学家所炫耀的是他们的理论能使人类的心灵上升到更高水平,这比发现有利于健康的药物或建造一座最大功率的机器更受欢迎。中世纪对自然现象缺乏兴趣,其根源在于一种超自然的观点,一种向往来世的思想占据支配地位。与天国相比,尘世是微不足道的。教会对上帝所启示的真理拥有绝对权威,与之相比的理性则黯然失色。经院哲学与近代科学的重大差别就是关于权威的理解。在经院哲学家看来,《圣经》、天主教教义及亚里士多德学说是无可置疑的,有创见的思想甚至对于实情的考察都不能越雷池一步。地球背后是否有人,木星是否有卫星,以及落体的速度是否与其质量成比例等,这些问题不是由观察决定的,而是根据亚里士多德或《圣经》的推论得出。科学家们并不因为某个显要的权威说过某些命题是正确的,就要求人们信奉它们;相反,他们诉诸感官的证据,并且坚持那种以事实为依据的学说。罗素指出:"神学与科学的冲突,也就是权威与观察的冲突。"②

在经历了漫长的中世纪之后,由于文艺复兴和宗教改革的兴起,宗教对科学探索的禁锢逐渐松动,到17世纪欧洲迎来了近代科学革命的春天。"科学的近代是跟着文艺复兴接

---

① [美]E. P. 克伯雷选编,华中师范大学、西南师范大学等教育系译:《外国教育史料》,华中师范大学出版社1991年版,第354页。
② [英]罗素著,徐奕春,林国夫译:《宗教与科学》,商务印书馆2005年版,第6页。

踵而来的,文艺复兴复活了一些反对中世纪观点的古代倾向……不信宗教的古代和中世纪的基督教世界泾渭分明。中世纪基督教趋向于自我克制和向往来世。恪守宗教生活誓约的理想的基督教徒一心想着天国。他对自然界和自然现象,从根本上说毫无兴趣。……重见天日的希腊和罗马古籍犹如清新的海风吹进这沉闷压抑的气氛之中。诗人、画家和其他人激起了对自然现象的新的兴趣;有些勇敢的人充满了一种渴望自主的理智和情感的冲动。在这些方面,近代思想基本上是古代的复活,借助古代学术而问世。而近代科学在它的早期阶段,更加具体地得助于古代流传下来的天文学、数学和生物学论著……"①

在近代自然主义精神的鼓舞下,人们开始注意大自然的确凿事实,并重视经验尤其是实验。自然主义与超自然主义完全不同,它是趋向于不受任何限制的更自由、更完整的理性。"自然主义观点可以认为本质上是世俗的、注重事实的观点;超自然主义观点则倾向于神秘。前者寄望于大自然的规则性,后者则准备在自然现象中发现奇迹和魔法。"②然而,对自然现象的世俗态度并不排斥对世界的宗教态度。近代科学的先驱们实际上都笃信宗教,他们都是基督教的忠实信徒。幸运的是,他们对于自然现象的态度基本上是世俗的、注重事实的。例如,开普勒(Johannes Kepler)的天文学发现主要出于宗教动机,他从寻找上帝之路出发,结果发现了行星的路径。伽利略明确区分了宗教和天文学的职责,前者指引人们去天国的门路,后者则是发现天空中的道路。总之,近代科学与古代思想相似,而与中世纪思想不同,它采取了一种世俗的注重事实的态度。"和中世纪的思想家大多开始于对传统文本的阅读不同,近代早期的科学家最为看重的是观察和假说的建构。"③

近代科学的进步并不是在整个领域同时取得,而是在不同时期逐渐发展的。它首先发生在与地理探险和航海活动密切相关的天文学领域,1543年哥白尼(Nicolaus Copernicus)发表的《天体运行论》拉开了近代科学革命的序幕。伽利略运用天文观测的方法证明了哥白尼"日心说"的科学性,批判了托勒密"地心说"的荒谬,从根本上动摇了天主教会的神权统治,推动了天文学和唯物论思想的发展。与此同时,探究人体"小宇宙"的医学和生理学

---

① [英]亚·沃尔夫著,周昌忠,苗以顺等译:《十六、十七世纪科学、技术和哲学史》(上册),商务印书馆1997年版,第5—6页。
② [英]亚·沃尔夫著,周昌忠,苗以顺等译:《十六、十七世纪科学、技术和哲学史》(上册),商务印书馆1997年版,第7页。
③ [美]撒穆尔·伊诺克·斯通普夫等著,丁三东,张传友等译:《西方哲学史》(第七版),中华书局2005年版,第305页。

领域也发生了翻天覆地的革命。1543年比利时医学家维萨里(Andreas Vesalius)发表了《人体的构造》,该书用大量丰富的解剖资料对人体结构进行精确描述,并澄清了古罗马医学家盖伦学说中存在的谬误。1628年英国生理学家哈维(William Harvey)进一步通过科学实验和理论探究,提出了著名的血液循环理论。从此医学和生理学开始迈上科学的发展轨道。天文学革命之后,近代自然科学迅速发展。1687年牛顿(Isaac Newton)出版了综合力学、数学、天文学方面的巨著《自然哲学的数学原理》,标志着近代物理学革命的完成。牛顿对物理世界的综合,使得一种全新的宇宙观念开始展现在世人面前。"于是,传统的地上与天上世界的分隔以及与之相关的自然与超自然的划分,我们世界与其他世界的划分都被抛弃或者动摇了。因为,已经表明,整个物理宇宙服从同一条万有引力定律和同一些运动定律,所以宇宙一个部分的所有物理客体或事件要对其余一切产生一定影响,这样就形成了各部分互相联系的宇宙体系。"①

随着近代科学革命的兴起,人类社会的自然科学知识获得空前增长。"科学是对发生在自然现象界的事物、过程和关系提出精确解释的学术活动。在这一意义上,科学知识是有效的,它以系统化形式揭示和归纳自然界的真实性质。"②由于科学逐渐从神学束缚中解放出来,人们的注意力也开始从天国转向人间,从探索超自然的事物转向研究自然界,因而带来了自然科学知识的繁荣。除了天文学、力学、数学、医学、生理学、物理学外,该时期化学、地质学、地理学、气象学、植物学、动物学、解剖学、建筑学、矿物学等方面也取得了突破性进展。随着科学研究领域的不断拓宽,科学研究方法也得到了极大的改进。过去人们对外部事物的认识主要依靠直接感知和简单推理,严格意义上的科学研究方法是随着近代科学萌芽才出现。培根的经验归纳法、笛卡尔(Rene Descartes)的数学演绎法、伽利略的实验方法等,奠定了近代数理科学的方法论基础。"新科学研究自然不同于经院哲学的重要特点是运用数学方法,精确地描述一切可以量化的自然过程;另一是立足于对自然现象的观察和实验,一切要以客观事实为最后的依据。数学—实验方法是新科学同时并用而且成效卓著的认识方法。"③近代科学革命不仅产生了新知识和探索新知识的方法,而且树立了科学理性精神,使人们的世界观发生根本变化。"理性的信念就是相信事物的终极本质是聚

---

① [英]亚·沃尔夫著,周昌忠、苗以顺等译:《十六、十七世纪科学、技术和哲学史》(上册),商务印书馆1997年版,第161页。
② [英]迈克尔·马尔凯著,林聚任等译:《科学与知识社会学》,东方出版社2001年版,第26页。
③ 胡景钊、余丽嫦著:《十七世纪英国哲学》,商务印书馆2006年版,第29页。

集于一种没有任何武断情形的谐和状态中。也就是相信我们在事物的后面所找到的将不仅是一堆武断的神秘物。"①

近代科学革命使得自然科学逐渐摆脱神学束缚并从哲学中分离出来，人们开始认识到科学技术在征服自然过程中的积极意义。一些具有远见卓识的思想家最早敏锐地洞察到科学的实用价值及其教育意义，并积极倡导科学知识的推广。正如美国学者布鲁巴克(John S. Brubacher)指出："一些人对通过感觉经验的新方法探究自然表现出极大的热情，例如，英国的哲学家培根和捷克教育家夸美纽斯，他们已经看到一个新的课程轮廓，即依据科学而构建的百科全书式课程。事实上，这是古希腊百科全书式课程理想的再现。"②然而科学列入教育课程为时较晚。"它在中世纪教育中没有地位原是不足为奇的，可是在文艺复兴中复活的人文主义也差不多同样地毫不理睬它。……在 17 和 18 世纪，科学有了很大发展，但并不是由于它在教育中占着重要地位才有了发展，而恰恰是在它毫无地位的情况下发展起来的。在 19 世纪中叶以前，所有伟大的科学家就其科学知识而言都是自学出来的，尽管有了波义耳和牛顿的先例，科学并没有在较老的大学中生根。"③当各大学对科学采取冷漠态度的时候，一些新建立的科学社团开始成为传播科学知识的主要机构，如佛罗伦萨的西芒托学院(建于 1657 年)、伦敦的皇家学会(建于 1662 年)、巴黎科学院(建于 1666 年)、柏林学院(建于 1700 年)等。"科学社团正是顺应新时代的新需要而诞生的。就在这些社团里，现代科学找到了机会，受到了激励，而大学不仅在十七世纪，而且在以后相当长时间里都一直拒绝给予这些。"④

17 世纪后期科学逐渐进入西方文化的核心。由于牛顿力学比较完美地解释了宇宙现象，1687 年《自然哲学的数学原理》出版后在思想界引起了极大反响。"《原理》发表后的半个世纪有一种主流观念：牛顿及其后继者实现的革命开创了一个理性和光明的新时代，在这一新时代，理性和光明超越自然科学的范围，涵盖了全部人类知识。"⑤18 世纪是理性占

---

① [英]A. N. 怀特海著，何钦译：《科学与近代世界》，商务印书馆 2012 年版，第 24 页。
② [美]约翰·S·布鲁巴克著，单中惠，王强译：《教育问题史》，山东教育出版社 2012 年版，第 273 页。
③ [英]J. D. 贝尔纳著，陈体芳译：《科学的社会功能》，广西师范大学出版社 2003 年版，第 84 页。
④ [英]亚·沃尔夫著，周昌忠、苗以顺等译：《十六、十七世纪科学、技术和哲学史》(上册)，商务印书馆 1997 年版，第 65 页。
⑤ 曾欢著：《西方科学主义思潮的历史轨迹——以科学统一为研究视角》，世界知识出版社 2009 年版，第 54—55 页。

统治地位的世纪,随着启蒙运动的发展,牛顿科学的范式不仅成为科学解释的最高权威,而且被视为获得正确知识的唯一可靠方法,被广泛应用于关于人、自然和社会的研究。"牛顿方法把一切东西都归结为受到各种力的作用的密实粒子,在当时似乎像培根的归纳法和笛卡尔的逻辑几何学一样,为科学的进展提供了巨大的希望。……人们开始把牛顿的方法十分不恰当地应用到整个自然科学中去,甚至应用到神学和伦理学中去。认为人类单凭理性和计算就可以解决一切问题的想法是 18 世纪哲学的指导思想之一,它已经远远地超出了科学思想的范围。科学第一次变成了一个重要的文化因素,甚至对政治也产生了影响。"① 英国著名学者沃尔夫(Abraham Wolf)写道:"十七世纪遗留给后世一大笔遗产;十八世纪则是这个天才时代当之无愧的继承者。前人在科学、技术和哲学等领域的成就都被恰当地吸收了,不仅如此,它们还被朝许多方向大大推进了。……在这个世纪,人类获得的知识被传播到了空前广阔的范围内,而且还应用到了每一个可能的方面,以期改善人类的生活。这个时代的一切理智和道德的力量都被套到人类进步的战车之上,这是前所未有的。"② 18 世纪科学技术得到了进一步发展,尤其是在自然科学领域如数学、力学、天文学、航海学、物理学、化学、地理学、地质学、生物学、医学等方面都取得了重要成就。

19 世纪被称为科学的世纪,正如英国学者梅尔茨(John Theodore Merz)所言:"人们将会公认,与别的时代相比,科学精神是本世纪思想的一个突出特征。实际上,有些人可能倾向于把科学看做是这个时代的主要特征。因此,本世纪可以恰当地称为科学的世纪,就像上世纪称为哲学的世纪,或者 16 世纪称为宗教改革的世纪,15 世纪称为文艺复兴的世纪。"③ 继 17、18 世纪之后,19 世纪自然科学又得到了突飞猛进的发展,尤其是化学、物理学和生物科学的进展无疑是自然科学的巨大成就。1808 年英国化学家道尔顿(John Dalton)出版了《化学哲学的新体系》,系统地提出了原子论。这一学说的诞生使人们进一步认识了物质结构,具有重大的科学和哲学意义。19 世纪 30 年代德国植物学家施莱登(Matthias Jakob Schleiden)和生理学家施旺(Theodor Schwann)提出了细胞学说,认为细胞是一切动植物结构的基本单位。同时,物理学领域的一系列研究使科学家认识到,自然界各种运动形式都是可以相互转化的。英国物理学家焦耳(James Prescott Joule)是最早用科学实验方

---

① [英]J. D. 贝尔纳著,陈体芳译:《科学的社会功能》,广西师范大学出版社 2003 年版,第 31 页。
② [英]亚·沃尔夫著,周昌忠,苗以顺,毛荣运译:《十八世纪科学、技术和哲学史》(上册),商务印书馆 1997 年版,第 3 页。
③ [英]梅尔茨著,周昌忠译:《十九世纪欧洲思想史》(第一卷),商务印书馆 1999 年版,第 79 页。

法确定能量守恒和转化定律的人。1859年英国科学家达尔文（Charles Robert Darwin）出版了《物种起源》及《人类的由来及性选择》，提出了以自然选择为基础的生物进化论。19世纪自然科学领域的三大重要发现——细胞学说、生物进化论、能量守恒与转化定律，充分揭示了自然界一切事物和现象所固有的辩证法。

随着自然科学的兴起和不断发展，强调科学知识和重视科学教育已成为时代的精神。在近代英国，倡导科学教育的主要代表人物是培根、斯宾塞和赫胥黎。

一、培根

培根（1561—1626）是17世纪英国著名哲学家、法学家和散文家。1561年1月培根出生于伦敦泰晤士河畔的约克庄园，他的父亲尼古拉·培根（Nicholas Bacon）是伊丽莎白一世女王的掌印大臣，以智谋、干练、中庸和清廉著称。尼古拉爵士热衷于发明和技术革新，他认为下一代人应该靠教育而非财富生存，一切财富来自于实际的操作，一切智慧来源于知识，而一切文化来源于发明。有的学者认为，尼古拉·培根并非平庸之辈，只不过因为儿子的名望太大，老人家的声誉也就被淹没了。另外，培根童年时父亲还经常带他去宫廷，有幽默感和活泼的小弗兰西斯深受女王喜爱，伊丽莎白时常叫他"小掌印大臣"。培根的母亲安妮（Anne）夫人是一位学者，通晓拉丁文和希腊语，曾从事古典文献的翻译工作。培根和哥哥安东尼（Anthony Bacon）都是母亲的信徒，都接受了古典文学的熏陶，并且爱好哲学和诗歌。对于一个未来的思想家而言，出生在这样的家庭无疑具有先天的优势。培根天资聪颖，智力过人，四五岁就能用拉丁文诵读古典诗篇。"这个智力超群的孩子很早就开始受教育，他头脑里充满大量好奇的问题，对人、对自然界以及对神本身的探索使他围绕着真理、存在与目的统一等问题而展开思考。……他力图从本质上更好地理解人类与自然、上帝和耶稣基督的关系；更好地理解好恶、永恒与复活等观念，他探索得最多的是其中最神秘的问题——自然界的本质的问题。"[①]

经过严格的语言、哲学和宗教教育后，1573年12岁的培根进入剑桥大学三一学院学习，在这里攻读神学和形而上学，同时学习逻辑、数学、希腊语和拉丁文等。但他很快发现大部分学问不是已经熟识就是陈腐乏味，他对亚里士多德哲学产生了怀疑，并决定对亚里

---

① 苏宁著：《启蒙人格——培根》，长江文艺出版社2000年版，第11—12页。

士多德哲学宣战。在他看来,亚里士多德哲学是建立在对自然界粗糙和肤浅的观察基础上,因而是天真和远离自然的。大学时代的培根已确信当时的正统学说是一种无益于人类的繁琐哲学,有必要从根本上进行革新,因为它们对人类的生活和幸福毫无应用价值。他对具有1500年历史的知识体系提出挑战,并由此萌发科学、哲学必须为人类生活实践服务的信念。1575年圣诞节培根结束了学业,带着对亚里士多德学派的轻蔑和英国教育制度的不满离开剑桥。

1576年6月培根进入格雷法律协会学习,9月跟随当时的英国驻法大使鲍莱(Amyas Paulet)前往巴黎,直到1579年2月由于父亲的突然去世才回国。在巴黎两年多的时光给他留下了深刻印象,法国严密的政治体制、活跃的思想氛围都与英国不同。培根迷恋于巴黎的各种学术沙龙,结识了许多具有新思想的学者。他还考察了欧洲各国的政治状况,利用观察所得撰写了《欧洲政情记》一书。父亲去世后培根感觉前途黯淡,于是决定去格雷法律协会继续学习法律,从事律师工作也是父亲生前的愿望。1582年培根通过了律师资格考试,1584年当选为国会议员,1586年成为格雷法律协会首席会员之一。培根的才华正逐渐受到社会的承认,并且开始青云直上,官运亨通。从1597年起培根被正式任命为伊丽莎白女王的法律顾问,1603年受封为爵士,1604年又被任命为詹姆士一世的法律顾问。1617年成为掌印大臣,1618年成为英格兰的大法官。至此,培根成了少见的具有高官显爵的哲学家。

然而,培根的才能和志趣并不在于政治活动,而是在于对科学真理的探求。培根怀有改革人类知识的大志,他发现最适合自己的工作莫过于研究真理。正如有的学者写道:"显然,此时的培根较剑桥时的培根更成熟了,从对亚里士多德的怀疑不满进到决心要把脱离实际、脱离自然的一切知识加以改革,而把经验观察、事实依据、实践效果引入认识论。这是一个伟大的抱负,也是以后他提出来的科学的'伟大复兴'的主要目标,是他为之奋斗一生的哲学志向。"[1]培根在繁忙的法律和政治活动之余,从未忘却他的这一伟大抱负。作为一名科学哲学家,培根在《学术的进展》(1605)、《论古人的智慧》(1609)、《新工具》(1620)、《新大西岛》(1627)等著作中最早表达了近代科学观,阐述了科学的目的、性质及发展科学的途径,总结了科学实验的经验归纳法,极大地推动了近代科学及科学教育的发展。

---

[1] 胡景钊,余丽嫦著:《十七世纪英国哲学》,商务印书馆2006年版,第49页。

(一) 论科学进步

培根首先论述了科学进步所遇到的困难。他说:"我们不能觉得奇怪,对人类有价值的重大发现还没有出现,因为人们满足于并安于如此贫乏、幼稚的事业,甚至认为他们已经用他们的技能追求并达到了一些伟大的目标。"①培根认为自然哲学在每个时代都遇到了诸多麻烦和难以对付的敌手,即一种盲目和无节制的宗教狂热。在希腊人中,那些首次揭示雷电风暴形成原因的人被谴责为不敬上帝;教父们对待那些用确凿证据说明地球形状的人的态度并不友好。讨论自然哲学的条件由于《神学大全》和神学家的方法而变得困难和危险,他们将有争议的亚里士多德哲学与宗教的本质混为一谈。"再说,在学校中、学园中、大学中,以及类似的为集中学人和培植学术而设的各种团体中,一切习惯、制度都是与科学的进步背道而驰的。……因为在这些地方,一般人的研究只是局限于也可说是禁锢于某些作家的著作,而任何人如对他们稍持异议,就会径直被指控为倡乱者和革新家。"②在培根看来,当时的科学是停滞的、僵死的,它们没有获得有意义的新成就,它们不能帮助我们创造新的工作,现有逻辑也不能帮助我们建立新科学。

培根认为造成科学这种可悲状况的原因很多。他把有利于科学发展的年代划分为希腊人、罗马人和西欧各民族三个时期,每一时期大约为两个世纪。科学进步之所以如此贫弱,首先是由于过去有利于科学的时间十分有限。其次,即使在人类智慧和学术最发达的那些时代,人们也只是以最少的精力用于自然哲学研究。"而其实正是这个哲学才应被尊重为科学的伟大的母亲。因为一切方术和一切科学如果被剥离了这个根子,则它们纵然被打磨、被剪裁得合于实用,却是不会生长的。"③在希腊时期虽然自然哲学最为发达,那也不过是昙花一现。因为早期哲学家们都投身于道德学和政治学,后期由于道德哲学更为流行,使得他们对自然哲学更加疏远了。在以罗马人为主体的第二个时期,哲学家们的精力也主要消耗在道德哲学方面,而且最优秀的人士又普遍投身于公共事务。自从基督教取得独尊地位以来,绝大多数才智之士都投身于神学,最高的报酬和各种帮助都提供给这一事

---

① [美]E. P. 克伯雷选编,华中师范大学、西南师范大学等教育系译:《外国教育史料》,华中师范大学出版社1991年版,第362页。
② [英]培根著,许宝骙译:《新工具》,商务印书馆1997年版,第71页。
③ [英]培根著,许宝骙译:《新工具》,商务印书馆1997年版,第56页。

业。这种对神学的专注主要占据了西欧各民族的第三个时期。可见,在上述三个时期,自然哲学很大程度上不是被人忽视,就是受到阻碍。即使人们关注自然哲学,也只是把它当作通往其他事物的便道或桥梁。这样自然哲学就会被贬黜到仆役的地位,只去伺候医学或数学的业务。培根指出:"除非把自然哲学贯彻并应用到个别科学上去,又把个别科学再带回到自然哲学上来,那就请人们不必期待在科学当中,特别是在实用的一部分科学当中,会有多大进步。因为缺少了这个,则天文学、光学、音乐学、一些机械性方术以及医学自身——还不止此,人们将更觉诧异的是连道德哲学、政治哲学和逻辑科学也都在内——一并都将缺乏深刻性,而只在事物的表面上和花样上滑溜过去。"①

另外,过去科学之所以只有极小的进步还有两个重要原因:一是科学的目标不明确。如果科学目标本身没有摆正,要想取得科学进步是不可能的,在科学方法上发生错误也不足为奇;二是人们被崇古的观念、被哲学中所谓伟大人物的权威和普遍同意所禁锢,于是他们就像中了蛊术一样虚弱无力而不能追究事物的性质。为此,培根强调必须从根本上对科学加以全面改造,找出新的知识基础、新的科学原则和新的科学认识方法,以取代现行的基础、原则和方法。他提出要有勇气抛弃传统观念,为科学开辟一条全新的道路,否则只能雕刻已有知识,而不能在实质和价值上真正扩大知识的范围。培根的基本目标是对科学、艺术和人类所有知识进行全面重构,他称之为"伟大的复兴",并且把"科学的伟大复兴"分为六个部分:(1)科学的分类;(2)新工具;(3)宇宙的现象;(4)理智的阶梯;(5)新哲学的先驱或预测;(6)新哲学。"培根,如他自己所说,是把全部知识作为他的研究领域的;他所关心的与其说是科学的特殊部门,毋宁说是原理、方法和体系。"②

(二) 论科学知识

在培根的著作中,洋溢着对科学知识的推崇和科学发展的讴歌。罗素指出:"培根哲学的全部基础是实用性的,就是借助科学发现与发明使人类能制驭自然力量。"③培根认为科学知识比世界上任何东西都要珍贵,一切发明创造将会给人类带来巨大的好处。因此,"再

---

① [英]培根著,许宝骙译:《新工具》,商务印书馆 1997 年版,第 58 页。
② [英]索利著,段德智译:《英国哲学史》,山东人民出版社 1996 年版,第 22 页。
③ [英]罗素著,马元德译:《西方哲学史》(下卷),商务印书馆 1997 年版,第 62 页。

没有什么能比给世界带来可靠而有效的知识更有价值了"。① 人类只有获得科学知识才有力量支配自然,驾驭自然现象的唯一途径是利用科学知识,而不是巫术或占星术之类的仪式。神秘的操作不可能制服自然现象,而必须研究、遵守和服从它们的规律。科学知识是人类支配自然的力量源泉和扩展人类权力的有效手段,也是人类社会之所以前进的动力。发展科学之目的在于使科学造福人类,培根终身追求的目标是如何把科学运用到工农业生产,使科学在改善人类生活方面发挥巨大作用。他说:"科学的真正的、合法的目标说来不外是这样:把新的发现和新的力量惠赠给人类生活。"② 由于科学知识是在各种事物和现象中找出它们的内在联系,所以人们一旦掌握了科学知识,就能发现从来没有发现过的东西,这就是知识之所以有力量的奥秘。因此,培根在系统考察人类知识形成和发展历史的基础上,提出了"知识就是力量"的精辟论断。几个世纪以来,这一名言成为鼓励人们追求科学知识,向科学进军的巨大精神动力。

培根在高度评价科学知识的效用前提下,以唯物主义观点论述了知识的客观基础。他认为知识就是存在的映像,感觉是一切知识的源泉。人作为自然界的仆从和解释者,他所能了解的只是对自然进程观察那么多。全部对自然的解释是由感官开始,由感官的知觉沿着一条径直的、有规则的、谨慎的道路达到理智的知觉,即达到真正的概念和公理。培根指责亚里士多德不以事物和经验为依据,而是把某种原则或公理当作认识的出发点。他称亚里士多德哲学为"理性派哲学","因为他是先行达到他的结论的;他并不是照他所应做的那样,为要构建他的论断和原理而先就商于经验;而是首先依照自己的意愿规定了问题,然后再诉诸经验,却又把经验弯折得合于他的同意票,像牵一个俘虏那样牵着他游行。这样说来,在这一条罪状上,他甚至是比他的近代追随者——经院学者们——之根本抛弃经验还要犯罪更大的"。③ 培根认为,经验作为一切科学知识的基础必须具有"确定性",如果人的认识不以确定的经验为基础,而是把某些谣传的东西、粗疏模糊的观察或似是而非的经验作为认识的依据,势必会把人的认识引向荒谬而远离自然的真理,正如一个国家进行决策不是根据使者的可靠报告而是根据街谈巷议,这显然是不可能作出正确的决策。另外,作为一切科学知识基础的经验应当是丰富的,感觉的表象愈丰富、愈精确,那么一切事物的进

---

① [英]弗朗西斯·培根著,刘运同译:《学术的进展》,上海人民出版社 2007 年版,第 57 页。
② [英]培根著,许宝骙译:《新工具》,商务印书馆 1997 年版,第 58 页。
③ [英]培根著,许宝骙译:《新工具》,商务印书馆 1997 年版,第 37 页。

展就愈容易、愈顺利。作为科学知识基础的经验还必须是全面的,既要有正面的例证也要有反面的例证,否则就会不可避免地陷入片面性。

在人类知识宝库中,各种知识浩如烟海,各门科学又各有其自身的本质特点和研究对象,要弄清楚这个知识宝库并为人类造福,就必须调查学问的发展情况,并制定知识分类的原则。他说:"我希望完成一个概括的、可靠的巡查,来了解学问的哪些部分还仍是荒芜之地,还没有经过人类的耕耘和修整。我的目的是把调查结果清楚地标示出来,记录下来,不仅能为国家委派研究者提供指导,也可以激发人们自愿地进行探索。"①培根强调科学是一个统一的知识体系,要把知识的各个部分当作全体的线索和脉络,而非各不相同的片段与个体。他提出可以按照事物的本质或功能进行分类,但这个原则并不是绝对的、唯一的,人们依据自己的需要和认识,可以有不同的分类原则。在把整个人类知识全部加以改造的理想下,培根对以往的知识重新进行研究,建立了统一的知识结构新体系。"可以说,要以空前未有的规模把科学知识的发展和应用加以分类和组织,以便利用它们来改善人类的生活,是培根一生的大志。"②

首先,培根依据人类理解力进行社会科学的分类,认为科学发展体现了人类的理解能力,两者是相一致的。他把人类理解力分为记忆、想象和理性三种,与此相应地把社会科学划分为历史、诗歌与哲学三类。他说:"人类的理解能力是人类知识的来源,人类知识的区分正对应于人类的三种理解能力:历史对应于记忆,诗歌对应于想象,哲学对应于理智。"③在培根看来,把历史划为记忆的科学,诗歌是想象的科学,哲学是理性的科学,这是最佳的科学分类法。在这三大类之下又划分了许多子目,如历史包括自然史、政治史、教会史、学术史;诗歌分为叙述的、戏剧的、寓言的三种;哲学分为自然神学、自然哲学、人类哲学三种。显然,这种以人类理解力进行科学分类的原则不能反映科学认识的客观规律。正如培根所言:"人类理解力的最大障碍和扰乱却还是来自感官的迟钝性、不称职以及欺骗性;这表现在那打动感官的事物竟能压倒那不直接打动感官的事物,纵然后者是更为重要。由于这样,所以思考一般总是随视觉所止而告停止,竟至对看不见的事物就很少有所观察或完全无所观察。"④然而,培根终究是第一个提出科学分类的人,对于近代科学分类起了先导

---

① [英]弗朗西斯·培根著,刘运同译:《学术的进展》,上海人民出版社2007年版,第63页。
② 赵祥麟主编:《外国教育家评传》(第一卷),上海教育出版社2003年版,第365页。
③ [英]弗朗西斯·培根著,刘运同译:《学术的进展》,上海人民出版社2007年版,第64页。
④ [英]培根著,许宝骙译:《新工具》,商务印书馆1997年版,第26页。

作用。

其次,培根在总结科学发明和技术创造的基础上,提出了自然科学的分类。他把自然科学也划分为三部分:第一部分是关于人类以外的自然界知识,包括天文学、气象学、地理学、矿物学、植物学、动物学,以及古代的四种元素(水、火、土和空气);第二部分是关于人类自身的知识,如解剖学、生理学等;第三部分是关于人和环境的关系,包括医学、化学、食品、绘画与雕刻、音乐、体育、印刷、纺织、农业、航海、军事、机械、建筑、算术和几何等。这个分类实际上是一个百科全书式的知识体系,它力图使科学摆脱神学和经院哲学的羁绊,使之进入自然界的广阔天地。"这意味着把科学的真理和神学启示的真理分离开来,而且形成一种建立于对自然的新的观察方法和新的解释基础上的新哲学。"①

由上可知,培根所阐明的科学分类以及由此建立的科学知识体系,对全部人类知识做出了系统的划分,并提供了科学百科全书的蓝图,成为近代科学分类的先导。尽管培根的分类不够完善,却对后世有着巨大的启迪作用。英国皇家学会的早期活动就深受培根影响,1662年皇家学会的干事罗伯特·胡克(Robert Hooke)在起草学会章程时指出:"皇家学会的任务和宗旨是增进关于自然事物的知识,和一切有用的技艺、制造业、机械作业、引擎和用实验从事发明;是试图恢复现在失传的这类可用的技艺和发明;是考察古代或近代任何重要作家在自然界方面、数学方面和机械方面所发明的,或者记录下来的,或者实行的一切体系、理论、原理、假说、纲要、历史和实验;俾能编成一个完整而踏实的哲学体系,来解决自然界或者技艺所引起的一切现象,并将事物原因的理智解释记录下来。"②胡克是那时皇家学会最有才干的实验家和最有独创性、最富想象力的发明家。其他一些著名科学家如威廉·配第(William Petty)、波义耳等也极力按照培根的建议工作。18世纪法国唯物主义哲学家狄德罗等人在编撰百科全书时同样参考了培根的科学分类法。

(三) 论科学方法

1. 认识障碍的清除

培根认为,自然哲学在各个时代都有一个麻烦而难以对付的敌人,那就是迷信和对宗

---

① [美]撒穆尔·伊诺克·斯通普夫等著,丁三东,张传友等译:《西方哲学史》(第七版),中华书局2005年版,第312页。
② 胡景钊,余丽嫦著:《十七世纪英国哲学》,商务印书馆2006年版,第75页。

教盲目而过度的热情。他主张在大自然中探求科学而不是迷信古人,对古人留下的知识和"权威"的论著都应持批判态度。他声称我们不求助于任何古人,而只依赖于自己的力量;真理的发现应当求助于自然之光亮,而不是追溯于黑暗的古代。人文主义者崇尚古人绝非为了复古,而是借助古希腊罗马文化反对封建文化,这种旧瓶装新酒的方式在特定历史时期是有效的。但就历史发展而言古代终究是人类的童年,人们的知识不可避免地充满幼童的特征。

同时,培根与经院哲学进行了斗争。他说:"就现在情况而论,由于有了经院学者们的总结和体系,就使得关于自然的谈论更为困难和更多危险,因为那些经院学者们已经尽其所能把神学归成极有规则的一套,已经把神学规划成一种方术,结局并还把亚里士多德的好争而多刺的哲学很不相称地和宗教的体系糅合在一起了。"①由于某些神学家的鄙陋,纯洁的哲学通路都几乎全被封闭了。有些人从哲学家的原则中演绎出基督教的真理,并以它们的权威证实那个真理。有些人唯恐对于自然的探究将会逾越界限,于是就不正当地搬运圣经之言反对那窥测自然奥秘的人们。有些人则担忧在自然研究中会找到什么东西推翻或撼动宗教的权威。培根指出:"若把事情真地想一想,按照上帝的话来说,自然哲学实在既是医治迷信的最有把握的良药,同时又是对于信仰的最堪称许的养品,因而就正应当被拨给宗教充当其最忠诚的侍女,因为宗教是表现上帝的意志的,后者则是表现上帝的权力的。"②培根在近代率先破除对权威和传统观念的迷信,对经院哲学的弊端进行大胆揭露,从而引导人们探索自然的奥秘,对于当时新科学和新哲学的诞生都有重大影响。

扫除人类认识道路上的障碍,不能仅限于对传统哲学和经院哲学的批判,还必须对人类认识产生谬误的根源加以揭露,因为在人的心里存在着一些使之倾向于无知与谬误的知识障碍,培根称之为"假象"。他说:"现在劫持着人类理解力并在其中扎下深根的假象和错误的概念,不仅围困着人们的心灵以致真理不得其门而入,而且即使在得到门径以后,它们也还要在科学刚刚更新之际聚拢一起来搅扰我们,除非人们预先得到危险警告而尽力增强自己以防御它们的猛攻。"③培根把困扰人们心理的假象分为四种,即种族的假象、洞穴的假象、市场的假象、剧场的假象。

---

① [英]培根著,许宝骙译:《新工具》,商务印书馆1997年版,第69页。
② [英]培根著,许宝骙译:《新工具》,商务印书馆1997年版,第70页。
③ [英]培根著,许宝骙译:《新工具》,商务印书馆1997年版,第18页。

"种族的假象"是指人们在认识事物时往往从主观出发,把自己的愿望和感情掺杂到事物本性中去,从而歪曲事物的真相。这种假象普遍存在于人类的天性之中,植根于人类的种族之中。"洞穴的假象"是指人们在认识活动中从自己的性格、爱好、习惯、所受教育、所处环境出发观察事物,在不同程度上歪曲了事物的本质。"洞穴假象是各个人的假象。因为每一个人(除普遍人性所共有的错误外)都各有其自己的洞穴,使自然之光屈折和变色。这个洞穴的形成,或是由于这人自己固有的独特的本性;或是由于他所受的教育和与别人的交往;或是由于他阅读一些书籍而对其权威性发生崇敬和赞美……"①"市场的假象"是指人们在交往活动中由于语言概念的不确定、不严格而产生的思维混乱。培根认为语言强制和统辖人们的理解力,使人们陷入无数空洞的争辩和无聊的幻想,这正是哲学和科学流于诡辩和无生气的原因。"剧场的假象"是指人们盲目信仰权威特别是传统的哲学体系而产生的错误。培根指出,传统的哲学体系只不过是舞台戏剧,它以不真实的幻境表现哲学家自己所创造的世界,这比真实的世界可能更精致、更令人满意,但却远离了客观真理。如果人们想获得驾驭物质世界的知识而进入科学王国,就必须从心灵中清除以上这四种"假象"。

培根的"假象说"解释了把人的心灵引入歧途的各种幻象或偏见,显示了他的创见和洞察力。有人认为"假象说"是培根新工具的四根支柱;也有人认为"假象说"是培根学说最辉煌的成就之一,它揭示了造成谬误的原因,因而具有永恒的价值。②

2. 实验的归纳法

在培根看来,传统学术的弊端正如他在大学中所目睹的那样,依赖少数几本古籍,翻来覆去地对其内容进行逻辑修补,而不是注意事物本身。这种蜕变的学术主要在经院哲学家中间盛行,这些人思维敏锐、智慧出众,他们有充裕的闲暇时间阅读种类不多的书籍,但其智慧禁锢在少数几个作者(尤其是亚里士多德)的窠臼里,因为他们的人身就束缚在修道院和学院的小天地。他们对自然史和历史都不甚了解,因而没有研究大量的问题,而是无限制地发挥智慧,用他们苦心编织的学术之网束缚我们。培根把过去的思维方式称为"学术弊端",并把它们归纳为三种:空想的学问、好辩的学问、精巧的学问,或者称为虚假的想象、无益的争辩、虚荣的矫情。第一种学问只重词藻不重内容,人们参与争论时只强调文本、语言和风格,而且注重对文字和遣词造句的探究。第二种学问在性质上比第一种更糟糕,因

---

① [英]培根著,许宝骙译:《新工具》,商务印书馆1997年版,第20页。
② 余丽嫦著:《培根及其哲学》,人民出版社1997年版,第206页。

为事物的实质比华美的词藻更重要,所以空虚的内容比空虚的词藻更糟糕。第三种学问涉及欺骗和虚假,是最让人厌恶的,因为它损害了知识的基础,即知识只是对真相的陈述。培根指出,为了使它们所造成的错误心灵重获新生,这三种弊端必须加以纠正。他主张重新清理人类的知识,用一种新的方法搜集和解释事实。

为了突破人类认识道路上的障碍和解放人们的理解力,就必须开辟一条研究自然和事实本身的真正途径。而迄今所做到的一些科学发现只是类似于流俗概念,很少透过事物的表面。为了进入自然的内部和深处,必须使概念和原理都通过一条更为确实的道路从事物引申而得,培根认为这就是实验的归纳法。以真正的归纳法形成概念和原理,这无疑是清除认识障碍的对症良药,也才是解释自然的真正钥匙。

在制订新的科学方法之前,培根先对传统的逻辑和三段论进行了批判。我们知道,亚里士多德是西方形式逻辑的奠基人,他在与诡辩派的斗争中系统阐述了演绎法(即三段论)。中世纪时三段论成为经院哲学传播谬误、攻击真理、阻碍科学发展的工具。因此,亚里士多德的逻辑成为培根批判的主要对象。他说:"现在所使用的逻辑,与其说是帮助着追求真理,毋宁说是帮助着把建筑在流行概念上面的许多错误固定下来并巩固起来。所以它是害多于益。"①同时,三段论也不是应用于科学的第一原理,因为它是一种简单的判断推理,而不能抓住事物的本质。"三段论式为命题所组成,命题为字所组成,而字则是概念的符号。所以假如概念本身(这是这事情的根子)是混乱的以及是过于草率地从事实抽出来的,那么其上层建筑物就不可能坚固。所以我们的唯一希望乃在一个真正的归纳法。"②可见三段论只能引起无聊的争辩,使人陷入传统的迷雾或辩论的漩涡,只有真正的归纳法才是人们认识自然和真理的唯一科学方法。培根把系统论述实验归纳法的著作称为《新工具》,以表明与亚里士多德论证演绎逻辑的著作《工具篇》相对立。

培根认为探求和发现真理有两条路径:一是从感官和特殊的事物得出最普遍的原理,再根据这些原理进行判断并发现其他公理。这是现在流行的方法。二是从感官和特殊的事物引出一些原理,再经过逐步而无间断的上升,然后得出最普遍的原理。这是正确的方法,但却没有实行过。这两条路径都是从感官和特殊的事物出发得出最普遍性的原理,但二者之间有着巨大的差别。前者对于经验和特殊的事物一瞥而过,培根称之为对自然的冒

---

① [英]培根著,许宝骙译:《新工具》,商务印书馆1997年版,第10页。
② [英]培根著,许宝骙译:《新工具》,商务印书馆1997年版,第10—11页。

测（粗率和不成熟）；后者则是循序渐进地关注它们，培根称之为对自然的解释。若是使用冒测的方法，在旧事物上添加和嫁接一些新事物，则在科学方面永远不会做出什么大的进步。"我们必须把人们引导到特殊的东西本身，引导到特殊的东西的系列和秩序；而人们在自己一方面呢，则必须强制自己暂把他们的概念撇在一边，而开始使自己与事实熟习起来。"①由于自然的精微比感官和理解力要远远高出若干倍，因此人们所醉心的一切沉思、揣想和诠释等，恰如盲人摸象，离题甚远。在培根看来，一种真正对自然的解释，只有依靠恰当而适用的事例和实验，因为在那里感官的判断只触及实验，而实验则是触及自然的要点和事物本身。近代科学是以实验为基础，只有通过实验才能获得可靠的经验材料，才能真正地认识事物和发现自然的奥秘。科学知识正是建立在实验基础上的感性认识和理性认识相结合的产物。

培根是近代试图把经验与理性相结合的第一人。他认为感觉有局限性、会欺骗人，从感官印象获得的概念是不明确、混乱的，但这些缺点可以弥补。人们的认识不能停留在感觉经验，而应该从感性认识上升到理性认识，因为只有经过理性的归纳才能把握事物的一般规律。培根主张将实验和理性这两种机能更紧密、更纯粹地结合起来。他还形象地把单纯的经验主义者比作蚂蚁，把先验的理性主义者比作蜘蛛，把真正的科学家比作蜜蜂。他说："历来处理科学的人，不是实验家，就是教条者。实验家像蚂蚁，只会采集和使用；推论家像蜘蛛，只凭自己的材料来织成丝网。而蜜蜂却是采取中道的，它在庭院里和田野里从花朵中采集材料，而用自己的能力加以变化和消化。哲学的真正任务就正是这样，它既非完全或主要依靠心的能力，也非只把从自然历史和机械实验收来的材料原封不动、囫囵吞枣地累置在记忆当中，而是把它们变化过和消化过而放置在理解力之中。"②

培根是近代归纳法的奠基者，他认为科学方法必须从系统的观察和实验开始，达到普遍性的真理，再从这些真理出发通过逐次归纳，达到更为广阔的概括，切忌根据少数观察匆忙进行概括。观察必须系统地进行并且详细记录，培根试图把基于观察的有关资料编制成三张表，即肯定事例表、否定事例表、程度表或比较表。三表法的主要功能是运用分析方法，对所收集的感性材料加以整理，为理智提供充分的例证。培根认为借助这三张适当的事例表，就可以很容易地确定所研究事物的性质，这样归纳法便可以正确无误地运用了。

---

① ［英］培根著，许宝骙译：《新工具》，商务印书馆1997年版，第17页。
② ［英］培根著，许宝骙译：《新工具》，商务印书馆1997年版，第75页。

这种基于唯物主义认识论的科学方法,有力地冲破了中世纪经院哲学纯思辨方法的桎梏,对于推动事实材料的积累和整理,以及人类理解力的解放都起了很大作用。培根虽然不是归纳法的发明者,甚至不是第一个正确分析归纳法的人,但他是第一个把公众注意力吸引到归纳法的人,并使归纳法得到了前所未有的崇高地位。"事实上,培根的方法意味着个人经验和观察胜于古典作家的权威,这与清教徒寻求直接的宗教经验而不是依赖传统仪式是一致的。"①

但是培根的归纳法也存在不少缺陷,实际上归纳法比他所预见的要复杂得多。英国学者索利指出:"尽管它所依据的一般观念有其重要性和真实性,但它还是有两个严重缺陷,而对于这两个缺陷,培根本人也不是没有觉察到。它没有为研究者借以工作的概念的可靠性和精确性提供保证,而且它还需要一个完全的例证收集,而这就事情的本性说是不可能的。与上述缺陷联系在一起,并且是由这些缺陷产生出来的,是培根对假设的真实性质与作用的误解,以及他对演绎法的谴责,而一切科学进展都离不开假设,演绎法是实验证实的一件必要工具。"②演绎法在科学中所起的作用比培根想象的要大,当一个假设必须验证时往往需要一段漫长的演绎程序,这种演绎通常是数理推演,因此培根低估了数学在科学研究中的重要性。同样,英国学者沃尔夫评论说:"在这里,培根大大低估了独创性和洞察力在科学工作中的重要作用,以及把它简约成单凭经验的方法所存在的困难。事实上,培根自己也发现不可能令人满意地应用他自己精心制定的规则。仅仅把他所要求的那三种类型表编制完全,也将是一项费时而又麻烦的工作"。③

(四) 论科学研究及教育

培根从改造人类知识的理想出发,根据其百科全书式的知识体系,提出了一个令人向往的科学研究及教育方案,这一方案主要体现在培根晚年所写的《新大西岛》中。《新大西岛》是培根长期思考的结果,但却是一部未完成的作品。作为哲学家,晚年的培根已具有丰

---

① G. H. Bantock, Studies in the History of Educational Theory, Volume Ⅰ, Artifice and Nature, 1350-1765, George Allen & Unwin, London, 1980, p.174.
② [英]索利著,段德智译:《英国哲学史》,山东人民出版社1996年版,第31—32页。
③ [英]亚·沃尔夫著,周昌忠,苗以顺等译:《十六、十七世纪科学、技术和哲学史》(下册),商务印书馆1997年版,第715页。

富的政治和社会经验;作为政治活动家,他清楚地认识到那个时代的迫切社会需要。"可以说,在《新大西岛》中得到发挥的、培根认为特别珍贵的某些思想是他整整一生都怀在心里的。"①通过它人们可以更好地把握培根一系列关于科学教育的思想。

与莫尔的《乌托邦》、康帕内拉的《太阳城》不同,培根从自己的政治立场出发,向人们展示了科学治国的美好前景,充分表达了科学技术在社会发展中的巨大作用,以及如何促进科学技术发展的种种构想。培根所设想的"所罗门之宫"就是一个规模极大的科学教育机构,其目的是探讨事物的本原和它们运行的秘密,并扩大人类的知识领域,以使一切理想的实现成为可能。作为世界上最崇高的组织和国家的指路明灯,"所罗门之宫"具有进行科学研究所需要的各种机构和设施。

具体说来,包括以下方面:(1)各种又大又深的洞穴,用以凝结、冷冻和保存各种物体,埋藏各种各样的胶泥制品。在那里,可以仿造各种天然矿物生产人造金属,并利用它们治疗某种疾病和作为延年益寿的场所。(2)建造在高山上的高塔,按照它们的不同位置和高度,观察风、雨、雪、雹和其他突变的气象;还有一些宏伟宽敞的建筑,用于进行气象研究和试验,如降雨、降雪、降雹、霹雷、闪电等。(3)面积很大的咸水湖和淡水湖,用以养鱼和水禽;还有从盐水中析出淡水,并把淡水变成盐水的池子。(4)仿照天然泉源建造的水井和温泉,里面含有矾、铁、铜、铅、硝石等矿物质,经过处理以后特别有益于健康和延年益寿。(5)适合于治疗各种疾病和保持健康的疗养院;以及掺有各种药水的清洁而宽敞的浴池,用于祛除身体的过度疲劳和增强体力,使人精力充沛和肌肉发达。(6)各种巨大的果园和花园,可以根据土壤的性质和肥沃程度种植各种草木,并利用果实酿造各种酒类;对于各种野生的果木可以做嫁接和萌芽试验,应用各种技术使树木和花草的成熟早于或晚于它们的季节,并更多更快地结出果实;还可以使它们生长得更加高大,结出的果实更大更甜,并有各种色、香、味和形状。(7)饲养各种鸟兽的动物园,它不仅用作观赏,而且为了解剖和试验,把获得的知识应用到人体;人们不仅可以在动物身上试验各种毒素和药品,使它们的颜色、形状和习性等发生变化,而且可以使不同种类的鸟兽进行杂交产生新品种。那里还有用于试验的鱼类和昆虫。(8)用于制作各种最精美的酒类、面包和肉食品的酒厂、面包房、厨房。酒类有葡萄酒、果汁酒、米酒、药酒等,人们竭力把酒酿造得十分柔和,使其力量能够慢慢地灌注全身,而不至于伤害身体;还有用各种粮食、植物、果仁、干肉、干鱼制作的面包,由于制

---

① [英]弗·培根著,何新译:《新大西岛》,商务印书馆2012年版,第44页。

作时使用了各种发酵剂和调味剂,所以有些面包不仅味美可口,而且富于营养。(9)用于配制各种药草、药材、药品的药房和药店。为了配制这些药品,人们不仅使用微火、过滤器进行分析,而且运用最准确的配剂方法,使药品如同天然产品一样。(10)制造纸张、布匹、丝绸、纱绢、羽制品、染料等物品的工厂,以及保持各种不同热度的熔炉,人们可以仿照太阳热和天体热,经过各种均差和轨道试验产生不同的热量。(11)能够从事各种科学试验的实验馆,如光学馆、音乐馆、香料室、机器馆、数学馆和幻术室等。

根据培根的设想,"所罗门之宫"的科学研究被分解为不同的环节,由不同的工作人员去完成。例如,有人专门去外国收集各种资料和实验模型;有人负责收集所有关于机械工艺、高等学术的实验和各种实际操作方法;有人直接从事新的实验并负责把实验制成图表,以便从中发现新的知识和定理;有人专门观察同伴的实验,从中发现对于人类生命及实际工作有用的知识,阐明事物的本原和预见未来的方法;有人专门从事新的更高级、更深入自然奥秘的试验;有人专门执行计划中的试验,并提交试验报告;有人负责把以前试验中的发现上升为更完善的定理,他们被称之为"大自然的解说者"。此外,科研人员还要到全国的主要城市宣传那些有价值的新发明,并预告自然疾病、瘟疫、虫灾、饥荒、风灾、地震、洪水、彗星及气候变化等,指导人们如何进行防御和救治。那里还有许多学徒和实习生,以确保能接替上述科研人员的职务。对于新的发现和发明,他们共同研讨是否发表,并且对于保密的东西他们宣誓严守秘密。

总之,在科学主宰一切的"所罗门之宫",人们热心从事各种科学研究,包括天文、气象、地质、矿物、动物、植物、物理、化学、机械等学科。为了推进科学研究及教育,培根要求提供必要的条件,包括从事学术活动的场所、印行学术书籍和提高学者地位等。他说:"正如水一样,不论是天上的甘露还是地上的清泉,如果不能汇集在一个容器中,便不能增大力量保持下去,便会分散消失在地面。因此人们勤奋地挖泉眼,建造沟渠、蓄水池、池塘,不仅让它们便于实用,而且加以美化装饰,使其华丽壮观。同样,知识的甘露无论来自神的启示,还是源于人的感官,如果不保存在书籍中、传统中、会议里,或特定的地点如大学、学院、学校中,加以收集和扩大,也一样会很快就毁灭、消亡,无影无踪。"[①]为了提高学者的地位和待遇,"所罗门之宫"还制定了奖励的规章制度,科研人员在这里备受尊敬。"我们有两个很长的、美丽的长廊,其中一个陈列着各种特别新奇而有价值的发明的模型和样品,另一个中陈

[①] [英]弗朗西斯·培根著,刘运同译:《学术的进展》,上海人民出版社2007年版,第58页。

列着主要发现者、发明者的雕像。……我们对于每一个有价值的发明都为它的发明者建立雕像,给他一个优厚的和荣誉的奖赏。"①

由上可知,培根的著作、思想及行动都说明他是一个伟大的思想家、实验科学的先驱者,科学技术最热忱的倡导者和鼓吹者。培根在科学上具有远见卓识,对科学无限热爱,不遗余力地宣传科学知识在改造世界及为人类谋福利中的作用,他的思想对于英国乃至全世界都产生了巨大的影响。"他比任何人都更多地有助于把理智从先入为主的概念中解放出来,并指导它对事实进行无偏见的研究,无论是对自然、对心灵的事实,还是对社会的事实都是如此;他证明了实证科学的独立地位,而且就主要的而论,他在近代思想史上的地位即归因于此。"②培根所倡导的自然科学知识进入了学校的大门,他所提出的实验归纳法使学校教育与形式主义分离,他所描绘的"所罗门之宫"为近代科学教育的实施提供了蓝图。"培根对教育方法的适用性产生了多大影响?这与它对科学的影响不同:直接地说,他没有做出任何贡献;但间接地说他贡献了很多,甚至在教育方面的影响比在科学领域的影响更大。"③

总而言之,培根吹响了近代科学教育的号角,开辟了近代科学教育的道路,使课程内容、教学原则、教学方法乃至教材都发生了重要变化。"在传统意义上,培根无疑不是专门的教育理论家;然而他胸怀远大的教育理想,希望改变人类对待知识的基本态度。而且他对后来的教育家产生了重要影响——从17世纪的夸美纽斯及其同伴一直到20世纪的约翰·杜威。培根作为新的科学方法的宣传者,他所绘制的改革蓝图构成了教育思想发展过程的一个基本要素。"④后来德国教育家拉特克(Wolfgang Ratke)、捷克教育家夸美纽斯、英国教育家洛克都受到培根的影响,他们沿着培根开辟的道路进一步推动了近代科学教育的发展。"在人们前进的新时代,培根取代了亚里士多德的地位,成为那些试图认识事理和教学的学者的大师。'知识之发展'成为许多渴望改革生活和思想的人们的口号,并且通过这些人,这一口号逐渐成为近代教育思想中不可缺少的一个组成部分。"⑤"培根的主要贡献之

---

① [英]弗·培根著,何新译:《新大西岛》,商务印书馆2012年版,第41页。
② [英]索利著,段德智译:《英国哲学史》,山东人民出版社1996年版,第35—36页。
③ Robert Ulich, History of Educational Thought, American Book Company, New York, 1950, p. 167.
④ G. H. Bantock, Studies in the History of Educational Theory, Volume Ⅰ, Artifice and Nature, 1350—1765, George Allen & Unwin, London, 1980, p. 165.
⑤ [英]博伊德,金合著,任宝祥,吴元训主译:《西方教育史》,人民教育出版社1986年版,第236页。

一是在理性与天启之间划出了一条清晰的线,这使得清教徒能够全心全意地信奉他的科学观,从而把上帝的真实语言与经院哲学的空洞区分开来。"①

此外,培根构想的有组织的科学研究机构——"所罗门之宫"激励了后继者,并促进了科学社团的诞生。1662年7月成立的英国皇家学会,完全可以看做波义耳、胡克等科学家实现培根理想的结果,他们都深受这位学识渊博而又才华横溢的大法官影响。正如皇家学会特许状指出:"我们的理智告诉我们,我们自己在国外旅行的见闻也充分证明,我们只有增加可以促进我国臣民的舒适、利润和健康的有用发明,才能有效地发展自然实验哲学,特别是其中同增进贸易有关的部分。这项工作最好由有资格研究此种学问的有发明天才和有学问的人组成一个团体来进行。他们将以此事作为自己的主要工作和研究内容,并组成为拥有一切正当特权和豁免权的正式学会。"②

除了培根之外,17世纪以哈特利布、沃德华(Hezekiah Woodward)、杜里(John Dury)、威廉·配第、约翰·韦伯斯特(John Webster)、威廉·戴尔(William Dell)、弥尔顿等人为主的一批清教徒改革家,也是科学教育的积极倡导者和实践者,他们指导教育革新思想的主要原则直接或间接地都源自于培根。"在1640—1660年新教处于上升时代,几乎每个议论教育的英国人都在不同程度上是培根主义者。然而,在某种情况下,这种说法却掩盖了主要影响是来自夸美纽斯而不是来自培根这一事实。从整体看来,这种区别是无关紧要的,因为培根有关教育的思想大部分被夸美纽斯以某种方式表达成为一种实际术语,并在新教的范围内按照他的道德和宗教倾向进行了修改。"③1641年夸美纽斯应哈特利布之邀访问英格兰探讨泛智教育改革,并表达了将培根的"所罗门之宫"成为现实的决心。但由于爱尔兰爆发了叛乱,英国议会无暇顾及他的任何改革建议。"不过,夸美纽斯泛智的思想以及他在留英期间所进行的活动对于1662年英国皇家学会——一个专门从事科学研究及科学信息交流的学术机构的创立,还是产生了积极的影响。"④夸美纽斯的思想启迪了一代英国教育思想家,并促成了许多教育改革方案的形成。

哈特利布是致力于按照现实主义路线改革英国教育的信徒们的领袖,他以其毕生精力和财产推行以教育为主的各种慈善事业。"哈特利布始终如一地寻求把现实主义的、功利

---

① Joan Simon, Education and Society in Tudor England, Cambridge University Press, 1967, p.396.
② [英]J. D. 贝尔纳著,陈体芳译:《科学的社会功能》,广西师范大学出版社2003年版,第28—29页。
③ [英]博伊德,金合着,任宝祥,吴元训主译:《西方教育史》,人民教育出版社1986年版,第266页。
④ 赵祥麟主编:《外国教育家评传》(第一卷),上海教育出版社2003年版,第420页。

主义的、经验性的新型教育引入英格兰。哈特利布沟通了英格兰和欧洲寻求传播学院式科学研究的各位新教教育家之间的联系。"① 他最出色的工作是鼓励朋友们写作教育著作,使他们的观点闻达于政府和公之于众。哈特利布本人的教育著作大都受益于培根和夸美纽斯,包括《夸美纽斯文集导论》(1637)、《〈大教学论〉序及论夸美纽斯的"泛智思想"》(1639)、《论英国教会和国家改革后的可喜成就》(1647)、《学习拉丁语的正确和容易的方法》(1656)等。其中他最有独创性的建议或许是1650年向英国议会提出的《扩大伦敦的慈善事业》议案,其主要内容是要求准许贫苦儿童受教育,并深信国家有权利把教育作为社会改良的工具。哈特利布最著名的论文是《政府演说词》,内容涉及劳工、宗教团体、教育、科学发明和学术进步等。

沃德华是哈特利布的亲密朋友,也是培根及夸美纽斯唯物主义感觉论的坚定支持者。他强调现实主义(重物不重言)和科学教育,认为教师应尽可能地利用感官,包括实物、图表、图片、模型和其他直观教具,除了通过感官任何东西都无法以自然方式加以理解。"因为他在理解自然中看到,通向一切的大门不仅是科学的大门,而且包括道德和宗教的大门。事实上,每个儿童智慧的开端必然来自他周围的事物。"② 因此,教育方法必须按照自然规律办事,首先通过直观教学,其次是理解,最后才是记忆。沃德华的教育著作有《儿童的命运》和《语法启蒙和科学入门》。杜里是一名培根主义者,1650年他在哈特利布的建议下写成小册子《改革后的学校》。他主张建立一种普及教育的学校体制,使八、九岁至十三、十四岁的儿童能进这种学校,让他们观察"世上一切自然的和人工创造的东西,从而他们的想象力就会按一定的方法,对那些事物作出适当的反映,并了解它们的性质和用途,然后通过商业和制造业了解人们的相互关系"。③ 直到20岁时,再学习所有适合于为教会和国家服务的有用的科学和艺术。此外,杜里还强调学校应配有各种各样的直观教具,他说:"在大的共同教室中,应该有各种数学、自然、哲学、历史、医学、文字和其他学科的图片、地图、地球仪、工具、模型、引擎以及与艺术和科学有关的感性实物"。④

---

① [美]罗伯特·金·默顿著,范岱年等译:《十七世纪英格兰的科学、技术与社会》,商务印书馆2002年版,第160页。
② [英]博伊德,金合著,任宝祥,吴元训主译:《西方教育史》,人民教育出版社1986年版,第269页。
③ [英]博伊德,金合著,任宝祥,吴元训主译:《西方教育史》,人民教育出版社1986年版,第268页。
④ [英]伊丽莎白·劳伦斯著,纪晓林译:《现代教育的起源和发展》,北京语言学院出版社1992年版,第83页。

威廉·配第既是 17 世纪英国政治经济学的创始人，也是英国皇家学会的创始人之一。1648 年配第向当时英国教育思想领域的活跃人物哈特利布提交了《关于促进学问的某些特殊部分的建议》，提出了普及初等教育、扩充教育内容、实现教育与生产劳动相结合、先学习感性实物后学习文字等改革意见。他要求一切阶级的儿童都能进入学校学习，主张将初等学校改为劳动学校，以便使儿童能学习木工、物理学和数学仪器的制作、雕刻、园艺等。这是最早的职业技术教育思想，反映了当时人们要求根本改变脱离生产实际的旧教育的强烈愿望。他说："所有儿童，即使是出身名门的，在少年时代都要学习一些高尚的制造业，它们分别是：按照新奇的图形从事车工工作，制作数学仪器、日晷及其在天文观察中的应用，制作钟表及其他旋转运动的仪器，在玻璃上绘画或油画，用各种材料进行的雕刻、蚀刻、浮雕和铸造，识别、琢磨和镶嵌宝石的制宝石工艺，磨制屈光和反光玻璃，植物栽培和园艺……"①

配第要求所有儿童学习算术和几何学的基本常识，因为它们在一切人类事务中都具有重要的用途。为了促进一切机械工艺和制造业发展，配第希望建立一所机械中学或手工艺学校，在那里教授各种机械工艺，以使新发明比新时装和新家具更频繁地问世。他说："这里将会出现最有利的和最有效的机会和方法，来写一部完善的、准确的手工艺发展史，而所有的车间和操作将给那些伶俐的、善于思考的才智之士提供多么丰富的实验和资料，以便从中推断出对自然的解释，而世上现有的对自然的解释竟是如此稀少、如此粗劣！"②在这所学校还配备了各种科研设施，如植物园、动物园、水族馆、陈列馆、机器模型、花园和亭台、喷泉和供水系统、图书馆、天文台、试验田、艺术长廊、地球仪、地图等，这里将成为整个世界的缩影和概览。配第所描述的机械中学与培根的"所罗门之宫"交相辉映。

此外，约翰·韦伯斯特也是清教徒和培根主义者，他对于大学里科学的缓慢发展颇感不满，建议按照彻底的功利原则对它们进行改造，并公开宣扬在大学中用实验科学取代古典研究。他希望有"更多的数学、物理学和烟火制造术或化学这类高尚而又从未得到充分赏识的科学"。③ 剑桥大学教师威廉·戴尔对牛津和剑桥大学的教育进行了批判，并敦促大学多采用通过实验归纳法获得的知识和科学知识。类似的观点来自弥尔顿，他认为诗歌、

---

① 任钟印主编：《世界教育名著通览》，湖北教育出版社 1994 年版，第 366 页。
② 任钟印主编：《世界教育名著通览》，湖北教育出版社 1994 年版，第 367 页。
③ [美]罗伯特·金·默顿著，范岱年等译：《十七世纪英格兰的科学、技术与社会》，商务印书馆 2002 年版，第 63 页。

演说和历史都以各自的方式给人欢乐,但它们都不是实用的。因此研究各门自然科学,尤其是地理学、天文学和博物学更合乎需要。1644年弥尔顿在哈特利布的建议下出版了《论教育》,他认为教育改革是实现英国理想的最伟大和最崇高的设计。

总之,以哈特利布为中心的清教主义、培根主义者,希望通过发展教育、科学研究和技术达到社会改良的目的。他们在位于伦敦的格雷沙姆学院(Gresham College)多次聚会,不仅从事科学发明而且进行工艺技术的研究,并将研究进程和结果通过书信向欧洲大陆传播。"格雷沙姆学院是科技教育思想在英国体制化的第一个例证。它建于1579年,是一种介于中等技术教育和高等教育之间的院校。尽管如此,它对以后的高等技术教育的发展起了奠基的作用。……事实上,在1579年以后的整整一百多年里,格雷沙姆学院是英国独一无二的'现代'学院"[①]1662年皇家学会的建立也标志着英国当时在世界科学的领先地位,它虽然不是一个教学机构,但它在传播科技知识方面发挥了积极的作用。由于皇家学会当时是人们交流思想、实验结果和信息的场所,所以被称为"隐形学院"。在皇家学会1663年公布的首批会员名单中,有宗教倾向的68名会员中42人属于清教徒。因此,有学者指出,17世纪实验科学在英格兰得到如此迅速的传播,至少部分地是由于受到温和派清教徒的促进。[②] 英国学者劳伦斯评论说:"在共和政体时期,以塞缪尔·哈特利布为首的一些英国社会改革家又一次使教育之光更为明亮了。如果不是因为内战和王政复辟的逆流,教育事业的改革会提前一百年进行。"[③]

二、斯宾塞

斯宾塞(1820—1903)是英国实证主义哲学家、社会学家和教育家。他出生于英格兰德比郡一个风景优美的乡村,父亲乔治·斯宾塞(George Spencer)是一位声望很高的教师,祖父和最年轻的叔父威廉·斯宾塞(William Spencer)也是教师。斯宾塞幼年体弱多病,13岁以前主要跟随父亲学习。他的父亲善于思索,辨别力很强,观察力敏捷,怀疑一切权威,主

[①] 殷企平著:《英国高等科技教育》,杭州大学出版社1995年版,第4页。
[②] [美]罗伯特·金·默顿著,范岱年等译:《十七世纪英格兰的科学、技术与社会》,商务印书馆2002年版,第158页。
[③] [英]伊丽莎白·劳伦斯著,纪晓林译:《现代教育的起源和发展》,北京语言学院出版社1992年版,第78页。

张通过经验和发现去学习,坚持采用自学的方法。父亲经常带领斯宾塞游乐于牧场、田野和溪涧,引导他观察自然万物,采集植物和昆虫标本,从小培养细心观察和思考的习惯。"在他童年时代,他跑遍了他家附近的地区,熟悉每一处篱笆。春天,他寻找鸟巢,采集紫罗兰或野玫瑰;在下半年,有时采集香菇,有时采集黑莓,有时采集蔷薇果和山楂果,酸苹果和其他野生果实。在这些野外闲逛中,除了是一种愉快的锻炼和满足他对探险的热爱之外,他得到各种事物的知识,各种知觉得到有益的训练。"①父亲有时还让他和自己的学生一起做物理和化学实验。通过这种生动活泼的教学方式,斯宾塞学习了许多自然科学知识,这是当时英国学校教育所没有的。他在《自传》中写道:"由于对周围事物和它们的特性的观察,我比一般的男孩子知道得多,对关于事物的原理和发展过程的概念考虑得更清楚,对物理和化学的各种特殊现象有更多的感性知识,我也从个人的观察和读书中获得有关某些动物生活,特别是昆虫生活的知识……"②

1833年6月斯宾塞的父母带领他从德比到巴斯看望叔父托马斯·斯宾塞(Thomas Spencer),叔父是英国国教派牧师,思想比较自由,除了牧师工作外还兼任一些准备大学入学考试的学生导师。父亲希望斯宾塞跟随叔父学习数学和语言,将来报考叔父的母校剑桥大学圣约翰学院。斯宾塞对数学、三角、机械学等课程颇感兴趣,却厌恶拉丁文和希腊文的学习。他之所以不喜欢学习语言,是因为他讨厌纯粹教条式的知识。斯宾塞在《自传》中指出:"无论在童年时代和青年时代,我没有上过一堂英语课,直到目前为止,我完全缺乏正规的句法知识,这些事实应该了解;因为,它们的含义与普遍接受的假设不同。还应该注意其他许多重要遗漏和相当多的增添的东西,这就使我所受的教育,具有不同于通常教育的性质。"③1836年6月斯宾塞返回德比,结束了三年的学习生活。他没有接受叔父送他去剑桥读书的建议,而是回到了父母身边继续自学。

斯宾塞回到德比后,父亲希望他选择教师职业。1837年7月斯宾塞担任了童年时代的老师马泽先生的助手,他在教学中采用自然的方法,而不是呆板机械的方法,因而很快赢得学生的爱戴,师生关系非常和谐,但这种教师生活只维持了三个月。由于数学成绩特别优秀,1837年11月斯宾塞的叔父威廉写信让他前往伦敦铁路局工作,担任伦敦至伯明翰铁路

---

① [英]斯宾塞著,胡毅,王承绪译:《斯宾塞教育论著选》,人民教育出版社1997年版,第8页。
② 赵祥麟主编:《外国教育家评传》(第二卷),上海教育出版社2003年版,第248页。
③ [英]斯宾塞著,胡毅,王承绪译:《斯宾塞教育论著选》,人民教育出版社1997年版,第14—15页。

的土木工程师。在八年铁路建设期间,斯宾塞仍然坚持自学和进行各种试验。除了钻研力学、机械学、测量学、地质学及工程技术外,他对数学和自然科学产生了浓厚的兴趣。"可以说,正是早期对科学知识的兴趣和信念,促使斯宾塞后来的'科学知识最有价值'的见解的形成,并极力促进科学教育的发展。"①

1847年斯宾塞辞去铁路局的工作,次年担任英国《经济学家》杂志副主编,专门从事新闻工作和写作。他的叔父托马斯·斯宾塞从巴斯迁入伦敦后,斯宾塞经常和他讨论有关伦理学、政治学、教育和一般社会问题。同时,斯宾塞进一步研究哲学与社会学,受到孔德(Auguste Comte)实证主义哲学、密尔功利主义理论、达尔文进化论的重要影响,逐步形成了自己的理论体系。随后各种著述不断问世,1850年出版的《社会静力学》是斯宾塞研究社会学和政治学的主要著作之一,它包含了自1850年以来已有很大发展的一些思想的萌芽,如作为直接目标的幸福、财产权、社会主义、妇女的权利、儿童的权利、政治权利、国家的职责、国家的政治体制、国家职责的限度、商业管理、济贫法、国民教育、卫生监督等;继《社会静力学》之后,斯宾塞为《威斯敏斯特评论》、《不列颠评论季刊》和《北不列颠评论》等期刊撰写了大量论文,这些论文成为他后来10卷本巨著《综合哲学体系》的前奏。1853年7月斯宾塞辞去《经济学家》杂志职务而专事著述。1855年他出版了《心理学原理》,认为人的心理也是根据进化论而发展,进化原理同样存在于人的思维活动,并开始把进化论运用于心理学研究。有的学者指出:"在理解斯宾塞强调科学文化和不干涉个人教育的原则方面,社会进化论特别重要。"②

在斯宾塞看来,"进化是物质及其伴随的耗散运动的一体化;在这一过程中,物质从不确定的、非连贯的状态走向确定的、连贯的统一;在这一过程中,保留的运动经历了一个平行的转换"。③"进化"应是解释一切自然和社会现象发展的基本观点,可以说是哲学的根本法则。于是他围绕"进化"这一中心概念对其思想进行综合工作,试图建立一个庞大的科学哲学体系,从低级的生物学起源开始,到最高级的伦理学原理为止,以取代中世纪的神学思想体系。随后斯宾塞用了36年时间,花费大半生的心血,终于在1896年完成了10卷本巨

---

① 吴式颖,任钟印主编:《外国教育思想通史》(第八卷),湖南教育出版社2002年版,第160页。
② Andreas M. Kazamias, Herbert Spencer on Education, Teachers College Press, Columbia University, New York, 1966, p. 34.
③ Andreas M. Kazamias, Herbert Spencer on Education, Teachers College Press, Columbia University, New York, 1966, p. 68.

著《综合哲学体系》。英国哲学家索利指出:"自培根和霍布斯以来还不曾有另一位英国思想家试过要建立如此博大的体系。这个系统本身也正好与早期达尔文主义者的科学概念非常合拍,因此在所有英语国家,甚至较少范围内在欧洲大陆都得到广泛传播。"①英国学者伯里认为斯宾塞创立了另一套完整的哲学体系。"像孔德的哲学一样,它建立在科学的基础上,并试图表明,从星云系宇宙开始,不论是精神的、社会的以及物质的整个可知世界,都是可以推断的。他的《综合哲学》在使进化论观念在英国变成人人皆知方面或许贡献尤其大。"②当斯宾塞完成最后一部著作《社会学原理》时,包括英国当时所有著名科学家在内的82人联名发来贺信,称其为学术界的"思想泰斗"、"没有受过学校教育的近代亚里士多德"。③

从1854至1859年,斯宾塞还陆续发表了四篇关于教育问题的论文,其中《智育》发表于1854年5月的《北不列颠评论》,《德育》和《体育》分别发表于1858年4月和1859年4月的《不列颠季刊评论》,《什么知识最有价值?》发表于1859年7月的《威斯敏斯特评论》。这些论文阐述了科学知识的价值及其在学校教育中的重要地位,以及如何对学生进行智、德、体三方面的教育。1860年这四篇论文汇集成册,名为《教育论》,首次在美国出版。该书出版后引起社会和教育界人士的广泛关注,并很快被译成十几种文字,流传于世界各国。

(一) 对古典主义教育的批判

斯宾塞积极参加了19世纪中叶展开的那场古典主义教育与科学教育的激烈论战,他把古典主义教育比作未开化的原始部落(如印第安人)纹身涂油的陋习予以彻底否定。针对当时英国学校教育盛行"装饰先于实用"的传统观念,斯宾塞指出:"不只在过去,在我们现代也差不多一样:那些受人称赞的知识总放在第一位,而那些增进个人福利的知识倒放在第二位。……在我们现在的大学和普通学校里也有同样的轻重倒置的情况。一个男孩,在他整个一生,十之八九用不到拉丁文和希腊文,是大家都熟悉的老生常谈。……假如我们问到给男孩子古典教育的真正动机是什么,那就只是为了顺从社会舆论。同给儿童装饰

---

① [英]索利著,段德智译:《英国哲学史》,山东人民出版社1996年版,第274—275页。
② [英]J.B.伯里著,周颖如译:《思想自由史》,商务印书馆2012年版,第117页。
③ 吴式颖、任钟印主编:《外国教育思想通史》(第八卷),湖南教育出版社2002年版,第161—162页。

身体一样，人们也随着风尚装饰儿童的心智"。① 在他看来，一个男孩必须学习拉丁文和希腊文，并不是因为这些语言有其内在价值，而是免得他因不懂这些语言丢脸，因为这标志着某种社会地位。

斯宾塞认为，在"装饰先于实用"的原则下，古典主义教育很少考虑对个人心智发展的作用，尤其在女性方面表现更加明显，大部分的"才艺"都证明装饰重于实用。"舞蹈，举止文雅，弹钢琴，唱歌，绘画：这些占了多大分量！如果你问为什么学意大利文和德文，你就会看出，在一切借口之下，真正的理由是认为懂得这些语文才像个贵妇人。目的并不在去读用那些文字写的书，因为她们根本就很少去读书；而是为了去唱意大利文和德文的歌曲，为了由于多才多艺而引起的啧啧称赞。记住一些君王的生卒年月、婚姻和其他逸闻琐事，也不是因为知道了那些可能有什么直接好处；而是因为社会上认为那是良好教育的一部分，因为缺乏那些知识就会被人轻视。"②

斯宾塞分析了在身体和心智方面"装饰先于实用"的原因。他认为原因很简单，从远古到现在，社会需要压倒了个人需要。出人头地、受人尊敬、逢迎上级等，成为人们追逐的目标；学者、历史学家、哲学家也用他们的造诣达到同样的目的。他说："我们每个人都不满足于安静地在各方面充分发展我们的个性，而是很焦急地渴望使我们的个性深深地打动别人，并且多少支配他们。这个就是决定我们教育性质的东西。所考虑的不是什么知识最有真正的价值，而是什么能获得最多的称赞、荣誉和尊敬，什么最能取得社会地位和影响，怎样表现得最神气。……所以在教育中问题也就不在知识的内在价值，而多半在于它对别人的外部影响。"③斯宾塞把约翰·密尔早期接受的大多数教育视为"装饰用的"，认为它违背了儿童的自然发展和进化规律，它是片面和极其不人道的，因为它几乎完全由古典人文学科的题材组成，并且它是书生气和独裁主义的。

在对古典主义教育传统进行猛烈批判的基础上，斯宾塞在西方教育史上首次提出了"教育预备说"，即教育应该为"完满的生活做准备"。他说："怎样生活？这是我们的主要问题。……怎样对待身体，怎样培养心智，怎样处理我们的事务，怎样带好儿女，怎样做一个公民，怎样利用自然界所供给的资源增进人类幸福，总之，怎样运用我们的一切能力使对己

---

① ［英］斯宾塞著，胡毅、王承绪译：《斯宾塞教育论著选》，人民教育出版社1997年版，第54页。
② ［英］斯宾塞著，胡毅、王承绪译：《斯宾塞教育论著选》，人民教育出版社1997年版，第55页。
③ ［英］斯宾塞著，胡毅、王承绪译：《斯宾塞教育论著选》，人民教育出版社1997年版，第56页。

对人最为有益,怎样去完满地生活?这个既是我们需要学的大事,当然也就是教育中应当教的大事。为我们的完满生活做准备是教育应尽的职责;而评判一门教学科目的唯一合理办法就是看它对这个职责尽到什么程度。"①因此,在斯宾塞看来,教育的主要任务是教会人们怎样生活,使其获得生活所需要的各种知识,从而为其完满的生活做准备。"这个任务无疑是艰巨的,或许永远只能得到一个大概的成就。但是,考虑到重大的利害关系,就不能因为任务艰巨而胆怯地把它放过去;应当因此竭尽全力去掌握它。"②

斯宾塞把"完满的生活"划分为五种活动:一是直接保全自己的活动;二是从获得生活必需品而间接保全自己的活动;三是目的在于抚养和教育子女的活动;四是与维持正常的社会和政治关系有关的活动;五是在生活中的闲暇时间满足爱好和情感的活动。相应地,斯宾塞列出了一个合理的教育次序:准备直接保全自己的教育、准备间接保全自己的教育、准备做父母的教育、准备做公民的教育、准备生活中各项文化活动的教育。他认为只有根据这五种活动及其排列次序选择教学内容和方法,才能实现为完满生活做准备的教育目的。斯宾塞主张科学应该在学校教育中占据极其重要的位置,因为它对于完满生活的预备比古典主义教育更加有效。因此,从最广义上看,学习科学知识是所有活动的最好准备。

(二)阐明科学知识的价值

在科学教育与古典主义教育的辩论中,斯宾塞明确提出首先要解决知识的比较价值问题。他说:"人们阅读这个题目的书籍,听那个题目的演讲;决定要教给他们的子女以这些部门、而不给那些部门的知识;一切都不过是从习俗、爱好或偏见出发;从未想到至关重要的是用某些合理方法去决定哪些东西真正最值得学。"③斯宾塞认为,重要的问题并不在于这个或那个知识有无价值,而在于它的比较价值。由于我们的学习时间有限,我们应把所有的时间用于做最有益的事情,这是一切教育问题的重心。因此,在制定一个合理的课程体系之前,我们必须弄清楚各项知识的比较价值。

为了达到这一目的,首先要有一个衡量知识价值的尺度。在斯宾塞看来,任何知识都是有价值的,只是不同的知识具有不同的比较价值。判断知识的价值的大小,主要看它与

---

① [英]斯宾塞著,胡毅,王承绪译:《斯宾塞教育论著选》,人民教育出版社 1997 年版,第 58 页。
② [英]斯宾塞著,胡毅,王承绪译:《斯宾塞教育论著选》,人民教育出版社 1997 年版,第 59 页。
③ [英]斯宾塞著,胡毅,王承绪译:《斯宾塞教育论著选》,人民教育出版社 1997 年版,第 56 页。

生活某些部分的关系，看它在多大程度上为完满的生活做准备。斯宾塞断言，为完满的生活做准备是衡量知识价值的唯一标准，教育的理想是在上述活动范围中做好完全的准备，我们的目标是在每个范围的准备程度上维持一个适当的比例。他认为，学校教育应关注知识的所有方面，价值最大的给予最大注意，价值小些的就注意少些，价值最小的就最少注意。有些知识具有内在的价值，有些知识具有半内在的价值，有些知识具有习俗上的价值。"必须承认，与整个人类始终都有关的事实，比那些只在有限的年代中关系到一部分人的事实较为重要，而比那些只在一时流行的、关系到一部分人的事实更为重要；因此合理的看法是：在其他情况相等时，有内在价值的知识，必须放在具有半内在价值或习俗上价值的知识的前面。"①

斯宾塞认为，我们应从训练心智和指导行为两方面，考虑知识为完满生活做准备的价值。在他看来，为了训练心智和指导人类活动，科学知识最有价值；从最广义上看，学习科学是所有活动的最好准备。"这是从所有各方面得来的结论。为了直接保全自己或是维护生命和健康，最重要的知识是科学。为了那个叫做谋生的间接保全自己，有最大价值的知识是科学。为了正当地完成父母的职责，正确指导的是科学。为了解释过去和现在的国家生活，使每个公民能合理地调节他的行为所必需的不可缺少的钥匙是科学。同样，为了各种艺术的完美创作和最高欣赏所需要的准备也是科学。而为了智慧、道德、宗教训练的目的，最有效的学习还是科学。"②斯宾塞在《什么知识最有价值》中以铿锵有力的语气表明，实现"完美"和"幸福生活"最有价值的文化形式是"科学文化"，这是教育的基本目的，他把它理解为在物理与生物科学、社会科学方面的训练。"对于斯宾塞而言，科学文化不仅可以'促使'人'调整'他的环境，而且可以把人从传统、权威和教条的束缚中解放出来；它有助于人成为知识的'发现者'而不是'接收器'；总之，它使人意识到他自己和他的个性。另一方面，斯宾塞认为文学、诗歌和艺术代表了社会生活而不是个人，而且社会兴趣经常与个人兴趣相冲突。到目前为止，它们还代表着不容置疑的道德真相。它们不允许独立判断或者'诉诸个人的理性'。"③

---

① ［英］斯宾塞著，胡毅，王承绪译：《斯宾塞教育论著选》，人民教育出版社 1997 年版，第 61—62 页。
② ［英］斯宾塞著，胡毅，王承绪译：《斯宾塞教育论著选》，人民教育出版社 1997 年版，第 91 页。
③ Andreas M. Kazamias, Herbert Spencer on Education, Teachers College Press, Columbia University, New York, 1966, pp. 36-37.

斯宾塞认为"任何课程的核心应包括实证知识——科学"。① 他将当时在学校课程中占主导地位的语言学习与科学知识进行比较,认为在训练心智能力上科学知识更有价值。语言学习的优点是增强记忆力,科学知识不仅能训练记忆力,还可以培养判断力。学习语言时形成的观念,大多数同一些偶然的事实符合;而学习科学时形成的观念,大多数同一些必然的事实符合。语言使我们熟悉一些不含推理的关系,而科学使我们熟悉一些推理的关系。前者只是练习了记忆力,后者则同时训练了记忆力和理解力。因此,传统的语言学习没有什么价值。"他自己没有学习语法而成为了一名作家,没有学习形式逻辑而成为了一名思想家,没有学习拉丁语或希腊语、甚至任何外语而成为了一名语言大师。"②科学知识不仅在智慧训练上是最好的,在道德训练上同样如此,它可以培养一个人的独立性、创造性、坚毅和诚实的品质。"学习语言如果产生影响,就容易更增加对权威已经过分的尊敬。……科学的培养就产生一个完全相反的心智情调。科学经常要求各人用理智去判断事物。人们不是单纯根据权威来接受科学的真理,而是所有的人都可自由地去检验;不但如此,通常还要求学生自己做出结论。……从这一切,他就获得了独立性,而这是品质中一个最有价值的因素。科学的培养所赐给的道德上的益处还不只这个。当工作尽量在独创研究的方式下进行的时候,还锻炼一个人的坚毅和诚实。"③

另外,斯宾塞指出,并不是像许多人所想象的那样,科学是非宗教的,忽视科学才是非宗教的,不去研究周围造物主所生的一切才是非宗教的。对科学的忠诚就是一种无言的崇拜,默认所学事物的价值即意味着崇敬事物的造因。"真正的科学不只在本质上是宗教的。它的宗教性还在于它对一切事物所表现的那些运动中的一致性产生深厚的崇敬和绝对的信仰。"④只有真正的科学家,才能知道那表现自然、生命、思维的宇宙全能,是怎样完全超出人类知识和理解范围的。因此,从各方面的影响看,学习事物的意义比学习字句的意义要大得多。不论是为了理智、道德或宗教的训练,研究周围事物的现象都要比研究语法字义具有绝对的优越性。

在指导人类行为方面,斯宾塞认为世界上的一切活动都离不开科学知识。因为除了人数不多的上层阶级之外,所有人都在从事商品的生产、加工和分配,而商品的生产、加工和

---

① A. V. Judges, Pioneers of English Education, Faber and Faber Limited, London, 1951, p. 161.
② A. V. Judges, Pioneers of English Education, Faber and Faber Limited, London, 1951, p. 161.
③ [英]斯宾塞著,胡毅、王承绪译:《斯宾塞教育论著选》,人民教育出版社1997年版,第88—89页。
④ [英]斯宾塞著,胡毅、王承绪译:《斯宾塞教育论著选》,人民教育出版社1997年版,第90页。

分配效率取决于适合它们性质的方法,以及熟悉它们的物理、化学或生命的特性,这些都依靠科学。这方面的知识没有列入学校科目,却是使文明生活成为可能的基础。例如,数学就指导着一切生产活动,不论是调节工序、进行估价、商品买卖或记账,都需要运用数学;在进行技艺较高的建筑中,也必须有专门的数学知识;在设计和建造桥梁、涵洞、拱桥、隧道、港口、船坞、码头和地下矿井中,则要用到几何学原理。现代工业制造的成就取决于力学的应用,因为制造每件机械都要根据杠杆、轮轴的特性,而我们的一切生产差不多都依靠机械。物理学中的热学定律告诉我们怎样节约燃料,怎样利用热风增加炼铁炉的产量,怎样在矿井中通风,怎样利用安全灯防止爆炸等。

化学的应用范围更广,漂白工、染色工、印花工的制作法是否有效,就看他们是否遵守化学定律;冶炼铜、锡、锌、铅、银、铁等必须受到化学的指导,生产食糖、煤气、肥皂、火药、玻璃、陶瓷等也是根据化学原理进行操作;经营农业也必须有化学的指导,肥料和土壤的分析、粪便化合物的利用、人造肥料的生产等都是化学的贡献。天文学与航海技术有关,"有了它,才可能有那个养活我们大部分人和供给我们许多必需品及大部分奢侈品的庞大国外贸易"。① 生物学与食品制造有不可分割的联系,因为农业方法必须适合动植物的特性,如特殊的肥料只适合特殊的植物,适合某种庄稼的土壤不宜种别的庄稼,混合的食物有助于消化等。另外,还有一门与生产成就直接相关的科学——社会学。"那些每天看金融市场情况,了解当时行情,讨论谷物、棉花、糖、羊毛、蚕丝的大致收成,估计战争的可能性,而从这些材料决定他们经商措施的人们都是社会科学的学生。"②由上可知,所有从事商品生产、交换或分配的人,熟悉科学的某些部门是十分重要的。

在科学知识与艺术的关系上,斯宾塞认为每种艺术都以科学为依据,没有科学既不会有完美的创造,也不会有充分的欣赏。例如,准备从事雕塑的青年人一定要熟悉人体骨骼肌肉的分布、联系和动作,这是科学的一部分。在绘画中科学知识的重要性更加明显,如果没有科学的帮助,最认真的观察也难免出错。"因为缺乏科学,杰·路易士(J. Lewis)先生尽管是一个深思熟虑的画家,可是却把一个格子窗的影子用清晰的线条画在对面墙上;如果他熟悉半影的现象就不会这样做了。"③音乐也需要科学的帮助,音乐的好坏要看它是否

---

① [英]斯宾塞著,胡毅、王承绪译:《斯宾塞教育论著选》,人民教育出版社1997年版,第68页。
② [英]斯宾塞著,胡毅、王承绪译:《斯宾塞教育论著选》,人民教育出版社1997年版,第69页。
③ [英]斯宾塞著,胡毅、王承绪译:《斯宾塞教育论著选》,人民教育出版社1997年版,第82页。

遵循自然语言的规律。由于感情的强弱引起声调的各种抑扬顿挫是音乐发展的根源,这些声调变化不是偶然或武断的,而是由某些生活活动的一般原理所决定。因此,乐曲和旋律只有与这些原理协调时,才能产生效果和表达情感。与音乐一样,诗歌的根源在于那些有深厚感情时的自然表达方式。它的节奏、比喻、形容、倒装等,都只是把激动的语言加以夸张而已。所以写好诗歌就必须注意激动的语言所遵循的那些神经活动规律。斯宾塞指出,科学不仅是雕塑、绘画、音乐和诗歌的基础,而且科学本身就有诗意。"我们看出美学一般必须以科学原理为根基,而只有熟悉这些原理,工作才能完全成功。我们看出对艺术品的批评和适当的欣赏需要懂得事物的组成,也就是要懂得科学。我们不只看出科学是为一切形式的艺术诗歌服务,而且看得正确的话,科学本身就富有诗意。"①

(三) 注重科学的课程论

课程理论是斯宾塞科学教育思想的核心,它建立在"教育预备说"和"科学知识最有价值"的基础之上。斯宾塞把人类活动划分为五种,与这五种活动相对应的五类知识,就构成了以自然科学为基础且门类齐全的学校教育课程体系。

第一类是为"直接保全自己"所必需的知识,包括生理学和解剖学。这类知识能指导人们保持良好的健康、饱满的情绪和充沛的精力。斯宾塞认为,教人保持良好健康和饱满情绪比什么都重要,因此生理学科目是合理教育中最重要的一部分。"如果有人怀疑了解生理学原理是完满生活一个手段的重要性,那就请他看看能找到多少中年或老年男女是完全健康的。我们只是偶尔遇到一个直到老年还健壮的例子,却每时每刻都能遇到急性病、慢性病、身体虚弱、未老先衰的例子。在你问到的人中,几乎没有一个在一生中没害过只要有少许知识就能避免的疾病。"②所以防止失去健康而直接保全自己的知识最重要。

第二类是"使人容易谋生而有助于间接保全自己"的知识,包括读写算、逻辑学、数学、几何学、力学、物理学、化学、天文学、地质学、生物学、社会学等。这些知识与生产活动有直接的关系,可以使人们提高生产效率。"每一个直接或间接涉及任何种生产的人(很少人不是这样)就必得多少接触到事物的数学的、物理学的和化学的特性;或许也直接关心生物

---

① [英]斯宾塞著,胡毅,王承绪译:《斯宾塞教育论著选》,人民教育出版社1997年版,第86页。
② [英]斯宾塞著,胡毅,王承绪译:《斯宾塞教育论著选》,人民教育出版社1997年版,第63页。

学;而对社会学是一定关心的。他能否在那个间接保全自己,我们叫做谋生那方面得到成就,在很大程度上就靠他在一门或几门这种科学中的知识。"①

第三类是为"正确地履行父母职责和更好地抚养教育自己的子女"所必须掌握的知识,包括心理学、生理学、教育学等。斯宾塞认为,如果父母缺乏这方面的知识,那么在其子女的成长和教育问题上就会错误百出。他说:"说正经话,子女的生与死,善与恶,都在于父母怎样教养他们,可是对于今后要做父母的人在教养儿童方面连一个字的教导都没有,这难道不是一件怪事吗?把新一代的命运放在缺乏理智的习俗、冲动、幻想中去碰机会,再加上一些不懂事的乳母的建议和奶奶们的带成见的劝告,难道不是荒谬绝伦吗?"②

第四类是为"履行公民的职责"而必备的知识,其中唯一占重要地位的是历史。斯宾塞所说的历史是"一门描述的社会学",他认为"只有可以叫做描述的社会学的那种历史,才是唯一有实际价值的历史"。③ 我们真正应该知道的是社会的自然史,因为它能帮助我们了解一个国家的成长和组织,包括政权、机构、宗教、社会习俗、生产制度、文化状况、科学进步等。所有这些知识都将有助于我们履行社会义务,并作为一个公民正确地调节自己的行为。

第五类是"为了欣赏自然、文学、艺术的各种形式做好准备"的知识,包括雕塑、绘画、音乐和诗歌等,它们是为了满足闲暇时间消遣和娱乐的需要。斯宾塞认为,如果没有雕塑、绘画、音乐、诗歌以及各种自然美所激发的情感,那么人生乐趣就会失去一半。"这些才艺、艺术、纯文学以及一切组成我们所谓文化之花的东西,都应该全部放在为文化打基础的教育和训练之下。它们在生活中既是占闲暇的部分,在教育中也应该是占闲暇的部分。"④

斯宾塞制定的这一课程体系不仅体现了时代的需要,而且代表了社会进步和科学发展的方向。"对于传统的古典人文主义的教学内容来说,斯宾塞的这个课程体系无疑是一个革命。它从根本上推翻了古典希腊罗马语言文学在课程中的绝对优势和统治地位;它冲破了学校教育中'装饰主义'的传统习惯势力的强大思想障碍,把学校课程中轻重倒置的科目颠倒了过来,让科学占据了课程的主导地位,使学校课程与现实的社会生活密切联系起

---

① [英]斯宾塞著,胡毅、王承绪译:《斯宾塞教育论著选》,人民教育出版社1997年版,第69—70页。
② [英]斯宾塞著,胡毅、王承绪译:《斯宾塞教育论著选》,人民教育出版社1997年版,第71页。
③ [英]斯宾塞著,胡毅、王承绪译:《斯宾塞教育论著选》,人民教育出版社1997年版,第78页。
④ [英]斯宾塞著,胡毅、王承绪译:《斯宾塞教育论著选》,人民教育出版社1997年版,第81页。

来。"①但应该指出,斯宾塞的课程论充满了资产阶级的功利主义色彩,他第一个运用功利主义理论明确阐述了在课程中各门学科的相对价值。"毫无疑问,当时这种主张是很激进的。功利主义价值标准,不仅与传统的价值观是对立的,而且学科的层级顺序也被颠倒过来。在人文主义思想的庇护之下,古典作品的学习长期占据首要地位,但是,现在却降低到末位。"②

(四)倡导新的教学原则和方法

从构建以科学知识为核心的课程体系出发,斯宾塞坚决反对古典主义教育的教学方法。他说:"从前流行的死记硬背的办法现在已经日益不受重视。……死记硬背的制度,同那时候的其他制度一样,注重标志的形式而不注重所标志的事物。只求把字句重述得对,全不管了解它们的意义;为了词句牺牲了内容。"③用这种死记硬背的方法去学等于不学。同样,先教规则的教学方法也要废弃,这种方法只传授经验的知识,只能理解知识的外表而非实质。斯宾塞赞同裴斯泰洛齐的主张,认为在次序和方法上教育必须适应儿童心智演化的自然过程。能力的自然发展有一定次序,而每种能力在发展中需要一定的知识,我们应该找出这个次序和提供这种知识。因此教学内容和方法的选择必须适合儿童能力的演化次序。"自然的方法是一切方法的最初模型。"④斯宾塞在《智育》这部分主要论述了科学的教学原则和方法,他强调系统地培养儿童的观察力,提倡引导儿童积极主动地学习,这是贯穿其教学论思想的一根主线。斯宾塞提出了以下七条新的教学原则:

1. 从简单到复杂。由于心智最初只有少数能力在活动,逐渐才有较晚的能力起作用,最后才是所有的能力同时活动。因此,刚开始教学时应该只教少数科目,然后逐渐增加,最后才是所有科目齐头并进。教育不仅在细节上应从简单到复杂,在全局上也应如此。斯宾塞指出:"掌握每门学科必须通过一条从简单观念到复杂观念的道路。通过逐步吸收这些观念就形成了一些相应的能力;这些观念要真正能被吸收,就非按照正常次序注入心智不

---

① 戴本博主编:《外国教育史》(中),人民教育出版社1997年版,第345页。
② [美]约翰·S·布鲁巴克著,单中惠,王强译:《教育问题史》,山东教育出版社2012年版,第300页。
③ [英]斯宾塞著,胡毅,王承绪译:《斯宾塞教育论著选》,人民教育出版社1997年版,第97页。
④ [英]斯宾塞著,胡毅,王承绪译:《斯宾塞教育论著选》,人民教育出版社1997年版,第101—102页。

可。不照这个次序,结果学生在接受的时候,不是漠不关心,就是感到厌恶;除非学生非常聪明,能最后把所缺少的东西自己加以补充,否则这些观念在他的记忆中就都是死的事实,很少有用处或全无用处。"①

2. 从模糊到准确。与机体的其他部分相同,头脑是在成年时才发育成熟。由于它的结构尚未完成,最初的知觉和思维也十分模糊。心智的整体及其每一种能力,都是从分辨事物和动作的大概开始,逐步上升到更细微清晰的分辨。教育内容和方法必须符合这一规律,把确切的观念教给未成熟的心智是做不到的,即使能做到也没有好处。因此,教学首先应该从粗糙模糊的概念开始,并按照概念逐渐完善的进度介绍科学公式,最后得到确切的概念。

3. 从具体到抽象。斯宾塞认为,先教规则的演绎法是从一般到特殊,学生只能看到研究的结果,而不能掌握研究的方法。新的方法是从特殊到一般,这种归纳法能够学习事物的原理。他指出:"青年孤立地记忆的规则,不同它们所产生的其他内容联系在一起,常常都会忘掉;而这些规则零碎地表达的那些原理,一旦被青年理解了,就会永远归他所有。一个只学习了些规则的青年,超出规则之外就不知所措;一个学习了原理的青年,解决新问题同解决旧问题一样容易。"②因此,教学应该从具体开始而以抽象结束,讲授原理的时候要通过事例,要从个别到一般,从具体到抽象。

4. 儿童的教育方式和安排必须同历史上人类的教育一致。斯宾塞认为,个人知识的起源应按照种族知识的起源进行,两者都应遵循知识演化的一般规律。"那么如果人类在掌握各种知识中有个次序的话,每个儿童就会倾向于照着同一次序去获得这些知识。哪怕这次序在本质上无关重要,引导个别人的心智通过普通人类的心智走过的步骤还是对于教育有帮助。……可以证明,历史的次序,从主要纲目上看,是一个必然的次序;也可以证明,决定它的那些原因在儿童方面和在种族方面都一样存在。"③

5. 从实验到推理。在人类进步中,每一门科学都是从相应的技艺中演化而来;作为个人或种族必须经过具体达到抽象,必须先有实践的经验和经验的概括才能有科学。教学应该从纯粹实验开始,在进行充分的观察之后才能推理。

---

① [英]斯宾塞著,胡毅、王承绪译:《斯宾塞教育论著选》,人民教育出版社1997年版,第103页。
② [英]斯宾塞著,胡毅、王承绪译:《斯宾塞教育论著选》,人民教育出版社1997年版,第98页。
③ [英]斯宾塞著,胡毅、王承绪译:《斯宾塞教育论著选》,人民教育出版社1997年版,第109页。

6. 在教育过程中应尽量鼓励儿童自我发展，引导他们自己进行探讨和推论。斯宾塞认为整个教学过程应该是一个自我教育的过程，它所引起的心智活动应是内心乐意接受的。自我教育保证了印象的鲜明性和持久性，这是从通常方法永远得不到的。学生自己获得的任何知识，以及自己解决的任何问题，比通过其他途径获得的更属他所有。因此，给学生讲授的应该尽量少些，而引导他们去发现的应该尽量多些。"人类完全是从自我教育中取得进步的，而为了取得最好的效果，每个人的心智必须多少照同样方式取得进步。这一点在靠个人奋斗而成功的人的突出成绩上已经不断地得到证实。"①

7. 评判任何培养计划的标准是看它能否引起学生的兴趣。尽管从理论上看某些方法似乎最好，但如果它不引起兴趣或比其他方法引起较少的兴趣，我们就应该放弃它。教学应该使学生在愉快的活动中发展自己的智慧，而不可强迫他们从事不感兴趣甚至引起痛苦的活动。在正常情况下，健康的活动是愉快的，引起痛苦的活动是不健康的。学生厌恶学习并不是天生的，而是教师的不良做法引起的。

至于具体的教学方法，斯宾塞认为在科学教育中实物教学极其重要。实物教学不应局限于室内的东西，还应包括田野、树丛、矿山和海边的事物。它也不应在儿童早期结束就停止，还应继续沿用到青年期以及博物学家、科学家的调查研究。他说："在哪里还能见到比儿童采集新鲜花卉，观看新奇昆虫，或收集石块贝壳时更大的愉快呢？"②

由上可知，斯宾塞批判传统的古典主义教育，重视科学知识的价值，构建广泛的科学课程体系，提出一系列新的教学原则和方法等主张，符合当时的社会需求和教育实际，并对近代科学教育的发展起了重大促进作用，有力地推动了英国及其他西方国家学校课程的改革。1864 年公学委员会（the Public Schools Commission）强烈要求男孩子至少学习两门科学课程。1868 年公学法案（the Public School Act）授权公学修改章程，允许教授科学课程。1875 年皇家委员会（a Royal Commission）建议所有公学和捐赠学校从事科学教学的时间每周不少于 8 学时。③ 19 世纪 60 年代早期，斯宾塞的思想像闪电一样冲击了美国大学，并统治美国大学三十年。"作为一名教育哲学家，到 20 世纪初为止，斯宾塞在很大程度上被美国人们所遗忘，而现在由于杜威的宣传却获得了普遍的尊重。杜威强调的实用原则与斯宾

---

① ［英］斯宾塞著，胡毅、王承绪译：《斯宾塞教育论著选》，人民教育出版社 1997 年版，第 110 页。
② ［英］斯宾塞著，胡毅、王承绪译：《斯宾塞教育论著选》，人民教育出版社 1997 年版，第 116 页。
③ A. V. Judges, Pioneers of English Education, Faber and Faber Limited, London, 1951, p. 189.

塞的主张完全一致,并且在某种程度上斯宾塞的思维模式更容易为美国人所接受,它更接近于美国的环境和历史。"①俄国、中国、日本和其他亚洲国家也受到斯宾塞思想的影响。"在这些国家,斯宾塞代表着科学、理性、进步、战胜落后和传统、启蒙和青年的理想。'什么知识最有价值?'成为社会新生的一把钥匙。"②

与此同时,教育史学者也对斯宾塞给予了高度评价。剑桥大学青年学者奎克(Robert Hebert Quick)称斯宾塞为教育改革家,称其《教育论》是英语教育著作中最可读和最重要的著作之一。③ 哈佛大学校长埃利奥特(C. W. Eliot)称斯宾塞为"一个真正的教育先锋","他的思想在一个惊人的工业和社会变革的潮流中的出现,必然引起广泛和深刻的教育变革"。④ 密西根大学教授佩恩(W. H. Payne)称斯宾塞的《教育论》是继卢梭《爱弥尔》之后"一部最有用和最深刻的教育著作"。⑤ 我国学者则评论说:"斯宾塞的科学教育思想是教育史上人类认识发展链条上的一个环节。他继承和发展了前人的教育思想,影响和促进了当时和后来的教育改革,体现了时代的、科学的精神,也表现了历史的阶级的局限性。"⑥斯宾塞科学教育思想的局限性表现为资产阶级功利主义倾向、科学与宗教的调和以及唯心主义的进化论。

三、赫胥黎

托马斯·亨利·赫胥黎(1825—1895)是19世纪英国著名自然科学家和教育家,科学教育的积极提倡者和组织者。1825年5月4日他出生于英国米德塞克斯(Middlesex)郡的一个乡村小镇伊林(Ealing),父亲乔治·赫胥黎(George Huxley)是伊林学校的一名算术教师,但并不是一名成功的教师。"托马斯认为,除了'天生的绘画能力……脾气暴躁和一些不友好的观察者称之为固执的韧性'之外,他从父亲那里继承的东西不多。"⑦赫胥黎8岁时

---

① A. V. Judges, Pioneers of English Education, Faber and Faber Limited, London, 1951, p. 187.
② [英]斯宾塞著,胡毅,王承绪译:《斯宾塞教育论著选》,人民教育出版社1997年版,第1—2页。
③ [英]斯宾塞著,胡毅,王承绪译:《斯宾塞教育论著选》,人民教育出版社1997年版,第39页。
④ C. W. Eliot, Introduction Spencer's Essays on Education, E. P. Dutton, Co. New York, 1910, p. 39.
⑤ Gabriel Compayre, Herbert Spencer and Scientific Education, George Harrap, London, 1908, p. 1.
⑥ 戴本博主编:《外国教育史》(中),人民教育出版社1997年版,第353页。
⑦ Cyril Bibby, T. H. Huxley on Education, Cambridge University Press, 1971, p. 1.

第六章
科学教育
思想

进入伊林学校读书,两年后父亲因学校遇到经济困难而被解聘,他也随之结束了正规学校教育。母亲拉歇尔·维特斯(Rachel Whiters)尽管受教育不多,但她是一名才智出众的优秀女性。"她最明显的特征……是思维敏捷。"①赫胥黎10岁时全家人搬迁到考文垂,为了维持生计,父亲经营了一家小型的地方储蓄银行。虽然家境并不富裕,但赫胥黎勤奋好学,从小就进行了广泛的阅读。通过自学他掌握了拉丁语、希腊语、德语、法语、意大利语等多种语言,并阅读了地质学、逻辑学、哲学、文学等方面的著作。15岁时赫胥黎开始跟随姐夫学医,后来成为伦敦地区的一名助理医生。1842年赫胥黎幸运地获得奖学金,进入查林·克劳瑟医学院(Charing Cross Medical School)学习,这是他第二次获得正规教育的机会。1846年春赫胥黎完成了必修的医学课程,由于学习成绩优异,他获得了克劳瑟医学院的银质奖章和伦敦大学的金质奖章。

毕业后,出于谋生的考虑,赫胥黎担任了海军医院的助理外科医生。1846年12月他以随船军医的身份远航澳大利亚,由此开启了他的科学研究生涯。在远航中,赫胥黎收集了许多海洋生物的资料,并利用简陋的仪器进行科学实验。1849年英国皇家学会主办的《哲学学报》发表了他的论文《论水母族的解剖和类缘》,填补了海洋生物学研究领域的一项空白,引起学术界的高度关注和赞扬。1850年回国后赫胥黎在英国《科学家》杂志发表论文,论证了腔肠动物的内外层体壁和高等动物相同等重大发现。由于在科学研究中显示出杰出才能和丰富的学识,1851年赫胥黎当选为英国皇家学会会员,开始在科学界崭露头角。1854年7月他应聘担任皇家矿业学院的讲师,讲授生物学原理。他的讲课语言生动、深入浅出、逻辑严密,受到学生们的好评。随后他积极参与教育和社会工作,在一些大学担任教授或讲座教授、院长或名誉院长。1883至1885年赫胥黎当选为英国皇家学会会长,这是他一生中获得的最高荣誉。

1859年达尔文发表划时代的科学巨著《物种起源》后,赫胥黎成为进化论的坚定捍卫者之一。1860年6月他在牛津大学与大主教威尔伯福斯(Samuel Wilberforce)就进化论学说展开了一场激烈的辩论,由于达尔文因病未能到会,赫胥黎充当了达尔文的"总代理人"。他以大量的科学事实批驳了大主教的愚昧无知,使进化论取得了决定性的胜利。"这次胜利常被后人誉为科学史上的一个里程碑。"②达尔文在回忆录中写道:"他的思想,敏捷得像

---

① Cyril Bibby, T. H. Huxley on Education, Cambridge University Press, 1971, p. 1.
② 殷企平著:《英国高等科技教育》,杭州大学出版社1995年版,第40页。

电火石光,锐利得像钢刀利刃。他的谈吐,滔滔不绝,真是我以前从未听到的。……他是我最衷心爱戴的好友,他十分关心我,乐意随时为我奔走效劳去干一切工作。他是英国最热烈捍卫生物逐渐进化原理的主将。"①在从事脊椎动物化石研究工作的基础上,1863年赫胥黎出版了《人在自然界中的位置》一书,对达尔文的进化论进行了补充。

赫胥黎一生笔耕不辍,著述甚丰。据其儿子英国著名传记作家伦纳德·赫胥黎(Leonard Huxley)统计,赫胥黎一生的论著达280多种,仅在1893至1894年就编辑出版了9卷本的《赫胥黎论文集》,其中第3卷《科学与教育》比较集中地反映了赫胥黎的科学教育思想。

(一) 批判传统的古典主义教育

针对当时英国学校教育中所存在的各种弊端,赫胥黎在科学教育和古典主义教育的论战中,对传统的古典主义教育进行了猛烈批判。他说:"在我看来,对于那些打算把科学作为他们的重要职业,或者想要从事医学职业,或者必须早一些参加生活事务的人来说,古典教育是一个错误。"②那么,古典主义教育在它最糟糕的时候情况如何呢?

赫胥黎指出:"那就是,学生要用心地去钻研那些没完没了的形式和规则。那就是,学生要把拉丁语和希腊语译成英语,仅仅是为了会翻译,而根本不考虑有没有阅读的价值。那就是,学生要学习无数蹩脚的和刻板的寓言,它们曾具有的寓意早已枯竭成十足的废话;在一个学生的脑海里所留下的唯一印象是,相信这种事情的人肯定是世界上未曾见过的最名副其实的白痴。最后,在把12年时间花费在这种古典知识学习上之后,那个受害者还不能很好地解释他没有读过的某位作家的一段文章;他将对阅读希腊语或拉丁语书籍感到厌恶;他再也不会打开或者想起一本古典著作,但令人十分惊讶的是,他以后竟会又坚持要他的儿子去重复同一个过程。"③在中学里,近代地理、历史、文学和英语,以及整个自然、道德和社会科学领域,甚至比那些低年级学校更受到忽视。一个男孩可以带着最高的荣誉读完任何一所著名公学,但他可能从未听过上述科目中的任何一门,也可能从未听过地球围绕着太阳旋转,甚至会搞错像乔叟、莎士比亚、弥尔顿、伏尔泰、歌德(Wolfgang von Goethe)、

---

① [英]达尔文著,毕黎译注:《达尔文回忆录》,商务印书馆1998年版,第66页。
② [英]托·亨·赫胥黎著,单中惠,平波译:《科学与教育》,人民教育出版社1990年版,第105页。
③ [英]托·亨·赫胥黎著,单中惠,平波译:《科学与教育》,人民教育出版社1990年版,第71页。

席勒(Friedrich von Schiller)等一些名人的国籍。"现行中小学教育体制阻碍科学教育的严重性是不能低估的。学生养成只会通过书本学习知识的习惯；这种习惯不仅使他们不懂得何谓观察，而且导致学生厌恶对事实的观察。迷信书本的学生宁可相信他在书本上看到的东西，而不愿相信他自己亲眼目睹的东西。"①

如果说初等教育和中等教育的情况令人不满，那么大学的情况又如何呢？赫胥黎认为这是一个可怕的问题，也是一个不敢接触的问题。1850年皇家调查委员会发表的《关于牛津大学的调查报告》写道："正如一般所公认的，牛津大学和国家双方都因缺乏一些献身于科学研究和学术教育的学者，而遭受极大的损失。""反映科学研究成果的书籍在牛津大学发行得极少，这一事实，实质上削弱了它作为一个学府的特点，因而也就妨碍它继续受到国家的重视。"②同样，剑桥大学也逃脱不了遭到类似牛津大学的指责。这些被我们盲目地称之为"伟大学府"的机构，只不过是为年纪较大的男生们所设立的"寄宿学校"。对于科学研究工作，它们首先公开表示愿意为古典学科献出一切，这就是为何德国的一所三流大学在一年内所取得的研究成果，竟然超过英国一些规模巨大、资金充裕的大学，在十年内煞费苦心而取得的研究成果。"总之，那些德国大学所采取的做法正是英国大学所缺乏的；换句话说，德国大学是'献身于科学研究和学术教育的学者'社团。它们并不是'为年轻人所设立的寄宿学校'，也不是牧师的神学院，而是一些给人们提供高等教育的机构；在那里，神学教授并不比其他教授更重要或更突出。它们是真正的'大学'，因为它们努力阐述和具体应用人类的全部知识，并为各种形式的学术活动提供机会。"③

鉴于以上情况，赫胥黎愤怒地指出，英国大部分学校和所有大学提供的教育，只是一种狭窄、片面和实际上缺乏教养的教育，在它最糟糕的时候等同于完全没有教育。他呼吁对英国教育制度进行改革，认为没有一种教育制度是固定不变的，但应当承认教育具有两个重要目的：一是增长知识，二是养成热爱真理、憎恨谬误的习惯。他说："现在，教育几乎全部被用来培养表达能力和文学审美感。但除复述他人的观点或掌握某种美的标准，使我们能够对上帝般的事情和魔鬼似的事情加以区别外，任何其他应该论述的观点却完全被弃置一旁。……如果说科学能够成为教育的基础，而不是最多像附在大厦横楣之上的雕刻，那

---

① [英]托·亨·赫胥黎著，单中惠，平波译：《科学与教育》，人民教育出版社1990年版，第166页。
② [英]托·亨·赫胥黎著，单中惠，平波译：《科学与教育》，人民教育出版社1990年版，第73页。
③ [英]托·亨·赫胥黎著，单中惠，平波译：《科学与教育》，人民教育出版社1990年版，第75—76页。

就不会存在这种状况。"①赫胥黎主张把自然科学知识作为教育的一个重要组成部分,这不仅在那些中学,而且在初等学校都需要这样做。

(二) 大力提倡科学和科学教育

自培根倡导科学教育以来,英国科学教育虽然取得了一些进步,但其进程仍然十分缓慢。直到19世纪中期,英国社会对科学知识和科学教育仍不予重视,大多数受过较高教育的人对于科学是无知的,甚至在那些古典大学研究自然科学是非法的。"除了很大程度上独立于正规教育体制之外的纯科学之外,整个19世纪,与其他主要北欧国家相比,英国在科学和技术教育的绝大多数领域都处于落后地位。这一观点得到后来许多研究19世纪的学者以及绝大多数下一代经济史和教育史学家的认可,它不仅适用于科学教育的状况,或是在学校和大学中缺乏科学教育的现象,也同样适用于培训机构、学院和大学提供的中学教育之后的技术教育。"②

赫胥黎是19世纪英国科学教育最有影响力的倡导者之一,尽管他生活在国力强盛的维多利亚时期,但他意识到忽视科学教育将危及英国的世界领先地位。他说:"现在几乎没有哪一个工商业部门不是或多或少直接地依赖于某些自然科学知识。……我们的机器,我们的化学工序或印染厂,以及不必提起的上千次交易活动,所有都是直接而又紧密地与科学联系起来的。"③为此,他一方面撰写文章和发表演说,呼吁发展科学教育;另一方面积极参加各种活动,努力推动科学教育。1866年赫胥黎发表了《关于提高自然知识的明智做法》(on the advisableness of improving natural knowledge)的论文。他说:"自然知识的改进者完全拒绝承认权威。对他而言,怀疑是最高的职责,盲目信仰是最不可原谅的罪过。……因为自然知识的每一次重大进步,都涉及对权威的绝对摒弃,抱有强烈的怀疑态度,对盲目信仰精神的泯灭……科学家要学会相信正当的理由,不是通过信仰,而是依靠验证。"④

1869年4月7日,赫胥黎在利物浦数学爱好者协会举办的宴会上发表了题为《科学教

---

① [英]托·亨·赫胥黎著,单中惠,平波译:《科学与教育》,人民教育出版社1990年版,第90—91页。
② [英]安迪·格林著,朱旭东,徐卫红等译:《教育、全球化与民族国家》,教育科学出版社2004年版,第56页。
③ [英]托·亨·赫胥黎著,单中惠,平波译:《科学与教育》,人民教育出版社1990年版,第279页。
④ Cyril Bibby, T. H. Huxley on Education, Cambridge University Press, 1971, p.72.

育》的演说。他指出,对于人类心智的充分训练而言,自然科学的学习必不可少。自然科学知识作为一种生活工具,其重要性不容置疑。对我们所从事的职业(零售业除外)而言,某些科学知识十分有用。"由于工业达到了更高的发展阶段,工业生产过程变得日益复杂和精细,竞争日趋激烈,因此各科科学知识一门接一门卷入这场竞争;能够最充分地利用各科科学知识帮助的人,就是在生存斗争中的出类拔萃者——在现代社会平静的表面下所进行的这场生存竞争,其激烈程度不亚于深山丛林中野生动物之间的生存竞争。"①科学知识除了与日常生活的联系外,还对一些职业产生了巨大影响。例如,医生的本领取决于他能够检查出我们身体组织中的毛病,以及对那种毛病采取适当治疗的能力,因此一个刚开始学习医学的年轻人首先必须熟悉物理学、化学、植物学和生理学等科目,随后的3年或4年时间将学习解剖学、治疗学、内科学、外科学和产科学等。无论哪位医生要想减少死亡率,都取决于对这些科学知识的掌握程度。可见,在我们生活的这个时代,科学知识已经发挥了巨大的作用,而且这种作用越来越大。不仅我们的日常生活受其影响,千百万人的成功也依赖于它,甚至我们的整个人生观普遍受到自然科学的影响。

那么如何进行科学教育呢?赫胥黎认为并不是要把一切科学知识都教给每一个学生,那样的设想非常荒唐而且十分有害。他说:"我指的是,无论是男孩还是女孩,在离开学校之前,都应当牢固地掌握科学的一般特点,并且在所有的科学方法上多少受到一点训练。因此,当他们迈入社会并获得成功的时候,他们就会有准备地面对许多科学问题;实际上不可能马上就了解每一个科学问题的状况,或者能立刻解决它,而是凭借熟悉广泛传播的科学思想以及能适当地运用那些科学方法,才了解某个科学问题的状况。"②在他看来,科学教育决不是要把整个学校生活用于自然科学,而是对这些课程恰当地加以选择和安排,采取一种适当的教育方法。首先应该让每一个儿童了解自然现象的基本观点。如地理学是关于地球的常识以及地球上、地球内部和地球周围事物的知识,可以安排9或10岁的儿童学习。在对自然现象进行初步的观察之后,应进一步学习事物之间的相互关系及因果关系,这些学科包括植物学、物理学、化学、生理学等。科学教育是我们从事大部分职业必不可少的,它们必须保证给予真实的知识和提供实际的训练。如果科学教育仅仅是啃书本,那最好不要去尝试它,而去继续学习以啃书本自居的拉丁文法。"科学教育的最大特点,就是使

---

① Cyril Bibby, T. H. Huxley on Education, Cambridge University Press, 1971, p. 100.
② [英]托·亨·赫胥黎著,单中惠,平波译:《科学与教育》,人民教育出版社1990年版,第85页。

心智直接与事实联系,并且以最完善的归纳方法来训练心智;也就是说,从对自然界的直接观察而获知的一些个别事实中得出结论。由于科学教育具有这样重要的特点,其他任何教育是无法代替它的。"①

赫胥黎指出,科学教育与其他教育训练不同,它是为学生的日常生活做准备,因此学习的大部分内容是事实。首先,需要正确地观察或理解这些事实;其次,需要通过归纳和演绎的推理加以阐明。如果科学教育要取得最好的效果,它必须是实际的。也就是说,在对一个儿童解释常见的自然现象时,教师必须在课堂上尽可能地利用实物,以使教学活动真实生动。例如,在讲授植物学时,学生必须亲手去触摸那些植物和解剖那些花朵;在教授物理学和化学时,不要只想用各种各样的知识去塞满学生的头脑,而必须让他自己细心地理解和掌握那些知识。尤其是教师应告诉学生,在他们根据自然界的绝对权威而相信书本知识之前,提出质疑是他们的责任。那么应当在什么时候开始科学教育呢?赫胥黎认为科学教育应开始于智力的发端,即当一个儿童开始说话时他就试图获得自然科学知识,儿童最初的教学也是这种或那种实物教学。另外,男女儿童的愚笨十之八九是"灌输出来的,而不是天生的",是由于家长和教师长期压抑儿童的自然求知欲望而造成的。为了有效地进行科学教育,赫胥黎认为必须注意四个方面:一是恰当地选择论题;二是注重实际的教学;三是训练一些有实际经验的教师;四是安排充裕的时间。

需要指出的是,赫胥黎反对单纯学习自然科学知识,主张科学教育与艺术教育相互渗透。他说:"除自然科学外,还有其他的文化形式;看到这个事实已经被人们遗忘了,或者,甚至看到一种为了科学而扼杀或削弱文学与美学的倾向,我感到极大的遗憾。对教育性质所持的如此狭隘的观点,与我所坚持的应当把一种完整的和全面的科学文化引入到一切学校的信念毫无共同之处。"②在《论科学和艺术与教育的关系》一文中,赫胥黎把知识划分为科学和艺术两大类,那种仅凭推理能力进行研究的事物应归入科学领域;而所有可以感知的、激发我们情感的和属于审美能力的事物都应归入艺术领域。"教育的职责首先是为青年提供观察事物的方法,并养成他们观察事物的习惯,其次是分别以科学或艺术的形式,或者以科学与艺术相结合的形式给青年提供学科知识。"③

---

① [英]托·亨·赫胥黎著,单中惠,平波译:《科学与教育》,人民教育出版社1990年版,第87页。
② [英]托·亨·赫胥黎著,单中惠,平波译:《科学与教育》,人民教育出版社1990年版,第85页。
③ [英]托·亨·赫胥黎著,单中惠,平波译:《科学与教育》,人民教育出版社1990年版,第119页。

赫胥黎指出，很显然，几乎没有什么事物是单方面的或者仅具有一种性质，我们称之为"纯科学"和"纯艺术"的东西并不明显。我们也许会发现纯艺术的文学作品，如一首莎士比亚和歌德的诗歌就是纯艺术，虽然它也许没有理智方面的内容，但它是极其美妙的。不过，我们所珍藏的大量文学作品之所以有价值，不仅因为它们具有艺术的形式，而且因为它们包含理智的内容。理智的内容越精确、清楚和真实，其价值也就越高。因此，赫胥黎主张既要进行科学教育，也要进行艺术教育和文学教育；以科学家为主和以艺术家、文学家、历史学家为主的两方应相互了解，学校课程应把所有必要的组成部分以适当的比例结合起来。"这样，就能提供最大量的材料、支持和鼓励，以便培养我们正确评价事实的能力以及从那些洁净的幸福源泉中获得利益的能力，同时，培养我们避开那些有害的、粗劣的和丑恶的事物的能力……"①

（三）强调技术教育的重要作用

赫胥黎认为，除了科学教育之外，技术教育也很重要，所有的社会阶层应对这个问题有一个正确的看法。1877年12月赫胥黎在工人俱乐部发表了《技术教育》的演说。在他看来，"技术教育"是指专门以从事某种手工艺为谋生手段的人们所需要的那种教育。他说："事实上，解剖学就是我的手工艺；它也是最困难的手工操作的工作之一，因为它不仅需要灵巧的手，而且需要敏锐的眼睛和极大的耐心。……对所有的自然科学研究者也会提出相类似的要求。天文学家、电学家、化学家、矿物学家和植物学家经常呼吁，要进行极其精确的手工操作。"②1887年11月赫胥黎在全国技术教育促进会（National Association for the Promotion of Technical Education）成立大会上发表演说，认为技术教育是指对于成功地经营一些工商业必不可少的那种知识的教育。全国技术教育促进会的目的：一是促进国家工业生产率的增长，以便最大限度地满足社会福利的需要；二是通过实物教学，培养学生的观察能力、精确操作能力和清晰地表述事物的能力。

1888年赫胥黎发表了《为人类社会的生存而斗争》（The Struggle for Existence in Human Society）的论文。他说："在严格意义上，技术教育的必要性有两种原因。原来的学

---

① ［英］托·亨·赫胥黎著，单中惠，平波译：《科学与教育》，人民教育出版社1990年版，第122页。
② ［英］托·亨·赫胥黎著，单中惠，平波译：《科学与教育》，人民教育出版社1990年版，第261—262页。

徒制已经崩溃,而且技术发明正在不断地改变我们工业的面貌,因此'使用的惯例'、'凭感觉的方法'之类,正在逐渐失去它们的重要性;同时,由于技术知识的原理可以成功地应对变化的条件,因而变得越来越有价值。……因此,原来由师傅提供的指导必须为技术学校的系统教学所取代。"①赫胥黎以解剖学为例,认为一个准备献身于这种手工艺的儿童应该受到两种教育:一是受到良好的英语初等教育,二是掌握自然科学尤其是物理学和化学方面的基础知识。他说:"假如你们中间有谁必须雇佣一个学徒的话,我想你肯定希望得到一个身体健康的、愿意并且乐于学习的以及双手灵巧的青年。你们希望他会很好地阅读、书写和计算;而且,如果你是一个聪明的主人,你的职业又必须包括一些科学原理的应用,那你就会希望这个青年充分了解科学的基本原理,并了解科学的现状。"②

在改善手工艺者的教育方面,赫胥黎对已在全国各地建立起来的那些初等学校寄予厚望,他希望初等科学和艺术方面的教育更充分地体现在初等教育制度里。在他看来,就英国的总人口而言,这个初等教育制度已经取得了惊人的成就,但它的缺点也是确定无疑的。"这个初等教育制度存在着我们所继承的一切教育制度通常都有的缺点——书生气太足,注重实际太少。儿童很少被引导到与事实和实际事物的联系中去;而且,由于这种教育制度现在仍维持原状,以致它几乎没有提供对那些特殊能力的训练——我指的是观察的能力、精确地操作的能力和论述事物而不是咬文嚼字的能力的训练。实际上,对于工业生活来说,这些特殊能力是最重要的。"③赫胥黎认为,教育应当帮助学生利用其智力去获得有益的知识,同时使他精神振奋和充满活力,并具有一种对自己职业的尊严感。假如学校教育被用来鼓励书呆子,假如学生的抱负没有被引导去获得知识,而是被引导到能够顺利地通过各种考试,尤其是宣扬脑力劳动比手工艺更高尚,那么这种教育对于工人而言是极为有害的,并导致他们准备投身的那些工业迅速毁灭。

在赫胥黎看来,初等教育只是手工艺者的预备教育,它应致力于增强体质,提高道德能力和培养智力。对于手工艺者而言,工场才是唯一真正的学校。有充分的理由表明,那些准备成为手工艺者的十三四岁以上的儿童继续留在学校,既行不通也不合乎需要。因此我们必须寻求另外一种辅助教育,赫胥黎认为在我们面前有三种可能:首先,开办职业学校,

---

① Cyril Bibby, T. H. Huxley on Education, Cambridge University Press, 1971, p. 207.
② [英]托·亨·赫胥黎著,单中惠,平波译:《科学与教育》,人民教育出版社1990年版,第265页。
③ [英]托·亨·赫胥黎著,单中惠,平波译:《科学与教育》,人民教育出版社1990年版,第277页。

即教授手工艺科目的学校;其次,开办工厂附属学校,以便训练年轻的学徒;最后,建立日校和夜校制度。在所有可能创办的学校组织中,最好的是工厂附属学校,因为在这种学校里雇主可以设法使所提供的教育成为一种完全注重实际的教育,而且那些学生经过一些连续的阶段,会逐渐成为具有实际能力的工人。在科学和技术教育方面,还有一个重要问题是提供教师和设立培训合适教师的机构。赫胥黎不主张通过竞争性考试得到一些受过良好训练的教师,而是要求任何学院的教师们根据他们所了解的情况,推荐一些适宜从事教师职业的人,由各学院颁发一定数额的奖学金,在若干年内连续获得这种奖学金的学生应当去教书。

为了推动科学教育的发展,赫胥黎编写了许多教科书,在英国学校得到广泛使用。例如,《比较解剖学基础》(1864)、《比较骨骼学基础图表》(1864)、《生理学概论》(1866)、《动物学分类法引论》(1869)、《脊椎动物解剖学手册》(1871)、《实用基础生物学讲义》(1875)、《无脊椎动物解剖学手册》(1877)、《自然地理学》(1877)等。同时,他还与积极提倡科学教育的"科学与工艺署"(Department of Science and Art)保持了密切的联系。1871年赫胥黎在南肯辛顿创建了英国第一个生物教学实验室,为讲授自然科学的教师开设实验课程。1872年他首先将生物学的实验室教学原理应用于皇家矿业学院的教学实践并获得成功。在1862至1890年之间,赫胥黎被任命为十个皇家委员会的成员,并参与英国政府制定关于科学教育的政策及法案。同时他参加了10多个学术团体,包括"X俱乐部"[①]、科学协会、全国科学教师协会、国际地质学会、文学和艺术协会、科学技术知识促进会、古生物学协会等,从事广泛的学术活动和普及科学技术知识的活动。1892年赫胥黎成为英国枢密院的议员,并积极参与了伦敦大学的改革。"可以说,他是促进英国科技教育的首屈一指的功臣。"[②]

在英国教育思想史上,赫胥黎占有特殊的地位。他是科学教育的主要倡导者和坚定捍卫者,对19世纪英国教育发展(尤其是课程内容和教学方法)产生了巨大的影响。赫胥黎是一位科学人文主义者,在自由教育的理念下科学与人文得到了统一。赫胥黎不赞成纽曼等人把"自由教育"等同于古典人文主义教育,他赋予"自由教育"以新的内涵,他在强调科学教育的重要性时,并不贬低文学教育的作用。他说:"单纯的科学教育确实与单纯的文学

---

① 1864年11月由赫胥黎发起成立,以推动自然选择与进化论的研究为宗旨,是19世纪后半期最有影响力的科学家团体。其成员包括植物学家胡克、物理学家廷德尔、生物学家卢伯克、哲学家斯宾塞等9个成员。最早的科学期刊和自然期刊是由这个俱乐部的成员所创办。该俱乐部于1893年解散。

② 殷企平著:《英国高等科技教育》,杭州大学出版社1995年版,第40页。

教育一样，将会造成理智的扭曲。"①赫胥黎的孙子朱利安·赫胥黎（Julian Huxley）写道："托马斯·亨利·赫胥黎的一个杰出品质是他的百科全书主义、人文主义和科学主义，他不但关心着广阔的科学领域——比较解剖学和德国文学、进化论和伦理学、绘画和生理学、胚胎学和人类学、教育学和圣经的批判，解释和推动了每一门学科的发展，而且帮助这些学科在一个更加广阔的思想体系中互相关联，并且在一个更加令人信服的综合体系中把它们的精华提取出来。"②

赫胥黎对近代科学教育发展的贡献，远远超过他的前辈和同时代人。美国教育家孟禄（Paul Monroe）在《教育史读本》中指出："在为使教育的实际范围扩大到自然科学而斗争方面，赫胥黎超过了任何其他的英国人。作为第一届伦敦教育委员会的成员，作为大学教授，作为教育与科学问题的演讲者，以及作为一个作家，赫胥黎在实际方面所做的工作要比仅仅通过自己的《教育论》而闻名的斯宾塞多。尽管赫胥黎关于教育的著作或讲演是非常多的，他的主要观点也是斯宾塞、培根和其他人所强调的那些观点，但采取了多少有点不同的形式。"③赫胥黎主张通过科学与教育进行社会改革，适应了当时英国工业革命和资本主义发展的需要。除了从事专门的科学工作之外，赫胥黎还通过其关于科学、哲学、宗教、政治学的许多演讲和论著对英国思想界产生了重大影响。

此外，玛丽·沃斯通克拉夫特（Mary Wollstonecraft）、埃奇沃思（the Edgeworths）、托马斯·戴（Thomos Day）、伊拉斯谟·达尔文（Erasmus Darwin）、约瑟夫·普里斯特利（Joseph Priestley）等人也大力呼吁科学教育，强调世俗道德的需要和抨击僵死语言的垄断。④ 英国化学家普莱费尔（Lyon Playfair）、物理学家法拉第（Michael Faraday）同样是科学教育的拥护者。普莱费尔把传播科学知识作为己任，他采取了各种各样的方式，为《大不列颠百科全书》撰写词条，在学会学报上发表论文，为《爱丁堡评论》写文章，以及进行课堂教学等。他在一篇题为《欧洲大陆的工业教育》演说中指出，由于交通工具的改进削弱了资源丰富国家的竞争优势，所以科学和技术将越来越重要。在普莱费尔等人的推动下，1853年英国政府成立了"科学与工艺署"，旨在鼓励和协调技术教育方面的力量，包括已有的学校和各种公

---

① ［英］托·亨·赫胥黎著，单中惠，平波译：《科学与教育》，人民教育出版社1990年版，第106页。
② 赵祥麟主编：《外国教育家评传》（第二卷），上海教育出版社2003年版，第243页。
③ ［英］托·亨·赫胥黎著，单中惠，平波译：《科学与教育》，人民教育出版社1990年版，第32页。
④ Brian Simon, The Radical Tradition in Education in Britain, Lawrence and Wishart, London, 1972, p. 13.

共机构。1859年后凡是开设了物理学、化学、动物学、植物学、地质学、矿物学或其他应用科学的学校,都由"科学与工艺署"给予一定的资助。同样,法拉第不仅是一名重要的科学家,而且在科学普及化过程中扮演了重要角色。他认为科学应当成为教育的核心内容,并在演说中大力宣扬科学知识。他说:"谁的能力得到了真正的发展?谁发明了电报,制造了蒸汽机,修建了铁路?是那些学过拉丁文和希腊文的人吗?……只有那些特别爱好科学知识的人,才能使自己从那种教育的无知中脱离出来而进入他们自己的生活。"[1]

总之,斯宾塞和赫胥黎的科学教育思想,是继"科学教育之父"培根之后,对古典主义教育进行的又一次尖锐的批判。"正如其他国家具有相同倾向的改革家一样,英国的斯宾塞和赫胥黎使人们逐渐认识到在初等和中等学校的课程计划中自然科学的价值,甚至在古老的古典教育机构中也应包含更加现代的学科。"[2]与早期科学教育思想相比,19世纪科学教育思想更注重学校课程和教学方法的改革,并且由于不再带有空想成分而得以在学校教育领域付诸实施。19世纪中后期,随着自然科学的不断发展以及进化论的提出,强调科学知识和科学教育已成为时代的精神,近代科学教育进入了一个新的历史时期,并形成了一场规模宏大的科学教育运动。"这场科学教育运动是通过19世纪五六十年代诸如赫胥黎这样的人士以及斯宾塞的《教育论》的出版而开展的。这是19世纪为把现实主义和科学引入学校教育领域中的一次最激烈的斗争。"[3]

由于科学教育思想的传播,英国政府开始重视科学和技术教育,自然科学在学校课程中占据重要地位,许多科学课程采用了实物教学的方法,同时科学研究和实验也被引入学校。1868和1871年英国先后成立了"科学教育特别委员会"和"科学教育与科技进步调查委员会",经过调查这两个委员会提出了共同的建议,即增设科学课程,培训科学师资,在内阁中设立科学教育部等。1870年英国还成立了"科学教育与科学振兴皇家委员会",该委员会组织人员编写了多种科学课程的教科书和科学普及丛书。《1870年教育法》虽然是针对初等教育而颁布的,但它在某种程度上也促进了技术教育的发展,使技术教育在生源上有

---

[1] Brian Simon, Studies in the History of Education, 1780—1870, Lawrence and Wishart, London, 1960, p. 308.
[2] Robert Ulich, History of Educational Thought, American Book Company, New York, 1950, p. 210.
[3] J. Lawson and H. Silver, A Social History of Education in England, Methuen & Co. Ltd, London, 1973, p. 303.

了保障。1889年颁布的《技术教育法》允许地方当局成立技术教育委员会，授权地方当局征收1‰的税率资助技术教育，并规定各类培训班和学院的技术教育课程应由"科学与工艺署"审批。

科学教育思想的迅速传播引发了高等教育领域的全面变革。面对科学教育思潮的冲击，19世纪后期以牛津和剑桥大学为代表的英国古典大学不仅逐步开设了适应工商业发展的课程，而且开始从事物理学、化学、生物学、细胞学、遗传学等方面的科学研究。尤其是1872年和1873年牛津、剑桥分别建立了克莱伦顿、卡文迪什实验室，标志着传统大学进入了新纪元。以剑桥大学为例，卡文迪什物理实验室成立后不久，又相继出现了医学、化学、动物学、解剖学、工程和机械学的实验场所；同时，植物学、地质学、农业学、生理学、考古学、人类学也有了自己的实验室和博物馆。牛津和剑桥的改革得到了英国政府的鼓励，1877年的大学法案规定今后大学可获得一定比例的税收，用于加强和拓宽自然科学的教学，到19世纪80年代两所大学的科学研究逐渐兴旺起来。与此同时，英国还在伦敦、曼彻斯特、伯明翰、利兹、谢菲尔德等地建立了一批城市学院，直接为当地工商业发展培养专业技术人才。到19世纪末，这些城市学院逐渐成为促进地方工商业发展、实用技术推广和应用的机构。

科学教育思想在美国也引起了极大的反响，斯宾塞的《教育论》在美国拥有最广泛的读者，赫胥黎在1876年访问美国时受到了热烈欢迎。美国大学课程内容的科学化始于哈佛大学，到1897年科学技术类课程在哈佛大学课程中占据主导地位。哈佛大学课程改革极大地推动了美国高等教育的发展，尤其是对霍普金斯大学、芝加哥大学、康奈尔大学等高校的科学教育产生了重要影响。"1896年24所领头的学院中，研究生所选择的专攻方向很能说明问题。这些学生中有四分之一学习自然科学，略多于四分之一攻读社会科学，包括历史和心理学。……1896年只有10％的研究生就读的专业一直在抵触科学观点：哲学或美术。"①总之，从19世纪末期起，欧美国家之所以把科学知识引入学校课程，并逐渐建立以科学知识为主的课程体系，在很大程度上应归功于科学教育思想的广泛传播。

---

① ［美］劳伦斯·维赛著，栾鸾译：《美国现代大学的崛起》，北京大学出版社2011年版，第181页。

第七章

古 典 主 义

教 育 思 想

第七章
古典主义教育思想

古典主义教育兴起于文艺复兴时期，也称为古典人文主义教育。它强调以古典著作为课程的核心内容，因为在这些作品中人们发现了一种衡量现实生活的尺度，它是如此优越，甚至超越了作者们所生活的时代。于是，研究古希腊人和古罗马人的思想及创造活动便成为一种时尚。但他们的思想和活动成果都是用纯粹的希腊文或拉丁文写成，因此学习希腊文和拉丁文自然成为文化复兴的先决条件。古典著作也称为"人文学科"，即以希腊文、拉丁文为基础的一些学科。"在文艺复兴高潮时期，古典或人文主义课程、拉丁文和希腊文课程具有重要的功能性价值。这些古典语言的学习具有无可争辩的生命力，因此，教师无需采取特别动员和引导措施，便可以使学生参加古典语言的学习。然而，在后文艺复兴时期，这种令人兴奋的状况开始恶化。尽管越来越多的学生被吸引去学习古典作品，但人们发现，很多人缺乏天赋和领悟能力去掌握这些古典作品中所隐含的文化。"①

在后文艺复兴时期，以希腊文、拉丁文为代表的古典主义教育已成为一种文化滞后现象。在学术、外交、教堂和宫廷等领域，虽然辞藻华丽的希腊文、拉丁文长期占据主导地位，但随着民族国家的兴起，它不久就遇到了本国语的挑战。"在废除早期封建贵族制度和建设民族国家的努力中，国王们发现，鼓励本国语的学习有利于提高民族凝聚力。之后，在18世纪和19世纪，民主革命和工业革命强调民众使用本国语的重要性，于是课程开始冲破古典作品的垄断，把本国语作为传递文化的主要途径。17世纪和18世纪，在课程领域尽管古典作品试图拒绝让步，但最终不得不为迅速发展的科学让出一席之地。"②尽管各种力量试图以一种缓慢而持续的方式改变课程面貌，但鉴于其长期的声望和重要的训练价值，希腊文和拉丁文仍然在课程中居于重要地位。"至少，在理论上和某种程度的实践中，古典语言可以把学生引入一个庞大的学习范围：诗歌、戏剧、传记、历史、政治理论、地理、民族志、哲学、逻辑学、伦理学、修辞学、建筑学。古典教育汲取了所有创造力时代的养分，从希腊诗人赫西俄德到拜占庭帝国和基督教的欧洲，从意大利文艺复兴时期的学术、荷兰的人文主义到法国的新古典主义。"③同样，古典文学是文明进步的记录。"希腊和拉丁文学几乎囊括了

---

① [美]约翰·S·布鲁巴克著，单中惠，王强译：《教育问题史》，山东教育出版社2012年版，第269页。
② [美]约翰·S·布鲁巴克著，单中惠，王强译：《教育问题史》，山东教育出版社2012年版，第269—270页。
③ Sheldon Rothblatt, Tradition and Change in English Liberal Education: An Essay in History and Culture, Faber and Faber, London, 1976, p.40.

所有的学术和科学领域,包括过去几个世纪人们所接受的传统。"①古典学问也适合于自由教育的目的。"由于自由教育的全部目的是协调人际关系和促进公共事务,因此在教育上没有什么比学习那些古典文本更有价值,它们会直接影响人们日常生活的行为。"②

直到19世纪中期,很多学者仍然信奉古典作品的训练价值,即认为通过学习希腊文和拉丁文可以发展注意、记忆、推理等能力,并极力为其进行辩护。尤其是在英国,强调把古典著作视为核心课程的古典人文主义教育十分盛行,并在文法学校、公学以及古典大学占据主导地位。"因此,文法学校和公学的课程明显具有狭窄的古典人文主义特征。这也是英国绅士教育的特征之一。甚至当文法学校和公学的校风后来衰落时,那些贵族和资产阶级家庭还宁愿聘请家庭教师给自己的孩子提供进入古老大学所必需的古典人文主义教育。"③同样,在牛津和剑桥大学,古典人文主义学科在课程中占据统治地位。"牛津一头扎在古典文学、亚里士多德的哲学以及中世纪留传下来的逻辑学里,剑桥则过分重视已经过时的数学教学,其理由是它们是严格的智力训练,是自由教育。……自然科学和其他现代学科在很大程度上受到忽视。"④有的学者认为,古典主义教育作为一种至高的智力训练、一种培养绅士的手段,以及所有体面职业的基础训练,被证明是正确的。⑤

然而,19世纪随着科学教育的兴起,古典人文主义教育受到了猛烈的抨击。一些学者在《爱丁堡评论》发表系列评论文章,对古典主义教育模式提出了尖锐的批判。《爱丁堡评论》是辉格党的阵地,以激进和功利主义见称。"这份期刊在政治、文学和科学中开创一种新的批判,引导猛烈抨击一切阻碍思想自由发展和科学与实际兴趣之进步的形形色色传统政府、情趣和学术。这评论尽管并非总是得到明智的应用,但其肯定产生非常强大的影响,唤起古老的英国大学摆脱停滞状态,尤其激励年轻志士仁人促进延搁已久的教学改革。"⑥1809年10月《爱丁堡评论》第29期发表评论文章指出:对于几乎每一个受过教育的英国人

---

① Sheldon Rothblatt, Tradition and Change in English Liberal Education: An Essay in History and Culture, Faber and Faber, London, 1976, p. 41.
② Sheldon Rothblatt, Tradition and Change in English Liberal Education: An Essay in History and Culture, Faber and Faber, London, 1976, p. 44.
③ 吴式颖,任钟印主编:《外国教育思想通史》(第八卷),湖南教育出版社2002年版,第107页。
④ 徐辉,郑继伟编著:《英国教育史》,吉林人民出版社1993年版,第158页。
⑤ [英]奥尔德里奇著,诸惠芳,李洪绪等译:《简明英国教育史》,人民教育出版社1987年版,第163页。
⑥ [英]梅尔茨著,周昌忠译:《十九世纪欧洲思想史》(第一卷),商务印书馆1999年版,第227页。

而言,古典著作是主要的学习科目,没有人怀疑他花费如此长时间去做的事情是否有价值,希腊文和拉丁文莫名其妙地成为了一个有教养的人的唯一标准。"在英格兰大学,每年有大量的人才被埋没,……每个人必须花费人生的一半时间学习拉丁文和希腊文,古典学科被认为是培养人才的最好工具,而且这一想法从未消失。"①古典语言把人的思维束缚于词语,并阻止对事物的学习;它们只教授语法和作文,而不是作者的思想。因此,它们切断了与其他学科的联系,只局限于一部分古典遗产,这种教育是狭隘、片面和粗鄙的。

《爱丁堡评论》对英国大学教育内容和目的公开提出了质疑,它并不否认古典学科和神学作为教育工具的价值,但令人反感的是它们成了唯一的学习科目。"大学似乎在为社会培养绅士和提供严格学术训练的理想之间割裂开来,英国大学教育的真正目的很模糊,它缺乏一个清晰的定义";②"它们的教育是中世纪的经院教育,而不是文艺复兴时期的自由教育;大学是年轻人接受真正的自由教育的最后地方,但它们却成为了阴暗的、被隔离的、修道士的庭院"。③ 对古典大学的批评同样来自《威斯敏斯特评论》和《教育季刊》,前者要求由世俗人士控制大学,以便大学摆脱国教会的束缚;后者呼吁对大学的知识体系进行改革,将自然科学和数学作为大学教育的基本内容。"如果把所有针对牛津或剑桥大学教育的批评归纳起来,可以用'迂腐'这个词表达。这是批评家们最喜欢滥用的术语,它意味着繁琐的学问、专心致志(self-absorption)和无用的学习。"④面对指控,牛津和剑桥大学不得不尽全力进行辩护。

面对《爱丁堡评论》等刊物的批判,一些维护古典教育传统的保守派也发起了大肆反击,他们拼命为古典教育进行辩护,旨在捍卫古典人文主义教育传统。于是19世纪中期英国科学教育派与古典教育派之间展开了一场空前激烈的大辩论,这场辩论一直延续到19世纪末期。"从表面上看,这场论争似乎集中在科学教育和古典教育传统的矛盾上,但它实

---

① Michael Sanderson, The Universities in the Nineteenth Century, Routledge & Kegan Paul, 1975, p. 35.
② Peter R. H. Slee, Learning and a Liberal Education: the Study of Modern History in the Universities of Oxford, Cambridge and Manchester, 1800—1914, Manchester University Press, 1986, p. 9.
③ Sheldon Rothblatt, Tradition and Change in English Liberal Education: An Essay in History and Culture, Faber and Faber, London, 1976, p. 77.
④ Sheldon Rothblatt, Tradition and Change in English Liberal Education: An Essay in History and Culture, Faber and Faber, London, 1976, pp. 80-81.

际上涉及教育领域中的许多重大问题,诸如教育的目的、学校的课程设置、教育和教学的方式方法等。从深层次看,由于所谓古典教育传统是和古典人文主义教育密切相关的,因此,这场论争也可以说是科学教育与古典人文主义教育的论争。"①在这场辩论中,英国古典主义教育思想的主要代表人物是托马斯·阿诺德(Thomas Arnold)、马修·阿诺德(Matthew Arnold)、纽曼(John Henry Newman)和利文斯通(Richard Winn Livingstone)。

一、托马斯·阿诺德

托马斯·阿诺德(1795—1842)是19世纪英国历史学家、教育改革家,古典主义教育思想的主要代表人物之一,曾任拉格比公学校长达14年之久。"他被称为是一位精通古典、求实认真、诚挚待人、遵循礼仪、虔敬上帝的典范人物。"②1795年6月阿诺德出生于英国怀特岛,从小受到良好的家庭教育。他先在威尔特郡一所文法学校上学,1807年进入温彻斯特公学学习。1811年阿诺德考取牛津大学基督圣体学院,他对这里的学习环境十分满意,并因学习成绩优异而获得奖学金。"在牛津大学,他度过了一个最快乐和最有收获的时期,也是他一生中最值得追忆和怀旧的时期。……更重要的是,他也建立了一生中都受益的友谊,这种友谊帮助他在奥里尔获得了第一个职位,甚至后来成为拉格比公学的校长。"③1815年大学毕业后,阿诺德在牛津大学奥里尔学院(Oriel College)工作,但他发现在这里工作前景并不看好,于是1819年便离开了奥里尔学院。1819年阿诺德与牧师的女儿结婚,生了10个孩子,其中马修·阿诺德是长子,后成为英国著名诗人和教育家。

1827年拉格比公学校长一职空缺,任命一位新校长的责任便落到了12位沃里克郡贵族与士绅校董的身上。"空中正弥漫着改革的气息——政治、社会、宗教方面的改革;人们甚至认为,我们伟大的公学也非尽善尽美,必须进行某种变革——具体该怎么变没人知道——但对它的管理体系做些改变,则是人心所向。"④在众多的推荐信中,他们发现牛津大学奥里尔学院教务长霍金斯博士的来信,他预言如果选择托马斯·阿诺德,将使全英国的公学教育焕然一新。显而易见,阿诺德正是他们所需要的人。于是,1828年8月阿诺德在

---

① 李明德著:《西方教育思想史:人文主义教育之演进》,人民教育出版社2008年版,第325页。
② 李明德著:《西方教育思想史:人文主义教育之演进》,人民教育出版社2008年版,第343页。
③ T. W. Bamford, Thomas Arnold on Education, Cambridge University Press, 1970, p. 1.
④ [英]利顿·斯特拉奇著,周玉军译:《维多利亚名人传》,上海三联书店2013年版,第113页。

朋友们的鼓励下就任沃里克郡拉格比公学校长,从此与这所学校结下了不解之缘,直到1842年6月因病去世。"在那里,他对生活突然有了新的信心和紧迫感,并取得了相当大的成功;同时,他产生的影响和争论也开始了。"①1835年阿诺德被聘为伦敦大学评议会委员,1838年因不满伦敦大学把《圣经》排除在学位考试科目之外而辞职。1841年阿诺德又被牛津大学聘为历史学讲座教授,在这里他完成了三卷本《罗马史》的写作。"与此同时,他还学习了梵语和斯拉夫诸语言,编辑出版了一套版本精良的修昔底德著作,并与众多饱学之士进行了大量通信,内容无所不包。在管理一间大学校的同时,他利用仅有的空闲写作,除开数量惊人的宣传册和杂志文章,生前发表作品竟达17卷。"②

在教育方面,阿诺德积极倡导古典人文主义教育和基督教教育,并把培养基督教绅士(christian gentleman)作为教育的目标。"于是阿诺德一方面密切注意古典文学的语言(他的继承者后来更加强调了这一点),另一方面出于基督教的目的试图树起一个文艺复兴的理想——'完美绅士'的典型。"③同时,阿诺德对拉格比公学进行大刀阔斧的改革,使这所学校一跃成为英国九大著名公学之一,他本人也成为当时许多优秀校长中最著名的一位。阿诺德关于教育方面的论述有《拉格比公学》、《论公学的纪律》和《论知识的分类及相互关系》,另有一些教育论述散见于他的演讲稿和书信中,英国赫尔大学教育学院院长班福德(T. W. Bamford)将其整理成册,编成《阿诺德论教育》。该书被列入《剑桥教育史文本与研究》系列丛书,并于1970年由剑桥大学出版。

阿诺德对当时的英国社会和宗教生活深感忧虑。"他年轻时就表现出叛逆,尽管有一些身体方面的对抗,但他主要还是一种精神反叛。当时英国的社会环境鼓励这样一种态度,受到美国和法国革命的影响,以及随后与拿破仑长时间的冲突,在社会上有许多志趣相投的人。而且,迅速发展的工业生产使社会不稳定有所抬头,它们在战争时期受到压制,滑铁卢战役后则引发了一系列暴乱。毫无疑问,阿诺德受到这些事件的影响。"④他在拉格比工作的主旨是最大程度地阻止道德方面无政府主义的扩散,他认为教育的目的既不是发展智力,也不是传授知识,而是引起从童年到成人的变化。可以说这是从无知到智慧的一个变化,但智慧并不等同于知识,知识在没有智慧的情况下便可存在,而智慧在仅有一点知识

---

① T. W. Bamford, Thomas Arnold on Education, Cambridge University Press, 1970, p. 1.
② [英]利顿·斯特拉奇著,周玉军译:《维多利亚名人传》,上海三联书店2013年版,第126页。
③ [英]博伊德,金合著,任宝祥,吴元训主译:《西方教育史》,人民教育出版社1986年版,第371页。
④ T. W. Bamford, Thomas Arnold on Education, Cambridge University Press, 1970, p. 2.

的情况下也能存在。

阿诺德的教育目标是使学生学会自我思考,他认为有益的教育可以给学生更多的思想能动性,让他们学会思考、行动和自己获取知识。他在致布莱克斯通(F. C. Blackstone)的信中写道:"我似乎发现越来越没有希望使人们在一旦走上生活之后便能自由和公正地思考和探索。如果能引导孩子们不要追随他人而自我思考,热爱善良和真实的一切,在他们愿意去的地方去找寻,那么,希望便在这些孩子们身上。"①阿诺德在致普拉特(J. C. Platt)的信中则明确提出,教育的主要目的在于我们对上帝的义务和热爱,以及我们对人的义务和感情,科学与文学只不过是对这些事情的补充而已。他在拉格比公学推行一系列教育改革,正是基于其根绝社会罪恶和改正社会道德风气的决心。

(一) 拉格比公学改革

阿诺德担任校长之前,拉格比在公学中的地位并不高,而且与其他大多数公学一样,课程设置陈旧,整个学校的气氛很压抑。校长和教师把学生当作被征服者,采取了统治殖民地式的管理方法。校长拥有最高权威,可以滥用体罚;教师与学生情绪对立,教师被学生视为暴君。在学生中,强势者也以暴力奴役弱小者。"公学是伤风败俗的温床与摇篮"似乎是无可争辩的事实。"这个制度也过分突出了恐惧和肉体服从,而很少考虑到怎样使男孩内心服从和理解。这样,每一所古老的英格兰学校都得到了同样的结果——男孩都学会了与教师对立起来,师生的兴趣截然不同;教师的目标是通过各种手段来限制,甚至是剥夺男孩们的自由,而男孩们则通过结盟、隐瞒、耍诡计、公开撒谎和公开不服从来对付教师的戒备,逃避教师的严厉处罚。"②

阿诺德深知拉格比公学的危机,并曾为是否让四个儿子成为拉格比的学生而烦恼。"无疑,如果要实现奥里尔学院教务长的预言,摆在他面前的任务是足以让人困扰的。那个时候的公学,仍是一片未经改革之手触摸过的处女地。……这是一个集专制与无政府主义于一身的体制。数百名男孩,聚在一起,住在各式各样的寄宿舍或是那栋森冷的'长屋'之内,后者的名字,多年后都能让白发苍苍的政治家和战斗英雄闻而色变。在那里,他们生活

---

① [英]伊丽莎白·劳伦斯著,纪晓林译:《现代教育的起源和发展》,北京语言学院出版社1992年版,第249—250页。
② [英]托马斯·阿诺德著,朱镜人译:《阿诺德论教育》,人民教育出版社2016年版,第6—7页。

在惊扰与恐惧之中,那个手持桦树条、脾气暴烈的小老头,随时可能狂吼着冲过来。这是合法的野蛮与奥维德的美好辞藻时刻伴随的生活;这是由自由与恐惧、韵脚与反抗、无休止的鞭笞与可怕的玩笑构成的生活。"①当时公学教育受到两方面的抨击:一是人们要求设置更现代的课程;二是呼吁提高道德教育的水平。

1828年阿诺德就任校长后不久,全力以赴推行公学改革,主要表现为以下三方面。

首先,整顿校风和改变风气。在拉格比公学,阿诺德最重要的目标是"推行真正的基督徒教育",将"宗教原则引入教育之中"是他的迫切愿望。作为一名虔诚的基督教徒,阿诺德把基督教义视为一切教育的基础。有的学者指出:"在阿诺德的宗教观中,一个不可动摇的基础是相信基督的神性。其他一切事情都是人性的,它们几乎微不足道,而且需要不断地批评和进行合理的评价。教会本身是一个有用的和必需的机构……"②阿诺德认为教育的目的是培养基督教绅士,如果没有健全的宗教原则和绅士作风,那么理智上的成就毫无价值。他十分重视神学课程的学习,并希望拉格比公学成为基督教教育的一个场所,因为基督教知识是每个人的心灵形成的必要部分。"因此,基督教教育是一项伟大的工作,它绝不是靠修建校舍和聘请教师就一定能直接收获果实的工作,它的工作要远远超过这些。我们必须清楚,这项工作唯有通过整个教会和国家携手努力才可完成,……通过这些个人的或全体的力量来消除邪恶的诱惑,使善更加易行和更能增加人的荣誉感,使人更加坚定信仰和神圣感。"③

毫无疑问,对一个基督徒和英国人来说,唯一必须学习的东西,当然是符合基督教的道德和政治哲学。处身于拉格比的学生中,整日看着如此多青春少年被那恶魔所掌控,阿诺德的心中充满了不安与担忧。他说:"充满生机与活力的青春,如未经任何点拨、净化,使其趋于纯洁与高尚,那局面就会变得和一群呼喝打闹的疯子一样糟,在道德上甚至更可虑。"④因此,拉格比公学需要营造一种健康的宗教和道德气氛。"让孩子们在古代语言的僵尸之外再学一些其他的东西固然很重要,但更重要的是培养他们的人品道德。"⑤这便是阿诺德要实现的目标,也是大多数英国家长的观点。

---

① [英]利顿·斯特拉奇著,周玉军译:《维多利亚名人传》,上海三联书店2013年版,第115页。
② T. W. Bamford, Thomas Arnold on Education, Cambridge University Press, 1970, p. 5.
③ [英]托马斯·阿诺德著,朱镜人译:《阿诺德论教育》,人民教育出版社2016年版,第25—26页。
④ [英]利顿·斯特拉奇著,周玉军译:《维多利亚名人传》,上海三联书店2013年版,第128页。
⑤ [英]利顿·斯特拉奇著,周玉军译:《维多利亚名人传》,上海三联书店2013年版,第116页。

阿诺德亲自担任拉格比公学的牧师,并责成六年级学生和负责维持纪律的学生,在年幼学生中传播宗教和道德原则。他毫不犹豫地开除那些在宗教和道德上犯错的学生,以免败坏他为之献身的培养"基督教绅士"的理想。他说:"要建立好的校风,就要(尽可能地)让一些年龄稍大的孩子们参加学校管理,这样这些孩子们就可以每天和校长本人接触。还要及时地开除那些不合格的学生。"①升入六年级的每一个学生,对学校生活的方方面面都有管理职权;六年级作为一个整体,被置于一个有责任管理学校内部事务的权威地位,它只对校长负责。学生们要靠自己获得拯救,正如整个人类一样。"拉格比的学生们也同样生活在诚惶诚恐之中,阿诺德博士那飘摆的长袍、庄严的口吻、洞人肺腑的目光,随时有可能在他们面前显现。在较低年级的学生中,他极少露面,偶尔有之也只如惊鸿一瞥。这些孩子们对他的'主要印象',我们知道,'是极度的畏惧'。……然而,他在大批学生中造成的影响是显著的。他那威严的举止、崇高的情感,都让人无法忘怀。在课堂上,他脸上的每一个线条,每一个细微的动作,都不可磨灭地烙印在学生的心中。"②少数生性严肃、可塑性强的年轻人,完全被阿诺德所折服,整个一生都遵循着他们所敬爱的校长的训导。阿诺德在理论上并不反对体罚,而且他持赞成的态度。六年级学生不但免受体罚,还被赋予进行体罚的权力。较小的学生在阿诺德和高年级学生的双重监管下,养成了淳朴、严谨、谦逊等最优秀的品质。

其次,注意教师的人品和影响。阿诺德坚持以德感人,努力改善师生之间的关系。他说:"一个教师的思想越是有力和朝气蓬勃,他便越有资格去培养另一个人的思想。"③他强调应在没有主管部门干涉的情况下,放手让校长和教师们在其职责范围内工作。如校长应拥有政治和宗教方面的权利,有独立处理教育事务的权力;教师应保持心智活跃,应不断学习且热爱自己的工作,具有同情心且充满青春活力。教育应把儿童自然的本能引导到真理上去,要做到这一点就应避免所有不必要的粗暴。"在我们的言行中要尽量和蔼可亲,因为我们特别希望唤醒的动力是爱而不是恐惧。因此,要避免惩罚,提倡鼓励和慈祥,我们要从我们与之打交道的人身上吸引出善良和高贵的感情。"④阿诺德要求教师献身于自己选择的

---

① [英]博伊德,金合著,任宝祥,吴元训主译:《西方教育史》,人民教育出版社1986年版,第370页。
② [英]利顿·斯特拉奇著,周玉军译:《维多利亚名人传》,上海三联书店2013年版,第117页。
③ [英]伊丽莎白·劳伦斯著,纪晓林译:《现代教育的起源和发展》,北京语言学院出版社1992年版,第250页。
④ [英]伊丽莎白·劳伦斯著,纪晓林译:《现代教育的起源和发展》,北京语言学院出版社1992年版,第249页。

工作,并把它当作一项神圣的职责。他认为教师应具有爱心和同情心,热爱孩子的人才能同情孩子,而要影响孩子的心灵,同情心也必不可少。因此,阿诺德对教师的选择十分严格。他说:"我想要的人,他首先是一位基督徒,也是一位绅士和活动家,深谙常识,理解男孩子。"①他认为理想的教师是一位具有杰出智能的牧师,从事牧师职业的人绝大部分道德是合格的。"很显然,知识和道德方面的合格是对牧师的尊敬和赞美,尽管有个别例外,牧师依然被认为是具有知识和道德的群体。"②阿诺德在1827年的一次演说中指出:"我们在此地务必寻求的,首先是宗教与道德原则;其次是绅士的品行;再次为智识方面的能力。"③这种排序反映出人格比学问更重要,这也正是拉格比公学的准则。

最后,对学生进行有效的管理。阿诺德曾将拉格比公学学生的缺点归纳为六点,即放荡不羁(主要是指酗酒),撒谎成风,恃强凌弱,故意违纪,懒散闲荡,拉帮结派。④让这六种邪恶聚集在一起,神殿就会受到亵渎,学校就会成为贼窝。为了防止学生的"邪恶"和纠正其缺点,阿诺德改善了师生比例,建立了年级长制,缩小了学生宿舍的规模。为了改革年长学生捉弄和使唤低年级学生的陋习,他选择30名高年级学生,赋予他们管理学生活动和维持学校纪律的责任,由他们协助处理学校事务,培养他们的自治精神。寄宿制度是拉格比公学的一大特色。新生入学后即取得双重身份:一是编为班级成员,二是编为宿舍成员。作为班级成员,他仅仅参加班级活动一年而已,宿舍成员却占用他数年岁月。除了上课和少量工作外,他睡在宿舍,吃在宿舍,学习和游戏在宿舍,交友谈心和互相砥砺也在宿舍。总之,宿舍并非理想的安寝之地,而是颇能影响个人生活和学习的兄弟会,是富有品格陶冶价值的教育场所。阿诺德要求教师勤于视导,对食宿处实行全面监督;同时把校规交给年长学生执行,培养他们的自治能力,改变以往的无政府状态。拉格比公学的管理原则是"教会学生自主管理",这比校长和教师去管理学生更加有效。经过改革后的拉格比公学,管理状况得到明显改进,师生之间也建立了一种新的相互尊重、相互信任关系。

阿诺德还摒弃教派偏见,大胆地招收非国教徒的优秀子弟来校学习。"阿诺德既非国教徒,又非清教徒,企图调和折衷,兼容并收……。从此,新局乃开,而新风乃立。这在基督

---

① 朱镜人著:《英国教育思想之演进》,人民教育出版社2014年版,第126页。
② [英]托马斯·阿诺德著,朱镜人译:《阿诺德论教育》,人民教育出版社2016年版,第47—48页。
③ [英]利顿·斯特拉奇著,周玉军译:《维多利亚名人传》,上海三联书店2013年版,第116页。
④ [英]托马斯·阿诺德著,朱镜人译:《阿诺德论教育》,人民教育出版社2016年版,第40页。

教控制下的欧洲国家乃是非同小可的变革。"①刚开始的几年,阿诺德面对的阻力很大,他前卫的宗教观点惹人讨厌,许多家长也不欣赏他管理学校的方式,但很快敌意就消融了。

(二) 论古典教育

在课程方面,阿诺德大力推行古典人文主义教育,并把古典语言和古典文学作为拉格比公学的核心课程。"古典语言应该是所有教育的基石,此为阿诺德博士人生之圭臬。"②在他看来,古典人文主义教育对于培养"基督教绅士"是最合适的,而希腊文、拉丁文似乎正是实现这一目的的工具。同时,阿诺德主张通过古典著作学习刺激学生智力的发展,强调用希腊文和拉丁文作为工具拓展学生的知识视野。当时拉格比公学每周各科教学的总课时为 28.75,其中古典课程占据 17.75 课时。③ 1834 年阿诺德在《教育期刊》(*Journal of Education*)上撰文指出:"把希腊文和拉丁文排斥出校门,你就会把现在这一代人的思想观念限制在这一代人和上一两代人身上,这样你就会砍去漫长的世界经验,而使我们觉得似乎人类是从 1500 年才开始存在,那么亚里士多德、柏拉图、修昔的底斯及西塞罗和台斯特(塔西陀)等人被称为古代作家就是非常不真实的了。他们是我们的同胞、同时代的人。因为,他们的观察力被广泛地运用在超出一般人能力的范围,借助这种观察力,我们在某种程度上看到了我们自己所不能看见的东西。因为他们的结论甚至对我们的命运都有所影响。"④

阿诺德认为,虽然古希腊人和古罗马人没有蒸汽机、印刷机、望远镜、显微镜、指南针、火药等,但在道德和政治思想方面,他们与我们极具相似性。那些古代作家所进行的观察是一般人无法企及的,他们所提供的信息是多么新颖、多么具有魅力,他们的著作揭示了文明化的人类本质,蕴含着丰富的人文精神。他说:"在柏拉图时代,人们已经尽大胆设想之所能,用精妙构思之所及,穷尽了'善'与'恶'的可能含义,以柏拉图之雄辩、睿智和坚定信念,已使一切其他努力相形见绌。"⑤因此,古典教育应当审慎地进行。"即使古典教育的效

---

① 滕大春著:《外国教育史和外国教育》,河北大学出版社 1998 年版,第 284 页。
② [英]利顿·斯特拉奇著,周玉军译:《维多利亚名人传》,上海三联书店 2013 年版,第 119 页。
③ 朱镜人著:《英国教育思想之演进》,人民教育出版社 2014 年版,第 123 页。
④ [英]博伊德,金合著,任宝祥,吴元训主译:《西方教育史》,人民教育出版社 1986 年版,第 370—371 页。
⑤ [英]R. W. 利文斯通著,邵威,徐枫译:《保卫古典教育》,安徽教育出版社 1991 年版,第 118 页。

果不明显或难以为人所察觉,但依然有其效果和作用;这就是人们在青少年时期接受古典教育所体会和理解到的思想与观念将会深藏于他们的心灵之中。"①

在教学方面,阿诺德主张把希腊语、拉丁语与古典文学、历史、哲学、政治学、地理学结合起来,使古典语言的教学摆脱了原来咬文嚼字而空洞机械的讲授方法。阿诺德认为,古典学科不能生硬灌输和呆读死记,而应该联系当时的政治、社会、哲学等借古喻今,引导学生深入理解和分析判断;还应把学习知识和品德培养结合起来,使掌握知识促进品格成长。他希望古典课程的教师模仿古希腊罗马历史学家和哲学家的风格,同时必须熟悉现代历史和现代文学,只有这样他们才能胜任其教学工作。如果仅仅懂得古典作品而对现代作品知之不深,那就不可能向学生传递古典作品的精髓。他说:"如果对过去的知识的学习仅局限于知识本身而完全与现实生活隔离,如果对这些知识似懂非懂或曲解其意,那么,学习这些古典知识的确也就无可称道了。那些反对古典课程的人也因此可以谅解了。"②历史学习应当遵循古为今用的原则,希腊和罗马的历史不是对遥远的时代和已被人们遗忘的机构进行探究,而是展现一幅与现实相联系的生动画面。它不仅仅只是为了满足少数学者的好奇心,对现代的政治家和公民也是颇有教益。

阿诺德反对当时流行的逐字逐句解释希腊文和拉丁文的方法,他认为把希腊文和拉丁文单纯作为语言学习固然重要,但更应该帮助学生去理解和应用它们,去欣赏它们的魅力和美妙。阿诺德十分重视古典著作的翻译练习,认为翻译古希腊和罗马作品是改进学生语言知识的有效途径。翻译时应当教学生了解他所翻译的作家,让他们学会根据作家的年龄和性格选择适当的词汇和语言风格。"所以,在翻译希腊和罗马的散文时,希罗多德的作品应当以编年史风格和语言来翻译,修昔底德的作品应当以培根和胡克的语言风格翻译,而德摩斯梯尼、西塞罗、恺撒和塔西陀的作品需要用完全的现代风格来翻译。"③翻译练习既是衡量学生能力和知识的尺度,又能促进他们对原文的理解,提高他们运用语言的能力。阿诺德推崇苏格拉底教学法,认为这种方法能引导学生掌握原理而非死记硬背。"他的全部方法是以唤醒各个孩子智力为原则作基础的,所以,他是以提问的方式进行教学实践。作为一般的规律,除非作为对一种回答的奖赏,他从来不授之以知识,……他的解释是尽量地

---

① [英]托马斯·阿诺德著,朱镜人译:《阿诺德论教育》,人民教育出版社2016年版,第62页。
② 朱镜人著:《英国教育思想之演进》,人民教育出版社2014年版,第125页。
③ [英]托马斯·阿诺德著,朱镜人译:《阿诺德论教育》,人民教育出版社2016年版,第66页。

短少。"①

此外,阿诺德特别重视体育活动、现代历史和现代语言,并把法语和数学列入正规课程。这样"不仅开启心智,而且进行严格的体格、品格训育,使学生认真严肃地探索道德和社会问题,培养一种将传统的自由人文教育与现代生活紧密联系起来的意识"。② 拉格比还是英式橄榄球的发源地,橄榄球(Rugby)就是以该校的名字命名。

阿诺德强调基督教绅士的培养应以古典教育和品格教育并重。但相对于智力发展而言,他更为关注品格发展。"在许多例子中,单纯的智能敏锐抛弃了一切可以理解的以及伟大的和善良的东西。对我来说,这要比那种无可救药的低能更令人厌恶。"③阿诺德的天才在于他组织了一条"生产线"(production line),这条"生产线"是为了培养一种品格,19世纪末英国政府和上层社会要求越来越多的人具有这种品格。正如1864年发表的克拉伦敦调查报告指出:"英国人最自负的是这些公学使他们获得了这样一些品质:管理别人和控制自己的能力;把自由和秩序结合起来的才能;热心公益的精神;充满活力和男子气概的性格;坚定而不盲从舆论的精神;爱好健康的娱乐和身体锻炼的精神……。公学在形成英国绅士性格方面承担了最主要的责任。"④阿诺德确实给公学带来了巨大变化,"通过在教育体制中引入道德与宗教因素,他彻底改变了公学生活的氛围。至此,以基特(Keate)的伊顿为代表的'拳头加棍棒'式教育再也行不通了。阿诺德博士之后,没有公学敢再忽略道德建设,无视君子之风了"。⑤

阿诺德的改革就是通过参加管理学校和寄宿教育发展性格,这种坚持培育性格和承担义务的主张受到了人们的广泛赞扬。英国学者埃德蒙·金(Edmund J. King)写道:"要想了解英国的各种教育问题,最重要的是应对公学所主张的、长期以来被认为是神圣不可侵犯的那些东西,作出正确评价。这种类型的寄宿学校毕竟是英国对教育思想和学校组织所

---

① [英]伊丽莎白·劳伦斯著,纪晓林译:《现代教育的起源和发展》,北京语言学院出版社1992年版,第250页。
② [英]马修·阿诺德著,韩敏中译:《文化与无政府状态》,生活·读书·新知三联书店2008年版,译本序,第4页。
③ [英]伊丽莎白·劳伦斯著,纪晓林译:《现代教育的起源和发展》,北京语言学院出版社1992年版,第251页。
④ J. Stuart Maclure, Educational Documents: England and Wales, 1816 to the present day, Methuen and Co Ltd, 1986, pp. 87—88.
⑤ [英]利顿·斯特拉奇著,周玉军译:《维多利亚名人传》,上海三联书店2013年版,第132页。

作出的最有特色的贡献之一。极其注重学生的品德训练和自我约束力的培养(其形式是通过集体活动,使大家都在一个较小的范围内承担一定的社会职责),一直是这类学校的特点,我们这样说并不过分。"①安迪·格林则指出:"阿诺德之所以重要,主要因为他有较高的道德声望和他对苦行的基督教派品德的支持,而这些因素更能提高学校的道德水准而非学术水平。他有比教条更广博的信仰,但他在扩大课程方面的贡献并不如他对体育精神和绅士风范的鼓励重要。"②

阿诺德的改革使拉格比公学面貌焕然一新,各地公学和文法学校争相效仿。有人认为:"阿诺德在公学里进行的改革活动的结果,在这些学校中形成了一种非常明确而独特的道德教育制度。这一制度适应这些学校培养领导人这一基本任务。这一制度后来在相当程度上被用于文法学校和部分地被用于其他类型的学校。而在公学里,这一制度直到今天还以传统的形式存在。"③这种改革甚至影响到古典大学。"一届又一届的得意门生将他的声名在大学里传开了,尤其在牛津,拉格比毕业生,以其虔诚认真的态度给人留下深刻的印象。"④牛津大学的一位毕业生回忆说:"他的学生显示出一种与众不同的性格……善于思考,具有男士风度,富有责任感和义务感。"⑤阿诺德·惠特里奇(Arnold Whitridge)则把他与意大利人文主义教育家维多里诺进行对比:"维多里诺与阿诺德博士之间有何等奇妙的相似之处啊!他们两人都是要发展性格而不只是造就学究;两人都重视道德思想,并都博得了他们学生的热爱。阿诺德博士是一位地道的英国人,但是,与他本国和同时代的教师们相比,他却与这位意大利文艺复兴时代的伟大的人道主义者有着更多的相同之处。"⑥阿诺德的改革使人们恢复了对这类学校的信心。"阿诺德作为年轻人的培训员,他最突出的特点之一是他那使所有学生都尊重自己,唤起他们认识到上帝分配给他们各自的职责的惊

---

① [英]埃德蒙·金著,王承绪,邵珊等译:《别国的学校和我们的学校——今日比较教育》,人民教育出版社2001年版,第242—243页。
② [英]安迪·格林著,王春华等译:《教育与国家形成:英、法、美教育体系起源之比较》,教育科学出版社2004年版,第311—312页。
③ [苏]弗·斯·阿兰斯基、费·普·拉普钦斯卡娅合著:《英国的国民教育制度》,人民教育出版社1965年版,第166页。
④ [英]利顿·斯特拉奇著,周玉军译:《维多利亚名人传》,上海三联书店2013年版,第130页。
⑤ 徐辉、郑继伟编著:《英国教育史》,吉林人民出版社1993年版,第155页。
⑥ [英]伊丽莎白·劳伦斯著,纪晓林译:《现代教育的起源和发展》,北京语言学院出版社1992年版,第252页。

人力量。"①阿诺德的许多教育思想都源自于宗教，包括他把道德与宗教相等同、把学校里的邪恶观念与原罪相联系等。

阿诺德的主要贡献在于塑造学生的品格。美国学者弗莱克斯纳评论说："拉格比公学的阿诺德博士进行的革命，导致性格养成成为绅士教育的主要目的。这一点直到现在仍是那些公学以及牛津大学和剑桥大学的工作中心。"②我国学者滕大春先生指出："正因阿诺德善于运用机会使学生从生活中耳濡目染而潜移默化，取得显赫成绩，温彻斯特、哈罗等公学才争相效仿，一些只收走读生的学校也引以为师。"③当时声望卓著的伊顿公学已被人们视为僵硬的"化石"，而改革后的拉格比公学俨然成为公学的"模范"，许多公学继承了阿诺德的传统，使得公学的声望攀升到前所未有的高度。"尽管阿诺德成为了教会的一个开创性人物和新秩序的拥护者，但他也成为了一个匿名的政治思想家（an anonymous political thinker），并获得了公学改革家的声誉，这些特征使得他今天仍然广为人知。"④

毫无疑问，阿诺德取得的成就证实了奥里尔学院教务长的预言，使得全英国的公学教育面貌一新。然而，就实际的教育体制而言，阿诺德不仅没有带来变革，反而有意地坚守古老的传统，几乎毫不犹豫地延续了植根于中世纪、在文艺复兴时期被接受并强化的修道院式教育理念。在他治理下的公学，基本上仍是一个修道院式的机构，专注于教授希腊和拉丁文法。"结果老朽的教育体制反而变得比过去任何时候都更为坚固。"⑤

二、马修·阿诺德

马修·阿诺德（1822—1888）是托马斯·阿诺德的儿子，19世纪英国著名诗人和文学评论家，古典人文主义传统的继承者与传播者。1822年出生于萨里（Surrey），他在许多方面都深受父亲的影响，并经常流露出继承父亲遗志的愿望。托马斯·阿诺德"对马修个人和

---

① [英]伊丽莎白·劳伦斯著，纪晓林译：《现代教育的起源和发展》，北京语言学院出版社1992年版，第252页。
② [美]亚伯拉罕·弗莱克斯纳著，徐辉，陈晓菲译：《现代大学论——美英德大学研究》，浙江教育出版社2001年版，第196页。
③ 滕大春著：《外国教育史和外国教育》，河北大学出版社1998年版，第286页。
④ T. W. Bamford, Thomas Arnold on Education, Cambridge University Press, 1970, p. 2.
⑤ [英]利顿·斯特拉奇著，周玉军译：《维多利亚名人传》，上海三联书店2013年版，第132页。

智力发展的影响非常复杂,但自由(民主和平等)和权威(国家坚持的文化和教育标准)之间的矛盾心理,也许是他继承的关键部分"。① 然而求学期间的阿诺德表现并不佳,喝酒、钓鱼、裸泳、恶作剧,既不上教堂、也不认真读书,倒像一个逍遥自在的纨绔子弟。1837 年进入拉格比公学学习。1844 年阿诺德牛津大学毕业时只是一名二等荣誉生,1845 年获得牛津大学奥里尔学院的住院士资格。1849 年他出版了第一部诗集《迷路的狂欢者》,令熟悉他的朋友们刮目相看,但也引发了不少尖锐的批评。

1851 年阿诺德获得了教育调查委员会巡视员(即皇家督学)的职位,他在这一岗位上工作到 1886 年。巡视员的工作十分辛苦,他经常去学校检查排水、通风、设备、教师表现、学生成绩等,还要同官僚阶层打交道,撰写大量的调查报告。据统计,1855 年阿诺德巡视了 290 所学校,与 368 位实习教师、97 位有证书的教师和 2 万名学生谈话。② 阿诺德曾先后三次访问欧洲,比较深入地考察了法国、荷兰、德国、意大利、奥地利和瑞士等国的教育制度,并积极从事在英国建立中等学校的运动。他把对国外教育制度的研究成果及发表在《麦克米伦杂志》(Macmillan Magazine)上的系列论文汇编为《法国的伊顿》(A French Eton)一书,在该书中他强调建立中等教育合适机构的重要性,认为初等教育和中等教育问题密切相关。1865 年阿诺德受汤顿委员会的指派研究中等教育,撰写了题为《欧洲大陆的中小学和大学》(Schools and Universities on the Continent)考察报告,进一步强调了为英国中等教育提供适当设施的必要性。

阿诺德在文学方面的成就来自于诗歌和散文,1853 年他第一次署名出版诗集,1854 和 1867 年分别出版《诗歌二集》和《新诗集》。1857 年阿诺德被遴选为牛津大学诗歌讲座教授。阿诺德的散文著作涉及文学、社会、政治、宗教、教育等诸多领域,但他在不同时期的关注点不同:50 年代是诗歌和散文时代,60 年代是文学批评和社会、政治批评时代,70 年代是宗教批评、教育批评时代,80 年代又回到了文学批评时代。实际上,所有批评都可以归结为广义的教育和转变人心这一问题。③ "阿诺德很多著作涉及的一个关键问题是教育的本质,从某种意义上说,它所包含的问题是'内在'于教育的。例如,知识和心智发展之间的关

---

① James Gribble, Matthew Arnold, Collier-Macmillan Limited, London, 1967, p. 31.
② [英]马修·阿诺德著,韩敏中译:《文化与无政府状态》,生活·读书·新知三联书店 2008 年版,译本序,第 5 页。
③ [英]马修·阿诺德著,韩敏中译:《文化与无政府状态》,生活·读书·新知三联书店 2008 年版,译本序,第 6 页。

系、不同知识形式的相对价值、主张培养'专家'和'自由'教育的矛盾。"①

阿诺德公认的成就是文学批评,1865 年他发表了文学批评类作品《批评一集》,被誉为统领英国批评界那片荒芜之地最出色的批评家,后人也称其为英国文学批评的奠基人。他认为批评的目的必须是不断地走向完善,使人从阻碍发展和庸俗化的自我满足中走向完善。"在 19 世纪下半叶纷繁复杂的社会局势和思想浪潮中,马修·阿诺德的文化、社会和宗教批评观脱颖而出,他强调'批评'在营造整个社会文化氛围和心智环境等方面的重要作用。从某种程度上来说,正是他建立起了现代意义上的英国文学批评传统。"②阿诺德以自己特有的方式(如讽刺、挖苦、嘲弄等)展开论辩,促使人们认识现状之不足与荒诞,1869 年出版的《文化与无政府状态》实际上就是对论敌的回应,同时他也借此机会对自己的思想进行了全面系统的阐释。

维多利亚时期的英国思想界比较活跃,各种杂志为思想的阐发和交锋提供了舞台。与许多思想家一样,阿诺德对当时的社会现状进行了严厉批评。"他那个时代的英国被阶级的分裂、也被对财富和权力的无思想的追逐变得残酷无情了。国家用财富和权力来衡量它的进步。"③阿诺德认为对机械工具的信仰是我们面临的一大危险,机器大生产虽然给社会带来了巨大的物质财富,但"机械和物质文明"却使人成为机器和物质财富的奴仆,使人的本性发展受到严重的扭曲。他在《评论季刊》、《爱丁堡评论》、《威斯敏斯特评论》等期刊上发表系列文章,阐述了自己对于国家政治、社会阶层、宗教、国民性、教育等问题的看法。

(一) 文化观

阿诺德深刻地反思了英国的国民性、习惯、心理定式等,试图找出英国最缺乏的东西,提出人类全面、和谐、整体地走向"完美"的目标。他把"文化"看做释放每个阶级的最优天性、和谐地整合社会的统一者,看做追求个人完美动力的提供者,看做放荡不羁的个人选择和自私自利的防范者。他提倡以"文化"或广义的教育作为走向完美的途径,学习和研究自

---

① James Gribble, Matthew Arnold, Collier-Macmillan Limited, London, 1967, p. 9.
② 李维屏,张定铨等著:《英国文学思想史》,上海外语教育出版社 2012 年版,第 333 页。
③ [英]乔伊·帕尔默主编,任钟印,诸惠芳译:《教育究竟是什么? 100 位思想家论教育》,北京大学出版社 2010 年版,第 159 页。

古以来人类最优秀的思想、文化和价值资源,从中补充和汲取自己所缺乏的养分。阿诺德主张变革和与时俱进,但他希望变革和进步绝对不能脱离"过去",脱离历史和文化根基。在他看来,为了在秩序中实现变革,使英国乃至全人类平稳地走向更高的理想境地,就必须依靠广义的"文化"力量。"首先,文化的目的是整体的完美;其次,文化是一种活动,而不仅仅是一个知识体系;第三,文化是社会改良的工具。"①

那么,文化到底是什么? 阿诺德指出:"诋毁文化者将文化说成是受到好奇心的驱动,有时甚至还说那纯粹是排斥他人的孤傲和虚荣。被看做炫耀半瓶子醋的希腊文和拉丁文的所谓文化,不过是产生于求知的好奇心;它之所以受到尊崇,完全是自大和无知在作祟,或者是因为它成了社会和阶级等第的标志,就像徽章或头衔一样,能将拥有者与无徽章无头衔的人群区分开来。"②严肃的人应该对"文化"有完全不同的看法。阿诺德认为文化可以恰切地表述为源于对完美的热爱,而非源于好奇。"文化的目的在于让我们确定什么是完美,并且使这种观念占据优势。"③文化即对完美的追寻。它的动力并非只是追求纯知识的科学热情,而且也是行善的道德热情和社会热情。文化的信仰在于让天道和神的旨意通行天下。一旦认识到文化不仅致力于看清事物本质,而且获得关于普遍秩序的知识,那么文化之道德的、社会的、慈善的品格就显现出来了。宗教是人类文明中最伟大、最重要的成果,人类通过宗教表现了完善自身的冲动。宗教让我们致力于弄清什么是完美,并使普天下皆完美。"宗教的主旨是克服人身上种种显而易见的动物性的缺陷,使人性达到道德的完善。"④在确定人的完美应包含哪些内容时,宗教得出的结论与文化的结论一致。

文化在寻求完美的内涵时,不仅要倾听宗教的声音,还要倾听艺术、科学、诗歌、哲学和历史的声音,这样才能使结论更充实和更明确。人具有思考和感情的天赋,人的完美就是这些天赋秉性得以更加和谐地发展,这样人性才能获得特有的尊严、丰富和愉悦。他说:"人类精神的理想在于不断地扩充自身、扩展能力、增长智慧,使自己变得更美好。要实现

---

① W. F. Connell, The Educational Thought and Influence of Matthew Arnold, Routledge & Kegan Paul Limited, London, 1950, p. 161.
② [英]马修·阿诺德著,韩敏中译:《文化与无政府状态》,生活·读书·新知三联书店2008年版,第6页。
③ A. V. Judges, Pioneers of English Education, Faber and Faber Limited, London, 1951, p. 201.
④ [英]马修·阿诺德著,韩敏中译:《文化与无政府状态》,生活·读书·新知三联书店2008年版,第18页。

这一理想,文化是不可或缺的帮手,这就是文化的真正价值。"①文化所构想的完美不是只拥有和原地踏步,而是不断地成长和转化。"文化心目中的完美,不可能是独善其身。个人必须携带他人共同走向完美,必须坚持不懈、竭其所能,使奔向完美的队伍不断发展壮大,如若不这样做,他自身必将发育不良,疲软无力。"②完美应是构成人性之美和价值的所有能力的和谐发展,如果某种能力过度发展,而其他能力停滞不前,这种状况不符合文化所构想的完美。"因此,文化所寻求的完美是和谐的完美、普遍的完美,这种完美存在于成为某物而不是拥有某物之中,存在于心灵和精神的内在状态之中。"③

阿诺德认为,文化为人类担负着重要的职责,在现代世界这种职责尤其重要。与古希腊罗马文明相比,现代文明在很大程度上是机器文明和外部文明,而且这种趋势愈演愈烈。虽然文明会将机器的特征传播四方,但在我国机械性已到了无与伦比的地步。"更确切地说,在我们这个国家里,凡是文化教我们所确立的几乎所有的完美品格,都遭到强劲的反对和公然的蔑视。关于完美是心智和精神的内在状况的理念与我们尊崇的机械和物质文明相抵触,而世上没有哪个国家比我们更推崇机械和物质文明。……因此,在我们这个国家,文化的任务十分艰巨。"④追求物质进步的目的是为了积累财富,但人们从来没有像现在的英国人那样,如此起劲地将财富视为追求的目标,而且大多数英国人相信富有便是伟大和幸福的明证。然而,文化的作用是通过树立完美之精神标准,帮助我们认识到财富只是一种手段和工具。如果不是文化扫除我们头脑中的污垢和净化我们的心灵,那么整个世界都不免成为非利士人⑤的天下。

在阿诺德看来,追求完美就是追求美好与光明。那些为了美好与光明而奋斗的人,他所做的事是让天道与神的旨意通行天下;那些为了工具和手段做事的人,以及怀着怨恨做

---

① [英]马修·阿诺德著,韩敏中译:《文化与无政府状态》,生活·读书·新知三联书店2008年版,第11页。
② [英]马修·阿诺德著,韩敏中译:《文化与无政府状态》,生活·读书·新知三联书店2008年版,第11页。
③ W. F. Connell, The Educational Thought and Influence of Matthew Arnold, Routledge & Kegan Paul Limited, London, 1950, p. 164.
④ [英]马修·阿诺德著,韩敏中译:《文化与无政府状态》,生活·读书·新知三联书店2008年版,第12页。
⑤ 非利士人是指对人文思想、启蒙教育、文化艺术修养等不感兴趣,情趣狭隘,只顾追求物质利益的平庸之辈。阿诺德称中产阶级为非利士人。

事的人,却只能带来混乱与纷争。他说:"文化的视野超越工具手段,它憎恶怨恨。它自有强烈的爱好,那就是热切追求美好与光明。还有一件它愿意更热切追求之事,那就是让美好与光明蔚然成风。在我们全体都成为完美的人之前,文化是不会满足的。……我曾一次又一次坚持不懈地指出,当一个国家出现全民性的生命和思想的闪光时,当整个社会充分浸润在思想之中,具有感受美的能力,聪明智慧,富有活力——这便是人类最幸运的时刻,是一个民族生命中的标志性时代,是文学艺术繁荣发达、天才的创造力流光溢彩的时代。"①总之,文化并不企图去教育包括社会底层阶级在内的所有大众,也不指望利用现成的标语口号将大众争取到自己的宗派组织。文化寻求使世界上最优秀的思想和知识传遍四海,使普天下的人们都生活在美好与光明的气氛之中,使他们能够自由地运用思想,得到思想的滋润而又不受之束缚。为了实现上述理想,阿诺德认为关键在于教育。教育是提高文化修养和消除无知粗野的重要工具,教育的目的是通向"文化"。

(二) 教育观

阿诺德认为,教育的价值并不在于它使人成为好公民或它的职业用途,教学目的隐含在教学内容之中,知识本身是有价值的,因为知识塑造心智并使之走向完美。"从事教育活动的目的是追求完美。"②但"完美"的本质是由活动决定,追求完美正如追求真理,真理不是外在于艺术、科学、诗歌、哲学和宗教等,真理正是这些活动所追求的目标。阿诺德与自由主义改革家约翰·密尔的观点完全相反,他不喜欢自由,认为自由和无政府状态难以区分。"与密尔截然不同的是,阿诺德不仅相信教育的影响力,而且建议强化国家及其权威的观念。"③他认为国家行为并不会阻碍个人的自我实现,而是使自我实现成为可能的很好的媒介,正如古希腊时期一样。实际上"教育应该是国家干涉的事情之一"。④

有的学者指出:"阿诺德关于教育的大多数重要观点,涉及教育活动的内在价值及'自

---

① [英]马修·阿诺德著,韩敏中译:《文化与无政府状态》,生活·读书·新知三联书店 2008 年版,第 33—34 页。
② James Gribble, Matthew Arnold, Collier-Macmillan Limited, London, 1967, p. 12.
③ G. H. Bantock, Studies in the History of Educational Theory, Volume Ⅱ, The Minds and The Masses, 1760-1980, George Allen & Unwin, London, 1984, p. 199.
④ G. H. Bantock, Studies in the History of Educational Theory, Volume Ⅱ, The Minds and The Masses, 1760-1980, George Allen & Unwin, London, 1984, p. 206.

由教育'的相关概念。"①实际上,这些观点在19世纪得到了充分讨论。在《欧洲大陆的中小学和大学》中,阿诺德拒绝传统意义上赋予教育的外在目的,尤其是那些"功利主义者"的主张。他说:"一般而言,瑞士中学教学的流行观念不是自由的,而是商业的;不是文化和心智训练,而是在一些实际职业中立即产生明显的效用。"②在德国,大学的重要目标是鼓励科学研究,大学课程本身的考试并不重要;在英国,大学导师则要不断地告诫学生,学习的目的是为了考试和谋求职位。很多人认为,教学的目的和职责是使人成为一个好公民,或一个好基督徒,或一个绅士;或者使他立身处世,或使他在工作中尽其职责。阿诺德认为现代精神越来越证明这些都不是,它们充其量是次要和间接的教学目的。"其主要、直接的目的是使一个人认识他自己和这个世界。这些知识是行动唯一可靠的依据,这种依据是教学提供的真正目的。为了认识自己,一个人必须知道人类精神的能力和表现;人文价值、古代科学为这一目的提供了得天独厚的来源。"③

在古典主义教育和科学教育孰轻孰重的论辩中,阿诺德更热衷于古典人文主义教育。1882年阿诺德在剑桥大学发表了题为《文学与科学》(*Literature and Science*)的演讲,是他对赫胥黎1880年在梅森学院发表《科学与文化》(*Science and Culture*)演讲的答复。他指出:"赫胥黎教授所说的表明了对纯文学(belles lettres)研究的责备:这种研究是高雅的,但实际效用不大;它是对希腊语、拉丁语的一知半解和其他东西的装饰物,对于那些目标是获得真理和成为实践家的人而言作用并不大。"④赫胥黎并没有完全理解阿诺德的文化概念,他认为如果知道"人们曾想过、说过的最优秀的东西"就意味着懂得文学,那么这种纯文学是一种肤浅的人文主义,它与科学和真正的知识相对立。理想的文化应当提供一种完整的生活理论。阿诺德则指出,知道纯文学并不意味着知道世上人们曾想过、说过的最优秀的东西;文化概念既包括生活知识,也包括人们研究的天才人物。我们既要知道"他们是谁,在世上做了什么;我们从他们那里获得了什么,价值何在……",也必须知道"现代那些伟大的自然界观察者和认识者所想过和说过的东西"。⑤ 因此,文学与科学之间并不矛盾。"如

---

① James Gribble, Matthew Arnold, Collier-Macmillan Limited, London, 1967, p. 11.
② James Gribble, Matthew Arnold, Collier-Macmillan Limited, London, 1967, pp. 86 - 87.
③ James Gribble, Matthew Arnold, Collier-Macmillan Limited, London, 1967, pp. 89 - 90.
④ James Gribble, Matthew Arnold, Collier-Macmillan Limited, London, 1967, p. 167.
⑤ W. F. Connell, The Educational Thought and Influence of Matthew Arnold, Routledge & Kegan Paul Limited, London, 1950, p. 199.

果还要割裂开来,任人选择,人文学为一方,自然科学为另一方,……我不得不认为,聪明的做法是选择接受人文学教育,而不是选择自然科学。人文将能在更多方面焕发其生命,令其生活更为丰富。"①

阿诺德认为,教育的首要目的是使一个人了解他自己和这个世界,而了解自己和世界的最好方式是世界上已经想过和说过的东西,这种东西的主要部分就是希腊和罗马的古典文学。古典语言和文学是人类智慧的最高成果,是培养个人心灵和道德品质的最佳方式,而科学课程的实用目的则可能会排除真正的"文化"。他说:"当我谈到知道古希腊和罗马文化有助于认识我们自己和这个世界时,我并不是说要了解很多的词汇和语法知识,以及古希腊和拉丁语言中的众多作者。我的意思是,要了解古希腊和古罗马、他们的生活和天赋、他们在世界上做了什么、从他们那里可以获得什么、它们的价值是什么";②"如果我们知道世上人们曾想过、说过的最优秀的东西,我们就会发现,那些也许是生活在很久以前、自然知识还十分有限、对很多重要事件都持有错误看法的人们的艺术、诗歌和辩才,就会发现这种艺术、诗歌和辩才事实上不仅有使我们精神振奋、使我们高兴的力量,而且它们还有一种力量——本质上这是他们的作者对生活的批判的力量和价值——它们有着使我们坚强、使我们升华、鼓舞我们、富于启示的力量,这种力量能够惊人地帮助我们,将现代科学的成果与我们的行为的需要、与我们对美的需要联系起来"。③ 可见,对于当时"机械和物质文明"引起的文化混乱,阿诺德希望把发挥古典人文主义教育传统作为革新教育的指导思想。"一个人只有在那里才能得到一种自由地激发自己心智的感觉,而没有把偏见或自私、恶意或谄媚、夸张或诡辩强加在自己身上的危险。但是,在其他任何地方都不可能这样。"④

在古典人文主义传统中,阿诺德特别推崇希腊精神和希伯来精神。他认为和一切伟大的精神准则一样,希腊精神和希伯来精神无疑有着同样的终极目标,那就是人类的完美或救赎。这两种精神均源于人性之需,而且致力于满足此需要,然而它们的侧重点不同。希

---

① 杨自伍编译:《教育:让人成为人——西方大思想家论人文与科学》,北京大学出版社2014年版,第89页。
② James Gribble, Matthew Arnold, Collier-Macmillan Limited, London, 1967, p. 168.
③ [英]乔伊·帕尔默主编,任钟印,诸惠芳译:《教育究竟是什么? 100位思想家论教育》,北京大学出版社2010年版,第162—163页。
④ [美]约翰·S·布鲁巴克著,单中惠,王强译:《教育问题史》,山东教育出版社2012年版,第481页。

腊精神的重要理念是看清事物的本质,而希伯来精神的重要原则是行为和服从。"摆脱蒙昧状态,看清事物真相,并由此认识事物之美,这便是希腊精神要求于人的淳朴而迷人的理想。其素朴和魅力,使希腊文化精神及其影响下的人生获得了一种飘逸、澄澈和光彩,使之充满了我们所说的美好与光明。"①克制自我,奉献自我,追随神的而不是人的旨意,则是希伯来精神的根本思想。阿诺德认为希腊精神和希伯来精神都是对人类发展的贡献,"两大精神准绳,一个注重智慧,另一个注重顺服;一个强调全面透彻地了解人的职责的由来根据,另一个则力主勤勉地履行职责;一个慎之又慎,确保不将黑暗当成了光,另一个则是看到大的亮光就奋力向前——这两大准绳之中,自然是坚固人类道德力量、铸就必要的人格基础的准则处于优先地位。"②

此外,阿诺德把教育工作者看做"文化人",认为他们是平等的真正使徒。伟大的文化使者怀着极大的热情,传播时代最优秀的知识和思想,并使之蔚然成风,传遍社会的各个角落。"伟大的文化使者努力将一切粗糙、难懂、抽象、专业的和生僻的内容从知识中剥离出来,使知识变得富有人情,即使在受过良好文化教育、有学问的小团体之外也行之有效,却仍不失为时代最优秀的知识和思想,因此,也成为美好与光明的真正源泉。"③阿诺德认为,反对国家干预教育是导致英国教育落后的主要原因,他主张把教育权从教会手中夺过来,建立国家中等教育制度,从而使中产阶级和劳工阶级有机会接受"世界上最优秀的思想和知识"。在英国,贵族阶级有伊顿和哈罗公学,但中产阶级只有不满意的私立学校,国家可以通过创办公立学校为他们做得更好。总之,国家干预中产阶级的教育既可提高教学质量,同时也为中产阶级提供了"向上流动"的途径,这是一个国家迫切需要的。"因此,在国家的帮助下,中产阶级既可获得更好的教育,也可以使教育成本保持适度。从其本身而言,这是一种收获,但与获得尊贵的学习席位和在年轻时吸收民族最优秀的文化相比,这种收获是微不足道的。"④阿诺德认为通过文化和教育活动可以重建一种新型的雅典时代,他把

---

① [英]马修·阿诺德著,韩敏中译:《文化与无政府状态》,生活·读书·新知三联书店2008年版,第103页。
② [英]马修·阿诺德著,韩敏中译:《文化与无政府状态》,生活·读书·新知三联书店2008年版,第107页。
③ [英]马修·阿诺德著,韩敏中译:《文化与无政府状态》,生活·读书·新知三联书店2008年版,第34—35页。
④ W. F. Connell, The Educational Thought and Influence of Matthew Arnold, Routledge & Kegan Paul Limited, London, 1950, pp. 79-80.

国立中等学校看做促进本民族最优秀的文化的杰出工具。

由于在欧洲大陆的考察经历,阿诺德比其同时代人更了解英国教育落后于大陆的程度。他在《欧洲大陆的中小学和大学》一书中介绍了威廉·洪堡（Wilhelm von Humboldt）在普鲁士实行的教育改革,以及拿破仑在法国大革命基础上建立的国家教育体系。他写道:"记得在德意志北部时,我对学校和教育体制的问题有了很强烈的感受。普鲁士最优秀的学校是他们称为君主助学的那类学校,即学校由国王设立并从他自己的岁入中出资捐助,由国王本人或他的代表直接控制管理,并起样板学校的作用。……然而英国统治者在教育方面所习惯于扮演的角色是多么不同！酒店老板和推销商提出要给他们的孩子设立一所学校。……国民领袖或统治者所做的却是让王储或大臣去参加并主持酒店老板或推销商学校的揭幕典礼……"①

1886年阿诺德撰写的几乎所有关于教育的文章,都强调要建立一个令人满意的英国教育制度。他说:"但愿我们在世时能看到国家的美好前途。在整个国家,好的小学能让孩子学习到13岁;好的中学让他学习到16岁,同时好的古典高中和商业高中让他继续学习到18岁或19岁;而与中学和高中并行的是为那些需要的人提供好的技术学校和特殊学校。……没有制度、协调和思想,以上目标不可能实现。同样,没有教育部长作为一个责任主体,没有教育委员会向部长提供建议,让他与时代趋势、需要和学校活动保持联系,也是不可能实现的。"②由上可知,阿诺德明确提出英国教育制度的建立涉及两方面:一是提供各种不同年级和类型的学校;二是所有的初等学校、中间学校（intermediate school）和高级学校之间,应该建立有机的联系。

总之,阿诺德基于文化的视角,对英国社会文化和教育发展进行了批判性的审视。他赋予文化教育以特殊的使命,指出文化教育的目的在于培养完美的人格和健全的理智,并将这一目标的实现依托于古典人文主义教育。阿诺德的教育思想和实际活动,既具有维护古典人文主义教育传统的色彩,又含有新人文主义教育的重要因素。"文化的概念建立在一种人文主义的基础之上,即相信人类的经验作为一个整体提供了全面的价值标准。"③在

---

① ［英］马修·阿诺德著,韩敏中译:《文化与无政府状态》,生活·读书·新知三联书店2008年版,第86—87页。
② W. F. Connell, The Educational Thought and Influence of Matthew Arnold, Routledge & Kegan Paul Limited, London, 1950, p. 88.
③ A. V. Judges, Pioneers of English Education, Faber and Faber Limited, London, 1951, p. 201.

19世纪后期的英国教育领域,阿诺德的教育思想曾产生过重要影响。"他的许多教育论著既是针对当时的条件,也是他的工作职责的结果。……管理者在教育问题上扮演重要角色。阿诺德是一名公务员,他担任了35年的学校督导,首次考察了威尔士、英国中部及南部的许多郡,然后重点关注伦敦地区的教育,以便获得关于初等教育的完整认识,这在当时都属于学校督导的职责。"①"在他的所有著作中,阐述了两个清晰而明显的政策,即扩大国家行为的需要和更广泛地传播文化的需要。"②

阿诺德的一些建议在皇家委员会报告中也有所体现。例如,1858—1861年的纽卡斯尔委员会(the Newcastle Commission)提出,要为所有社会阶层的人们提供更多合理和廉价的初等教育。1864—1867年关于中产阶级教育的汤顿委员会(the Taunton Commission)提出了一系列的进步主张,包括建立一个隶属于慈善委员会的教育咨询委员会,但是这一报告的大部分建议没有引起当时教育部门的重视。

英国学者乔伊·帕尔默(Joy A. Palmer)指出:除了他的专门教育著作外,他的《文化与无政府状态》有着明显的教育上的启迪,在多年以后它还被认为是所谓"博雅教育"优点的主要阐述。③ 也有学者评论说:"在论争中,在后来的历史进程中,他的思想不断发酵,他的名字已成为英语国家文化思想史上里程碑式的标志,代表了对现行的一切和习惯势力进行批评性审视,同时进行深刻内省的文化立场和文化姿态。"④阿诺德的文化教育观无疑具有前瞻性,尤其是在工具理性占据统治地位,价值理性日渐衰微的今天,如何弘扬古典人文主义传统,的确值得我们深思。阿诺德强调弘扬文化是每次行政改革的主要目的,正如它是所有人类教育改革的目的一样。他坚持不懈地献身于这一理想,以致同时代的西季威克(Henry Sidgwick)称其为"文化的先知"(The Prophet of Culture))。"阿诺德被誉为'文化先知'……他预见的许多事情发生了,他的教育思想要素无论在当时还是现在都适用。……在过去的一个世纪,相比许多教育家而言,我们从阿诺德那里获得的东西更

---

① A. V. Judges, Pioneers of English Education, Faber and Faber Limited, London, 1951, pp.194-195.
② W. F. Connell, The Educational Thought and Influence of Matthew Arnold, Routledge & Kegan Paul Limited, London, 1950, p.273.
③ [英]乔伊·帕尔默主编,任钟印,诸惠芳译:《教育究竟是什么?100位思想家论教育》,北京大学出版社2010年版,第159页。
④ [英]马修·阿诺德著,韩敏中译:《文化与无政府状态》,生活·读书·新知三联书店2008年版,译本序,第15页。

多。……他的主张无疑是最重要的。"①

三、纽曼

纽曼(1801—1890)是19世纪英国维多利亚时期著名神学家和教育家,古典主义教育的倡导者(他称之为自由教育②)。1801年2月出生于伦敦一个中产阶级家庭,父母均是英国国教会的忠实信徒。7岁时进入颇有声誉的私立寄宿制学校伊林(Ealing)学习,从小受到良好的古典主义教育。在伊林期间,纽曼阅读了许多的宗教书籍和古典著作,并喜欢对作者进行各种评论。"正是因为大量宗教和非宗教作者的交叉影响,纽曼后来逐渐形成了对宗教教育和世俗教育兼容并包的教育观。"③1817年6月纽曼进入牛津大学三一学院学习,并于1820年11月获得学士学位。1822年4月纽曼被任命为牛津大学奥里尔学院院士,这是他一生的转折点。1824年纽曼成为英国国教会牧师,1828年又成为牛津大学圣玛丽教堂副主教。在随后的几十年中,纽曼一直是英国宗教界的核心人物。

(一) 宗教观与宗教活动

1833年纽曼参加并领导了一场旨在恢复天主教内容的牛津运动(Oxford Movement),他要求按照早期基督教教会模式整顿国教会,抵制政府对教会事务的干预,以恢复罗马天主教的惯例。牛津运动是一场试图从内部改革英国国教会的智力运动,它起源于一群居住在牛津大学各学院的国教会成员和世俗知识分子。"在牛津的中心燃起的这场争论的火焰,向当时的大学投下了鲜亮的光芒并且激发了想象力,也同样活跃了生活在其中的人的生活。纽曼身处这场运动的最前沿,他的个性对生活在他周围的人产生

---

① A. V. Judges, Pioneers of English Education, Faber and Faber Limited, London, 1951, p. 206.
② 在西方教育史上,"自由教育"(liberal education)作为一种正统的教育观,发端于古代希腊。最早提出这一概念的是亚里士多德,自由教育反对教育具有功利性,主张以提高一般文化修养为目的。到18世纪末,"自由教育"被理解为一种以学习古典著作为基础的教育,因而它与"古典主义教育"变成了同义语。
③ 赵祥麟主编:《外国教育家评传》(第二卷),上海教育出版社2003年版,第168页。

了深远的影响。"①牛津运动成员主张同时坚持天主教和新教,试图证明中庸之道是解决困扰大众基督教难题的不二法门。他们指责新教标新立异,忽视早期教父,不重视古代信经。"非常明显,早期教父所教导的一切并非始终一贯。从中庸之道来说,检验教义正确与否的尺度是使徒性,更加概括地说,就是'古代传统'。"②为指导这场教会改革运动,纽曼主编了题为《时代书册》的系列小册子。《时代书册》总共90期,汇编成六卷,发行量很大。纽曼将主教权威追溯到耶稣委任的使徒们,认为耶稣建立教会并将管理教会的权威赐予主教,所以国家没有权利干预神职人员的事务,这样做的人就是"基督的敌人"。

1841年纽曼在主编的《第90号书册》中指出,国教会牧师可以在相信罗马天主教教义的同时,继续光明正大地服务于英国国教会。这一主张遭到许多人(尤其是国教会主教们)的严厉批判,他们抗议那些明确赞成罗马天主教的内容。牛津运动并没有达到预期目的,"但是,牛津运动可能已经表达出英国人的诸多担忧,如在许多方面人们灵性冷漠,宗教陷入无政府状态,传统崩溃,世俗权力凌驾于教会事务之上等,但极少充分地表达出希望。在这个时代,日益增长起来的希望就是建立一个大规模地实现自由和平等一类理念的世界。牛津运动在本质上依赖于教阶制模式,不能与这一时代潮流合拍"。③ 牛津运动以后,纽曼开始怀疑国教会的正统性,并日益趋向罗马天主教会。他说:"我强烈地坚持古代立场;现在在这里,在我看来,16世纪和19世纪的基督教王国就反映在5世纪中叶。我在这面镜子里看到了我的面容;我是一性论者。采取中庸之道的教会坚持的是东方共融论的立场;罗马过去怎样,今天也是怎样;新教则是欧迪奇主义者。"④

1843年9月纽曼辞去牛津大学圣玛丽教堂副主教职务,1845年10月他完成其宗教信仰的转变,最终皈依罗马天主教,其教职也升为红衣主教⑤。牛津运动的一些成员也纷纷追

---

① [英]约翰·亨利·纽曼著,徐辉,顾建新等译:《大学的理想》,浙江教育出版社2001年版,序,第8页。
② [美]史蒂夫·威尔肯斯,阿兰·G·帕杰特著,刘平译:《基督教与西方思想》(卷二),北京大学出版社2005年版,第218页。
③ [美]史蒂夫·威尔肯斯,阿兰·G·帕杰特著,刘平译:《基督教与西方思想》(卷二),北京大学出版社2005年版,第221页。
④ [美]史蒂夫·威尔肯斯,阿兰·G·帕杰特著,刘平译:《基督教与西方思想》(卷二),北京大学出版社2005年版,第216—217页。
⑤ 红衣主教是天主教枢机主教的俗称,着红色衣服,有权选举教宗和辅助教宗处理教会事务。

随纽曼而皈依罗马天主教。对于19世纪英国罗马天主教徒而言,1845年改宗后的纽曼几乎就是一个文化英雄;但许多英国国教徒的看法完全相反,他们认为纽曼通过牛津运动铺平了道路,他是一个投机取巧的骗子,改宗就是变节和背叛。1846年纽曼离开了牛津大学,在罗马完成天主教教义学习,并被任命为天主教教父。1848年纽曼在伯明翰建立天主教教区。

除了宗教活动外,教育是纽曼最关心的问题。在他的感情世界里,教育的位置仅次于神学。1851年纽曼应爱尔兰大主教保罗·库伦(Paul Cullen)的邀请,到爱尔兰首都都柏林主持建立一所天主教大学。1852年教皇颁布训令创办都柏林大学,纽曼被任命为都柏林大学校长。纽曼的初衷是以牛津大学为蓝本建立一所天主教大学,但爱尔兰的主教们并不喜欢他的办学思想,只希望新建大学能够向学生灌输天主教教义,而世俗学问却被很多教士看做是危险的。1852年纽曼在都柏林大学围绕大学的特性发表了五次演说,这些演说后经修改与其他演说合并为《大学的理想》。该书首次出版于1853年,在纽曼去世前的1889年共出版了9版。有的学者指出:"比起这本书来,任何一本用英语写成的著作,都没有在高等教育之公共理念方面发生过更大的影响。任何一本关于大学之性质与目的的书籍,都没有得到其他学术评价家们如此频繁的引用与赞赏。"①但由于都柏林大学保守势力的阻挠和反对,纽曼的一些想法无法真正付诸实施,他于1858年11月愤而辞去校长职务。

辞职后,纽曼回到伯明翰继续从事著书立说。1864年纽曼出版了《自我辩护》一书,既是对一些批评者的回应,也详细叙述了自己宗教信仰变化的过程,因而受到天主教内外人士的普遍赞誉。"这本非常畅销的自传回答了那些对他的诚实进行的病态攻击,于是,甚至连新教徒也逐渐地视纽曼为圣人,认为他为忠于其宗教信仰,做出了实实在在的个人牺牲。"②1878年纽曼当选为牛津大学三一学院的名誉院士,1879年罗马新教皇利奥十三世(Pope Leo XIII)任命他为罗马天主教的红衣主教。他的一生有将近一半的时间是在英国国教会内,而另一半时间则是在罗马天主教会度过。无论是对英国国教还是罗马天主教,纽曼发挥了同样的影响力。

---

① [英]约翰·亨利·纽曼著,高师宁,何克勇等译:《大学的理念》,贵州教育出版社2003年版,第312页。
② [英]约翰·亨利·纽曼著,高师宁,何克勇等译:《大学的理念》,贵州教育出版社2003年版,第295页。

（二）论大学与大学教育

纽曼所处的时代是崇尚工具理性和实用主义的时代，"实用"是19世纪早期爱丁堡评论派对传统大学的课程进行抨击的口号。19世纪中叶英国工业革命已经完成，但在高等教育领域古典主义仍占统治地位。传统的古典主义教育与现实的科学技术发展极不适应，在这种情况下一些教育家主张改革教育内容，强调教育的专业化和职业化。如教育家埃奇沃思（Richard Edgeworth）在《爱丁堡评论》连续发表了论述专业教育的文章，抨击传统大学的课程设置，提出"知识是否有用，要看其实用价值"，并以其为代表形成了一个爱丁堡评论派。他们认为，假如古典主义教育没有教会我们如何改进生产，如何改良土地，如何改善国内经济，或者不能把人们造就成律师、工程师、外科医生，或者不能产生化学、航天、地质、电磁学及各门科学的新发现，那么古典主义教育的真正价值是什么呢？

但这些人在批判古典主义教育的同时，却走向了另一个极端。他们片面地强调知识的实用性，而忽视知识的系统性和整体性。"他们主张，教育应限于某个特定的狭窄的目标，应规定明确的任务，可以估量，也可以测定。他们的观点似乎是，每个人、每种事物都有其自身的价值。他们认为，付出多少代价就应以实物的形式得到多少回报。他们称这是使教育及训练'实用'。'实用性'便成了他们的口号。"①总之，教育若不是建立在实用原则基础上，就根本谈不上有何益处。为此，纽曼在《大学的理想》中提出了自己的看法。在19世纪英国古典教育与科学教育的论战中，纽曼被认为是古典主义教育的支持者。

纽曼首先阐明了大学的本质，认为大学是一个传授普遍知识的场所。"这意味着，一方面，大学的目的是理智的而非道德的；另一方面，它以传播和推广知识而非增扩知识为目的。如果大学的目的是为了科学和哲学发现，我不明白为什么大学应该拥有学生；如果大学的目的是进行宗教训练，我不明白它为什么会成为文学和科学的殿堂。"②在他看来，大学是教学的场所，教学是大学的唯一职能。我们不能借口履行大学的使命，而把它引向不属于它本身的目标。大学与科学机构不同，它们之间存在着智力分工。大学只是给那些接受培训的学生教授科学，而科学机构是在科学领域里从事新的研究，有许多机构（如意大利、

---

① ［英］约翰·亨利·纽曼著，徐辉，顾建新等译：《大学的理想》，浙江教育出版社2001年版，第73页。
② ［英］约翰·亨利·纽曼著，徐辉，顾建新等译：《大学的理想》，浙江教育出版社2001年版，第1页。

法国的各种文学和科学学会)比大学更适宜作为促进哲学探索和拓展知识的手段。大学正是通过传授普遍知识使学生的理智得到培育。

他说:"我们迫切需要的,不是绅士礼仪及习惯——这些可以而且正在通过其他各种的渠道习得,例如良好的社会环境、域外旅行、天主教思想固有的德行及尊严等等——而是理智的力量、稳定性、综合性及多面性,是对自己能力的驾驭能力,是对出现在眼前的事情的恰如其分的本能判断力。"①一旦理智得到恰当的培养,并形成对事物合乎逻辑的看法,它就能根据个体独特的素养和能力产生不同的影响。理智能使人头脑清醒、通情达理、直率诚恳、克己自制及立场坚定。"在所有人身上,理智是一种能相对容易地进入任何思想主题的能力,是一种能敏悟地学习某种科学或从事某种职业的能力。"②因此,大学的本质是使学生在掌握知识的基础上形成思想或理性;大学的使命是理智培育并教会理智对一切事物持恰当的观点,去积极探索真理和掌握真理;大学教育的真正目的不是学问或学识,而是建立在知识基础上的思想或理智。

纽曼以整体的眼光看待人类知识,他的各种观点均源于对知识的看法。他认为所有的知识是一个整体,单一的科学只是它的组成部分。知识的所有分支是相互联系的,它们内部统一协调,相互补充和相互平衡。如果过分强调一门科学,这对其他科学是不公平的;如果忽视或取代一些科学,便会使另外的科学偏离正确的轨道。这样会混淆科学之间的界限,妨碍它们的作用和破坏它们的和谐。如果学生读书只局限于一门科学,那么这种劳动会助长片面追求某种知识的倾向,这样会限制学生心智的发展。纽曼指出,把所有知识荟萃在一个名字之下才能称为大学,大学是所有知识和智力发展的王国,它应吸纳人类所有艺术、科学、历史和哲学方面的知识。他要求大学为学生提供普遍和完整的知识,但同时意识到学生不可能攻读对他们开放的所有学科。大学应该为学生创造理想的学习环境,让他们生活在代表整个知识领域的人中间,通过耳濡目染和熏陶而获益匪浅。纽曼把大学看做接受教育的殿堂,在那里一群学识渊博的人埋头于各自的学科,他们相互竞争,相互尊重,相互磋商,相互帮助。这样营造了一种纯洁明净的思想氛围,学生呼吸着这种新鲜的空气,无疑会形成一种以自由、公平、冷静、克制和智慧为特征的思维习惯。

---

① [英]约翰·亨利·纽曼著,徐辉,顾建新等译:《大学的理想》,浙江教育出版社2001年版,第6—7页。
② [英]约翰·亨利·纽曼著,徐辉,顾建新等译:《大学的理想》,浙江教育出版社2001年版,第8页。

在纽曼看来,大学教育的目的不能与知识本身相分离,获取知识的训练和知识所形成的品味能净化人的思想。"知识不仅仅是达到知识以外的某种东西的方式,或是自然地发展某些技能的基础,而且是自身足以依赖和探求的目的。"①因此,知识不仅是一种手段,而且是一种目的。知识一方面被称作实用知识,另一方面又被称为自由知识。它既是扩充思想不可缺少的条件,也是达到思想扩充的一种工具。追求知识是以知识本身为目的,而不是为了功利或职业的目的,这种知识应被称作自由知识或绅士知识,大学教育就是为了获取这种自由知识。

纽曼认为,知识本身具有某种理智的品性,它从一开始就具有科学的性质,因此知识也可以称为科学或哲学。他说:"知识之所以真正高贵,之所以有价值,之所以值得追求,其原因不在于它的结果,而是因为知识内部含有一种科学或哲学的胚芽。这就是知识本身即为目的的理由。这就是知识可以被称为自由知识的原因。"②那么,何谓"自由知识"(liberal knowledge)?纽曼认为既是工具又是结果的知识称为自由知识。可见他并不反对知识的工具性,而是反对纯粹把知识当作工具的态度。自由知识不是为了某种特殊用途而存在,但它能够使人终生受益。在他看来,荷马、色诺芬、贺拉斯等人的作品都是"自由知识"的标志,是学生应该学习的古典著作。长期的经验表明,对古希腊罗马诗人、历史学家和哲学家著作的学习,能更好地加强、改善和丰富那些理智的力量。

基于以上观点,纽曼认为大学教育应提供一种"自由教育"(即古典主义教育),自由教育的目标也不外乎是理智的完美。自由教育与自由探究就是心智、理智和反思的操作活动。自由教育的对象是作为社会公民的人。"自由教育造就的不是基督教徒,也不是天主教徒,而是绅士。成为绅士是件好事;具备有教养的才智,有灵敏的鉴赏力,有率直、公正、冷静的头脑,待人接物有高贵、谦恭的风度是好事——这些都是广博知识天生具有的本质。它们都是大学的目标。"③纽曼认为自由教育是一种理智的训练,这种训练可以把理智引向真理的殿堂。"这种理智训练既包括对亚里士多德、修昔底德及塔西陀的研究,也涉及对学术成就、古风俗的学习。而且,就这点来说,我也乐意承认,培养'领悟力'、'独立思考、独立探究的能力'及'对事物追本溯源的习惯'是好的或自由教育的主要组成部分。"④

---

① [英]约翰·亨利·纽曼著,徐辉,顾建新等译:《大学的理想》,浙江教育出版社2001年版,第24页。
② [英]约翰·亨利·纽曼著,徐辉,顾建新等译:《大学的理想》,浙江教育出版社2001年版,第33页。
③ [英]约翰·亨利·纽曼著,徐辉,顾建新等译:《大学的理想》,浙江教育出版社2001年版,第40页。
④ [英]约翰·亨利·纽曼著,徐辉,顾建新等译:《大学的理想》,浙江教育出版社2001年版,第83页。

纽曼指出，自由教育尽管并非专业教育，但它具有充分的实用性。通过自由教育，理智不再屈从于某种特殊或偶然的目的、某种具体的行业或职业，而是为了理智自身的最高修养。理智的培育有助于专业学习和科学研究，那些学会思考、推理、比较、辨别及分析的人，以及审美观已得到锻炼、判断力已形成、洞察力敏锐的人，虽然不会立即成为律师、演说家、政治家、医生、工程师、化学家、地质学家等，但其理智状态可以使他从事这些科学或职业中的任何一种，他可以根据自己的兴趣和才能选择所从事的科学或职业，而且能够泰然处之、优雅得体地确保成功。可见，理智的培育十分有用。

纽曼认为，理智的培养既包括自由教育或非专业教育，也包括爱丁堡评论派所说的实用教育。他说："文学是一回事，而科学是另一回事；文学与思想打交道，而科学与现实打交道；文学是个性化的，而科学阐释的是普遍永恒的真理。"①但他指出文学比科学更重要，自由教育应以古典语言和古典文学为主。当时古典文学是牛津大学的主要课程，纽曼为此进行了有力的辩护。他说："文学与人的关系就如同科学与自然的关系一样。文学是人的历史。人由躯体和灵魂组成。他会思考，会行动。他有欲望，有激情，有慈爱，有动机，有意向。他的内心有意为职责终生奋斗。他有广博精深的才智。他为社会而造就自己，社会又不断地使他的道德和才智个性千变万化、丰富多彩。所有这一切构成了人的生命，而文学则把这一切表述出来。"②正如科学反映了物质自然一样，文学则反映了道德自然和社会自然。

爱丁堡评论派贬低古典文学，认为它充斥着矫揉造作、奇思异想和牵强附会，是依靠精心选择的措辞装点出来的。纽曼反驳说古典作品是朴素、高贵而自然的，正如人的本性。古典文学绝不是简单地注重文字的表述。"其华丽的语言、丰富优美的措辞、得体的选词、精彩的搭配，在一般作家眼里显得矫揉造作，但对于高明的文人而言，这绝不是斧凿之痕迹，而纯粹是他的习惯和做法。……同样，一个伟大的智者说的话也是伟大的。他的语言不仅表达了他伟大的思想，也体现了不凡的自身。"③例如，西塞罗深刻认识到罗马议员和政治家位高权重的优越感和罗马的富丽堂皇，他把这一切融入自己的作品，并形成一种自己

---

① ［英］约翰·亨利·纽曼著，徐辉，顾建新等译：《大学的理想》，浙江教育出版社2001年版，第149页。
② ［英］约翰·亨利·纽曼著，徐辉，顾建新等译：《大学的理想》，浙江教育出版社2001年版，第121页。
③ ［英］约翰·亨利·纽曼著，徐辉，顾建新等译：《大学的理想》，浙江教育出版社2001年版，第139—140页。

推崇的风格。西庇阿(Scipio)和庞培(Pompeius)等古罗马统帅用行为说明古罗马的伟大,而西塞罗则用文字展示这种伟大。"他那丰富、恢宏,犹如音乐般流动的语言,尽管有时太夸张了点,但也绝不会不合场景,也不会不适合演说者的身份。'伟大人物身上的伟大思想',用优雅的字句表示高尚的情操,这是灵魂的升华。"①可见,古典作家的著作都是精心创作的,它们耗费了大量的时间和心血。一个人通过了解人类最优秀的思想与知识(即古典文学)而得到教化,古代希腊与罗马的文学和历史就是研究人类状况的最好源泉。

总之,纽曼旗帜鲜明地捍卫大学的自由教育(古典主义教育),反对专门化的专业教育(实用教育)。"正如伊拉斯谟一样,他的'自由教育'具有清晰的来源:关于'传教士'(theological man)的完整概念;如果一个人的神性迷失在人性中,他将会失去人性而变得野蛮。"②他说:"我希望传教士成为有理智的人,而有理智的人应该信仰宗教。"③当重视科学研究的德国大学模式逐渐为世人接受,并严重威胁延续几百年的大学教学传统时,他又明确反对把科学研究职能引入大学。这种观点显然是保守和不合时宜的。"对于现代大学的人士来说,纽曼的声音似乎来自一个扭曲的学术时代的声音。对于生活在1852年的许多人来说,纽曼似乎也是如此。纽曼拥护19世纪早期未经改革的牛津大学之价值观与经验,在当时的牛津,研究几乎不存在,事实上也没有任何机构教授实用知识或应用知识。"④但纽曼提出知识的普遍性和整体性,大学是探讨普遍知识的场所,大学教育应注重理智的培养,自由教育应以古典著作为主等观点是正确的。"一个多世纪以来,至少在英语世界,约翰·亨利·纽曼的《大学的理念》常常被作为思考高等教育理想构架时的基本文献。"⑤"在英国历史上,对于形形色色攻击个性的思想再也不能忽视时,作为人文主义者的先锋,纽曼致力于探讨这些问题,并且给出了自己的回答。大学的作用在于培养理智,即提供一种'自由教育'。"⑥

---

① [英]约翰·亨利·纽曼著,徐辉,顾建新等译:《大学的理想》,浙江教育出版社2001年版,第141—142页。
② A. V. Judges, Pioneers of English Education, Faber and Faber Limited, London, 1951, p. 157.
③ A. V. Judges, Pioneers of English Education, Faber and Faber Limited, London, 1951, p. 158.
④ [英]约翰·亨利·纽曼著,高师宁,何克勇等译:《大学的理念》,贵州教育出版社2003年版,第314页。
⑤ [英]约翰·亨利·纽曼著,高师宁,何克勇等译:《大学的理念》,贵州教育出版社2003年版,第295页。
⑥ A. V. Judges, Pioneers of English Education, Faber and Faber Limited, London, 1951, pp. 157-158.

时至今日,专业教育已日益成为大学教育的主导模式,大学中出现了过度专业化和职业化的倾向,人文学科受到冷落,导致大学人文精神的匮乏。大学到底培养怎样的人才?培养通才还是专才,培养人还是制造工具?纽曼的大学理念无疑给予我们诸多启示。美国教育家布鲁贝克(John S. Brubacher)指出:"在高等教育哲学领域的所有著述中,影响最为持久的或许当推红衣主教纽曼的《大学的理想》。"①20 世纪五六十年代英国高等教育思想界曾经发生过一场著名的"两种文化"之争,争辩双方在如何跨越文学与科学的"文化鸿沟"上各执一端,但他们都反对知识过分专门化,赞成加强不同知识领域之间的联系。同样,纽曼的自由教育也影响了美国的高等教育思想,20 世纪三四十年代美国兴起了一场声势浩大的"自由教育运动",芝加哥大学校长赫钦斯(Robert Hutchins)等人发起了旨在应对知识专门化、职业主义和实用主义的"名著计划"。今天,纽曼在《大学的理想》中提出的问题仍然是 21 世纪高等教育面临的严峻挑战,其核心问题就是教育与职业之间的矛盾。有的学者评论说:"《大学的理念》代表了一种挑战,对其时代的挑战,一种指责,对 20 世纪后期大学诸多特征的指责。那些关注现代大学生活的人——学生、教员、大学评议员、校友以及家长——也许会忽略纽曼的书,那他们应该自负其责。然而,如果他们读了它,并且认真地思考它,不论他们是赞成还是反对,都不可能对纽曼所写的东西无动于衷,除非他们一开始就从根本上对高等教育无动于衷。"②

四、利文斯通

利文斯通(1880—1960)是 20 世纪英国著名教育家和古典语言学家。1880 年出生于利物浦一个牧师家庭,从小受到良好的古典主义教育和宗教熏陶。利文斯通中学时代就读于温彻斯特公学;毕业后进入牛津大学新学院学习,攻读拉丁文和其他学科的荣誉学位;获得学位后留在牛津大学基督圣体学院工作,担任过研究员、导师和图书馆馆员。1917 至 1918 年兼任伊顿公学校长助理。1920 至 1922 年在古典文学委员会工作,并担任《古典文学评论》的编辑。1924 至 1933 年任贝尔法斯特女王大学副校长。1933 年回到牛津大学,担任基

---

① [美]约翰·S·布鲁贝克著,王承绪,郑继伟等译:《高等教育哲学》,浙江教育出版社 1998 年版,第 147 页。
② [英]约翰·亨利·纽曼著,高师宁,何克勇等译:《大学的理念》,贵州教育出版社 2003 年版,第 315—316 页。

督圣体学院院长,直到 1950 年退休。期间,1941 年担任伦敦古典语言协会主席,1944 至 1947 年担任牛津大学名誉副校长。利文斯通的教育论著有《保卫古典教育》(1916)、《古典语言和国民生活》(1941)、《论教育》(1960)等。对于古典学科的价值和地位问题,利文斯通从多方面阐述了自己的看法。

(二) 论教育的价值

利文斯通认为,教育必须提供一种生活哲学和价值观。在他看来,教育不是零碎知识的取得和成绩的集合,而是无意识地培养一种观点和态度;教育的首要任务是培养一种价值观,以及在生活中鉴别是非的能力。他说:"尽管教育必须传授生活中必需的知识,其首要目标却不在于大量知识,而在于培养敏锐、勤奋、耐心、乐于探索、寻求真理的头脑,使之能区分主次轻重,辨别虚实真伪。"①正如柏拉图所言,对国家和个人最致命的无知不是技术和专业,而是精神层面的无知。所有人都是生活在社会中,他们必须学会谋生、成为社会良好的一员、懂得"好的生活"的内涵,教育必须帮助人们去实现这三个目标。正如一切社会那样,现代社会需要三种主要的教育,即职业教育、社会教育和精神教育。社会效率取决于职业技术教育,社会凝聚力与社会延续性取决于社会教育或政治教育,社会文化的特性却取决于社会的道德标准和价值观。

在利文斯通看来,教育的职业和社会方面固然重要,但忽略教育的精神方面会导致最致命的后果,这种后果也许长期不为人们所察觉,一个国家可能会不知不觉地染上一种暗疾,最终因病情不明而告不治。利文斯通认为当前再没有什么比精神因素更重要的了,"假如我们满足于学校只向学生传授知识,发展和训练智力,而将品格的培养局限在一个狭小的圈子里,那么我们肯定会迷失航向的。学校必须是使学生的精神世界充满着正确的见解,并且使他们的生活目标变得明智起来的场所"。② 他继而指出:"教育最重要的任务在于为学生解决所有问题中最重大的问题——生存的问题——并给他以某些指导。国家和个人最终都要由支配他们的价值和标准来判断。柏拉图说:'最高尚的研究是:人到底是什么,以及他应该怎样生存。'难道有人可以否定其中的真理吗? 但是,又有多少普通的大学

---

① [英]R. W. 利文斯通著,邵威,徐枫译:《保卫古典教育》,安徽教育出版社 1991 年版,第 66 页。
② 任钟印主编:《世界教育名著通览》,湖北教育出版社 1994 年版,第 1333 页。

生致力于那项研究呢？"①

利文斯通认为，科学显然是现代社会最强大的力量，而且产生了令人惊叹的成果。但是如果没有"善和恶的知识"，科学的价值和优点将对我们毫无用处，甚至会使我们毁灭。我们所拥有的科学知识包括自然科学和社会科学，科学知识为我们规定了航程，但驶往何处却无人知晓。同样，我们的时代在技术方面取得了很多成绩，物理、化学、生物学、矿物学和冶金学没有什么不好，但是它们缺乏一种明确的目标。可见，科学和技术研究的是方法而不是目的，对它们的研究愈多，就愈需要在教育和生活上加强"善和恶的知识"的学习。他说："我们所生活的世界在方法上虽然是明确的、有效率的、有创见的，但是在目的上却几乎完全不知道怎样才好，我们的教育正由于这些弱点而遭受损失，同时也加重这个弱点。最多只是把一些孤立的学科如数学、语言、科学、历史、文学、工艺学教授得很出色，但是这些科目仍然是分散孤立的。没有共同的目标鼓舞和指导它们的进程。它对学生只提供生活的方法，而关于生活的目的却让他们茫然无知。这是现代式的本末倒置……"②因此，我们必须给教育注射一针营养剂使它恢复元气。

利文斯通强调教育应确立一种宗教信仰，一种人生观，一种用以指导、训练、支配个人生活和国家生活的理想；教育必须培养每个人的理智的生活态度和人生观。理智的生活态度包括三个方面，即认为人类和生活是最有意义的；乐于面对人类和生活的现实；认为真理是不朽且美好的。正确的人生观是指对真善美的追求，其中"善"代表着爱、正义、勇气、自制、仁慈和自由。"善和恶的知识"只能通过学习古典学科而获得。利文斯通将古典学科看做关于目的的学科，认为如果缺乏古典学科方面的教育，学生将对生活目的茫然无知。

利文斯通指出，现代教育的弱点在于渗透着实用主义和功利主义精神。实用主义是以一种粗率的形式出现，它迎合某些商人的需要，要求学校开设簿记、打字、速记及现代语等；功利主义则要求学校开设更多的科学、经济学和社会学课程。无论是实用主义还是功利主义，它们所关心的是生活方式而非生活目的。人生在世要有所成就，明确目的性和掌握方法同样重要。我们生活在两个世界中，世俗世界时刻紧随物质文明的发展而不断变化，精神世界则不然，科学如果离开了它就无法确认真理的存在，宗教信仰和道德离开了它就毫

---

① [英]伊丽莎白·劳伦斯著，纪晓林译：《现代教育的起源和发展》，北京语言学院出版社1992年版，第321页。

② 王承绪，赵祥麟编译：《西方现代教育论著选》，人民教育出版社2001年版，第287页。

无意义。精神世界是一个价值的世界,舍弃它去追求自然科学、经济学、社会学或者其他什么东西,就如同人的饮食中少了维生素一样,其后果将是致命的,而我们对此却掉以轻心。他说:"科学、技术和经济学方面的知识并不是目的;也不是创造力、自由乃至真理;这些知识对文明来说不可或缺,但是作为文明的基础则过于狭隘了,而各种课程计划看来也不能使我们随心所欲想做什么就做什么,但是如果我们对于'善与恶'这门基础科学一无所知的话,我们就无法确定我们想做什么事或者想要成为什么人。"①教育的根本任务是将有关"善与恶的知识"教给学生,并培养他们追求这些知识的愿望。能够做到这一点的教育就是成功的教育,反之则是失败的教育。因此,我们要想避免现代教育的不足,就必须超越(而非忽视)科学、技术、经济学、社会学、工艺学以及那些有职业倾向的科目。

(二) 捍卫古典教育

在自然科学与文学教育的辩论中,利文斯通认为良好的教育应两者兼顾。他指出,我们不应质疑自然科学在教育中的地位,显而易见,我们需要更多地相信自然科学,在工业中更多地应用自然科学,在学校中更好地教授自然科学。但不幸的是,自然科学的研究对象是物而不是人,即使研究了人,也仅仅研究人的肉体和最次要的方面,它不可能教我们研究他人的所思所想;另一方面,单纯的自然科学教育也会使学生头脑变得僵化、冷漠、迟钝和刻板,而且会忽视比宇宙更为重要的东西。

利文斯通认为,以自然科学为基础的教育存在严重的漏洞,这些漏洞只能由人文学科或文学教育加以填补。他说:"正是作为一门研究人的科学,人文学科在教育中占有主导地位。在我们这个物质的世界中,我们尊重科学,给科学以应有重视,同时,我们应时时提醒自己,人比自然更为重要,人的精神构成比肉体构成更为重要。哲学上虽有事论,但实际生活中人们都承认,世界是为人而存在的。……在教育中,我们不能把主要位置让给资历较浅的学科。"②自然科学揭示了我们自己和周围世界的构成,而人文学科则向我们揭示了人。普通人若没有自然科学知识也无大碍,但谁也不能没有关于人的知识。可见,自然科学不能取代或部分取代人文学科的地位。"倘若对自己不甚了了,对邻国也所知甚少,不懂支配

---

① 任钟印主编:《世界教育名著通览》,湖北教育出版社1994年版,第1332页。
② [英]R. W. 利文斯通著,邵威,徐枫译:《保卫古典教育》,安徽教育出版社1991年版,第23—24页。

本国或别国的思想观念,不了解历史对过去时代功过是非的评判,人类的步伐将会比以往更盲目、更易错。"①所以,不应让青年人只专注于数学,生活在无血无肉的抽象世界之中,或者只潜心于科学,只研究自然世界各种现象的起因;反之,应让他们学习文学,聆听人类先知的教诲,能像先知一样看待眼前的世界,并分享先知们的乐趣、高尚和灵感。

利文斯通认为,近代的各门学科如此广博和复杂,以致学生不可避免地会迷失方向。如果在学习现代科目之前先学习古典学科,就不会发生迷途的问题。现代学科只是知识体系的各种细节,古典学科才能使人看清知识的整体结构。在他看来,培养青年人的思想最可靠的工具是古典语言和古典文学,这些学科是有关人的科学,应在教育中占据至尊地位。古典语言包括希腊语和拉丁语,它是各门学科得以生长的土壤,并对国民精神的形成产生重要影响。利文斯通指出:"在一个变化无常和必然死亡的世界里,希腊语似乎是少数不朽的事物之一,人类显然不能任它消失。拉丁语由于各种历史的和实际的原因而保存下来;从罗马帝国到今天一直在使用着,首先是有教养者的共同语言然后是学者们的国际语言,并且始终是罗马公教会崇拜仪式中的语言;没有它,任何关于欧洲的法律和历史、拉丁系语言,甚至英语、爱尔兰语的专门研究都是不可能的。"②

希腊语是开拓者的语言,带有首次发现的新鲜印记,在教育上具有一种特殊的价值和重要性,它对于不同的时代和不同的人都具有诱惑力。当我们讨论希腊语在教育中的地位时,我们就是讨论英国思想的未来,甚至是讨论西方文明的未来。学习希腊语就是学习一幅人类生活的巨大图画,这幅画的主题是人与物质世界、宗教、知识和艺术、政治和社会的关系。一个受过希腊语熏陶的人更清楚地知道他所思考的东西,并且对于生活已经获得了一种清晰的看法。如果说希腊语把我们引入了思想的世界,那么拉丁语则使我们与一个英雄的民族共处。"拉丁语之所以在我们的教育中占有地位,部分是由于语言的原因,部分是由于其历史上的英雄人物,也由于其政治和国家问题的意义,还由于其人民治理国家的能力。"③无论取消希腊语还是拉丁语,只能使古典文学教育失去平衡。如果我们不懂希腊语和拉丁语,开启众多知识的钥匙也就丧失了,我们词汇中的一大部分将成为无意义的声音。更为严重的是,对于文明各方面的起源我们也将浑然不知。建立古典语言协会的目的就是

---

① [英]R. W. 利文斯通著,邵威,徐枫译:《保卫古典教育》,安徽教育出版社1991年版,第18页。
② 王承绪,赵祥麟编译:《西方现代教育论著选》,人民教育出版社2001年版,第276—277页。
③ [英]R. W. 利文斯通著,邵威,徐枫译:《保卫古典教育》,安徽教育出版社1991年版,第94页。

为了"促进古典学科的发展,保持古典学科的繁荣"。

同样,如果有人问我们为什么要读古典文学,最终回答必然是请看古希腊和古罗马文学。利文斯通指出,古希腊文学是最伟大的欧洲文学,它堪称思想世界中的"圣经"。他说:"古希腊文学之于思想世界,有如圣经之于宗教世界,如此简明扼要,令人难忘,如此清楚明了,发人深省,与理性精神浑然天成,如此能'昭示人间真谛于众'。在希腊文学中我们可以发现许多现代思想基本原则的表述,而这些表述具有新约全书的深刻与练达。"①古罗马文学的价值在于,它是把古希腊思想传播到世界的媒介。古罗马文学包含了一个伟大民族所需的美德,如勇敢、坚韧、诚实、谨慎、谦和、高尚、英明、勤勉、节俭、公正等。古希腊和罗马文明的优越之处首先是它们的丰富与完整,其次是它们的简洁与质朴。这两大文明展示了人自身以及人与人之间关系的缩影。现代历史与现代思想的不足是它们过于浩繁复杂,古典文学使我们不至于即刻陷入复杂的现代历史与思想之中。

利文斯通认为,现代欧洲深深植根于古典文学之中,学习古典文学使我们既熟悉了一门宏伟的文学,也了解一国人们灿烂的生活,尤为重要的是我们沐浴了自由提问和理性阐释的精神。"除此之外,如果我们对希腊和罗马一无所知,我们就全然不晓自己的起源,也失去了开启我们自己的文学和现代世界一大部分的钥匙;我们便割断了与欧洲赖以为基的两个伟大而影响深远的文明的联系,也割断了与两大文学的联系,而其中之一的完整和优美是迄今无人能够逾越的;我们便远离众多诗人和思想的开拓者,而其中一些人是人类思想的大师;我们便将希腊历史和文学之简洁完整在教育方面的优点拒之门外;……正是这些优点,使古典文学著作保持着其在我们的高等教育中的地位,同时,我们也必须严肃地考虑,如果牺牲古典文学教育,我们是否能够成为一个更好、更具有效率的国家。"②

此外,利文斯通还特别推崇希腊精神,认为英国有很多值得赞赏的东西都源于希腊精神,希腊精神是构成英国民族文化的基础。如果缺少这种精神,英国文化的模式就会被破坏,英国文化的特点就会流于贫乏和庸俗化。19世纪英国之所以在世界上比较强大,正是因为英国受到希腊精神的影响。希腊精神是一种世界性的和超自然的文化,每个民族都可以按照自己的天赋和传统加以改造,这种文化与基督教一样在其后裔中仍然是一种共同的纽带。利文斯通指出:"希腊精神深刻影响了理性生活的每一方面,而具最大影响也许是通

---

① [英]R. W. 利文斯通著,邵威,徐枫译:《保卫古典教育》,安徽教育出版社1991年版,第59—60页。
② [英]R. W. 利文斯通著,邵威,徐枫译:《保卫古典教育》,安徽教育出版社1991年版,第142页。

过其哲学家实现的。苏格拉底、柏拉图、亚里士多德、伊壁鸠鲁以及斯多葛学派等名字被一切受过教育的人们所熟悉。如果没有这些哲学家,今日世界将会是极为不同的。他们是希腊天才的巅峰和最伟大的成就,是其天才能力的自然之子,是理性与生活相结合的产物。"①历史证明,古希腊文明具有延续不衰的力量,是人类黑暗旅程中不灭的火柱。古希腊人之求知,既不是为金钱,也不是为名声,而仅仅是为了知识。他们对所谓"探询"极感兴趣,这种兴趣导致了科学和思想的创立。"凡是研究希腊文化的人都会在艺术、建筑、文学、思想、政治、人类的道德和生活各方面的巨大成就中,以及由于跟创造这些成就的人生活在一起而得到鼓舞;这些人也为对他们并不存在着的世界创造了科学和哲学,尤其重要的是创造了科学的精神。"②古希腊人留给我们众多的财富,如在艺术和文学上无法超越的成就,丰富而完整的生活样板,以及展现于宗教、政治、哲学、历史、文学和生活中的理性这一壮举。

总之,对人类和人性的关注是利文斯通讨论教育问题的出发点,他指出人类各时代出现的问题和危机大多相似,因为它们都产生于永恒不变的人性,教育的本质就是了解和研究人类精神。利文斯通对古典学科的态度十分明确,他极力捍卫古典教育的价值,强调古典语言对于塑造国民精神的作用,主张开设希腊语、拉丁语,恢复古典语言在学校中的地位。他主张教育要面向人类的过去和传统,总览历史和文化,并将古典文学的价值观嵌入当代人的生活。在他看来,古典语言造就了历史上的思想家和活动家,这些思想家和活动家深刻地影响了今天的国民精神;古典文学是有生命力的东西,它蕴含了支配人类生活的永恒的理性精神,它能恰当地满足当代人类精神生活的需要,以弥补工业革命所产生的文化上的贫乏。

利文斯通认为,古典教育的最佳途径,是将注意力放在希腊作家的著作本身,而不是论述他们著作的书籍方面。因此,凡教师都知道对学生而言受益最大的是读原著。虽然原著时有错误、意思模糊、语言晦涩,也比读现代人关于它的评论更有益。"读原著,学生能邂逅并结识一位天才,如若不然,则无此良机。"③为了更好地理解希腊文学和希腊思想,好的英文译本也是必要的,正如《理想国》的理想译本读起来似乎是柏拉图用英语写的,就像纽曼写的作品那样好。他指出:"在学校的高年级通常必须读一些英文翻译的希腊文学名著,使

---

① [英]R. W. 利文斯通著,邵威,徐枫译:《保卫古典教育》,安徽教育出版社1991年版,第98页。
② 王承绪,赵祥麟编译:《西方现代教育论著选》,人民教育出版社2001年版,第283页。
③ [英]R. W. 利文斯通著,邵威,徐枫译:《保卫古典教育》,安徽教育出版社1991年版,第67页。

得凡对这类东西能发生兴趣的人,不论男孩或女孩,当他们离开学校时,对于也许是欧洲人最伟大的理智和文学成就,不会全然无知。多少熟悉一下这些东西是自由教育的一种基本要素。"①

可见,利文斯通强调通过古典教育培养学生的理性进而塑造国民精神,这对于弘扬英国博雅教育传统、克服学校教育过分专业化和实用化的倾向无疑具有积极意义。但利文斯通生活的时代与阿诺德父子和纽曼相比发生了明显变化,科学教育与古典教育之争已经偃旗息鼓,随即兴起的则是传统教育与新教育之间的思想交锋。在这种背景下,他过于强调古典教育在学校教育中的主导地位,认为古典学科的地位高于自然科学,这又在某种程度上助长了学校教育脱离社会实际的倾向。正如有的学者指出:"尽管他对古典教育意义和价值的论证和阐释比他的前辈更加充分和严密,但是在现代社会中,过分突出古典教育的意义而忽略现实社会生活对教育的挑战似乎已不再可能。因此,他的古典教育思想的影响也显然不如阿诺德和纽曼。"②

此外,怀特海曾参加过由英国首相成立的"古典文学在教育中的地位调查委员会"工作,并发表了题为《古典文化在教育中的地位》一文。他指出,古典文化在英国的未来,既不是由它给一个优秀的学者带来乐趣所决定,也不是为学者的业余爱好而进行这方面的训练所决定。"以古典文学和古典哲学为主要基础的教育,使受教育者得到快乐和品质的锤炼,已经为几个世纪以来的经验所证明。"③在古典文化的学习中,我们通过对古典语言全面而透彻的学习,可以发展逻辑、哲学、历史和文学等方面的心智。鉴于当时古典文化所面临的危险,怀特海要求为古典文化打一场保卫战,因为这事关90%的学生。他说:"我们的任务是,如何利用中学阶段的五年时间。在这段时间里,要尽可能地让古典文化比其他科目更快地丰富学生的智力品性,将古典文化教育和其他科目一起出现在这个时期的课程表上,只有这样,古典文化教育才能从根本上得到保护。"④

综上所述,在与科学教育派的激烈论战中,为了捍卫古典人文主义教育的地位,以托马斯·阿诺德、马修·阿诺德、纽曼、利文斯通等人为代表的古典教育派,从不同的角度为英国古典主义教育进行了有力的辩护。他们强调通过学习古典语言和古典文学,以培养品

---

① 王承绪,赵祥麟编译:《西方现代教育论著选》,人民教育出版社2001年版,第294页。
② 朱镜人著:《英国教育思想之演进》,人民教育出版社2014年版,第150页。
③ [英]怀特海著,庄莲平,王立中译注:《教育的目的》,文汇出版社2012年版,第79页。
④ [英]怀特海著,庄莲平,王立中译注:《教育的目的》,文汇出版社2012年版,第83页。

格、追求完美、培育理智和塑造精神,这种古典主义教育思想反映了英国文化传统中关于心灵自由的观念。心灵自由重视心智的培养和训练,而古典文化尤其是希腊语和拉丁语对于人的心智训练至关重要。英国古典主义教育的基本特征是反对科学教育派急功近利,片面强调知识的实用性;漠视古代文化,忽视知识的系统性和整体性;只追求自然科学的工具价值,而忽视人自身的和谐发展。相反,古典主义教育家强调古典文化知识的价值和重要性,坚守长期以来影响欧洲的自由教育传统,重视人的自由发展及人文精神教育,倡导科学教育与古典人文教育并重等,在某种程度上对古典人文主义教育进行了新的阐释。总之,为英国古典主义教育而辩护,其实质是对西方人文主义教育传统的继承和坚守。"所以,从某种意义上说,这次争论的结果,既促进了西方近代科学教育的确立,也推进了人文主义教育思想的更新和发展,从而为 20 世纪人文主义教育思想的振兴开辟了道路。"①

---

① 李明德著:《西方教育思想史:人文主义教育之演进》,人民教育出版社 2008 年版,第 368 页。

第八章

浪漫主义教育思想

第八章
浪漫主义
教育思想

"浪漫主义"(Romanticism)是20世纪使用的术语,它是指18世纪末和19世纪初在一群作家的作品中出现的一系列与众不同的特征。浪漫主义产生于18世纪末的德国,盛行于19世纪的欧洲。其基本特征是在人性的诸多因素中推崇情感,并以情感为基础构建理论体系。"浪漫主义是欧洲18、19世纪兴起的一场思想与艺术运动,与古典主义形成鲜明对比。古典主义艺术深受古代艺术的影响,强调艺术的形式与简明风格,更为关注精确的模仿,视古希腊罗马的艺术为范本或理想。相形之下,浪漫主义艺术推崇个体的表现,重视情感与自然。浪漫主义也认同英雄或优美的灵魂。"①

浪漫主义运动不是一个统一的文化运动,它涉及的范围较广,浪漫主义文学是这场运动的重要组成部分。浪漫主义把对主观和情感世界的推崇视为文学的基本特征,把文学创作自由视为个性自由的表现。它要求打破古典主义文学的一切清规戒律,致力于探讨文学创作中人与自然的关系。我国著名历史学家阎宗临写道:"代古典主义而起的浪漫主义,在文学上诗歌与戏剧皆有特殊的成就。可是它的广泛性,不只限于文学;政治、经济、宗教、社会都含有浪漫主义的成分。"②罗素说:"从十八世纪后期到今天,艺术、文学和哲学,甚至于政治,都受到了广义上所谓的浪漫主义运动特有的一种情感方式积极的或消极的影响。"③

浪漫主义作为一种思潮是由卢梭所开创,英国学者以赛亚·伯林(Isaiah Berlin)认为,"卢梭被称为浪漫主义之父,某种意义上说,这是很正确的称谓"。④ 启蒙运动建立了"理性的法庭",而卢梭浪漫主义的旨趣在于情感。"启蒙哲学按照当时自然科学的模式树立了自己的理想。但卢梭不相信能将人的一切都托付给(科学)理性,反而是专注于人的感觉和情感。情感成了卢梭哲学的最终根据,它体现为浪漫主义的存在意识。所谓浪漫主义的存在意识就是指特别基于情感之上的那些最本原的哲学概念。比如,政治学说中的基于感性的自然权利、法律中的社会契约、伦理中的善良情感、宗教中的内心呼唤、美学的德性、历史中的自然道德秩序……它构成了卢梭各个思想领域的基础,由此予以逻辑的展开,便形成卢梭浪漫主义整个的思想脉系。"⑤

卢梭推崇情感福音,张扬自然人性,反对狭隘理性,追求自由平等。他在《论人类不平

---

① [美]萨利·肖尔茨著,李中泽,贾安伦译:《卢梭》,中华书局2002年版,第4—5页。
② 阎宗临著:《欧洲文化史论》,广西师范大学出版社2007年版,第202页。
③ [英]罗素著,马元德译:《西方哲学史》(下卷),商务印书馆1997年版,第213页。
④ [英]以赛亚·伯林著,吕梁,洪丽娟等译:《浪漫主义的根源》,译林出版社2011年版,第14页。
⑤ 赵立坤著:《卢梭浪漫主义思想研究》,中国社会科学出版社2008年版,第58页。

等的起源和基础》一书中写道:"由于情感的活动,我们的理性才能够趋于完善。我们所以求知,无非是因为希望享受;既没有欲望也没有恐惧的人而肯费力去推理,那是不可思议的。情感本身来源于我们的需要,而情感的发展则来源于我们的认识。"① 在他的文学作品中,理性思考与梦幻遐想、文明针砭与自然回归、自然景观与内在情感融为一体。卢梭的作品颇有特点,《新爱洛伊丝》的自然情感、《忏悔录》的个性张扬、《孤独散步者的遐思》的心灵力量,都无不准确地反映了卢梭的心声。尤其是被视为浪漫主义开山之作的《新爱洛伊丝》,确立了情感的至尊地位,浪漫主义也伴随着这部小说的问世而诞生。总之,卢梭扭转了理性的方向,改变了启蒙运动的重心,并以情感作为其思想的基点、哲学的终极根据,因此开启了浪漫主义风气之先河。英国历史学家柯林伍德(R. G. Collingwood)指出:"卢梭是启蒙运动的产儿,但是通过他对启蒙运动原则的重新解释,他却变成了浪漫主义运动之父。"② 美国学者科林·布朗(Colin Brown)也写道:"卢梭对感情、心灵的强调,以及他对回归自然的呼吁,预示了浪漫主义运动的来临和它对启蒙运动的批判。"③

18世纪的启蒙运动为浪漫主义运动奠定了基础,如果没有启蒙哲学的帮助和对启蒙思想的继承,浪漫主义运动不可能维持它的地位。经过启蒙运动的洗礼,个人既可以张扬自己的理性,也可以抒发自己的情感,这是浪漫主义兴起的实质。浪漫主义者并不反对理性,但他们反对理性主义,反对把理性绝对化和教条化。"事实上,与其说浪漫主义将理性视为去除非理性和主观性之污染的过滤器,不如说它把理性本身视为一种局限。"④ 毫无疑问,理性主义在认识真理方面有不可磨灭的功绩,但过分的理性主义使得人类的情感受到阻碍,显然是违背自然规律的。情感是人类精神生活不可或缺的部分,浪漫主义的典型特征是感受和渴求无限,渴求无限要求我们关注人类感情和欲望的领域,如情感、直觉、神秘和审美等。为了超越现象世界,我们需要依赖于主观性,因此浪漫主义要依赖于审美、神秘和想象力。审美是浪漫主义的重要特征,正如罗素指出:"浪漫主义运动的特征总的说来是用审美

---

① [法]卢梭著,李常山译:《论人类不平等的起源和基础》,商务印书馆1997年版,第85页。
② [英]柯林伍德著,何兆武、张文杰译:《历史的观念》,商务印书馆1997年版,第137页。
③ [美]科林·布朗著,查常平译:《基督教与西方思想》(卷一),北京大学出版社2005年版,第261页。
④ [美]史蒂夫·威尔肯斯,阿兰·G·帕杰特著,刘平译:《基督教与西方思想》(卷二),北京大学出版社2005年版,第11页。

的标准代替功利的标准。……浪漫主义者的道德都有原本属于审美上的动机"。① 浪漫主义的兴趣聚焦于宗教的存在和发展,即宗教在历史中的表现。它在宗教习俗、神话、巫术和礼仪之中寻找人类直觉无限者的确凿证据。浪漫主义将自然理解为一个充满神圣者的领域,并强调通过审美和直觉认识自然,这无疑给信仰注射了一剂疫苗,用以防范理性提出的各种挑战。浪漫离不开想象,甚至情感也是想象的产物。浪漫主义就是对现实充满情感的想象,没有想象的翅膀"浪漫"也就不能飞翔。通过想象改造世界是浪漫主义的信条,创造性的想象比其他任何因素都更贴近浪漫主义的准则。

罗素认为,"浪漫主义运动尽管起源于卢梭,最初大体是德国人的运动"。② 德国是浪漫主义运动的发源地,其浪漫主义学派的代表人物是施莱格尔(Friedrich Schlegel)、蒂克(Ludwig Tieck)、诺瓦利斯(Novalis)、谢林(Schelling)等。德国浪漫主义文学的显著特征,在于其强烈的宗教神秘色彩和唯我主义。形成这种特点的原因,一方面是由于德国长期处于封建割据状态,民主思想受到压抑,一些浪漫主义者看不到理想和前途,因而沉湎于宗教、忧郁和悲观的幻想;另一方面,德国浪漫派又直接受到康德、费希特、谢林哲学思想的影响,可以说德国唯心主义哲学思想直接反映在德国浪漫派的理论和创作之中。

继德国之后,英国和法国先后兴起了浪漫主义运动。英国浪漫主义文学的主要成就在于诗歌,以威廉·布莱克(William Blake)、彭斯(Robert Burns)、华兹华斯(William Wordsworth)等为先驱的一批诗人,在创作方法上逐渐摒弃古典主义追求格调高雅、格律严整、形式均匀、节奏鲜明的原则,转向重个性、好想象、尚自然、反权威的创作思路。英国浪漫主义文学的代表人物有华兹华斯、柯勒律治(Samuel Taylor Coleridge)、拜伦和雪莱。英国浪漫主义文学注重个人情感的抒发和理想境界的呈现,它的全面兴起是以华兹华斯和柯勒律治共同创作的《抒情歌谣集》为标志;第二代浪漫主义诗人拜伦和雪莱等,以热情的诗歌、崇高的理想推动了革命浪漫主义的发展,并大胆地表达了对现状的不满和叛逆。法国浪漫主义文学体现了对社会和现实的尊重,极少神秘色彩和唯我主义的气息,其代表人物有斯达尔夫人(Madame de Stael)和雨果(Victor Hugo)。"浪漫主义者抛弃了功利原则,而遵循美学标准。凡是他们的思想所及,无论是行为、道德还是经济问题,美学标准都得到了

---

① [英]罗素著,马元德译:《西方哲学史》(下卷),商务印书馆1997年版,第216页。
② [英]罗素著,马元德译:《西方哲学史》(下卷),商务印书馆1997年版,第218页。

运用。自然中的事物,为他们所认可的正是那种壮烈的美。"①

有的学者指出:"无论在内容还是形式方面,浪漫主义运动引发了一场艺术、文学、音乐和建筑领域的巨大变革,使得人们用全新的方式看待这个世界。它对教育思想的影响也是相当大的。"②浪漫主义思潮对教育思想产生了明显的影响,如果我们只把浪漫主义视为一种文学或哲学思潮,而很少把它与教育联系起来,实际上这是一种误解。"浪漫是生动逼真的,它是一种发酵剂,它是一种激情,没有浪漫的学习是无价值的,正如贫瘠的土地结不出果实。一个人可以掌握素材和思想,但如果它们没有经过浪漫的发酵和激发,他们将仍然会显得迟钝。"③德国浪漫主义学派把教育看做最高的目标,希望借助教育实现他们的理想。如施莱格尔认为教育是一切有用之物的源泉,是最高的善(至善);诺瓦利斯指出人类负有教育的使命。该学派在创办的《雅典娜神庙》刊物上发表了共同的宣言:"我们以自由的方式联系在一起的共同使命,就是把一切都纳入到教育的光芒之下,把健康的与病态的区分开来。"④

狂飙突进运动⑤时期的思想家哈曼(Johann Georg Hamann)和赫尔德(Johann Gottfried von Herder)都对启蒙运动进行过批判,他们指责启蒙运动没有为民众提供一种正确的教育,它过于重视所谓理性的因素,却忘记了人的情感方面。"对教育而言,更重要的是启蒙运动和浪漫主义观点之间的对立,前者认为人类可以运用理性掌握自己的命运;后者则强调人类社会是一个非常复杂的过程,情感比理智更重要。"⑥德国浪漫派所谓的教育理想实际上就是审美教育。1795 年席勒出版了《美育书简》,旨在矫正启蒙运动以来理性

---

① [英]伯特兰·罗素著,亚北译:《西方的智慧》,中国妇女出版社 2004 年版,第 307 页。
② Denis Lawton and Peter Gordon, A History of Western Educational Ideas, Woburn Press, London, 2002, p. 101.
③ David Halpin, Romanticism and Education: Love, Heroism and Imagination in Pedagogy, Continuum International Publishing Group, 2007, p. 9.
④ [英]Randall Curren 主编,彭正梅等译:《教育哲学指南》,华东师范大学出版社 2011 年版,第 169 页。
⑤ 狂飙突进运动是指 1760 年代到 1780 年代德国文学和音乐创作领域的变革,是文艺形式从古典主义向浪漫主义过渡的阶段。狂飙突进时期的作家受到当时启蒙运动影响,特别是卢梭哲学思想的影响,他们歌颂"天才",主张"自由"、"个性解放",提出了"回归自然"的口号。"狂飙突进"这个名称象征着一种力量,含有摧枯拉朽之意。
⑥ Denis Lawton and Peter Gordon, A History of Western Educational Ideas, Woburn Press, London, 2002, pp. 101 - 102.

和理性教育的偏颇,将艺术视为教育的主要工具。席勒认为,仅仅教会人们去理解事物是不够的,还必须教化人的情感和欲望,发展人的感受力,以使人们乐于依照理性原则行事。也就是说,在倡导理性的同时,有必要鼓舞和触动人们的心灵,激发他们的想象力,以使他们按照较高的理想生活。

  浪漫主义者继承并发展了席勒的观点。在他们看来,只有艺术才能填补理性遗留下的空白,艺术是解决这场危机的唯一途径。但艺术教育并非简单地指艺术作品对道德品质形成的作用,艺术还是人类自身完善的一个必要组成部分。只有通过艺术教育才能恢复分裂了的人性,才能使人走向自由。浪漫主义者的审美教育并非要否定理性,而是要对理性进行批判,并用审美来弥补理性的局限。他们主张培养感觉和洞察世界的审美能力,相信只有当这种能力更加敏锐的时候,人的生活才会更加丰富和高尚。如果我们把启蒙运动教育看做一种理性的教育,那么浪漫主义教育就是一种非理性的审美教育。

  浪漫主义教育具有强烈的理想主义色彩,或审美的乌托邦色彩,正是这种过度的理想化使得它难以落实。"不过,相对于那些专门的教育家,这些主要是文学家和哲学家的早期浪漫主义者,由于其独特的认识视角和感受能力,反而能够认识和把握人性和现实中较为深刻的一面,从而扩展和深化了人的可能的生存空间。这一点特别体现在对于启蒙教育的批判和对审美教育的崇尚及探讨之中,体现在他们试图用美或艺术来救治以理性为特征的现代性的弊端。"① 正如有的学者指出:"浪漫主义学派之所以值得研究,是因为他们对教育哲学的一些经典问题给予了一些有趣的、富有原创性的回答。例如,教育的目的是什么? 国家在教育中的作用是什么? 如何在把一个人教育成为一个负责任的公民的同时,也尊重他的自由? 艺术在教育中扮演着什么样的作用? 为了回应这些问题,浪漫主义者拾起了他们的著名的先驱者特别是柏拉图和卢梭的一些问题。他们对于教育的论述也是延续了这些先驱者所开启的话题。"②

  卢梭的《爱弥尔》使教育哲学中的自然浪漫主义得到了广泛传播。在《爱弥尔》中,卢梭讴歌自然,反抗文明,抨击理性。对他而言,人性中最好的品质如善良、无私、诚实和良知等都是自然的产物;与生俱来的情感与冲动不仅是教育理论和实践的出发点,也是教育的基

---

① 彭正梅著:《现代西方教育哲学的历史考察》,上海教育出版社 2010 年版,第 91 页。
② [英]Randall Curren 主编,彭正梅等译:《教育哲学指南》,华东师范大学出版社 2011 年版,第 170 页。

本准则。"浪漫主义力图以高尚与原始天性的结合体作为教育的准则。"①卢梭以自然教育反对理性教育,所谓自然教育就是服从自然法则,使人的身心得到自由发展。自然教育的核心是"回归自然",自然教育的目标是培养"自然人"。相对于专制国家的"公民"而言,"自然人"是独立自主、平等自由、道德高尚、智力高超的人。有的学者指出:"卢梭的自然教育是一种出世教育,他的《爱弥尔》是以出世的教育培养入世的人才,这也是卢梭在教育学说上的浪漫主义体现。"②"通过爱弥尔,儿童被提升到一个人的地位,即一个拥有特定的需要、愿望甚至权利的存在物。正是这种人格化为我们当代对儿童个体的关注铺平了道路。"③卢梭是最早倡导儿童中心教育和儿童发展观的代表人物,这两种教育主张后来都为浪漫主义者所采纳。

英国浪漫主义教育除了受到德国的影响,还有法国卢梭自然主义的影响,最明显的表现在于英国浪漫主义是从回归自然开始的。大卫·威廉姆斯(David Williams)是一名激进的自然神论者,他根据《爱弥尔》中的自然原则创办了一所学校;1798年理查德(Richard)和埃奇沃思(Marie Edgeworth)在《实用教育》(*Practical Education*)一书中强调教育原则应该建立在儿童天性基础之上。但在英国浪漫主义文学中,教育似乎并不是他们的重要议题,在其作品中也几乎看不到有关教育的论述。"如果我们要在其中寻找关于儿童养育、教育学、课程、大学的结构和学校教育的目的的详细论述,我们也注定会感到失望。"④华兹华斯、柯勒律治、拜伦和雪莱等浪漫主义者关于教育的论述,在数量上无法与同时代的教育家相提并论,但这并不说明他们完全忽视了教育问题。"因为尽管他们很少直接论述教育,但是,这些浪漫主义者自己不断地明确强调,没有比教育更重要的了。"⑤浪漫主义者关注的焦点是通过教育成为什么样的人,这也是他们进行文学创作的主题。

---

① [美]约翰·S·布鲁巴克著,单中惠,王强译:《教育问题史》,山东教育出版社2012年版,第129页。
② 赵立坤著:《卢梭浪漫主义思想研究》,中国社会科学出版社2008年版,第144页。
③ David Halpin, Romanticism and Education: Love, Heroism and Imagination in Pedagogy, Continuum International Publishing Group, 2007, p.37.
④ [英]Randall Curren主编,彭正梅等译:《教育哲学指南》,华东师范大学出版社2011年版,第168页。
⑤ [英]Randall Curren主编,彭正梅等译:《教育哲学指南》,华东师范大学出版社2011年版,第168—169页。

一、华兹华斯

华兹华斯(1770—1850)是19世纪英国杰出的浪漫主义诗人,"湖畔派"的主要代表。1770年4月出生于英格兰北部湖区科克茅斯(Cockermouth)一个律师家庭,由于父母早逝,他由舅父抚养成人。湖区山清水秀,景色宜人,华兹华斯从小就受到大自然的养育和陶冶。当他还在襁褓中时,百鸟啼鸣,淙淙流水就和着乳歌渗入他的心灵。华兹华斯童年时代就显示出求知的渴望,能大段背诵埃德蒙·斯宾塞、莎士比亚、弥尔顿等人的诗句。1779年华兹华斯进入湖区的一所文法学校学习,他的文学天赋使他成为校长的"宠儿",校长热心地给他介绍文学名著,培养他的阅读和欣赏能力。当时华兹华斯寄宿在农民家里,他经常独自一人去野外游玩,与大自然朝夕相处,结下了不解之缘。另外,他广泛涉猎文学典籍,提高文学修养,为后来开启一代诗风奠定了基础。1787年华兹华斯进入剑桥大学圣约翰学院学习,在学习上喜欢放任自由,他讨厌枯燥乏味的课程,醉心于山川河流,着迷于花鸟草木。与此同时,他大量阅读文学作品,博采百家之长,并开始尝试诗歌创作。

华兹华斯在大学学习期间,正值法国大革命从酝酿到爆发的转折时期,启蒙思想家的著作在广大青年中引起了强烈的反响。华兹华斯曾阅读了许多启蒙思想家的著作,并为他们的社会理想所吸引,尤其是卢梭"回归自然"的思想对他影响很大。1789年法国大革命爆发后,出于对革命的向往,1790年暑假华兹华斯与友人徒步去法国旅行。法国人民的革命热情使他深受鼓舞,他开始支持革命。1791年华兹华斯获剑桥大学学士学位,年底又重返法国,在政治上倾向于温和的吉伦特派。1793年雅各宾派实行专政后,大量屠杀吉伦特派党人,华兹华斯的革命信念随之发生动摇。他回到英国后定居于湖区,从向往革命到回归自然,寄情山水,潜心创作。湖区的青山碧水、恬静和谐,与政治纷争的资本主义社会形成了鲜明对照,华兹华斯在大自然中找到了精神上的慰藉。

1795年华兹华斯与柯勒律治邂逅,相似的经历和共同的主张使两人成为知己。1798年两人合作出版了诗集《抒情歌谣集》,这本诗集以乡村生活为题材,歌颂大自然,以真实的情感、质朴的语言和清新的风格,开创了英国文学史上的新时代——浪漫主义时代。1800年《抒情歌谣集》再版时,华兹华斯撰写了再版序言,他从理论高度阐明了诗歌创作观,被称为英国浪漫主义的美学宣言。1815年华兹华斯从《抒情歌谣集》中抽出自己的诗作单独出版,同时又撰写了另一篇序言。关于两篇序言的要旨,华兹华斯指出:"这些诗的主要目的,是在选择日常生活里的事件和情节,自始至终竭力采用人们真正使用的语言来加以叙述或描写,同时在这些事件和情境上加上一种想象力的色彩,使日常的东西在不平常的状态下呈现在心灵面前;最重要的是从这些事件和情境中真实地而非虚浮地探索我们的天性的根本规律——主要是关于我们在心情振奋的时候如何把各个观念联系起来的方式,这样就使这些事件和情境显得富有趣味"。① 这段话概括了华兹华斯诗歌创作的特点,即诗以情为其本源。华兹华斯精力充沛,辛勤耕耘,写出了许多优秀作品,如《彩虹》、《美丽的夜晚》、《三月的歌》、《我像一片孤云飘荡》、《序曲》、《论墓志诗文》、《漫游》等。1843年华兹华斯被封为桂冠诗人。

(一) 浪漫主义诗歌观

诗是什么?诗的本质特征是什么?作为第一代浪漫主义诗人,华兹华斯从创作抒情诗的实践经验出发,大胆突破亚里士多德关于"艺术的本质是模仿"这一学说,明确提出"一切好诗都是强烈情感的自然流露"。② 他认为诗歌的特质在于表现情感,激情是诗歌的灵魂。自诗歌产生以来,一切成功之作都是源自于诗人的情感。即使在洪荒之初人类历史上最早出现的诗人,他们的诗作也是人类朴素情感的流露。在他看来,情感绝非无源之水,它来自诗人对自然和生活的感受,因此诗人必须善于观察和体验,以激发自己的诗情。

关于诗的功用,华兹华斯认为诗承担着传播真理,陶冶和净化人类情感的重任。这里的真理并非某种个别的、具体的真理,而是指人的自然天性。"诗凭借热情陶冶人们的性情,启迪人类天性中一切美好的、自然的东西,使其恢复自然天性,这就是华兹华斯所提倡的诗的特殊功用。"③诗人是捍卫人类天性的磐石,人的尊严、爱心和同情心都是天性使然,恢复和保持人类的天性,比起某种具体的科学知识更重要。诗人不必具有哲学家和科学家的知识,但诗人以情动人,以愉快激发人的心灵,因此诗人必须了解人的本性,善于激发人的思想感情,从而给人以愉悦。另外,诗还能给人教益和知识。"诗是一切知识的菁华,它是整个科学面部上的强烈的表情","诗是一切知识的起源和终结,它像人的心灵一样不朽","诗人总是以热情和知识团结着布满全球和包括古今的人类社会的伟大王国"。④

---

① 刘若端编:《十九世纪英国诗人论诗》,人民文学出版社1984年版,第5页。
② 刘若端编:《十九世纪英国诗人论诗》,人民文学出版社1984年版,第6页。
③ 张秉真,章安祺,杨慧林著:《西方文艺理论史》,中国人民大学出版社1999年版,第343页。
④ 刘若端编:《十九世纪英国诗人论诗》,人民文学出版社1984年版,第17页。

关于诗的题材，华兹华斯提出诗不仅要写伟大的历史事件和伟大人物，而且要以平凡的日常生活，特别是田园生活为题材的主张。他说："我通常都选择微贱的田园生活作题材，因为在这种生活里，人们心中主要的热情找着了更好的土壤，能够达到成熟境地，少受一些拘束，并且说出一种更纯朴和有力的语言……"①在他看来，这种质朴的田园生活与人心的基本模式相通，蕴含了人类最根本的哲理。另外，平凡的田园题材最适宜于表达人们的情感，因而也最符合诗歌创作的宗旨。华兹华斯生活的时代，正是资本主义工业文明迅猛发展的时期，科学和理性为资本主义社会奠定了基础，却没有为人们的心灵留下栖息之地。对物质的追求窒息和禁锢了人们的情感，华兹华斯幻想通过诗歌表现田园生活中普通的人和事，唤起人们自然而纯真的感情，以拯救为工业文明所毒害的人性。

华兹华斯认为，诗歌创作题材应从宫廷转向民间，从英雄事件转向日常生活，从城市社会转向乡村湖畔，因为只有在田园生活中人们的热情才能与自然美融为一体，达到人类天性最完美的境界。人只有置身于大自然中接受自然的陶冶，才能回归到纯真的自然本性。华兹华斯一生创作了大量的田园诗，在他的笔下既有粗犷奇特的自然山水，又有宁静秀美的田园风光；既有本国的风物习俗，也有异邦的名胜古迹。他用恬淡素雅的笔墨描绘出一幅幅清新秀丽的自然风景画，他在大自然中寻觅着精神的自由和心灵的慰藉。大自然是华兹华斯的良师益友，他热爱大自然，赞美大自然，认为大自然可以培养性格和陶冶情操，增强人们对生活的信心，甚至可以改变人的存在意义和价值。他在政治上失意后，是大自然给予他精神慰藉和生存信念。

华兹华斯不仅把"自然"本身作为讴歌对象，更将自然的教化意义与人性紧密相连。他的诗歌超越了对"物质自然"的简单反映，他将外在的自然内化并与人心相呼应，探索了人心与自然的互动，考察了自然与人性的契合。在他看来，人性在接受教育、风俗、社会等理性因素的洗礼前，能够与自然保持一种直觉和本能的联系。自然作用于人的想象力之上，不断为人性提供新鲜的养分，而与之相比书本知识只是贫乏的替代物。随着个体的不断成长，人逐渐失去与自然的亲密关系，最终使灵感和启示消失殆尽，到成年期人与自然的联系非常微弱。华兹华斯在诗中把孩童比作"哲人"、"明眼人"和"先知"，认为他们拥有预言家的灵性，而成人只能依靠回忆理解自然。然而，人虽然在成长过程中逐渐失去与自然的直觉联系，但回忆起曾在自然中领悟到的原初感受，成人仍然会找到理解和珍爱自然的新

---

① 刘若端编：《十九世纪英国诗人论诗》，人民文学出版社1984年版，第5页。

方式。

在华兹华斯的众多诗中,还流露出一种自然神论的思想。他将自然与人性的互动不断延伸,继而包容宇宙万物,这与浪漫主义时期流行的泛神论密切有关。他笔下的整个自然界充满了永生、无限的宇宙精神,一切事物都体现出所谓"神灵"的存在,正是自然让人感到身处宇宙之中,并对同类产生关爱之情。总之,华兹华斯不仅描绘自然本身,而且关注自然与人的互动关系,其自然观是人性、理性与神性的结合体,表达了一种浪漫主义的宇宙观。

语言是诗歌的主要表现形式,也是诗人情感的载体。诗歌题材的转变也反映在华兹华斯的诗歌语言上,他既反对古典主义所提倡的高雅得体的宫廷贵族语言,也反对诗人脱离日常生活语言去编造华而不实的辞藻。由于他的诗歌关注自然、人心和日常生活,他主张采用"人们真正使用的语言"、"真实的语言"和"自然的语言"。华兹华斯认为,诗歌既然要描写和表现平凡的田园生活,以表达人们的基本感情和自然天性,其语言就应服从题材的需要,选择人们日常生活使用的语言,以达到内容和表现形式的一致。在他看来,人们日常运用的语言纯朴、有力、自然而富有哲学意味,已完全适合于诗歌表达,而不必再刻意创造另外的语言。相反,泛滥的"诗意辞藻"已经走到僵死、呆板的境地,无法表达由正常情感而生发的思想。他说:"各个民族最早的诗人,通常都由于现实事件所激起的热情而作诗;他们作诗很自然,而且同人们一样,他们的情感强烈,所以他们的言语很大胆,很富于比喻。到了以后,诗人以及那些想作诗人的人,看到这种语言的影响,很想不经过同样热情的激发,而产生同样的效果。"[①]可见一切真正的诗歌语言必定是情有所动,这样它才能丰富而自然、流畅且形象,给人以愉快和启迪。反之,如果诗人本来无情而勉强动情,那么只能"模仿他人"或制造诗的语言,从而歪曲甚至损害真正的诗歌语言。

华兹华斯并不否定诗人在语言筛选方面的作用,因为不加选择的日常用语无法"入诗"。"天然去雕饰"并不等于降低诗歌的艺术性,在组织语言方面诗人仍具有不可替代的作用。他认为诗人并不是凌驾于普通人之上的孤独的天才,诗人和普通人并无"种类上的不同",而是在"程度上有差别"。虽然诗人所拥有的情感和思想,与任何"感觉敏锐"、"头脑清醒"的人完全相同,但华兹华斯对诗人的感悟力、理解力和表达力提出了更高的要求。他指出,诗人比普通人具有更敏锐的感受性,具有更丰富的感情和更多的热情,更了解人的本性,更容易被不在眼前的事物所感动,更善于敏捷地表达自己的思想和感情,更有能力将自

---

① 刘若端编:《十九世纪英国诗人论诗》,人民文学出版社1984年版,第28页。

己的思想和感情外化成诗。诗人所依赖的"热情"和"知识"是情感与理性的表现,其作品也应当表达普遍的人性,阐发朴实的真理,从而深刻地感染读者。诗人的创作能力既是天然的禀赋,也是来自后天的实践,归根结底来自对自然和社会的感悟。

华兹华斯在1815年再版的《抒情歌谣集》序言中,论述了诗歌创作所必需的五种能力,即观察和描绘、感受性、沉思、想象、幻想。其中,观察和描绘作用于事物的本来面貌,呈现的是未被诗人任何热情或情感所改变的事物状态;感受性作用的对象是事物在诗人心中所引起的反应。这两种能力只限于直接与诗歌题材产生联系,还未上升到创造性高度。为了抵御古典主义对"理性"的崇拜,调和情感与理性在诗歌创作过程中的关系,华兹华斯提出了"沉思"的概念。他认为诗歌虽然是情感的自然流露,但它必须经过诗人的沉思。沉思实际上是诗人将其生活感受转化为审美感受的创作过程,经过沉思后创作的诗才具有审美价值。沉思的作用在于激励和调整诗人的情感,并将情感与重要的题材联系起来,诗歌即起源于在平静中回忆起来的情感。沉思之后平静消失,诗人心中出现了经过沉思的新的感情流露,这时的感情已具有审美意义。

想象是一种富于创造力的思维活动,华兹华斯将其置于诗歌创作的中心地位。想象意味着诗人的心灵作用于外界事物的活动,它使日常事物在不平常的状态下呈现在心灵面前。想象是某些特定的规律所制约的创作过程,诗歌所表现的对象是由诗人的想象重新塑造过。想象力表现为"赋予的能力"、"抽出的能力"和"修改的能力",这三种能力密不可分,其目的在于造型和创造。想象力创造的形象具有极大的真实性,它不在于外部轮廓及其特征,而更多地在于内在的特性。幻想也是一种创造力,但它所遵循的规律与想象不同,它与事物的偶然变化联系在一起。幻想不注重意象的价值,而注重数量的多少和结合的巧妙,它与对象的相似更多地限于外部轮廓和偶然特性。想象所创造的形象影响深远和持久,而幻想的效果却是不稳定和短暂的。正如华兹华斯所言:"幻想是在于刺激和诱导我们天性的暂时部分,想象是在于激发和支持我们天性的永久部分。"①华兹华斯结合诗歌创作和自己的经验,对上述能力进行了生动具体的阐述,揭示了诗歌创作过程中思维活动的特点。

总之,华兹华斯以情感为基础,系统地论述了诗的本质、功用、题材、语言,以及诗人应具有的特质和能力,他的浪漫主义诗歌观在英国乃至西方文学思想史上都具有重要的地

---

① 刘若端编:《十九世纪英国诗人论诗》,人民文学出版社1984年版,第50页。

位。有的学者指出:"华兹华斯的诗作很好地实践了他的创作主张。他在诗中采用新的题材、新的韵律、新的语言,诗句自然流畅,音韵优美,表现出深刻而细腻的自然感受和对普通人民困苦生活的深切同情。华兹华斯的诗歌创作和理论开创了一代诗风,在英国诗歌艺术中具有无可争辩的划时代意义。"①

(二) 浪漫主义教育观

华兹华斯深受卢梭《爱弥尔》的影响,尊重儿童的天性,抨击当时的教育。他认为教育目的是发展儿童的生活才能,而非生硬地向儿童灌输大量知识。在他看来,感情陶冶比理智开发更有价值。但当时学校普遍重视智育而忽视感情教育,因为智育成绩易于考察,而感情变化不易觉察,导致儿童思维与感情发展之间的距离扩大。"其结果是使青少年专尚知识和分析,而轻视美育和欣赏,并且使名士和俗众都成为头脑冷酷而热情不足之辈。"②华兹华斯赞同卢梭的观点,认为儿童有自己的思维、情感和世界观,但如果他们失去了童真,必将丧失那可贵的灵感和聪颖。幼儿的心灵是通过触摸来表达,在某些方面触摸是幼儿的第一语言和真实的人类经验。随着儿童的成长,感官经验、有意义的活动和情感之间的相互影响,有助于儿童经验的不断累积。"儿童是成人的父亲,我希望生命中的每一天都跃动着对自然的虔敬。"③因此,我们必须珍视生活和天性所具有的那种纯朴,保持心灵和精神领域那种原始的、朴素的力量。

华兹华斯担忧学校片面培养心智会使人类陷入险境,他主张教育应使儿童和天性协调一致,而不是相互抵触。但他不完全同意卢梭的思想,认为卢梭言过其实。如卢梭反对儿童学习古典著作,而华兹华斯恰恰是从古典阅读中获得了精神享受,启发了他那丰富的想象,令他陶醉在饱含真善美的古典作品之中,最终成为了英国桂冠诗人。卢梭强调家庭教育而反对学校教育,华兹华斯因其在文法学校学习拉丁文和数学、在剑桥大学圣约翰学院学习古典作品的经验,认为学校教育的作用不可抹杀。他并不否认儿童学习书本知识,而是主张要在适当的时期进行。他还反对爱弥尔过那种孤寂的生活,肯定社会生活的教育价值。他宣称即使在

---

① 牛庸懋,蒋连杰主编:《十九世纪英国文学》,黄河文艺出版社 1986 年版,第 7 页。
② 赵祥麟主编:《外国教育家评传》(第一卷),上海教育出版社 2003 年版,第 550 页。
③ Denis Lawton and Peter Gordon, A History of Western Educational Ideas, Woburn Press, London, 2002, p. 112.

主妇学校学习的孩子学业不佳,但他们和别的孩子相处是可取的。

像许多其他的浪漫主义者一样,华兹华斯并未建构一个系统的教育理论,但从他的诗歌尤其是《序曲》和《自传》中,我们可以了解他的教育观。华兹华斯强调儿童经验的重要性,认为成人不能获得完美的智慧,除非他保持儿童至上的原则。"这里的儿童并不具有原罪,恰恰相反,他们比成年人更敏锐地感受到美与真理。儿童并不是一个空着的容器等待成年人去填满知识,而是伟大的先知……。总之,儿童是上帝的代理人,具有神圣地位和值得崇拜。"①知识可以通过积累事实和阅读书本而获得,真正的知识不仅源于自然,而且源于儿童的经验。华兹华斯重视儿童的想象力,认为想象力在婴儿期就开始了,它始于母亲的怀抱和乳汁。"从他的早期开始,儿童就是一个充满想象力的存在,拥有创造和感知的能力。作为'一个伟大心灵的代理人'(上帝),他表现出最高的想象力。"②在华兹华斯看来,儿童是希望的化身,儿童的直接经验和"自然天性"提供了最好的教育。

由上可知,华兹华斯强调诗歌的认识、审美及教育作用,关注人的真实情感和自然天性,这对当时英国盛行的古典主义和科学教育思想无疑是一种挑战。"在华兹华斯看来,诗人们的创造力使他们拥有洞察世界的独特方式,他相信诗人有特别的教育责任,使知识的传授充满想象力,而没有想象力的人无法做到。华兹华斯是伟大的诗人教师(poet-teachers),作为公共教育工作者,我们很少有人能企及。另一方面,在他及其他浪漫主义者的引领下,在教育工作中我们至少可以成为这样的教师,即无论在感情、思想和行动上,都信奉并实践浪漫主义的爱、英雄主义、批判主义和想象活动。"③同时,华兹华斯的神秘主义也建立在热爱自然的基础之上,并反映在他的教育观之中,这是他成为一名基督教泛神论者的标志。"华兹华斯的主要成就是关注儿童和自然,阐明人性是自然的一部分,论证了思维发展与儿童经验之间的关系。"④

---

① David Halpin, Romanticism and Education: Love, Heroism and Imagination in Pedagogy, Continuum International Publishing Group, 2007, pp. 41 - 42.
② David Halpin, Romanticism and Education: Love, Heroism and Imagination in Pedagogy, Continuum International Publishing Group, 2007, p. 43.
③ David Halpin, Romanticism and Education: Love, Heroism and Imagination in Pedagogy, Continuum International Publishing Group, 2007, p. 149.
④ Denis Lawton and Peter Gordon, A History of Western Educational Ideas, Woburn Press, London, 2002, p. 113.

二、柯勒律治

柯勒律治(1772—1834)是19世纪英国最伟大的浪漫主义诗人之一,也是英国浪漫主义神学及浪漫主义文学的主要开创者。"他是英国哲学精神在传统观念束缚中的伟大启蒙者。"①1772年10月他出生于英国西南部德文郡一个牧师家庭,父亲是德文郡教区牧师兼基督学校校长,学识渊博,品行端正,风趣幽默,声望很高。在父亲的影响下,柯勒律治从小就受到了英国国教传统提倡的虔敬上帝、热爱自然与科学、尊重个人意志自由的教育。"这样的教育赋予人以深刻的个人道德责任感,亦使少年柯勒律治具备了一种似乎是与生俱来的强烈的'超验'感觉,或者说是一种强烈的对大自然、神话传说以及人类自身的神秘性的直觉。"②柯勒律治9岁时父亲因病去世,他的生活从此改变。1782年柯勒律治被送往伦敦一所基督慈善学校上学,在长达九年的时间里,他阅读了大量古典著作,并对古希腊的哲学思辨产生了浓厚兴趣。

1791年柯勒律治进入剑桥大学耶稣学院学习,当时正值法国大革命爆发时期,许多进步青年政治热情高涨,柯勒律治也积极投入政治活动。1794年夏季,柯勒律治在牛津结识了求学于贝利奥尔学院的骚塞(Robert Southey),两人志同道合,一见如故。他们有着共同的政治理想,追求民主原则、社会正义及"世界大同"。他们深受葛德文在《政治正义论》中关于理想社会观的影响,商议征集一些志趣相投的夫妻移民美国,以建立一个自由的理想王国。卢梭关于"回归自然"的思想是这一计划的要旨,在"大同世界"里,人们隐居田园山川,共享财富,共同劳动,男女平等,共同管理社会。这无疑是浪漫主义时代理想主义者所设想的最美好的景观。柯勒律治对"大同世界"充满热情,四处游说,筹备资金。然而,这个计划最终成了泡影,柯勒律治回到剑桥致力于创作诗歌。1794年他在国家重要报刊《晨间记事》上发表了12首《杰出人物的十四行诗》,这些诗作的发表标志着柯勒律治作为职业诗人生涯的开始。

1795年柯勒律治在布里斯托见到了华兹华斯,由于两人志趣相投,性格互补,彼此欣赏,激发了柯勒律治诗歌创作的才智和热情。1798年9月他与华兹华斯兄妹一起前往德国留学。在哥廷根大学,柯勒律治流利地掌握了德语,潜心研究康德、费希特、谢林、施莱格尔

---

① [英]约翰·穆勒著,白利兵译:《论边沁与柯勒律治》,上海人民出版社2009年版,第61—62页。
② 李枫著:《诗人的神学——柯勒律治的浪漫主义思想》,社会科学文献出版社2008年版,第91页。

等人的作品,他从这些德国古典哲学家的思想中受到启发,并把他们的哲学思想介绍给英国诗人和思想家。德国浪漫主义文学及古典哲学的影响,在很大程度上改变了柯勒律治的思维方式,为其浪漫主义思想的形成奠定了基础。柯勒律治认为,在人类文明中神学被置于首要地位,它是人类知识的根基和主干,因为它给予所有其他学科以整体和生命的循环体液。"神学具有优先性是因为在它的名义下,包含着所有国家教育的主要扶助、装备和物资,包含着国家的组织力、塑造精神和鼓舞精神。这精神能唤起或激发国民中的隐性人群,训练他们成长为国家的公民,王国的自由国民。"①

1798年10月柯勒律治与华兹华斯合作出版了《抒情歌谣集》,第一版共有两位诗人的诗作23首,其中华兹华斯的诗19首、柯勒律治的诗4首。歌谣集的第一首诗是柯勒律治的杰作《古舟子咏》,这首诗结构简洁、语言朴素,向人们叙述了一个生动的犯罪与赎罪的故事。这首诗以神秘、怪诞著称,它探讨了罪与罚、善与恶、生与死等哲学问题,宣传了一切生物皆由上帝所创造的教义,把热爱宇宙万物的泛神论思想和基督教思想相结合,开启了浪漫主义神学的先河。

柯勒律治的其他作品有《老水手》、《夜莺》、《法兰西颂》、《克里斯特贝尔》、《忽必烈汗》等。这些诗作以其独特的情调、奇幻的意象、浓郁的色彩和颇具魅力的节奏而震惊英国诗坛。柯勒律治还是一位文学评论家,除了诗歌创作外,他撰写了不少哲学、神学和文学论著,如《文学生涯》、《文学传记》、《论诗或艺术》、《莎士比亚评论集》等,其中他对莎士比亚及其他作家的评论,成为英国文学批评的经典之作。

柯勒律治的诗歌理论致力于解决一个更高层次的哲理问题,即诗歌如何调和经验与观念、自然世界与内心世界、物质现象与精神自我、偶然世界与必然世界之间的关系。他对一切文学现象和规律的探索都离不开生命哲学观,他的诗歌理论就是根据生命哲学观而做出的艺术归纳。1799年柯勒律治从德国返回英国后,对于当时在英国思想界仍占统治地位的机械论哲学十分反感。这种哲学将牛顿的力学原理运用于研究人的心灵,不但割裂了人与自然的有机联系,而且把人的心灵活动机械地分为互不联系的基本粒子,认为它们只能重合和组合而不能创造。同样,洛克的经验论将人的心灵视为"白板",强调人的感知作用的机械性,从根本上抹杀了精神的能动性,也遭到了柯勒律治及其他浪漫主义诗人的批判。

柯勒律治的生命哲学认为宇宙万物都是充满活力的有机体,因此宇宙是生机勃勃且不

---

① [英]约翰·穆勒著,白利兵译:《论边沁与柯勒律治》,上海人民出版社2009年版,第99页。

断发展变化的,而不是一个僵死的东西。生命体并非是互不联系的基本粒子的组合,任何生命体都是两极对立的有机统一,两极之间相互作用表现为一个充满"行动"的过程,生命就在这种相互对立和渗透过程中发生变化。基于以上观点,柯勒律治强调人与自然的和谐统一。他认为,人类早期与自然的关系十分融洽,但随着时间的推移,人与自然的关系日益疏沅,以致人类失去了家园,陷入邪恶与痛苦之中。在他看来,造成人与自然分离的原因在于科学进步和工业化发展,而解脱人类痛苦的唯·办法是返璞归真和回归大自然。

关于诗的定义,柯勒律治指出:"诗是一种以获得智力上的愉快为目的的作品,并借赖在兴奋状态中自然流露的语言达到此目的,它与科学是相对的"。[1] 在诗与自然的关系上,柯勒律治并不反对传统的模仿说,但他摒弃"复制"式和"临摹"式的模仿,而强调诗人的能动性和创造性。如果一位艺术家只满足于临摹自然,以与自然的完全想象为旨趣,那么不管他对自然的描绘如何真实,形象塑造如何优美,语言如何准确,其艺术品也只能如蜡像馆中的人物塑像,令人生厌而又毫无美感可言。因为完全的想象是艺术创作不真实和虚伪的表现,而人的天性是对真实的偏爱和虚伪的厌恶。机械地模仿徒有美的形式和外表,但缺少内在的精神和灵魂,因而无法成为审美的对象。只有当艺术的对象赋予生机勃勃的活力,它才能从感知对象转变为审美对象,这样的模仿也才有价值。在人与自然的关系上,柯勒律治认为,自然虽有生命和智慧,但它是无意识的、盲目的存在,而人作为万物之首则有反省和选择能力。人生活于大自然之中,必须感知自然和认识自然,同时必须将心灵之光投射于自然,以达到人与自然之间的和谐交流。这是人类所追求的最高境界,而诗正是这种境界的艺术体现。在诗歌题材的选取上,与华兹华斯致力于写日常生活中的人和事不同,柯勒律治主张写那些超自然的、奇异的题材,这种题材是为了把真实的东西和幻想的东西、平凡的细节和富于诗意的象征交织在一起,以富于浪漫色彩的诗情画意,更好地揭示人物的内心世界。在实际创作中,梦幻与现实彼此交融,创造出一幅幅亦真亦幻的情景,这种情景神秘、怪异和朦胧,为读者带来一种难以名状的美感。

柯勒律治在《论诗或艺术》一文中指出,诗的本质在于以形象化的语言表现心灵化的自然,诗的全部素材是来自心灵,诗的全部产品也是为了心灵而生产。他反对华兹华斯把日常生活语言与"真正的语言"相混淆,认为"真正的语言"这一概念是含糊的、不科学的。因为每个人所使用的语言都具有鲜明的个性特征,并且随着他的知识范围、才能和情感的发

---

[1] 刘若端编:《十九世纪英国诗人论诗》,人民文学出版社1984年版,第107页。

展而变化。用某一阶层或一部分人的语言,代替不同阶层、不同职业、不同性格的人的语言,将使语言失去鲜明的性格特征及感情色彩而显得平淡。因此,柯勒律治主张诗的语言必须服从诗的整体效果,生动形象地展现诗人想象的成果。语言的选择和使用不能以情感的自然流露为标准,而要经过诗人思维活动的提炼和加工,使之更具诗意和更富哲学意味。而语言运用是否符合文法和逻辑,是否更有哲学意味,则取决于受过教育的人。

对于柯勒律治而言,心灵是一片富饶的沃土,它包含着人的激情、敏锐的感受力、深邃的思想和丰富的精神世界。人们以心灵之光改造自然,并非出自理性的要求,而是情感的驱使。诗人正是在强烈的情感驱动下,心灵进入充满创造性的灵感状态,他的感受力变得异常敏锐,想象力也随之活跃起来。这时他对大自然不但"见微知著",而且赋予它以灵性和人性,从而达到人与自然的默契。因此,激情仍然是诗歌创作中协调外界与内心的原动力,它将诗歌的各组成部分,如形象、语言、韵律、风格统一起来,使其产生整体的审美效果。

柯勒律治强调想象对于诗歌创作的重要性,认为想象是一种充满活力的创造精神,它是诗歌创作的灵魂。他说:"诗之不同于其他种形式的作品,并不在于格律;凡不能感动我们的热情或想象力的,就不是诗。"①想象力对于诗人而言是一种最基本的能力,缺乏想象力就不能成为一个真正的诗人,离开了想象就没有文学作品。柯勒律治认为,自然界的事物和生命一样都处于运动之中,其运动内容则是众多感性材料和理性形式的统一。一方面是丰富多彩和生机勃勃的物质材料,另一方面是给物质材料以限制和方向的理性形式,而想象正是创造理性形式与感性材料统一的艺术形象的运动过程。诗人通过想象将获得的感性材料或分散,或扩展,或精简,并且予以组合和创造,使众多的感性材料理想化和一体化。"这种观点试图达到两个目标:首先,从理论上说明想象力是什么;其次,在实践中描述想象力是如何工作的。也就是说,想象力既可以定义为一种心理学理论,又可以被看做一种文学的方法。"②"想象本身就是一种生长和生产的强大力量。"③想象的鲜明特征是充满活力,积极活跃的思维有利于使经验和知识条理化。这种理性形式和感性材料的和谐统一,不是外在的、附加的,而是内在的、有机的。有机统一是理性形式自我实现、自我作用的结果。

---

① 刘若端编:《十九世纪英国诗人论诗》,人民文学出版社 1984 年版,第 110—111 页。
② David Halpin, Romanticism and Education: Love, Heroism and Imagination in Pedagogy, Continuum International Publishing Group, 2007, p.109.
③ John Willinsky, The Educational Legacy of Romanticism, Wilfrid Laurier University Press, Canada, 1990, p.57.

他说:"诗表现的是起源于人的头脑的理性目的、思想、概念和感情。"①

柯勒律治还首次把想象分为两种:第一位想象(the primary imagination)和第二位想象(the secondary imagination)。第一位想象是人人都具有的感知能力,它把纷乱的感性材料塑造成形。第二位想象则是高级形式的艺术想象,它融化、分解、分散第一位想象所获得的感性材料,目的是为了再创造。因此,第二位想象就其本质而言是充满活力的,就其作用而言是创造性的。柯勒律治反对华兹华斯将想象和幻想都视为艺术创作能力,将二者的性质混为一谈。他认为幻想和想象是两种截然不同的能力,幻想是回忆中的联想,它遵循联想规律,从有限的东西中获取素材,它并不具有创造性;而想象是通过现实的理想化、客观的主观化、思想的形象化而达到创造目的。柯勒律治不仅肯定了想象的创造性,而且从生命哲学的高度将想象视为"善于综合的神奇力量",它能够将诗歌创作中两极对立的各种因素有机融合起来。例如,在《老水手》中,柯勒律治通过想象创造了一个个神秘莫测、荒诞不经的意境,它所描写的人物与其说是人,不如说是某种抽象精神,丰富的想象使全诗具有鲜明的浪漫主义色彩。"想象是与那些'自由'观念密切相关的概念,而自由则是现代教育思想的核心原则。……因此,阐明想象及其内涵,对于澄清柯勒律治的教育思想至关重要。"②有的学者指出:"在柯勒律治的想象理论中,思维和语言共同分享天性中的有机成分——一种基本的活性,即生长、发展和转化的力量。"③

在柯勒律治看来,一切好诗都产生于"诗的天才",天才的首要价值在于能够把常见的事物如实表达出来,使它能够在人们心中唤起同样清新的感觉。他说:"诗的天才以良知为躯体,幻想为服饰,行动为生命,想象为灵魂,这灵魂无所不在,它存在于万物之中,把一切形成一个优美而智慧的整体。"④柯勒律治以莎士比亚为例,认为诗的天才应具有如下特征:(1)天才的诗人必须善于把诗的各个组成部分,如生动的故事、恰当的思想、意象、语言、色彩、格律等,按照主题要求融合成为一个和谐的整体。莎士比亚的伟大之处,正是在于他把悲剧与喜剧、欢笑与眼泪、崇高与卑下、国王与愚人、怜悯与笑料等,通过相异事物之间的作用与平

---

① 刘庆璋著:《西方近代文学理论史》,兰州大学出版社1988年版,第173页。
② G. H. Bantock, Studies in the History of Educational Theory, Volume Ⅱ, The Minds and The Masses, 1760 - 1980, George Allen & Unwin, London, 1984, p. 96.
③ John Willinsky, The Educational Legacy of Romanticism, Wilfrid Laurier University Press, Canada, 1990, p. 59.
④ 刘若端编:《十九世纪英国诗人论诗》,人民文学出版社1984年版,第70页。

衡,最终创造一个和谐完美的整体。(2)天才的诗人必须善于疏远自己所表现的主题、人物和事件,使自己的感情超脱于他所描绘的人物的感情。柯勒律治强调诗人的思想和感情必须融化于生动的事件和人物形象之中,渗透到诗自身所洋溢的激情之中,这样诗的内容似乎是完全自然的、神奇般地展现在读者面前,人们感觉不到诗人的驾驭和操纵,看不到诗人直接表露的感情。(3)天才的诗人必须善于把自己的生命力和智慧转移于大自然,因此他必须具有宽广的胸怀和丰富的精神世界。(4)天才的诗人必须具有思想的深度与活力,否则天才也只不过是昙花一现,历史上的匆匆过客而已。因此,天才的诗人除了自然的才能外,还必须善于学习,深思熟虑,明察秋毫,把自己的智能与情感相结合。"从来没有过一个伟大的诗人,而不是同时也是一个渊深的哲学家。因为诗就是人的全部思想、热情、情绪、语言的花朵和芳香。"①

总之,柯勒律治的诗歌侧重于神秘怪诞的题材,着力描写梦境或幻象;诗歌的主题比较隐晦,并常常与宗教思想结合在一起;艺术想象也大多是奇特瑰丽的。因而柯勒律治的诗风带有明显的神秘色彩。但柯勒律治在诗歌理论和表现方法上都进行了创新,这对英国诗歌发展产生了深刻影响。他的诗歌理论为20世纪新批评派提供了思想渊源,他的艺术表现为20世纪的意象派诗歌提供了方法论借鉴。"应该说,柯勒律治的创作实践、理论体系、哲学观点,不仅影响了同时代的作家,也影响了和他政治思想相左的拜伦、雪莱和济慈等诗人,而且,对如今的诗歌艺术探索者和爱好者仍有很好的参考价值。……他是不折不扣的浪漫主义思潮的杰出代表,是无可厚非的人间'诗仙',令无数痴迷的读者景仰。"②

在教育方面,柯勒律治有关儿童时代的见解及其教育意蕴是可贵的,其中一些观点也为当时的浪漫主义者所认同。柯勒律治认为儿童时代的特征表现为四个方面:纯真、美德、想象和语言。纯真包括直率、专心、自发性、热情和诚实,教育的智慧在于循序渐进地帮助儿童形成这些相关的特性。相比成人而言,儿童几乎没有权利表达他们的道德观,因此成人误认为儿童的道德范畴是不同的。柯勒律治认为这是一种误解。"儿童虽然无权表达他们的看法,但他们的正义观几乎是相同的。这或许能根据我们的经验就得以证明。所有推测出的真理始于假设,甚至被称为几何式的真理。他们都假定一种意志行为,因为道德行为源于知识。"③柯勒律治把儿童时代看做一场从美感到生活的观念运动。在他看来,想象

---

① 刘若端编:《十九世纪英国诗人论诗》,人民文学出版社1984年版,第75页。
② 李维屏、张定铨等著:《英国文学思想史》,上海外语教育出版社2012年版,第301页。
③ Denis Lawton and Peter Gordon, A History of Western Educational Ideas, Woburn Press, London, 2002, p.110.

是一种重要的教育因素,因为它有助于培养审美感,学校应通过提供有丰富想象力的作品激发儿童的想象。柯勒律治十分重视培养儿童使用词汇的意识,他在《文学传记》中写道:"一个单词的意思不仅是指它代表的物体,同样也体现了使用者的特性、情绪和意图"。① 例如,在《午夜之霜》中,柯勒律治强调儿童不仅要认识湖泊、沙岸、峭壁和云彩,还要理解这些自然形态之间的相互作用,也就是说想象的过程和结果。"在柯勒律治看来,想象不仅是洞察力的主要来源和经验整合的最佳方式,而且也是创造性思维最真实和有效的方面。想象的典型特征是独创性,这一特征赋予它神圣的品质,使它成为上帝永恒的创造行为的复制品。"②

柯勒律治为19世纪英国教育思想的发展做出了重要贡献,他的理智观和知识观与当时流行的联想主义和经验主义完全不同,他更加注重艺术(尤其是诗歌)的作用。柯勒律治把教育定义为唤起或开发潜能的过程:"正如花是从花蕾中绽放出来,而橡子是从花蕾中结出果实一样,花蕾中蕴含着生命的精华。"③儿童应该像儿童的样子,不能过早地塞满知识。他竭力主张要观察儿童教育的自然规律,认为儿童的天性是快乐的、爱玩的,不应该强迫他们说出既不能理解,也不能引起共鸣的完整句子;在任何时候,儿童天性是一个进化的过程,无论身体还是灵魂都如此。柯勒律治的教育观在今天仍然具有重要的现实意义。

三、拜伦

拜伦(1788—1824)是19世纪英国浪漫主义文学的杰出代表,最伟大的浪漫主义诗人。1788年1月出生于伦敦一个破落的贵族家庭,父亲是一个浪荡的花花公子(人称"疯子杰克"),母亲是一位俭朴的苏格兰女子。拜伦的童年时代是和母亲在苏格兰的阿伯丁度过,3岁时父亲抛弃家庭去法国,次年在法国去世。拜伦天生跛脚,还要忍受母亲的脾气,从小就变得性格忧郁。"幼年的拜伦,从心底里憎恨自己的母亲。而对于游荡一生的糊涂父亲,却

---

① Denis Lawton and Peter Gordon, A History of Western Educational Ideas, Woburn Press, London, 2002, p. 110.
② David Halpin, Romanticism and Education: Love, Heroism and Imagination in Pedagogy, Continuum International Publishing Group, 2007, pp. 112-113.
③ G. H. Bantock, Studies in the History of Educational Theory, Volume Ⅱ, The Minds and The Masses, 1760-1980, George Allen & Unwin, London, 1984, p. 116.

怀着温暖的爱。"①拜伦4岁被送入学校,母亲为他聘请了拉丁语和历史家庭教师,拉丁语教师是一个热心加尔文教的人,乳母也常常给他讲解神灵、天国和地狱等,幼年的拜伦生活在这种宗教氛围中,长老会教派的信仰已沁入他的人格深处。10岁时拜伦继承了家族的世袭爵位和产业,家庭境况开始好转。1801年拜伦进入哈罗公学读书,他在这里学习拉丁文、希腊文和英国古典文学,而且阅读了18世纪法国启蒙思想家伏尔泰、卢梭等人的著作。

1805年10月拜伦进入剑桥大学三一学院学习文学和历史,1807年6月出版了第一部抒情诗集《悠闲的时光》,但遭到当时英国权威杂志《爱丁堡评论》的匿名批评。为了回应这一恶意的批评,1809年拜伦发表了讽刺长诗《英格兰诗人和苏格兰评论家》,尖锐地讽刺了当时英国的消极浪漫主义者,"湖畔派"诗人华兹华斯、柯勒律治和骚塞等人,有人称之为积极浪漫主义的宣言。1808年7月拜伦从剑桥大学毕业,获得文学士学位。

1809年3月拜伦作为世袭贵族进入英国上议院,同年6月他离开英国到地中海地区旅行。他先后游历了葡萄牙、西班牙、马耳他、阿尔巴尼亚、希腊和土耳其,于1811年7月回到英国。这次旅行极大地扩展了他的视野,使他对别的民族文化产生兴趣。他除了观察各地风俗,游览名胜古迹,欣赏大自然美景外,还接触到各种人物。1812年2月拜伦发表了长诗《恰尔德·哈罗德游记》第一、二章,轰动了英国文坛和伦敦社交界。"那时候,在伦敦的社交界,如果不谈论恰尔德·哈罗德,不谈论拜伦,差不多要被当作时代的落伍者。而在妇女中间,他的名声更是如日中天。他的诗才,他的美丽,他的神秘的性格和举止等等,正好投合了喜欢刺激的贵妇们的嗜好。她们赞美拜伦,憧憬拜伦。她们投身在拜伦脚下,向他顶礼膜拜。"②《恰尔德·哈罗德游记》既是一篇生动的个人游记,也是一首积极浪漫主义的政治诗篇,这是当时英国文学上的一种新体裁。

1812年拜伦在上议院发表了两次演说,强烈指责反动当局。第一次为诺丁汉的卢德运动③而辩护,抨击政府血腥镇压破坏机器的工人;第二次是关于爱尔兰的问题,反对政府压迫和奴役爱尔兰人民。他的演说预示了以后创作的性质,即在诗歌中发表自己的政治主张。例如,《卢德分子之歌》、《东方故事诗》、《若国内没有自由可为之战斗》、《审判的幻景》、《青铜世纪》、《唐璜》等,这些诗篇表达了拜伦对当时英国社会的反抗情绪,因而引起统治者

---

① [日]鹤见祐辅著,陈秋帆译:《拜伦传》,湖南人民出版社1981年版,第19—20页。
② [日]鹤见祐辅著,陈秋帆译:《拜伦传》,湖南人民出版社1981年版,第79页。
③ 英国工人以破坏机器为手段,反对工厂主压迫和剥削的自发运动,发起人为卢德,其中心是诺丁汉。

的不满。1814年初当拜伦署名发表讽刺短诗《给一位哭泣的贵妇人》时,反动派便对他大肆攻击,甚至建议对他提出诉讼。拜伦1815年1月与安娜贝拉结婚,1816年3月与妻子感情破裂,统治集团利用离婚案对拜伦进行诽谤。"把婚姻制度的神圣当作信条的中产阶级,把怒火集中于他一身。贞淑的安娜贝拉,残酷的拜伦。这种看法浸入了一般国民的头脑里。……一切解释都是无用的。"①1816年4月拜伦被迫离开英国,而且再也没有回来。

拜伦居住在瑞士期间,创作了不朽的诗剧《曼弗瑞德》和《恰尔德·哈罗德游记》第三章,诗人的悲观情绪和个人主义反叛意识达到了顶点。拜伦在日内瓦还邂逅了另一位流亡诗人雪莱,他们相聚于阿尔卑斯山下美丽的莱蒙湖畔,共同的爱好使他们成为了密友。1817至1823年拜伦迁居意大利,先后住在威尼斯、罗马、比萨、热那亚等地,并积极参加了意大利烧炭党人②的民族解放运动。拜伦侨居瑞士和意大利期间,创作了大量的政治诗、故事诗、讽刺诗、抒情诗和几部诗剧,充分体现了独特的"拜伦主义"和浪漫主义激情。尤其是1818至1823年创作的《唐璜》,受到了人们的高度评价。歌德认为它是"绝顶天才的作品",普希金(Alexander Pushkin)认为它具有"惊人的莎士比亚的多样性",雪莱则认为是"英国语言中从没有过这样的作品"。③ 1823年7月拜伦离开意大利前往希腊,参加希腊反抗土耳其的独立战争,这对于拜伦的诗作而言也是一个强大的灵感源泉。为了支持希腊的民族解放事业,他将稿酬和变卖家产的钱捐献出来,还亲临战场指挥作战。其英雄行为彰显了现代自由的理想和浪漫的英雄主义精神。后因积劳成疾,遇雨受寒,于1824年4月去世,年仅36岁。

拜伦高傲自大,热情浪漫,藐视传统,愤世嫉俗,其诗作表现了强烈的反叛意识和自由精神。这种独特的处世风格不仅使他成为许多年轻人崇拜的偶像,而且在英国文坛催生了一种新的人生观,即"拜伦主义"。"拜伦主义"的显著特征是热情奔放的个性、为自由而战的激情、贵族主义的孤傲以及对英国社会的蔑视。"拜伦主义"对19世纪的诗歌和小说创作,尤其是人物形象塑造产生了积极影响,并且成为浪漫主义思潮的重要组成部分。"也许,在所有国家中,正是在拜伦引领整个浪漫主义运动的英国,它找到了自己最为激情澎湃的表达,因为在十九世纪早期,拜伦主义几乎就是浪漫主义的同义词了。"④

拜伦是一位争取民主与自由的斗士,他的诗作始终围绕英国的政治舞台和社会局势,

---

① [日]鹤见祐辅著,陈秋帆译:《拜伦传》,湖南人民出版社1981年版,第133—134页。
② 19世纪后期活跃在意大利各地的秘密民族主义政党,因其成员最初逃避在烧炭山区而得名。
③ 牛庸懋,蒋连杰主编:《十九世纪英国文学》,黄河文艺出版社1986年版,第58—59页。
④ [英]以赛亚·伯林著,吕梁,洪丽娟等译:《浪漫主义的根源》,译林出版社2011年版,第131页。

生动地记载了 19 世纪初期英国乃至欧洲的重大事件,鞭挞了统治阶层的腐败与专制,讴歌了工人阶级为争取自由和人权而进行的斗争。例如,《东方故事诗》的题材和人物塑造包含了对社会大胆的挑战,诗中的主人公形象是孤独的愤世者和叛逆者,与整个英国社会形成了鲜明的对立。在英国资产阶级和贵族看来这些人物是非常可怕的,但在诗人看来却是社会的反叛者,他们的行为值得歌颂。诗剧《曼弗瑞德》既表现了主人公对人生和人类的失望,又反映了他面对任何反动势力都坚不可摧的顽强精神。诗剧《该隐》的题材虽然选自《圣经》传说,但拜伦改变了这个传说的意义,塑造了该隐充满叛逆和庄严英勇的形象。讽刺长诗《青铜世纪》把严肃、崇高和平凡可笑融为一体,以巧妙的方式揭露了"神圣同盟"①的反动活动。此外,"拜伦主义"在其抒情诗中也得到了充分展示,它表现为热情奔放和追求浪漫。拜伦在其短暂的一生中写下了大量的抒情诗,体现了诗人对生活的热爱、对美的追求、对爱情的渴望及对大自然的向往。例如,在《雅典的女郎》中,诗人笔下的女郎是一切美好事物的象征,她受到希腊文化的熏陶,敢于追求炽烈的爱情,是希腊自由精神的象征。

"拜伦式英雄"是"拜伦主义"的具体表现,它是指拜伦在《东方故事诗》中所塑造的主人公,他们都是高傲、孤独、倔强的反抗者,蔑视文明社会的宗教和道德,具有强烈的叛逆精神,但他们又带有明显的个人主义色彩和浓厚的悲观厌世情绪。这些形象反映了作者本人的思想及性格特征,被称为"拜伦式英雄"。"英雄主义是浪漫的洞察力的重要主题……因为浪漫时期是对社会、政治、道德和哲学的一种反叛,它很快成为了一个英雄的时代。"②拜伦的《恰尔德·哈罗德游记》是一篇以政治和社会问题为题材的长诗,叙述了"拜伦式英雄"哈罗德游历欧洲的种种见闻,同时将大自然的美景与丑恶的现实相对比,将劳动人民的纯朴、爱国与统治阶级的虚伪、卖国相对比,将希腊光荣的过去与当前的悲惨境况相对比,使读者感到生动具体而产生强烈的感染力。

讽刺史诗《唐璜》再次生动地体现了"拜伦式英雄"的形象,它既是拜伦一生创作发展的最高峰,也是一部讽刺性的欧洲社会生活百科全书。这篇诗作以史诗般的宏大场景描述了欧洲各国的社会现状,揭露了 19 世纪 20 年代欧洲各国的黑暗腐败、封建专制的野蛮残暴、上流社会的荒淫伪善、侵略战争引起的灾难等,其中对"神圣同盟"和英国政府的批判最为深刻。拜

---

① 1815 年 9 月由俄国、奥地利和普鲁士所缔结的同盟,目的是维护君主专制政体,反对法国大革命在欧洲所传播的革命理想。
② David Halpin, Romanticism and Education: Love, Heroism and Imagination in Pedagogy, Continuum International Publishing Group, 2007, pp. 91 - 92.

伦笔下的唐璜几乎就是拜伦本人的化身,唐璜的形象也标志着拜伦创作的一大进步。尽管唐璜仍然带有传奇色彩,而且还有个人英雄主义的表现,但他没有哈罗德那种忧郁、孤寂的心情,而是积极投身于生活激流中,把生活中的阴暗面揭露出来。在这篇作品中,充分展示了拜伦的过人才华。他的语言富于表现力,生动、简洁、自然和流畅,风格平易近人;他对当时的资本主义社会具有敏锐的洞察力,他的讽刺锋芒犀利,切中要害。从艺术形式上看,《唐璜》是一个很大的创新,拜伦使它真正成为了一个与众不同的完美艺术品。诗中人物众多,内容丰富,场面广阔,情节复杂,这是任何长诗不能比拟的。"拜伦在这篇长诗中,把叙事、抒情、议论和讽刺巧妙地结合在一起,使诗篇具有高度的抒情性、政治批判的尖锐性和令人忍俊不禁的诙谐性,使读者感到既有现实主义冷静的观察,又有浪漫主义的热情奔放和古典主义的优美与典雅。"①

总之,作为浪漫主义的代表人物,拜伦创作了大量颇具影响力的作品。其诗歌在风格上大气磅礴,热情澎湃,潇洒自由;在题材上塑造了"拜伦式英雄",愤世嫉俗,追求自由,向往正义;在语言上表现为口语化、直观性、讽刺性;在写作上机智巧妙、层次分明、耐人寻味。拜伦不仅是伟大的诗人,还是伟大的革命家。他向往自由民主的社会,他为希腊的独立而浴血奋战,他是被压迫者的辩护者和代言人,其诗歌充满了为自由理想而斗争的感情。毫无疑问,拜伦无愧于浪漫主义时代为民主与自由而战的"英雄诗人"称号。别林斯基(Belinsky)评价拜伦:"他骄傲地战斗着,怀着不朽的悲痛。"②有的学者指出:"拜伦还是大自然的热情歌手。他的自然画卷中交织着世间事、人间情,充满青春的活力,有的气势磅礴,有的明丽醉人,清楚地显示了他的气度和才华。拜伦的诗歌抒发了丰富的情感,表达了对人生哲理的沉思、社会历史的观察。这些诗句是人类文化史长期酝酿的产物,它表达了一种观察世界和人生的新方式,表达了一种新的精神境界和理想,成为英国诗歌史上的崭新现象。"③

拜伦生活在18、19世纪的过渡时期,他的诗作体现了古典主义、启蒙主义、法国革命、民族解放、现实主义和浪漫主义等各种因素。"正如渴望通过革命实现政治抱负一样,浪漫主义试图通过创新、转换和陌生化(de-familiarisation)实现诗歌的变革。"④拜伦的精神在当时风云激荡的欧洲各国无处不在,"拜伦现象"已成为19世纪西方精神文化的重要组成部

---

① 牛庸懋,蒋连杰主编:《十九世纪英国文学》,黄河文艺出版社1986年版,第63页。
② 李维屏,张定铨等著:《英国文学思想史》,上海外语教育出版社2012年版,第308页。
③ 牛庸懋,蒋连杰主编:《十九世纪英国文学》,黄河文艺出版社1986年版,第8页。
④ David Halpin, Romanticism and Education: Love, Heroism and Imagination in Pedagogy, Continuum International Publishing Group, 2007, p. 93.

分。时至今日,拜伦的诗作已传遍世界各国,他的名字也变得家喻户晓,所谓'拜伦主义'和'拜伦式英雄'等术语已超越了文学范畴,被广泛地应用于政治、哲学、社会学、教育学等多个领域。作为英国浪漫主义的主要代表人物,拜伦虽然没有直接论述教育问题,但他塑造的英雄形象和他对生活的热爱、对自由的向往等,对于当今教育无疑具有一定的启迪作用。当然,拜伦思想中也有消极的方面,他忧郁悲观、生活放荡、孤傲不羁,但这并不妨碍他成为一个伟大的天才诗人。普希金称他为"一代抒情的巨匠",别林斯基说他是"高不可及的雄伟诗人",高尔基(Maksim Gorky)说他是"公民诗人"。

四、雪莱

雪莱(1792—1822)是19世纪英国伟大的浪漫主义诗人,他与同时代的拜伦并称为19世纪英国诗坛的双子星座。雪莱1792年8月出生于苏塞克斯郡的一个贵族世家,他的祖父是英国大富豪,父亲是下议院议员。母亲是苏塞克斯郡的大美女,雪莱承袭了她的美貌,从小就是一个美少年。"瘦长的身影,闪光的金发,山中湖水一样澄澈的眼眸,大理石一样光洁的皮肤,蔷薇般的红颊,高高的鼻子,薄薄的红唇。"①生活在如此显赫的家庭中,雪莱常常感到压抑、苦闷和孤寂。虽然生来就有继承财产、城堡、爵位和议席的权利,但他讨厌这样的家庭和生活,并逐步形成了嫉恶如仇、英勇无畏的叛逆精神。雪莱从6岁开始就接受严格的教育,学习拉丁文、希腊文、法文、天文、数学和地理等。

1804年进入伊顿公学。伊顿的校风是斯巴达式训练,自由思想被践踏,高年级生可以虐待低年级生,殴打是合法的。伊顿公学校长基特博士认为,鞭打体罚是使学生道德完美的唯一有效途径。他说:"孩子们,要以慈善为怀,否则,我就鞭打你们,直到你们成为慈善的人为止。"②善于独立思考和大胆怀疑的雪莱经常受到迫害,甚至在学生中间流行一种"虐待雪莱"的游戏。"那时,对孩子们的任何严酷的惩戒都会受到社会上头面人物的赞许。因为自由主义一旦侵蚀了领导阶层,就会造成无穷的祸患,而法国大革命已经使自由主义的祸患露出了苗头。"③

---

① [日]鹤见祐辅著,陈秋帆译:《拜伦传》,湖南人民出版社1981年版,第142—143页。
② [法]安德烈·莫洛亚著,谭立德、郑其行译:《雪莱传》,浙江大学出版社2013年版,第3页。
③ [法]安德烈·莫洛亚著,谭立德、郑其行译:《雪莱传》,浙江大学出版社2013年版,第3页。

葛德文的《政治正义论》对于雪莱有极大的影响,他思考着遍布于人类社会的悲惨和非正义。他说:"我发誓,必将尽我的一切可能,做到理智、公正、自由。我发誓,绝不与自私自利、有权有势辈同流合污,甚至也绝不以沉默来与他们变相地同流合污。我发誓,要将我的一生献给美……"①这一思想支配了雪莱的一生,他终身都为这一誓言而奋斗。1810年10月雪莱进入牛津大学。这时期的牛津大学仍然以培养僧侣为主,一切学科都以宗教和神学为基础,学生们则生活放荡、无所事事,雪莱很难找到志同道合的朋友。"他终日沉醉于自然科学的研究,满屋子堆放着他的物理化学实验仪器,同时仍读法国百科全书派卢梭、伏尔泰等人及英国洛克、休谟的哲学、政治著作。雪莱不仅在哲学、政治学等方面有丰富的知识,他的自然科学知识按当时水平来说,也是惊人的。"②在这一时期雪莱创作的作品,大多数以反抗专制政治为题材。1811年3月雪莱因发表《论无神论的必然性》而被学校开除,又因违抗父亲让他悔改的意旨而与家庭断绝关系。正是这种几乎与生俱来的反抗精神,使他成为了反对暴政、专制和压迫,饱含革命浪漫主义精神的杰出诗人。

1812年雪莱游历爱尔兰时,亲眼目睹了爱尔兰问题的严重性,他是爱尔兰独立运动的支持者,认为支持爱尔兰人民的解放事业刻不容缓。随后,他发表了《告爱尔兰人民书》和《人权宣言》,标志着雪莱政治和文艺活动达到了一个新的阶段。《人权宣言》是受托马斯·潘恩的影响所写,雪莱指出:"政府没有任何权利;它是许多个人为了保障他们自己权利的目的而选择的代表团体。因此,政府仅仅在这些人的同意之下而存在,其作用也仅仅在于为他们的福利而进行活动。"③他认为政府是为了保障权利而设置,人的权利是自由权,以及平等地使用自然界的权利。1813年雪莱发表了第一部长诗《麦布女王》,这是他在爱尔兰独立运动中亲身体验后写成的。这首诗抨击了剥削制度的罪恶,同情劳动人民的疾苦,指出了变革的必然性,预示了未来的美好前景。马克思称它为宪章派的《圣经》。《麦布女王》的发表触犯了统治阶级,由于反动势力的迫害,1814年和1816年雪莱携妻子两度到国外旅行,并且在日内瓦与拜伦相遇而成为挚友。再次回到英国后,雪莱遭到反动报刊的大肆攻击,于是1818年3月被迫永远离开祖国,举家迁往意大利。对于这件事情,拜伦曾愤怒地说道:"他们把雪莱这位最优秀的、胸怀最磊落的人像一只疯狗一样赶出了祖国,因为他对宗教信条有所怀疑"。④

---

① 李维屏,张定铨等著:《英国文学思想史》,上海外语教育出版社2012年版,第317页。
② [英]雪莱著,杨熙龄译:《雪莱政治论文选》,商务印书馆1982年版,译者序,第3—4页。
③ [英]雪莱著,杨熙龄译:《雪莱政治论文选》,商务印书馆1982年版,第65页。
④ 牛庸懋,蒋连杰主编:《十九世纪英国文学》,黄河文艺出版社1986年版,第76页。

离开英国之前，雪莱写了一首以革命为主题的长诗《伊斯兰的起义》，他在序言中说明其目的是"在读者的心中燃起对自由和正义的高贵热情、对善的信念和希望"。侨居意大利后，雪莱与拜伦过从甚密，迎来了诗歌创作的高峰期。1818 至 1822 年，雪莱写下了一系列充满浪漫主义激情的传世诗篇，如诗剧《解放了的普罗米修斯》《钦契一家》《希腊》，政治诗《致英国人之歌》《1819 年的英国》《自由颂》《政治的伟大》，抒情诗《西风颂》《含羞草》《云雀颂》，以及论文《诗辩》等。这些诗歌以非凡的想象力和优美的韵律，表达了作者对社会的深思、对爱情的歌颂和对大自然的神往，既反映了雪莱自由、平等、博爱的思想，也表达了他对社会变革的热切愿望。1822 年 7 月 8 日，雪莱与朋友渡海遇难，年仅 30 岁，给后人留下无尽的遗憾。

关于诗的本质，雪莱继承了亚里士多德的模仿说，并给予它以唯物主义的解释。他认为诗本来就是一种模仿的艺术，诗人的思想意识是由现实生活所决定，而诗是现实生活在诗人头脑中反映的产物。当然这种"反映"不是消极被动的复制，而是积极主动的创造。在他看来，诗是生活的惟妙惟肖的映像，它表现了生活的"永恒真实"。但诗不应简单地罗列事实，而应依据人性中不变的方式，反映生活的有机联系及普遍规律。只有反映生活的"永恒真实"，才能表现出它的美。因此，"诗也是一面镜子，但它把被歪曲的对象化为美"。①

雪莱认为，诗要宣扬美德善行。善的核心是爱，因此爱是诗的灵魂。所谓"爱"就是思想感情上的同情和共鸣，以及人之天性中的"求同倾向"。有"爱"才有"同情心"，就能实现道德上的"善"。雪莱在创作中极力讴歌人性中的这种"善"，即所谓"爱"。他在《伊斯兰的起义》序言指出："在我的诗中，报复、嫉妒、偏见是没有容身之地的。而爱则处处受到赞美，被誉为支配精神世界的唯一规律。"②另外，诗要创造美丽人生。诗使万物化成美丽，它使最美丽的东西愈见其美，它给最丑陋的东西添上了美。诗掀开了帐幔，显露出世间万物隐藏着的美，使得平凡的事物也仿佛是不平凡。这说明诗首先是给人以美感，在美的享受中自然而然地激发人们向善。但诗要创造理想境界的主张无疑带有空想的色彩，正如他在《钦契一家》中写道："我一向所发表的著作，不过是一些幻想，体现我自己对美与真的领悟而已。……它们尽是当然与或然的事物的梦境"。③ 因此，雪莱创造美丽人生的主张，既有进步性，也有空想性。这也是积极浪漫主义的特征之一。

---

① 刘若端编：《十九世纪英国诗人论诗》，人民文学出版社 1984 年版，第 126 页。
② 张秉真，章安祺，杨慧林著：《西方文艺理论史》，中国人民大学出版社 1999 年版，第 370 页。
③ 张秉真，章安祺，杨慧林著：《西方文艺理论史》，中国人民大学出版社 1999 年版，第 371 页。

关于诗的功用问题,雪莱特别强调诗能引导人心向善和推动社会进步。也就是说,诗可以改变人性,给人以智慧、美德和乐趣,具有极大的教育作用;同时,诗可以改造社会,它激励人们创造美好与至善的理想世界,具有极大的进步意义。1820年英国作家皮科克(Thomas Love Peacock)发表的短评《论诗的四个时代》引发了1821年雪莱著名的《诗辩》。皮科克认为,诗无非是"激情难忍的咆哮,自作多情的啜泣,假情假意的哀诉",它只能养成"豪放的狂人"和"病态的梦想家",而不能造就"一个有用的或理智的人"。所以,诗除了能产生快感以外毫无用处,它不过是高贵的装饰品;只有自然科学和其他社会科学才是有用的。对此,雪莱进行了有力的辩护。他说:"诗与快感是形影不离的:一切受到诗感染的心灵,都会敞开来接受那掺和在诗的快感中的智慧。"①快感有两种:诗可以加强和净化感情,扩大想象以及使感觉更为活泼,从而产生一种持久的、普遍的、永恒的快感;而自然科学和其他社会科学只能驱散粗野的迷信之幻想,使人处于安全的生活环境之中,从而产生一种暂时的、特殊的快感。雪莱指出,只有产生这种最高意义的快感才是真正的功用。"凡是产生和保证这种快乐的人便是诗人,或者是具有诗才的哲学家。"②

雪莱特别强调诗的教育作用,他认为要改造社会必须先改造人心,而改造人心最有效的工具不是道德伦理的说教,而是凭借想象打动人心的文学艺术。在他看来,伦理准则犹如种子,只有植根于善的心灵才能开花结果,否则只能任人践踏而成为尘土。诗教人认识真善美,追求真善美,它所集中体现的真善美将遍及于一切思想和行动。诗人应该塑造富有时代精神的理想人物形象,充分揭示其道德品质之美,为世人树立效仿的榜样。读者就会凭借"同情心"和"想象力",将其思想、行为或人格之美视为自己的美,从而在思想上受到锻炼,在感情上得以升华,因崇拜而开始模仿,因模仿而投身于理想人物的行列。诗是神圣的东西,它能教人增长智慧和认识真理,它依据人性中的必然规律,表现生活的"永恒真理"和人类的"最高智慧",所以它既是知识的圆心又是它的圆周,它包含一切科学,一切科学都必须溯源到它。"它同时是一切其他思想体系的老根和花朵;一切从它发生,受它的润饰;如果害虫摧残了它,它便不结果实,不生种子,不给予这荒芜的世界以养料,使得生命之树不能继续繁殖。诗是一切事物之完美无缺的外表和光泽。"③可见,诗既能提高人的修养,教

---

① 刘若端编:《十九世纪英国诗人论诗》,人民文学出版社1984年版,第127页。
② 刘若端编:《十九世纪英国诗人论诗》,人民文学出版社1984年版,第150页。
③ 刘若端编:《十九世纪英国诗人论诗》,人民文学出版社1984年版,第153页。

人向善；而且诗也是真理之所在，它能给人以智慧。这就是诗的教育意义之所在。

雪莱指出，诗歌创作是一种创造性的活动，而想象就是一种创造，诗是"想象的表现"。所谓"想象"是指按照诗人的理想美化现实和展望未来，从而将生活理想化。想象要以生活真实为根基，而不能凭空捏造。理想化也必须以现实为基础，它既不像古典主义所主张的那样空泛刻板，也不像某些浪漫主义所主张的那样奇特神秘。艺术反映现实但不能拘泥于事实，而要反映充满理想的现实；艺术表现理想但不能沉湎于幻想，而是表现植根于现实的理想。可见雪莱的诗歌创作建立在现实主义基础之上。想象通过对头脑中宇宙万物的形象进行综合加工，从而创造出新的思想。它要求诗人按照时代精神塑造生动感人的艺术形象，诗人只有把思想感情融入活生生的艺术形象，才能更深切地感染读者。在整个创造过程中都贯穿着诗人的想象活动，诗人通过想象所表现的社会或自然，比其本来面目更加真、善、美。除了想象之外，诗的创作还需要灵感。灵感是由于主观或客观事物刺激而引起思想感情的勃发，它是在思想集中、情绪高涨、思维活动紧张进行之中突然产生的创造性成果。雪莱的"灵感说"带有一定的神秘主义和非理性主义色彩，他把灵感和"苦功与钻研"、"意识或意志"对立起来，显然是受到柏拉图的影响。

雪莱认为，诗人不仅创造了语言、音乐、舞蹈、建筑、雕塑和绘画，而且是法律的制定者、文明社会的创立者、人生百艺的发明者。诗人是"导师"、"先知"、"立法者"和"创造者"，其地位可与上帝相媲美。"一个诗人既是给别人写出最高的智慧、快乐、德行与光荣的作者，因此他本人就应该是最快乐、最良善、最聪明和最显赫的人。"①那么，诗人应具备哪些素质呢？首先，诗应该表现时代精神，成为鼓舞人们投入斗争的"战歌"和"号角"，诗的这一性质要求诗人必须具有革命主张。他说："在一个伟大民族觉醒起来为实现思想上或制度上的有益改革而奋斗当中，诗人就是一个最可靠的先驱、伙伴和追随者。"②其次，诗人应该明达、善良和富于想象。明达要求诗人具有立法者或先知的特质，能够明察现在和预见未来，通晓生活的"永恒真理"；善良要求诗人领会世间的真善美，做一个至善的人，因为诗是真善美的源泉；想象要求诗人感受性最细致、想象力最丰富、审美力最高超。另外，诗人应该虚心向其他伟大的诗人学习，拒绝这种学习是一种狂妄自大。当然，诗人不能只是步前辈之后尘，一味满足于模仿，而应力求去创新。

---

① 刘若端编：《十九世纪英国诗人论诗》，人民文学出版社1984年版，第156页。
② 张秉真，章安祺，杨慧林著：《西方文艺理论史》，中国人民大学出版社1999年版，第381页。

由上可知,雪莱的诗歌表达了浪漫主义时期欧洲的先进思想,其诗行中处处闪烁着崇高的思想光辉。雪莱的诗作大多反映了他对人生的思考、探究以及对美的赞颂;同时,也充分反映了他的革命浪漫主义精神。他的诗歌传播民主、自由、平等和博爱思想,向往没有剥削和压迫的理想社会,极具鼓动性和激励性。他的思想体系就是整个世界公平合理,人人平等,没有高低贵贱之分,大家共同劳作以创建一个更为美好、纯洁的世界。恩格斯称他为"天才的预言家"。

除了以上四位浪漫主义诗人外,济慈(John Keats,1795—1821)是一位别具特色的浪漫主义诗人,他21岁时弃医从文从事诗歌创作,在短暂的一生中取得了与拜伦、雪莱齐名的成就。济慈认为美是诗的主旋律,他的著名诗句是"美即是真,真即是美"。这里的"美即是真"不是生活中的"真",而是艺术中的"真",它是作家创造性的艺术想象的产物。因此要实现真与美的统一,诗人必须展开想象的翅膀。想象力是将"美"与"真"连接起来的重要媒介,但是想象的真实不是生活的真实,也不是逻辑推理的真实,它是诗人在激情横溢的心境中的创造。而且想象的真实比生活的真实更美,因为其中渗透了诗人的情感,经过了诗人的创造。那么,什么样的诗才美?在济慈看来,首先诗贵含蓄,其次诗要自然。如果诗来得不像树上长叶子那么自然,那还不如没有的好。诗要自然并非不能夸张,它应当以美妙的夸张夺人,而不是以古怪离奇惊人。诗应该是伟大而又谦虚的,以其主题感动和振奋人的心灵。他说:"诗应当是伟大的而不应强加于人,它能深入人的灵魂,以它的内容而不是外表来打动或激动人。"①诗之能动人在于美好充实而不是出奇立异,要使读者觉得是说出了他自己最崇高的思想,有一种似曾相识的感觉。抒情诗是济慈诗歌中的精华,其最大特点是形象的可感性、意境的新奇性和韵律的音乐性。他的诗歌所表现出的意象美、音乐美和结构美都极具特色,因此常被称为"诗人中的诗人"。济慈的浪漫主义思想关注"美"与"真"的联系,提高了"美"在诗歌艺术中的地位。"在很大程度上讲,济慈的文学成就不依赖于其诗歌哲理的深邃莫测,而建立在其诗作带给读者的美的享受上。因此,济慈的诗歌创作也印证了他将'美'置于其他一切考虑之上的思想。"②

此外,司各脱(Walter Scott,1771—1832)也是英国浪漫主义时期的一位杰出作家,他的小说以浪漫主义的笔调描绘了广阔的历史画面,艺术地再现了中世纪以来英国的许多重大历史事件,客观地反映了英国历史的发展进程,在当时的英国文坛独树一帜。"他的作品

---

① 刘若端编:《十九世纪英国诗人论诗》,人民文学出版社1984年版,第175页。
② 李维屏,张定铨等著:《英国文学思想史》,上海外语教育出版社2012年版,第319页。

从民间文学中吸取养分,富于生动的地域特点和民族色彩,规模宏大,情节离奇曲折,场面绚丽动人。……他的小说为此后批判现实主义文学的形成提供了条件。"①

总之,英国浪漫主义十分注重个人情感的抒发和理想境界的呈现,从而构建了"诗即感情"的格调,这种对情感的强调也体现了浪漫主义诗人的美学观;同时第二代诗人拜伦和雪莱等以热情的诗歌、崇高的理想推动了革命浪漫主义的发展,并大胆地表达了对现实的不满和叛逆。丹麦文学评论家勃兰兑斯(Georg Brandes)把英国浪漫主义分为两个流派:一是华兹华斯、柯勒律治的自然主义的浪漫主义;二是拜伦、雪莱的革命浪漫主义。前者致力于对大自然的歌颂和对理想的憧憬,描写远离现实斗争的题材,讴歌乡村生活和自然风景,描绘神秘离奇的情节和异国风光,通常被称为消极浪漫主义;后者则从对大自然的描述深入到对现实社会的剖析,肯定诗作的社会作用和教育意义,反对湖畔派诗人的保守倾向,积极投身于革命和政治斗争,把英国浪漫主义运动推向高潮,他们是积极浪漫主义的杰出代表。

英国浪漫主义思潮具有以下特点:(1)浪漫主义的题材面向自然,与古典主义所擅长的市井宫廷题材形成鲜明对比;(2)浪漫主义对人的内心表现出浓厚兴趣,它推崇自我表现,形成了重直觉、轻理性的特点;(3)浪漫主义重想象,它将想象视为一种诗意的思维方式,力图通过想象创造全新的艺术境界;(4)浪漫主义表现出对"遥远"境界的向往,其诗作有的怀旧,有的前瞻,有的向往遥远的地域,有的甚至带有超自然的色彩;(5)浪漫主义崇尚自由,它对传统习俗的束缚始终具有强烈的反抗意识;(6)浪漫主义具有极强的革命性,它敢于反对权威和标新立异。浪漫主义思潮的总体趋势是破旧立新、求变尚美。② 倡导"回归古典"和推崇古典文学的马修·阿诺德对英国浪漫主义进行了批评,他认为浪漫主义诗人的共同特点是感情充沛但智性不足,这导致他们在创作题材的选择上不够庄重,在表达上过于注重直觉和情感抒发。阿诺德的评价虽然不乏偏激之见,但他以诗人和批评家的慧眼看到了浪漫主义的长处和缺点。

浪漫主义学派批判启蒙运动以来的理性和理性教育,指责启蒙运动没有为民众提供一种正确的教育。它强调人的整体性和发展人的所有性格力量,认为人的所有力量必须形成一个和谐的整体。在他们看来,教育不仅要培养人的理性,还要培养人的感性和直觉,因为人的感觉能力并不低于理性能力,而且直觉高于理性能力。可见浪漫主义是对启蒙运动时期狭隘理性主义的一种反叛,它反对理性的霸权,捍卫感性的权利。"启蒙运动认为人类的

---

① 杨周翰,吴达元等主编:《欧洲文学史》(下卷),人民文学出版社1985年版,第73页。
② 李维屏,张定铨等著:《英国文学思想史》,上海外语教育出版社2012年版,第268—269页。

理性能使他控制自己的生活,浪漫主义则把这种观点视为对人类和社会的过分简单化。尽管人类拥有理智,但他们更多地是受到情感和情绪而不是理性的指导。启蒙运动期待着未来的美好生活;浪漫主义则通过考察人类的命运,强调传统、民俗和怀旧回顾过去。"①浪漫主义学派不仅强调人的理性和感性,还重视人的情感。如华兹华斯说"诗是强烈情感的自然流露",柯勒律治说"激情是诗的灵魂,情感是诗的精髓",拜伦说"诗的本身即是热情",雪莱则认为诗能给人以美的享受。

在浪漫主义教育观中,个体尤其是幼儿时期占据特别重要的地位。浪漫主义者认为,儿童个体是人类的化身,儿童时代是道德和创造力的源泉,教育的任务就是把个体从社会的束缚中解放出来,使人类的潜力尽可能得到充分发展。"华兹华斯和柯勒律治为在自己的成年生活中保留了童年的自我而感到高兴,他们都把童年的记忆和渴望回归童年看做诗人力量的源泉。"②总之,"浪漫主义对教育理论和实践的贡献是值得肯定的,包括强调儿童游戏的作用、情感教育和智力教育并重、看待审美教育和艺术的新方式、现代儿童心理学第一要素的确立"。③

此外,浪漫主义时代比其他任何时期的英国文学,更有可能激发少数族裔学生的兴趣,尤其是黑人学生。浪漫主义的吸引力来自革命的热情和狂热的理想主义,它曾经唤起了学生把诗歌和政治与社会秩序联系起来的热情。"浪漫主义的特征包括:热衷于异国情调和对传统的反叛,强调想象的力量和陶醉于大自然的雄伟,强烈的自我探究和对传统秩序与理性的反叛,对力量的歌颂和人性的超越等。"④英国学者以赛亚·伯林指出:"浪漫主义的重要性在于它是近代规模最大的一场运动,改变了西方世界的生活和思想。在我看来,它是发生在西方意识领域里最伟大的一次转折。发生在十九、二十世纪历史进程中的其他转折都不及浪漫主义重要,而且它们都受到浪漫主义深刻的影响。"⑤

---

① Denis Lawton and Peter Gordon, A History of Western Educational Ideas, Woburn Press, London, 2002, p. 113.
② John Willinsky, The Educational Legacy of Romanticism, Wilfrid Laurier University Press, Canada, 1990, p. 215.
③ Denis Lawton and Peter Gordon, A History of Western Educational Ideas, Woburn Press, London, 2002, pp. 113-114.
④ John Willinsky, The Educational Legacy of Romanticism, Wilfrid Laurier University Press, Canada, 1990, p. 287.
⑤ [英]以赛亚·伯林著,吕梁,洪丽娟等译:《浪漫主义的根源》,译林出版社2011年版,第9—10页。

第八章 浪漫主义教育思想

美国学者布鲁巴克写道:"浪漫主义也是自然主义教育哲学的一个分支,多方面体现出它的重要性。确切地说,在19世纪和20世纪,浪漫主义产生了强烈的影响,是对理性时代理性走向极端化的反动。尽管理性在展现科学的新世界和抨击旧的社会弊病方面表现出独特的力量,但也暴露出它所具有的片面性。人并不能仅仅生活在毫无情感的科学环境中,而且自然界并不像牛顿力学所揭示的只存在数学关系。除了理性之外,人还有情感,情感与理性一样也是自然的一部分。"①还有学者指出:"浪漫主义让我们理解了语言的启发力量,一种解释的理论和一种批评的方法。"②"浪漫主义的成就在于,它在我们的文化生活中发现了保持和谐与平衡的钥匙。浪漫主义的基本工具是充满活力的想象,自然界是一个重要的代理人,而只有通过想象才能适当地接近自然界。"③

---

① [美]约翰·S·布鲁巴克著,单中惠,王强译:《教育问题史》,山东教育出版社2012年版,第127页。
② John Willinsky, The Educational Legacy of Romanticism, Wilfrid Laurier University Press, Canada, 1990, p. 69.
③ John Willinsky, The Educational Legacy of Romanticism, Wilfrid Laurier University Press, Canada, 1990, p. 300.

第九章

激进主义教育思想

第九章
激进主义
教育思想

意大利学者拉吉罗(Guido de Ruggiero)指出:"激进主义是一种复杂混乱的现象,其中包含着自由主义、民主政治与社会主义的萌芽。"①英国激进主义可以追溯到英国革命,在内战中每一个社会阶层都产生了自己的政治派别,其中有些政治派别提出对现存制度进行根本改造,如独立派、平等派和掘地派。"激进主义是一种大众化的自由主义呼声,它是人民同未经改革的下院之间一场持续的斗争;这场斗争把一个又一个的问题推到了人的面前。"②英国激进主义从来不是一个整体,它从起源时起就表现出内部的多样性。独立派只关心彻底战胜王权,平等派则要求彻底实行民主,掘地派认为没有经济自由就不会有政治自由。这些不同的纲领导致各激进派别努力争取不同的目标。

由于激进派不是由同一个社会阶层组成,因此不同阶层在利益上的区别必然导致纲领上的分歧。"不过,这些阶层有一点却是共同的,就是都想从根本上改变现存的秩序,因此当他们与现存制度对抗时,又可以结成统一战线。这正是英国内战中出现的情况,也是后来激进主义在议会改革中发生的事。找到这样一个契合点至关重要,否则激进主义就只能是一盘散沙,不会发挥整体的政治作用。"③在英国革命中,掘地派只是昙花一现,独立派与平等派的争端却十分重要,因为它预示了后来两个世纪激进主义内部的分歧。独立派与平等派的根本分歧在于选举权问题,这一问题一直延续了两个世纪之久,也开启了激进主义的先河。"激进主义传统在1790年后的半个世纪开始形成和盛行,这一时期的标志是尖锐的冲突和产生新的社会阶级。"④

1832年英国议会改革形成了两个激进的群体,即中产阶级和工人阶级。前者倾向于反谷物法同盟,后者则致力于宪章运动。两种运动的区别不是改革策略不同,而是在政治经济学的主张上不同。中产阶级和工人阶级改革派都想方设法控制运动。最初阶段(即到1831年夏为止)是中产阶级激进派占据上风,中产阶级改革先驱是一些激进的革命分子,他们的改革倾向与欧洲大陆最为接近。这些人来自激进的工业家、科学家和理想主义者,基本上都是法国大革命和美国独立战争的支持者,如普里斯特利(Joseph Priestley)、普赖斯

---

① [意]奎多·德·拉吉罗著,杨军译:《欧洲自由主义史》,吉林人民出版社2001年版,第99页。
② [英]E. P. 汤普森著,钱乘旦等译:《英国工人阶级的形成》(下),译林出版社2013年版,第704页。
③ 钱乘旦,陈晓律著:《在传统与变革之间:英国文化模式溯源》,江苏人民出版社2010年版。第171页。
④ Brian Simon, The Radical Tradition in Education in Britain, Lawrence and Wishart, London, 1972, p. 17.

(Richard Price)、奥斯特勒(Richard Oastler)、萨德勒(Michael Thomas Sadler)、库珀(Anthony Ashley Cooper)、黑兹利特(William Hazlitt)、亨利·亨特(Henry Hunt)、葛德文等,他们往往聚集在18世纪70年代出现的新月协会和其他一些文学或哲学社团。普赖斯是一个温和的激进主义者,1789年11月他在非国教徒中发表了题为《谈谈爱国家这个问题》的长篇演说,他在颂扬法国大革命时坚持人民主权说,认为各类政府官员应为人民公仆,国王则不过是由人民推选、维持并对人民和社会负责的第一公仆。普赖斯的演说催生了埃德蒙·柏克《法国大革命沉思录》的问世。

此外,功利主义者边沁、约翰·密尔等也是中产阶级激进派的代表,他们以"功利"为基础,强调变革的必要性。例如,边沁认为判断政治制度好坏的依据是"功利",政府必须为最大多数人的最大利益恪尽职守;为了让政府充分了解最大多数人的最大利益,就必须让每个人都有发表意见的机会。密尔认为任何政治制度都必须符合一个国家或民族当时的发展水平,为这个国家或民族带来现实的好处;代议制政府是理想上最好的政府形式,是人类社会发展到较高阶段的一种标志。有的学者指出:"实际上,在近代英国,激进主义不是含义明晰的概念,也不是某政党的独占思想。它在政治归属上可列入自由主义,却常常超越自由主义的界限。"①

中产阶级激进派的教育思想深受法国启蒙思想家的影响,认为教育的目的在于发展民族思想和开启民智,从而为国家培养开化且有用的公民。在他们看来,现存的教育机构已经过时了,无法满足上述要求。只有非国教徒创办的学园才符合中产阶级的需要,因为他们有很多人是在学园接受教育。激进主义者在两个方面表现得十分独特:一是他们关注的不是大众教育,而是中产阶级子弟的教育;二是他们对国家参与教育的想法没有好感,反对教育成为国家的一种职能。"不过,他们仍然代表了英国教育思想史上的一个独一无二的激进时期。"②尽管对革命抱有同情心,中产阶级激进派仍然保持着他们的自由主义传统,反对雅各宾派通过强权国家进行彻底改革。法国大革命后激进派全面衰退,许多中产阶级的学园被关闭。然而,从那以后这个新生的阶级带着更强的自我意识和历史责任感又重新出现在历史舞台。中产阶级不仅要按照他们的信仰改造国家的政治经济结构,而且还企图把

---

① 阎照祥著:《英国政治思想史》,人民出版社2010年版,第232页。
② [英]安迪·格林著,王春华等译:《教育与国家形成:英、法、美教育体系起源之比较》,教育科学出版社2004年版,第265页。

教育视为实现自身目的的工具。"如果说城市生活的条件以及家庭模式的崩溃引起了中产阶级改革者的关注,那么,工人阶级政治意识的加强是激励中产阶级进行教育改革的最重要因素。"①

这一时期是英国工人阶级社会和政治力量的形成时期,工人阶级内的激进运动也在不断发展。"我们可以肯定地说,工匠们感觉到了他们的地位和生活水平在1815至1840年之间受到了威胁,或者正在恶化。技术革新和廉价劳动力的过多的存在,削弱了他们的地位。他们没有政治权利而国家权力被用来摧毁他们的工会,哪怕这样的使用只是间断性的。"②英国社会学家亨利·梅休(Henry Mayhew)指出,正是这样的经历为工匠在政治上的激进转化,尤其是户外工人的急剧激进化奠定了基础。③ 理想和现实不满汇集在他们身上变成愤怒,他们失去了尊严,经济状况恶化,随着手工艺的日渐贬值而丧失自豪感。他们只有凭借工会组织的战斗性,才有可能维护自己的社会地位。他们不仅要挑战旧有的保守政权,也对志在获取政权的中产阶级构成威胁。

英国著名历史学家汤普森(Edward Palmer Thompson)认为工人阶级的觉醒可以从两方面考察:一方面,不同职业和不同文化水平的工人已经意识到他们有着共同的利益,这种意识体现在他们建立的许多组织机构中,并且在1830至1834年间的总工会运动中以史无前例的规模表达出来,而1780年时这种意识和这些机构组织只是处于零散状态;另一方面,工人阶级意识到自身利益与其他阶级的利益相对立,而且其中还包含着日益成熟的建立新制度的思想。然而,这种阶级意识的最终形成在很大程度上取决于中产阶级对工人阶级力量所作出的反应。④ 因此,以先进的、民主主义的"民粹主义"为理论基础的激进运动,在很大程度上也具有工人阶级性质。

汤普森认为工人阶级文化首先是自学者的文化。他说:"19世纪上半叶,大多数人的正规教育并没有超出读、写、算的范围,但这决非思想萎缩的时期。在城镇,甚至在村落,自修者的热情都是显而易见。具有初步阅读能力的散工、工匠、零售商和职员以及小学教员,以

---

① [英]安迪·格林著,王春华等译:《教育与国家形成:英、法、美教育体系起源之比较》,教育科学出版社2004年版,第61页。
② [英]E. P. 汤普森著,钱乘旦等译:《英国工人阶级的形成》(上),译林出版社2013年版,第293页。
③ [英]E. P. 汤普森著,钱乘旦等译:《英国工人阶级的形成》(上),译林出版社2013年版,第293页。
④ [英]E. P. 汤普森著,钱乘旦等译:《英国工人阶级的形成》(下),译林出版社2013年版,第951—952页。

几个人或小组的形式一直在自己教育自己。他们的书籍和教员常常是宣传改革的。一个通过读旧约全书而学会识字的鞋匠,会苦读《理性时代》;一个小学教员所受的教育几乎全是宗教训诫的,现在则试着读伏尔泰、吉本、李嘉图的书。各地的激进派领袖、织工、书商和裁缝都有大量的激进主义刊物,而且还在学习如何使用议会蓝皮书。"①工人阶级正是借助于自我教育形成了有组织的社团,这是当时最重要的政治现象。正如有的学者指出:"这个时期发展起来的工人阶级教育完全是另一种历史。那是根植于工人阶级物质生活现实并且伴随着争取解放的斗争一同成长的历史。工人阶级对教育价值的信心和中产阶级一样高涨,甚至要比中产阶级更加乐观,但是工人阶级有他们不同的教育目的,并借助理性的力量实现本阶级的目的。"②工人阶级对教育的态度有两种:一是希望获得尽可能多的实用教育,以便在其日常生活中提供有益的帮助;二是通过教育和书籍获得对世界更广泛的了解。对于普通的工人阶级而言,实用教育更符合他们的需要。

工人阶级激进派代表人物是威廉·科贝特(William Cobbett)、理查德·卡莱尔(Richard Carlile)、威廉·汤普森(William Thompson)、托马斯·潘恩(Thomas Paine)、威廉·洛维特(William Lovett)、威廉·莫里斯(William Morris)等。另外,一些社会主义思想家如霍奇斯金(Thomas Hodgskin)、奥布莱恩(James O'Brien)等,也在唤起民众方面发挥了重要作用。

每一个激进主义者都是政治上的抗议者,每一位领袖人物都声明自己是独立的,只相信自己的判断和良心,不崇尚任何权威。"由于缺乏民主的政治组织,激进主义政治打上了个人烙印。"③正如科贝特写道:"多年以前……我作为某种自立的政治家开始了自己的生涯。我有自己的见解,我反对一切偏见,瞧不起人云亦云之辈。在我之前,每位有才华的作家总把自己归附于某个党派,某位大臣,或是其他什么的。我同所有这些都毫不相干……。因此多年来,我一直是那些当权人物和追逐权力的人的仇视的目标……"④科贝特虽然本身不是工人阶级,但在其著作中却扮演了工人阶级代言人的角色。他有一句名言:"如果劳动

---

① [英]E. P. 汤普森著,钱乘旦等译:《英国工人阶级的形成》(下),译林出版社2013年版,第836页。
② [英]安迪·格林著,王春华等译:《教育与国家形成:英、法、美教育体系起源之比较》,教育科学出版社2004年版,第277页。
③ [英]E. P. 汤普森著,钱乘旦等译:《英国工人阶级的形成》(下),译林出版社2013年版,第732页。
④ [英]E. P. 汤普森著,钱乘旦等译:《英国工人阶级的形成》(下),译林出版社2013年版,第732页

者过着猪一般的生活,任何社会都不应该存在下去。"①他认为劳动者的生活状况是无法忍受的,于是决心向公认的社会秩序挑战,他用工人或工匠容易理解的语言阐明了真正英国式的改革方法,这种方式的成功可以从他的《乡村旅行》中看到。

同样,科贝特的《每周政治纪事》像"主妇指南"和"家用药品"一样普遍和令人熟悉,它连篇累牍地刊登他自己的事迹、辩护、主张、感伤及遭遇等。在他看来,反对"腐败的旧制度"是为了恢复"快乐的英格兰",因此改革现存的坏制度是为了回到一个更古老的好制度,在那个制度下人们享有充分的自由与快乐。"正是科贝特创造了激进的思想文化,这并不是因为他提供了这种文化的最初概念,而是因为他找到了织工、教员和造船工都乐于接受问题的态度、风格和主张。他协调了激进派各种各样的不满和利益,他的《政治纪事报》就像通货一样,为那些学识造诣大不相同的人提供交流经验的共同方式。"②

科贝特强调教育的价值在于传授有用的知识,以使孩子们在日常生活中受益。园艺、畜牧、耕作、渔猎、面包和黄油制作,都是孩子们应该学习的知识。科贝特对正规教育非常反感,他既反对中产阶级改革家的工具主义教育目标,也根本不看重书本知识,甚至反对政府出资办学这一举措。1833 年当英国议会首次批准对教育的财政拨款时,科贝特认为这只能引起不必要的增税,而且会滋生懒惰和堕落的风气。科贝特还区分了两个概念,即"真正的教育"和"虚假的教育"。前者涵盖孩子的精神和身体各个方面,包括经济独立在内的生存能力,强调要在生活中学习知识以弥补课本的不足;后者是一种强制性的、人为的、脱离真实需要的学校教育,它让孩子们远离父母的生活经验。

毫无疑问,科贝特代表了当时流行的一种教育观,他对学校教育的排斥无疑是一种激进思想的体现。在宪章运动时期,劳工阶级领导人奥布莱恩在《贫民卫报》发表了一系列文章,抨击科贝特对劳动者的教育漠不关心,而只要求他们能种地,会制作围栏并储存了足够的酿酒和火腿。奥布利昂认为劳动阶级应充分利用任何机会以提高自己的心智。汤普森写道:"为使激进派和宪章派不成为功利主义者或反谷物法同盟的追随者,科贝特比其他任何一个作者做的工作都要多,他培育了一种阶级的文化,他感到了这个阶级的苦难,却不知道如何去解救它。"③

---

① [英]E. P. 汤普森著,钱乘旦等译:《英国工人阶级的形成》(下),译林出版社 2013 年版,第 895 页。
② [英]E. P. 汤普森著,钱乘旦等译:《英国工人阶级的形成》(下),译林出版社 2013 年版,第 878 页。
③ [英]E. P. 汤普森著,钱乘旦等译:《英国工人阶级的形成》(下),译林出版社 2013 年版,第 898 页。

卡莱尔用更深奥、更具理性的方式表达了城市工匠的激进主义思想,他认为每个公民都无需服从权威,其唯一的义务是服从自己的理性。卡莱尔相信普遍知识的力量,他说:"让我们在知识上进步,因为知识是一种可以证明的力量。只有知识的力量才能抑制住内阁和宫廷的犯罪,只有知识的力量才能结束血腥的战争以及兵荒马乱留下的悲惨后果"。① 在1821年发表的《关于科学家的演说》(Address to Men of Science)中,卡莱尔号召科学家们阐明现代发现对于理解人类天性的重要性,并强调新的教育内容应建立在科学的基础之上。他说:"科学家不应该评判或尊重任何事物,而应该发现和宣传真理。……他的知识和发现应该像自然效益一样,不计报酬和相同地施予所有人。无论它以什么形式出现或者可能产生什么影响,他都应该是真理的守护神和错误的敌人。"②西蒙指出:"在这本小册子中,卡莱尔表达了当时最先进的自由思想家的观点,他把科学发展和科学教育视为促进道德与物质改善的手段。"③但卡莱尔对诗歌的态度比较偏狭,他认为诗歌的性质应当同散文一样,具有教育人类和传授有用知识的力量。在他看来,《唐璜》不过是无稽之谈,对人类毫无用处。

"如果说卡莱尔主要关心科学和科学教育,那么威廉·汤普森则更加强调知识和教育在社会变革中的作用。"④汤普森是一名政治经济学家,他发展了李嘉图的经济分析理论,并把它与边沁的功利主义相融合,以便为社会主义提供合理的论据。"汤普森的书和演讲为19世纪20年代末和30年代初工人阶级思想的形成产生了相当大的影响。"⑤汤普森赞同亚当·斯密和李嘉图的观点,认为劳动是所有财富的来源,要使幸福最大化就必须平等地分配财富。最公正和最富有成效的经济制度是基于合作的社会主义制度。汤普森首先考察了知识与劳动和财富之间的关系,然后分析了知识与社会和政治机构之间的关系。他说:"知识的获得和传播是提高生产和增加享受的手段之一。"⑥他把学校教育视为影响人的

---

① [英]E. P. 汤普森著,钱乘旦等译:《英国工人阶级的形成》(下),译林出版社2013年版,第901页。
② Brian Simon, The Radical Tradition in Education in Britain, Lawrence and Wishart, London, 1972, p. 120.
③ Brian Simon, Studies in the History of Education, 1780-1870, Lawrence & Wishart, London, 1960, p. 200.
④ Brian Simon, The Radical Tradition in Education in Britain, Lawrence and Wishart, London, 1972, p. 16.
⑤ Brian Simon, Studies in the History of Education, 1780-1870, Lawrence & Wishart, London, 1960, p. 204.
⑥ Brian Simon, The Radical Tradition in Education in Britain, Lawrence and Wishart, London, 1972, p. 16.

发展的决定性因素之一,因此他强调整个社会变革的必要性。汤普森主张,在合作的社区,教育和知识应该与劳动和资本联合,所有的影响必须具有教育意义。没有一定份额的知识,人类就不可能生存,至少他们不能大批地居住。"在人类社会的早期阶段,劳动和知识自然地彼此相伴。最聪明的人也是最勤劳的,他们把自己的知识记录下来。文明的完善将使劳动和知识重新组合,在从粗野到文明的进步过程中,劳动和知识应该广泛地分离,这也许是不可避免的,当然也是很自然的;劳动过程变得更加多样和复杂化,它需要掌握更多的细节和技巧;知识的进步包含更多的目标,它要求更多的时间和关注知识的获得。"①

由于激进主义派别众多,涉及人物较广,限于篇幅和资料,本章只选择普里斯特利、潘恩、洛维特三位颇具代表性的激进主义思想家进行阐述。

一、约瑟夫·普里斯特利

普里斯特利(1733—1804)是18世纪英国著名化学家、神学家、教育家和政治理论家。他1733年3月出生于英格兰约克郡一个小农庄,幼年丧母并由其姑母抚养长大。普里斯特利从小生活在持正统观念的加尔文派家庭,令人惊讶的天赋使得他以后投身于牧师职业。普里斯特利自幼生活漂泊不定,养成了他善于独立思考的性格。他勤奋好学,兴趣广泛,曾学习过希腊语、拉丁语、法语、德语、意大利语、宗教、数学、化学、自然哲学导论等。1752至1755年他就读于非国教徒创办的达文特里学院(Dissenting Academy at Daventry),这所学院倾向于为非国教徒子弟提供最好的教育,它开设了比牛津和剑桥更现代的课程,以引导学生全面研究各种问题。老师们鼓励学生充分自由地讨论任何问题,并由指导老师在讨论中充当反驳者,这种训练旨在培养一些思想敏锐的而不是正统的牧师。普里斯特利经常发现自己持非正统的观点,随着他的成长和各种能力渐趋成熟,他喜欢异端的倾向也在不断发展。他从加尔文派转向阿里乌斯派(基督教的一个异端教派),毕业后他成为了萨福克郡一名教会牧师。但不知是由于他的异端观点,还是口吃妨碍了他在讲坛上的布道,他在牧师职位上的努力收效甚微。

1761年普里斯特利应邀担任由非国教徒创建的沃林顿学院(Dissenting Academy at Warrington)语言教师,讲授拉丁语、希腊语、法语和意大利语,并且开设了普通语法理论、修

---

① Brian Simon, The Radical Tradition in Education in Britain, Lawrence and Wishart, London, 1972, p.182.

辞学、历史、民法及哲学批判的讲座。他继承了自己在达文特里学院所享受的那种自由,讲课结束后总是鼓励学生说出自己的感受,并要求学生对他的讲课毫无保留地提出意见。为了引起最无拘束的讨论,他有时还邀请学生一起喝茶,以便详细地谈论他的讲课内容。面对那些最激烈的意见他会露出赞许的微笑,同时用一种鼓励的方式指出这些评论的独创性。其最终目的是使学生能够自己检验并作出决断,而不受其他任何人观点的影响。普里斯特利还开设了化学和解剖学,由于适用的课本严重不足,他一生都在不断地编写教材,许多课本都是根据其教案编写而成。1761年他出版的《英语语法入门》,在半个世纪内一直很畅销。他编写的《生物学图表》和《电学入门》也多次再版。普里斯特利的讲座极大地拓宽了沃林顿学院的课程内容,他本人也被视为沃林顿最进步时期优秀教师中的佼佼者。

普里斯特利从小就表现出对研究自然的强烈兴趣,他曾把蜘蛛放进瓶子里观察它们在封闭的空气中能活多久。1755至1761年普里斯特利创办了一所学校,引入一些实用学科和现代史课程。他购买了气泵、电动机及其他仪器用于学生上课,但在1766年前他似乎还没有正式投入自然科学研究。1766年普里斯特利幸运地遇到了美国科学家富兰克林,他在其鼓励下写成《电学的历史和现状》一书,该书1767年出版后获得了很大的成功。正是对电学的兴趣使他于1766年当选为皇家学会会员。

1765年普里斯特利离开沃林顿学院,担任利兹城一座小教堂的牧师。在那里他碰巧住在一家酿酒厂的隔壁,出于好奇和兴趣,他利用在发酵过程中产生的二氧化碳做实验。他进行了一次又一次的实验,并将有关资料和数据如实记录下来,设计出一个既方便又耗资少的实验装置。1772年普里斯特利出版了第一本化学著作,他用大量的二氧化碳或碳酸酐充入水中,制造出我们今天所知的"苏打水"。普里斯特利致力于发现和研究新的气体,1773年他在经过四年的大量观察基础上,向皇家学会发表了题为"对不同气体的观察"报告,这份研究报告被公认为极有价值和非常重要,因此皇家学会授予普里斯特利最高荣誉——科普利勋章。"尽管他早年没有受过科学训练,但他成功地为气体化学奠定了基础,从而也为拉瓦锡的工作准备了基础。他那高超的实验技巧弥补了年轻时未受严格科学训练的缺陷。"①

1780年普里斯特利移居到伯明翰,并且成为新月协会的成员。在这里他经常与瓦特

---

① [英]亚·沃尔夫著,周昌忠,苗以顺,毛荣运译:《十八世纪科学、技术和哲学史》(上册),商务印书馆1997年版,第398页。

(James Watt)、韦奇伍德(Josiah Wedgwood)、达尔文(Erasmus Darwin)、博尔顿(Matthew Boulton)等人交流思想,他们共同组成了一个颇具特色和智慧的团体。然而这种美好日子由于法国大革命的爆发而改变,"欧洲社会中任何腐朽和倒置的东西,同时也有一大批最美好和最壮丽的东西,因为这蓄积已久的社会烈火的爆发而震颤。所有的人都激情沸腾,这是我们这一代人所难以理解的。党派之间的愤恨和仇视用一种无法形容的方式发泄出来,在我们的时代里,这种情况是不可能发生的。普里斯特利和他的朋友们被当作蛊惑人心者而当众受到嘲笑,甚至在国会中也是如此"。① "要教会和国王"的喊声四起,矛头直指非国教徒们。在伯明翰这种情况愈演愈烈,普里斯特利因倡导宗教自由而首当其冲。一些教堂和非国教徒的家被捣毁,1791 年普里斯特利和家人不得不逃亡他乡,他的书籍、仪器、文稿和所有财产被付之一炬。1794 年他举家移居美国,并在宾夕法尼亚大学担任化学教授,直至 1804 年 2 月 6 日去世。

在哲学上,普里斯特利是经验主义哲学的忠实信徒,也是唯物主义的支持者。他的哲学观体现在《物质和精神的研究》(1777)、《哲学必然性学说》(1777)以及《一些唯物主义学说的自由讨论》(1778)等著作之中,"他的这些著作将作为唯物论和必然论的最有力、最清晰和最坚定的解说而永远留存在英国语言中,并且至今仍值得人们一读"。② 普里斯特利深入研究了 18 世纪英国联想主义心理学家哈特莱《对人的观察》(*Observations on Man*)(1749)一书,并充实和发展了他的观点。在这本书中,心理学开始作为一门独立的学科出现,并从哲学探究中分离出来。"通过阐明联想主义理论作为学习的基本过程,并把这种理论牢固地建立在那时已知的神经系统生理学基础之上,哈特莱发表了第一篇关于心理学的科学论著。他对教育思想及哲学本身的影响,在 18 世纪末和 19 世纪初极为重要。该书是了解这一时期特有的教育乐观主义的关键。"③哈特莱认为,一切复杂的意识或智力都产生于简单的思想,而简单的思想又产生于外界事物所留下的印象,这些感官印象经过多次重复,即产生了思想或一系列感官印象。如果把这些感官印象有效地联系起来,就会对相关的意识产生巨大影响。据此,哈特莱认为联想主义是人类智力、情感和道德的基础。"自由探索、独立思考、从实验和经验中学习,这些为哈特莱心理学所支持的观点,也是普里斯特

---

① [英]托·亨·赫胥黎著,单中惠,平波译:《科学与教育》,人民教育出版社 1990 年版,第 10 页。
② [英]托·亨·赫胥黎著,单中惠,平波译:《科学与教育》,人民教育出版社 1990 年版,第 18 页。
③ Brian Simon, Studies in the History of Education, 1780-1870, Lawrence & Wishart, London, 1960, p. 45.

利所倡导的自由、人道、积极和'开明的'公民教育的核心。"①

"普里斯特利的教育哲学受到大卫·哈特莱(1705—1757)完全联想主义心理学的深刻影响。"②普里斯特利赞同哈特莱对复杂意识的分析,但他认为并非一切联想都是有益的,对联想的培养不能放任自流。我们必须珍惜和完善好的联想,阻止和根除破坏性和不道德的联想。通过联想的作用,人的智力、体力和道德发展都是相互依赖的。他说:"的确,联想规律是教育和生活的基础,是一整套实现道德、宗教和智力目标及使其完善的手段。"③"联想主义心理学的重要性意味着,尽管19世纪前反对者担心国家控制教育会限制国民教育的需要,但妇女或任何其他人都不能假定为智力低下。"④

另一方面,普里斯特利反对哈特莱关于心灵是一种非物质原则的观点,认为所谓精神能力是像大脑之类有机组织的产物。他否认有自我决定的意志自由,否认有与人体无关的灵魂存在,由此他否认人的永生。在他看来,灵魂是一个物质实体,一切所谓的精神活动都由肉体决定,因此不存在自由意志。普里斯特利明确把心理过程等同于生理过程,精神过程等同于肉体过程。他认为生理学仅仅是一门关于神经系统的物理学,在这一系统中严格的因果关系像物理学那样起作用。他设法使任何宗教与唯物主义相调和,认为大自然是一部令人惊叹的机器,这一事实表明了无比智慧的造物主的存在。"总之,我们在普里斯特利的哲学中可以看到一种令人感兴趣的尝试,即力图调和宗教徒易动感情的倾向同对自然科学理性范畴的尊重态度。"⑤

在政治上,普里斯特利是以洛克的学说为依据。洛克提出"政府的消亡是人类的幸福",普里斯特利把它解释为"任何一个国家中的成员(即那个国家的大多数成员)的利益和幸福,最后必将成为决定有关那个国家的任何事情的最高准则"。在这里,他把"大多数人

---

① Christopher Brooke and Elizabeth Frazer, Ideas of Education: Philosophy and Politics from Plato to Dewey, Routledge, London and New York, 2013, p. 195.
② Christopher Brooke and Elizabeth Frazer, Ideas of Education: Philosophy and Politics from Plato to Dewey, Routledge, London and New York, 2013, p. 195.
③ [摩洛哥]扎古尔·摩西主编,梅祖培,龙治芳等译:《世界著名教育思想家》(3),中国对外翻译出版公司1995年版,第282页。
④ Christopher Brooke and Elizabeth Frazer, Ideas of Education: Philosophy and Politics from Plato to Dewey, Routledge, London and New York, 2013, p. 195.
⑤ [英]亚·沃尔夫著,周昌忠,苗以顺,毛荣运译:《十八世纪科学、技术和哲学史》(下册),商务印书馆1997年版,第945页。

的幸福"看做一切政治问题的准则,为边沁树立了一个所效仿的榜样。据此边沁提出了"最大多数人的最大幸福"原则,这也成为其哲学激进主义的基础。普里斯特利把"国王、议员和贵族都是公仆"确立为所有政府的基本原则,并对英国国教提出了四条重要的改革意见:一是极大地减少神职人员就职前必须签署的忠诚条款;二是教士所得薪俸应与他们所做的工作成正比;三是从议会中摈除主教;四是实行绝对的宽容,使每个人都能享受公民权利,并且有职责为国家服务,而不管他是否属于英国国教。

1769 年普里斯特利出版的《论政府的首要原则以及政治、公民和宗教自由的性质》一书,成为 18 世纪英国自由主义思想的代表作。他认为人民在政府中应享有发言权,对自己的行动应有自由权。1874 年赫胥黎在伯明翰普里斯特利塑像落成典礼上发表演说指出:"如果说 19 世纪不同于或者胜于 18 世纪,那么,我们就应该把这种变化大部分归功于普里斯特利和像他那样的人们。如果 20 世纪将比 19 世纪更进步,那将是因为在我们之中有人沿着普里斯特利的脚印前进。"①

在教育上,普里斯特利被同时代的人视为最大的平等主义者,他主张社会各阶层的人们都应受到相同的教育。他关心穷人的生活,希望他们有文化,但他担心国家控制教育,其教育论述主要是针对中产阶级。作为一名牧师,普里斯特利试图研究基督教起源的历史背景,并发展进步的神启思想。他为中产阶级子女开设了礼拜日课程,为他们编写合适的教材,希望通过自由探讨发展和提高民族的智慧。鉴于当时公立学校和文法学校尚未把英语作为一门独立的课程,他编写了《英语语法入门》,书中大量清晰的例句均摘自通俗文学作品和常用的口语,短文均节选自最好的英国作家和诗人的作品。

为了达到传播知识的目的,普里斯特利敦促教师用实例说明自己的思想,欢迎学生提出问题并进行独立观察。他强调系统方法的重要性,在其《历史图表》和《生物学图表》中对历史和生物学进行了认真分类。他重视直观教具及任何有助于学生理解课程要点的方式,他在历史课上安排大量时间讨论各种历史事件的起因和不同时期历史学家的作品,在物理和化学课上坚信实验是建构理论和使思维清晰的关键。"……普里斯特利是现代历史科目的先驱者,他要求从历史事件的起因开始讲授,并把科学作为自由主义和人文主义教育的一部分,以促进一切事物的改进。在所有科目中(包括英语),他提供创新、有效和实验的科学教学方法。这样一种教育有助于男女两性更好地理解他们所生活的时代及社会、言论自

---

① [英]托·亨·赫胥黎著,单中惠,平波译:《科学与教育》,人民教育出版社 1990 年版,第 29 页。

由的重要、民主的优越、迷信和奴役造成的苦难,以及由科学和商业所获得的改进。"①

普里斯特利积极参加伯明翰新月协会的科研与工业活动,他深信未来的领袖将产生于掌握着改变世界知识的源泉的人们。在他看来,为传统教育不屑一顾的科学与工业研究正是英才教育繁荣的真正基础,在教育中具有解放人和使人养成独立人格作用的是科学而非人文学科。科学是最崇高的知识,它使人类具有征服自然的力量,并使人类生活得更幸福。普里斯特利认为卓越的文理教育和正确的德育对于"真正的自由教育"不可缺少,他在沃林顿学院努力提高本国语的教学地位,他希望那些公职人员和政治人物能了解本国的历史和法律。他迫切希望能教育中产阶级的开明领袖,因为这些人将会提高中产阶级的文化和地位。他不赞同世袭贵族制,谴责所谓的"公立学校"是不道德的,古典大学的教育也是压制人才。他支持中产阶级建立不信奉国教的学院,认为这些学院比较自由和开明,向所有人开放,学费低廉,教授自由的宗教和政治原理。这些学院就像河流按照自然河道向前延伸,从而使全国到处成为沃土。相反,他认为大学是死水一潭、臭气熏天,令依水而居者难以忍受,灌输的全是奴性和偏狭的原则。

普里斯特利致力于建立为新兴中产阶级服务的教育,以赋予中产阶级适合其社会地位的文科和理科知识。他深信自己生活在一个人类急剧变革的时代、一个曙光初露和拥护人权的时代,因此鼓励学生努力去建立一个科学、艺术、制造业和商业繁荣的国家,消灭战争和废除无用的等级差异,尽可能地使政府成为一个有益的政府;同时他鼓励全国各地的自由青年去研究政府的性质,参与使国家安全和幸福的一切活动。

此外,普里斯特利也关注女子教育权利。他认为女子应受到良好的教育,其原因有三个方面:首先,由于人的发展完全取决于教育,因此女子的智力并不像许多人认为的那样低于男子。其次,由于女子与男子具有相同的道德责任和热情,而道德和美德的完善依赖于文化修养,因此女子享有与男子相同的受教育权。最后,女子需要接受良好的教育,才能成为受人尊重的贤妻良母;在德智两方面受过良好教育的女子,更适合去教育和影响他人,并更适合获得一种独立的生活。②

由上可知,普里斯特利倡导一种自由而实用的教育,这种教育符合理性宗教和新生的中产阶级利益。他所强调的课程和教学方法令人鼓舞且富于革新精神,当时一些英国教育

---

① Christopher Brooke and Elizabeth Frazer, Ideas of Education: Philosophy and Politics from Plato to Dewey, Routledge, London and New York, 2013, p. 195.
② [摩洛哥]扎古尔·摩西主编,梅祖培,龙治芳等译:《世界著名教育思想家》(3),中国对外翻译出版公司1995年版,第283页。

界人士发展了普里斯特利的课程思想。他的著作涉及面广,许多著作不断再版,其思想在进步人士中广为流传,他的批评者也对其学识渊博、兴趣广泛和条理清晰仰慕不已。他在推动本国语教育和英语散文及诗歌教育中所做的工作,直接引发了一场争取英语教育的运动。普里斯特利的的思想对一神论派(unitarianism)①产生了重要影响,一神论派创办的学校开设了广泛的古典、现代和理科课程,造就了许多出类拔萃的人才,这些人后来都参与了19世纪的教育活动。"正如他们对于地方政治和工业世界一样,他们的确对教育产生过非同一般的影响,从而传播了普里斯特利的思想。"②在普里斯特利的影响下,一神论派参与了各种各样的教育首创活动,他们对于文法学校、公学和古典大学开设英国文学、现代语言、现代历史和地理等课程无疑起了推动作用。他们在科学协会中占据重要地位,并持之以恒地推动科学研究,他们试图建立一个工业化的英国。

普里斯特利的许多理想虽然没有完全实现,但他为探索自由教育和"所有学校向所有人开放"的努力日见成效,牛津和剑桥大学开始向非国教徒学生开放,伦敦大学开始招收女子入学。"虽然普里斯特利对于18世纪的教育领域所能取得的成就抱着过分乐观的看法,但他预言了许多已经逐渐出现的变革(和一些问题,如控制教育的中央集权),他还通过自己的并经其追随者进一步宣传的著作对英国教育产生了不可估量的影响。"③赫胥黎指出:"他在科学上作出了许多令人钦佩的发现;他的哲学论文至今仍值得一读;他的政治著作富有洞察力并充满着自由精神;他那柄有争议的铁锤带着从砧铁上飞溅出的这些火星,给了那些持正统观念的教士和主教阵雨般的锤击。"④

二、托马斯·潘恩

托马斯·潘恩(1737—1809)是18世纪末和19世纪初著名思想家、政治活动家、激进民

---

① 一神论派也称一位论派,强调上帝只有一位,否认三位一体和基督的神性。1813年得到英国议会的认可。
② [摩洛哥]扎古尔·摩西主编,梅祖培,龙治芳等译:《世界著名教育思想家》(3),中国对外翻译出版公司1995年版,第286页。
③ [摩洛哥]扎古尔·摩西主编,梅祖培,龙治芳等译:《世界著名教育思想家》(3),中国对外翻译出版公司1995年版,第287页。
④ [英]托·亨·赫胥黎著,单中惠,平波译:《科学与教育》,人民教育出版社1990年版,第11页。

主主义者与自然神论者。1737年1月他出生于英格兰诺福克郡一个贫穷的教会家庭,自幼受到平等教义的熏陶,对自由与平等极为向往。由于家境贫困,他只上过中学,13岁时辍学,跟随父亲从事内衣制作。潘恩年轻时做过鞋匠、缝纫工,后来当过税吏(税务员)和小学校长,饱经沧桑的阅历使他对下层阶级的苦难感触极深,也使他很早就接受了激进主义的主张。1765年潘恩当税吏时就开始关心政治,积极参加当地辉格党俱乐部的各种讨论会。1772年他写了小册子《税吏事件》,描写当时英国税吏的苦恼,支持他们要求提高工资的斗争。1774年4月潘恩因"反政府"思想被免职。同年10月,在北美殖民地驻英代表富兰克林的介绍下,潘恩去北美并在美国独立战争中立下汗马功劳。潘恩的主要著作有《常识》、《人权论》、《理性时代》等。

1776年1月潘恩发表了小册子《常识》,他以通俗易懂的语言痛斥世袭君主制的罪恶。他说:"君主政体意味着我们自身的堕落和失势,同样地,被人当作权利来争夺的世袭,则是对我们子孙的侮辱和欺骗。因为,既然一切人生来是平等的,那么谁也不能由于出身而有权创立一个永远比其他家庭占优越地位的家庭,并且,虽然他本人也许值得同时代人的相当程度的尊敬,他的后辈却可能绝对不配承袭这种荣誉。"①潘恩表达了自己对北美形势的意见,批驳了与英国和解的谬论,"认为这个大陆可以长期受任何外来势力的支配,这种想法是悖理的,违反事物常规的,也是不合历代先例的。甚至英国最有自信的人也不这样想。在这个时候,人们即使竭尽智慧,要不谈独立而保证这个大陆苟安一年,也是办不到的。和解在现今是个荒谬的梦想"。②他指出了北美独立的迫切性,号召人们拿起武器进行战斗。"每一种争取和平的温和的方法都已经失效。……因此,既然抵抗才有效力,那么为了上帝,就让我们达到最后的独立,不让下一代人在遭受侮辱的毫无意义的父子关系的名义下趋于灭亡吧。"③潘恩的这篇革命檄文反映了北美人们的心愿,结束了长期以来关于宣告独立是否合法的争论,粉碎了同英国妥协的企图,振奋了革命精神,为美国独立战争吹响了号角。

潘恩的《常识》成了革命的"圣经",人们争相传阅,爱不释手。当时英国一家报纸惊叹,《常识》"无人不读,而且凡读过这本书的人都改变了态度,哪怕在一小时之前他还是一个强烈

---

① [美]潘恩著,马清槐等译:《潘恩选集》,商务印书馆1982年版,第13页。
② [美]潘恩著,马清槐等译:《潘恩选集》,商务印书馆1982年版,第27页。
③ [美]潘恩著,马清槐等译:《潘恩选集》,商务印书馆1982年版,第28页。

反对独立的思想的人"。①《常识》影响了1776年7月北美《独立宣言》的发表,《宣言》的起草者杰斐逊(Thomas Jefferson)直接引用了《常识》。所以《常识》是北美殖民地摆脱英国统治,争取独立自由的重要思想武器。

美国独立后,潘恩于1787年回到欧洲,往返英法两国,积极参加反对封建专制的革命斗争。1802年以前主要在法国,曾参加法国大革命,获得法国公民资格,当过法国国民议会议员。1790年辉格党政治家柏克发表了《法国大革命沉思录》,他反对法国人民的暴力行为,而提倡英国不流血的"光荣革命"精神。由于柏克对法国大革命的全盘否定,潘恩不得不奋起反击,他于1791年出版的《人权论》(the Rights of Man)正是为回击柏克的《法国大革命沉思录》(Reflections on the French Revolution)而写成。"托马斯·潘恩于1791年出版的《人权论》是对柏克的《法国大革命沉思录》的回应,它直接向建立社会秩序基础的假设发起挑战,他的著作被视为呼吁民主和平等的号角。"②葛德文指出:"在国家或个人据以相互挑衅和激怒的种种粗暴无礼行为中,柏克先生论法国革命的小册子是一个突出的例子。法国人民也好,国民议会也好,都没有过问英国或英国议会的事,而柏克先生竟同时在议会和公共场合无端对它们大肆攻击,这种行为不能借作风来宽恕,也不能用政策来辩护。"③柏克谴责法国革命,潘恩则支持法国革命。因此,他们以法国革命为分水岭,一个成了保守主义的旗手,另一个则成了激进主义的先锋。

在《法国大革命沉思录》中,柏克在先例的权威之外增添了智慧和经验的权威,在尊重宪政之外又增添了尊重传统。他认为"自然进程"是十分复杂和迟缓的,所以任何革新都充满了看不见的危险,而普通人也许与这个进程毫不相干。柏克希望"根据发霉的羊皮纸的权威,永久性地托付后代的权利",而潘恩却断言每一代人都有资格确定其权利和新的统治形式。潘恩认为,英国宪政这类东西并不存在,至多它只是"先例的堆砌物"和一种"政治教义"。除了法国和美国的统治制度之外,所有统治制度均从征服和迷信那里获取权威,其基础建立在专制权力之上。而且潘恩专门抨击使这种权力得以延续的方式,即世袭原则,因为它是迷信的表现。"一切世袭制政府按其本质来说都是暴政。一顶世袭的王冠,一个世

---

① 朱庭光主编:《外国历史名人传(近代部分)》(上册),中国社会科学出版社1982年版,第433—434页。
② Brian Simon, The Radical Tradition in Education in Britain, Lawrence and Wishart, London, 1972, p. 9.
③ [美]潘恩著,马清槐等译:《潘恩选集》,商务印书馆1982年版,第113页。

袭的王位,诸如此类异想天开的名称,意思不过是说人是可以世袭的财产。继承一个政府,就是把人民当做成群的牛羊来继承。"①潘恩指出,把人民当做世袭的财产,就从根本上否定了天赋人权,因此是对人权的最大践踏。他说:"一帮匪徒在一个国家中横行霸道,强征特别税。他们的权力由此得以确立,匪徒头目设法改头换面,用君主的名称替换强盗的恶名,这就是君主制和国王的起源。"②

潘恩的言论异常激烈,他否定王权、贵族、世袭制、议会等,实际上否定了英国的整个制度。他甚至将神圣的《权利法案》说成是"一部错误和侮辱性的法案",他是第一个敢于大胆表达自己想法的人,他的《人权论》打破了持续百年之久的禁忌。潘恩倾向于一种国家理论和阶级权力的理论,他在《常识》中将政府视为一种"不可避免的罪恶"。柏克以经验和传统看待政府和考察其运作;潘恩则为被统治者说话,认为政府的权威来自征服,并在划分为阶级社会后加以继承。

潘恩把国家划分为两个不同的阶级,即缴税者阶级和收税者阶级。他认为从宪政中得到好处的是廷臣、官吏、养老金领取者、选邑持有人和政党领袖,但它对于这个国家99%的人而言只有坏处。宪政还将引起有产者和无产者之间的冲突,当富人掠夺穷人的权利时,也为穷人树立了去抢夺富人财产的榜样。因此,政府成为了宫廷的寄生物,税收是一种掠夺形式,其目的是为年金领取者和征服性战争服务。潘恩指出,所需要的与其说是改革,倒不如说是取消政府。正式的政府一旦取消,社会立即开始起作用。

在他看来,任何传统都是可以变更的,唯有一点是永恒的,那就是人权。"在社会中,人权是不可分割的或转让的,也是不可消灭的,而只能代代相传,而且任何一代都无权打破和切断这个传统。"③人权平等的神圣原则不仅同活着的人有关,而且同世代相继的人有关。每个人生下来就和他同时代的人权利平等,同样每一代人与其前一代的人在权利上也是平等的。"任何一部创世史,任何一种传统的记述,无论来自有文字记载的世界或无文字记载的世界,不管它们对于某些特定事物的见解或信仰如何不同,但在确认人类的一致性这一点上则是一致的;我的意思是说,所有的人都处于同一地位,因此,所有的人生来就是平等

---

① [美]潘恩著,马清槐等译:《潘恩选集》,商务印书馆1982年版,第237页。
② [英]E. P. 汤普森著,钱乘旦等译:《英国工人阶级的形成》(上),译林出版社2013年版,第89—90页。
③ [美]潘恩著,马清槐等译:《潘恩选集》,商务印书馆1982年版,第195—196页。

的,并具有平等的天赋权利……"①天赋权利就是人在生存方面所具有的权利,包括所有智能上的权利、思想上的权利以及所有那些不妨碍别人的天赋权利。天赋权利是一切公民权利的基础,公民权利就是人作为社会成员所具有的权利,这类权利都是与安全和保护有关的权利。

在政府形式上,潘恩指出:"不论政府的形式或组织如何,其唯一目的应是谋求普遍的幸福。如果政府不是这样,而是在社会的任何部分制造与助长罪恶,那么,它一定是建立在一种错误的制度上,非加以改革不可"。② 他认为世袭制政府是强加于人类的,它受制于一切意外事件,因而是最不正规和最不完善的体制;而"代议制"是以人权为基础的政治体制,代议制政府的唯一基础是权利平等。他说:"所有统治一国人民的世袭政府乃是对人民的奴役,而代议制政府则是自由。"③代议制是指每个人对国家的治理有发言权,它以社会和文明为基础,以自然、理性和经验为指导。它始终同大自然的秩序和规律并行不悖,而且在各方面与人的理性相适应。代议制把大量关于政府问题的知识普及全国,从而扫除了愚昧和杜绝了欺骗。"在代议制下,随便做哪一件事都必须把道理向公众说清楚。每一个人都是政府的经管人,把了解政府情况看做他份内之事。这关系到他的利益,因为政府的所作所为影响到他的财产。他审查政府的费用,并比较其利弊;最重要的是,他从来不采取盲目跟从其他政府称为'领袖'的那种奴才作风。"④潘恩认为,一旦欧洲所有的政府都建立起代议制,各国就会相互了解,宫廷的阴谋诡计所煽动的仇恨和成见也会消除。在选举权上,潘恩反对按财产资格确定选举权,而主张保护劳动者的政治权利,要求选举中一人一票。多年以后,英国激进派仍在为潘恩的理想而奋斗,建立人人有发言权的代议制政府,这也是许多工人激进派梦寐以求的目标。

1792年潘恩出版了第二部《人权论》,提出了许多颇有价值的建议,如削减政府和陆海军的费用;减免税金和济贫税;开征累进所得税以增加税收;将征收和节省的资金用于改善穷人状况;设立家庭补助金,为所有儿童提供普及教育的公共基金;设立养老金、产妇津贴、新婚夫妇津贴、贫困者丧葬津贴;在伦敦建造工场和宿舍以帮助移民和失业者。通过这些建议,潘恩在辉格党共和派的旧传统与工人激进主义之间架起了一座桥梁,也为当时英国的改革宣传注入了有创见性的新活力。潘恩吹响了激进平等主义的新号角,他的思想强烈

---

① [美]潘恩著,马清槐等译:《潘恩选集》,商务印书馆1982年版,第141页。
② [美]潘恩著,马清槐等译:《潘恩选集》,商务印书馆1982年版,第275页。
③ [美]潘恩著,马清槐等译:《潘恩选集》,商务印书馆1982年版,第267页。
④ [美]潘恩著,马清槐等译:《潘恩选集》,商务印书馆1982年版,第249—250页。

地贯穿于19世纪的大众报刊之中。"我们几乎可以断言潘恩创立了一个新的体系,激进主义在近100年中都没有超出这个范围,它之清晰与明确的程度,与它所取而代之的立宪主义不差丝毫。"①这个新体系就是对君主制和世袭原则的蔑视,他说:"我不赞同君主的和贵族的政府,而不管它们如何改头换面。世袭的差别和等级的特权集团……必然会阻碍人类的进步。因而,我不是一个英国宪法的赞赏者"。② 这种乐观主义精神正是激进主义所追逐的,其前提是潘恩所坚信的代议制度和理性的力量。

在民主方面,潘恩希望消除所有世袭的差别和特权;在政治方面,他希望每个人都拥有公民的平等权利;在经济方面,他希望每个人都能保留雇主或雇员的身份,国家不应对其资本或工资加以干涉。由此可知,19世纪工人激进主义的主要传统是源自潘恩。《人权论》第二部取得了巨大的成功,到1793年销售总数达20万册,而当时英国的人口是1000万。③《人权论》成了英国工人阶级的政治启蒙读物,在它的影响下工人激进主义脱胎而生。据说在纽卡斯尔潘恩的书几乎人手一册,陶工和帮工们更是如此。一位英格兰作者在信中写道,这本书现在与《鲁宾逊漂流记》和《天路历程》一样,成为了这个国家的必读之书。当时颇有才华的宣传家托马斯·库珀(Thomas Cooper)对《人权论》第二部的问世欣喜若狂,他说:"它使我比以往任何时候都更加迷恋于政治。这本书满篇皆是真知灼见……尖刻抨击之处屡屡出现,更使该书增色不少。我认为该书真是一部精品……柏克再无还手之力,已被该书击垮了"。④ 1792年是潘恩极为风光的一年,他的名字家喻户晓,他的书流传到不列颠岛的各个角落。汤普森指出:"在18世纪90年代初,潘恩左右了大众激进主义。"⑤

潘恩对19世纪英国思想传统的另一贡献是造就了真正的潘恩派,如卡莱尔、詹姆斯·沃森(James Watson)等,他们都是理性主义者。1793年潘恩写了《理性时代》(the Age of Reason)第一部,该书于1794年在英国出版,第二部于1795年在法国出版。在他看来,对付任何一种错误的最有力的思想武器是理性。作为一名自然神论者,潘恩对国家的宗教和各

---

① [英]E. P. 汤普森著,钱乘旦等译:《英国工人阶级的形成》(上),译林出版社2013年版,第93页。
② [英]E. P. 汤普森著,钱乘旦等译:《英国工人阶级的形成》(上),译林出版社2013年版,第93页。
③ [英]E. P. 汤普森著,钱乘旦等译:《英国工人阶级的形成》(上),译林出版社2013年版,第109页。
④ [英]E. P. 汤普森著,钱乘旦等译:《英国工人阶级的形成》(上),译林出版社2013年版,第112—113页。
⑤ [英]E. P. 汤普森著,钱乘旦等译:《英国工人阶级的形成》(上),译林出版社2013年版,第99页。

种教士权术进行抨击,并从《创世记》和自然本身看到了上帝存在的证据。他说:"一切国家的教会机关,不论是犹太教的、基督教的或是土耳其教会的,在我看来,无非是人所创造出来的,建立的目的是在于恐吓和奴役人类,并且借此来垄断权力和利益。"①他呼吁人们不应对教会俯首帖耳,而要用理性去反对神秘、奇迹和预言。潘恩不相信犹太教会、罗马教会、希腊教会、土耳其教会和基督教会的任何信条。"每一个国家的教会或宗教,都是假装着遵循上帝托付给某些个人的特别使命而建立起来的。犹太人有他们的摩西;基督教徒有他们的耶稣基督,他们的使徒和圣徒;土耳其人有他们的穆罕默德,好像通到上帝的道路是各不相同的。"②他主张宗教信仰自由和废除国教,他相信人类是平等的,并且相信宗教的职责在于做正义的事情,爱仁慈和力图使我们的同胞得到幸福。

潘恩强调科学知识对于理解人类在宇宙中的地位是必需的。他说:"现在所谓的自然哲学包括整个科学界,其中天文学占据主要的地位;自然哲学研究上帝的所作所为及其力量与智慧,因而是真正的神学。"③只有学习真正的神学,才能获得所有的科学知识和所有的艺术。在他看来,现存的几乎所有的科学知识都是源自于古希腊,或者是说希腊语的人们。因此,对于别的国家和说别的语言的人们来说,他们很有必要学会希腊语言,以便学习希腊的科学和哲学著作。《理性时代》对许多人的心灵具有深刻的启迪作用,它帮助人们从宗教顺从的泥潭中挣脱出来,它还促使许多手工匠坚定不移地走向思想自立和探索之路。"这些手工工匠把潘恩的学说推向了极端,主张实行绝对的政治民主,彻底反对君主制和贵族,反对国家和税收。在热情高涨之时,他们是运动的坚强核心,这场运动一方面获得了数千名小店主、印刷商、书商、医生、教师、雕刻师、小师傅和非国教派教士的支持,另一方面又赢得了搬运工、拉煤工、劳工、士兵和水手的拥护。"④

潘恩是税制改革、福利国家和公共教育的提倡者。他主张对穷人实行救济,救济的第一步是彻底废除济贫税,代之以对穷人免税。免除的数额为当时济贫税的一倍,即每年四百万英镑,从剩余税款中调拨。如何最有效地分配这四百万豁免税,潘恩建议用来赡养老人和抚养儿童。赡养老人不具有施舍性质,而是一种公民权利。在他看来,如果儿童得

---

① [美]潘恩著,马清槐等译:《潘恩选集》,商务印书馆1982年版,第349页。
② [美]潘恩著,马清槐等译:《潘恩选集》,商务印书馆1982年版,第350页。
③ Brian Simon, The Radical Tradition in Education in Britain, Lawrence and Wishart, London, 1972, p. 41.
④ [英]E. P. 汤普森著,钱乘旦等译:《英国工人阶级的形成》(上),译林出版社2013年版,第167页。

到抚养,父母就减轻了负担,因为他们的贫困是由抚养儿童的开支造成。他提出了如下救济或分配方式:"从剩余的税款中,作为免税,并代替济贫税给每个穷苦家庭每个十四岁以下的儿童每年四镑,让这些儿童的父母能送他们上学,去学习读书、写字和普通算术;并让每个教区、每个教派的牧师共同保证这项任务完成。"①采取这种方式不仅可以使父母摆脱贫困,而且可以消除新的一代人的愚昧无知,穷人的数量也会逐渐减少,因为借助教育他们的能力将会提高。如果缺乏普通教育,许多天资聪颖的青少年终身不得上进。另外,许多家庭尽管不能划为穷人,但要送子女上学也有困难,这种处境下的儿童要比他们的父母真正是穷人更糟。

潘恩主张政府为国民教育系统奠定基础。他指出:"一个在组织良好的政府治理下的国家不应当容许有一个人不受教育,只有君主制和贵族制的政府才需要用愚民政策来维持自己的统治。"②对于这类儿童的救济方案是:"给这些儿童每人每年十先令补助,供为期六年的每年上学费用,这就可以使他们每年受到六个月的学校教育,另外每人每年发半克朗(2.5 先令)以购买纸张和拼写本。这笔费用每年将为二十五万镑。"③

总之,潘恩的思想对于 18 世纪两次决定现代世界政治图景的伟大革命(美国革命和法国大革命)做出了重大贡献,成为美国革命的推动者和法国革命的辩护者。"潘恩对英国议会与英国政治的许多富有洞见的批评和建议,成为 19 世纪英国自由派的思想和行动纲领的重要来源,后者将潘恩奉为自身的思想导师之一,而潘恩期待的'新英国'也日益在原则立场上接近了潘恩的原初理想。"④潘恩不是英国人,不是美国人,也不是法国人,而是一位"世界公民"和"自由使者"。在工人激进主义运动中,潘恩的影响是显而易见的,其学说的正宗地位也不断被重申:"唯有托马斯·潘恩的作品才称得上激进改革的检验标准。凡不拥护托马斯·潘恩的全部政治原则的人都不是激进改革派……,除了……共和形式的政府以外也就谈不上激进的改革。"⑤

有的学者指出:"潘恩的著述在他那个时代唤醒了一个强大的激进主义激流,那就是工

---

① [美]潘恩著,马清槐等译:《潘恩选集》,商务印书馆 1982 年版,第 306 页。
② [美]潘恩著,马清槐等译:《潘恩选集》,商务印书馆 1982 年版,第 310 页。
③ [美]潘恩著,马清槐等译:《潘恩选集》,商务印书馆 1982 年版,第 310 页。
④ [美]托马斯·潘恩著,田飞龙译:《人的权利》,中国法制出版社 2011 年版,第 235 页。
⑤ [英]E. P. 汤普森著,钱乘旦等译:《英国工人阶级的形成》(下),译林出版社 2013 年版,第 898—899 页。

人的激进主义。无数下层劳动者从潘恩的著作中得到启发，发现了'政治权利是其他一切权力的基本保障'。于是，他们为政治权利而斗争，形成工人激进主义的汹涌潮流，这股潮流一直到宪章运动才告一段落……"①英国著名教育史学家西蒙(Brian Simon)写道："潘恩对基督教的抨击、对世俗教育的要求，尤其是他相信科学是解放的手段和进步的钥匙，这些观点不仅在卡莱尔的《关于科学家的演说》，也在威廉·汤普森的建议和威廉·洛维特的《人民宪章》(*Chartism*)中得以体现和发展。"②

三、威廉·洛维特

威廉·洛维特(1800—1877)是英国宪章运动时期的工人领袖、工人阶级自我教育的倡导者。1800 年洛维特出生于英格兰西南部的康沃尔郡(Cornwall)，在那里接受了初等教育并成为一名工匠。1823 年他移居伦敦，不久参与政治活动。洛维特参加了一个由劳动者组成的文学社团，他如饥似渴地读书并和其他成员讨论政治问题，对当时的议会及政治问题十分感兴趣。他率先发起了宣传合作原则的全国性运动，这一运动导致了全国工会组织的建立。1829 年英国合作知识协会(the British Association for Cooperative Knowledge)成立，洛维特成为该协会的秘书。1831 年他和一群志同道合的人发起成立全国工人阶级联盟(the National Union of the Working Classes)和其他鼓动政治改革的协会。他在自传中写道："总之，这就像在我的头脑里唤醒了一个崭新的意识。在我的心灵深处焕发出了全新的感觉、希望和理想，就连闲暇时间都被用来获取各种有用的知识了。"③洛维特这种强烈的读书愿望是工人阶级积极分子的典型做法，反映了工人阶级对获取文化知识的重视程度。"如果说洛维特本人代表了某种对教育的态度，那么他的教育论著是那个时代最杰出的，展现了人类精神的博大和对人类解放的虔诚，这一点是与其同时代的中产阶级所无法企及的。"④

---

① 钱乘旦，陈晓律著：《在传统与变革之间：英国文化模式溯源》，江苏人民出版社 2010 年版。第 181 页。
② Brian Simon, *The Radical Tradition in Education in Britain*, Lawrence and Wishart, London, 1972, p. 13.
③ [英]安迪·格林著，王春华等译：《教育与国家形成：英、法、美教育体系起源之比较》，教育科学出版社 2004 年版，第 279 页。
④ [英]安迪·格林著，王春华等译：《教育与国家形成：英、法、美教育体系起源之比较》，教育科学出版社 2004 年版，第 279—280 页。

宪章运动是英国自由主义时代以争取议会改革为主旨的大规模民主运动,参加者主要是手工工人而非工厂工人(工厂工人以工会运动为主)。诱发宪章运动的主要政治因素,是工人阶级对第一次议会改革的失望,他们在斗争中发挥了重要作用,却仍然没有获得选举权。宪章运动带有强烈的反中产阶级色彩,因为 1832 年议会改革后中产阶级获得了选举权,而工人阶级则一无所获。宪章运动是英国工人阶级第一次单独的政治活动,它不与中产阶级结盟和合作,其目标是彻底进行议会改革,使议会真正代表人民。

1832 年议会改革法颁布后,建立一个独立的工人阶级组织日趋重要。作为宪章运动的领袖,洛维特于 1836 年 6 月又发起成立了"伦敦工人协会"(the London Working Men's Association)。工人协会的命名虽然没有表明任何政治倾向,但其主要目标是为人民争取应得的代表权。"协会对劳动阶级的势力显得非常珍视,因而不让本阶级以外的任何人对它的事务有发言权。凡属于中产阶级和上层阶级的人士,可以被接受为名誉会员,但也仅仅如此而已。协会企图利用集会、宴会和印发的演说词来引起全国对议会改革问题的注意。"①在"伦敦工人协会"发布的第一批文件中,最著名的是 1837 年的《论教育》(Address on Education)。该协会还拟订了一份关于争取普选权的纲领性文件,命名为《人民宪章》(the People's Charter)。在《人民宪章》的形成过程中,洛维特发挥了主导作用。1838 年 5 月《人民宪章》以法案形式公布,并很快得到工人阶级的支持。"不论人们对这些原则本身可能持有什么见解,但这个文献却可能为法律界最博学的人士增添光荣。不错,它没有夹杂着多少法律术语,也不含有那些使我国的法律如此含混,而且引起法学家们费力思考的模棱两可的语言;但是,正因为它摆脱了这些,才能使它容易被一般人理解,从而提高了它的价值。"②

《人民宪章》包括六条原则:成年男子普选权;议会每年改选一次;无记名投票法;废除议员候选人的财产资格限制;当选的议员支付薪俸;按照代表和人口比例合理划分选区。以上原则的最终目标是选出工人议员,让他们也成为"有权的"阶级。工人阶级的政治权利是工人激进主义的基本目标,也是在很长时期里工人激进派与中产阶级激进派的分水岭。1839 年 2 月宪章派在伦敦召开第一次国民代表大会,通过《国民请愿书》,要求实施"人民宪章"。1839 年 7 月洛维特与伯明翰宪章主义者约翰·柯林斯(John Colins)一起被逮捕和监禁 12 个月。在沃里克(Warwick)监狱,他和柯林斯写出了《宪章主义:一个新的人民组织》

---

① [英]R. G. 甘米奇著,苏公隽译:《宪章运动史》,商务印书馆 2004 年版,第 6—7 页。
② [英]R. G. 甘米奇著,苏公隽译:《宪章运动史》,商务印书馆 2004 年版,第 10 页。

(Chartism: A New Organisation of the People)。"1840年的《宪章主义：一个新的人民组织》基本上是一份教育小册子，它清晰地表达了激进主义教育传统的所有主要观点。"①1840年7月"全国宪章派协会"成立，这是英国工人运动史上划时代的一件大事。它是第一个全国性的工人政治组织，继承了工人激进主义传统，实际上是工人阶级政党的最早雏形。"总之，无论从组织结构、阶级构成、纲领还是行动方式上看，宪章运动都是过去几十年工人激进主义的延续，它是工人激进运动的最高潮，也是最后一次高潮。"②

宪章派领导层成分复杂，在行动策略上有分歧。以洛维特为首的"道义派"代表熟练工人和小资产阶级利益，主张扩大政治联盟，用经济斗争和"道义感化"实现宪章。他们认为在任何情况下都不应诉诸暴力，而应该加强教育以提高工人的觉悟，争取更多群众支持，用道义的力量迫使议会接受宪章，因而称为"道义派"。"暴力派"则主张用政治斗争实现宪章，如奥布莱恩在宪章派的主要报纸《北极星报》上发表文章，号召工人采取武装斗争；极端暴力派创办了一个刊物，题名为《伦敦民主主义者》，由朱利安·哈尼(Julian Harney)担任主要撰稿人，其文章主旨都在于促进革命，撰稿人相信革命已迫在眉睫。在《宪章主义》一书中，洛维特和柯林斯提出了一个计划，试图把全国的宪章运动者组织起来。这个计划包含着以下内容：指派宣传员；刊印并传播政治性小册子；成立流通出租图书馆；建立公共食堂和学校，向群众传授德育、智育、体育和政治方面的知识；创办师范学校，培养男女师资。"宪章主义主要论述了一种广泛的、普通的教育思想，包括身体、智力和道德发展，它声称这种教育应该作为一种权利免费地提供给所有人。"③宪章派还宣扬工人接受文化道德的启蒙教育是政治解放的条件，提出建立一个"全国促进会"，以帮助劳动阶级享有选举权，改善教育和文化水平，禁烟禁酒，建立宪章派教会，实行土地分配等。

洛维特是欧文的信徒，他认为宣传和教育是"伦敦工人协会"的主要任务，主张用合法斗争和道义力量实现宪章和各阶级的平等，成为宪章运动中的"道义派"。在1837年发表的《论教育》中，洛维特从广义且人性的角度把教育看做一种提高尊严、愉悦生命的万能工具。他相信知识和教育改造人类社会的力量、科学启蒙的力量，以及道德教育和社会科学

---

① Brian Simon, The Radical Tradition in Education in Britain, Lawrence and Wishart, London, 1972, p. 227.
② 钱乘旦，许洁明著：《大国通史·英国通史》，上海社会科学院出版社2007年版，第256—257页。
③ Brian Simon, Studies in the History of Education, 1780 - 1870, Lawrence & Wishart, London, 1960, p. 258.

教育的需要。洛维特赞成18世纪法国唯物主义者的观点，宣扬每个人都有发展的潜能，并肯定教育在发展潜能过程中的积极作用。"……教育意味着发展和训练心智与身体的所有能力。就身体官能而言，我们是指整个身体结构；就心智能力而言，我们是指那些感知、获取和珍藏各种知识的力量。运用那种知识，我们可以比较和判断事物的特性，权衡行动的后果；它使我们热爱正义、正直和真理；它促使我们慷慨捐赠，并把我们的快乐和别人的幸福联系起来；它用惊奇、敬畏和尊敬激励我们，并让我们欣赏地球和天堂的美丽。总之，所有那些精神力量会促使我们感知、反思和行动。"①洛维特认为，所有的个体（除非他们畸形或患病）拥有同样的能力，尽管它们的大小和力量不同，正如男女的体型和力量互不相同。"所有人并非天生具有身体或智力的强大力量，但所有人被如此明智和奇妙地赋予了这种力量，因此所有人都有能力成为睿智的、有道德和幸福的社会成员。"②

洛维特指出，不是每个人生来就有强健的身体和聪慧的头脑，但上苍却神奇地赋予每个人成为有智慧、有道德的社会成员的能力，教育是一种唤醒人的知觉、扩展人的思想和政治视野的神奇力量。给予人知识就等于给了他光明，让他感觉到被蒙昧所掩盖的世界是美丽、精致和壮观的。"当然，个人的幸福不仅取决于他自己的教育，而且取决于社会的性质和政治组织。但社会邪恶可能会使一个孩子堕落，无论他受到什么样的好教育……。因此，个人幸福和社会改革都取决于找到'邪恶的根源'，以及'建立一个公正和明智的教育制度'。"③人最终的幸福依赖于政治和社会的公平，而教育正是获取这种公平的有力工具。"然而，当我们声称选举权不应该依赖于任何数量的教育时，我们对工人阶级或者社会上任何其他阶级所拥有的教育和知识很不满意。虽说富人和中等阶级比贫困阶层接受了更好的教育，但如果把'教育'理解为所有能力的合理发展，最终使人成为一个既有道德又有知识的人，那么我们认为教育成果将比现在呈现的会更加引人注目。"④

在教学方法上，洛维特批评了当时学校普遍存在的被动机械的教学，而主张自主活动、

---

① Brian Simon, The Radical Tradition in Education in Britain, Lawrence and Wishart, London, 1972, p. 238.
② Brian Simon, The Radical Tradition in Education in Britain, Lawrence and Wishart, London, 1972, p. 241.
③ Brian Simon, Studies in the History of Education, 1780 - 1870, Lawrence & Wishart, London, 1960, pp. 259 - 260.
④ Brian Simon, The Radical Tradition in Education in Britain, Lawrence and Wishart, London, 1972, p. 231.

个体发现及创造性的理解。教学应建立在观察及儿童理解力的基础上,尤其是科学教育应运用模型、观察和试验。他不主张竞争和体罚,认为教室应成为生动活泼和充满欢乐的地方。"也许洛维特教育理论的主旨是理论与实践之间的联系,以及孩子的活动与其身体、智力和道德发展之间的联系。"①从监狱释放后,洛维特致力于从事教育工作,他为学校写了几本关于解剖、社会科学和其他科目的教材。1876 年他出版了自传《威廉·洛维特的生活与斗争》(The Life and Struggles of William Lovett),《论教育》在这本书中重印。

洛维特反对由国家控制教育。他说:"虽然我们都急切地希望看到一个大众的教育体系,我们仍然认为把教育我们孩子这样的一个重要责任委托给任何政府是多么的不妥,我们同样强烈反对把这样的权力交给任何一个同样不负责任的机构……如果奸诈和伪善最终成功地建立了一个集权的、由国家打造的并把知识强加于人的教育体系的话,那么我们的民众将会被动地屈从于邪恶,他们的精神也将陷入独裁统治的可怕的死寂之中。"②他主张建立一种由国家资助和由普选的地方委员会控制的世俗学校体系,但这种观点遭到了其他工人阶级领袖的反对。乔治·哈尼(Goerge Harney)等人认为,这是对现实政治斗争的一种乌托邦式偏离,在绝大多数情况下工人阶级应谋求独立的教育手段而不需国家干预。在宪章运动处于高潮时期这种争辩尤为激烈,洛维特的方案越来越受到攻击,最终被逐出宪章运动的主流。但洛维特的乌托邦想象使他走在时代前列,对于工人阶级教育思想的发展具有开创性贡献。19 世纪 70 年代工人阶级运动又重新回到了洛维特的观点,即对教育实行民主控制。西蒙指出:"事实上,洛维特出版《宪章主义》的目的是建立一个新的政治联盟,但他并未成功。然而,他比同时代的大多数人都更深入地研究了教育的技术和方法,因此从激进的观点来看他的小册子是一本综合的教育论著,它不仅包括教育的组织,也包括教育的内容、方法和理念。特别是,洛维特认为教师的任务不是把知识和习惯强加给孩子,而是主张他们通过自己的活动获得知识和习惯;通过训练他们的理智和道德判断,以便他们能够正确地理解和认识自己。……洛维特的《宪章主义》仍然是激进主义教育传统最后一个伟大的声明。"③

---

① Brian Simon, Studies in the History of Education, 1780 – 1870, Lawrence & Wishart, London, 1960, p. 260.
② [英]安迪·格林著,王春华等译:《教育与国家形成:英、法、美教育体系起源之比较》,教育科学出版社 2004 年版,第 281—282 页。
③ Brian Simon, The Radical Tradition in Education in Britain, Lawrence and Wishart, London, 1972, p. 17.

由上可知，激进主义尽管派别众多，主张不一，但对于中产阶级和工人阶级的教育产生了重要影响。"一方面，它们损坏了传统教育，影响了入学率，因而也影响了大众学校教育的传播。另一方面，它们鼓励改革者们更加努力，使工人阶级养成上学的习惯，并开办学校以满足这种需要。这些相互矛盾的影响在一定程度上解释了该时期教育发展的不平衡性。"①中产阶级和工人阶级之间的斗争，构成了这一时期教育变革的基础。中产阶级激进派坚守自由主义传统，反对国家干预教育，主张创办具有实用性质的学园；工人阶级激进派则把教育视为摆脱贫困，消除愚昧和获取公平的工具。英国学者理查德·约翰逊（Richard Johnson）指出："记录这段教育史的方法之一……是从教育和反文化形式之间不断变化的对抗入手。激进主义旨在取代已有的教育形式。博爱的教育者们试图规范、破坏或取代工人阶级内部的文化再生产方式。"②

激进主义质疑所谓的"国家教育"，认为它不能让人们正确认识"人权"和"自由"，只能提供奴役教育。激进主义认识到英国底层教育资源的贫乏，主张工人阶级依靠本土已有的教育资源，因为它们比较适合工人阶级的教育需要。对于19世纪工人阶级而言，主妇学校和私立学校是最常见的两种形式，学校教育只是一种必要的补充形式。工人阶级十分注重关于日常生活的实用性知识，对学校教育传授的抽象知识并不看重。激进主义教育传统的一个特色是强调世俗教育，以及世俗道德或道德教育的发展。

"正如19世纪早期一样，这一时期的教育助推力（educaitonal thrust）也与社会和政治变革的实际计划有关。当然，正如王政复辟失败一样，200年后的宪章派和欧文主义者运动也未成功。然而，尽管近期目标没有实现，激进主义传统形成的基本思想后来通过各种方式表达了。例如，霍利奥克（Holyoake）领导的世俗主义运动，成功地实现了欧文主义的目标；为了追求自由、义务和世俗的教育，在1870年教育法颁布时工人阶级和商业联盟施加了压力；在19世纪末，工人阶级和社会主义者的代表为进入学校委员会而斗争；从1890年代开始，工会联盟组织了一系列的运动；威尔·索恩（Will Thorne）和燃气工人协会（一个非

---

① [英]安迪·格林著，王春华等译：《教育与国家形成：英、法、美教育体系起源之比较》，教育科学出版社2004年版，第63页。
② [英]安迪·格林著，王春华等译：《教育与国家形成：英、法、美教育体系起源之比较》，教育科学出版社2004年版，第63页。

熟练工人的协会)要求向所有人开放教育机会。"①在激进主义运动中,工人阶级在社团、俱乐部、科学馆等地开展自我教育,逐渐成为一股极具潜力的反国家教育的势力。

另外,工人阶级子女主要从父母那里获得政治观念和识字能力,与国家的强制性教育相抵触。"激进教育给工人阶级的启发是不断打破知识的垄断和被动,只有在政治与教育不断斗争的动态平衡中,工人阶级教育才能产生不断的抵抗和自我掌控的力量。"②激进主义试图进行一种教育实验,以保护工人阶级使之摆脱那种政治、实业及宗教上的过度剥削,他们采用的方式就是提供"真正有用的知识"。"激进主义教育传统的另一特色是,强调科学和科学教育作为获得真理的手段,这在卡莱尔和威廉·洛维特的著作中尤其突出。这一思想主要是源自托马斯·潘恩,我们知道他是一名从业工程师(a practising engineer),他对科学及其实际运用特别感兴趣。"③

---

① Brian Simon, The Radical Tradition in Education in Britain, Lawrence and Wishart, London, 1972, p. 18.
② 于钧博:《教育与英国工人阶级的文化问题》,《教育史研究》2016年第1期,第30页。
③ Brian Simon, The Radical Tradition in Education in Britain, Lawrence and Wishart, London, 1972, p. 12.

第十章

女 子 教 育
思　　想

第十章 女子教育思想

在西方教育思想史上，总体而言，女性缺乏那种只对男性开放的教育机会，她们未被当作精神上的平等对象看待。这点在古代世界尤其如此。但也有一些例外，古希腊时期，斯巴达女子必须像男子一样锻炼身体，以便生育健壮的儿童。她们要去体育馆锻炼，还要接受音乐教育。她们日晒雨淋，吃尽苦头。她们掷铁饼、投标枪、赛马等，户外训练使斯巴达女子身材健美。女子结婚后，体操、舞蹈和竞赛等一切都会终止。相比而言，雅典女子的社会地位较低，她们是被排除在教育之外的。"在她们的闺房中，学习阅读和书写是很少见的，学习艺术和科学的女子则更为罕见。人的尊严和价值等理念尚未出现，男子的价值只有通过履行对城邦的职责中体现出来，而女子在城邦中不行使任何职务。"①当时的哲学家也阐述了自己的女子教育观，如柏拉图在《理想国》中倡导给予女子平等的地位和教育机会，赞成女子成为城邦的守卫者，但他在《法律篇》中却认为女人天然的性格倾向劣于男性。亚里士多德也认为男性优越于女性，在某种程度上女性是一种残缺的男性。在人类社会中，女性供给物质和身体，男性提供原则和灵魂。尽管亚里士多德提倡女子教育，但那是因为实用的缘故，即女子需要接受某种教育，以便管理家务和培养后代。

在古罗马，女子的地位比雅典女子要高，女子与男子几乎平等。母亲是家庭的守护者，也是孩子们的教师。"主妇"是一个让人敬畏的称呼。早期基督教实行男女平等，男女教徒都可以受教育。"基督教在初兴时反对东方各种歧视女子的态度，给予她们与男子平等的权利，承认她们在社会上的特殊地位。"②因此，在教会早期的几个世纪里，有许多出色的女性。但当教会发展起来后，就限定教会必须由男子领导，女子不能担任主教或成为神学家，而只能充任较低级的执事。女子开始失去与男子平等的地位，被排除在教会生活的重要领域之外。"使徒保罗深深地影响了教会的态度，以及西方思想的随后进程。因此，他被描绘为厌恶女人的鼻祖、女人事业的耽误者。"③妇女享有优先权的唯一领域是儿童教育，男孩是从母亲那里受到启蒙教育，女孩也越来越多地依靠母亲教育。公元4世纪时，基督教对女子教育的态度发生了明显的变化。如公元403年罗马教父杰罗姆写了《致莱塔的信——论女子教育》，认为应当教育所有的女孩献身于基督教，禁绝她们的一切自由，压制其自我表现。女孩子绝不能有男同伴，不许使用化妆品。女子教育的内容包括手工、品德和《圣经》，

---

① [法]加布里埃尔·孔佩雷著，张瑜，王强译：《教育学史》，山东教育出版社2013年版，第26页。
② [美]S.E.佛罗斯特著，吴元训等译：《西方教育的历史和哲学基础》，华夏出版社1987年版，第125页。
③ [美]科林·布朗著，查常平译：《基督教与西方思想》（卷一），北京大学出版社2005年版，第445页。

音乐也应局限于赞美诗。杰罗姆的女子教育观被中世纪作家广泛引用。

中世纪时,基督教教父把女子视为邪恶之源,托马斯·阿奎那则把女子描述为"残缺不全的男人"。"在把女性看成是一种带有缺陷的男性这点上,托马斯·阿奎那追随亚里士多德。"①阿奎那把生命看做有等级秩序的,即男人高于其他所有受造物,男人被赋予了理解万物和更高贵的功能。女人受造是为了帮助男人,不是通过做男人会做的工作,而是在生殖方面帮助他。在中世纪,女性在教会与社会事务中均处于边缘化地位。特别是中世纪早期和中期,她们对学问的熟悉是来自于修道院的宗教生活。"大量女人成为属灵著作的作者和神秘主义者。她们的一些著作表现出对哲学问题的深深把握。然而,这种把握,不是像教会神学家们所撰写的那种论著形式,而是以沉思的著作形式出现的。它们以某种属灵的钥匙,解开人生的重大问题。"②1372年问世的《拉图尔兰德里的骑士》,是中世纪最有影响的女子教育指南。该书颂扬了虔敬、贞洁、端庄、节制等女性美德,告诫女子要服从男子。

文艺复兴时期,关于女性从属角色的各种传统观念虽然继续存在,但女子的地位和命运却逐渐发生改变。"文艺复兴的各种理想和特权,使有贵族头衔和富足的女人与她们的兄弟一起接受家庭教师的教育。除此之外,女人们的教育继续处于一种次要地位。"③在意大利教育家维多里诺的孟都亚学校,率先开展了女子教育。如塞西莉亚·贡札加(Cecilia Gonzaga)受过良好的拉丁语和希腊语教育,成长为一个性情坦诚的年轻女子,其学识也毫不逊色于她的兄弟们。"维多里诺也许是第一位践行教育性别平等原则的学校教师。"④列奥纳多·布鲁尼(Lionardo Bruni)首次倡导古典文学不仅应该对女子开放,而且应该成为其教育的完整部分。伊拉斯谟晚年十分关注女子教育,他认为家庭对儿童的思想和品格影响很大,因此女子和男子的训练同样重要。他意识到那些未受教育和轻浮的母亲对孩子的不良影响,认为女子教育的目的在于训练她们今后怎样当好一名母亲。他希望看到健康和愉悦的家庭环境,看到母亲们的明智和慷慨,并有耐心指导而不是压制孩子们的活力。伊拉斯谟反对当时德国社会训练女孩的方法,认为那种方法导致了女子的任性、虚荣心、浅薄和

---

① [美]科林·布朗著,查常平译:《基督教与西方思想》(卷一),北京大学出版社2005年版,第447页。
② [美]科林·布朗著,查常平译:《基督教与西方思想》(卷一),北京大学出版社2005年版,第448页。
③ [美]科林·布朗著,查常平译:《基督教与西方思想》(卷一),北京大学出版社2005年版,第449—450页。
④ [英]威廉·哈里森·伍德沃德著,赵卫平,赵花兰译:《文艺复兴时期教育研究》,山东教育出版社2013年版,第222页。

私通等坏毛病。由于当时人们普遍认为识字能力和古典文学教育拉大了男女之间的距离，伊拉斯谟还积极倡导女子接受古典文学教育。

卡斯底格朗在《宫廷人物》中塑造了理想廷臣的形象，宫廷中的女士也是属于廷臣范围。"实际上，廷臣很多是为了保持住自己在社会中的地位而对自己进行塑造的，而他们假设女性的优秀之处类似于自己。和他们一样，女性廷臣应当出身高贵，外表迷人，具有轻松优雅的姿态。这些是真正的基本素质。完全意义上的慎重和明智，性情中的真善和正直，这是一个完美的宫廷妇人的所有标志。"①此外，宫廷贵妇应学会骑马、跳舞、唱歌和乐器，还应精通古典语言、意大利文学和油画。她的天赋表现为操持家务的实际能力，有时也可能被召唤去管理城市。但对于受过教育的女子而言，结婚或进入修道院依然是她们的主要选择。宗教改革时期，女子在新教和天主教双方都扮演着重要的角色。甚至有几个女子成为君主后，主宰了几个民族的命运。

西班牙教育家维夫斯(Luis Vives)曾担任亨利八世的女儿玛丽的家庭教师，他对于女子教育提出了一些明确的观点。1523年他写了《论基督教妇女的教育》一书献给凯瑟琳王后(Queen Catherine)，并自称受到这位王后的启示。维夫斯在书中以凯瑟琳四姐妹所受教育为例阐明女子教育的必要性，他认为鉴于社会团体的利益，有必要解决女孩的教育问题。在他看来，女孩的教育必须从出生时开始，在幼儿期游戏是必要的。由于缺乏知识所培养的合理兴趣，许多女子难相处、脾气坏，喜欢衣服，醉心琐事，成功时傲慢自大，不幸时楚楚可怜。这些缺点让人无法容忍。恶劣的性情是与无知密切相关，因此从女子自身和团体利益考虑，她们应该享有与男子同样获得知识的机会，这才是公平的。在女子教育中，本国语居于首位，其次是拉丁语。维夫斯要求把严格审查过的诗歌作为初学者的一般读物，而那些近代的爱情小说是不允许的。柏拉图、普鲁塔克、西塞罗和塞涅卡的著作也要学习，然后是那些关于抚养儿童、家庭管理之类的书籍，最后是《圣经》和自然知识。他认为女子教育的目的是培养热心和情操高尚的女子、慈爱的妻子和母亲、平等和智慧的同伴，更重要的是能干的家庭主妇。维夫斯为玛丽公主拟订了一份有关女孩的教育计划，还编写了一本辑录古代伟大作家名言的《箴言集》，他认为这些箴言对孩子精神的健康发展有益，因为它们都含有丰富的道德教育价值。

---

① ［英］威廉·哈里森·伍德沃德著，赵卫平，赵花兰译：《文艺复兴时期教育研究》，山东教育出版社2013年版，第276页。

1529年德国学者阿格里帕(Cornelius Agrippa)写了《论女性的高尚和优秀》,1542年该书被翻译为英文。阿格里帕极力主张女性和男性平等,并强调女性的优胜之处。在其影响下,1544年多米尼奇(L. Domenichi)写成《杰出的女性》,1552年比彻(Bercher)写出《女性的高贵》。这三本书进入英国社会后引起了强烈反响。比彻指出:"展示女性世界和男性世界中的相同的学问、相同的刚强和相同的宽宏大量,构成了我写本书的目的。"①

在法国,随着社会的进步,妇女承担了更广泛的职责,一些热心人士开始关注女子教育问题。教育家芬乃龙(Fenelon,1651—1715)是天主教女子学校校长,该校是为了争取胡格诺派的女孩皈依天主教而设立。1680年他应朋友波维尔(Beauvillier)公爵夫人的请求,写了一部《论女孩的教育》,以帮助公爵夫人开展女子教育,1689年这部著作公开出版。他对当时女子教育固有的偏见进行了反驳,认为一个无知的女孩无法使自己贞洁,而且会精神懈怠而伤害身心。"没有人比芬乃龙更了解女子无知愚昧会导致的结果——大量的空闲时间让女子烦躁不安,她们没有能力担负起正式和正当的职责,于是轻浮懒惰、沉迷空想、喋喋不休、多愁善感、对琐碎的小事过分好奇、对宗教理论过于狂热……"②

在芬乃龙看来,女孩应与男孩接受相同的职业教育,除了给女孩以广泛的宗教训练外,还应教她们阅读、写作、诗歌、算术、记账、历史、法律、体育、音乐和绘画,并且使她们善于处理家务。女子教育只不过是为了让她们更好地担负起家庭生活的责任,因为世界是由一个个家庭构成的,女子在家庭中承担的责任与男子同等重要。他提出了一个著名的教育论断,即为了更好地抚养子女,女子应该接受教育,掌握必要的有用知识。芬乃龙的女子教育观在当时是一个很大的进步,在法国贵族阶级中开启了女子教育的先河。"《论女孩的教育》无论对于女子教育和一般教育方面,都标志着教育思想的新开端。"③也有学者指出:"芬乃龙创作了法国教育的首部经典之作,许多作者都从他的书中汲取灵感,受到他的教育思想的启发,因此,可以说芬乃龙是新的教育流派之先锋人物。"④

法国当时的一些修道院也开展了女子教育,但这种教育几乎完全局限于修道院的围墙之内。同时,致力于女子教育的宗教团体数不胜数,所有教会的女子教育都旨在信奉天国、

---

① [英]威廉·哈里森·伍德沃德著,赵卫平,赵花兰译:《文艺复兴时期教育研究》,山东教育出版社2013年版,第278页。
② [法]加布里埃尔·孔佩雷著,张瑜,王强译:《教育学史》,山东教育出版社2013年版,第132页。
③ [英]博伊德,金合著,任宝祥,吴元训主译:《西方教育史》,人民教育出版社1986年版,第262页。
④ [法]加布里埃尔·孔佩雷著,张瑜,王强译:《教育学史》,山东教育出版社2013年版,第125页。

终生虔诚。修道院内的女子教育严肃庄重、纪律异常严厉。"虽然已经时隔几个世纪,但是,回想起修道院里的阴森气氛还是令人不快。修道院里的女孩从早到晚只能保持沉默或低声细语说话,在外面散步时前后有两个尼姑陪同着,生怕孩子们相互交谈;绝不安排两三个学生在一起工作;每天就是冥思、祷告、上课;上课的内容除了教义问答之外,只有阅读和写作⋯⋯这里的教育完全与学生的自然天性背道而驰,蔑视对身体的关注,认为躯体'迟早会变成虫子的晚餐';全部的教育内容都基于一种禁欲的精神。⋯⋯修道院正如坟墓一般囚禁着那些花样少女。"①

然而,1686年创办的圣西尔修道院无疑是一个重大的创举,其创办目的是确保那些没落贵族和战死疆场的官兵女儿们受到适当教育,把她们培养成为修女或者贤妻良母。圣西尔修道院不仅仅是一个修道院,而是致力于贵族女子教育的杰出机构,它以一种胆识和智慧开启了世俗的女子教育。"圣西尔修道院是一个有世俗倾向的机构,更适合培养有智慧的女子,而不是培养只知道如何勤俭持家的家庭主妇。"②前期,圣西尔修道院在圣路易斯夫人(Saint Madame Louis)的指导下,并没有建立起完善的修道院制度,其教育精神表现为宽容自由,教育成就明显,人文学科和戏剧表演占据重要地位。

从1692年起,德曼特农夫人(Madame de Maintenon)对圣西尔修道院进行改革,注重道德纪律和教学大纲。她说:"不要疏忽任何能够拯救年轻女孩的灵魂、能够强化她们的体格和保持她们的体形的事情。"③改革后的圣西尔修道院,教育居于次要地位。阅读受到广泛质疑,世俗书籍被完全禁止,学生只能阅读虔诚的宗教书籍。"放弃智育"是德曼特农夫人制定的一项长期禁令。"我们的教育目标必须是培养公民意识,而不是教育公民,也不是培育公民的智力文化。我们必须让她们学会承担家庭的责任,让她们遵从丈夫、照顾孩子。对女孩来说,阅读弊大于利。书籍让她们变得更加聪明,但却引发不适当的好奇心。"④除了开设大量的德育课程,圣西尔修道院的女孩还要学习缝纫、刺绣、织衣服、做挂毯等。在德曼特农夫人看来,手工劳动能平息激情和充实心灵,让女孩们没有精力和时间去想邪恶的事情。总之,圣西尔修道院近似于一所世俗学院,它是争取女子教育权利的第一次尝试。

---

① [法]加布里埃尔·孔佩雷著,张瑜,王强译:《教育学史》,山东教育出版社2013年版,第162—163页。
② [法]加布里埃尔·孔佩雷著,张瑜,王强译:《教育学史》,山东教育出版社2013年版,第165页。
③ [法]加布里埃尔·孔佩雷著,张瑜,王强译:《教育学史》,山东教育出版社2013年版,第167页。
④ [法]加布里埃尔·孔佩雷著,张瑜,王强译:《教育学史》,山东教育出版社2013年版,第170页。

"德曼特农夫人所指导的教育是打破传统的开端。它是一场女子教育世俗化运动,旨在争取男女在教育方面享有平等的权利,尊重女子的智力天赋和文化教育,尊重女子在现实生活中所担负的各种责任。"①

18世纪的启蒙运动改变了人们的思想观念,为女子教育提供了理论基础。启蒙思想家们从不同的角度论证了女性的权利。狄德罗提出"女人和男人一样属于共同的人类",在当时可谓是石破天惊的呐喊。1772年他发表了一篇《论妇女》的随笔,认为两性之间的自然差异使妇女处于不幸的地位,妇女的悲惨处境是由于忽视教育、父亲的专制、无权选择丈夫等社会因素造成的。为此,他大声疾呼不要把妇女当作"蠢孩子"对待,她们也应当受到适当的教育,人们应该承认妇女的天赋。1790年孔多塞发表了《关于承认女性公民权》的小册子,他声称男女都有平等权利,女性与男性一样享有天赋人权。伏尔泰和孟德斯鸠(Montesquieu)也坚信男女两性天然平等,之所以出现不平等现象,是由于男子篡权而形成了对妇女进行统治的独裁制度。伏尔泰认为社会依赖女性,女性是法国从野蛮向文明转型的主要角色,女性柔和的美德优于男性残酷的暴力。孟德斯鸠指出,在家庭里女性的软弱性使她们无法获得优越的地位,而当她们治理一个国家时,这种软弱性反而成为比较仁慈与宽容的因素,这与严酷残暴的性格相比更能够施行某种善良的政体。法国博物学家布丰(Comte de Buffon)更是提出了女性"半边天"和男女平等的问题,他认为性别平等是文明的标志,只有在那些已经文明到彬彬有礼的国家,妇女才获得有条件的平等,这样的平等在文明开化的社会是自然之事。②

启蒙时代对女性教育问题论述最多的当属卢梭,他反对封建教育对女性的歧视,并在《爱弥尔》第5卷专门论述了女子教育。他认为女子应当与男子一样接受适合其天性的教育,根据他对女子天性和天职的理解,他提出以培养贤妻良母作为女子教育的目标。他认为女人是为男人而生的,因此女子必须针对男子的需要受教育。"所以妇女们所受的种种教育,和男人都是有关系的。使男人感到喜悦,对他们有所帮助,得到他们的爱和尊重,在幼年时期抚养他们,在壮年时期关心他们,对他们进谏忠言和给予安慰,使他们的生活很有乐趣,所有这些,在任何时候都是妇女们的天职,我们应当从她们小时候起就教育她们。"③

---

① [法]加布里埃尔·孔佩雷著,张瑜,王强译:《教育学史》,山东教育出版社2013年版,第174页。
② 裔昭印等著:《西方妇女史》,商务印书馆2009年版,第292页。
③ [法]卢梭著,李平沤译:《爱弥尔》(下卷),商务印书馆1999年版,第539页。

在卢梭看来,女性天生是弱者,需要男性而生存,温顺、谦逊、淑静、贞洁等是女性终生必备的美德。女子受教育完全是为了取悦男子和使家庭生活舒适有条理,完全是为男子充当贤内助,基本谈不上参加社会政治管理工作。女子教育的归宿,即回归自然状态,找寻自己真正的本性,做一个贞淑的妻子、头脑清醒的少妇和可爱的良母。可见,卢梭并没有摆脱传统女性观的偏见,在女子教育观上持保守主义立场,忽视女性的主体性和独立人格。虽然玛丽·沃斯通克拉夫特于1792年发表《妇女权利之辩护》,反对卢梭关于女子教育的理论,但直到19世纪50年代的第一次女权运动,对西方上流社会产生影响的仍然是卢梭的教育观。"当然,卢梭在当时是抨击贵妇们淫靡享乐而放弃家务的积习;不过,他不知妇女的天赋素质与男子无异,未能在教育方面作出公平恰当的处理。"①

然而,在法国大革命之前,尽管不乏一些智慧女性和女子天才,以及关于女子教育的著作,但在女性地位上仍然没有尝试过进行任何大的改革,家庭、社交生活、养育子女、慈善和宗教义务仍然是她们的主要职责。教育仍然很少向女孩开放,资产阶级的少女也只能受到初等教育。正如法国枢机主教弗勒里(Fleury)所说:"女子除了学习教义问答、缝纫、唱歌跳舞、穿衣打扮、礼仪这些小事之外还要学习别的知识,这实在是一个很大的谬论。在现实中,这些小事俨然已经是女子教育的全部。"②但总的说来,她们所接受的是一种兼有大众和贵族式教育的混合教育,其中各种女性技艺、家务劳动和管理等属于大众教育的范围,而装束、举止和形体教育则属于贵族式教育的范围。"显然,女子教育问题被当时社会中有关女性地位的观念所左右。在15世纪和16世纪,如同在18世纪一样,教师把社会观念所准许的教育提供给女子,在多数状况下,那根本没有什么意义。"③"17世纪女子教育思想反映了女子在17世纪的社会地位、社会权利和命运。女子的社会地位依然低于男性,下层阶级女子是苦力,而中上层阶级的女子则扮演着'花瓶'角色。女子教育被认为是无用而危险的。当时给予女子的教育仅仅是为了让女子适应一种虔诚的宗教生活或与世隔绝的隐修生活。"④

就整个社会而言,大革命前的法国依然是一个男性主宰的世界。除了少数上层阶级女

---

① 滕大春著:《外国教育史和外国教育》,河北大学出版社1998年版,第177页。
② [法]加布里埃尔·孔佩雷著,张瑜,王强译:《教育学史》,山东教育出版社2013年版,第161页。
③ [英]威廉·哈里森·伍德沃德著,赵卫平,赵花兰译:《文艺复兴时期教育研究》,山东教育出版社2013年版,第279页。
④ [法]加布里埃尔·孔佩雷著,张瑜,王强译:《教育学史》,山东教育出版社2013年版,第174页。

子外,市民阶层和乡村居民仍然坚持传统的方式教育女子,母亲就是教育者,有关家庭责任和对宗教的遵从是女子所需的全部教育。除了家庭责任之外,女子什么也学不到,也从不锻炼,她们唯一的责任就是等待婚姻。"但是,不管真正的人文主义精神渗透到哪里,总会有一股力量为扩大女性的权益而生成,无论它是潜藏的还是积极的。根据相称的原则,当社会的一个或另一个阶层接受了这种精神,女性争取机会的权利也会得到认可。"①

在法国大革命中,妇女不仅积极投身于革命运动,而且起草陈情书表达她们的诉求。其中有一份妇女致国王的陈情书写道:"第三等级的妇女生来没有任何财产。她们的教育不是被人完全忽略就是非常欠缺,……我们要求受到教育,要求获得工作,不是为了侵犯男性的威望,而只是为了受到尊重,为了使我们获得摆脱厄运的谋生手段。"②她们呼吁在全国建立学校,使女性摆脱愚昧的状态,使妇女能接受职业技术培训,从而掌握从事一般性工作的技能。1791年9月法国女权主义者玛丽·古兹(Marie Gouze)发表了《妇女和女公民权利宣言》(简称《女权宣言》),这是世界上第一个明确提出妇女政治权利的文献,其写作目的就是为了唤起妇女的觉悟。《女权宣言》采取了与1789年《人权宣言》几乎完全相同的形式和内容,但将"男人"和"公民"的措辞都用"妇女"和"女公民"取代。她在前言中写道:"对妇女权利的无知、遗忘和忽视是造成公众灾难和政治腐败的唯一原因。"③第一条是"妇女生而自由,在权利上与男子是平等的"。但《女权宣言》并不是对《人权宣言》的简单模仿,古兹对妇女的权利进行了补充和完善。《女权宣言》发表后产生了极大的反响,一些资产阶级妇女从中看到了自己的权利,并积极开展获取政治权利的斗争。

在英国,16世纪时不仅出现了一些提倡女子教育的作家,而且造就了一些有高度修养的完美女性。例如,托马斯·莫尔是亨利八世统治时期的大法官,他主张男女教育平等,女孩和男孩享受同等待遇,被称为家庭教育的楷模。他教妻子和家人唱歌和演奏乐器,教他们用拉丁文、希腊文和英文阅读,教他们用拉丁文写作和讨论哲学与神学问题。他的三个女儿和养女都受到了人文主义教育,尤其是长女玛格丽特·罗珀(Margaret Roper)不但品德和智慧类似其父,而且学问造诣颇深,能说流利的希腊语和拉丁语,她的文学成就曾轰动一时,引起当时学者们的关注。莫尔对其继室艾丽斯的教育也被人们传为佳话,通过他的精心教育,

---

① [英]威廉·哈里森·伍德沃德著,赵卫平,赵花兰译:《文艺复兴时期教育研究》,山东教育出版社2013年版,第280页。
② 裔昭印等著:《西方妇女史》,商务印书馆2009年版,第310页。
③ 裔昭印等著:《西方妇女史》,商务印书馆2009年版,第313页。

艾丽斯从原来的脾气暴躁、说话尖刻,成为了一个温文尔雅、知书达礼和懂得音乐的女性。莫尔还极力主张女子接受高等教育,尤其是经典著作和哲学领域,这与当时枯燥的音乐、女红和烹调大相径庭。人文主义教育家阿卡姆曾担任伊丽莎白公主的家庭教师,他在《论教师》中谈及了伊丽莎白的学习,认为在拉丁语和希腊语方面,很少有人能与伊丽莎白公主相比。

该时期,还有几位在古典文学和语言方面与男子同样专精的贵族女性,如霍华德(Jane Howard)公主、格蕾(Jane Grey)公主、阿伦德尔(Arundel)伯爵的女儿、萨默塞特(Somerset)公爵的女儿、库克(Anthony Cooke)爵士的女儿等,她们都能十分娴熟地掌握拉丁文、希腊文、法文和意大利文,在她们身上都展示出女性智慧的力量。这一时期学识"是相当时髦的,以致女性似乎相信希腊文和拉丁文能增添她们的魅力;而未经翻译的柏拉图和亚里士多德是她们衣橱的经常装饰品"。① 1580 年由商人创办的伦敦泰勒学校(Merchant Taylor's School)校长马尔卡斯特夸耀说:"君未见在我们国家有些女性在语言和文法上表现那样优异、杰出,她们能与希腊或罗马最受崇敬的典范相匹配甚或有过之?"②

到 17 世纪时,贵族女性所接受的古典文学教育已被传统的女性技艺所取代。在当时一些女子寄宿学校课程表上,占据相当比重的技艺包括缝纫、刺绣、剪纸、涂漆、蜡染、玻璃彩绘、缝缀布片、贝壳工艺、苔藓工艺、羽毛工艺等。这些技艺教育而非知识教育,关注所有优雅和时髦的事情,目的是让无事可做的女子消磨时间。1662 年伊丽莎白·乔斯林夫人(Mrs Elizabeth Josseline)在孩子出生前告诉丈夫,如果是女儿"我希望她能像我的姊妹那样学习圣经、学习家政、学习写字和手艺,女性学习这些就够了"。③ 1682 年当 8 岁的贵族女孩莫莉·维尔尼(Molly Verney)上学时,她的父亲埃德蒙·维尔尼(Edmund Verney)爵士说:"我支持你学会让你在上帝和男人眼中显得善良美丽的一切技艺"。④ 他为其制定的教育计划是训练成为名门淑女,为嫁给富有乡绅做准备。与此同时,法语在上层阶级女性中受到青睐,1652 年拉尔夫·维尔尼(Ralph Verney)爵士告诫 12 岁的女儿:"学习法文你

---

① [英]劳伦斯·斯通著,刁筱华译:《英国的家庭、性与婚姻 1500—1800》,商务印书馆 2011 年版,第 140 页。
② [英]劳伦斯·斯通著,刁筱华译:《英国的家庭、性与婚姻 1500—1800》,商务印书馆 2011 年版,第 140 页。
③ [英]劳伦斯·斯通著,刁筱华译:《英国的家庭、性与婚姻 1500—1800》,商务印书馆 2011 年版,第 141 页。
④ [英]劳伦斯·斯通著,刁筱华译:《英国的家庭、性与婚姻 1500—1800》,商务印书馆 2011 年版,第 141 页。

不可能太诡诈，因为法文提供许多适合你的好书，如罗曼史、戏剧、诗、优秀女性的故事……及处理好家政的一切技能。"①可见 17 世纪英国贵族女子对学识的兴趣逐渐消退，而自耕农女子所受的教育也仅局限于少量的读写、缝纫和家政。

相较于男性社会，所有阶层的女性都是教育权受到剥夺的一群。"实际上，当男人们在家庭以外面临复杂的环境时，在这些情况下妇女们是非常脆弱的。在 16 和 17 世纪，对于适合结婚的女子而言唯一的使命是结婚，这意味着她们在家庭范围内服务。随着时间的推移，男子有更多的机会可以利用，但他们的角色很少会限制在家庭，这在城镇尤其明显。"②当男子们受到雇佣或者走向城镇时，妇女和孩子们则过着传统的生活方式。在 17 世纪的婚姻市场，女子处于不利的地位。由于适合结婚的女子比男子多，一个女子很难找到丈夫。为了规避这个人口学问题，有些女子选择移居到新大陆。当时女子的平均结婚年龄是 25 岁，青春期和婚姻滞后使得她们陷入工作和获得少许教育的两难处境。很多女子在青春期选择了家政服务而不是接受教育。除了孤儿和贫民的孩子外，所有女孩应该在母亲的教导下学会未来生活所必需的缝纫、烹饪、医学、各种家务、记账，以及对于下层阶级而言的某些农业技能。对于普通女子而言，直到 1754 年仅 1/3 的女性能在婚姻登记薄上签名，而且很有可能这一比例在 17 世纪还要更低。③

在 17 世纪，女子教育最显著的发展是女子寄宿学校的兴起，这种学校是中世纪传统的延伸。例如，从 1638 直至 1673 年，帕内尔·艾米夫人（Mrs Parnell Amye）在曼彻斯特经营了一所女子寄宿学校，每年收取 11 英镑学费，其核心课程是阅读和缝纫；如果学生希望学习一些附加科目如写作、跳舞和音乐则需要另外付费。1680 年弗兰克兰夫人（Mrs Frankland）在曼彻斯特为非国教徒的女儿创办了一所女子寄宿学校，它一直存在到 1714 年。④ 18 世纪时偶尔也有女子学校的创办，尤其是在英国北部和非国教徒中，甚至提出了女子接受中等教育的要求，这在当时是走在欧洲其他国家的前列的。"绝大多数富裕阶层

---

① ［英］劳伦斯·斯通著，刁筱华译：《英国的家庭、性与婚姻 1500—1800》，商务印书馆 2011 年版，第 141 页。
② Rosemary O'Day, Education and Society 1500—1800, Longman Group Limited, London, 1982, pp. 180 - 181.
③ ［英］劳伦斯·斯通著，刁筱华译：《英国的家庭、性与婚姻 1500—1800》，商务印书馆 2011 年版，第 142 页。
④ Rosemary O'Day, Education and Society 1500—1800, Longman Group Limited, London, 1982, p. 187.

的女孩,如果想接受超出初级阶段的教育,她可以聘请家庭教师,或者进女子院校,或者在罗马天主教社区的修道院学习;而贫困阶层的女孩基本上不能接受任何形式的教育。"①

洛克是少数倡导女子教育的男性之一,他认为女子教育目的不是促进友爱婚姻,而是提高教育子女的能力。他希望女性能流利地阅读英文,并学习拉丁文、数学、年代学、历史。"洛克把女子视为确保家庭教育成功或失败的关键,因为在孩子生活的第一个八到十年承担教育责任的是妇女。在他看来,妇女受到更好和更合适的教育是十分必要的,妇女必须接受和养育孩子相关的学术科目。"②但大多数男性认为女性受教育对丈夫有好处,丹尼尔·笛福(Daniel Defoe)从女性受教育中看到了家庭幸福的美景。他说:"一位好教养的女性,有知识、人品的女性,是无与伦比的人……她是那样温柔、甜美、温和、机智、喜悦而充满爱心。她在每一方面都能符合最高期望,有这样的女性为伴的男人真是幸福无边。"③洛克和笛福的观点仍然受到传统思想的束缚,即妇女的角色仅限于为丈夫和孩子服务,而她们自身的兴趣却很少考虑。1750年法国教育家芬乃龙《论女孩的教育》一书由乔治·希克斯(George Hickes)修订后翻译成英文出版,他希望在英国建立与男子学院(men's college)同样水平的女子学校(girl's school)。

英国早期女性主义运动始于1640年代内战期间,女性在许多激进教派扮演着重要角色。在这些独立教会,女性有权参加辩论、投票乃至传道。许多女性没有征得丈夫同意就离开原来的家庭教会,有些甚至抛弃她们食古不化的配偶,而选择能分享她们信仰的新配偶。更引人瞩目的,是1640年专制政府崩溃后引发的政治危机和内战,刺激了伦敦等地妇女进行空前的政治活动。"对于许多妇女而言,内战引发了一场政治和宗教危机。……妇女们竭力主张,在危机时代当丈夫缺席时,妻子应该为家庭说话并且要求受到保护。"④1642年1月她们在没有得到男性帮助的情况下,向英国议会请愿要求改变公共政策,这在英国历史上是第一次妇女政治运动。1649年4月一群女性在议会集合抗议经济危机,要求释放

---

① A. D. C. Peterson, A Hundred Years of Education, Gerald Duckworth & Co. Ltd, London, 1960, p. 155.
② Rosemary O'Day, Education and Society 1500—1800, Longman Group Limited, London, 1982, p. 188.
③ [英]劳伦斯·斯通著,刁筱华译:《英国的家庭、性与婚姻 1500—1800》,商务印书馆2011年版,第235—236页。
④ Rosemary O'Day, Education and Society 1500—1800, Longman Group Limited, London, 1982, p. 192.

被监禁的激进平等论领袖。她们宣称在教会和国家中拥有与男子平等的权利,这一主张自然延伸到对女性投票权的呼吁。英国公谊会①的创始人之一玛格丽特·菲尔(Margaret Fell,1614—1702),是关注妇女传道平等权及传道自由的典范。她写于 1667 年的《妇女言论的正当理由》,是 17 世纪关注妇女平等参与福音工作的权威之作。

到 17 世纪末,有关女性地位和权利的主张,由于一群狂热女性主义者的推动而得到发扬。1675 年一群中产阶级妇女呼吁女性拥有受教育权,汉娜·伍利(Hannah Woolley)说:"虚荣的男人容易认为女人生来只是为人类繁殖,并负养育人类的重任,但如果他们愿意让女性和男性受相同的教育,他会发现女性的头脑和女性的身体一样肥沃……"②玛丽·阿斯泰尔(Mary Astell)是那个时代最激进的女权主义者,她认为男女两性有相同的理性能力,应受到同样的教育,从而发挥各自的才智。对女性而言,最大的缺陷是缺少教育而非内在的智能,她们不必为了吸引男人去追求美貌,而应该改造自己的灵魂,最好建立一个教育妇女的机构,以摆脱男人的奴役。

18 世纪 60 年代发轫于英国的工业革命,不可避免地引发了从社会生活到家庭模式,从思想观念到伦理道德的变迁,每个人都被卷入到这场变革潮流之中,妇女自然也不例外。工业社会的剧烈变动,必然会影响到各阶层女性的命运沉浮。工商业的日益发达,既培养了一批有闲阶层的女性,又部分地将女性从琐碎的家务中解放出来。因此,工业革命造就了大批妇女劳动力,她们在参与社会生产的同时,也成为社会改革运动的重要源泉。19 世纪初叶,英国中下层阶级女孩大多就读于廉价的日校和星期日学校,如 1829 年在这类学校就读的女生占 42.5%。③ 19 世纪后期,大多数欧洲国家都为女子提供了与男子同样的初等教育,因为工业化发展要求未来的母亲掌握读写算的基本知识。英国于 1870 年颁布的《初等教育法》,要求地方教育当局强迫所有 5—12 岁的男女儿童入学,法案的宗旨是使英国的每个家庭,以及那些无家可归的孩子能受到初等教育。该法案使女子在初等教育领域获得

---

① 公谊会又名贵格会,属于基督教新教教派。它兴起于 17 世纪中期的英国及其美洲殖民地,其特点是没有成文的信经和教义,最初也没有专职牧师、圣礼和节日,而是直接依靠圣灵的启示,指导信徒的宗教活动与社会生活,始终具有神秘主义的特色。1688 年英国"光荣革命"后,该会在英国始获合法地位。
② [英]劳伦斯·斯通著,刁筱华译:《英国的家庭、性与婚姻 1500—1800》,商务印书馆 2011 年版,第 235 页。
③ 吴式颖、阎国华主编:《中外教育比较史纲》(近代卷),山东教育出版社 1997 年版,第 783 页。

了与男子同样的权利,随后在各种各样的初等教育机构中都能看到女子的身影。

工业革命后,英国中上层阶级女子教育有了很大的进步。到18世纪末,英国上层阶级已形成了有关理想女性教育的共识,即"理想女性不是轻浮、爱玩、不负责任乃至淫荡成性的贵族妻子,也不是以古典文学底子傲人的中产阶级女学者。理想女性是位见闻广、上进心强的女性,受过知识训练,并愿意将生命部分奉献给取悦丈夫、提供他友谊及伴侣关系,部分奉献给监督佣人、管理家务,部分奉献给教养小孩"。① 对于中产阶级的女孩而言,培养悠闲的"家庭天使"成为社会的时尚。中产阶级家庭的男孩一般送到学校,女孩则在家中接受母亲或家庭教师的教育,也有一些女孩被送往寄宿学校。当时女子学校开设的课程既包括音乐、舞蹈、绘画和缝纫,也包括写作、文法、算术、几何学和法文。一些女性夸耀她们所受的教育比起男子的古典语言训练更具优越性。1790年《仕女月刊》宣称,许多女性接受的教育比莎士比亚当时所受的教育好得多。

女性从1700年对所受教育感到自卑,到1810年对所受教育感到骄傲,这一转变过程得到了男性的认可。"我们有充分的理由相信,1800年受过教育的妇女人数的比例远远高于1600年,包括所有的社会阶层和像伦敦一样的行政区。"②1791年《绅士杂志》指出,目前女性已确立其地位,并挑战男女天生智力不平等的说法。可见,男性对女性智力的传统看法,在过去的半世纪已大幅改变。"18世纪时中、上阶级女性受教权的提高改变了英国文化,不仅刺激小说也刺激了剧场及巡回图书馆的发展。它大大增加了婚姻中伴侣关系质素,因为妻子在除古典文学外,所有领域都与先生同样博学。"③

英国女子争取中等教育的权利是从培养家庭女教师开始的,早在18世纪作为知识女性的唯一体面职业,家庭女教师已具有一定的数量。"正是这种为改进家庭女教师的训练和能力的第一次尝试,促进了女子中等教育的发展。"④19世纪上半叶,英国虽有若干所女子学校,但教学条件及质量都十分低劣,中上层阶级女子大多接受家庭女教师的教育。而

---

① [英]劳伦斯·斯通著,刁筱华译:《英国的家庭、性与婚姻1500—1800》,商务印书馆2011年版,第238页。
② Rosemary O'Day, Education and Society 1500—1800, Longman Group Limited, London, 1982, p. 193.
③ [英]劳伦斯·斯通著,刁筱华译:《英国的家庭、性与婚姻1500—1800》,商务印书馆2011年版,第239—240页。
④ A. D. C. Peterson, A Hundred Years of Education, Gerald Duckworth & Co. Ltd, London, 1960, p. 156.

当时的家庭女教师大多数来自瑞士、法国或德国,她们受过良好的培训并持有教师证书,这就促使英国本土的家庭女教师提高素质。1843年成立的"家庭女教师慈善协会"(the Governesses Benevolent Insititution),旨在为家庭女教师提供经济资助。"这一团体的目的是,通过更加严格的方式而不是在女子学院,为家庭女教师提供培训的机会,以提高她们的社会地位。"①人们希望"家庭女教师慈善协会"担负责任,组织类似教师资格证书的考试。

为了提高家庭女教师的素质,在伦敦大学一些开明人士的帮助下,中产阶级妇女于1848年建立了女王学院(1849年贝德福德学院成立),以专门培养家庭女教师。莫里斯(Frederick Maurice)和宪章运动时期的基督教社会主义者成为了学院的领导人。"家庭女教师慈善协会"和维多利亚女王的侍女莫莉小姐(Miss Murray)一起为女子教育的改进筹集资金。"我们永远不会忘记的是,类似于其他人的教育,女子高等教育的最初努力来自于英国国教会的牧师。"②圣三一教堂的牧师大卫·莱茵(David Laing)是"家庭女教师慈善协会"的真正创办人,他发现很多妇女无知和工作不称职,因此劝说国王学院的一些教授给妇女们讲课。女子学院的课程设置除了基本的"才艺"外,还有数学、历史、地理、美术、教育学、拉丁语、现代语等。"与现代水平的学院相比,这更像一系列的'拓展课程'(extension courses),但它毕竟是英国女子高等教育的第一个机构,并且尝试着提供大学水平的教育。"③

女王学院的不少毕业生成为出色的女教育家,有些女子还成为这一时期英国女权主义运动的先驱。例如,在女王学院的第一批学生中,巴斯小姐(Miss Buss)和比尔小姐(Miss Dorothea Beale)分别于1850年和1855年成为了两所女子中学的校长。"在早期的女权主义运动中,女王学院拥有崇高的地位。它为第一批女校长提供了学习的机会:讲授数学的比尔是切尔滕纳姆寄宿学校传统的奠定者;伊丽莎白·戴(Elizabeth Day)是一名谦逊的古典文学者,也是曼彻斯特女子高等学校首任校长;弗朗西斯·玛丽·巴斯则学习了现代语言和英国的人文主义学科。"④女子学院的出现是19世纪英国教育领域的新事件,尽管它只

---

① A. D. C. Peterson, A Hundred Years of Education, Gerald Duckworth & Co. Ltd, London, 1960, p. 156.
② Sara A. Burstall, Frances Mary Buss: An Educational Pioneer, Society for promoting Christian knowledge, London, 1938, p. 23.
③ A. D. C. Peterson, A Hundred Years of Education, Gerald Duckworth & Co. Ltd, London, 1960, pp. 156-157.
④ Sara A. Burstall, Frances Mary Buss: An Educational Pioneer, Society for promoting Christian knowledge, London, 1938, p. 24.

局限于中上层阶级的家庭,却为女性在社会其他领域争取与男性同等的权利开辟了道路。但严格说来,这些学校属于中等教育而非高等教育。

19世纪中期以后,随着女性自我意识的觉醒,女权主义者建立妇女组织,出版报纸与杂志,召开妇女代表大会,向议会提交请愿书,甚至举行示威游行。在女权主义者的宣传、鼓动和组织下,越来越多的女性开始迈向更加广阔的社会公共领域。1847年宪章派妇女组建了英国第一个"妇女政治联合会",真正开始争取妇女的政治权利。1859年一些社会知名女性建立"促进妇女就业协会",目的在于促进和帮助妇女走出家庭,通过工作获得经济独立。"如果说争得工作权使妇女摆脱对男性的经济依赖,取得了一定程度独立的话,那么争取女子教育权,则为开启妇女的心智,开阔妇女的视野,使妇女摆脱狭窄的家庭小圈子奠定了基础。"①随着女性权利意识的日益觉醒,英国一些女权主义者开始为女子教育权利奔走呼号。她们一方面大力倡导女子教育,另一方面又积极创办女子学院。英国女子教育的主要代表人物是玛丽·沃斯通克拉夫特(Mary Wollstonecraft)、埃密丽·戴维斯(Emily Davies)和弗朗西斯·巴斯(Frances Mary Buss)。"女权主义者对教育的思考,正如维多利亚时代的妇女运动一样,是对人们普遍关心的事情和同一时代政治问题的反映及回应。"②

一、玛丽·沃斯通克拉夫特

玛丽·沃斯通克拉夫特(1759—1797)是英国启蒙运动时期著名的女性政论家、哲学家、作家与思想家,更是西方女权主义思想史上的先驱。她出生于一个普通家庭,自幼生活不幸,父亲酗酒,母亲无能。她不仅生活困苦,而且得不到家庭温暖。受过一些初等教育后,沃斯通克拉夫特不得不自谋生路。她先后做过小学教师、护理工和家庭女教师,生活的艰辛不仅磨练了她的意志,促使她勤奋学习,而且为她走向写作道路创造了条件。她体会了作为家庭女教师的痛苦,在经历了不幸的恋爱和生育私生子后,她曾两次试图自杀。在女儿出生前几天,沃斯通克拉夫特和威廉·葛德文结婚了。他们都希望孩子取得合法的身份,不赞成婚姻的法则。

---

① 陆伟芳著:《英国妇女选举权运动》,中国社会科学出版社2004年版,第53页。
② Christopher Brooke and Elizabeth Frazer, Ideas of Education: Philosophy and Politics from Plato to Dewey, Routledge, London and New York, 2013, p.233.

在沃斯通克拉夫特的朋友圈中有一些思想巨人,如托马斯·潘恩、威廉·布莱克和威廉·葛德文,正是受到启蒙思想和潘恩《人权论》的影响,以及法国大革命政治热情的激荡,沃斯通克拉夫特对男权社会的统治进行了抨击。其代表作《妇女权利之辩护》(*Vindication of the Right of Women*)既是英美女权主义历史上的奠基之作,也是第一本女性主义政治哲学著作;该书与她的另一本书《男子权利之辩护》(*Vindication of the Rights of Men*)在当时被人们广为传阅和讨论。"在曲折的女子教育历史中,该书仍然是一部有价值的文献,它真诚地恳求建立在性关系基础之上的男女之间的不平等应该得到纠正。"①沃斯通克拉夫特从实际生活出发,以自己的切身感受谴责了造成男女不平等的各种陈规陋习。她主张给予女子与男子平等的受教育权和其他社会权利,培养她们的理性,使她们能真正履行贤妻良母的社会职责。"作为沃斯通克拉夫特最著名的一部作品,《妇女权利之辩护》既是'男女同校思想'的一个奠基性文献,也是教育哲学中第一种新的体裁。"②

沃斯通克拉夫特政治理论与女性主义思想的形成深受法国大革命的影响,早在1790年11月底沃斯通克拉夫特便出版了《男子权利之辩护》,这既是一部为法国大革命辩护的檄文,也是对1790年11月1日埃德蒙·柏克批判法国大革命的作品《法国大革命沉思录》(*Reflection on the Revolution in France*)的回应。《男子权利之辩护》清晰地表明了作者对法国大革命的推崇,并将之视为启蒙思想与自由主义原则的化身。通过对法国大革命的探讨,沃斯通克拉夫特提出了女性受压迫的问题。她从君主主义的角度指出,女人甚至不是人类。"在这个计划中,国王不过是一个男人,王后不过是一个女人;女人不过是动物,并且不是最高级的动物。"③

1792年1月她出版了《妇女权利之辩护》,声称写作该书的目的"是对于社会上各阶层的人和各阶层中的妇女的道德品质分别进行考察",以说明什么是真正的尊严和人类的幸福。在这部著作中,沃斯通克拉夫特认为,君权神授和女性性别特征的推论(如身体和精神的虚弱,在经济和政治上依赖男子),使得男女两性的私立与公共教育变得"虚伪"和不道德。

---

① Josephine Kamm, Hope Deferred: Girls'Education in English History, Methuen & Co Ltd, London, 1965, p.131.
② Susan Laird, Mary Wollstonecraft: Philosophical Mother of Coeducation, Continuum International Publishing Group, 2008, p.63.
③ Susan Laird, Mary Wollstonecraft: Philosophical Mother of Coeducation, Continuum International Publishing Group, 2008, p.79.

"《妇女权利之辩护》不仅分析了男女两性的错误教育,评论了关于男女两性的教育思想,呼吁建立全国性的男女同校制度;而且对于性别归类、分离、不平等的教育和相互怀疑进行了分析、批判和评论。……《妇女权利之辩护》是写作教育哲学的一种勇敢的新的尝试。"①

沃斯通克拉夫特批判了卢梭等人歧视妇女的观点,热切地期望改进妇女的教育,使她们获得与男子同等的智力。"卢梭的《爱弥尔》是与男女合校思想明显相反的一个案例,因为它主张性别隔离教育并对女人的见解表示轻蔑。"②她认为男性虽然在体格上具有优势,但在其他方面并不比女性更高贵,两性在智力和能力方面天生没有区别,他们之间的差异是后天造就的,是传统和教育的结果。正是由于女孩从小被灌输了妇女是柔弱的和从属于男人的观念,才造成了她们的无知、软弱、卑微、依赖和堕落。沃斯通克拉夫特相信女人的大多数愚蠢行为都是产生于男人的专制,女人的狡猾也是由于男人的压迫造成。她说:"我特别要证明:男人们出于各种动机竭力想使妇女在智力和体力上的软弱永远继续下去,而这种软弱却妨碍了她们履行女性的特有责任;因为当体力软弱到不容许她们去哺乳子女,智力软弱到使她们的性情遭到败坏时,能说妇女是处于自然状态吗?"③

沃斯通克拉夫特要求立法者将注意力转向女性,为占人类性别一半的女性伸张正义。她为女性的无知与对男性的绝对服从感到痛惜,因而极力呼吁给予女性平等的社会权利。一方面,她假定女性与男性一样均为有理性的生命;另一方面,她对法国大革命所倡导的自由主义一直怀有强烈的热情。因此,当她发现法国大革命只为男子宣告了自由与平等而将女性排除在外时,沃斯通克拉夫特对此愤愤不平。她指出这是男性占支配地位的社会,这个社会只鼓励妇女做微不足道、战战兢兢和不能自助的弱者。它既剥夺妇女的法律和政治权利,又不给予妇女教育及独立谋生的机会。沃斯通克拉夫特提倡女性应扮演新的角色,既具备道德责任心,又具有理性和不断增进的智能。理性这一神授的天性使人类有别于动物,它是同样赋予男性和女性的。她认为人类生来是为了发展理性和伦理能力,妇女和男子都面临着这一义务。她强调人类的自我发展和社会化能力,并将之应用于男女两性。社会的功能在于促进人类发展,但腐败的社会通常会阻碍这一进程。正是腐败的社会环境产生了非正义和

---

① Susan Laird, Mary Wollstonecraft: Philosophical Mother of Coeducation, Continuum International Publishing Group, 2008, p. 63.
② Susan Laird, Mary Wollstonecraft: Philosophical Mother of Coeducation, Continuum International Publishing Group, 2008, p. 64.
③ [英]玛丽·沃斯通克拉夫特著,王蓁译:《女权辩护》,商务印书馆1995年版,第231页。

等级制,因此她呼吁社会和家庭改革,为妇女和男子在人类发展中创造平等的机会。

沃斯通克拉夫特希望说服妇女努力获得身心两方面的力量,并且使她们确信那些缠绵的语言、敏感的心灵、细致的感情和优雅的风度,几乎都是形容软弱的同义语。她指出品德比优美更重要,独立乃是人生的最大幸福,它是一切美德的基础。"即使我生活在一片不毛的荒地上,我也要减低我的需求以取得独立。"①但为了替男人的专横辩解,人们往往提出许多巧妙的论点,用以说明两性在道德修养方面的不同品格,那就是不允许妇女有足够的智力。所以,暴君和肉欲主义者竭力把妇女保持在无知状态的做法是理所当然的,因为暴君只需要奴隶,而肉欲主义者只需要玩物。当妇女变得身心俱弱,弱到除了追求空虚的享乐和发明一些轻薄的时装之外,再也不能振作起来时,她们一定会被看做仅仅是男人的慰藉物。除非妇女的理智得到发展和性格更为坚定,否则她们永远不会有足够的认识,也不会正确地管教她们的子女。沃斯通克拉夫特进一步指出:"除非妇女在某种程度上能脱离男人而独立,否则要希望她们有德行是徒劳的;不仅如此,要希望她们有十分自然的感情,使她们成为贤妻良母也是徒劳的";②"纯洁、端庄、公共精神和所有高尚的美德教育,是社会美德和幸福的基础,它们应该为全人类所理解和培养,否则它们产生的效果十分有限"。③

沃斯通克拉夫特尤其强调教育的作用,她的教育理论体现在三本著作中,即 1787 年《关于女儿教育的思考》(*Thoughts on the Education of Daughters*)、1788 年关于儿童教育的《现实生活中的原初故事》(*Original Stories from Real Life*)以及 1792 年《妇女权利之辩护》。"关于这些著作,最突出的也许是对美德的普遍关注、对腐败与社会进步的可能性进行分析,以及它们与宗教之间的关系。"④

第一本书主要是指导父母如何从事子女的个人教育。沃斯通克拉夫特继承了卢梭《爱弥尔》和洛克《教育漫话》的思想,认为教育包括关爱和社会化(care and socialisation),并且应从婴儿早期开始。她关心的是拒绝粗暴,并肯定尊重和慈爱的价值。她注意到这样一个

---

① [英]玛丽·沃斯通克拉夫特著,王蓁译:《女权辩护》,商务印书馆1995年版,第9页。
② [英]玛丽·沃斯通克拉夫特著,王蓁译:《女权辩护》,商务印书馆1995年版,第182页。
③ Susan Laird, Mary Wollstonecraft: Philosophical Mother of Coeducation, Continuum International Publishing Group, 2008, p. 132.
④ Christopher Brooke and Elizabeth Frazer, Ideas of Education: Philosophy and Politics from Plato to Dewey, Routledge, London and New York, 2013, p. 151.

真相，即儿童早在摇篮里时就被教导去报复和撒谎。"大多数女子和男子一样几乎毫无性格。"①这是沃斯通克拉夫特在早期作品《关于女儿教育的思考》中对人类的简要评价。

第二本书是关于两个年轻女孩的不幸故事，她们被剥夺了接受足够教育和社会化的权利，因此显得愚昧无知和表现不好。在这本畅销书中，沃斯通克拉夫特提出女子应接受虔诚的道德教育，并要求她们温柔和具有洞察力。

第三本书的中心议题是美德。沃斯通克拉夫特认为美德是人类文明可能实现的特征，并把善恶与社会政治环境联系起来。在她看来，决定一个人是否获得美德，以及决定一个社会善恶行为的分布，法律、公共机构和文化准则都很重要。女性并非天生软弱，而是由于各种客观原因的共同作用而堕落，造成女性堕落的重要原因是教育。她说："首先，教育遍及于伦理工作、政治理论、哲学人类学和社会理论，并且是它们的中心"；②"忽视我的同胞们的教育，是我感到痛苦和悲叹的主要根源……妇女的行为和态度表明她们的心智处于不健康状态；因为正如种植在非常肥沃的土地上的花儿一样，肥力和肥效都献给了美丽……我把这种贫瘠的绽放（即不健康的发展）归结为不正确的教育制度"。③

沃斯通克拉夫特指出，妇女在此以前所受的教育，只是促使她们成为无足轻重的欲望对象，她们只不过是一个愚蠢的繁殖者。在她看来，指望妇女有所成就而不去培养她们的理智，将使她们在短暂的青春消逝之后成为可笑的无用之人。"因此，按照我的意见，最完善的教育，就是筹划得最好、最能增强身体和培养心灵的理智锻炼。换句话说，就是要使个人能够养成独立自主的良好的品德习惯。事实上，如果一个人的品德不是从运用自己的理性得来的，要把他称为有良好品德的人，那是笑谈。"④妇女应该努力使她们的心灵保持纯洁，但她们的理智没有经过培养，使得她们完全凭感觉做事和娱乐。妇女越有理智，就越会尽职尽责。她们的首要责任是把自己看做有理性的人，其次的责任是把自己看做公民，履行包括诸多责任在内的做母亲的责任。如果使她们免除履行这种责任，就会把她们变成只

---

① Susan Laird, Mary Wollstonecraft: Philosophical Mother of Coeducation, Continuum International Publishing Group, 2008, p. 78.
② Christopher Brooke and Elizabeth Frazer, Ideas of Education: Philosophy and Politics from Plato to Dewey, Routledge, London and New York, 2013, p. 153.
③ Josephine Kamm, Hope Deferred: Girls' Education in English History, Methuen & Co Ltd, London, 1965, p. 131.
④ [英]玛丽·沃斯通克拉夫特著，王蓁译：《女权辩护》，商务印书馆1995年版，第26页。

是一个玩物，必然使她们趋于堕落。她说："上天赋予女人的体质固然弱于男人；但是为了确保丈夫的爱情，一个做妻子的，当她在履行女儿、妻子和母亲的责任时，由于身心两方面的锻炼而保持了天生的体力和精神的健全，难道她还必须降低身份使用巧妙的手段和伪装病态的文雅来巩固丈夫对她的爱情吗？"①

沃斯通克拉夫特认为，对于女孩而言最好的教师是她的母亲。她曾经告诫革命者："如果要教育小孩理解真正的爱国主义原则，那么她们的母亲必须是一个爱国主义者。"②只有当她的母亲没有足够的时间和能力时，小孩才会选择进寄宿学校。沃斯通克拉夫特意识到经济没有保障经常会导致办学者降低教育成本；但她同时也看到了中产阶级妇女的就业问题。"很少有人能获得谋生的方式，她们感觉更丢脸的是……在学校担任教师只是一种地位较高的仆人，她们的工作比那些卑微的家仆还要多。"③因此，错误的教育、狭隘而没有经过培养的心灵，以及许多性别方面的偏见，都趋向于使妇女比男子更加不幸。"我曾经阅读各种讨论教育问题的书籍，耐心地观察过父母的行为和学校的管理情况；得出的结论是什么呢？——我深信忽视对于我的同胞们的教育乃是造成我为之悲叹的那种不幸状况的重大原因，还深信特别是妇女，她们由于一种草率的结论产生出来的种种综合原因而陷于懦弱和可怜的境地。"④她认为妇女的教育不仅要改造，还必须与男子的教育等同。沃斯通克拉夫特断言，在女子受到更合理的教育以前，人类品德的提高和知识的进步，必然还会继续受到挫折。为此，她论述了关于女子教育的一系列重要问题。

首先，女子为何要受教育。沃斯通克拉夫特认为，妇女唯有接受与男子同样的教育，才能更好地承担做妻子和母亲的职责，才能不依赖男人而独立，从而实现男女的平等。"作为男女同校的目的和方法，性别平等是沃斯通克拉夫特反对君主制政治经济压迫性别结构特征的革命性举措。"⑤如果妇女不能与男子平等，人类知识和美德的进步就会停滞；妇女如果要为文明做出贡献，就必须为此做好教育上的准备。"为了使人类更有道德，自然也是为了

---

① ［英］玛丽·沃斯通克拉夫特著，王蓁译：《女权辩护》，商务印书馆1995年版，第36页。
② Susan Laird, Mary Wollstonecraft: Philosophical Mother of Coeducation, Continuum International Publishing Group, 2008, p. 137.
③ Josephine Kamm, Hope Deferred: Girls' Education in English History, Methuen & Co Ltd, London, 1965, p. 130.
④ ［英］玛丽·沃斯通克拉夫特著，王蓁译：《女权辩护》，商务印书馆1995年版，第3页。
⑤ Susan Laird, Mary Wollstonecraft: Philosophical Mother of Coeducation, Continuum International Publishing Group, 2008, p. 130.

使人类更幸福,男女两性必须根据同一个原则来行动;但是只允许一种性别看到原则的合理性,怎么能指望做到这一点呢?再有,要使社会契约真正公平,并且为了推广唯一能改善人类命运的进步原则,我们就必须让妇女把她们的德行建立在知识的基础之上,这几乎是不可能的,除非她们和男人受到同样目的的教育这才有可能。因为她们现在由于愚昧和低级欲望已经陷入卑下地位,以至于不配和男人并列在一起;不然她们就用蛇一般的狡猾蠕动攀登上知识之树,但是所得到的只是足以把男人引入歧途的东西。"①当妇女接受了经过周密思考的教育后,她或是成为高雅的、充满离奇幻想的、多愁善感的贵妇,或者只是一个会持家的主妇。后者常常是亲切而诚实的人,有良好的理性和世俗的谨慎,虽然缺乏远大志向和情趣,但和那些多愁善感的贵妇人相比,她们往往是社会上更有用的成员。因此,为了使妇女成为社会上真正有用的成员,应当大规模地培养她们的理智,以引导她们培养一种对国家的合理的感情。除非理智开阔了心胸,否则人们决不会恰当地履行个人的责任,而公德只不过是私德的总和。

其次,女子要如何受教育。沃斯通克拉夫特认为,要使男女两性都有所提高,他们不仅应该在家庭受教育,而且也应在公立学校一起受教育。她主张将当时属于男性的教育扩展到女性身上,提倡男女同校教育。她说:"我可以承认在体力方面男人比女人似乎具有一种天然的优越性;而这也就是男性优越的唯一的有力证据。但我仍坚持说,不仅男女两性的德行,而且两性的知识在性质上也应该是相同的,即使在程度上不相等;女人不仅被看做有道德的人,而且是有理性的人,她们应该采取和男人一样的方法,来努力取得人类的美德(或者说是完美),而不应当像一个幻想中的半个人,即卢梭笔下的一个没有人性的怪物那样地来受教育。"②在沃斯通克拉夫特看来,必须使两性在一起受教育,才能使他们全都成为完人。"假如允许男孩子和女孩子在一起进行一样的学习,那么在早年就可以教导他们端庄稳重,这样会产生谨慎谦逊而没有那种污染心灵的性别之分的观念。行为若能一贯端正,那些礼貌课和完全虚伪的礼节仪式就都变成无用的东西了。"③她坚信:"如果婚姻是对社会起巩固作用的,人类就应当按照同一方式受教育,否则两性间的交往不配称为伴侣;并且在妇女成为有知识的公民以前,在她们能够自谋生活不依靠男人从而得到解放以前,她

---

① [英]玛丽·沃斯通克拉夫特著,王蓁译:《女权辩护》,商务印书馆1995年版,第224页。
② [英]玛丽·沃斯通克拉夫特著,王蓁译:《女权辩护》,商务印书馆1995年版,第48—49页。
③ [英]玛丽·沃斯通克拉夫特著,王蓁译:《女权辩护》,商务印书馆1995年版,第214页。

们也永远不会完成女性特有的责任。不但如此,除非妇女和男人一起受教育,准备做他们的伴侣而不是做他们的情妇,否则结婚永远不会被看做一件神圣的事情。"①

最后,女子要受怎样的教育。沃斯通克拉夫特主张,一方面"为了鼓励爱家和家庭的乐趣,孩子们应该在家里受教育";另一方面,"对于一些特定年龄的孩子,政府应该建立走读学校,在那里男孩和女孩可以一起受教育"。② 不管是在家里或学校,她的男女同校目的是通过培养孩子们精神和身体的力量战胜性别差异。沃斯通克拉夫特建议由政府设立适合于各年龄阶段的走读学校,其中为5至9岁儿童设立的学校应绝对免费并对各阶层开放,而且为了防止任何特殊的虚荣心,他们必须穿同样的衣服,并服从同样的规则,否则就离开学校。沃斯通克拉夫特强调课外活动和实物教学,她要求教室周围应当有一大片空地,孩子们可以在空地上做一些有益的运动,这个年龄段的儿童做作业不能超过一小时。她认为有很多事物如果以展示实物的形式进行教学,就能使孩子们更加愉快和增强记忆力,如果枯燥地讲授原理孩子们就会感到乏味。例如,植物学、机械学、天文学和博物学等可以通过一些简单的实验进行,但这些课程决不能侵占课外体育活动的时间。

另外,宗教原理、历史、人类学和政治学可以采用苏格拉底式的谈话法进行讲授。9岁以后准备学习家政或技工的女孩和男孩,应当去别的学校接受适合各自目的的教育。但在上午男女儿童仍然一起上课,下午女孩们则进入一所学习缝纫和制作女服的学校。对于那些能力卓越的青年人,仍然可以在别的学校学习古代语言、现代语言及科学原理,并且在更为广泛的范围内继续学习政治学、历史和文学等。"假使她们能受到比较正规的教育,她们同样可以从事于各式各样的事业,这样也就可以使许多妇女不至于成为私娼和公娼。"③为了防止由于无知而造成的错误,应当使妇女学习解剖学和医药原理,这不仅使她们能适当地注意自己的健康,而且也使她们成为子女、父母和丈夫的护士。

总之,作为一名女权主义者,沃斯通克拉夫特敏锐地看到了法国大革命并未改变男性占支配地位的局面,因而她勇敢地将性别差异引入对社会问题的分析。她猛烈抨击把女孩限制在针线活计上和排斥她们参加政治活动的习惯做法,因为这样会使她们的心胸趋于狭隘,不适合于完成造化所分派给她们的责任。她说:"我敢断言,导致妇女摆脱责任的并不是

---

① [英]玛丽·沃斯通克拉夫特著,王蓁译:《女权辩护》,商务印书馆1995年版,第213—214页。
② Susan Laird, Mary Wollstonecraft: Philosophical Mother of Coeducation, Continuum International Publishing Group, 2008, p.144.
③ [英]玛丽·沃斯通克拉夫特著,王蓁译:《女权辩护》,商务印书馆1995年版,第190页。

因为她们大胆地企图同男性在品德上竞赛,也不是因为对文学研究的迷恋,或者对科学问题的不断钻研。不是的,而是因为懒惰和虚荣——爱享乐和爱权势在一个空虚的心灵中占主要的统治地位。我之所以强调空虚是因为现在妇女所受的教育几乎不配称之为教育。因为她们在重要的青春时期所获得的那一点知识仅仅是有关才艺方面的,而且是没有根底的才艺。"①沃斯通克拉夫特认为针对就业进行女子教育是值得赞扬的。她说:"理性和经验让我认识到,引导妇女履行她们特有职责的唯一方法,是让她们从所有束缚中解放出来,允许她们享有人类固有的权利。让她们获得自由,正如男子一样,她们将很快变得明智和有道德。"②

沃斯通克拉夫特呼吁女性通过教育提高自身能力和争取属于自己的权利,主张建立国民教育并设法把公共教育和家庭教育结合起来,这样既可以培养对家庭的感情,也可以让女孩和男孩在平等的条件下一起度过。因为只有在平等的情况下互相竞争,才能对自己有恰如其分的看法。沃斯通克拉夫特的观点在当时并不为人们普遍认可,但却代表了一种进步的发展趋势。"如果说柏拉图是男女同校制的哲学之'父',……那么玛丽·沃斯通克拉夫特则是多个世纪以后英国男女同校制的哲学之'母',因为她所面对的是一个如此复杂和有争议的问题。"③

二、埃密丽·戴维斯

埃密丽·戴维斯(1830—1921)既是19世纪英国妇女运动的先驱,也是女子教育的倡导者。"事实上,埃密丽·戴维斯赋予了妇女自由权利,没有自由她们将无力取得其他所有的进步,在20世纪这些进步极大地造福于人类。她不是现代意义上被贬低的女权主义者,正因如此她是她们所有人中间最伟大的女权主义者。"④

戴维斯的父亲是一名牧师,她在家里接受教育,长大后积极参与教会事务。戴维斯通

---

① [英]玛丽·沃斯通克拉夫特著,王蓁译:《女权辩护》,商务印书馆1995年版,第219页。
② Josephine Kamm, Hope Deferred: Girls'Education in English History, Methuen & Co Ltd, London, 1965, p. 132.
③ Susan Laird, Mary Wollstonecraft: Philosophical Mother of Coeducation, Continuum International Publishing Group, 2008, p. 1.
④ Daphne Bennett, Emily Davies and the Liberation of Women 1830—1921, Andre Deutsch Ltd, London, 1990, p. 251.

过教友们的介绍间接地接触到大学生活,并通过教友中的卢埃林(Llewelyn)认识了莫里斯。随后,作为一个女孩子,戴维斯被卷入到妇女运动的中心,她以极大的热情献身于妇女运动事业。刚开始她什么也不能做,正如许多未婚女子一样受到家庭的约束。在一次国外的旅行中,戴维斯认识了妇女运动的另一先锋芭芭拉·史密斯(Barbara Leigh Smith),史密斯是《英国妇女杂志》(the Englishwoman's Journal)的创办人之一。父亲去世后,戴维斯和母亲定居伦敦。这位年轻女子和伊丽莎白·加勒特(Elizabeth Garrett)建立了亲密的友谊,她大力支持加勒特为进入英国医疗系统而斗争。1862年加勒特获得医学学位的途径受阻,伦敦大学拒绝妇女参加大学入学考试。同年,在戴维斯的倡议下成立了一个以她自己为秘书的委员会,其目标是为妇女参加大学考试争取权利。另外,在1866年由密尔递交议会的"女士请愿书"中,戴维斯的签名名列第二位。请愿书要求议会在适当的资格条件下给予妇女选举权,认为妇女参与政治符合英国宪法,妇女有资格担任多种公共职位。戴维斯向大约500家报刊寄送了"女士请愿书",希望刊登请愿书的提要和签名的要人。"'女士请愿书'说出了妇女们朦胧的政治要求,它用明晰的语言,提出议会选举权要求。这说明妇女们与男性一样,在公共的政治领域,运用理性的思维、正式的请愿书文本,在议会选举权这个政治问题上公开地提出了自己的政治要求。"①

戴维斯是女子教育的积极倡导者,她在推动英国女子中等教育和高等教育发展中起了积极作用。1864年英国成立了汤顿委员会,旨在对中下层阶级和熟练技工子女接受中等教育的状况进行全面调查,但女子教育不在调查范围之内。1864年4月戴维斯在约克举行的全国社会科学促进协会(the National Association for the Promotion of Social Sience)②年会上发表了演说,题为《论女子中等教育》。在官方宣布调查中等教育后不久,1864年10月戴维斯写信给全国社会科学促进协会的年会主持人利特尔顿勋爵(Lord Lyttleton),她说:"一些对中产阶级女子教育特别感兴趣的女士问我,在皇家委员会的调查中是否包括女子学校。我想包括这些学校在内应该没有异议,……我们渴望把女孩明确地纳入教育范畴,我们会非常感激,如果你能怀有好意地把这件事情告诉格兰维尔勋爵(Lord Granville,调查委员会的主席),或者无论哪位合适的权威人士。关于这个问题,我冒昧地打扰你,是因为我

---

① 陆伟芳著:《英国妇女选举权运动》,中国社会科学出版社2004年版,第65页。
② 全国社会科学促进协会成立于1857年,它每年举行一次年会,讨论当时的各种社会问题。

们相信你会成为调查委员会的一名成员"。① 很明显,利特尔顿勋爵对这一建议感到满意,即把女子学校纳入委员会的调查范围,但与之相反的谣言开始流行。

同年12月28日,戴维斯写信给戴克·阿克兰(Dyke Acland),她说:"我们还不能看出女子学校是否会纳入你们的调查,利特尔顿勋爵告诉我们他认为会包括女子学校,这是一个理所当然的事情。但是据报道委员会不会答应,除非有充足的理由说服他们这样做。我们认为,如果委员会通过推卸一半的责任限制调查领域,这件事很难办。"②戴维斯的直率态度疏远了她的对手,有时也激怒了她的朋友,但她从未被说服去降低评论的语调。由于戴克·阿克兰不能给出明确的答复,戴维斯转向求助于担任学校督导的马修·阿诺德。她告诉阿诺德:"如果需要强大的说服力,我想我们应该做一些事情,但我们不希望用请愿的方式折磨人,除非它是必需的。"③戴维斯通过游说学校调查委员会的成员,不断地对议会施加压力,终于把女子教育纳入调查项目之内。

为了谋求扩大女性教育的机会,使女性教育纳入汤顿委员会的调查范围,1864年戴维斯还向委员们提交了一份请愿书(memorial),签名人包括女王学院和贝德福德学院的代表,一些有影响的人物如斯坦利夫人(Lady Stanley)、罗素·格尼(Russell Gurney);许多女校长也被说服去签名,如巴斯小姐(Miss Buss)、克拉夫小姐(Miss Clough)、比尔小姐(Miss Dorothea Beale)、沃斯通霍姆小姐(Miss Wolstenholme)。请愿书虽然引起许多人的嘲笑,但为了安慰大家,委员们的答复还是令人满意。戴维斯从委员会的秘书罗比(H. J. Roby)那里获悉,委员们愿意把男女两性的教育情况纳入调查范围。但罗比解释说,虽然女子学校包括在调查范围之内,但它们与男子学校相比不会受到重视,因为许多女孩是在私立学校受教育,她们不会纳入调查的领域。同时,他也提醒戴维斯真正用于女子学校的捐赠非常有限。这种令人痛心的提醒促使戴维斯写出了一篇题为《女子教育中基金的使用》(*The Application of Funds to the Education of Girls*)的文章,她呼吁为女子学校设立奖学金和捐赠基金,并且准备提交给1865年5月在谢菲尔德举行的下一届全国社会科学促进协会代

---

① Josephine Kamm, Hope Deferred: Girls' Education in English History, Methuen & Co Ltd, London, 1965, p. 199.
② Josephine Kamm, Hope Deferred: Girls' Education in English History, Methuen & Co Ltd, London, 1965, p. 199.
③ Josephine Kamm, Hope Deferred: Girls' Education in English History, Methuen & Co Ltd, London, 1965, p. 200.

表大会。她在文中指出,根据1819至1837年期间的四个委员会的慈善报告表明,在许多情况下,原来准备用于男孩和女孩的教育捐赠,现在只被用于男子学校。

1865年11月30日,委员会邀请戴维斯到位于维多利亚大街的办公驻地,向皇家委员们(Her Majesty's Commissioners)当面提供证据,她是第一个获得这种权利的妇女。邀请提供证据的还有巴斯小姐和比尔小姐(她于1866年4月提供证据,1885年创办切尔滕纳姆女子高等学校)。戴维斯准备从两个方面据理力争:一是女子学校和女子学院应该获得它们迫切需要的捐赠;二是公共考试应该正式向女孩开放,以便她们的工作能够按照与男孩同样的水准,用同样的方式进行测试。① 她在提交学校调查委员会(the Schools' Inquiry Commission)的证词中指出,原计划给各地区全体儿童使用的资金已被男孩单独占用,基督公学(Christ's Hospital)就是一个明证,这所学校是专门为男孩和女孩创办的。在赫特福德(Hertford),到1865年为止,男子学校共有1192名男生和27名男教师,而女子学校仅有18名女生和1名女教师。② 别的地方也出现了类似的现象,即使有的地方有女子教育,但与男子教育相去甚远。"其主要目标是培养女孩子们做家务的能力、优雅的举止和服从的性格,这些都与维多利亚时期英国社会对女性角色的期望相符。如果这些教育真的有学术内容,那也是为了让她们有足够的知识,将来给她们的丈夫做有品味的伴侣和贤内助。"③正如当时一位女子中学校长所言,其学校的格调是"精致、优雅、礼貌、举止文雅、气质端庄",而不是那些吵闹顽皮的粗野行为。

当学校调查委员会的工作正在进行时,戴维斯自己也忙于她的各种教育方案。作为妇女委员会(the committee of women)的秘书,她负责监督位于伦敦市中心的剑桥地方考试(the Cambridge Local Examination),她为女孩不断取得的好成绩而高兴。戴维斯要求设立女子教育基金,政府给予财政资助;所有由校外考试机构进行的统考,应平等地向男生和女生开放。在某种程度上,戴维斯还向学校调查委员会提出了影响女子教育的课程问题,她请求赫胥黎、约翰·密尔、牛津大学林肯学院院长马克·帕蒂森博士(Dr Mark Pattison)提

---

① Josephine Kamm, How Different from us: A Biography of Miss Buss & Miss Beale, Routledge, London, 2012, p.74.
② Josephine Kamm, Hope Deferred: Girls' Education in English History, Methuen & Co Ltd, London, 1965, p.201.
③ [英]安迪·格林著,王春华等译:《教育与国家形成:英、法、美教育体系起源之比较》,教育科学出版社2004年版,第316页。

供证据，因为她意识到他们的建议比女教师的意见更有说服力。此外，1866年戴维斯还成为了女教师协会（the Schoolmistresses' Association）的创办人之一和名誉秘书（honorary secretary），在随后的20年中该协会协调解决了教师的职业问题。

汤顿委员会在听取了多方意见后，于1868年向政府提交了学校调查报告，承认男女基本能力相同或几乎相同。报告指出，女子教育和男子教育一样是与国民利害相关的大事，政府应该重视这方面的问题；为男孩就读中等教育的条款虽然不够，但为女孩就读中等教育的条款更少得可怜。许多女孩希望获得像家庭教师这样的职业，在道德和精神上得到指导，在礼仪、阅读、书写、音乐、唱歌、舞蹈、绘画、法语和其他才艺上受到教育。委员会提出建立国民中等教育制度，调整和改革现存的捐赠基金，并且为女子教育扩充设备。调查报告发表后，英国女子中等教育的条件和环境开始得到改善。"委员会的调查结果意义重大，汤顿委员会是第一个处理中等教育问题的皇家委员会，它的调查是全面、严谨和公平的；报告发表后就立即出台了一些必要的改革措施。如果说它揭示了寄宿制学校教育的低劣和自负（在某些情况下，女子学校比男子学校更严重），那么它也展现了北伦敦女子学院（the North London Collegiate）和切尔滕纳姆女子学院（Cheltenham Ladies' College）的优良品质。"[1]

1868年戴维斯发表了《女子教育的特殊体系》（*Special System of Education for Women*）一文，全面阐述了对女子教育的看法。她认为目前关于女子教育的争论并非要不要让女子受教育，而是要让她们受什么样的教育。她主张女子教育不应局限于做一个贤妻良母，而应当为她们提供内容广泛的教育。戴维斯对当时的英国女子教育十分不满，认为有很多极有天赋的女性没有受到合适的教育。由于家长或监护人的传统性别观，很多女孩子被剥夺了学习一些重要学科的机会，使得她们的智力发展受到影响。在她看来，我们要义不容辞地尽自己的最大力量使她们能受到合适的教育。她认为设立奖学金和捐赠基金是最有效的方式，奖学金可以建立在竞争的基础之上，而且面向较为贫穷的那部分女孩。在小学就可以提供奖学金，以使女孩获得早期的训练；捐赠基金可以用于改善学校建筑，但戴维斯认为奖学金应该优先考虑。对于戴维斯和她的同伴们而言，在学校调查委员会的报告中，一条最令人振奋的建议是捐赠基金应该用于女子教育。汤顿委员会报告发表后不久，1869年英国颁布了《捐赠学校法》（*Endowed Schools Act*），议会同意在方案中制定条款，

---

[1] Josephine Kamm, Hope Deferred: Girls' Education in English History, Methuen & Co Ltd, London, 1965, pp. 202-203.

让女孩享受更多由捐赠带来的益处。但法案的条款直到1873年才由捐赠学校委员会(Endowed Schools Commission)执行,随后女子捐赠学校的数量不断增加。"虽然戴维斯不是一名教师,但她关于女子教育的构想是美好的、全面的。……她首次提出为女子学校设立奖学金和捐赠基金的迫切需要,以及为女孩开放公共考试的重要性,以便她们的学业水平在与男孩同等的条件下进行测试。"①

戴维斯在为英国女子争取中等教育权利的同时,也通过各种途径为她们争取高等教育的权利。"她的目的是培养'最幸福和最高尚类型'的女性,这意味着妇女要受到良好的教育,以期心智健全,自食其力并且拥有成功的事业和婚姻。"②当时许多人认为女子水平不够而反对她们上大学,拒绝让女性参加大学地方考试。而年轻女孩对这种状态十分不满,她们要求接受与男孩相当的大学教育。戴维斯相信,只要女子学校进行改革并引入好的教学方法,女孩的需求会增加。"除非建立适当的女子高等教育,否则妇女运动不会有好的结果。"③戴维斯倾其全力为妇女争取高等教育权利,因为在最终的目标(政治平等)实现之前,这是合乎逻辑和必要的条件。"勇气、坚持不懈和无可辩驳的事实使她确信,由大学主办的入学考试应该平等地向男孩和女孩开放。"④

1862年为了确保女子参加大学地方考试(University Local Examinations,1858年为男孩设立),戴维斯组织了一个为女性争取高等教育权益的委员会。在她的努力之下,尽管牛津大学和伦敦大学拒绝了,但剑桥大学于1863年允许女子参加地方考试。剑桥大学地方考试在全国不同的中心同时举行,考试只限于笔试而没有口试,可能被认为不适合于年轻女士。伦敦是其中的一个考试中心,伦敦的女生被选定进行初步试验。考试按照与男子同等条件向女子开放,从91人中挑选25名候选人,结果显示这些女孩的表现相当出色。经过为期三年的试验后,剑桥大学开始每年定额招收女生入学。

1869年戴维斯在希钦(Hitchin)创办了一所女子学院,聘请剑桥大学的教师授课,允许

---

① Josephine Kamm, Hope Deferred: Girls'Education in English History, Methuen & Co Ltd, London, 1965, p. 203.
② Daphne Bennett, Emily Davies and the Liberation of Women 1830—1921, Andre Deutsch Ltd, London, 1990, p. 82.
③ Daphne Bennett, Emily Davies and the Liberation of Women 1830—1921, Andre Deutsch Ltd, London, 1990, p. 82.
④ Daphne Bennett, Emily Davies and the Liberation of Women 1830—1921, Andre Deutsch Ltd, London, 1990, p. 1.

女生参加剑桥大学学位课程的学习。但很多人并不同意她的观点,他们认为这是教育年轻女孩去自我放纵,是一种愚蠢和浪费空间的做法。戴维斯为了她的信念而奋斗,并最终使她的批判者变得沉默。在剑桥发表的演讲中,戴维斯告诉一位冷嘲热讽的男性听众,"妇女渴望受到良好的教育"。她的想法很快得到了证明,妇女需要获得同样的机会。1873年学院搬迁到离剑桥两英里之遥的格顿(Girton),成为剑桥大学的附属学院,名为格顿学院,戴维斯也成为这所学院的首任院长。格顿学院开设了神学、古典文学、数学、自然科学、法律、历史、语言和音乐等学科,它是英国第一个致力于妇女高等教育的机构。格顿学院曾经十分兴盛,并公认为剑桥大学的一个特色。

到19世纪80年代格顿学院赢得了良好的声誉,一位美国学者参观后,对于女孩们的餐具摆放、务实精神、雅致的装饰等感到十分意外和惊喜。他认为格顿学院非常舒适和设计精美,比人满为患的美国学院好很多。每年夏季大量的美国游客来到格顿参观,并且询问这所学院的运行情况,以便与美国的女子学院进行对比。如果戴维斯在现场,她乐意充当他们的向导。19世纪80年代后期和90年代初期,格顿学院进入了发展与巩固时期,到1895年它每年招收35或40名女生,到世纪之交已有755名女生在格顿学院学习。① 但由于传统上男尊女卑观念的影响,这些接受高等教育的女子不能成为大学的正式成员和获得学位。颇具讽刺意味的是,剑桥大学虽然是女性接受高等教育的始发地,但却是最后一个给予女性同等权利的学校。

在格顿学院的鼓舞下,1870年伦敦大学学院的课堂向女性开放。1878年伦敦大学允许女生获得学位,成为英国第一所招收女生并且授予学位的大学,随后英国一些大学纷纷效仿。在剑桥大学,女生们成群结队去听大学推广运动的先驱者詹姆斯·斯图亚特(James Stuart)的讲座。1881年剑桥大学的所有学位考试都对女生开放,但通过者的名单单列,而且只有证书没有学位。爱丁堡大学和杜伦大学也仿照剑桥大学的模式,向女生开放它们的地方考试。牛津大学地方考试直到1870年才向女子开放,但剑桥大学的做法也促使它采取一系列行动。为了促进女子教育的发展,牛津大学成立了"女子教育协会",并先后建立了四所女子学院,即玛格丽特夫人学堂(1878)、萨默维尔学院(1879)、圣休斯学院(1886)和圣希尔达学院(1893)。后来,一些更新的大学学院允许女生自由地选修她们的课程。在剑

---

① Daphne Bennett, Emily Davies and the Liberation of Women 1830—1921, Andre Deutsch Ltd, London, 1990, p. 213.

桥大学的影响下,城市学院创办伊始就接纳女生;维多利亚大学1880至1887年间既接受女生,也授予女性学位;1893年威尔士大学向女生颁发学位。"在允许女生参加考试的驱动下,产生了一个比剑桥地方考试(the Cambidge Local)更高的标准,这一标准后来也适用于男生,名为高等地方考试(the Higher Local Examination)。"①到1894年为止,在艺术和音乐(arts and music)方面,所有的大学考试都向妇女开放。

20世纪初随着妇女参与社会生活的日益普遍,英国政府于1918年给予了妇女议会选举权。1920年通过的最后法规允许妇女入学和毕业,并成为大学的正式成员;同时也准许向妇女开放大学研究员职位和奖学金。女子受高等教育的限制逐渐被解除后,英国女子高等教育获得了较大的发展。据统计,1929至1930年间英格兰、苏格兰和威尔士共有大学生45603人,其中女生12921人,占总人数的28.3%。② 但是一些不平等仍然存在,直到1939至1945年的战争结束。

三、弗朗西斯·巴斯

弗朗西斯·巴斯(1827—1894)是19世纪英国妇女运动的先驱之一。1827年8月16日巴斯出生于肯特郡,她的家族很有可能来自荷兰或佛兰德。她的父亲罗伯特·巴斯(Robert William Buss)原来是一名海关官员,18世纪末担任了汤布里奇(Tonbridge)一所学校的校长。罗伯特·巴斯是一个想象力丰富、温和、幽默和谦逊的人,他还是一名艺术家,擅长于绘画和铜版雕刻。巴斯夫人(Mrs Buss)也是一个能干和精力充沛的人,她在1845年创办过一所小型的男女合校。在罗伯特·巴斯的五个子女中,弗朗西斯·巴斯是唯一的女孩。"弗朗西斯·巴斯继承了父亲对色彩和亮度的喜爱,她对着装打扮和表演有强烈的兴趣,对书籍和戏剧充满想象力,而且富有幽默感。从母亲那里,巴斯则获得了力量、适应力、组织力和勇气。"③巴斯虽然有与生俱来的天赋,但这些天赋的发展和她办理学校的方式,她做事的方法甚至原则,都不可避免地受到早期家庭环境的影响。

---

① W. H. G. Armytage, Four Hundred Years of English Education, Cambridge University Press, 1964, p.159.
② 吴式颖,阎国华主编:《中外教育比较史纲》(近代卷),山东教育出版社1997年版,第794页。
③ Josephine Kamm, How Different from us: A Biography of Miss Buss & Miss Beale, Routledge, London, 2012, p.16.

第十章
女子教育思想

　　巴斯在一所小学校接受了非正式的教育,她在回顾童年时写道:"在我的记忆中,除了少数几门科目外,根本没有其他的学校设施。"后来她被送入一所男女混合的学校,学习语法和其他课程,但老师从未对课程加以解释。因此,在儿童早期巴斯就意识到,没有理解就不会有课程的生气。10 岁时巴斯进入一所高级女校,该校由韦恩德夫人(Mrs Wyand)创办,学生大部分是艺术家的女儿。后来它与韦恩德先生(Mr Wyand)创办的一所招收艺术家的儿子的男校合并。14 岁时巴斯不再是一名女学生,她开始在韦恩德夫人的学校任教。16 岁时她会偶尔单独负责管理学校,而她自己的进修学习一般是在晚上和节假日。巴斯写道:"14 岁生日之后我开始教学,16 岁时我全权负责管理了一个星期的学校……从此以后我几乎每天都在教室度过,所以从来没有闲暇时间……除了在教室度过外,我好像没有时间去做任何事情,在教室里我头脑中的那些理论可以付诸实施。"①

　　18 岁时巴斯离开了韦恩德夫人的学校,她和母亲各自创办了一所小学校。巴斯挑选一批年轻女士作为初期的学生,教给她们"自由教育的基本观点"。但在这一过程中,巴斯痛心地意识到自身教育的不足,同时也为家庭的财政困境而担忧。1848 年女王学院(Queen's Cllege)的创办,激发了巴斯弥补教育缺陷的学习动力。她参加了女王学院晚间课程的学习,每周学习六个晚上,并获得了法语、德语和地理科目的大学证书。巴斯写道:"女王学院开启了我的新生活,我的意思是指理智方面。与那些有理智的人接触确实令人愉快,而且对于我和大多数有幸成为学生的妇女而言是一种新的体验。"②当她离开女王学院后,作为一名有经验的 23 岁年轻教师,巴斯开始从事自己的教育工作。"她的母亲从最初创办的小学校退休了,女儿像母亲一样充满活力和雄心勃勃地独自从事冒险的事业,这就是 1850 年 4 月 4 日为女子创办的北伦敦女子高等学校(the North London Collegiate School for Ladies)。这是一件全家人都关注的事业,因为巴斯作为女校长需要家庭的支持。"③这是一所私立学校,属于创办者所有。

　　巴斯利用自己家里的房子建立了北伦敦女子高等学校,她把地下室和阁楼留给家里;上课时把一楼的客厅作为女校长办公室,在客厅墙壁上挂满了罗伯特·巴斯的绘画;家里

---

① Sara A. Burstall, Frances Mary Buss: An Educational Pioneer, Society for promoting Christian knowledge, London, 1938, p. 19.
② Sara A. Burstall, Frances Mary Buss: An Educational Pioneer, Society for promoting Christian knowledge, London, 1938, p. 25.
③ Josephine Kamm, How Different from us: A Biography of Miss Buss & Miss Beale, Routledge, London, 2012, p. 21.

的大花园也被用作操场。巴斯家庭的成员一起承担教学任务,甚至年仅14岁的弟弟也带领小女孩们画画。作为艺术家的父亲,不仅是艺术课程的老师,而且负责提供自然哲学的主要事实。学校的主要特点是贯彻民主原则,没有阶级区分,没有教派意识,为生活做准备。开学当日有35名女生,她们是绅士、医生、艺术家、职员和附近商人的女儿。"建校伊始,学校就在两个方面引人瞩目:即坚持对整个人格的教育和打破阶级界限。"①该校除了少数寄宿生外,基本上是一所走读学校。她的一个学生回忆说,每天放学时巴斯都会站在客厅门口和每个女孩吻别。巴斯这种"慈母般的拥抱"、"充满爱意的赞扬"、"亲切和母爱的方式",被人们称为"大家的母亲"(a sort of universal mother)。正如有的学者指出:"弗朗西斯·巴斯并不神秘,她聪慧、直率和有顽强的毅力,她的呼唤是来自现实生活而不是天堂,她呼吁为被忽视的中产阶级的女儿提供教育。"②

北伦敦女子高等学校为被忽视的中产阶级女儿提供了一个合理的教育计划,1850年签署的声明提出,"为学生今后生活中的职位做好准备,她们可能被要求从事任何职业,并为大量的学生提供适当的费用"。③ 该校开设的普通课程包括圣经、英语、历史和地理、算术、法语、拉丁语、制图、健美操等,扩展课程包括意大利语、德语、音乐、绘画和舞蹈。每一季度的普通费用是22英镑,一年有9个星期的假期。巴斯的学校是独一无二的,她为中产阶级女儿提供"物美价廉"的教育。她说:"所有的学生都是平等的,我们希望所有学生都获得同样高水平的知识,教学时应给予她们同样的关注,并为每个学生提供同样的有利条件"。④ 1850年8月入学的一名学生,在1897年描绘了她快乐的学校生活:"我们学习了大量的法语;基亚索上尉(Captain Chiasso)每周上午8:30过来一两次为我们讲解体操;我们每天学习课本而且每个学期重复;我们在一楼的大房间听大卫·莱茵讲授圣经;我们在大花园尽情地娱乐。"⑤

---

① A. D. C. Peterson, A Hundred Years of Education, Gerald Duckworth & Co. Ltd, London, 1960, p. 157.
② Josephine Kamm, How Different from us: A Biography of Miss Buss & Miss Beale, Routledge, London, 2012, p. 41.
③ Josephine Kamm, How Different from us: A Biography of Miss Buss & Miss Beale, Routledge, London, 2012, pp. 42 - 43.
④ Josephine Kamm, How Different from us: A Biography of Miss Buss & Miss Beale, Routledge, London, 2012, p. 47.
⑤ Sara A. Burstall, Frances Mary Buss: An Educational Pioneer, Society for promoting Christian knowledge, London, 1938, p. 31.

第十章 女子教育思想

北伦敦女子高等学校开创了英国女子全日制学校的新模式。在巴斯的努力下,北伦敦女子高等学校取得了明显的成就,其女生在剑桥大学地方考试中成绩斐然,与一般女子学校形成了鲜明的对比。十年后的一份父亲职业列表显示,北伦敦女子高等学校最有成就的学生是绅士、律师、牧师、医生和艺术家的女儿;但学校调查委员会的报告表明,父亲是矿工、售货员、货栈主、食品供应者、服装商、马贩子、羊毛工等职业的女儿也取得了同样的进步。"在学生人数、社会声誉和办学水平方面,这所私立学校稳步地发展了20年"①

在英国女子教育史上,1864年是一个里程碑,中产阶级的女子学校首次进入官方视野。"巴斯小姐不仅提供像独立女子中学那样的时尚教育模式,而且她和戴维斯通过大量的证据给马修·阿诺德施加压力,从而使汤顿委员会在1865年提出了关于女子教育的建议。"② 1864年巴斯和其他一千多名女教师及知名人士在戴维斯发起的请愿书上签名,呼吁给予女孩参加地方考试的机会,认为这项权利应该是永久的,而不是试验性质的。同时,她们恳求学校调查委员会把女子学校课程和女子教育捐赠使用情况纳入调查范围。正如此前的纽卡斯尔委员会(the Newcastle Commission)考察初等学校的状况,克拉伦敦委员会(the Clarendon Commission)检查英国公学的情况,汤顿委员会的调查范围是介于这两者之间。但汤顿委员会对女子学校的命运漠不关心,在其职权范围内既没有提及女子学校,也把女子学校排除在调查范围之外。

巴斯与戴维斯是同一天被邀请去向汤顿委员会当面提供证据。在委员会成员戴克·阿克兰的秘书室,巴斯和戴维斯都接受了询问。戴维斯当时十分轻松地喝着红酒和吃着饼干,而巴斯小姐却紧张得几乎说不出话来,但她还是对提出的问题给予了满意的回答。在回答问题过程中,巴斯表现出的渴望心情以及女性脆弱的表情,使戴克·阿克兰及其同事感到温暖。一位委员助理后来回忆说:"我们都被她们完美的女性气质所打动,为什么,因为在巴斯小姐眼里有泪水!"③ 巴斯向委员会详细汇报了北伦敦女子高等学校的工作,包括学生入学时的教育水平、课程和教学、存在的问题和未来的计划等。巴斯抱怨入学时女孩

---

① Sara A. Burstall, Frances Mary Buss: An Educational Pioneer, Society for promoting Christian knowledge, London, 1938, p. 34.
② A. D. C. Peterson, A Hundred Years of Education, Gerald Duckworth & Co. Ltd, London, 1960, p. 157.
③ Josephine Kamm, Hope Deferred: Girls' Education in English History, Methuen & Co Ltd, London, 1965, p. 205.

的教育水平低,尤其是在算术方面。"我们有很多13、14和15岁的女孩,当她们入学时几乎不能做最简单的算术……"①委员们问道:"你们重视算术、英语作文和拼写吗?"巴斯回答说:"自从设立剑桥地方考试以后,我们非常重视算术。"②

北伦敦女子高等学校除了学习一些基础科目如圣经、英语、历史、地理和算术外,还要学习拉丁语、法语、德语、绘画、音乐和缝纫。巴斯相信大学地方考试的开放是有益的,考试的试验会提供"一个极大的刺激,尤其是英语和算术。女孩们有些事情可做,怀抱一些希望,实现某些目标,老师们同样如此"。③ 她认为,在同一社会阶层女孩的教育不应和男孩分开,而且应该向他们提供最好的教育。"我相信女孩可以学会通过有趣的方式教给她们的任何东西,她们还会产生一些工作的动机。"④

关于财政资助问题,巴斯小姐的意见与她的朋友们自然是一致的,她强调在现有捐赠中女孩应该占有一定的份额。她认为许多女孩处于极端无知的状态,女子学校质量差的根本原因是缺乏受过训练的教师,师资不足导致不可能开办更多高质量的学校。她认为大多数女孩的教育"几乎完全是华而不实,她们只懂得一点音乐、一点唱歌、一点法语、一点装饰,除此之外什么都不会。很多女孩入学后希望能说法语和弹钢琴,但她们却没有英语和算术方面的知识"。⑤ 好学校不多的一个主要原因是严重缺乏受过训练的教师。通常说来,一个女教师办学仅仅是为了谋生,她没有教学方面的知识。巴斯希望每个教师能受到教学艺术方面的训练,并获得相应的证书。"我的信念是,我们应该做好合格女教师的培养工作,要让全国所有学校的女教师受到训练。"⑥对于孩子们来说,政府培养的女教师能提供更好的教学,她们知道怎样使教学更有趣,她们可以完全抛弃课本而进行口语教学。

---

① Josephine Kamm, Hope Deferred: Girls'Education in English History, Methuen & Co Ltd, London, 1965, p. 205.
② Josephine Kamm, How Different from us: A Biography of Miss Buss & Miss Beale, Routledge, London, 2012, p. 76.
③ Josephine Kamm, Hope Deferred: Girls'Education in English History, Methuen & Co Ltd, London, 1965, p. 205.
④ Josephine Kamm, Hope Deferred: Girls'Education in English History, Methuen & Co Ltd, London, 1965, p. 205.
⑤ Josephine Kamm, How Different from us: A Biography of Miss Buss & Miss Beale, Routledge, London, 2012, p. 77.
⑥ Josephine Kamm, Hope Deferred: Girls'Education in English History, Methuen & Co Ltd, London, 1965, p. 206.

在戴维斯、巴斯小姐、比尔小姐、沃斯通霍姆小姐等人的游说下，汤顿委员会承认男女基本学习能力相同或几乎相同。"女子教育同男子教育一样也是与国民利害相关的问题。可以适当地把一些慈善资金用于女子教育，即使在基金文件中没有提到女孩。"①1867年提交议会的汤顿委员会报告规定设立捐赠学校委员会(the Endowed Schools' Commission)，提出的原则是"女孩应该分享过去的捐赠，而且希望现在能分享更多的捐赠"。该委员会还提出了一个更广泛的目标，即按照北伦敦女子高等学校的模式，在每个乡镇设立一所女子中等学校；由于现有男子学校的捐赠没有得到有效利用，一部分资金可以转移给女子学校。委员会还制定了一个新的方案，即在1869至1874年间创办178所文法学校，其中包括47所女子学校和1所男女混合学校。"事实上，正是这次行动开启了建立普通女子中学制度的先河，并且导致了贝德福德、伯明翰、罗彻斯特等地女子中学的创办。至1900年，80所女子中学通过这种方式得以建立。"②

巴斯还为改变北伦敦女子高等学校的地位而奋斗，她说："把现在的学校转变为一所优异的公立学校，这将是一件高尚而有益的工作，到时候其他的学校可能会仿照它，一代代的女性将会获得良好的教育。"③这种转变发生了，1871年北伦敦女子高等学校迁入新校区，成为一所公立文法学校。巴斯自豪地说："……在我们的安排中，长期渴望和长期讨论的变化已经发生，我们搬迁到了位置更好、房屋更宽敞的卡姆顿路(the Camden Road)。几位女士和先生自己成立了一个管理委员会，他们的目标是尽力去改善女子教育。……我们有宪法和委托书，因此现在它是一所合法的女子公立文法学校。"④1871年1月新学校开学，到5月份已有女生112人。新学校的学费是每年44英镑，学生的离校年龄是16岁。⑤新学校所获得的一些捐赠，将确保用于弥补成本和费用之间的差距，以及用于提供建筑物、教学设

---

① ［英］奥尔德里奇著，诸惠芳，李洪绪等译：《简明英国教育史》，人民教育出版社1987年版，第119页。
② A. D. C. Peterson, A Hundred Years of Education, Gerald Duckworth & Co. Ltd, London, 1960, p. 158.
③ Josephine Kamm, How Different from us: A Biography of Miss Buss & Miss Beale, Routledge, London, 2012, p. 101.
④ Josephine Kamm, How Different from us: A Biography of Miss Buss & Miss Beale, Routledge, London, 2012, pp. 101-102.
⑤ Sara A. Burstall, Frances Mary Buss: An Educational Pioneer, Society for promoting Christian knowledge, London, 1938, p. 38.

施和奖学金。与此同时,巴斯在原校区创办了第二所女子中学,即卡姆顿中学,并且兼任该校的学监。卡姆顿女子中学收费低廉,设立了一系列奖学金,学生离校年龄为16岁,优秀女生可以转学到北伦敦高等女子文法学校。1872年北伦敦高等女子文法学校发起成立"女子公共全日制委员会"(the Girls' Public Day School Trust),同年按照北伦敦高等女子文法学校的模式,建立了一批公立女子走读学校。到19世纪末,共有33所公立女子走读学校,为7000多名女孩提供了相当于高中阶段的教育。① 1878年创建的玛丽亚·格蕾师范学院,为这些女子学校培养教师。

总之,在19世纪后期的30年,女子中等教育的观念和设备都得到了重大发展,1895年布赖斯学校调查委员会②指出,女子中等教育状况或许比教育部门其他任何方面的变化都大。到1904至1905年,英国受资助的女子学校为99所,女生人数为33519人。③ 有的学者写道:"……弗朗西斯·玛丽·巴斯注定要为女子教育进行革命,并为英国公立全日制学校制度奠定基础,以使许许多多的女子从中受益。今天成千上万的女子正在那里接受由这位先驱者所设计的教育";④"今天,当我们反思整个女子教育领域,尤其是在全日制学校,绝大多数青少年女子有幸受到了教育,我们不得不认识到这位先驱者的影响、思想及方法是多么深远和有效"。⑤

除了以上三位女权主义教育家外,约翰·密尔也是著名的女权主义作家。密尔从社会进步出发提出解决女权问题,主张应从法律上维护女权,赋予妇女选举权和参政权,以提高妇女的素质,使她们进入迄今为男子所独占的一切职务和职业。密尔不仅在思想上启迪妇女,而且在行动上支持英国妇女参政。他在议会工作期间(1865—1868)积极关注妇女权利,并把妇女选举权看做民主制的基本因素。1866年他将一份由1499名妇女签名要求妇女选举权的请愿书递交给议会。1867年5月在议会改革法案的激烈辩论中,密尔发表了有关妇女选举权修正案的演说,他用自由主义的公正(或正义)原则作为妇女选举权的理论依

---

① 史静寰主编:《世界教育大系——妇女教育》,吉林教育出版社2000年版,第118页。
② 简称布赖斯委员会(Bryce Commission),成立于1894年,负责对中等教育进行调查。
③ 吴式颖,阎国华主编:《中外教育比较史纲》(近代卷),山东教育出版社1997年版,第789页。
④ Sara A. Burstall, Frances Mary Buss: An Educational Pioneer, Society for promoting Christian knowledge, London, 1938, p. 15.
⑤ Sara A. Burstall, Frances Mary Buss: An Educational Pioneer, Society for promoting Christian knowledge, London, 1938, p. 86.

据,把妇女的痛苦遭遇作为妇女选举权的现实需要。密尔的雄辩演说打动了许多议员的心,因此该修正案获得了 73 票的支持票。更重要的是,密尔修正案的提出及其在议会的辩论,也在民众和报刊界引发了一场妇女选举权问题的大讨论。关于女权问题,密尔先后出版了《承认妇女的选举权》、《妇女的屈从地位》和《妇女的参政权》三部著作。在这些著作中,他全面论证了妇女参政的必要性和可能性,批判现实中对妇女的歧视,呼吁给予妇女政治和经济的平等。

在 1869 年出版的《妇女的屈从地位》中,密尔指出,随着社会的进步和发展,人类历史上人对人的奴役都已经被废除了,唯一遗留的问题是男性对女性的压迫。越来越多的妇女对她们的社会状况表示抗议,她们以最杰出的妇女为首向议会请愿,要求获得议会选举权;在知识领域里,她们要求同男子一样受教育的愿望越来越强烈;同时还要求进入迄今仍对她们关闭的职业和专业领域。他说:"我确认,规范两性之间的社会关系的原则——一个性别法定地从属于另一性别——其本身是错误的,而且现在成了人类进步的主要障碍之一。我认为这个原则应代之以完全平等的原则,不承认一方享有权力或特权,也不承认另一方无资格。"①

密尔认为,男女两性之间不存在天然的差别,所谓存在于男人和女人之间的智力差别,只不过是由教育和环境的差异而造成,并不表明天性上的根本差别,更不必说极端低劣了。他说:"没有一个人能有把握地断言,如果让妇女的天性像男人的一样自由地选择其方向,……那么,在妇女所显露的性格和能力上,会同男人的有任何重大的差别吗? 或任何一点差别吗? 现在我将证明,现在存在的即使是最少争论的差别都只是由于环境产生的,没有天然的能力的差别。"②《妇女的屈从地位》一书很快成为欧洲女权主义发展史上的里程碑,它对于西方妇女自我意识的觉醒发挥了重要作用。"随着全世界受过教育的妇女阅读和讨论这本书,该书不久成为最吸引人的女性主义作品。至 1870 年,该书在 12 个国家发行,有 8 种语言的版本。"③

密尔还与妻子哈里特·泰勒(Harriet Taylor)经常讨论妇女的地位问题,一起为女性解放而呐喊。泰勒 1851 年出版了《妇女的选举权》一书,她认为传统上的男女关系犹如奴隶制度,男人就是奴隶主,而女性就是奴隶,其结果是男女双方都深受其害。她说:"几个世纪

---

① [英]约翰·斯图尔特·穆勒著,汪溪译:《妇女的屈从地位》,商务印书馆 1995 年版,第 255 页。
② [英]约翰·斯图尔特·穆勒著,汪溪译:《妇女的屈从地位》,商务印书馆 1995 年版,第 308 页。
③ [美]史蒂夫·威尔肯斯,阿兰·G·帕杰特著,刘平译:《基督教与西方思想》(卷二),北京大学出版社 2005 年版,第 178 页。

以来,习俗的偏见否定了奴隶的权利,同样也否定了妇女的权利;奴隶制损害了奴隶主和奴隶,妇女的受压迫也损害了两性:一方面它形成了权力的邪恶,另一方面则产生了阿谀的技巧。"①相比沃斯通克拉夫特和密尔,泰勒的女性观更加激进,她主张妇女不仅要寻求机会读书和争取参政权,还应通过自我谋生获得经济独立。1867年在密尔和泰勒的努力下,成立了"伦敦全国妇女参政会",随后曼彻斯特和爱丁堡也建立了各自的妇女参政会。1868年各地妇女参政组织联合组成"全国妇女参政会",这是英国第一次女权运动中非常重要的妇女组织,在19世纪后期英国妇女运动中发挥了领导作用。

总之,英国18、19世纪的女权主义思想,从要求男女教育平等到财产平等,进而发展到政治权利的平等,其基本内容是要求男女平权。"19世纪的女子教育理论是源于对'妇女问题'的广泛讨论,并形成于女权主义者对性别角色、性别差异和家庭的重新思考。"②女权主义者诉诸人的本质和理性,批驳女性天生弱势的传统性别观,认为后天教育是导致两性差异的主要根源。"这种女权主义思想,在启发女性的自我意识、人格意识和主体意识方面起了不可估量的作用,直接激发妇女起来争取自身的各项平等的权利,并在以后的实际斗争中指导着妇女运动的发展。"③其中沃斯通克拉夫特和戴维斯的女子教育思想,比较典型地反映了早期女权主义者的基本观点,如相信男女智力水平没有明显不同,他们应该接受完全一样的教育。她们希望通过男女同校教育消除男女之间的不平等,从而达到理想社会的目标。另外,女子教育机会的增多,不仅使她们开阔了视野,增强了谋生技能,而且提高了思想水平。只有当女子走出家庭的狭窄小圈子,摆脱个人生活的狭隘性,才能形成自己独立的人格。"然而,女权主义和女子教育之间的关系并不是直截了当的。女子学校和女子学院的创办也涉及那些不一定认同更广泛的女权主义政治的男子和女子。在1870年汤顿委员会揭露现有条款的不足后,是政府而非女权主义活动家建立了大多数的女子中等学校。提高学校标准和建立女子学院的动因,也必须被视为更广泛的教育改革的一部分……"④

---

① 裔昭印等著:《西方妇女史》,商务印书馆2009年版,第400页。
② Christopher Brooke and Elizabeth Frazer, Ideas of Education: Philosophy and Politics from Plato to Dewey, Routledge, London and New York, 2013, p. 233.
③ 陆伟芳著:《英国妇女选举权运动》,中国社会科学出版社2004年版,第38页。
④ Christopher Brooke and Elizabeth Frazer, Ideas of Education: Philosophy and Politics from Plato to Dewey, Routledge, London and New York, 2013, p. 225.

第十一章

新 教 育 思 想

第十一章
新教育
思想

19世纪后期和20世纪前期,在欧美出现了一场伟大的教育革新运动,它在欧洲称之为"新教育"运动,在美国称之为"进步教育"运动。广义的新教育运动,包括欧洲新教育运动和美国进步主义教育运动。狭义的新教育运动,是指以欧洲为地理范围的新教育运动。正如有的学者指出:"所谓新教育运动(或称新学校运动),是指19世纪末、20世纪前期在西欧一些国家相继展开的,旨在改造传统学校和建立新型学校的教育革新运动。"①更狭义的新教育运动,是指某一个国家的新教育运动。为了区别起见,本书采用更狭义的新教育概念,所研究的新教育特指英国的新教育。

与此同时,也有学者把这次教育革新运动统称为进步主义教育运动。我国学者马骥雄先生指出:"之所以加上'主义'一词,是因为它以另一种新的教育哲学为其思想支柱。之所以概称'进步主义',是因为倡导和实践这一革新的许多代表人物,尽管他们存在小异,但他们都深信社会进步的不可避免性,深信教育能够成为发展'社会技艺'以便人学会用自己的智慧创造一个更好的世界的工具。"②澳大利亚学者康内尔(W. F. Connell)则把欧洲新教育和美国进步主义教育都归入进步教育的范畴。他说:"进步教育运动没有地理中心。在它的早期,19世纪90年代,它在英国和美国最为突出;进入20世纪之后,德国和继其之后的意大利、比利时、法国和瑞士都作出了重大贡献。最初,进步教育运动在19世纪末同时地和各自独立地在欧洲和美国发展。两种不同的传统出现之后,从1910年左右开始会合,并一直会合下去。"③

在欧美国家"进步"不只是一个词汇,它更代表着一种重要的社会历史观。在西方近代思想界,进步观念产生了广泛的影响,这种影响也波及教育界。"任何名副其实的教育都是进步的。受教育或者一种教育经验,总是代表着个人知识和理解力的一种进步、发展甚至是提升。"④从某种程度上说,几乎所有的近代教育家都认为,通过教育可以从根本上消除无知、愚昧和罪恶,从而改良人性和改造社会,促进人类社会的不断发展。这种信念正是进步观念在教育领域的体现。进步教育有三种含义:广义的进步教育,泛指近代(尤其是18世

---

① 张斌贤,褚洪启等著:《西方教育思想史》,四川教育出版社1994年版,第552页。
② 马骥雄著:《外国教育史略》,人民教育出版社1993年版,第326页。
③ [澳]W. F. 康内尔著,张法琨,方能达等译:《二十世纪世界教育史》,人民教育出版社1990年版,第253页。
④ David Halpin, Romanticism and Education: Love, Heroism and Imagination in Pedagogy, Continuum International Publishing Group, 2007, p. 9.

纪启蒙运动)以后产生并受进步观念影响的一系列教育思想与实践;狭义的进步教育,特指19世纪末产生于美国并与进步主义教育协会相关的教育思想与实验;第三种界定是指自19世纪后期开始在欧美盛行的、以批判传统教育和倡导教育革新为中心的教育思想与实践。①

英国的新教育始于19世纪80年代末,初期代表人物是雷迪(Cecil Reddie)和巴德利(John Haden Badley);进入20世纪后代表人物有麦克米伦(Margaret McMillan)、沛西·能(Thomas Percy Nunn)、罗素(Bertrand Russell)、尼尔(Alexander Sutherland Neill)、怀特海、艾萨克斯(Susan Isaacs)、里德(Herbert Edward Read)等,其中雷迪、巴德利、麦克米伦、罗素和尼尔都创办了新式学校,从事新教育的实验。沛西·能、罗素和尼尔的教育思想在下章"自由教育思想"中进行论述。本章首先介绍雷迪和巴德利的新教育实践,然后再对麦克米伦、怀特海、艾萨克斯和里德的新教育思想进行详细阐述。

雷迪(1858—1932)出生于苏格兰一个贵族世家,少年时代在爱丁堡一所传统的寄宿制公学受教育,后进入爱丁堡大学和德国哥廷根大学学习,分别获得理学学士学位和哲学博士学位。1889年10月雷迪在英格兰的德比郡创办了阿博茨霍姆学校(Abbotsholme),标志着新教育运动的开始。雷迪吸收了维多利亚后期盛行的社会改革思想,把学校尤其是寄宿制公学看做改革英国社会的基础。他认为当时的学校几乎与日常生活需要脱节,古典人文学科无法满足科学时代的要求,它过分强调竞赛与考试,无视社会关系与个人关系。因此,雷迪决定创办一所新型的公立寄宿制学校。阿博茨霍姆学校主要为上层阶级子弟服务,它是一所面向11至18岁男孩的中学,目的在于提供一种完全现代的、合乎情理并且适应"领导阶级"需要的全面教育。这所学校培养的"新男孩",不应该有心胸狭隘的岛民心理,而必须具备英国人对帝国的责任感,承担起作为领导阶级成员的责任。

雷迪把培养学生具有领导、合作、平衡的意识与能力作为学校的三项基本原则。为了培养学生的领导能力,他给学生分配一系列任务与责任,并让他们担任学校公职,学会积极行动和养成合作的意愿。为了培养学生的合作意识,他以小组为单位给学生提供各种活动机会,如艺术创作、收割干草、建造茅舍、造船等。为了培养学生的平衡力,他要求学生同等对待课程中的五个部分,包括体育与手工活动,艺术,学科课程(英语、法语、德语、物理学、化学、生物学、历史、地理),社会教育,道德与宗教教育;同时要求学生平衡生活中的各种二

---

① 张斌贤:《进步主义教育运动:概念及历史发展》,《教育研究》1995年第7期,第26页。

元论,如合作与竞争、男性与女性、自由与法律、乡村与城市等。阿博茨霍姆学校的作息时间分为三部分:上午用于室内的学术活动;下午是室外活动,如手工和体力劳动、体育运动等;晚上则是娱乐和艺术活动。总之,阿博茨霍姆的学习和生活既有规律,又丰富多彩,体现了自由与纪律的平衡。在雷迪经营的十年期间(1889—1899),阿博茨霍姆学校取得了极大的成功,为当时的进步教育运动树立了新的典范。受阿博茨霍姆学校的启发,雷迪的后继者纷纷创办新式学校从事教育实验。"作为阿博茨霍姆学校的创办者,雷迪无疑是20世纪英国教育革新运动的开山祖,但由于各种原因他在英国似乎很少被认可。"①到20世纪初,阿博茨霍姆学校开始衰退,1927年当雷迪退休时它实际上已经停办。

巴德利(1865—1967)出生于伯明翰一个医生家庭,先后就读于拉格比公学和剑桥大学。1889年毕业后巴德利应雷迪邀请,成为阿博茨霍姆学校的一名教师。1893年巴德利离开阿博茨霍姆,并按其模式在苏塞克斯郡建立了贝达尔斯学校(Bedales)。"尽管巴德利感谢雷迪和阿博茨霍姆,但雷迪把1893年贝达尔斯的创办视为背叛行为。"②贝达尔斯最初面向9至15岁的男孩,1898年开始招收女生。男女同校是贝达尔斯与阿博茨霍姆的最显著差异,巴德利相信异性之间的协作将扩大成功的范围,而且承担共同的责任是未来两性关系的基础。贝达尔斯的学生入学率不断上升,建校伊始只有3名男生,1903年超过100名,1921年达到200名,其中男女学生人数大致相等。③ 1900年贝达尔斯迁往朴茨茅斯北郊。第一次世界大战前,贝达尔斯的学生年龄范围有所扩大,它开始招收从幼儿园到19岁的学生。

与阿博茨霍姆相比,贝达尔斯既有继承也有创新。在日常生活安排上,贝达尔斯几乎是阿博茨霍姆的翻版。在课程设置上,巴德利和雷迪的目标一致,实习作业、表现活动、英语、现代外语、自然科学、社会科学、社会工作、课外阅历、道德教育等,是贝达尔斯教学内容的重要组成部分。但在管理方式上,巴德利比雷迪更宽容、更民主,阿博茨霍姆主要为上层阶级子弟服务,学校管理沿袭传统公学的做法,强调纪律和统一,有着更多的斯巴达遗风。贝达尔斯则体现了更多的雅典民主精神,它尊重学生的各种观点,不强调思想的统一性;在学生自

---

① W. A. C. Stewart, The Educational Innovators, Volume Ⅱ: Progressive Schools 1881 - 1967, Macmillan & Co Ltd, 1968, p. 243.
② W. A. C. Stewart, The Educational Innovators, Volume Ⅱ: Progressive Schools 1881 - 1967, Macmillan & Co Ltd, 1968, p. 278.
③ [澳]W. F. 康内尔著,张法琨,方能达等译:《二十世纪世界教育史》,人民教育出版社1990年版,第269页。

治方面，贝达尔斯通过普选建立了学校议会，使全体学生都在某种程度上参与了治校。在 1962 年的一次访谈中，巴德利认为雷迪有普鲁士人的特性，而且在某种意义上说阿博茨霍姆学校是一个人的学校，但贝达尔斯学校并不是这样。"阿博茨霍姆本身是与威权主义和等级制政治、社会理想相联系，而贝达尔斯的目的是在巴德利领导下加强自由与平等。"①

另外，巴德利比雷迪更注重教学方法的改进，他在建校第一年就撰写了如何改进外语和木工活动教学的文章，一战前他在幼儿教育中引入蒙台梭利教学法，20 世纪 20 年代他又将道尔顿制运用于中学。在培养目标上，雷迪关注的是培养一代又一代能够改造英国社会的新领导人，而巴德利更注重培养有创造力的人，这些人将塑造一个更人道、更丰富多彩的社会。"从总体上说，雷迪促进了巴德利教育思想的形成，并激发了他创办贝达尔斯的潜力。正是巴德利更加稳定的性格和自制力，以及他的独创性和决心，使得贝达尔斯形成了稳定的办学方针；而正是雷迪有洞察力但专横的性格，创建和几乎毁灭了阿博茨霍姆。"②总之，与阿博茨霍姆相比，贝达尔斯取得了更好的业绩。美国教育家华虚朋（Carleton Wolsey Washburne）参观贝达尔斯学校后指出："巴德利和他的同事们的崇高目标，男女同校教育，身心两方面的均衡发展，适应个人的需要，以及美丽的学校环境，所有这一切使得贝达尔斯几乎成了一所理想的学校。"③

英国新教育思想的代表人物有麦克米伦、怀特海、艾萨克斯和里德等。

一、麦克米伦

玛格丽特·麦克米伦（1860—1931）是英国幼儿教育家及保育学校的创始人。"玛格丽特·麦克米伦是她那个时代最热心的社会和教育改革家之一，也是最实际的创新者之一。"④1860 年 7 月麦克米伦出生于美国纽约，父母均为苏格兰移民，但她的大部分时间是

---

① W. A. C. Stewart, The Educational Innovators, Volume Ⅱ: Progressive Schools 1881 – 1967, Macmillan & Co Ltd, 1968, p. 278.
② W. A. C. Stewart, The Educational Innovators, Volume Ⅱ: Progressive Schools 1881 – 1967, Macmillan & Co Ltd, 1968, p. 278.
③ 杨汉麟主编：《外国教育实验史》，人民教育出版社 2005 年版，第 392 页。
④ Elizabeth Bradburn, Margaret McMillan: Framework and Expansion of Nursery Education, Denholm House Press, Surrey, 1976, p. 13.

在英国度过。1865 年玛格丽特 5 岁时父亲因病去世,母亲带领她和姐姐拉歇尔·麦克米伦(Rachel McMillian,1859—1917)返回苏格兰。玛格丽特早年在欧洲大陆学习,并担任过家庭教师,后来去伦敦投奔姐姐拉歇尔。两姐妹对社会工作非常热心,拉歇尔从事卫生检查工作,玛格丽特则热心教育事业。1893 年玛格丽特担任了布拉德福德市(City of Bradford)的一项社会工作,由于工作成绩突出,1894 年被选为布拉德福德市教育委员会的委员,并开始从事贫民儿童的教育工作。她一方面为改善贫民学校的条件而努力,如建造浴室、诊所和提供午餐;另一方面研究最新的教育理论和儿童福利方面的问题。"正如其他任何人获得的任何称号一样,我们把玛格丽特·麦克米伦称为'社会改革家'无疑是恰当的。"①

1896 年玛格丽特出版了小册子《童工和半日制》,1900 年又完成了《早期儿童》的写作。《早期儿童》一书不仅体现了玛格丽特深厚的人道主义精神,而且表现了作者开阔的思想视野,这与她广泛涉猎教育学、哲学、社会学等方面的文献分不开。玛格丽特曾阅读过柏拉图、洛克、卢梭、福禄培尔(Friedrich Wilhelm Froebel)、阿诺德、斯宾塞、杜威(John Dewey)、托尔斯泰(Leo Tolstoy)、霍尔(Stanley Hall)的著作,对教育事业具有坚定的信念,对贫民儿童抱有深刻的同情。

在济贫工作中,玛格丽特对当时英国幼儿教育的落后状况感到震惊,尤其是贫民窟地区幼儿的保育及教育问题十分突出,她深感有必要为幼儿特别是贫民儿童创办学校。环境的恶劣也体现在婴儿死亡率上,在 1909 年和 1910 年德普特福德(Deptford)的婴儿死亡率分别达到了 10.4% 和 12.4%。② 如果考察一下这么高死亡率的深层原因,我们会发现统计数据显示的是低工资、不稳定的就业、大家庭和居住条件不卫生,那些缺乏技能的体力劳动者陷入了一种恶性循环,使得大部分孩子的食物、衣服和生活物资严重不足。这种状况让玛格丽特感到很苦恼,并促使她采取一些行动。她意识到贫穷、无知和疾病不仅会危害成年人,而且也影响下一代的成长。1908 年玛格丽特在姐姐的帮助下开设幼儿实验诊所,并得到当时教育部长罗伯特·莫兰特(Robert Morant)的支持。1910 年诊所迁往伦敦东南部的贫民窟——德普特福德,并改称为德普特福德学校治疗中心。

创办之初麦氏姐妹面临资金的困扰,1910 年底她们发表了一份关于幼儿教育事业的报

---

① R. J. W. Selleck, The New Education 1870—1914, Sir Isaac Pitman & Sons Ltd, London, 1968, p.174.
② Elizabeth Bradburn, Margaret McMillan: Framework and Expansion of Nursery Education, Denholm House Press, Surrey, 1976, p.37.

告,次年获得了伦敦市政府及一些市民的资助。1911年麦氏姐妹在该中心开设"野营学校",利用帐篷对儿童进行保育。1913年这里发展为集儿童诊所、治疗中心、营地学校和户外幼儿学校于一体的"户外保育学校"(Open-air Nursery School)。保育学校主要是为确保贫民和工人的幼儿健康,预防结核病、眼病、耳鼻及佝偻病的早期发育畸形而建。其办学原则融合了欧文、裴斯泰洛齐、福禄培尔及蒙台梭利(Maria Montessori)的幼儿教育思想,注重幼儿的手工活动、言语教育、感觉训练、家政活动及自由游戏,以提供适宜的环境和增进幼儿健康为首要目的。玛格丽特保育学校的指导思想是:"对所有的儿童,我们必须像对待自己的孩子一样,要像教育我们自己的孩子那样去教育他们。"①这既是玛格丽特人道主义精神的真实写照,也体现了一种儿童保育权利均等的思想。

保育学校开始主要招收5岁以下的贫民幼儿,后来面向所有7岁以下的儿童,尤其是贫民和工人的子女。1915年保育学校获得英国教育部500英镑的建筑资金,以及对5岁以下幼儿每人每天7便士的常年补助,使得困扰麦氏姐妹多年的经费紧张问题得以缓解。然而,由于积劳成疾,拉歇尔于1917年3月不幸辞世。玛格丽特化悲痛为力量,继续为贫困家庭的幼儿教育而努力,并将保育学校命名为"拉歇尔保育学校"。同年,在英国政府的协助下,玛格丽特建立保育学校教师培训机构。保育学校还成立了"母亲俱乐部"(mothers' club),每周举行集会以加强保育学校与家庭的联系。她说:"俱乐部每周举行集会。实际上,它是一种茶话会,最开始是指在避难所里一种令人愉快的问候和闲谈,后来出现了一种正式的关于儿童卫生和教育主题方面的系列演讲,如睡眠、饮食、服装、疾病等。有时我们也有关于社会事务的演讲,如国际联盟、国际主义、我们与公共机构的关系。总之,我们会记住自己的公民身份和责任。"②通过"母亲俱乐部",玛格丽特不仅希望能启发父母、教师和学生认识儿童的真正需要,以便他们拥有共同的目标;而且也希望所有这些成年人有机会成长为人。玛格丽特想形成她们的自尊感,并建立一个更加明智的选民区。她把学校看做新社会运动的一部分,这一运动将促进社区发展和社区的重建。

玛格丽特在吸收众多教育家的思想基础上,结合自己的幼儿教育实验,先后出版了《通过想象进行教育》(1904)、《儿童与国家》(1911)、《野营学校》(1917)、《保育学校》(1919)、《保

---

① R. J. W. Selleck, The New Education 1870—1914, Sir Isaac Pitman & Sons Ltd, London, 1968, p. 218.

② Elizabeth Bradburn, Margaret McMillan: Framework and Expansion of Nursery Education, Denholm House Press, Surrey, 1976, p. 64.

育学校：一本实践指南》(1920)等教育小册子，较为系统地阐述了她的进步教育思想。"玛格丽特的工作建立在基督教关于人的本质的观念之上，她把每个孩子看做上帝的孩子、一个独特的生物、一个有无限价值和受到尊重的人。健康被看做是教育的一个先决条件，它是精神的仆人。因此，健康教育和社会福利是学校的重要组成部分：它们影响学校建筑的设计、课程内容及其安排。"①玛格丽特认为，人的有机体是一个统一体，各种情感的发展都取决于身体健康、免受饥饿及疾病；儿童从出生起，其身体健康只有被认可为一项基本人权和社会工作时，其他的教育目标才有可能取得成功。因此，保育学校的首要目标是保障或恢复幼儿的身体健康。"玛格丽特有三个主要的教育目标——幼儿需要保育，学校应该和家庭、周边地区建立紧密的联系，学前儿童应该接受适当的训练并配备合格的教师。"②

与其他学校相比，玛格丽特学校有三个明显的特征：它是一所位于花园中的户外学校，保育学校的花园是真正的教学区域，它本身是一个有教育意义的环境，它可以为儿童提供一种完整的体验；规模很大，它是一个真正的学校村庄（a village of schools），由许多独立的居所组成，周围有自由活动的空间，并配备了自己的澡堂、办公室和普通设施等；年龄范围满足需要，第一批入学的87名儿童年龄范围是3个月至5岁。③

到1921年，玛格丽特学校大约有200至300名儿童定期入学，其中大部分儿童遭受多重磨难。对于那些获准入学的幼儿，入校前需要进行医学检查，如果发现有疾病时，便可在诊所或医院治疗。在玛格丽特看来，凡是居住在贫民窟的1至7岁幼儿，他们普遍缺乏生活空间、日光、空气、睡眠、营养、爱与快乐。为了满足这些需要，保育学校十分重视环境布置，设计了一个符合幼儿特点的"小天地"。保育学校有一个宽广而美丽的花园，里面有充满阳光的广场、多种多样的花草树木及鸟兽虫鱼，这些都构成了幼儿生命活动的源泉，孩子们花费很多时间在这里玩耍。保育学校的一切用具都很轻巧，便于孩子们随意搬动，如小洗脸盆、小扫帚、小橱柜等。为了适宜采光，所有建筑面向东西。建筑物的色彩选择柔和的灰色，以适合幼儿的心理。保育学校还有阳光和通风条件俱佳的浴室。在生活方面，玛格丽

---

① Elizabeth Bradburn, Margaret McMillan: Framework and Expansion of Nursery Education, Denholm House Press, Surrey, 1976, p. 53.
② Elizabeth Bradburn, Margaret McMillan: Framework and Expansion of Nursery Education, Denholm House Press, Surrey, 1976, p. 162.
③ Elizabeth Bradburn, Margaret McMillan: Framework and Expansion of Nursery Education, Denholm House Press, Surrey, 1976, pp. 82-87.

特让幼儿穿干净宽松的衣服,吃新鲜营养的食物,过有规律的生活。同时,在 5 岁以下的幼儿中,每 6 人配有 1 名女助手;在 5 岁以上的儿童中,每 12 人配有 1 名女助手。

保育学校的时间安排如下:8:00 到校,沐浴和洗涤等;9:00 吃早餐,娱乐;10:00—11:00 各种教育工作,教具和幼儿园工作;11:00 洗涤和培养良好的家庭习惯;11:30 婴儿的午餐,饭后在帆布床午睡到自然醒;11:45 年长儿童的午餐,饭后午睡(12:30—2:30);14:30—15:00 洗涤和娱乐;15:00—16:00 散步或去河边进行教育考察,如果下雨就玩玩具和做手工;16:00 喝茶,当然任何时间都可以喝茶;16:30—17:30 自由活动;17:30 离校。① 玛格丽特学校的氛围是和谐友好的,老师既鼓励孩子们之间建立友情,也尽量减少不友好情况的发生。玛格丽特鼓励老师们观察儿童,并把他们的进步记录下来。她指出:"疗养院、住房、养老金、奖学金,甚至更好的工资报酬——如果没有早期的文化或教育,这些意味着什么?酸苹果生长在贫瘠的土地上,因此幼儿的最初几年决定一切。"②

玛格丽特十分重视情感和感觉在儿童发展中的作用,尤其是感觉在儿童情感发展中的重要性。她认为像德普特福德这种贫民窟的儿童之所以愚钝和落后,大多是由于缺乏基本的感觉训练,即缺乏视觉、听觉、嗅觉、触觉等训练。她曾对刚入校的孩子蒙住眼睛进行检测,发现每 12 人中只有 1 人能把一种很香的花与其他花区分开来。她还发现有些孩子总是穿衣过多,浑身大汗却毫不在意;有些孩子冻得嘴唇发紫、牙齿震颤,仍然待在室外。这些现象大多是麻木不仁引起的。对于这些贫民子弟,通过淋浴刺激一下他们迟钝的感觉和软弱的肌肉,可能意味着一次真正的智力和道德启迪的开始。

玛格丽特认为,儿童具有天生的性向与能力,应该通过各种游戏活动加强儿童之间的接触和交流,使每个儿童的基本感觉得以协调,最终导向感知的完善和各种情感的发展,而这些正是儿童表现力、创造性和想象力的基础。例如,讲解玫瑰花时,让儿童和玫瑰花接触,用鼻子嗅花的香味,用眼睛看花的色彩和形态,用小手抚弄花瓣,用舌头舔下花的味道。在儿童游戏活动时,应注重每个儿童的个性和能力的发展。玛格丽特指出,当时的教学方法与儿童的情感发展背道而驰,由于教师不正当的教法、压抑人性的工厂制度和不合理的物质条件,导致英国社会普遍存在儿童近视、呼吸不畅、营养不足及其他缺陷,这一切阻碍

---

① Elizabeth Bradburn, Margaret McMillan: Framework and Expansion of Nursery Education, Denholm House Press, Surrey, 1976, pp. 89 - 90.
② R. J. W. Selleck, The New Education 1870—1914, Sir Isaac Pitman & Sons Ltd, London, 1968, p. 170.

了儿童充分参加有利于情感发展的各类活动,如音乐、绘画、运动、诗歌、手工甚至科学探究。此外,许多儿童由于受家庭贫困的影响,没有玩具,缺乏父爱或母爱,没有美的享受,难以从情感上对各种活动作出积极回应。

玛格丽特把艺术视为儿童各阶段教育的一项基本活动,认为艺术对陶冶人的情感和培养想象力作用巨大。这一认识与她本人的艺术气质有关,玛格丽特容貌姣好,声音甜美,曾参加过舞台演出和担任过音乐教学工作。为了培养儿童对艺术的注意力,保育学校的教室和走廊都挂着画,让儿童们欣赏。在各教室的周围和庭院里都有黑板,儿童们可以随意涂鸦。玛格丽特认为,儿童们喜欢动手并非无意识的动作,而是在创造本能的驱使下有意识的创作。因此,保育学校准备了各种适合儿童的乐器,并开展多种形式的音乐活动。在她看来,思维的创造力在个人生活和工作中作用极大,但当时的教学方法和工厂制度压抑了这种能力的发展,因而需要根据儿童心理改进课程和教学方法,以便培养的人不是机械地运用技能谋生,而是具有明智的、富有创造性的生活及工作能力。保育学校的教学主要采取蒙台梭利式的方法,包括感官训练、读写算的教育、日常生活练习。

玛格丽特认为,儿童教育及活动有年龄差别,需要区别对待。例如,一二岁的幼儿喜欢跳跃和唱歌;三四岁的幼儿运动欲望更强;四至七岁的儿童喜欢有节奏的运动。对于儿童来说,自由和快乐是生活的基调。玛格丽特的目标始终是追求儿童个性及智力得到充分自由的发展。但她认为只有解决社会中贫困儿童的问题,同时教师要懂得如何帮助儿童的方法,这一目标才能实现。她说:"保育学校的一大成效是,能使儿童较快学完现在的课程。……如果保育学校堪称一个真正的培养孩子的场所,而不仅仅是一个将婴儿'照管'到5岁的地方,那么它将强有力地和异常迅速地影响我们的整个教育制度。它将从小学开始,迅速提高各级学校可能达到的文化水准和造诣。它将证明,我们所居住的这个病态的悲惨世界,这个使得医生的服务较之教师的服务赫然更显重要的世界,是能够推倒的。"[①]

玛格丽特指出,虽然晚上和周末孩子们不得不待在贫困不堪的家里,或许与喝得烂醉的父母住在地下室,但经过保育的贫穷孩子,其体格和智力足以与中产阶级的子弟相媲美。玛格丽特相信,早期保育可以克服家庭恶劣状况对幼儿身心造成的负面影响。她对于保育学校7岁的学童进行了如下描述:"他们几乎都是身材高大挺直的儿童。的确,即使不够高大,也都是挺直的,平均来说,是大而健壮的儿童,并且有着洁净的肌肤、闪亮的眸子以及柔

---

① [英]罗素著,杨汉麟译:《罗素论教育》,人民教育出版社2009年版,第154页。

滑光泽的头发。他或她较之富家子弟最佳形态的平均值,还要略胜一筹。……在精神上,他活泼,擅长交际,对生活和新的经历充满憧憬。他能完美地或接近完美地阅读及拼写。他写得很好,并能轻松地表达自己的思想。他能说一口流利的英语,并且也能说法语。他不仅能自助,还一连数年帮助过年幼的儿童。他能计算、测量和设计,并且做好了若干从事科学的准备。他入校后的头几年是在友爱、平静和趣味盎然的气氛中度过的,最后两年则充满有趣的经历和实验。他懂得一些园林知识,曾栽花种草,浇树灌苗,并照看过动物和植物。这个7岁的孩子还能跳舞,会唱歌,玩许多种游戏。不久将有数以千计这样的儿童进入小学的大门,在那里展示自己。……保育学校要么毫无价值可言,或者说是一种新的失败,要么很快就将不仅对小学而且对中学产生影响。它将提供一种待教育的新型儿童,这不仅迟早会影响所有学校,而且会影响我们的社会生活,影响为了民众而建构的政府和法律的类型,以及影响我国和其他国家的关系。"①

在新教育运动中,麦克米伦姐妹的教育实践别具特色,并且受到英国社会各界的赞誉。麦氏保育学校的招生对象主要是贫苦家庭的幼儿,而且免费入学,因而比那些为富家子弟开办的保育学校更具民主性。罗素指出:"我相信,在玛格丽特·麦克米伦小姐于德普特福德开办的保育学校里,孩子所接受的是要优于任何富家子弟目前所能受到的教育。我希望看到与此相同的制度扩大到面向所有儿童,无论贫富,概莫能外。"②也有学者写道:"玛格丽特对于德普特福德儿童的需要似乎有一种非凡的洞察力,她对这一弱势群体所需要的帮助进行了深入思考,并和拉歇尔合作设计了一所保育学校,这所学校建立在启蒙思想的基础之上,而且取得了相当大的成功。她的社会学方法表明,在1911年她的思想是多么先进。"③保育学校的创办引起许多人对英国幼儿教育现状的关注,社会名流甚至皇室成员纷至沓来,参观访问。1919年玛丽女王(Queen Mary)首次访问了保育学校。"皇室成员和上层阶级给予了高度赞扬,并对学校的成就表现出极大的兴趣。"④他们或者提供捐助,或者纷纷仿效办学,于是形成了一场保育学校运动。

---

① [英]罗素著,杨汉麟译:《罗素论教育》,人民教育出版社2009年版,第151—152页。
② [英]罗素著,杨汉麟译:《罗素论教育》,人民教育出版社2009年版,第148页。
③ Elizabeth Bradburn, Margaret McMillan: Framework and Expansion of Nursery Education, Denholm House Press, Surrey, 1976, pp. 52 - 53.
④ Elizabeth Bradburn, Margaret McMillan: Framework and Expansion of Nursery Education, Denholm House Press, Surrey, 1976, p. 102.

保育学校运动还直接推动了英国幼儿师范学校的创办，玛格丽特曾为此做了许多工作。英国新教育运动的杂志《新时代》也大力宣传保育学校，一些新教育家还将保育学校的原理"儿童中心主义"理论，运用于年龄较大的儿童教育之中。玛格丽特的保育学校理论后经过格蕾丝·欧文（Grace Owen）和艾萨克斯等人的完善，到20世纪30年代已初步形成体系。在英国教育史上，玛格丽特·麦克米伦的名字一直与幼儿教育相关，足见她在幼儿教育领域的影响之大。"那时的许多记录清晰地表明，有相当多熟悉情况的观察者认为，玛格丽特的德普特福德户外保育学校是成功的。孩子们受到了良好的保育，父母开始学习更多合理抚养孩子的方法，学校和周边地区也建立了密切的联系。玛格丽特和她的助手共同为弱势儿童和父母群体提供了一种新颖的教育。"①

令人感到惊奇的是，玛格丽特成功的秘密是什么？为什么母亲们甚至在孩子出生前就在保育学校注册？为何父母对她的工作有这样的信心？为何去教堂街232号参观的官员对所看到的有如此深刻的印象？为何那么多小孩喜欢和她在一起？有的学者认为，很多方面的原因可以解释玛格丽特所取得的成就。首先，旨在提高儿童体质的实验时间是合适的，整个社会开始重视健康并寻求改进的途径。毫无疑问，玛格丽特在促使更多人关注贫困状态方面进行了巨大的斗争。其次，玛格丽特是一位有魅力、有远大目标的领导者，这是其事业成功的主要元素。她有强烈的目标感、有吸引人的健全人格，她接受了合理的理智训练、对生活充满信心、有可靠的道德基础。玛格丽特花费了大部分精力去减轻贫困家庭的负担、饥饿和不公平。她鼓励全体职员要高度关注每个孩子及其父母，保育学校不是一个缺乏人情味的大型机构。相反，玛格丽特明确宣布她的目标是使每一个居所尽可能温馨和舒适。她甚至认为保育学校看起来更应该像一个大家庭，在这里年长和年轻的兄弟姐妹与父母共同生活。此外，玛格丽特永远给予全体职员和学生参与学校生活的同等机会，她在营造和谐的人际关系方面具有天赋，以致所有参观保育学校的人能感受到其中的友好气氛。她使保育学校成为了一个幸福和有益于健康的社区。②

麦氏姐妹的事业引起了英国政府的关注，政府不仅提供资助，而且重新考虑幼儿教育的政策。1918年英国政府通过的《费舍法案》规定，地方教育当局应当为2至5岁的儿童开

---

① Elizabeth Bradburn, Margaret McMillan: Framework and Expansion of Nursery Education, Denholm House Press, Surrey, 1976, pp. 103 - 104.
② Elizabeth Bradburn, Margaret McMillan: Framework and Expansion of Nursery Education, Denholm House Press, Surrey, 1976, pp. 104 - 108.

办幼儿学校,并且对接受监督的私立幼儿学校提供资助。同年,麦氏保育学校开始接受国库补助,英国幼儿园也改称为"保育学校"。1923年以玛格丽特·麦克米伦为首任会长的"英国保育学校联盟"成立,它致力于推广保育学校及从事保育学校教师的培训工作,受到英国各界人士的欢迎。1925年公布的《保育学校条例》,明确了保育学校的对象为2至5岁儿童。1929年工党执政后发布通告指出,保育学校的目的在于抚育、教育以及促进2至5岁儿童身心健康发展,强调要增设户外保育学校、托儿所和幼儿学校的附属保育班。至1931年3月,英国保育学校达到44所,保育儿童达2000名以上。① 1933年英国政府发表了《关于幼儿学校和保育学校的报告》,建议将保育学校确定为"国民教育制度中理想的附属机构",并大力增设保育学校及幼儿学校附设的保育班。报告指出,为儿童提供一个有树木、植物、动物、能探险的场所、能玩水的水池以及能挖洞的沙场等野外环境,使儿童在那里能做各种游戏,这是很重要的。对于孩子们的好奇心应尽量不去限制,而且要准备丰富的材料和设备,以供孩子们实验和探索之用。1938年5岁以下的保育儿童达5666人,1939年英国保育学校总数达114所。②

二、怀特海

怀特海(1861—1947)是英国著名哲学家、数学家、逻辑学家和教育理论家。1861年2月他出生于英国肯特郡拉姆斯盖特市(Ramsgate)的一个教育世家,其祖父和父亲都担任过英国圣公会牧师和当地一所私立学校校长。怀特海是四个孩子中最小的一个,自幼身体虚弱,但受到父亲、哥哥及姐姐们的呵护。他的童年是在父亲的教育下度过,10岁开始学习拉丁文,12岁开始学习希腊文。1875年9月怀特海进入著名的谢伯恩寄宿制学校(Sherborne School)学习,接受了严格而系统的古典教育。1880年怀特海进入剑桥大学三一学院学习数学,1884年他以优异的成绩获得数学荣誉学士学位,并留校任教数学。1887年和1905年,怀特海分别获得剑桥大学文学硕士和理学博士学位。

1898年怀特海出版了第一部学术著作《泛代数论》,他把抽象的数学思想应用于物理学

---

① [日]梅根悟主编,张举,梁忠义等译:《世界幼儿教育史》(下册),吉林人民出版社1986年版,第54页。
② [日]梅根悟主编,张举,梁忠义等译:《世界幼儿教育史》(下册),吉林人民出版社1986年版,第55—56页。

研究，奠定了在数学界的地位，并因此成为英国皇家学会会员。1900年怀特海开始与其学生罗素合作，经过近10年的努力，他们合作编写了三卷本的《数学原理》，该书被公认为近代符号逻辑的第一部奠基之作。1911年怀特海从剑桥调入伦敦大学学院讲授数学，1914年又应聘到帝国理工学院担任数学教授。1916年1月怀特海在出任英国数学家协会会长的就职典礼上，发表了题为《教育的目的：对改革的建议》演说。在伦敦工作期间，由于受到现代物理学的影响，怀特海对科学哲学产生兴趣，先后发表了《自然知识原理》(1919)、《自然的概念》(1920)和《相对论原理》(1922)。他还担任过伦敦大学评议会成员兼学术委员会主席、伦敦大学学院理学院院长职务等。

1924年怀特海应聘到哈佛大学担任哲学教授，从此定居美国。1925年他发表了第一部重要的哲学著作《科学与近代世界》(1932年由剑桥大学出版)。该书探讨了在过去的300年中科学发展对西方文明的影响，他说："我认为，时代思潮是由社会的有教养阶层中实际占统治地位的宇宙观所产生的。这一研究就以这种信念为指导原则"。① 哲学具有批判宇宙观的功用，它的任务是把未经理智检验和无意识的过程明确化，并尽可能使之发生效果。1927至1928年怀特海在爱丁堡大学主讲"有机哲学"（也称"过程哲学"），他认为实在存在于现在之中，而不是存在于过去或将来；他的有机哲学建立在过程的基础上，希望在与时间的相互作用中看到实在，1929年其讲课内容以《过程与实在》(*Process and Reality*)为名出版。这本书阐明了过程与生长是引导我们理解上帝、自然和自身经验的基本思想。杜威为怀特海的《科学与近代世界》和《过程与实在》撰写了书评，他在《过程与实在》的书评中写道："怀特海教授的著作，是最近十年内对严肃的哲学思想产生最轰动影响的作品之一……我合上这本书时也很怀疑，试图以他的方式思考这个混乱的现代世界的每个人，是否都应感谢怀特海先生的光辉的、清晰的智慧"。②

早在伦敦期间，怀特海就对教育怀有浓厚的兴趣，他研究人是怎样思维的，思考人是怎样学习的，为什么要学习以及怎样改进人的学习等。1911至1928年，怀特海发表了一系列关于教育方面的演讲，如《自由教育中数学的地位》(1911)、《数学原理与初等教育的关系》(1912)、《数学课程》(1912)、《教育的目的》(1916)、《有机思维》(1916)、《战争期间的工艺学

---

① [英]A.N.怀特海著，何钦译：《科学与近代世界》，商务印书馆2012年版，第1页。
② [英]乔伊·帕尔默主编，任钟印，诸惠芳译：《教育究竟是什么？100位思想家论教育》，北京大学出版社2010年版，第257页。

校》(1917)、《技术教育及其与科学和文学的关系》(1917)、《教育和自我教育》(1919)、《普通教育中科学的地位》(1921)、《教育的节律》(1922)、《自由和训练的节律》(1923)、《大学及其作用》(1928)等。这些演讲大部分收录在他1929年出版的《教育的目的》一书中。虽然怀特海主要关心数学教育,但他把自己的教育思想应用到其他学科,如技术教育、科学、艺术、文学和古典文学等。怀特海的其他著作有:《宗教的形成》(1926)、《象征主义》(1927)、《过程与实在》(1929)、《理性的功能》(1929)、《观念的历险》(1933)、《思维的方式》(1938)、《科学与哲学论文集》(1947)等。1937年怀特海从哈佛大学退休,担任哈佛大学名誉教授,直到1947年12月30日在哈佛校园逝世。

(一) 对传统教育的批判

怀特海对当时英国教育制度的弊端进行了猛烈抨击,他认为英国现阶段的教育缺乏一种明确的目的,深受扼杀教育生命力的外部力量的损害。教育的误区就是在应该富有弹性的地方僵化刻板,在应该严谨和严厉的地方却放任自流。他说:"在教育史上,有个非常有意义的现象,某些学校在某个时期,充满天才创造的活力,人才辈出,然而不久,开始陷于卖弄炫耀,墨守成规。原因就在于,他们已经被那些呆滞的思想完全束缚。就教育而言,填鸭式灌输的知识、呆滞的思想不仅没有什么意义,往往极其有害——最大的悲哀莫过于最美好的东西遭到的腐蚀。"①所谓"呆滞的思想"(inert idea),是指那些仅仅被大脑所接受却没有经过实践或验证,或与其他东西进行融会贯通的知识。那么,这些呆滞的思想体现在哪些方面呢?

第一,学校课程中存在着各学科之间互不联系的严重现象。传统教育传授的是一些分割的、不连贯的知识,如代数、几何、自然、历史、古典语言、文学等,这种分崩离析的局面扼杀了现代课程的生动性。这种学科间的互不关联状态本身也是不和谐的,因为"事物的细节仅只是为了要恢复它们的本来面目就必须放在整个事物的系统中一起观察,这种事物体系包含着逻辑理性的谐和与审美学成就的谐和,逻辑谐和在宇宙中是作为一种无可变易的必然性而存在的,但审美的谐和则在宇宙间作为一种生动的理想而存在着,并把宇宙走向更细腻、更微妙的事物所经历的残缺过程融合起来"。②

---

① [英]怀特海著,庄莲平,王立中译注:《教育的目的》,文汇出版社2012年版,第2页。
② [英]A. N. 怀特海著,何钦译:《科学与近代世界》,商务印书馆2012年版,第25页。

第二，传统学校把古典学科作为主要课程是缺乏生命力的。怀特海认为，任何时代都不可能死板地重复祖先的情况，因为我们所要理解的是现在，过去的知识只是用来武装我们的现在，没有比轻视现在对年轻人的心理造成更致命的损害了。他说："现在包涵了一切。现在是一个神圣的所在，因为它既联系着过去，又包含着未来。同时，我们需要了解，一个两千年前的年代并不比一个二百年前的年代更为久远，不要被所谓的时代所蒙蔽，莎士比亚、莫里哀的时代和索福克勒斯、维吉尔的时代同样古老。与先贤们的交流是一种伟大而令人激情迸发的集会，但这种集会只能在一个地方进行，那就是现在，而先贤们到达这个地方的先后顺序并没有什么意义。"①因此，使知识保持活力和防止知识僵化是一切教育的中心问题。

第三，传统的教学方法满足于学生被动地吸收知识，忽视学生对知识的理解和运用。怀特海认为，良好的课堂纪律可以让教师把大量无活力的知识灌输到学生头脑里，但是这种食而不化的知识并没有多大的用处，重要的是应该使儿童理解这些知识，并且知道这些知识在实际生活中的应用。他指出，为了避免呆滞的思想，必须注意两条教育的戒律：一是不要同时讲授过多的学科；二是所教的科目一定要透彻。他说："教授大量的科目，却只是蜻蜓点水的教授一点皮毛，只会造成一些毫不相干的知识的被动接受，不能激起任何思想的火花。如果只给儿童们教授一些少而精的科目，让他们对所学的东西进行自由的想象和组合，他们就会利用这些所学的知识去认识世界，并在现实生活中加以运用。"②

此外，统一的校外考试是非常有害的，因为它抹杀了文化的精髓。怀特海指出，所有学校都要承受这样的痛苦，为了学校的生存而不得不训练学生去应付一些考试。没有哪位校长可以无所顾忌地根据学校的机遇，发展适合自己的普通教育或专业教育。在他看来，所有用于考察单个学生情况的外部考试制度都不可能有效，而只能造成教育的浪费。

（二）论教育的目的

怀特海关于教育目的的论述，受到法国哲学家柏格森（Henri Bergson）"生命哲学"的影响。柏格森认为，宇宙间的一切都是由一种神秘的力量派生而出，这种超自然的、永恒不息的力量就是"生命冲动"，它是世界万物之所以产生、发展以及变化的根本动力。怀特海认为，对

---

① ［英］怀特海著，庄莲平，王立中译注：《教育的目的》，文汇出版社2012年版，第4页。
② ［英］怀特海著，庄莲平，王立中译注：《教育的目的》，文汇出版社2012年版，第3页。

于一个活生生的有机体而言,它依靠自我发展的冲动而成长,这种冲动可以从有机体的外部进行激发和引导。然而,尽管外界的力量可以激发和引导这种冲动,但心智发展的创造性冲动来自内部,而且完全为个体所特有。他指出,学生是有血有肉的人,教育的目的是为了激发和引导他们的自我发展之路。"教育从整体上来说,是为了使受教育者做好准备,去迎接现实生活中的种种经历,用相关的思想和适当的行动去应付每时每刻发生的情况。教育如果不以激发首创精神开始,不以促进这种精神而结束,那么它一定是错误的。因为教育的全部目的——就是使人具有活跃的智慧。"[1]教育是引导个体去领悟生活的艺术,生活的艺术是指人的各种活动最完美的实现,它表现了充满活力的个体面对现实环境时所具备的潜能。每一个体都体现了一种生存的探险,生活的艺术就是引导这种探险。"文化是思想活动,是对美和人类情感的感受,零星的信息与它没有关系。一个只是消息灵通的人,在造物主的地球上最无用。我们的目的应该是培养那种在某些特殊方面掌握文化和专业知识的人。"[2]

怀特海反对灌输生硬的知识和没有火花且使人呆滞的思想,要求从整体上利用相互关联的知识。他认为,我们不能加以利用的知识相当有害,所谓知识的利用是指要把它和人类的感知、情感、欲望、希望以及能调节思想的精神活动联系起来,那才是我们的生活。如果只是通过被动记忆一些支离破碎的知识来塑造精神生活,简直不可想象,因为人性不是这样,生活更不应该这样。教育的问题是如何让学生借助于"树木"认识"树林";教育的主题就是多姿多彩的生活;在教育中如果排除差异化,那就是在毁灭生活。"生活与所有智力或情感认知能力的某种基本特征存在着关系,如果你不能成功地展示出这种存在着的关系,那么,你就不可能把生活嵌入任何普通教育的计划之中。"[3]

在怀特海看来,最理想的教育取决于几个不可或缺的因素,即教师的天赋、学生的智力类型及其对生活的期望、学校外部所赋予的机会,以及其他相关因素。教育的成就取决于对诸多可变因素的精妙调整,因为我们是在与人的思想打交道,而不是与没有生命的物质打交道。"教育是一种获得和运用知识的艺术,这种艺术很难传授。"[4]教师应以自己的人格

---

[1] [英]怀特海著,庄莲平,王立中译注:《教育的目的》,文汇出版社2012年版,第49页。

[2] A. N. Whitehead, The Aims of Education and Other Essays, Williams and Norgate Limited, London, 1955, p. 1.

[3] [英]怀特海著,庄莲平,王立中译注:《教育的目的》,文汇出版社2012年版,第10—11页。

[4] A. N. Whitehead, The Aims of Education and Other Essays, Williams and Norgate Limited, London, 1955, p. 6.

和个性,使学生产生共鸣而激发热情,同时创造具有更广泛的知识、更坚定的目标的环境。"激发学生的求知欲,提高其判断力,锻炼其对复杂环境的掌控能力,使他们能够运用理论知识对特殊事例做出预见,所有这些能力的塑造不是考试科目表中几条既定规则所能传授的。"①人的大脑不是被动地接受知识,它是永恒活动的,能对外部的刺激做出最精密的反应,我们不能像工具一样把它磨锋利了才去使用它。"不管学生对你的课程有什么样的兴趣,这种兴趣必须在此时此刻被激发;不管你要加强学生的何种能力,这种能力必须在此时此刻得到练习;不管你想怎样影响学生未来的精神世界,必须现在就去展示它——这是教育的金科玉律。"②

怀特海主张将普通教育与专业教育有机结合起来,他认为普通教育旨在鼓励心智活动,而专业教育则是利用这种活动,我们不必过多地强调这两者之间的对立。在学习中,不存在一种课程仅仅传授普通文化知识,而另一种课程仅仅传授专业知识。为普通教育而设置的科目,都是需要专门学习的特殊课程;鼓励心智活动的方式之一,就是培养一种专门的爱好。在普通教育中学生会对某些内容产生特殊的兴趣,而在专业教育中课程之间的外在联系也会拓展学生的视野,我们不可能把这种浑然一体的教育过程进行分割。我们的目标是要塑造既有广泛的文化修养,又在某个特殊领域有专业知识的人才;专业知识可以为他们的进步和腾飞奠定基础,而广泛的文化修养使他们具有哲学般的深邃和艺术般的高雅。"教育所要传达的是对思想的力量、思想的美妙和思想的逻辑的一种深刻的认识,以及一种特殊的知识——这种知识与知识的习得者的生活有着特殊的关系。"③

在精神品质的塑造中,怀特海特别强调风格的培养。在他看来,就其最美好的意义上说,风格就是最终获得有教养的心智,它是人类精神世界最后的道德归宿。风格是一种审美感,是对一个可预见的结果不由自主和发自内心的赞美,艺术风格、文学风格、科学风格、逻辑风格、实践风格等都具有美学特质。风格是力量的形成方式,是对力量的约束。有了风格,我们可以避开细枝末节的东西直达目标,而不会出现一些令人不快的插曲;有了风格,我们的思想不会被一些不相干的事务所打扰,就能更专心于自己的目标。但风格是专家独享的特权,它是专业化学习的产物,是专业化对文化的特殊贡献。

---

① A. N. Whitehead, The Aims of Education and Other Essays, Williams and Norgate Limited, London, 1955, p. 8.
② [英]怀特海著,庄莲平,王立中译注:《教育的目的》,文汇出版社2012年版,第8页。
③ [英]怀特海著,庄莲平,王立中译注:《教育的目的》,文汇出版社2012年版,第15页。

最后，怀特海指出，教育改革的关键在于学校必须作为一个独立的单位，必须有自己经过批准的课程，这些课程应该根据学校自身需要由教师开发，否则我们会很容易从一堆无用呆滞的思想走向另一堆无用呆滞的思想。每所学校都必须有权考虑自身的特殊情况，为了某种目的对学校进行分类是可以的，但绝对不能采用一种僵硬的课程，这对教育而言是一种灾难。教育的本质在于它那虔诚的宗教性，即教导我们要有责任感和敬畏感。教育的根本目的，就是要使学校摆脱呆滞思想的束缚，进而恢复和保持学校生机勃勃的活力。

（三）论教育的节律

怀特海认为，教育不是一件教师可以为所欲为的事情，它必须遵循一定的规律，即"教育的节律"（rhythm of education）。所谓教育的节律，是指为每一个有教育经验的人所熟悉并且在实际中运用的原则，这个原则就是"在学生心智发展的不同阶段，应该采用不同的课程，采用不同的学习方式"。人们普遍认为，学生的进步是一种匀速发展和持续稳定的进程，形式不变，速度一致。例如，人们设想一个小男孩10岁时开始学习拉丁语，按照一种匀速、持续和稳定的发展，他在18或20岁时就会成为一名古典文学的学者。怀特海对当时流行的这一观念进行了批判，他认为这种观念是建立在对智力发展的错误认识基础之上，极大地妨碍了教育方法的有效性。在他看来，生命是有周期性的，如工作和娱乐的交替、活动和睡眠的交替、一年四季的交替等，这些是任何人都无法忽视的明显周期。同样，生命中存在着很微妙的涉及智力发展的周期，它们循环往复地出现，每一个循环周期都各不相同。他说："智力发展的过程显示出一种节奏性，这种节奏包含着一种互相交织的循环，而整个过程作为发展中的小漩涡，又受到一个具有相同特点的更重要的循环周期的控制。"[①]怀特海认为，缺乏对智力发展的节律和特征的认识，是我们的教育呆板无效的主要原因。有鉴于此，他把儿童智力发展过程划分为三个阶段，即浪漫阶段、精确阶段和综合运用阶段。

在浪漫阶段，儿童开始了解物体以及物体之间的内在联系，儿童智力发展的外在表现形式是把自己的身体行为和心理感知完美地协调起来。对于儿童来说，各种题材新奇而生动，其本身也包含着各种未经探索的可能联系，孩子们懵懂地面对着大量的题材，不知所措却又异常兴奋。在这一阶段，知识不是为了特定的目的而构建，孩子们处于对事实的直接

---

① ［英］怀特海著，庄莲平、王立中译注：《教育的目的》，文汇出版社2012年版，第37页。

感知中，只是偶尔对认识的事实进行系统化分析。浪漫的情感主要表现为一种兴奋，这种兴奋是从儿童所接触的单纯事实，到开始认识事实间未经探索的关系而引起的。"从最早的教育开始，孩子就应体验到发现的乐趣。这种发现所获得的一般观念，有助于他理解生活中的一系列事件。"①怀特海以《鲁滨逊漂流记》为例，认为鲁滨逊、沙滩、脚印、荒岛和繁忙的欧洲等都是单纯无关联的事实，但当儿童开始意识到这些事实之间存在着某种若隐若现的联系时，浪漫的遐想就开始了。这一阶段儿童处于自由探索状态，还没有形成系统的知识体系，教育的主要任务是对儿童大脑中已经存在的纷繁复杂的事实进行有序整理。

在精确阶段，知识之间的广泛关系处于次要地位，它从属于系统阐述的准确性。在浪漫阶段，儿童已积累了许多事实，并且对这些事实的广泛性和普遍性有了模糊的认识。但儿童不能仅仅停留在从浪漫阶段获取的事实，到了精确阶段，他们必须学会一些特定的分析事实的方法，按照条理化、系统化的方式获得其他一些事实，从而对浪漫阶段的一般事实做出解释和分析。在精确阶段，浪漫虽然退居幕后，但浪漫精神必须得到培养，因为浪漫是和谐智慧的重要组成部分。精确阶段代表了一种知识的积累，是儿童掌握文法和规则的阶段，包括语言的文法和科学的原理。精确阶段的第一步是掌握口语，使其成为一种工具，以便儿童对感兴趣的物体进行分类，并加强儿童与他人的情感联系。

在综合运用阶段，由于儿童已经掌握了系统精确的知识，发展了分析能力，因此开始掌握分类观念和有关的技能。这一阶段既是精确训练的结果，也是精确训练的目的。与前一阶段相比，这一阶段的本质就是从比较被动的受训状态解脱出来，进入到积极运用的自由状态。从发展的周期看，这一阶段既是从"浪漫"经"精确"到"综合运用"这一循环的终点，又是下一个类似循环的起点，标志着智力发展进入更高一级的周期。综合运用阶段的第一步就是把语言作为一种媒介，用于对物体进行分类，并扩大在认知事物过程中产生的快乐。在这一阶段，出现了一种回归浪漫的情形。学生已经掌握一些确定的知识，养成了学习的习惯，理解了一般规律和规则的系统阐述，其心智是一个受过训练的严密组织，而不是乌合之众。

怀特海认为，从婴儿期到成年期，整个发展时期构成一个大周期，教育应该是这些周期的持续不断的重复。"我们应该坚决摒弃这样的观念：在教育中设定不切实际的遥远

---

① A. N. Whitehead, The Aims of Education and Other Essays, Williams and Norgate Limited, London, 1955, p.3.

的目标。在学生的阶段性求知欲望中,如果教师能够适时地对他们的成功进行鼓励,学生就会为其阶段性的某种成功而欢喜,然后开始新的学习。"①浪漫阶段是指最初的12年,精确阶段是指整个中等教育时期,综合运用阶段是指进入成年期以后。具体而言,13或14岁前属于浪漫阶段,14至18岁属于精确阶段,18至22岁属于综合运用阶段,但我们不能过分夸大一个循环周期中三个不同阶段之间的鲜明差异。在以上三个阶段中,怀特海特别重视第一阶段,即儿童的自由探索阶段。他指出一定要自然地度过浪漫阶段,因为没有浪漫阶段的自由探索,精确阶段的学习就会空乏无力,只不过是在人为地提供材料和无意义地陈述事实,儿童的天性就会拒绝消化外来的材料,理解概念时就会遇到阻碍。过去那么多的失败,原因就在于没有仔细研究浪漫阶段的应有地位。没有浪漫阶段的历险,儿童充其量是被动地吸收无活力的知识,更糟糕的是儿童会轻视概念而一无所获。精确阶段是通过掌握精确的知识细节,进而领悟原理的阶段;综合运用阶段是抛弃细节而积极使用原理的阶段,其本质是脱离那种被训练的被动状态,进入到积极主动应用知识的自由状态。

同样,怀特海十分重视儿童智力发展的第一个循环周期,即从感知到语言能力的获得,再从语言能力的获得到分类思维和更敏锐的感知。在这一过程中,儿童全身心地专注于其智力发展循环周期的训练,没有其他东西可以打扰他的智力发展进程。当第一个循环周期结束时,孩子能够说话了,他的观念能够归类了,他的感知能力更敏锐了。至此这个循环周期达到了它的目的,并远远超过大多数学生在传统教育体制下获得的成就。怀特海指出,传统教育失败的原因在于我们任务的设定是以一种非自然的状态出现,没有节奏和中间阶段的成功带来的鼓励,也没有专注集中。他说:"特别是,我们要避免在发展循环周期的同一时段进行不同科目的竞争。旧教育的弊端在于对单一的无明显特征的科目给予无节奏的关注。我们今天的教育体制强调一种初级的普通教育,允许把知识分解到不同的学科中去,这种体制也是在无节奏地收集一些知识的碎片。我在这里呼吁,我们要努力在学生的心灵中纺织出一幅和谐的图案,把对学生直观理解来说各有其内在价值的不同教学内容,调整到各个从属的循环周期中去,我们必须在合适的季节收获合适的作物。"②

---

① [英]怀特海著,庄莲平,王立中译注:《教育的目的》,文汇出版社2012年版,第27页。
② [英]怀特海著,庄莲平,王立中译注:《教育的目的》,文汇出版社2012年版,第29页。

(四) 论自由和训练

怀特海运用教育的节律这一原理,较为妥善地处理了教育中自由和训练的关系。他特别重视教学过程中的智慧训练,他说:"虽然智力教育的一个主要目的是传授知识,但是智力教育还有另一个要素,模糊却伟大,而且更重要——古人称之为'智慧'。没有一些基础的知识,你不可能变得聪明;你轻而易举地获取了知识,但未必习得智慧"。① 他认为,在古代学校哲学家们渴望培养智慧,而在现代学校我们的目标却是传授各门学科。从古代向往追求智慧堕落为现代获取各门学科知识,这意味着长期以来教育上的一种失败。在他看来,智慧是掌握知识的方法,包括知识的处理、知识的选择及知识的运用。这种对知识的掌握就是智慧,是可以获得的最本质的自由。

怀特海指出,自由和训练是教育的两个要素,通往智慧的唯一途径是在知识面前享有绝对的自由;但是通往知识的唯一途径是在获取有条理的事实方面的训练。自由和训练这两个原则并不对立,关键是要在实践中找到自由和训练之间的平衡。也就是说,自由和训练应该在孩子的生活中得到调节,使之适应其个性自然发展。这种在儿童身心发展过程中对自由和训练的调节,就是怀特海所说的"教育的节律"。他认为过去之所以有那么多的失败,原因就在于忽略了这种节奏的重要性。在他看来,教育的开始和结束阶段主要特征是自由,中间是自由居于次要地位的训练阶段,即对指定知识的确切掌握,全部智力发展过程是由多个"自由—训练—自由"构成的循环周期。如果把一个循环比作一个单独的细胞,整个智力发展过程就是由单个细胞组成的有机体。怀特海把第一个自由阶段称为"浪漫阶段",中间的训练阶段称为"精确阶段",最后的自由阶段称为"综合运用阶段"。在教育的任何阶段,都不能没有训练或自由,但在浪漫阶段重点必须放在自由方面,允许儿童自己观察和自己行动。"我的观点是,对正在成长的儿童来说,如果在其浪漫阶段的自然发展尚未结束时,就对其精确训练,必然会妨碍他对概念的理解和吸收。撇开了浪漫,就无所谓理解力了。"②

怀特海认为,知识的重要性不是装饰,而在于它的运用,在于我们对它的能动掌握,也

---

① [英]怀特海著,庄莲平、王立中译注:《教育的目的》,文汇出版社2012年版,第40页。
② [英]怀特海著,庄莲平、王立中译注:《教育的目的》,文汇出版社2012年版,第44页。

就是说在于智慧。知识经过处理后,可以给个性增添价值,可以改进直接经验。他说:"鉴于知识的能动性,教育中过分严格的训练是极其有害的。积极而富有创新精神的思维习惯,只有在充分自由的环境下才能产生。不加区别的严格的训练使心智迟钝,反而实现不了自身的目标。如果你与些从中学和大学出来的年轻人有较多接触的话,你很快就会注意到其中一些人心智的迟钝,显然,这些人所接受的所谓教育就是由那些沉闷无趣的知识所组成的。"①人的心智厌恶乏味的、强迫性的知识训练,操之过急地传授单纯的知识,其结果会适得其反,因此训练应满足一种对智慧的自然的渴望。心智活动的环境必须经过仔细挑选,必须适合儿童的成长阶段和个人需要。假如对强加给儿童的种种习惯不改变,即使是最愚笨的孩子也会拒绝吸收外界陌生的知识,因为教育绝不是往行李箱塞满物品的过程。怀特海认为,唯一具有重要意义的训练是自我训练,这种训练只有通过充分享有自由才能获得。

此外,怀特海还特别强调兴趣的重要性。在他看来,没有兴趣就没有智力的发展,兴趣是注意和理解的先决条件。没有兴趣就没有进步,激发生命有机体朝着适合自己的方向发展,最自然的方式就是兴趣。例如,幼儿受到妈妈爱抚的诱惑而使自己适应环境,我们用餐是因为喜欢美味佳肴,征服大自然是因为受到一种永不满足的好奇心驱使。兴趣是激发生命力的一种正常而健康的方式。"我们应该寻求一种符合自然发展规律的模式,这种模式本身令人愉快,让人在自身的快乐中去追求并安排个性的发展。"②

由上可知,怀特海的教育思想既体现了新教育的精神,也保留了传统教育中有价值的内容。他既强调儿童的自由、兴趣和主动性,又充分肯定儿童接受训练和掌握知识的必要性。正因如此,西方学者认为怀特海的教育理论是现代教育思潮中进步主义与要素主义的结合。怀特海关于教育的节律原理,强调心理发展的阶段性以及发展周期的循环往复,这种观点在西方教育史上也尚无先例。怀特海的思想否定了从静止、机械、割裂的观点看待知识、生活与心智,从而确立了一种有机统一的新教育观,在西方教育史上具有重要的创新价值。他提出的那些精辟的、格言般的教育警句,不仅启发了人们的思想,也更为人们乐于引用。当然,我们也应看到怀特海教育思想的消极一面,其教育思想的哲学基础是唯心的,他对儿童智力发展阶段的划分具有思辨性质,他的教育理论宗教色彩比较浓厚等。

---

① [英]怀特海著,庄莲平,王立中译注:《教育的目的》,文汇出版社2012年版,第43页。
② [英]怀特海著,庄莲平,王立中译注:《教育的目的》,文汇出版社2012年版,第42页。

三、艾萨克斯

艾萨克斯(1885—1948)是英国儿童精神分析学家、幼儿教育家。1885年3月她出生于兰开夏郡的博尔顿，6岁时母亲去世。父亲是一名记者和卫理公会教派的传教士，15岁时艾萨克斯因改信无神论而被父亲强迫退学，此后父女一度"冷战"达两年之久。艾萨克斯曾先后就读于博尔顿中学、曼彻斯特大学和剑桥大学。1913至1914年艾萨克斯曾在达灵顿师范学院任教，1914至1915年又被聘为曼彻斯特大学逻辑学讲师。在剑桥大学期间，她就开始对弗洛伊德的精神分析学产生兴趣。第一次世界大战时，她参加了心理治疗和精神分析的训练。一战结束后，艾萨克斯去柏林从事一些精神分析工作。

1924年艾萨克斯加入英国精神分析学会，同年应聘管理位于剑桥的马尔廷家庭学校(Malting House School)。这是一所具有进步教育性质的学校，1924年10月由英国富商派克(Geoffery Pyke)创办。其初衷是希望建立一种能够促进儿童好奇心的教育，并使儿童能够幸福地生活在20世纪。派克认为教育目的应该是培养儿童自由自在的好奇心，他期待学校允许儿童获得广泛的经验，并为他们探索周围的环境提供各种工具。他反对学校开设正式的课程，而主张让儿童通过发现进行学习。派克将经商所得全部投入创办学校，但他本人因忙于商务，无暇经营和管理学校，于是刊登招贤启事，请求名家推荐合适的校长人选。艾萨克斯应聘后身兼数职，既是校长也是教师。马尔廷家庭学校的生源非同一般，主要来自大学教授与学者家庭，从小接受了良好的家庭教育，每个孩子都是智力超群、聪明伶俐。但这些孩子在日常行为上也有不少特别之处，暴露出严重的行为问题和情感问题。面对这样一群特殊的教育对象，艾萨克斯把精神分析理论引入马尔廷家庭学校，并且以"自我实现"为主题进行教育实验。她力图为儿童提供尽可能自由的环境，从而科学地观察儿童。

在马尔廷家庭学校，各种工作间让儿童能够自主学习，各种场所供儿童游戏和玩耍，各种生物供儿童观察和探究。儿童的探究活动是多彩的、有趣的和神奇的。对于学生而言，马尔廷家庭学校是一个百花园式的乐园，他们可以在这里自由地活动和学习。马尔廷家庭学校的课程以活动为主，而且纪律是非常自由的，绝对没有体罚，也极少有责备。这一实验历时五年多，后因资金困难、与主办者的意见分歧，至1929年结束。但这项教育实验使艾萨克斯成为引人注目的进步教育家，马尔廷家庭学校也声名远播，成为英国进步教育运动中的著名学校。

1927年3月皮亚杰访问了马尔廷家庭学校,并对儿童的自主探究活动留下了深刻印象。同年6月马尔廷家庭学校的教育实验还被拍成电影,一些热心记者也纷纷报道。马尔廷家庭学校停办后,艾萨克斯在《幼儿的智力发展》(1930)及《幼儿的社会发展》(1933)两部著作中对自己的实验进行了总结,这两部著作对后来英国儿童研究产生了较大影响。鉴于艾萨克斯在马尔廷学校的实验工作,1927年她被应聘到伦敦大学学院讲授儿童发展,1932年又应邀到伦敦大学教育学院创办儿童发展系。第二次世界大战期间,艾萨克斯与儿童发展系从伦敦撤退到剑桥,并对疏散儿童及其家庭进行了调查。20世纪30年代,艾萨克斯当选为英国心理学会教育分会的主席。

作为一名新教育家,艾萨克斯的独特之处是注重将精神分析理论应用于教育领域,但她并非第一个把精神分析引入教育的人。1913年美国心理学家霍默·莱恩(Homer Lane)在英国多塞特郡为少年失足者建立了"少年共和国",这些少年失足者既有男孩也有女孩,莱恩为他们提供精神分析治疗和教育。他认为少年失足者的反社会行为并非一种罪恶本性的结果,而是基本动力的错误方向所造成的后果;解救的方法不是惩罚和延续这一偏差过程,而是通过自由、爱和集体中的纪律重新为其指明方向。在他看来,对少年失足者的教育是自由而非接受强加的权威;是自我表现而非知识的灌输,是唤起并利用他们自然的好奇心而非陈述那些冗长的事实。莱恩相信少年失足者能够改造自己,只要给予他们自由,正确地对待他们,他们会认识到秩序和权威的价值。在欧洲大陆,弗洛伊德(Sigmund Freud)的女儿安娜·弗洛伊德(Anna Freud)提出了精神分析的儿童发展观与教育观,并将儿童精神分析理论应用于教育。她说:"要认真注意早期的本能希望,这不仅是因为他们的成功和挫折会引起暂时的高兴和难过,也因为这些本能希望是使儿童的发展从自我兴趣和自我陶醉走向属于并最终适应成人世界的推动力。"①

与其他新教育家一样,艾萨克斯反对压抑儿童个性,重视儿童的能动性。她说"我们回顾一下,在任何一个阶段,孩子教育的主要手段都是孩子动手实践,他积极主动的社会经验,以及他自己的思维和谈话,我们作为教师的作用便是唤起儿童的能动性,并在它自发地产生出来时去满足它。我们可以给他们解决主动关心问题的办法,但是,我们不能大量强加给他们不是来自他们兴趣发展的问题。他们对于周围事物和人物的自然兴趣——街道、

---

① [英]伊丽莎白·劳伦斯著,纪晓林译:《现代教育的起源和发展》,北京语言学院出版社1992年版,第303页。

市场、公园、铁路、动植物世界——确实提供了我们对他们进行教育的机会。"①艾萨克斯认为学校教育的关键在于儿童生长,儿童自由则是教育的基石,课堂中的自由能够清除学习障碍和避免性格发展的扭曲。她主张幼儿期的教育和纪律应该是宽容的,并在马尔廷学校努力创造一种自由的文化氛围。她说:"儿童们有掌握物理世界、物品制作方法以及破坏和燃烧的方法之自由,有探索或实验液体、气体、雷、电、雨、日光、泥和霜的性质之自由,也有通过想象游戏中的幻想或利用黏土、木片和积木的实际操作进行创造的自由。而教师应该在那里为这些自由的研究和活动搜集材料,创造一个环境,以教给他们学会解答自身有关世界各种问题的能力。"②

艾萨克斯把游戏作为表现本能生活的一种方法,以及发现世界和提高技能的一种方式。精神分析理论认为神经官能症是由压抑引起,对本能的抑制会导致神经官能症的危险。弗洛伊德指出,对于那些有神经官能症或性格发展不良的儿童,我们毫无疑义要应用精神分析的方法。艾萨克斯认为精神分析理论可以用于支持进步学校,但她又很快修正了这一观点。因为她在教育实验中发现,简单地提供表现的自由,一旦儿童的本能得以解放,就会导致极端的竞争和儿童之间的侵犯。虽然教育是本能的升华,但本能的释放也可能抑制儿童的学习和自我表现。如果本能的力量过于强大,儿童则有可能被征服,然后又被抑制,从而限制他们对文字符号的使用,严重地阻碍他们的学习。

艾萨克斯的思想与精神分析学家克莱恩夫人(Melanie Klein)很相似。1926年克莱恩夫人刚搬到伦敦就加入了英国精神分析学会,并参观了马尔廷家庭学校,艾萨克斯对其儿童分析方法产生了极大的兴趣。克莱恩夫人提出了一种适合于幼儿(2岁9个月)的分析方法,她通过观察幼儿自然的表现方式和游戏进入他们的无意识生活,发现幼儿在游戏中表现出一种明显的侵犯本能。所以没有必要鼓励儿童更自由地游戏,过多的自由可能会激发他们的侵犯性。在幼儿期,超我表现积极,而且很苛刻。克莱恩夫人认为,自责感源于苛刻的超我,它使儿童感到恐惧,并且对其他人进行报复。这种自责感、恐惧和报复产生恶性循环,可能严重阻碍儿童的学习。艾萨克斯和克莱恩夫人一致认为,宽容能以某种方式缓和超我的苛刻程度,但过度的宽容会让儿童感到有过失。有鉴于此,艾萨克斯主张应当在表

---

① [英]伊丽莎白·劳伦斯著,纪晓林译:《现代教育的起源和发展》,北京语言学院出版社1992年版,第301页。
② [日]梅根悟主编,张举、梁忠义等译:《世界幼儿教育史》(下册),吉林人民出版社1986年版,第51页。

现自由和限制自由之间寻求一种平衡。正如弗洛伊德所言:"我们对于教育的主要任务须有一明确的观念。儿童须学习控制其本能。完全自由以致顺从一切冲动,不加限制,那是不可能的。……因此,教育须于自由和禁止之间选得一中庸之道。这个问题如果有解决的可能,教育必须追求一种完善办法,从而获取最大利益和最小危害。"①

在克莱恩夫人的影响下,艾萨克斯证明游戏的作用不仅是了解世界和提高技能,而且是那些可能阻碍发展的幻想的真实表现。"从对自由游戏的强调转向从对生物本能到表现能力的关注。这就是艾萨克斯的研究领域,她在这一领域中为精神分析作出了最重要的贡献,并给予克莱恩夫人最大的支持。"②后来,在克莱恩夫人与安娜·弗洛伊德的辩论中,艾萨克斯成为克莱恩夫人思想的捍卫者。1948年她发表的《幻想的性质和机能》引发了一场大讨论,该文是关于克莱恩夫人精神分析的经典文献。艾萨克斯肯定了"幻想是无意识心理过程的主要内容",并在辩论中挫败了安娜·弗洛伊德及其盟友,她证明了克莱恩夫人精神分析理论的严密性。

总之,精神分析与教育相结合是20世纪教育发展的重要特征,艾萨克斯的教育工作受到精神分析的深刻影响,她把这一理论引入到英国的新教育,并从精神分析关于压抑、升华、无意识幻想等观点中吸收营养,研究儿童的智力发展和社会生活,为英国教育思想的发展做出了独特的贡献。

四、里德

里德(1893—1968)是20世纪英国最具创造力的诗人、文学评论家和艺术教育家。1893年12月他出生于北约克郡的一个佃农家庭,1903年父亲去世后家里的租地被剥夺,他的母亲操持起家务。里德先被寄养在一所孤儿院,后来伺机离开了那里,成为利兹一家银行的职员,1912年进入利兹大学学习经济学(此前上过夜校)。大学期间,里德开始阅读大量的文学作品和哲学著作,他在阅读中找到了连接美学和社会政治的解释,并成为当时社会主义政治和美学权威杂志《新时代》的定期撰稿人。

---

① [奥]弗洛伊德著,高觉敷译:《精神分析引论新编》,商务印书馆2005年版,第118页。
② [英]乔伊·帕尔默主编,任钟印,诸惠芳译:《教育究竟是什么? 100位思想家论教育》,北京大学出版社2010年版,第333页。

第十一章
新教育
思想

　　1914年第一次世界大战爆发后,里德被迫中断学业,成为了一名步兵军官,他因勇敢而两度受勋。这段经历体现在他1919年发表的诗集《赤膊的勇士》中。1919至1922年里德在英国财政部工作。1922至1931年他成为伦敦维多利亚及阿尔伯特博物馆的管理员。1931至1932年他在爱丁堡大学担任美学教授。1933至1939年他担任文艺评论刊物《伯灵顿杂志》的编辑,这一职位为他提供了联系学术界和知识分子的桥梁。1947年当代艺术学院在伦敦创办,里德成为首任校长。从1946至1968年,里德一直担任艺术教师联合会的会长。1954年里德还参与创建了联合国教科文组织附设的国际艺术教育协会,他提出了一个最具吸引力的论点:"艺术最有希望提供一种国际性的文化交流与理解的媒介,……它们建立'一种符号语言,这种语言符号从一个世纪到又一个世纪、从一个国家到另一个国家毫无阻碍地传达着某种意义'"。① 这一见解后来成为国际艺术教育协会的基本原则。

　　作为一名新教育家,里德主要关注艺术教育,这一兴趣源于他对先锋派艺术的认识。先锋派艺术是现代艺术流派之一,它反对唯美主义所提倡的艺术自律,主张打破传统的艺术体制,追求艺术形式和风格上的新奇。前卫的艺术形式是先锋派的主要表现手法。先锋派艺术的出现,表明绘画、雕塑等综合艺术在寻找一个突破口,那就是让人们通过这种艺术看到美。里德认为,从美学上看,大凡人的观念都源于洞察力,并通过哲学及其他阐释形式进行建构,最终对一般生活和行为产生影响。社会需要具有探索此类真理或现实所必需的高度感受力的人——先锋派。就先锋派而言,尽管他们的创作始终是个人的,但却不是个人的财产,它通过个人被激发出来,个人只是偶然的敏感的记录者。里德把自己与生活、艺术与传统融为一体,他从事工业设计和其他视觉艺术的工作,推动了从立体派到超现实主义的发展。里德是"时髦风尚的引领者",他把所有的艺术和文化都置于自己的研究范畴,如绘画、雕塑、建筑、设计、陶艺、散文和诗歌等。他在《当代艺术》(1933)、《偶像与观念》(1955)、《当代英国艺术》(1964)等著作中考察了艺术家们的动机,他是第一个把荣格(Carl Gustav Jung)的精神分析运用于艺术的人。

　　在里德心目中,社会需要某些有成就者的特殊创造力,这种创造力也潜藏在每个人身上,只有通过异乎寻常的手段,新的美学感才能作为必然的新陈代谢过程获得社会认可。里德的先锋派概念不是精英式的,而仅仅是指超凡的洞察力,其任务是发现某种新的价值

---

① [摩洛哥]扎古尔·摩西主编,梅祖培、龙治芳等译:《世界著名教育思想家》(3),中国对外翻译出版公司1995年版,第316页。

或真理。里德的使命是为那些不可或缺的"局外人"辩护,并对他们独特的创造才能产生作用。因此,他提出了一个目标,即通过艺术教育的手段提高普通人的觉悟。在他看来,每个人都是某种类型的艺术家,其特殊才能即使微不足道,也应该受到鼓励。但里德关心的不只是帮助人们去理解和欣赏艺术中的创新,他对人类进步有一个基本的信念,即认为人类进步将引导艺术超越美学。里德在《艺术与社会》(1937)中认为,艺术教师的职责是把培养少数人积极创造力的教育与成为消费者的多数人的趣味、鉴别力及欣赏力区别开来。

20世纪30年代中期,当里德开始关注艺术教育领域时,艺术教育在英国已经稳固发展了50多年。在艺术课程方面尽管权力分散,科目内容由各校校长负责,但艺术标准的制定仍由专业机构掌握,如全国艺术家协会和艺术教师联合会。全国艺术家协会的任务是以绘画为学科,授予表明教师在制图及设计方面能力的证书;艺术教师联合会则关注儿童特有的艺术教育需求。全国艺术家协会的目标是鼓励教师追求高超的绘画技术,以数月工夫持续专注地临摹维多利亚及阿尔伯特博物馆发行的肖像画。艺术教师联合会则更注重激发儿童的创造力,它奉行这样一条原则:"艺术是人类发展的一个方面,缺少这个方面,智力的发展与社会的合理性就会受到损害"。① 全国艺术家协会对绘画与设计的强调,在1918年教育法案中得以确认。该法案要求地方教育当局向从事手工艺的青年人提供广泛的培训,并且准许他们进入艺术学校修习半日制课程。这些学员除了学习各行业的课程外,还要学习全国艺术家协会推荐的绘画,包括人体素描、写生、建筑与装饰等,重点在于描轮廓、画影线,掌握明暗和整体表现的一般方法,这些方面也是全国艺术家协会规定的能力标准。艺术教师联合会的职责是:坚持不懈地保护凸显于儿童绘画中的自由、自发的创造力,并且使之持续到青春期以后,即通常认为"无拘无束的"创造力终止阶段。

在第二次世界大战中,里德应英国文化协会之邀,为战时海外艺术展览收集作品。他在收集儿童绘画的过程中偶然见到一幅画,这幅画出自一个5岁女孩之手,她给这幅画命名为《环绕世界和一只小船的蛇》。虽然女孩不可能意识到创作这幅画的意义,但里德发现了荣格提出的那个至今只是有趣假说的东西,他为找到原型意象的重要证据而感到震惊。他发现,那些荣格认为与社会稳定相关的符号,在儿童艺术中有着惊人的一致性,这种符号也充斥于成年人的先锋派艺术(如绘画、雕塑)中。这项工作使里德对儿童艺术产生了浓厚

---

① [摩洛哥]扎古尔·摩西主编,梅祖培、龙治芳等译:《世界著名教育思想家》(3),中国对外翻译出版公司1995年版,第310页。

兴趣,他被一些小艺术家作品的表现力和情感内容所打动,促使他开始关注儿童绘画的文化价值,并研究儿童的创造力理论。他认为儿童的创造力与成人的创造力都是"连续"的,这种观点代表了20世纪艺术教育中占统治地位的两种对立模式的"融合"。同时,这项工作不仅改变了他最后25年的职业生涯,而且为英国艺术教育提供了一种前所未有的理论依据。里德这一时期的主要论著有:《通过艺术的教育》(Education Through Art, 1943)、《自由人的教育》(1944)、《世界秩序中的文化与教育》(1948)、《艺术的群众基础》(1955)。

里德指出,"艺术"是人类思想史上最难以捉摸的观念之一,因为我们一直把它视为抽象的观念,然而它却是一个有机而且可测量的现象。如呼吸就有节奏的因素,说话就有表现的因素。艺术是一个涉及知觉、思想及有形动作的过程。知觉本身含有美的因素。艺术就像空气或土壤一样,分布在我们周围,但我们很少静下心加以思考。一切艺术作品都有"形式",不论它是一座建筑物,一座雕像,一幅画,一首诗或一篇奏鸣曲,它们都有专门的形式。最好的艺术作品就是具有最好形式的作品。伟大的艺术作品是复杂的,而且其表现也千变万化。就艺术的本质而言,我们从它最初的起源以及它在童年时代不断显示的意象中所能领略的,比从文化繁荣时代对它所做的理性阐述中所领略的要多得多。里德指出:"我们发觉艺术作品中一些引人之处是由于艺术作品呈现出原始的意象,它们是由心里的潜意识层跃出来的。创作艺术品的艺术家与观赏艺术品的我们都多少深入了梦的世界。"①这一观点源自于弗洛伊德。弗洛伊德认为艺术家是一个潜在的神经症患者,他通过以造型方式表现曾经被压抑的幻想,偶然找到了逃避这一命运的途径。

里德在《文学的本质》一文中写道:"心理分析似乎表明:按其性格倾向来说,艺术家原本是一个精神病患者,但是在变成一个艺术家的过程中,他似乎逃脱了他的这种精神倾向的最终命运,并且通过艺术找到了返回现实的道路。……心理分析发现艺术是一种代表潜在现实的象征体系,它能够通过分析证明象征的有意识的真实性,也能够证明象征背后的心灵的诚实性、丰富性和广狭范围。"②

里德认为,教育的目的是在发展独特性的同时,也发展个体的社会意识或相互性。遗传序列的结果导致个体的独特性,它表现为说话或微笑、观察事物、思考问题、表达情感的独特方法。独特性也许对整个人类有无限的价值,但它在孤立时并无实用的价值。在他看

---

① [英]赫伯·里德著,吕廷和译:《通过艺术的教育》,湖南美术出版社2002年版,第37页。
② 伍蠡甫,胡经之主编:《西方文艺理论名著选编》(下卷),北京大学出版社1998年版,第87—88页。

来,教育不仅是一种完成个人化的历程,而且也是一种统整的历程。统整就是个人的独特性与社会的统一性协调,没有这种统整,我们得到的不仅是精神病学家所熟知的各种心理不平衡,而且还有更大的隐患。"假如个体实现了社会的统整,则可称为好公民,否则称为坏公民。在这一意义上,……教育应能鉴别善和恶的倾向;所以,教育除了有其创造的功能外,还应有摧毁或压制的功能。"①

里德的主要观点是"艺术应为教育的基础"。他认为在教育这一历程中美育是最基本的,其功能就是在那些自我和反社会的冲动形成之前防患于未然。美的感性教育(即艺术教育)是一种重要的教育方式,它不仅仅是一种美术教育,也可称之为视觉或造型的教育。艺术教育的表现形式包括设计、音乐、舞蹈、诗歌、戏剧、工艺等。教育就是教儿童和成人怎样造成声音、心像、动作、工具与器皿。一个能把这些东西做好的人,就是一个受过良好教育的人。假如他能造出美妙的声音,他就是一位善于说话的人,一位优秀的音乐家,一位优秀的诗人;假如他能造出美好的心像,他就是一位优秀的画家或雕刻家;假如他有优美的动作,他就是一位优秀的舞蹈家;假如他能造出良好的工具或器皿,他就是一位优秀的工艺家。"思想、逻辑、记忆、感性和智能等一切能力都与这种历程有关,不论那一方面的教育,都不能离开这一类的历程。它们都是与艺术有关的历程,因为艺术不过是造出美好的声音和心像。所以,教育的目的就是创造艺术家——善于各种表现式样的人。"②

里德认为每个儿童都是潜在的神经症患者,但如果他早期的创造才能没有被传统教育所压制,他就能够免于这种神经症。教育唯有运用艺术,才能摆脱人类心灵所受的压制,才能达成民主社会的教育目标——自我实现。他说:"民主的教育制度是为每个人而设计的,为大多数卑微的人设计的。为此,适当环境的选择——受高尚作品的影响——是教育不可或缺的根基。这种教育引导我们的儿童在'潜移默化之中和理智的美有了交感与和谐,而深烙在他们的心中'。"③

关于儿童的艺术,里德认为儿童自出生即开始表现自己,他从某些本能的欲望开始,第一次哭声和姿势就是原始的语言,儿童想借助这种语言与他人沟通。儿童的自由表现包括身体活动和心理历程,游戏是自由表现的主要形式。里德把游戏视为艺术的一种形式。他

---

① [英]赫伯•里德著,吕廷和译:《通过艺术的教育》,湖南美术出版社2002年版,第11页。
② [英]赫伯•里德著,吕廷和译:《通过艺术的教育》,湖南美术出版社2002年版,第17页。
③ [英]赫伯•里德著,吕廷和译:《通过艺术的教育》,湖南美术出版社2002年版,第289页。

说:"艺术我们已经界说为人类以物质宇宙的基本形式和生命有系统的节奏努力于达成统整。游戏的一切形式……是很多运动感觉的努力,以冀达成统整。"①里德认为,在儿童成长的自然历程中,感觉、情绪、理智和直觉等心理活动的表现都是毫无拘束的,也就是说自发的。如果不是自发地生活,自由地把心理活动具体化,那么比精神紧张或累积状态更糟的神经症便会发生。同样,儿童绘画也是自发的活动,它是儿童自由地表现自我和自己的思想。"自由的或自发的表现就是思考、感情、感觉和直觉等心理活动不受抑制的具体化。"②儿童绘画也许在开始时是相当抽象或非造型的,之后才成为可认识的符号或"图式"。虽然儿童分不清"理想"与"现实",但儿童绘画并不缺乏美的准则。如有些儿童绘画符合印象派的标准,有些符合表现派的标准,有些符合写实派的标准等。儿童艺术应当被视为儿童对周围现实世界初步感觉的强化,这也是先锋派艺术追求的最高目标。

总之,里德把艺术视为教育的基础,并坚定地认为通过艺术的教育是"为了和平的教育"。在他看来,对艺术的学习和实践及其所依托的审美教育,必然会产生道德美感。艺术教育有益于人类解决社会中最紧迫的问题,有利于人们在人道主义原则的基础上建设社会秩序。"里德哲学的问世赋予成千上万的艺术教师的工作以新的意义。他们的任务不再只是帮助学生获得技术知识、再创造技巧和消费者的鉴别力,而是要掌握更广泛的课程,并且为了个人的幸福,也为了社会集体和谐的健康发展,使天生的创造才能在不协调的社会中得以保留。"③他虽然没有提供一个艺术课程表,但他为艺术教育提供了一种理论上的辩护。里德认为现代生活的缺陷,如缺乏正义、道德沦丧、残酷的竞争甚至战争都源于现行的教育制度,尤其是源于片面强调智力的发展,而将其他一切方面都排除在外的做法。这一做法导致天生接近远古集体经验的幼儿到10岁时便失去了根基,成为一个自我利益的中心。英国政府所谓的自由教育只不过是有计划、有步骤的压制,只有根除它,个人创造性的实现、相互沟通以及社会集体的健康发展才会重新得到恢复。里德的代表作《通过艺术的教育》被视为20世纪二三十年代当代艺术教育思想的纲领,它被译成30多种语言,并且在许多国家如埃及、巴西和日本被看做开创性的著作。

由上可知,英国新教育家的思想虽然不尽一致,但他们的矛头都是针对传统教育,他们

---

① [英]赫伯·里德著,吕廷和译:《通过艺术的教育》,湖南美术出版社2002年版,第113页。
② [英]赫伯·里德著,吕廷和译:《通过艺术的教育》,湖南美术出版社2002年版,第114页。
③ [摩洛哥]扎古尔·摩西主编,梅祖培、龙治芳等译:《世界著名教育思想家》(3),中国对外翻译出版公司1995年版,第315页。

都倡导一种以儿童为中心的教育。如麦克米伦提出通过想象进行教育，重视情感和感觉在儿童发展中的作用，并把艺术视为儿童教育的一项基本活动；怀特海主张遵循教育的节律，认为教育的目的是激发和引导儿童的自我发展之路，并使学校摆脱呆滞思想的束缚。艾萨克斯和里德把精神分析理论引入教育，前者反对压抑儿童个性，把游戏作为表现本能生活的一种方法；后者主张通过艺术进行教育，认为教育唯有运用艺术才能摆脱人类心灵所受的压制。这些思想闪烁着新教育的火花，对于当时英国教育发展产生了积极的影响。"从当时的认识水平来看，他们的思想在总体上是'新'的。这主要表现在，他们一方面继承了卢梭、裴斯泰洛齐和福禄培尔等近代教育家的思想，强调儿童的兴趣、活动、自由、个人经验在教育中的重要意义，同时又根据现代生物学、心理学等学科的最新研究成果，赋予这些旧概念以新的含义，并就教育工作如何进一步符合儿童的心理和要求，提出了一系列新的主张。另一方面，在对儿童心理中非理性因素的认识，活动教学的组织和教学内容的安排等方面，新教育家们的见解都是很有特色的。"①在这种意义上说，新教育思想标志着英国教育思想的发展达到了一个新的阶段。

---

① 张斌贤，褚洪启等著：《西方教育思想史》，四川教育出版社1994年版，第596—597页。

第十二章

自 由 教 育 思 想

英国功利主义哲学家亨利·西季威克指出:"自由教育的目的在于传授最高尚的文化,根据可达到的最佳理想,使年轻人在活动、认知和审美能力方面,受到最全面、最有活力和最和谐的训练。"①在西方教育史上,自由教育思想起源于古希腊时代,但这种自由与近代的自由主义不同,它与个人在社会中的政治、经济地位有关。因此,自由教育只适合于与奴隶、工匠相对的"自由人"。由于无需做工谋生,自由人能够全力过公民生活和从事国家管理。显然,作为一个公民的自由民,可以投票、选举、参政、携带武器等,他们的教育与没有这些权利的奴隶之间存在着很大差别。自由民的教育之所以如此,是因为他们依靠剥削奴隶的劳动而生活,因而有充裕的闲暇时间用于教育。这是奴隶从未享有的一种特权。"于是,希腊人就达到了这样一种教育概念:这种教育之'博雅',不仅因为它是自由人而不是奴隶的教育,还因为希腊人把这种教育当作解放心智以按照心智的真实本性发挥功用,使理性免于谬误和错觉,并且使人的操行免于过错的教育。自希腊时代以来,这种教育观念一直有它的地位。"②

最早提出"自由教育"这一概念的是古希腊哲学家亚里士多德,他比较完整地表达了自由教育的基本思想。亚里士多德认为,"自由教育"是指自由民尤其是奴隶主阶级所享受的,以自由发展理性为目标的教育,其内容应是文雅的、高尚的,并为自由民的闲暇服务。闲暇是全部生活的最高目的,是区别自由人与奴隶的重要特征,只有闲暇才能使人的身体与心灵保持自由。但闲暇并不等于空闲,所以亚里士多德建议那些不必从事辛苦劳动的人,应该去从事政治学或哲学的研究。他在《政治学》(卷八)中指出:"闲暇自有其内在的愉悦与快乐和人生的幸福境界;这些内在的快乐只有闲暇的人才能体会;如果一生勤劳,他就永远不能领会这样的快乐。"③他把知识分为自由学科与实用学科,自由学科服务于闲暇的理性活动,切合于人生的目的;实用学科固然必要,但它只是谋生的手段,因而是卑贱的。他说:"任何职业,工技或学科,凡可影响一个自由人的身体、灵魂或心理,使之降格而不复适合于善德的操修者,都属'卑陋';所以那些有害于人们身体的工艺或技术,以及一切受人雇佣、赚取金钱、劳瘁并堕坏意志的活计,我们就称为'卑陋的'行当。"④在他看来,自然科

---

① Sheldon Rothblatt, Tradition and Change in English Liberal Education: An Essay in History and Culture, Faber and Faber, London, 1976, p.149.
② 施良方,唐晓杰选编:《教育学文集·智育》,人民教育出版社1993年版,第84页。
③ [古希腊]亚里士多德著,吴寿彭译:《政治学》,商务印书馆1997年版,第410页。
④ [古希腊]亚里士多德著,吴寿彭译:《政治学》,商务印书馆1997年版,第408页。

学、数学、逻辑学、形而上学、音乐、诗学属于自由学科,而读写、计算、绘画属于实用学科。"事事必求实用是不合于豁达的胸襟和自由的精神的。"①

由此可见,亚里士多德的自由教育是广泛的、普通的,而不是狭隘的、专门的;同时他反对教育具有功利性,并致力于自由发展理性,因此智育是其自由教育的核心。另从亚里士多德的其他著作中可以看出,作为智育的自由教育必须是一种追求它自己目的的教育。"教育要是真正文雅的,其本身必须是它自己的目的。如果它是追求其他一些目的,如道德的、政治的或相反的目的的手段,那么它就是卑贱的。因此,它的地位是下等的。此外,如果教育因为它自己的缘故,本身就是所追求的一种目的,并不带有外在的目的,那么,它是真正文雅的。"②亚里士多德的自由教育理论对后世产生了重要影响。

古罗马人接受了自由教育的观念,但基本上没有进行修改。古罗马人认为,知识远非一种事实的堆砌,而根本上是一门艺,首先在其普遍的原则中被学习,然后应用于细微处。他们把古希腊时期的各门学科称为"艺"(artes),如塞涅卡(Seneca)把文法、修辞、辩证法、算术、几何、天文、音乐称为"自由之艺"(artes liberales),西塞罗称之为"高贵之艺"(bonae artes),维特鲁维乌斯(Vitruvius)称其为"通识学科"(encyclios disciplina)。西塞罗甚至把亚里士多德的著作看做一种系统的哲学之艺。"对他而言,任何真正的知识——无论是音乐、文学、修辞术抑或哲学——都是不可能的,除非以一种'艺'的原则去指引。每种科学都有其自身的'艺',由人的理性构筑,知识的诸细节在一种单一、连贯的体系中结合起来;不同的'艺'本身是一种单一、广阔的人类知识体系的诸部分,哲学的心灵能以其首要的诸原则学习这个知识体系。"③对西塞罗影响最大的哲学家珀斯多尼乌斯(Posidonius)把诸艺划分为四类:一是教授德性的艺;二是希腊人称为通识、罗马人称为自由的艺;三是跳舞、唱歌、绘画和雕塑等"小"艺;四是包括一切手工劳动的艺。这种划分表明通识教育在公元前2世纪末就已经确立了。"通识教育的目的并非把一种专家的知识细节给予每个学生(尽管古代的课本有大量细节),而是使学生掌握这类一般的原则,以有助于学生日后恰当地使用

---

① [古希腊]亚里士多德著,吴寿彭译:《政治学》,商务印书馆1997年版,第412页。
② [美]约翰·S·布鲁巴克著,单中惠,王强译:《教育问题史》,山东教育出版社2012年版,第478页。
③ [英]葛怀恩著,黄汉林译:《古罗马的教育——从西塞罗到昆体良》,华夏出版社2015年版,第68页。

已获得的知识。"①

  中世纪时,"七艺"作为自由教育的主要内容让位于神学,成为一种依附于神学目的的学科。"尽管在中世纪时代,大学可以重新找到大部分文雅学科,但是,它们的内容极为狭窄,并附属于一些专业学科,尤其是神学。"②文艺复兴时期,亚里士多德的自由教育思想重新得以复活,这种复活是在大学围墙之外发生的,在很大程度上是与宫廷教育相联系的。人文主义教育的对象主要是贵族子弟,教育形式多为宫廷教育和家庭教育,因而自由教育的目的是培养上层人物如君主、廷臣和绅士等。但由于人们更注重对古典文学作品的学习,导致自由教育理念发生重大转变。"由于文艺复兴时期的学者在古希腊和罗马的著作中重新发现了自由教育的完整观念,所以,自由教育通常与希腊文和拉丁文学作品的知识联系了起来。这些文学作品逐渐以'高尚文学'、'纯粹文学'著称,或简称为'人文学科'(humanities)。……所以,人文学科,或者后来在美国被称之为的'古典学科'(classics),自然就成为了自由教育课程的主要内容。"③人文主义教育家从反对宗教束缚和要求个性解放的角度出发,提出了以古典语言和文学为主的自由教育。从文艺复兴时期开始,古典学科在自由教育中的垄断地位一直延续到19世纪。

  宗教改革时期,由于新教改革运动的到来,以及从希腊文和拉丁文的原始资料中阅读基督教《圣经》的兴趣,新的古典文化训练不仅对教士有用,而且对廷臣或绅士的训练也有明显的效用。因此,在清教徒所设立的学院里,古代的自由教育观念不仅与语言学原理结合,而且与宗教原理结合。"在17和18世纪,有许多关于教育本质的思考,尽管卢梭抨击传统教育不合时宜,自由教育的模式在启蒙运动时期仍然幸存,并且继续区别于对实用知识和技能的获取。"④17世纪时,受弥尔顿和洛克的影响,自由教育与绅士教育发生联系,主要表现为通过自由学科培养具备优雅风度、良好教养和富于智慧的完美绅士。自由教育首先是在'良好教养'方面的教育——洛克心目中良好教育的典型是古希腊人和古罗马人,他提

---

① [英]葛怀恩著,黄汉林译:《古罗马的教育——从西塞罗到昆体良》,华夏出版社2015年版,第69页。
② [美]约翰·S·布鲁巴克著,单中惠,王强译:《教育问题史》,山东教育出版社2012年版,第478页。
③ [美]约翰·S·布鲁巴克著,单中惠,王强译:《教育问题史》,山东教育出版社2012年版,第479页。
④ Denis Lawton and Peter Gordon, A History of Western Educational Ideas, Woburn Press, London, 2002, p.195.

倡的自由教育在某种程度上要求人们熟悉古典文学。

绅士教育继承了古代自由教育传统中和谐发展的思想，在学习内容上以古典教育为主。为了培养经世致用之才，绅士教育也强调实用知识的学习。如弥尔顿学园既包括古典学科，也包括自然科学和应用科学；洛克也要求绅士应具有事业家的知识与技能。这无疑突破了亚里士多德奠定的自由教育原则的框架。"就绅士教育突出教养而自由教育强调精神和心灵的自由发展而言，绅士教育和自由教育并不等同，只能说绅士教育继承了古希腊古罗马和中世纪自由教育传统的某些要素和方面。"①在这种意义上说，17世纪的英国只是以完美的绅士教育，诠释一种类似于亚里士多德时代理想的"自由民"教育。② 除了古典文学和文本外，使用欧洲本国语的现代写作列入了17世纪自由教育论题与作者的目录。作为民族文学的一部分，莎士比亚、弥尔顿、约翰·班扬（John Bunyan）和埃德蒙·斯宾塞的作品也自然为人们所熟知和阅读。

18世纪时，自由教育主要体现在法国启蒙思想家卢梭的自然教育理论中。卢梭认为自由是人与生俱来的一种权利，任何人都不能出卖自己的自由，因为出卖自由就等于出卖自己的生命。他说："在一切动物之中，区别人的主要特点的，与其说是人的悟性，不如说是人的自由主动者的资格。自然支配着一切动物，禽兽总是服从；人虽然也受到同样的支配，却认为自己有服从或反抗的自由。而人特别是因为他能意识到这种自由，因而才显示出他的精神的灵性。"③在卢梭看来，人类由于上帝的恩赐，生而禀赋着自由、理性和良心，这三者便构成善良的天性。遵循儿童天性的教育必定是"自由教育"，只有实施自由教育才能使儿童的身心得到自由发展。他批评封建教育不顾儿童的天性发展，抹杀了儿童与成人的区别，不根据儿童的特点施教，而把对成人适用的教育强加于儿童。这种教育无异于使儿童成为教育的牺牲品。"大自然希望儿童在成人以前就要像儿童的样子。……儿童是有他特有的看法、想法和感情的；如果想用我们的看法、想法和感情去代替他们的看法、想法和感情，那简直是最愚蠢的事情。"④可见，回归儿童的自然状态是卢梭自由教育的重要内涵，其实质是反对成人对儿童的过多干预，反对旧教育对儿童的束缚，保持儿童的本真状态。卢梭的自由教育实际上就是尊重儿童天性的教育，这是教育思想史上的重大变革，对后世产生了巨

---

① 刘春华，张斌贤：《西方自由教育传统之演变》，《高等教育研究》2015年第4期，第78页。
② 刘小枫，陈少明主编：《古典传统与自由教育》，华夏出版社2005年版，第15页。
③ ［法］卢梭著，李常山译：《论人类不平等的起源和基础》，商务印书馆1997年版，第83页。
④ ［法］卢梭著，李平沤译：《爱弥尔》（上卷），商务印书馆1999年版，第91页。

大的影响。

19世纪中叶后,高等教育领域表现出回归亚里士多德自由教育模式的强烈倾向,这一时期的自由教育开始以理智训练为主要目标。纽曼是19世纪自由教育的伟大倡导者,他对亚里士多德的自由教育十分偏爱,并把它设想为注重心智活动的贵族式教育。他在1853年出版的《大学的理想》中认为大学教育应是自由教育。所谓"自由教育"是指心智、理智和反思的操作活动,它以心智训练、性格修养和理智发展为目标。大学应提供普遍性的知识和完整的知识,而不是狭隘的专业知识。大学是学习普遍知识的理想场所,这里的知识既包括具体的科学真理,也包括经过抽象和被科学化了的哲学知识。

1867年密尔在圣安德鲁斯大学的就职演说中进一步阐述了大学自由教育。他认为大学应向学生提供一种自由教育或普通教育,大学的主要任务是培养学生的智能和加强他们的哲学修养,而并非一所提供技术和专业训练的机构。他说:"大学并不是要向人们传授一些必要的知识以使其合格地掌握某种具体的谋生之道。其目的不是要培养能言善辩的律师或技术出众的医生,而是要培养具有卓越才干及良好教养的人类……教育确实可以使一个人成为更出色的鞋匠,但并不是通过教他如何做鞋来实现的:教育实现这一目的的途径是通过其所提供的心智训练。"①密尔十分注重古典文学教育,认为古典文学向我们传达"生活的智慧",并将古典语言作为最好的文学教育。"探索真理、把真理当作人类最高目的——这种高贵的热情渗入每个古代著述家著作中。……所以,我们在把学习古文作为最好的文学教育之时,也就是在为了伦理学、哲学的教养打下出色的基础。"②

赫胥黎则赋予自由教育以新意,他反对当时英国教育界流行的"自由教育"理论,认为这种自由教育实际上等同于古典人文主义教育,它华而不实,极少考虑一个人的实际生活需要,因此毫无价值。那么,什么样的人才算受到了一种自由教育呢?赫胥黎在1868年的演说《在哪里能找到一种自由教育》中明确指出:"我认为,他从小受到这样的训练,以便使他的身体服从自己的意志,如同一台机器一样毫不费力地和愉快地从事他所能做的一切工作;他的心智是一台无污垢的、周密设计的和结构合理的发动机,每个部件都发挥着各自的力量,工作程序有条不紊;又如同一台蒸汽机一样准备担负任何工作,既能纺纱又能锻造精

---

① [英]大卫·帕尔菲曼主编,冯青来译:《高等教育何以为"高"——牛津导师制教学反思》,北京大学出版社2011年版,第13—14页。
② [英]约翰·密尔著,孙传钊,王晨译:《密尔论大学》,商务印书馆2013年版,第37页。

神之锚;他的头脑里储存着有关各种重要而又基本的自然界真理的知识,以及有关自然界活动规律的知识;他不是发育迟缓的禁欲主义者,而是充满着活力和激情的,但他的情感已被训练得完全服从强有力的意志,并成为良知的仆人;他已经学会去热爱一切美好的事物(无论是自然的还是艺术的),也已经学会去憎恨一切邪恶,并像尊重他自己一样地去尊重别人。"①他认为只有这样的人才算已经受到了一种自由教育。为此,赫胥黎设计了内容广泛的课程计划,包括自然科学、神学、历史、地理、文学、语言学、古典学科、伦理学、社会科学、英语等。在他看来,一切知识都是有益的,任何点滴的知识不管它在日常事务中多么无关紧要,或者多么无足轻重,很难说有朝一日不会发挥作用。可见,赫胥黎的新自由教育实际上是一种全面和谐发展的教育,即通识教育。

　　到20世纪时,自由教育的社会根基已经发生动摇,以致美国当代著名教育家赫钦斯指出,如果自由教育是适合于自由公民的教育,如果全体公民又都是自由的,那么每个人都应该接受自由教育。自由教育必须是教育学生进行理智的活动,"一种受适当训练的理智,一种适当形成习惯的理智是一切领域里都能够起着很好作用的理智。因此,不论学生是否注定从事于沉思的生活或实际的生活,由理智美德的培养所组成的教育是最有用的教育"。②那么,在哪里最有可能找到这种自由教育呢？赫钦斯认为在名著里,名著之所以伟大是因为它们对任何时代都是有意义的。赫钦斯把经典名著称为"永恒的学习",他说:"我们提出永恒的学习,因为这些学习会发掘出我们共同的人性要素,因为它们将人与人联系起来,因为它们将我们与人类以往的最佳思维联系起来,因为它们是进一步学习和理解世界的基础"。③

　　德国著名哲学家列奥·施特劳斯(Leo Strauss)在《什么是自由教育？》一文中指出:"自由教育是在文化之中或朝向文化的教育,它的成品是一个有文化的人。"④"文化"意味着按照心灵的本性培育心灵,照料并提升心灵的天然禀赋。施特劳斯认为,无论就其天性还是所受教育而言,哲人都是最优秀的人。哲人被宣称最高程度地拥有人类心灵能够具备的一切优异。因此,自由教育在于细心研读最伟大的心灵所留下的伟大著作,在于倾听最伟大

---

① [英]托·亨·赫胥黎著,单中惠,平波译:《科学与教育》,人民教育出版社1990年版,第61—62页。
② 王承绪,赵祥麟编译:《西方现代教育论著选》,人民教育出版社2001年版,第204页。
③ [美]罗伯特·M·赫钦斯著,汪利兵译:《美国高等教育》,浙江教育出版社2001年版,第46页。
④ 刘小枫,陈少明主编:《古典传统与自由教育》,华夏出版社2005年版,第2页。

的心灵之间的交谈。在这种意义上,自由教育几乎等同于古典教育。他说:"我们不能成为哲人,但我们可以热爱哲学;我们可以努力进行哲学化思考。这种哲学化思考首先且主要地在于倾听伟大哲人之间的交谈,或者更普遍更审慎地说,在于倾听最伟大的心灵之间的交谈,因而也在于研读那些伟大的书。"①作为对完美的高贵气质的培育,自由教育在于唤醒一个人自身的优异和卓越。自由教育是从庸俗中解放出来,它将赠予我们对美好事物的经历。但自由教育只是少部分人的特权,我们不能期望它会成为普通教育。另外,施特劳斯认为,原初意义上的自由教育不仅培养公民责任心,还要求公民践行这种责任。但我们不能期望自由教育会引领所有受惠于它的人,都能以同样方式理解自己的公民责任或在政治上达成一致。

自由教育的势利倾向最突出地表现为对职业教育的蔑视,但随着高等教育在社会中的地位日益凸显,自由教育不能再只坚持自己的主张而不计后果了,于是自由教育的内涵又发生了一次重大转向,即表现出对传统自由教育的背离。怀特海认为,从本质上来说,自由教育是一种培养思维能力和审美鉴赏力的教育,它通过教授思想深刻的名著、富含想象力的文学作品和艺术杰作进行,这是一种贵族式的休闲教育。这种柏拉图式的理想对欧洲文明做出了不朽贡献,它促进了艺术的发展,培养了那种代表科学之源的无偏见的求知精神,它在世俗物质力量面前保持了精神的尊严,这是一种要求思想自由的尊严。② 这种教育的本质就是大量地阅读最优秀的文学作品。然而,人类精神的表达并不局限于文学,还有其他的艺术和科学。艺术能使我们感受这个世界的美妙,它丰富着我们的心灵;而对科学的好奇心是一种激情,是为了满足发现世界的愿望。因此,把自由教育和技术教育对立起来是错误的。"没有自由的技术教育不可能完美,没有技术的自由教育不可能令人满意。也就是说,所有的教育都是同时传授技术和智慧。"③在一个国家的教育体系中,必须包含三种课程形式,即文学、科学和技术。他说:"人类的生活是建立在技术、科学、艺术和宗教之上的。这四者相互间都有内在的联系,且源于人类的整个智慧。……没有这四个根本因素,根本无法理解任何一种社会组织结构。"④

美国教育家布鲁贝克指出:"强调自由教育的后果意味着从理性主义哲学转向实用主

---

① 刘小枫,陈少明主编:《古典传统与自由教育》,华夏出版社2005年版,第6页。
② [英]怀特海著,庄莲平,王立中译注:《教育的目的》,文汇出版社2012年版,第59页。
③ [英]怀特海著,庄莲平,王立中译注:《教育的目的》,文汇出版社2012年版,第63页。
④ [英]怀特海著,庄莲平,王立中译注:《教育的目的》,文汇出版社2012年版,第98页。

义哲学,从纽曼的'大学的理想'转向克尔的'大学的用处'。"①以往那种强调理智的做法也许对古希腊文明是合适的,因为对那种文明而言人性只是简单的理性和欲望二元论。而今天人类行为不再如此简单,它是生物、心理、社会和历史等各种因素的复合产物。今天的"自由教育"应该使人从无知、偏执、迷信和非理性的枷锁中解放出来,为了实现这一目标,自由教育必须再次转向整个人的教育,即全面的个人的教育。为确保对自由教育进行重新思考,一些学者把"自由教育"这一古老称呼还给传统主义者,同时打出了"普通教育"的旗号。布鲁贝克认为把重点从自由教育转向普通教育有其合理性。他说:"当学生来自人数有限的有闲阶级时(就像一个传统的实行寡头独裁的社会一样),古典的自由教育是令人满意的。但在今天,当绝大多数人都参加工作(如在一个民主社会中所表现的那样),高等教育如果排斥某些为谋生所需的专门训练的话,就会导致某种不适应。"②布鲁贝克主张普通教育和职业教育携手并进。

由上可知,传统意义上的"自由教育",反对把教学内容局限于为某些外在的目的服务,认为教育不是为了实用而进行手与脑的训练,强调教育的内在价值。但随着时代的不断变迁,"自由教育"的内涵发生了重大转变。正如有的学者指出:"在漫长的发展过程中,自由教育的意义开始被颠覆。社会、教育和自我之间的历史关系发生了严重的断裂,这是一场真正的革命。"③西方学者关于"自由教育"的理解也是仁者见仁,智者见智。自由教育有两个理论渊源:一是古希腊的古典自由教育;二是卢梭的现代自由教育。这两种自由教育无论在观念还是做法上都存在很大差异,也使得自由教育在不同的历史时期呈现出不同的特点。尽管自由教育在历史变迁中不断发展,但其主要原则和精神实质一直被人们所信奉。归纳起来,"自由教育"涉及以下几方面内容,即文雅教育(闲暇教育)、理智教育、古典主义教育、通识教育、名著教育、普通教育、人文教育、天性教育、个性自由发展等。英国分析教育哲学家彼得斯指出:"在关于'自由教育'的探讨中,弄清'自由教育'的哪种意义正在被使

---

① [美]约翰·S·布鲁贝克著,王承绪,郑继伟等译:《高等教育哲学》,浙江教育出版社1998年版,第91页。
② [美]约翰·S·布鲁贝克著,王承绪,郑继伟等译:《高等教育哲学》,浙江教育出版社1998年版,第94页。
③ Sheldon Rothblatt, Tradition and Change in English Liberal Education: An Essay in History and Culture, Faber and Faber, London, 1976, p. 206.

用,这是重要的,虽然通常说来应多方兼顾。"①通过对"自由教育"不同涵义的分析,有助于我们正确使用这一术语,并揭示隐藏在"教育"事实之中的标准。因而自由教育要求的不是一种特殊类型的教育,而是要排除通常所理解的某些可能妨碍教育的限制与障碍。

自由教育作为西方古老的教育传统,代表了一种非功利并致力于人的精神和心灵自由发展的理想,它对现代西方教育仍然具有深远的影响。同样,自由教育作为一种现代西方教育理论,批判了传统学校教育中的弊端,促使人们去思考和探索新的教育原则和途径,在一定程度上对现代教育改革和发展具有启迪意义。

英国自由教育的主要观点有:(1)教育的目的是追求知识本身的价值,它与任何功利和职业考虑没有联系;(2)教育的最终目的是促使人的智慧得到发展,而不是对具体事实和信息的简单收集与传授;(3)教育是使人的心灵得到自由发展,它不应该使心灵仅仅局限在一个学科或一种理解形式;(4)教育要以理性原则为基础,以培养具有独立心灵的、自治的个体为目的,反对凭借权威的力量强制灌输各种教条。② 英国自由教育的传统至少有两条线索:一是对人的身心和谐发展的尊重,主要体现在沛西·能、罗素和尼尔的教育思想中;二是对人类知识的尊重,主要体现在纽曼、密尔和欧克肖特(Michael Oakeshott)的教育思想中。本章重点探讨沛西·能、罗素、尼尔和欧克肖特的自由教育思想。

一、沛西·能

沛西·能(1870—1944)是20世纪上半期英国著名教育家、哲学家和科学家。1870年他出生于布里斯托的一个教师世家,父亲在当地创办了一所私立学校,沛西·能小时候就在这所学校就读。毕业后,他进入布里斯托大学学院学习,读书期间协助父亲管理这所私立学校。1890年沛西·能的父亲去世后,他接管了这所学校。同年,他从布里斯托大学毕业,并获得伦敦大学的校外理学学士学位。由于深感自己年轻,难以胜任校长重任,沛西·能辞去校长职务。他先后去哈利法克斯、威廉·埃利斯文法学校担任数学和物理教师,积极探索教学改革,取得显著成效。1895年他又获得了伦敦大学的校外文学学士学位。

1904年沛西·能应伦敦师范学院邀请,担任数学和物理教学法教师。他具有清晰的逻

---

① 任钟印主编:《世界教育名著通览》,湖北教育出版社1994年版,第1686页。
② 李玢:《论当代英国的自由教育思想》,《西欧研究》1992年第4期,第28—29页。

辑思维能力,并善于表达自己的思想,其杰出的教学能力令师生们折服。他还具有良好的组织能力,为人谦逊,性格开朗,平易近人,深受师生们的尊重。1905年沛西·能被任命为伦敦师范学院(也称伦敦日间训练学院,伦敦大学教育学院的前身,创办于1902年)副院长。1906年沛西·能以《科学方法的目的和成就》论文获得伦敦大学科学博士学位。1909年伦敦师范学院成为伦敦大学的一部分,但在管理上存在矛盾,大学与学院之间关系微妙。沛西·能除了履行副院长的职责外,还担任教育学和数理学科教学法的教师。1922年伦敦师范学院发展为一个重要的师资培养与研究机构,沛西·能接替亚当斯(Jone Adames)成为院长。1932年伦敦师范学院正式成为伦敦大学的附属学院,称为伦敦大学教育学院,沛西·能继任院长,直至1936年退休。

  沛西·能教育思想的理论依据是生物学和心理学。他说:"就其起源而言,教育乃是一种生物过程,它不仅存在于一切人类社会之中——不管这些社会多么原始——甚至也以一种初级形式存在于高等动物中间。我把教育称作一种生物过程,意思是说,教育乃是人类或动物生活的一种先天具有的表现方式而不是一种后天获得的表现方式,教育是与他们的需要互相关联的;教育既不需要等人们慎重考虑后才产生,也不需要等待科学来对它加以指导;教育有着扎根于本能的行为必然性。"①沛西·能赞同美国心理学家詹宁斯(Herbert Spencer Jennings)的观点,认为最低级的动物也是独立自主的。一切动物从变形虫起就是力量的中心,它们跟外界经常处于能动的关系之中,但都是以一种特有的独立态度面对世界。每种动物都按自己的本性和力量行事,并且在与外界交往中发展成简单或复杂的个性。每种动物都有构成生命组织的不断适应环境和冒险进取的特性,这是一种"驱力"、冲动,或者所感觉的向往某一目的的倾向。"对于这个驱力或冲动的因素,不管它发生在人们和高等动物的意识生活中,还是发生在他们身体的无意识活动中和低等动物的(假想的)无意识行为中,我们建议给它一个单独的名称——'策动'。"②策动的本质是区分有生命的动物和无生命的物质活动,有机体一切有目的的过程都是策动过程。一切策动过程都倾向于汇合在一起,把它们各自的个性吸收到某种范围较广的策动过程,从而在发展中形成更加复杂的策动系统。

  沛西·能认为有机体的另一特性是记忆基质,它表示有机体的一般属性,而有意识的

---

① 金含芬选编:《教育学文集·英国教育改革》,人民教育出版社1993年版,第35页。
② [英]沛西·能著,王承绪、赵端英译:《教育原理》,人民教育出版社1992年版,第25页。

记忆只是它的特殊表现。从最低等动物到人类为止,行为中所发生的各种形式的"从经验中学习",似乎都可以用记忆基质加以解释。策动和记忆是有机体活动的两个方面,自我表现的每一个行动既是策动性又是记忆性的。他说:"事实上,没有疑问,心理分析的记录大大地加强了把个人的独立自主的发展作为教育的中心目的的论证。这些记录表明,个性的基础建立在怎样幽暗的深处,个性的自然形式多么变化无穷,而对于一个成长中的性格强加以与统一的原则不相符合的形式,有时可能造成多大的危害。"①可见每个人都有其独立性,教师应尊重它,让儿童从事最有价值的活动,从而使个性得到自由发展。"儿童应该通过自己的方式、运用自己的时间去游历学习世界,很显然严格的班级制度和时间表都不完全符合这条原则。实际上,这些制度体现了相反的原则,因为它们假定学校可以分成很多学习者小组,每个学习者小组可以作为一个单元,用单一的进度进入单一的方向,并且按照外在的规定转移兴趣,从一门科目转向另一门科目。"②

　　沛西·能教育思想的主题是个性自由发展。他说:"我们将始终坚持这样一个立场,即除非通过男女个体的自由活动,而且教育实践必须符合这一真理,否则没有什么美好的东西能够进入人类世界。"③在教育目的论上,沛西·能是典型的个人本位论者。他在《教育原理》一书中指出,教育的真正目的是积极的、在于鼓舞自由的活动,而不是消极的、在于限制或抑制这种活动。一切教育努力的根本目的,应帮助男女儿童尽其所能达到最高度的个人发展。"这个观点并不否认或低估一个人对他的同胞的责任;因为个人的生命只能按自己的本性去发展,而它的本性既真是社会性的,又真是'自尊'性的。这个观点也不否认传统和纪律的价值,或排除宗教的影响。但是它的确否认任何超人的实体的存在,否认单独的生命本身不过是一个无关重要的分子。这个观点坚持每个人的无限价值;坚持每个人对自己命运的终极责任;并且接受这个主张所包含的一切实际的结论。"④

　　沛西·能把个性看作生活的理想,认为个性既是努力的目标,又是评判努力成效的标准。个性的自由发展是评价一切教育计划的准则和制定教育政策的唯一依据。他赞同哈

---

① [英]沛西·能著,王承绪、赵端英译:《教育原理》,人民教育出版社1992年版,第65页。
② Alan Cohen and Norman Garner, Readings in the History of Educational Thought, University of London Press Ltd, 1967, p. 214.
③ Alan Cohen and Norman Garner, Readings in the History of Educational Thought, University of London Press Ltd, 1967, pp. 26-27.
④ [英]沛西·能著,王承绪、赵端英译:《教育原理》,人民教育出版社1992年版,第8页。

罗公学校长诺武德的观点,强调必须尊重教育上的个性、学生的个性、教师的个性和学校的个性等,认为以培养个性为目的的教育才是唯一适应自然的教育。"教育上的一切努力,似乎必须限于为每个人获得使个性得以最圆满地发展的条件——换言之,限于使他对富于变化的整个人类生活,作出本性所许可的尽可能充分而又确具特色的创造性的贡献;至于这种贡献所取的形式,则必须由各人在生活中和通过生活自己去创造。"①

在沛西·能看来,家庭和学校在儿童个性发展方面应担负一种共同的责任。在道德领域,家长和教师应使儿童成长的小天地尽可能富于足以形成良好个性的因素,并排除其他不良因素。学校虽然必须代表教育当局传授具有重大价值的文化和道德传统,但也应留有充分余地,以便个性得以自由发展。学校的真正目的在于培养个性。培养个性并不意味着培养古怪的个性,也不是假定所有儿童都是潜在的天才,个性在共同生活的范围内,应有按照它自己的道路充分发展的自由,不应由于外来势力的影响而不能实现它的理想的倾向。同时教师也并不要求特意去制造个性,只要求让它从每个儿童的天性材料中不受阻碍地发展起来,由这个天性可能包含的任何强壮或柔弱的力量形成起来。"人的教育应旨在使每个人能尽其天性所能实现人生的最大完美。"②

沛西·能十分重视游戏在儿童个性自由发展中的作用,认为解决教育上绝大多数实际问题的钥匙是游戏,它以最清楚、最有力、最典型的形式表现儿童的创造冲动,不管游戏者是儿童还是成年人,它们都表示有机体对自由的自我表现的渴望。"当婴儿躺在摇篮里时,他首先是四肢和手指的游戏,然后是跑来跑去玩耍,后来是在运动场上的正式游戏。在游戏中,儿童逐渐意识到拥有自己的身体,并提高他对身体的控制力,以使它达到最大可能的力量。"③沛西·能认为蒙台梭利法较好地体现了游戏精神和自由原则,"她的学说的主要特点是:勇敢而坚决地尝试把教育自己的责任尽可能全部地交给儿童,并且使儿童的发展所受的外来干涉减少到最低限度。……但是她的教育方法最独特的部分,在于她所用的一些方法——大体上采取'教具'的形式,通过这些方法,引导儿童自己教会自己幼儿期和儿童期应该学习的东西:例如熟练地运用他们动作的能力和感觉识别的能力,以及读、写、算的

---

① [英]沛西·能著,王承绪、赵端英译:《教育原理》,人民教育出版社1992年版,第8页。
② 金含芬选编:《教育学文集·英国教育改革》,人民教育出版社1993年版,第37页。
③ Alan Cohen and Norman Garner, Readings in the History of Educational Thought, University of London Press Ltd, 1967, p.137.

基本技能。"①

沛西·能反对把自由与纪律两者截然对立,他强调指出:"把自由理解为不加节制、顺随瞬间的幻想,这种自由是很少价值或者没有任何价值的;它的肮脏的同义语是放任。同时,最底层的一种纪律——纯粹压制性的纪律,不管是在军营里或在教室里——不仅是自由的对立物,而且容易变成一种危险堕落的东西。只有当自由选择了有价值的目的,在追求这些目的时,又使自由服从高尚的形式或方法的控制时,自由的高级的价值才能产生"。②纪律是指一个人的冲动和能力服从一种规则,这种规则使它们的混乱情况有了一种形式,而且使原来缺乏效率和浪费的地方变得更有效率和经济。虽然我们的天性有可能抗拒这种控制,但总的说来是自愿接受这种控制,这是一种自发的和有意识的行动,其中有向往更高的完善的冲动。"因此,纪律的过程类似于巩固:实际上,它被看做一种较高类型的巩固,它与较低类型的巩固不同,因为它涉及某些有意识的目的。"③沛西·能还谈到了惩罚在学校管理中的地位,认为惩罚的意图应该是积极的而不是消极的,它应帮助落后学生自愿去做该做的事情。"不守秩序和其他轻微的反社会的行动,最好的惩罚往往是仅仅不让犯规的人参加共同的作业;当他看到其他儿童都愉快地忙于作业,而自己却无事可做,感到厌烦,这就会唤起他最强烈的忏悔动机。"④

从19世纪末开始,英国掀起了以新教育为标志的教育改革运动,沛西·能的个性自由发展理论成为这场运动的指导思想。这场运动的基本原则是:家长和教师们往日的专横态度应该改变;儿童对自己的行为和学业进步应负起更大的责任;教学方法应更加灵活以便更好地适合不同个体的需要;应更加注重不同个体的爱好和能力。这场运动包括改革教学内容和教学方法,给儿童创造能力以更大的发展机会,使学校工作更加直接有效地与现实生活和兴趣相联系等。这场教育革新运动涉及学校组织和教师职能两大问题。沛西·能批评班级教学以同一速度朝同一个方向前进,并且服从外来的规则,把学生的兴趣从一门学科转移到另一门学科。他主张采取折衷方法,保持班级教学的优点,并把它与个别教学结合起来,尽量扩大分组范围,对于特殊学生采取选科、分科和个别照顾等办法。同时还必

---

① [英]沛西·能著,王承绪、赵端英译:《教育原理》,人民教育出版社1992年版,第103页。
② [英]沛西·能著,王承绪、赵端英译:《教育原理》,人民教育出版社1992年版,第102页。
③ Alan Cohen and Norman Garner, Readings in the History of Educational Thought, University of London Press Ltd, 1967, p. 99.
④ [英]沛西·能著,王承绪、赵端英译:《教育原理》,人民教育出版社1992年版,第261页。

须为学生提供合作活动的机会,如音乐、园艺、野外实习、手工、体育锻炼和戏剧活动等,这些活动必须有固定的时间、地点和组织。沛西·能认为传统的师生关系应该改变,教师应成为学校环境的选择者、积极的观察者、示范者和指导者。他说:"教师的职能在性质上可能改变,但是毫不降低他的重要性,甚至对于教师的学习、智慧和专业技巧提出更高的要求。他的任务将是创造并维持一个环境,在这个环境中,他将唤醒学生对文艺和科学的冲动,并且以正确的方向谨慎地指导着这些冲动。"①

总之,沛西·能无论在学术研究还是教育理论与实践方面都取得了卓越成就,尤其是1920年出版的《教育原理》一书是英国新教育运动的圣经,两次世界大战期间英国中小学教师必读的教科书。伦敦大学国王学院加文纳(Cavenagh)教授指出:"沛西·能爵士的《教育原理》无疑是这一时期的杰出著作。它虽然以教科书的形式出版,但是事实上这是一本哲学专著。英国整个一代培训中的教师的学习以这本书为基础,它深刻地影响着他们的观点和他们今后的实践。"②我国著名学者王承绪先生指出:"他的《教育原理》所以能在英国学术界风行40余年,主要由于他建立在生物学和心理学的基础上、以个性发展为目的的教育思想,反映了第一次世界大战以后以格林为代表的英国理想主义哲学思想的衰微和达尔文主义遗传学和优生学在教育界处于优势的思想运动,为适应英国教育制度推行精英主义的需要提供理论依据。"③

沛西·能为当时英国教育改革提供了有益的指导,他说:"无论如何,由于儿童的天赋能力,各种特殊的才能和倾向很不相同,没有一个单独的教育制度能满足所有儿童的需要,这一点是显然的;儿童个性的形式不管它怎样突出,也不管它怎样卑微,只有在一个有利于个性的教育环境中,才能指望个性的全面发展"。④ 因此,一个开明的社会将为年轻一代设立不同标准、不同类型的学校(特别是中等学校),这样每一个儿童都可以找到最适合其天性和需要的学校。沛西·能不仅解释和宣传意义深远的《哈多报告》(1926),而且为《斯宾斯报告》(1938)的拟订提供指导。然而,尽管沛西·能的个性自由发展理论表达了新教育家的共同理想,被称为"个人主义者的圣经",在当时英国教育界影响极大。但我们也应看

---

① [英]沛西·能著,王承绪、赵端英译:《教育原理》,人民教育出版社1992年版,第110页。
② [英]沛西·能著,王承绪、赵端英译:《教育原理》(译者前言),人民教育出版社1992年版,第20页。
③ 赵祥麟主编:《外国教育家评传》(第三卷),上海教育出版社2003年版,第356页。
④ [英]沛西·能著,王承绪、赵端英译:《教育原理》,人民教育出版社1992年版,第285页。

到,沛西·能在运用生物学和心理学解释个性自由发展时,陷入了生物学化的泥潭。而且他脱离英国现实的社会条件抽象地谈论个性发展,违背了马克思主义关于"人的本质是一切社会关系的总和"的学说。

二、罗素

伯特兰·罗素(1872—1970)是20世纪享誉世界的思想大师,他在哲学、数学、逻辑学、伦理学、政治学、历史学、社会学和教育学等诸多领域都颇有建树。1872年5月罗素出生于英国威尔士南部一个贵族世家,其祖父约翰·罗素(John Russell)勋爵是维多利亚女王时代辉格党(自由党的前身)的首相,父母都是激进的自由主义者,积极参加社会改革运动。罗素的童年并不幸福,四岁前父母相继去世,他和哥哥弗朗克·罗素(Frank Russell)由祖父母抚养和教育成长,两年后祖父也辞世了。罗素没有像哥哥那样进入寄宿学校读书,而是在祖母家接受一个又一个家庭教师的教育,其中大部分家庭教师都是相当有才华的。在进入剑桥大学之前,罗素的童年时代是在寂寞、孤独中度过的,没有与同伴相聚的乐趣。祖母对罗素人生观的形成影响很大,她是一个很有教养的人,能熟练地运用法语、德语和意大利语,对莎士比亚、弥尔顿和19世纪英国诗人的作品十分熟悉,还阅读过许多法国、德国和意大利的古典作品。

祖母在政治和宗教上奉行自由主义态度,她信奉苏格兰长老会教义,属于清教徒,具有强烈的道德信念和虔诚的宗教信仰,她在罗素12岁生日时赠给他一本《圣经》,并在扉页上题写"不要跟随众人去为非作恶",这句话成为罗素一生奉行的座右铭。"祖母虔诚信教又坚持让他步其后尘,这使得罗素对宗教既信奉而又反叛。他的宗教信仰不是建立在理智的基础上的。罗素早年的宗教信仰反映着他祖母的宗教信仰,但是,他要摆脱祖母无理禁锢的要求养成了他那爱好探索、讲求理性的心志,最终使他抛弃了一切有组织的宗教形式。"① 罗素11岁时跟随哥哥学习欧几里德几何学,这门学科激起他极大的兴趣,使他看到了几何学与数学中那种令人惊奇的演绎推理之美,并把他引向了数学和逻辑。罗素一生对数学的爱好就是从这一时期萌发的。

1890年10月罗素进入剑桥大学三一学院学习,在怀特海的指导下研究数学,1893年

---

① [美]杰克·奥德尔著,陈启伟、贾可春译:《罗素》,中华书局2002年版,第2页。

获得数学荣誉学士学位,后来还与怀特海合写了三卷本的《数学原理》。1894 年罗素获得道德哲学荣誉学士学位。1895 年他以《论几何学的基础》一文获得三一学院研究员职位,从此开始了漫长的哲学研究生涯。罗素在自传中写道:"剑桥大学对我的一生有着十分重要的影响,让我结识了许多朋友,给了我交流思想的机会,而真正的学院教育对我却并不重要。我在剑桥获得的唯一有价值的思想习惯就是智力上的真诚。"①1908 年罗素当选为英国皇家学会会员。1916 年因参加反战活动被起诉,并被三一学院解职。从 1900 至 1914 年罗素主要从事数理逻辑和数学基础研究;从 1920 至 1940 年代主要从事哲学方面的研究。1949 年成为英国皇家学会荣誉研究员,并获得英王六世颁发的最高荣誉勋章。1950 年罗素获得诺贝尔文学奖,获奖作品是《婚姻与道德》。诺贝尔奖委员会称赞他"持续不断地追求人道主义理想和思想自由",是西方自由言论和自由思想的无畏斗士。

罗素学识渊博,勤于著述,涉及领域众多,思想博大精深,曾获得"当代的亚里士多德"之美称。罗素的代表作有:《数学原理》(1910—1913)、《社会改造原理》(1916)、《自由之路》(1918)、《论教育》(1926)、《婚姻与道德》(1929)、《教育与社会秩序》(1932)、《宗教与科学》(1935)、《西方哲学史》(1945)、《人类的知识:其范围和限度》(1948)、《西方的智慧》(1959)、《罗素自传》(1967)等。罗素于 1970 年 2 月 2 日去世,享年 98 岁。

罗素是自由主义的思想大师,他认为按其最抽象的意义而言,"自由"是指不对人们实现欲望的过程设置任何外部障碍,因此通过提高人们追求目标的能力或者降低其期望水平,都可达到增加自由的目的。只要一个人的行为不是直接地、明显地、不容置疑地侵害了他人,那么他的自由就应受到尊重。在他看来,我们所要追求的自由不是压制别人的权利,而是在不妨碍他人的前提下,按照我们自己选择的方式进行生活和思考的权利。他说:"尽管死亡是自然控制力的记号和标志,但人仍然是自由的,人在他稍纵即逝的有生之年,去审视、批判、认知,并且在幻想中去创造。在他所知道的世界中,这种自由属他独有;在这种自由中,他优越于控制他的外在生活的不可抗拒力量。"②当各种信仰可以自由竞争,而且不受法律或金钱影响时,思想就是自由的。

在第一次世界大战期间,罗素开始关注教育问题。他认为根治一切社会弊病的良药之一,就是向人们提供适当的教育。教育在形成个性和观点方面的力量是巨大的,如果我们

---

① [英]伯特兰·罗素著,黄忠晶编译:《罗素自述》,天津人民出版社 2012 年版,第 75 页。
② [英]伯特兰·罗素著,李国山等译:《自由之路》,西苑出版社 2004 年版,第 77—78 页。

尊重儿童的权利，我们就应该教育他们，以便赋予他们形成独立观点所需要的知识和思想习惯。罗素指出，我们的世界是一个疯狂的世界，早在1914年这个世界便停止了建设，因为人们不愿意遵循理智的指引进行国际合作，而非要把整个人类分割成几个互相敌对的集团。其主要原因是潜伏于人们的无意识中，并且在婴幼儿时期、儿童时期和青年时期都没有得到明智解决的那种破坏性的愚蠢的冲动。战争的起因正是工业化国家的公立学校培养了人们盲目的错误信仰，使之产生了战争的冲动，只有使人更明智才可阻止或消灭战争，才能更明智地进行教育。就当时的英国教育而言，其教育目的和方法都是传统的。例如，英国公学一直受到阿诺德思想的影响，实行贵族化教育。其目的在于造就一批执掌权力的高官显贵，他们应当精力充沛，体格强健，信念坚定，不畏艰苦，具有贵族风度和高人一等的优越感和使命感。

　　罗素指出，这种教育目的是以牺牲理智、同情心、仁慈、想象、才智为代价的，而这些被牺牲的品性正是现代社会所需要的。"如果我们严肃地对待教育，把保持儿童心灵的活跃看作和保证在战争中胜利一样的重要，我们就应该大为不同地办教育。"①通过教育引导和改造人的本性，培养理想的人和理想的品格，以达到改造社会和消除战争的目的。他说："在我看来，将活力、勇敢、敏感以及智慧四种特征结合便可奠定理想品格的根基。我不是说这一清单已包罗无遗，但我认为，它们能使我们步入正途。不仅如此，本人还坚信，只要在身体、情感及智力上给予年轻人以适当的关怀，则上述所有品质均可普遍形成。"②

　　鉴于当时英国缺乏足以实现其教育理想的学校，1927年9月罗素和第二任妻子朵拉（Dora Black）在伦敦郊区的一个山坡上创办了皮肯希尔学校（Beacon Hill School）。开学之初有14名学生，年龄最小的2岁，最大的8岁，均来自中产阶级家庭。罗素夫妇和两名女教师共同承担教学和管理工作，他们拒绝对儿童进行任何宗教教育，因此禁止宣扬任何一种宗教信条。罗素在《为什么我不是基督徒》的演说中指出："基督教，作为有组织的教会，过去是，现在也依然是世界道德进步的主要敌人。"③他认为，与上帝有关的一切观念均源于古代东方专制主义，这些观念是同自由人的目的格格不入、水火不容。皮肯希尔的办学理

---

① ［英］伯特兰·罗素著，李国山等译：《自由之路》，西苑出版社2004年版，第136页。
② ［英］罗素著，杨汉麟译：《罗素论教育》，人民教育出版社2009年版，第38页。
③ ［英］罗素著，姚洪越、张永红等译：《罗素论自由》，世界知识出版社2007年版，第338页。

念体现了罗素的"自由教育"思想,他在学校选址上为儿童提供了一方能自由活动的开阔之地;在学校管理上成立了由师生联合组成的学校委员会,确立了"自由"的纪律规章制度;在教育内容上反对已经过时的装饰性教育,要求向儿童传授各类知识,尤其是应用学科知识;在教育方法上符合现代心理学的要求,对于年龄较小的儿童,更多地注重习惯与品性培养,维持好奇心与扩展兴趣,教育主要在活动和游戏中进行。儿童年龄稍长,学习内容随之增加。罗素主张实施自由教育,给予儿童较少的压力和束缚,使他们自由自在地、无拘无束地成长。

罗素对于教育中的自由和权威有过精辟论述。他说:"在某种程度上,教育中的权威不可避免,教育者必须找到一种与自由精神相吻合的行使权威的方式。"① 为什么要让儿童拥有更多的自由呢? 罗素认为有两个方面的原因:一是儿童情感的发展需要很大程度的自由,受到约束的儿童常常会对周围的一切怀有敌意和仇恨,这种仇恨如果得不到自由发泄,就会郁积在心最终导致一系列恶果。二是教育中的自由对于儿童情感和理智的发展至关重要,教育中的强制造成的后果是对创造性和理智兴趣的毁灭。他说:"为了保证最大程度的自由,必须通过教育来塑造人们的性格。"② 但罗素认为教育中的自由并不是一条绝对的原则,和其他领域一样,教育领域中的自由有个限度问题,教育上的自由并不是让儿童为所欲为,教育必须加强纪律和权威的影响。如果儿童不受管束,那么大部分儿童就不会去学习,以后就不能适应其生活环境。因此,我们必须拥有教育机构,使儿童在某种程度上受到约束。

罗素指出:"自我控制能力是人类具有的最重要的价值之一,但它在儿童中实际上是未知的,无论是通过严格的纪律或完全的自由,都不能使它得到发展。严格的纪律使人在没有外部命令下无法行动,正如战场上的士兵一样;另一方面,整个儿童时代完全的自由不能教会他去抵制一时冲动的诱惑";③"正确的纪律不在于外部强制,而是在于思维习惯,它自发地导向令人满意而非不良的活动"。④ 自由教育原则和方法的关键在于自由和纪律之间

---

① Leslie R. Perry, Four Progressive Educators: Bertrand Russell, A. S. Neill, Homer Lane, W. H. Kilpatrick, Collier-Macmillan Limited, London, 1967, p. 63.
② [英]罗素著,姚洪越、张永红等译:《罗素论自由》,世界知识出版社2007年版,第120页。
③ Alan Cohen and Norman Garner, Readings in the History of Educational Thought, University of London Press Ltd, 1967, p. 100.
④ Leslie R. Perry, Four Progressive Educators: Bertrand Russell, A. S. Neill, Homer Lane, W. H. Kilpatrick, Collier-Macmillan Limited, London, 1967, p. 159.

一种巧妙的结合。"对于大多儿童而言,为别人着想不是自然而然产生的,但是必须加以教诲,而且除了严加管教,这是很难教而知之的。这或许是反对大人放弃管教最重要的论点。"①

罗素认为,在权威不可避免的地方需要尊重。"一个善于施教并使年轻人能得到全面发展的教育者,必须充满着尊重精神。"②而在教育中对儿童缺乏尊重是普遍存在的,教师和官员认为自己的职责就是把儿童塑造成一种模型,把自己想象为陶工而儿童则是陶土。教育当局也将儿童看作没有独立人格的人和实现社会宏伟计划的材料。罗素指出:"政府、教会和其他为它们服务的庞大机构所施行的教育不是本着尊重的精神的。在教育中所考虑的几乎从来就不是男孩或女孩,男青年或女青年,而几乎总是以某种形式考虑如何保持现存秩序。当考虑个人时,几乎毫无例外地考虑世俗的成功——赚钱或捞一个好的职位。"③他认为几乎所有的教育都有一个政治动机,即加强国家的、宗教的或社会的某些集团,以便与其他集团竞争。这一动机决定了课程内容和学生的思想品质,而对于培养学生的心灵和精神方面却毫无益处。在他看来,一个怀有敬意的人不会把"造型"看作他的职责,他会觉得在所有的生命中,尤其是在儿童中,有某种神圣的、难以定义的、无限制的东西,某种个人异常宝贵的东西,这是生命的生长原则,是生活世界的片断体现。只有感受到这一点的人才能在不违背自由原则情况下使用教育者的权威。

教育上的自由包括多方面的内容,如学与不学的自由、学什么的自由和观念自由等。在儿童时代,学与不学的自由只是部分地得到承认,因为除了弱智儿童之外,所有儿童都必须接受教育。以后年轻人还必须在各种机会中作出选择,例如他们是否应该上大学,有人愿意也有人反对。如果把勤奋学习作为入学资格的必要条件加以规定,那么大学对于那些不崇尚精神追求的人就没有吸引力了。至于学什么的自由,罗素认为让年轻人自由选择毫无联系的课程的选修制度存在着严重弊端,因此有必要根据课程的相关性进行归类。他建议对每一个12岁的儿童进行经典著作、数学和科学教育,两年后每个儿童的天赋或倾向就会显露出来。从14岁开始,再让每位学生选择一个范围较为宽泛的专业领域,随着教育的

---

① 杨自伍编译:《教育:让人成为人——西方大思想家论人文与科学》,北京大学出版社2014年版,第183页。
② Leslie R. Perry, Four Progressive Educators: Bertrand Russell, A. S. Neill, Homer Lane, W. H. Kilpatrick, Collier-Macmillan Limited, London, 1967, p. 63.
③ [英]罗素著,姚洪越、张永红等译:《罗素论自由》,世界知识出版社2007年版,第284页。

增长专业也逐渐限定在某一范围内。观念自由即通常所说的思想自由，它是所有自由中最重要的，也是唯一不需任何限制的自由。罗素认为思想是伟大的、迅捷的、自由的，是世界之光和人类的主要荣耀，从思想自由中产生了整个艺术、哲学和美的世界。思想自由的基本原则是不因观点的表达而受到法律制裁。赞成思想自由的理由是各种信仰的可怀疑性，如果我们确信掌握了真理就有理由去宣扬它，因为真理是不言而喻的，无须通过各种惩罚手段使之付诸实施。教育应使我们尽量接近真理，应当培养我们追求真理的愿望，而不是相信某个特殊信条是真理。

在罗素看来，传播政治的、宗教的或道德方面的某种正统观念会产生各种消极影响，它将那些既诚实又思想活跃，并且对学生的道德和智力发展产生重要影响的教师排斥在教育之外。从道德方面来说，对年轻人宣传正统观念毫无益处，一方面它使较有才能的教师成为伪君子，在道德上树立一种不好的榜样；另一方面它使偏狭和群居本能的糟糕形式得以产生。如果一所学校把宣扬一种不可辩驳的观念作为自己的使命，那就会让人觉得持相反观点者是邪恶的异端。为了维护正统观念，儿童们将被培养成毫无仁慈之心、气量狭小、残酷无情而又自负好斗的人，只要政治、道德和宗教方面存在那种固定不变的观点，这种情况就不可避免。如果当权者允许教师和学生独立思考，那么使无辜儿童饱受其害的整个道德沦丧制度就不复存在。如果我们尊重儿童的权利，教育就不应作为政治的武器而存在。这种通过压制思想自由而获取的成功是暂时的，而且毫无价值。从长远来看，精神的活力对于成功和美好生活更为重要。"使人轻信的教育不久就会导致精神的腐朽；保持活跃的自由发问精神才是可能达到进步的必不可少的最低限度。"①

罗素认为，某种心理习惯通常由那些从事教育的人灌输，如服从和纪律、在争夺世俗成功中的无情、对反对派的轻视和轻信、对教师智慧的被动接受等，所有这些习惯都是反生命的。与服从和纪律相反，我们应努力保持独立和冲动；与无情相反，教育应努力培养思想中的公正；与轻视相反，教育应注入敬意，努力达到理解；与轻信相反，教育目的在于激励建设性的怀疑，对精神冒险的喜爱和通过思想上的进取来征服世界的感觉。他说："最重要的是努力引起和刺激学生对精神冒险的喜好。我们所生活于其中的世界是多样而又令人惊异的；有些看似最平常之物，当你越多加考虑时就变得越来越难；另一些被人们认为是不可能发现的事情，还是被天才和勤勉揭露出来。思想的力量，它所能掌握的广大领域，以及它仅

---

① ［英］罗素著，姚洪越、张永红等译：《罗素论自由》，世界知识出版社2007年版，第286页。

仅模糊地想象到的更广大的领域,这一切给那些精神超越日常事务的人以惊人的丰富材料,使他们从熟悉日常事务的琐碎和厌倦中逃离出来,因此,整个生活充满兴趣,而平庸的狱墙就被打破了。"①在思想主张上,自由竞争是达到真知的唯一途径。而在经济学领域喊了多年关于自由的口号似乎用错了地方,它真正适用的地方应该在精神领域。

罗素既崇尚思想自由,也追求个性自由。他指出:"只有当一个人感到每个学生都是一个独立个体,都有自己的权利和个性,而不仅仅是拼板玩具的零件,或团队中的士兵,或一个国家的公民时,他才有教育别人的资格。在每一个社会问题中,尤其是在教育中,尊重人的个性是智慧的开端。"②至于如何实现教育中的自由,罗素认为只要将国家职能限定在监督和支付款项上就能轻而易举地实现教育中的自由。国家应使儿童受教育,这是合乎情理的,但不应强迫儿童接受那种整齐划一、死板教条的教育。他说:"一般而言,个人创造性是人的教育和心理生活中最需要的东西。国家的功能在于促使人们接受某种教育。如果可能的话,应该是促进心理的个人主义,而不是与政府官员的偏见相符的教育。"③强迫教育破坏了儿童的独创性和智力兴趣,对知识的渴望是儿童的本性,但事实上传授的知识往往超过了他们的吸收能力。"强迫儿童吃东西会导致厌食,同样强迫儿童学习会导致对知识的厌恶。当他们思考问题时,并不是自发性地源于他们跑、跳或喊的方式,而是为了取悦于一些成年人,因此他们总是尝试正确性而非出于自然的好奇心。"④

罗素重视兴趣的作用。他指出,如果要在儿童中塑造某种行为,通常有两种不同的技巧:一是通过奖励和惩罚的方式使儿童表现或避免某些行为;二是通过产生某种情感以导向所希望得到的那种行为。"教师应成为学生的朋友而非他的敌人,儿童进步很快的原因在于合作。他很少疲劳学习,因为他的注意力不是处于一种连续的不情愿和无聊的紧张状态,他的个人能动性的意识在培养而不是减少。基于这些优点,我们似乎可以认为,学生学习的动因是源于自身的愿望,而不是教师施加的强制力。"⑤因此,教育的驱动力也是学生学

---

① [英]罗素著,姚洪越、张永红等译:《罗素论自由》,世界知识出版社2007年版,第289页。
② [英]罗素著,姚洪越、张永红等译:《罗素论自由》,世界知识出版社2007年版,第128页。
③ [英]罗素著,姚洪越、张永红等译:《罗素论自由》,世界知识出版社2007年版,第228页。
④ Alan Cohen and Norman Garner, Readings in the History of Educational Thought, University of London Press Ltd, 1967, p. 51.
⑤ Leslie R. Perry, Four Progressive Educators: Bertrand Russell, A. S. Neill, Homer Lane, W. H. Kilpatrick, Collier-Macmillan Limited, London, 1967, p. 156.

习的愿望,而不是教师的权威。

罗素反对教育上的竞争。他说:"在教育上,竞争有两种负面影响:一方面,它促使教学鼓励竞争而反对合作,尤其是在国际事务中;另一方面,它导致在教室里形成一种广泛的竞争制度,从最初的努力争取奖学金到随后的谋求职业都充满了竞争。"①罗素认为竞争导致了大量的过度教育,这对最优秀的学生而言尤为明显。"当前在西欧各国,有一种尚未波及北美或南美的危险趋势,这就是使年轻人承受很多教育,以致损害他们的想象和理智,甚至毁坏他们的身体健康。不幸的是,受这种趋势危害最严重的乃是最聪明的学生:每一代人中智力最高、想象最丰富的人,沦为竞争巨神圣台上的祭品。"②一个聪明人本来能成为一个有用的人,由于过度教育丧失自发性、自信心和健康,从而使他成为一个无用的社会成员。罗素认为,为了避免过度教育,在获得知识时必须尽可能不要情绪紧张,即在教育过程中应尽可能生活得无忧无虑;必须大幅度排除毫无效果的教学;教学应以培养探究精神和讲授技术为目的,而不是传授问题的正确答案。"采用这些方法,有可能使学生有高度的教养而不危害健康和自发性。但是,如果考试暴虐和竞争不除,这是不可能的。竞争不仅作为一件教育的事实是坏事,作为年轻人的一种理想也是坏事。现在世界需要的不是竞争,而是组织和合作,所有关于竞争的作用的信念,已经变成了一种时代错误。"③

总之,罗素充分肯定教育在社会改造中的作用,重视人的个性自由发展,对传统教育的弊端进行猛烈抨击,进而提出了自由教育的理论。其自由教育的本质特征是,在必要的权威和纪律约束下,尽可能地给儿童更多的自由,更多地发展儿童个人的自由,但必须按照自由的精神或原则行使权威和运用纪律。"罗素的'自由'教育理论在一定程度上,在传统教育思想与尼尔式的新教育思潮或进步教育思潮之间取得了巧妙的平衡;如果不是因为杜威也有类似的建树,罗素的看法是可能成为克服教育领域中传统派与现代派之间共有的某些极端缺点的重要方法论根据和思想工具的。"④不仅如此,罗素还继承了从弥尔顿到洛克强调人的身心和谐自由发展的传统,并且将之与自己的知识教育观相结合,从而使其自由教育思想呈现出历史的继承性与超越性。"罗素的自由主义教育思想继承了历史上自由教育

---

① Leslie R. Perry, Four Progressive Educators: Bertrand Russell, A. S. Neill, Homer Lane, W. H. Kilpatrick, Collier-Macmillan Limited, London, 1967, p. 87.
② 金含芬选编:《教育学文集·英国教育改革》,人民教育出版社1993年版,第62页。
③ 金含芬选编:《教育学文集·英国教育改革》,人民教育出版社1993年版,第71页。
④ 赵祥麟主编:《外国教育家评传》(第三卷),上海教育出版社2003年版,第435页。

的进步性,同时也吸收了传统教育的精华,形成了具有辩证色彩的精神实质,这具体体现在既尊重个性自由又强调宽以待人,既重视行动自由又强调一定的纪律性的教育行为中。"①

三、尼尔

尼尔(1883—1973)是20世纪英国著名教育家、儿童心理学家,自由学校运动的代表人物之一。1883年10月尼尔出生于苏格兰一个名叫弗福尔(Forfar)的小镇,并在那里度过了童年和少年时代。父亲是附近的金斯米尔乡村学校教师,尼尔也在这所学校就读;母亲是一名家庭主妇,笃信加尔文教。尼尔生性胆怯,行动笨拙,身体虚弱,孤僻固执,而且在学业上表现不佳。父母认为这个孩子一无是处,对其严加看管,不留半点闲暇,稍有懈怠,便加处罚。尼尔如陷牢笼,满怀屈辱和恐惧,童年生活黯淡无光。有的学者写道:"童年对尼尔来说是一场恶梦,也是一件幸事。假如他自己没有作为'问题儿童'的那段经历,而一直是'好孩子'的话,那么他的一生很可能会是另一种样子。"②

14岁时尼尔离开家庭独立谋生,先后做过工厂勤杂工、煤气检修工、布店学徒等,单调而劳累的工作使他重新陷入苦闷之中。父母只好让他回到金斯米尔学校,一边读书一边照管幼儿班的孩子。后来,尼尔参加了师范学校的入学考试,虽然成绩很不理想,但仍然获得了学习机会,并通过了助理教师证书的考试。1908年尼尔考入爱丁堡大学,主修英国语言文学。在大学期间,尼尔也不是一个本分的学生,他担任《大学生杂志》的编辑,经常发表一些愤世嫉俗的时评。1912年大学毕业后,尼尔成为伦敦《皮卡迪利杂志》的一名文艺编辑,第一次世界大战爆发后杂志被迫停刊。1914年尼尔应邀到苏格兰西南的格雷托纳公立学校任教,并先后出版了《一个教师的日记》和《一个被免职的教师》两本著作,表达了对当时一些教育问题的看法。到1923年,这两本书的销量已达4万册,尼尔也因此赢得了教育批评家的声誉。

1917年尼尔应征入伍,军旅期间结识了霍默·莱恩,并参观了他在英格兰西南的多塞特郡为问题儿童创办的"少年共和国",这种经历对尼尔以后从事问题儿童研究和教育影响很大。1919年退役后尼尔在伦敦一所新的实验学校(艾尔弗雷德国王学校)任教,他十分迫

---

① 吴明海著:《欧洲新教育运动的历史研究》,教育科学出版社2008年版,第255页。
② 赵祥麟主编:《外国教育家评传》(第三卷),上海教育出版社2003年版,第362页。

切地想把莱恩关于儿童自治的原则付诸实施,但不久发现这所学校的儿童自治形同虚设,在很大程度上仍然受到教师的控制。1921年尼尔应邀担任新教育联谊会创办人恩索(Ensor)夫人的助理编辑,这使他成为一名对各种教育实验都很关心的观察家。同年8月,尼尔又应邀到德国德累斯顿郊区的一所进步学校工作,这所学校被认为是按照心理学原理建立的新型学校。在这里,重视儿童的创造性和自我表现,社会生活是一切工作的中心,实行民主自治的管理原则。1923年由于政局动荡,尼尔率领一部分师生前往维也纳附近的一个小镇继续办学。1924年夏,学校遭到当地天主教徒的嫉恨而被迫再次迁移,回到英格兰多塞特郡的莱姆,组建萨默希尔学校(Summerhill school),也称夏山学校。尼尔开始系统地贯彻关于儿童自由和撇开教师权威的思想。1927年学校搬迁到伦敦北部萨福克郡的雷斯顿,从此迈入稳步发展的道路。在此后的几十年间,尼尔一直在这里从事自由教育实验活动。

尼尔的代表作有:《问题儿童》(1926)、《问题家长》(1932)、《问题教师》(1939)、《问题家庭》(1948)、《自由儿童》(1953)、《萨默希尔——激进的儿童教育方法》(1960)、《谈谈萨默希尔学校》(1967)等。在这些著作中,尼尔清晰地阐明了自己的教育理想。其中《萨默希尔——激进的儿童教育方法》(也译为《夏山学校》)是尼尔自由教育思想的集中反映,也是他一生从事自由教育实验的全面总结。美国精神分析心理学家弗洛姆(Erich Fromm)以《自由、爱与生命——夏山学校的精神》为题撰写了序言。

在社会政治观上,尼尔是一名激进的自由主义者,他对西方社会经济繁荣和科技进步与人的精神和道德危机并存深感担忧,认为西方社会的学校教育是失败的,因为儿童在学校丧失了个性,被剥夺了快乐和自由。在尼尔的教育理念中,最重要的便是尊重儿童的自由,因为只有自由才是符合生命法则,才能让儿童本性中的"善"得到充分发展。尼尔试图创办一所新型的学校,给予儿童充分的自由和快乐。他在《夏山学校》一书中开宗明义地指出:"我们要办一所学校,在这所学校中我们应该允许儿童成为他们自己。为了做到这一点,我们不得不放弃一切纪律、一切指导、一切暗示、一切道德训练、一切宗教教学。"[①]在他看来,快乐是人生之目的,而自由是达到这一目的的手段。"如果快乐一词有所指的话,它指的是健康愉快的感觉、平衡感和对生活的满足感。只有当一个人觉得自由时才会有这些感觉。"[②]只有在自由的

[①] [英]乔伊·帕尔默主编,任钟印,诸惠芳译:《教育究竟是什么?100位思想家论教育》,北京大学出版社2010年版,第324页。
[②] 任钟印主编:《世界教育名著通览》,湖北教育出版社1994年版,第1401页。

环境下,儿童才能按照自然的方式成长。自由的儿童看上去豪爽、无畏,而受约束的儿童看上去惊恐、可怜和畏惧。尼尔把按照一定规格培养,行动受到限制的,循规蹈矩而且身心压抑的儿童,称为不自由的儿童。"夏山学校最重要的优点,就是培养出健康而自由的孩子,使他们在生活中不会遭到'恐惧'和'仇恨'的摧残。"①

"自由"是萨默希尔学校的办学宗旨,这里的儿童可以从事他们感兴趣的活动,并且自己管理自己。儿童分成三个年龄组:低年组5至7岁,中年组8至10岁,高年组11至15岁,他们一般学习到16岁为止。儿童按年龄组住宿,每一年龄组设宿舍管理员1人,学生宿舍不接受任何监督,也没有人去唠叨他们,他们是完全自由的;而且他们也没有统一的制服,任何时候都可以穿各种衣服。上课是自愿的,儿童可以上课,也可以不上课,学校虽然有课程表,但只是为教师所用。书本知识并不重要,儿童所需要的只是最基本的读物,其余的应该是工具、泥土、运动、戏剧、绘画和自由。"对大多数儿童来说,学校教给他们的知识其实是在浪费时间、精力和耐心,它们剥夺了孩子们玩耍的天性。这样的教育当然只会制造出一批批的小老头来。"②在萨默希尔,游戏最重要。有些孩子整天玩,尤其是当阳光照耀之时,他们的游戏通常都很喧闹。"孩子是什么?在很大程度上,孩子是无意识的。他的生活是在幻想中度过,他的游戏就是生活的表现。儿童时代是游戏的时期。孩子天生好动、吵闹和无意识。他主要关注做,而不是思考。"③

萨默希尔学校没有考试,但有时为了游戏可以布置一些考试。教师们痛恨一切考试,认为考试是令人讨厌的事。但大学的升学考试无异一道紧箍咒,对于升学必须学习的科目也不能拒之门外。对于学生而言,应付升学考试并非难事,他们从14岁开始认真读书,三年后参加考试。即使一部分人没有一考即中,但他们有再接再厉的信心。当然,在萨默希尔学生们同样可以获得很多知识,如12岁年龄组的儿童也许不能和同龄组儿童比赛写字、拼音或四则运算,但他们在创造能力中却能取得好成绩。

尼尔认为,自由是每个人生而具有的权利,每个人都有最大的机会和可能作出多方面的选择,以便实现自己理想的幸福。幸福意味着自由意志的选择,自由教育正是以培养具有自由意志的人格为目的,它不承认外界的权威,无论权威来自何方。自由发展就是让一

---

① [英]A. S. 尼尔著,周德译:《夏山学校》,京华出版社2002年版,第3—4页。
② [英]A. S. 尼尔著,周德译:《夏山学校》,京华出版社2002年版,第21页。
③ Leslie R. Perry, Four Progressive Educators: Bertrand Russell, A. S. Neill, Homer Lane, W. H. Kilpatrick, Collier-Macmillan Limited, London, 1967, pp. 127-128.

个儿童在心理和情感上不受到外在权威的管束和压制。"外来的强制都是对人性的诅咒,无论这种强制是来自教皇、国家、教师还是家长,它都是不折不扣的法西斯主义。"①为了使儿童拥有充分的自由,萨默希尔学校放弃了一切纪律、指导、暗示、道德训练和宗教教学。尼尔坚信儿童的天性是纯洁善良,而绝非污浊邪恶。他的想法是使学校适合儿童,而不是使儿童适合学校。"我的看法是:孩子天生是聪明和现实的,如果成年人不对他进行约束,他就会尽其所能地去发展自己。就理论上而言,在夏山的学生,只要有当一个学者的天分和志向的,就会成为一个学者;当然,如果他只适合当一名清洁工,他就会向清洁工方向发展。不过,我们到今天为止还没有教出一个清洁工,请相信,我的这番话绝无丝毫势利之意,因为即便学校教出的是一个快乐的清洁工,也远比培养出一个精神不正常的学者要强得多。"②

尼尔认为,学校里的工作应以儿童为中心,学校应是自由和快乐的场所。"孩子们的生活显然依其自由意志,而非焦急的父母或那些自以为是的教育家的意志。家长和老师的干预和指导最终造成的是一些机器人。"③他称萨默希尔是世界上最快乐的学校,这里没有训斥,没有惩罚,没有说教,也没有人逃学。"假如你给孩子自由教育,他们会对自己更了解,也会更有意志力。因为自由使许多下意识变成知觉。奴役制度才鼓励一个人软弱和没有意志力。"④同样,"这里没有懒惰,所谓懒惰就是缺乏兴趣或者身体不佳,我还从未见过一个懒惰的孩子。一个健康的孩子不可能闲着,他一定是整天在做什么"。⑤

在管理方式上,萨默希尔实行民主自治,所有团体生活及妨碍团体的过错者,都通过星期六晚上举行的"学校大会"投票处理。学生与教职员一样对学校的规章制度拥有投票权,曾有教师提议对违规者处以一周不得上课的惩罚,但学生们认为这种惩罚过于严厉而未获通过。学校的规章制度都由孩子们自己制定,并经"学校大会"表决通过。这种方式给予儿童在日常生活管理中一种有价值的体验,一般认为这是萨默希尔学校成功的一个重要因素。在师生关系上,尼尔认为教师的工作不是发号施令或向儿童施加学习压力,而是为他们提供自由快乐的环境,使他们在不受约束的条件下成长。尼尔是一个坚定的个人主义

---

① 金含芬选编:《教育学文集·英国教育改革》,人民教育出版社1993年版,第91页。
② [英]A. S. 尼尔著,周德译:《夏山学校》,京华出版社2002年版,第4—5页。
③ [英]A. S. 尼尔著,周德译:《夏山学校》,京华出版社2002年版,第12页。
④ [英]A. S. 尼尔著,周德译:《夏山学校》,京华出版社2002年版,第243页。
⑤ Leslie R. Perry, Four Progressive Educators: Bertrand Russell, A. S. Neill, Homer Lane, W. H. Kilpatrick, Collier-Macmillan Limited, London, 1967, p. 92.

者,他尊重每个人的权利。在萨默希尔,每个人拥有的权利都是相等的。这里的学生从不害怕老师,当儿童没有恐惧感时,他们和陌生人的交流就变得轻松。

尼尔最为骄傲的事情之一,就是儿童们在待人接物上特别友善。最受他们欢迎的客人是那些善于讲故事的人,而那些夸夸其谈的客人则备受冷落。客人们一般很难区分老师和学生,因为一视同仁是孩子们经常感受到的气氛,师道尊严并无用武之地。老师和学生不仅吃相同的食物,所遵守的校规也相同,他们没有任何一点特殊优待。萨默希尔的成功,也许正是由于学生们感到自己和他人是平等的,受到同样的对待和重视。对于那些从别的学校转学而来的学生,尼尔要跟他们"单独谈话",也就是在火炉边的闲谈。目的在于疏导孩子们的感情,让他们尽快地适应萨默希尔的自由环境。"事实上,'单独谈话'就是一种改造教育,其目的就在于消除因为道德和恐惧而造成的一些怪癖。"①

尼尔对当时只是为了传授知识的普通教育提出挑战,认为只有那些书呆子才相信唯一的教育只能来自书本。在他看来,传统教育的弊端在于推崇智力而贬抑情感,其结果是儿童可能知道许多事实,但缺乏内心的满足和完善。他说:"当我在师范学院和大学里讲课时,我常常惊讶于学生们的幼稚。他们有着满腹无用的知识,辩论时对答如流。古文也能出口成章。但在对待人生的看法上却如婴儿般幼稚。……在教科书中,很少提到人性、爱、自由或者自由意志。如果这样的教育制度继续下去的话,就会造成知识与情感分离地发展。"②那些不想读书的学生们,在严格的训练下大学毕业后,便会成为没有想象力的老师、平庸的医生和无能的律师,而他们原本可以成为一名出色的技工、上等的泥水匠或者一流的警察。尼尔十分痛心地指出,教室的墙壁就如同监狱一样限制着教师的视野,而让他们看不清教育的本质究竟何在;他们只知道教育孩子的大脑,而忘记了更为重要的情感。情感因素是充满活力的,如果不让它们去表现,必然会导致生活的虚伪、丑恶和憎恨。因此,"教师最关心的应该是孩子的心理,而所有的学校课程应退居其次"。③ 尼尔指出:"教师的职责是成为教室里每一个孩子的灵魂的医生。如果教师试图为上帝和财富服务,这当然不可能付诸实施。"④

---

① [英]A. S. 尼尔著,周德译:《夏山学校》,京华出版社2002年版,第38页。
② [英]A. S. 尼尔著,周德译:《夏山学校》,京华出版社2002年版,第21页。
③ Leslie R. Perry, Four Progressive Educators: Bertrand Russell, A. S. Neill, Homer Lane, W. H. Kilpatrick, Collier-Macmillan Limited, London, 1967, p. 160.
④ Leslie R. Perry, Four Progressive Educators: Bertrand Russell, A. S. Neill, Homer Lane, W. H. Kilpatrick, Collier-Macmillan Limited, London, 1967, p. 116.

由于萨默希尔彻底放弃了对儿童的约束,当时一些报刊称这是一所"放任学校"。尼尔对此进行了反驳,他认为不存在绝对自由这样的东西,任何允许儿童自行其是的人是走一条危险的道路。他强调指出:"在萨默希尔学校,不允许儿童随心所欲。儿童自身的原则对自己在各方面加以约束。他只是被允许做影响到他自己——只是他自己——的事情。如果他愿意,他可以整天玩,因为工作和学习这样的事情只是涉及他个人。但不允许他在课堂上吹喇叭,因为这会影响到他人。"①具体而言,没有人有权让一个男孩学习拉丁文,因为学习是个人选择的事情;但如果一个男孩总是在拉丁文课堂上开玩笑,就应把他赶出去,因为他妨碍了别人的自由。他说:"社会有权约束反社会的儿童,因为他干涉了别人的权利;但是社会无权强迫孩子学拉丁语——因为学习拉丁语是个人的事情。强迫儿童学习就如同根据议会法令强迫一个人信仰某种宗教一样。而这同样是愚不可及的。"②实际上,每个人都不能干涉其他人的自由,而应尊重他人的自由权利,因为没有人具有社会自由,放纵是对他人权利和自由的干涉。

"自由而不放纵",是尼尔自由教育的主要原则,他再三强调自由不是溺爱孩子。在自由教育中,自律很重要。对于儿童来说,自律是他们对个人行为最有效和最积极的约束与管理方式,也是自由教育所追求的目标。真正的自律并不包含压抑或认可,它顾及他人的权利和快乐,并引导个人通过对他人观点的某种让步而有意识地寻求与他人和睦相处。

有人把尼尔的教育原则归纳为以下几方面:(1)相信儿童的"美德"(the goodness of child),儿童对生活的热爱和兴趣有巨大的潜力;(2)教育的目的正如生活的目的,在于快乐地工作和找到幸福;(3)知识教育不宜过多,情感应纳入教育领域;(4)教育应与儿童的精神需要和能力相协调,这意味着接受他们的攻击性行为和自我中心,而不希望他们过早地成熟和利他主义,只有这样才能建立儿童真诚的价值观和态度,并且避免虚伪;(5)正如恐惧产生敌意,纪律和惩罚则产生恐惧,成年人行使权力和执行纪律将使自己和儿童疏远;(6)老师和儿童之间的任何尊重都是相互的,如果一个老师不对儿童使用武力,儿童必须知道他无权去伤害老师和侵扰成年人。③ 总之,萨默希尔打算成为一个真正意义上的无政府社会,在那里儿童可以自由地成长。"在其他大多数意义上,萨默希尔反抗现存的社会及其价

---

① 任钟印主编:《世界教育名著通览》,湖北教育出版社1994年版,第1400页。
② 金含芬选编:《教育学文集·英国教育改革》,人民教育出版社1993年版,第91—92页。
③ W. A. C. Stewart, The Educational Innovators, Volume Ⅱ: Progressive Schools 1881 - 1967, Macmillan & Co Ltd, 1968, p. 291.

值观,并且把自己称为一所自由学校。……这种学校是一种乌托邦式的社会,它与我们历史上不时出现的理想社会相似,尤其是在 19 世纪。"①

尼尔的激进自由教育观在欧美国家产生了强烈反响。在英国,"尼尔已经成为英格兰极端主义教育思想的肆无忌惮的宣传者"。② 罗宾·佩德利(Robin Pedley)指出:"尼尔比其他任何人更加动摇了这个国家教师旧有的对权威的依赖,他们犹豫不决地不去承认孩子首先需要爱,并用爱去尊重人格的自由成长。自由就是要从长者的武断强制之下解放出来,代之用社会经验去培养纪律性,……今天师生之间的友爱可能是 1963 年教室与 1923 年教室之间最大的不同之处。这一变化在很大程度上归功于尼尔。"③1961 年美国成立萨默希尔协会,鼓励人们按照尼尔的原则建立美国的萨默希尔学校,20 世纪 60 年代末 70 年代初美国出现了"自由学校"运动和"非学校化"教育思潮。美国教育家古德曼(Paul Goodman)指出,尼尔的自由教育可以与杜威的民主主义教育相提并论,可以与进步教育相媲美。尼尔在教育界自始至终是以自由论者的形象出现,萨默希尔学校的办学宗旨也是如此。萨默希尔开始是一所实验学校,后来成为欧洲自由教育的示范学校,来自世界各地的参观者和求学者络绎不绝,有人称赞它是教育"圣地",也有人认为它过于放纵和有悖传统。

1973 年 9 月尼尔去世后,萨默希尔学校先后由其妻子和女儿接管,延续了尼尔的自由教育实验。"'夏山'过去曾经是,在今后很长时间都将是一个神秘的地方,在那里曾经出现过一个充满爱与和谐的世界。"④萨默希尔提供了一些有价值的东西,一些明显不同于传统教育制度的东西,它向我们展示了一种建立在儿童自由基础上的教育实践,它的成功源自尼尔的人格魅力和他对儿童真正的爱与理解。当然,由于缺乏系统的教育哲学和有条理的教育理论,尼尔也遭到了很多人的批评。正如有的学者指出:"试图用贴标签的方法简单地评价尼尔的得失优劣容易做到但也更容易南辕北辙;辩证地评价尼尔的教育哲学尤其难,

---

① W. A. C. Stewart, The Educational Innovators, Volume II: Progressive Schools 1881 - 1967, Macmillan & Co Ltd, 1968, p. 292.
② [摩洛哥]扎古尔·摩西主编,梅祖培、龙治芳等译:《世界著名教育思想家》(3),中国对外翻译出版公司 1995 年版,第 178 页。
③ [英]伊丽莎白·劳伦斯著,纪晓林译:《现代教育的起源和发展》,北京语言学院出版社 1992 年版,第 306—307 页。
④ [摩洛哥]扎古尔·摩西主编,梅祖培、龙治芳等译:《世界著名教育思想家》(3),中国对外翻译出版公司 1995 年版,第 186 页。

因为尼尔的几乎每一个探索都充满了闪光点和批判意识,但他似乎在每一点上又都走得太远而招致人们的非议。尼尔的价值或许永远存在于人们的批判之中。"①

四、欧克肖特

欧克肖特(1901—1990)是20世纪英国著名哲学家、政治思想家。他学术兴趣广泛,在哲学、政治、历史、宗教、艺术、道德、教育等领域都卓有成就,为知识论、历史哲学、教育哲学尤其政治哲学做出了重要贡献,其政治学说以"保守主义"而著称。美国学者蒂莫西·富勒(Timothy Fuller)在《政治中的理性主义》中文版序指出:"他最重要的贡献有他对托马斯·霍布斯思想的解释,对近代理性主义的批判,论'法治'的权威论文,公民联合和政治权威的理论,历史哲学和教育哲学。"②

1901年12月欧克肖特出生于英国肯特郡的切尔斯费尔德(Chelesfield)一个中产阶级家庭。他的父亲是一位税务局公职人员,也是一名费边社的创始成员,但这似乎对年轻的欧克肖特没有产生什么影响,因为父亲从不在家谈论政治。母亲是一名护士,第一次世界大战时在一所军医院工作。欧克肖特少年时代就读于实行男女同校和进步教育的圣乔治学校,这所学校鼓励学生进行真正的知识探索,并培养他们对美和道德的感受性。1920年欧克肖特进入剑桥大学冈维尔与凯斯学院(Gonville and Caius College)学习,并于1923年获得历史学(政治思想方向)荣誉学士学位。随后进入德国图宾根大学和马堡大学学习神学及德国文学,在德国期间受到黑格尔(Friedrich Hegel)及海德格尔(Martin Heidegger)哲学思想的影响。1925年欧克肖特获得了冈维尔与凯斯学院的一项基金资助,这使他能留在这个学院里做研究工作,并最终在此执教到1948年。

1933年欧克肖特出版了第一部成名作《经验及其模式》,系统地阐述了历史、科学和实践三种经验模式的基本特征,它们之间的相互关系及各自与哲学的关系。这是一部讨论普通哲学和形而上学的著作,奠定了欧克肖特的思想基础,但当时销量不多且影响不大。印刷了1000册,历经30年才卖完。"但《经验及其模式》却经受了时间的考验,被证明具有相

---

① 张人杰,王卫东主编:《20世纪教育学名家名著》,广东高等教育出版社2004年版,第300页。
② [英]迈克尔·欧克肖特著,张汝伦译:《政治中的理性主义》,中文版序,上海译文出版社2005年版,第1页。

当的超前性,与海德格尔、后期维特根斯坦和赖尔的一些基本思想异曲同工,代表了20世纪西方哲学最重要的一些成就。"①1939年欧克肖特出版了《当代欧洲的社会教义和政治教义》,有力地驳斥了现代政治的意识形态风格。第二次世界大战时,欧克肖特投笔从戎,先后转战英国、法国和德国。

二战后,欧克肖特回到剑桥大学执教,他的兴趣开始转向政治哲学。有人认为,这很可能是因为他对战后英国政治深感失望,甚至厌恶所致。也有人认为,他不是对战后英国政治感到失望,而是对现代性本身深感失望。欧克肖特受英国哲学家霍布斯的影响极大,正是霍布斯对理性在政治中的作用深表怀疑,才形成了欧克肖特对现代政治的独特诊断。1946年欧克肖特应出版社之邀为霍布斯的《利维坦》写作导言,该导言被认为是研究这部著作最经典的文献之一。1947年欧克肖特接管《剑桥学刊》的编务工作,借此机会他陆续发表了一系列文章,1962年结集为《政治中的理性主义及其他论文》出版,这部著作奠定了他作为20世纪最富原创性的政治哲学家的地位。

1950至1951年欧克肖特担任牛津大学纳菲尔德学院的研究员。1951年他应邀担任伦敦政治经济学院的政治学教授,直至1968年退休。1956年欧克肖特写了《论保守》一文,阐述了他对保守主义的看法,据此人们认为他是一个保守主义者。1966年他成为英国科学院的研究员。此外,欧克肖特出版的《论人类行为》(1975)、《论历史及其他论文》(1983)、《人文学习之声》(1989)等也被认为是20世纪的经典著作。

1990年12月欧克肖特去世后,《每日电讯报》称他为自约翰·密尔甚至埃德蒙·柏克以来英国最伟大的政治哲学家;《泰晤士报》称欧克肖特是20世纪少数几位杰出的政治哲学家之一;《独立报》则宣称欧克肖特为20世纪所形成的保守主义政治做出了最有说服力、最为深刻的哲学辩护。欧克肖特在其整个生涯中都矢志不移地抗拒那种将知识政治化的强大倾向,反对那种声称历史与哲学应当关切、介入以及服务于实践的主张。尽管欧克肖特有些观点是"不合时宜的",但在今天仍然产生着重要的影响。

欧克肖特以政治哲学家著称,他对政治、宗教、历史、教育和艺术等都有深入的研究,但他首先是一个哲学家,他的一切思想都是建立在其哲学基础之上,只有真正理解他的哲学才能理解他的思想。"欧克肖特几乎总是以令人兴奋的方式提出一些基本的哲学问题,并

---

① [英]迈克尔·欧克肖特著,孙磊译:《人文学习之声》,文集总序,上海译文出版社2012年版,第5页。

激励别人去进一步思考它们。"①

（一）论经验哲学

欧克肖特认为，哲学是一种没有预设、没有限制、没有限定、没有变更的经验，并且这种经验始终是批判性的，它不为一些次要的、片面的、抽象的东西所干扰和曲解。一种清晰、明确的经验，只有通过一种批判和否定过程才能够获得。经验可以相互破坏，相互扩充和融合，它们要经受变化，受到改造并被取代。一种经验形式只有当它不能提供经验中合乎要求的东西时，它才是荒谬的并因此要被否定。那么，什么是经验？欧克肖特认为，在所有哲学词汇中，"经验"是一个最难以驾驭的词语。"经验"代表一个具体的整体，在分析过程中它可以分为"经验活动"和"被经验到的东西"，但实际上两者是不能分开的，否则将成为无意义的抽象物。在最严格意义上，"被经验到的东西"的特征与它被经验的方式相关。经验的一般特征是思维或判断。经验在任何地方都包含着判断，因此经验本身就是一种思维形式。在欧克肖特看来，没有一种经验不是思维，所经验到的任何东西全都是思维，因而所有经验都是一种观念世界。思想就是经验本身，而且思想就是哲学，因为经验被设想为本身就包含着思想。他说："经验是一个观念世界。一个观念世界在经验中具有完满性的条件是具有连贯性、统一性和完整性。经验世界是一个真实的世界；没有什么实在处于经验之外。实在就其具有完满性和连贯性而言，它是经验世界。"②

无论在什么情况下，具体目标在经验中不受限制、不受干扰地被追求时，欧克肖特称之为哲学经验。对他而言，哲学是具有彻底的自我意识、自我批判性的经验，它只满足于一种绝对连贯的、完满的经验世界。"哲学仅仅是适宜进行自我批判的经验，仅仅是全然为了自身之故而被加以追求和遵循的经验。"③哲学是一个自我独立的话语系统，它有自己的兴趣和逻辑。哲学本身即证明了自己的完整性，它是唯一完整和令人满意的经验世界。但哲学的独立性受到了三个方面的严峻挑战，实证主义将哲学诉诸科学的权威，以科学作为哲学效仿的楷模；历史主义认为一切知识都受到历史条件的制约，因而哲学也必然是历史的结论；实用主义则既不关心哲学的普遍性和永恒性，也不关心历史性，而只关心知识的价值是

---

① R. S. Peters, Essays on Education, George Allen & Unwin Ltd, London, 1981, p. 89.
② ［英］迈克尔·欧克肖特著，吴玉军译：《经验及其模式》，文津出版社2005年版，第69页。
③ ［英］迈克尔·欧克肖特著，吴玉军译：《经验及其模式》，文津出版社2005年版，第81—82页。

否有益于人类的实践生活。欧克肖特指出,这三种看法混淆了哲学与科学、历史和实践之间的区别。

哲学经验并不是经验的真实目标,而是它的逻辑目标,是经验的评判标准。由于抽象的观念世界不能满足经验的评判标准,它将会被摒弃。欧克肖特选取了历史、科学和实践三种经验模式进行考察,他认为这些经验模式代表了经验中的主要限定物和抽象观念世界,它们可以被看做确定的经验模式,每一种经验模式都是一个高度发展的观念世界。欧克肖特的目标不是要蔑视和消除这些观念世界,而是从哲学角度对它们加以考察,去思考那些实际存在的经验模式的特性。或者说,哲学要批判地检验各种经验模式的前提和假设。"我认为,对于一种经验模式而言是真实的东西,对于历史学、科学和实践也是真实的。每一种经验模式都是经验中的一个限定物,都是一个抽象的观念世界;……每种经验模式所特有的东西在于它不能提供经验中具有完满性的东西,不能提供一个连贯的观念世界。"①

欧克肖特认为,所有抽象观念世界并不能提供经验中完满的东西,因此经验将取代所有抽象的、不完备的东西,通过这一过程经验成为了哲学的经验。哲学经验是具体的经验、完备的经验,哲学试图获得经验中具有终极完满性的东西,这一点使得它区别于历史学、科学和实践这些抽象经验世界。哲学既不认可任何"权威",也不认可任何"确定的教条",而只认可那种能够证实自身的东西,以及那种自身能够成立的东西。"哲学实质上只不过是没有变更物、没有限定物的经验;因此它是任何经验世界最终的检验标准。在哲学经验世界中,没有什么东西的特征是不可知的。"②

(二)论理性主义政治

在政治上,欧克肖特被视为保守主义政治哲学家,他对埃德蒙·柏克等人所建立的英国传统保守主义思想从哲学上进行了系统阐述,他对近代政治中理性主义的独到分析,深刻揭示了近代政治的哲学病根。因此,人们习惯于把欧克肖特称为"政治哲学家"。他认为政治哲学只是对政治的哲学思考,或者说对政治的哲学批判,它本身是哲学而非政治。政

---

① [英]迈克尔·欧克肖特著,吴玉军译:《经验及其模式》,文津出版社2005年版,第317页。
② [英]迈克尔·欧克肖特著,吴玉军译:《经验及其模式》,文津出版社2005年版,第336页。

治哲学的任务不是给现实政治提供一个解答或指南，而只是批判地反思人们对政治理解的种种范畴和预设，因此政治哲学是极端颠覆性的，而不是建设性的。欧克肖特的政治哲学之所以围绕政治中的理性主义展开批判，是因为理性主义是近代西方政治的根本性预设，这种预设不仅导致了对政治的现代理解，也支配了现代政治。

欧克肖特所谓"理性主义"的理性，不是一般意义上的"理性"，而是近代以来流行的技术理性和工具理性。他不像许多西方哲学家那样进行理性批判，而是关注近代理性主义及其对欧洲政治的影响。在他看来，理性主义对理性的信仰其实是对技术的信仰，它所崇尚的理性是技术理性。理性主义是一种强大而且有生命力的思维方式，它影响了所有政治信仰的观念，超越了一切党派界限。"通过这条或那条路，通过深信，通过它假定的不可避免性，通过它据说的成功，或甚至完全不假思索，今天几乎所有政治都成了理性主义或近理性主义的。"①欧克肖特指出，理性主义者主张心灵不依赖一切偶然因素，除了"理性"之外不服从任何权威。理性主义者既是怀疑主义者，也是乐观主义者。一方面，不论观点、习性、信念多么根深蒂固或被广泛认可，他都毫不犹豫地提出质疑，并用"理性"的东西判断它；另一方面，理性主义者从不怀疑用"理性"决定事物的价值或行动适当与否的力量。

理性主义者相信人类可以用理性控制、设计、监视社会和政治生活的一切方面，这似乎保证了人类在生活中可以达到完美的境地。"他相信不受阻碍的人类'理性'（只要它能被运用）是政治活动绝对可靠的指南。此外，他相信作为'理性'的技能和操作的论证；他只在乎观点的真理和制度的理性理由（而不是用处）。因此，他的许多政治活动就是把他那个社会的、政治的、法律的和制度的遗产带到他理智的法庭上；剩下的就是理性的管理，'理性'对事实情况行使不受约束的裁判权。"②理性主义者的气质使他更容易从事破坏和创造，而不是接受或改良；他把修补和纠正视为浪费时间，他总是宁愿发明新的方法，而不愿利用现有的手段。理性主义者对待思想传统的态度就是如此，认为传统必须被摧毁，并用自己制造的某种意识形态代替传统。

与此相适应，理性主义政治是一种功利政治，它将理性作为一种纯粹的工具使用，运用理性解决现实的需要、问题或危机。这种政治认为任何问题的"理性"解决，在其本质上都

---

① ［英］迈克尔·欧克肖特著，张汝伦译：《政治中的理性主义》，上海译文出版社2005年版，第1—2页。
② ［英］迈克尔·欧克肖特著，张汝伦译：《政治中的理性主义》，上海译文出版社2005年版，第4页。

是完美的。这就必然导致种种政治和社会上的乌托邦。欧克肖特认为,在所有世界中,政治世界可能是最经不起理性主义检验的,因为政治总是充满了传统、偶然和短暂的东西。但政治竟然比任何别的人类活动都更早地被这股浪潮所吞没,所有当代欧洲政治都深深感染了理性主义。欧洲国家的政治实践已带有明显的理性主义缺陷,它们的许多失败实际上产生于理性主义在控制事态时的缺点,这种困境不是一下子就能摆脱的。他说:"不仅我们的政治罪恶是理性主义的,而且我们的政治美德也是如此。我们的种种计划在目的与特性上大体是理性主义的;但更重要的是,在政治上,我们整个的精神态度都类似地被决定了。"①理性主义政治是通过政治无经验而且从政治机会中产生的,它必然趋向一种排外的理性主义教育形式,这使得它无法超越技术理性的层面考虑问题。欧克肖特指出,理性主义政治的错误在于对人类知识本质的误解,这等于是心灵的堕落。那么,理性主义者信奉的教育是什么?它肯定不是社会道德和理智习性,他们认为这些都是一种无知的教育,既无价值也有害。他们相信技术知识的训练才是唯一有价值的教育,除此之外没有其他真正意义上的知识。

欧克肖特认为,理性主义的根源是关于人类知识的学说。所有人类活动都涉及两类知识,即技术性知识和实践性知识。技术性知识是关于规则、技术和原则的知识,它们可以用命题的形式完整地表述,它们能被习得、记住和付诸实践。技术性知识的主要特征是可以被精确制定,它存在于一切科学、艺术和实践活动之中。实践性知识只存在于运用中,它不是反思性的知识,不能用规则的形式表述。这类知识通常表现在某种实践以及处理事情的习惯方式之中。一切活动都包含实践性知识,掌握任何技能和从事任何具体活动都离不开它。欧克肖特指出,在某一具体活动中都包含这两类知识,它们一起组成了所有技能和动作,如烹饪、美术、绘画、音乐、诗歌、宗教和自然科学。同样,政治活动包含的知识既是技术的,又是实践的。"简言之,没有什么地方,技术知识能与实践知识分开,特别是在政治活动中。也没有地方能认为它们彼此同一,能互相代替。"②可见,技术性知识和实践性知识既有区别,又相互联系。技术性知识可以被制定为各种建议,包括规则、原则、指示和准则,它表现为确定性;而实践性知识只是一种习俗或传统的处事方式,它表现为不确定性。技术性知识可以从书本习得,大部分可以记住;而实践性知识既不能教,也不能学,它只能从实践

---

① [英]迈克尔·欧克肖特著,张汝伦译:《政治中的理性主义》,上海译文出版社2005年版,第20页。
② [英]迈克尔·欧克肖特著,张汝伦译:《政治中的理性主义》,上海译文出版社2005年版,第9页。

中获得。理性主义认为,一切人类活动所包含的唯一知识是技术性知识,实践性知识可以忽略不计。

对于理性主义者而言,"理性"的霸权意味着技术的霸权。他们只关注技术性和确定性,技术性知识似乎是唯一满足理性主义者要求的那种知识。既然如此,理性主义政治就不是一种实践的智慧,而是可以从书本上习得的知识和技术。欧克肖特对此进行了批判,他说:"现在,我已表明一切具体活动所含有的知识决不只是技术知识。如果真是如此,那看来理性主义者的错误是一种简单的错误——将部分误认为整体的错误,赋予一部分以整体的性质的错误。……如果他很大的错觉是技术的霸权,那么他也同样被技术知识表面的确定性欺骗了"。① 他认为政治首先是一种实践活动,因为它关系到对某种形势做出回应。但政治不是纯粹的经验活动,因为它总是渗透了思想和观念。政治活动要追求某些理想和目的,但它们不是通过抽象思辨演绎的,而是在经验活动中暗示的。经验主义只有和意识形态相结合才能起作用,一个政治意识形态意味着预先提供了"自由"或"民主"或"正义"是什么的知识。

一切政治意识形态的谱系都表明,它不是由政治活动之前的预先策划所创造,而是由对政治样式的思考所创造。我们所需要的教育就是能阐释、维护、贯彻以及尽可能发明一种政治意识形态的教育。欧克肖特指出:"我们所需要的不是一个政治的定义,以便从中演绎出政治教育的特性,而是对政治活动的理解,这种理解就包括了对它所包含的那种教育的认识。……如果政治活动没有某种知识和某种教育就不可能,那么这种知识和教育就不仅仅是这种活动的附庸,而是这种活动本身的一部分,必须纳入我们对它的理解。"② 因此,从这一政治目的出发,欧克肖特提出了自由教育的主张。

(三) 论自由学习

在教育上,欧克肖特一般被视为自由教育的代表,他曾经撰写过一系列关于教育方面的论文,部分论文后来由其学生整理成册,命名为《自由教育之声:欧克肖特论教育》(The Voice of Liberal Learning: Michael Oakeshott on Education),中译本名为《人文学习之声》。欧克肖特认为,自由教育本身是一种解放,通过它人类会获得各种不同程度的"自主性"。

---

① [英]迈克尔·欧克肖特著,张汝伦译:《政治中的理性主义》,上海译文出版社2005年版,第12页。
② [英]迈克尔·欧克肖特著,张汝伦译:《政治中的理性主义》,上海译文出版社2005年版,第38页。

"自由教育使人学习领会辉煌丰富的文化所展现在人类生活中的启示与暗示,把人从混乱、感伤、混沌、知识匮乏、飘渺的生活困境中解放出来。……自由教育使人们从庸俗中得到解放,使我们能够经历文明中的美好事物。"①

欧克肖特指出,教育是一项特殊的事业,它可以被看做代际之间所进行的一种贯通作用,新成员由此进入他们所居住的世界。这种代际之间的贯通作用,没有任何外在的"目的"或"目标",对于学生而言它是成为人的事业。但这项事业受到了"社会化"观念的腐蚀,当教学被等同于"社会化",教育就成为什么也没有教的事业。他说:"我将这种观念称为用'社会化'代替了教育。它必须被看做对教育事业的阻碍以及对'学校'的摧毁,因为它给教与学附加了外在目的,而构成学徒生活的教与学本身具有内在的目的;换言之,新成员融入当前的'社会',就意味着所有技艺、活动、事业、理解、情感和信念都要求用来维系这个'社会'。"②这种用"社会化"代替教育的计划,就是将外在的目的强加给教育事业,教育被认为只不过是与"社会需求的指令"相关的"社会投资"。"在英国,相当部分的教育事业(包括所有的大学)在过去五十年中把自己卖给一个良好的政府,它被认为在困难的情况下能真正关注教育的生存,结果只发现它把自己卖给了'社会化',并支持了自我的毁灭。"③

总之,从"社会化"角度认识教育,是要用教育的非本质目的代替其本质目的。"社会化"带来的最大不幸是摧垮了我们的文化,并导致教育事业的碎片化。这种教育的结构使人类进入了前所未有的千人一面的同质时代,造就了大量的平面人,也就是欧克肖特所说的是失败人。这种人无法自我判断和自我决定,只有依赖国家来决定自己该学习什么,无论是教学内容、方法还是方向,都根据设计好的特定目标而定。

在对教育的"社会化"目标提出质疑后,欧克肖特主张自由学习(liberal learning)。自由学习就是能够学会对伟大的学术探索所发邀请做出回应,并在这种探险中渐次展露出对其身处世界及自身的种种认识。"这是对一个人解放自我的邀请,让其从当下所处的紧张中得到暂时的放松,去倾听人类为实现理解自身的永恒诉求而进行的对话。"④欧克肖特认为,

---

① 檀传宝主编:《世界教育思想地图:50位现当代教育思想大师探访》,福建教育出版社2011年版,第96页。
② [英]迈克尔·欧克肖特著,孙磊译:《人文学习之声》,上海译文出版社2012年版,第87页。
③ [英]迈克尔·欧克肖特著,孙磊译:《人文学习之声》,上海译文出版社2012年版,第97页。
④ [英]大卫·帕尔菲曼主编,冯青来译:《高等教育何以为"高"——牛津导师制教学反思》,北京大学出版社2011年版,第11页。

自由既不是天赋人权（自然权利），也不是人性本有的要求，而是从特殊传统的历史经验中产生的。自由意味着人的理智对所遭遇的处境进行解释性的回应，它是人的存在的内在特征。自由、理智和解释总是交织在一起，在理智起作用的地方必然会有自由。"自由"是人类片刻和永久都不能被剥夺的，否则人类将不再成为人。内在于人的"自由"不仅在于能够提出理解自身的观点，更在于如何理解世界中的存在以及自身在其中的位置。人是"自由"的，不是因为他有"自由意志"，而是因为他是为了自我的存在而存在。"自由"不是一个独立地预先策划的"理想"或梦想，而是已经在具体的行为方式中有所暗示的东西。"自由"蕴含在西方世界的史诗、戏剧作品和历史学家的著作中，这就是荷马、莎士比亚、拉辛（Jean Racine）、李维和吉本（Edward Gibbon）笔下的人。"这种对人性的理解不仅曾经被接受，而且被笃实信奉。它作为一种荣耀而被欢迎、探索、培育和享用。它被认为构成了人的尊严。"①但人不可避免地要对自己的思想、言语和行动负责，这意味着我们要为蕴含在理智活动中的自由付出代价。

欧克肖特指出，使人享有自由的理智活动的必要条件是学习，人的自由蕴含在必须要学习的思想和感情中，学习是每个人都必须要做的事情，因为只有通过学习才能成为人。"学习与人之为人之间的不可分离对我们理解自身十分关键。它意味着我们不是生来就成为人的，每个人都是在学习中成为人。它意味着人的特性是指他能学习去感受、思考和行动，人与人之间的重要区别在于每个人实际上学了什么。"②欧克肖特把教育看做一种学习过程，即在引导和约束的情况下怎样识别与利用自己。他说："不可避免地，它是一个双重的过程，在这一过程中我们既享有我将称之为'文明'的启蒙，同时我们也能发现自己与那种文明相关的天赋和能力，并且开始培养和利用它们。"③

那么，什么是学习？欧克肖特认为，学习是一种可以被称为获得、储存和回收有用信息的过程。学习是一项自我意识的事业，它不是对暂时的环境做出反应，而是意识到自己的无知，为自我设置的事业。人是有学习能力的人，他能学会思考与理解，从而在人的立法世界中展现自我，由此获得人的独特性。人的学习是反思性的，他所学到的不是碎片化的信息，而是用有意义的言辞进行表达的信息。一个人学习时关注的是概念、观念、信仰、情感、

---

① ［英］迈克尔·欧克肖特著，孙磊译：《人文学习之声》，上海译文出版社2012年版，第4页。
② ［英］迈克尔·欧克肖特著，孙磊译：《人文学习之声》，上海译文出版社2012年版，第6页。
③ R. S. Peters, Essays on Education, George Allen & Unwin Ltd, London, 1981, p. 90.

感觉、认知、辨别、法则和所有构成人的处境的东西。人们最容易获得的与众不同的"自然"禀赋是自我意识,它是取得人的所有理智和想象成就的条件。人是"历史",他根据自身遭遇的荣辱沉浮,为自己创造"历史"。人所居住的世界不是由"物"组成,而是由事件组成,人必须按照他的理解对事件做出反应。人所学习的一些事件是对思想和情感的表达,包括故事、诗歌、艺术作品、音乐、风景、人的行动、言语与手势、宗教信仰、询问、科学、程序、实践和其他各种人造物,人只有通过理解才能意识到它们。按照欧克肖特的观点,学校教育主要是与不同的文化(literature)启蒙有关。在获得基本的技能以后,孩子开始享受甚至利用文明(civilisation)的智力资本。

对于人类而言,学习是终生的事业,也是我们了解自身和周围世界的综合性事业。我们每个人出生时就开始学习,它不是发生在理想的抽象世界,而是在我们居住的现实世界。每个人生来就是人类成就的继承者,他继承了感觉、情感、想象、观察、思想、信念、观念、理解、理智、语言、关系、组织、规范、程序、仪式、技能、书籍、音乐、工具、器具和人造物等,总之继承了狄尔泰(Wilhelm Dilthey)所说的"精神世界"。每个人只有在学习过程中才能进入和享受这个世界,精神世界是我们的共同遗产,进入它是成为人的唯一途径。学习是人类自我认识的探索,学习的方式是对话,即学习者和人类的传统文明对话。与学习相对应的是教学,教学不是驯服、统治、训练和命令,因为这些活动都不可能与学生有关联。教学是一种邀请,它邀请学生加入到人类文明的对话,教师的任务是使他的学生进入这个精神世界。"要进入这些精神状态,只有通过理解它们本身,而要理解它们,必须通过学习。进入这样的世界,就是学习如何成人;在其中自由地运动就是成为人,这是'历史的'而非'本质的'处境。"①人之为人就是在与他人的关系中认识自己。

在欧克肖特看来,自由学习活动主要发生在大学校园。大学的特征在于它寻求知识的特殊方式,它是学者的合作组织,每个人都投身于某一特殊的知识门类,大学就在于以合作的方式寻求知识。"大学(作为许多研究的汇集地)独特的德性就在于能展现知识交谈的特性,每种研究发出的声音既不是专横的,也不是哀婉的,而是谦虚和能够交谈的。交谈不需要主席,没有既定的路线,我们并不问它'为了'什么,并不根据结论判断它的出色;交谈没有结论,但它往往是以后交谈的铺垫。"②大学要为学生提供多样化的学习,以便他们从中做

---

① [英]迈克尔·欧克肖特著,孙磊译:《人文学习之声》,上海译文出版社2012年版,第107页。
② [英]迈克尔·欧克肖特著,孙磊译:《人文学习之声》,上海译文出版社2012年版,第114页。

出选择。大学生可以与他的老师和朋友交谈,但从不被鼓励将教育混淆为职业训练,或者为将来社会中的特殊服务做准备。"大学教育有一个完全不同的侧重点,因为它是一种'语言文字'而不是'文学作品'的教育。……与那种研究所或技术学院不同,大学教育的特征是给予学生使用语言的自由。他们不必为了某个实用目的而获得大量知识,也不需要在本科阶段从事研究工作。因此,大学教师不是简单的知识边界的拓荒者,他们也要教那些已被经验证明是最有效的表达思想方式的语言。"①"文学"的学习是作为一种"语言"典范,而不是像职业教育那样为了任何实用的目的。

欧克肖特指出,当寻求知识以所谓的"社会目的"出现时,它与大学教育毫不相干。在大学里,教师感兴趣的是学生本身的思想、精神品质与不朽的灵魂,而不是学生将来会成为什么样的校长和管理者。"大学首要的任务是寻求知识——在大学中,没有什么替代物可以弥补它的缺失——其次,它要关注的是伴随这种活动的教育。如果大学中的学习退化为现在所谓的研究;如果大学的教授变成纯粹的指令和对大学生时间的占用;如果被教授者不再寻求知识财富,而是对此感到筋疲力尽,只希望被提供给有用的道德和知识装备;如果他们不再理解交谈的方式,而只是渴望用来谋生的资格和一纸证书,使他们进入牟利的世界,那么大学将不再存在。"②因此,欧克肖特对于一些观点进行了纠正和批评,即主张大学应该成为"知识产业"(knowledge industry)的中心、大学应该为解决社区的实际问题提供理论指导,他认为大学似乎更像一所自由艺术学院(a liberal arts college)。

总之,欧克肖特的自由教育与其政治哲学是一致的,他既反对政治中的工具理性和技术理性,也反对教育的"社会化"目的,他认为现代教育像现代政治一样被理性主义异化了。在他看来,教育的目标不是获得具体技能或者为未来的职业做准备,而是着眼于学生的精神世界,使他们学习如何成人。自由教育培养的是自由人,是使自己学会怎样成为生活自主和有教养的人,同时获得自我展现和自我立法的能力,并以自己的视角反观世界。可见,欧克肖特的教育哲学与其经验哲学、政治哲学是一脉相承的。正如有的学者指出:"他是一个有天赋的教师和管理者,对于他的科目和学生,他更关注的是内在的一切。……最重要的是,在今天的政治和教育作家中,他自成一派并形成了自己的语言风格,这与他的处事行

---

① R. S. Peters, Essays on Education, George Allen & Unwin Ltd, London, 1981, p. 93.
② [英]迈克尔·欧克肖特著,孙磊译:《人文学习之声》,上海译文出版社2012年版,第121—122页。

为密不可分";①"欧克肖特本人的教育思想来源于他对人类经验的一般思考,虽然并不完全地依赖于这些思考。事实上他的教育思想代表着20世纪关于自由学习的传统概念的大部分深奥微妙的解说。"②

由上可知,英国自由教育的内涵比较丰富,既关注人的个性自由发展,又尊重人类知识传统。在进步教育思想的影响下,沛西·能、罗素和尼尔等教育家倡导尊重人的个性和自由;而欧克肖特的自由教育思想与纽曼和密尔一脉相传,他们都反对教育的"社会化"和"功利性",主张教育目的在于培养学生的理智和修养,使他们成为一个有自我意识的人。分析教育哲学家彼得斯(Richard Stanley Peters)把自由教育的内涵归纳为三种:一是强调知识本身的价值,而不是为了职业或实用的目的。这是古希腊时期的本质内涵,在19世纪时为马修·阿诺德等人所复兴;二是强调教育应该广博和平衡而不是局限于一种过于专门化的学科,正如纽曼在《大学的理想》中强调个体的全面发展;三是与教学方法有关,自由教育不应受到教条式教学方法的约束,因为威权主义会限制个体的理性能力。彼得斯指出,这三种解释并不需要具有一致性,但使用"自由教育"的术语时至少涉及其中的某一价值观。③因此,本章的自由教育既涉及教学方法,也关注知识本身的价值。

---

① R. S. Peters, Essays on Education, George Allen & Unwin Ltd, London, 1981, p.107.
② [英]乔伊·帕尔默主编,任钟印,诸惠芳译:《教育究竟是什么?100位思想家论教育》,北京大学出版社2010年版,第382页。
③ Denis Lawton and Peter Gordon, A History of Western Educational Ideas, Woburn Press, London, 2002, p.196.

第十三章

分析教育哲学

第十三章 分析教育哲学

分析教育哲学直接来源于分析哲学,它是分析哲学基本原则和方法在教育领域的应用。它不代表某种"主义",而是一种教育研究的方法。它认为教育哲学不是一个知识体系,而是一种"清思"活动,主张运用分析哲学的方法对教育领域的概念和命题进行澄清,通过澄清提高教育理论科学化的水平和教育实践的效率。分析教育哲学独特的研究方法和全新的研究视角,以及它取得的令人注目的成果和迅速扩大的阵营,使得其他教育哲学流派相形见绌,黯然失色。正如有的学者指出:"自从分析教育哲学出现后,人们便不再有兴趣谈论这个流派、那个主义,而是一股脑地投入到分析的潮流中。"[①]

分析哲学是 20 世纪以来西方最主要的哲学思潮之一,由于它对现代西方哲学产生重大影响,有人甚至把 20 世纪称为西方哲学的"分析的时代"。[②] 分析哲学并不像传统哲学声称的那样从根本上背离了传统哲学,它实际上是应用对语言进行分析的方法研究传统哲学问题。传统哲学与分析哲学在论题上是相同的,但在系统阐述上却不同。"比较传统的思辨哲学家试图构建一种把所有人类经验和知识系统化为统一的、体系化的世界观,他们试图发现能够作为所有存在根源的最终原则或原动力。……分析哲学家坚持认为,所谓的体系化哲学的成功仅仅在于将精神世界分割成了一系列令人困惑、相互冲突的'主义'。"[③]分析哲学强调用逻辑方法和语言分析方法澄清一些基本概念,它认为哲学的任务不是建立一个系统和主义,也不是追随普通的定义,而是对名词的概念进行分析;哲学的作用不在于增加知识,而在于"清思",即分析概念、命题及问题,用清晰的概念取代混乱的思想,并说明这些概念的正确用法以及它们之间的关系。

分析哲学认为,"哲学家的作用既不是按照柏拉图、亚里士多德和黑格尔的方式提出庞大的思想体系,也不是告诉人们应该如何行事。相反,哲学家要分析命题或陈述,以便在语言中发现意义的基础和产生模糊的原因"。[④] 为了消解争论,分析哲学家试图发现和澄清隐藏在相互争执的观念背后的根本预设,他们通过寻求所使用术语的操作性定义以实现这一目的。分析哲学家首先关心的是语言澄清问题,他们相信分析哲学将会澄清哲学的原则问

---

① 毕淑芝,王义高主编:《当代外国教育思想研究》,人民教育出版社 2002 年版,第 394 页。
② 赵祥麟主编:《外国教育家评传》(第三卷),上海教育出版社 2003 年版,第 712 页。
③ [美]杰拉尔德·古特克著,陈晓端主译:《哲学与意识形态视野中的教育》,北京师范大学出版社 2008 年版,第 146 页。
④ [美]撒穆尔·伊诺克·斯通普夫等著,丁三东,张传友等译:《西方哲学史》(第七版),中华书局 2005 年版,第 623 页。

题,并有助于清晰地表达这种原则。由于分析哲学抛弃了传统哲学对世界、人、实在等抽象问题的研究,而把对经验和语言的具体分析作为哲学的唯一任务,因此它的产生被不少学者视为哲学领域中的"革命"。

分析教育哲学脱胎于分析哲学,它是在分析哲学直接影响下产生的。当分析哲学抨击传统哲学,主张以精确的分析方法消除传统哲学争论不休的哲学命题时,一些哲学家和教育家也主张采用同样的方法,以解决教育理论界长期未能解决的问题。分析哲学之所以能渗透到教育领域,引起教育哲学领域的革命,与传统教育哲学本身有关。传统教育哲学具有明显的系统性、演绎性、规范性和情感性,它依附于传统哲学,注重体系的建设,强调规范的作用,并运用大量无法证实的术语、概念和命题构建理论体系。受过分析哲学方法训练的哲学家和教育家认为,所有这一切都是导致教育哲学概念模糊不清、理论争论不休的根本原因。

分析教育哲学 20 世纪 40 年代产生于英国,60 年代进入全盛期,70 年代开始衰落。英国教育家哈迪(Charles D. Hardie)是分析教育哲学的先驱,他率先把分析的思维模式引入教育研究领域,试图用分析哲学的方法消除传统教育哲学中的分歧和矛盾。1942 年哈迪出版的《教育理论中的真理与谬误》一书在当时被认为是分析教育哲学的典型代表作。他明确指出:"由于存在着许多互相冲突的学说,教育理论的现状很难令人满意。本书的目的在于消除某些不同意见。……以摩尔、布罗德和维特根斯坦为首的剑桥分析学派已经试图这样分析命题,即不同哲学家之间意见的不一致,显然是有关事实材料的不一致,或者是有关词的用法的不一致,或者经常是纯粹感情上的不一致。我认为,在教育理论领域内普遍采取同样的态度,现在是时候了。"①哈迪针对传统教育哲学中最具代表性的教育家卢梭、赫尔巴特(Johann Friedrich Herbart)和杜威的三个最有影响的教育理论,即"教育遵循自然"、"教育性教学"、"教育即生活"进行了分析批评。然而,由于哈迪对教育理论的分析过专过窄,他的观点并没有被人们很好地理解,甚至被传统的教育哲学界当作异端加以排斥。哈迪的思想直到 20 世纪 50 年代才受到教育哲学界的广泛关注。

1953 年教育哲学家谢弗勒(Israel Scheffler)向美国促进科学进步协会提交了一篇题为《建立一种分析的教育哲学》的论文,呼吁把分析哲学应用到教育问题。1954 年他在题为《分析教育哲学初探》一文中把罗素的《论内涵》看做分析关于"生长"这一概念可供遵循的

---

① 陈友松主编:《当代西方教育哲学》,教育科学出版社 1982 年版,第 208 页。

范例。1956年《哈佛教育评论》出版专辑讨论"教育哲学的目的和内容",这预示着分析教育哲学研究进入了一个新的阶段。

20世纪六七十年代,许多从事教育哲学理论研究的学者看到了分析哲学及其方法论的价值,致力于分析教育哲学的研究,分析教育哲学成为这一时期英美等国教育哲学流派中的主流,涌现出了一批颇有造诣的分析教育哲学家。在其鼎盛时期,一个不懂分析哲学的教育家是没有资格登上大学教育哲学讲坛的。英国作为分析教育哲学的发源地和大本营,涌现了一批卓有成就的分析教育哲学家,其代表人物是奥康纳(Daniel John O'Conner)、彼得斯(Richard Stanley Peters)、赫斯特(Paul Heywood Hirst)和约翰·怀特(John White)。

一、奥康纳

奥康纳(1914—2012),英国批判的语言分析派哲学家、教育思想家。1914年出生于美国的西雅图。1933年毕业于伦敦大学伯克贝克学院,同年任英国政府公务员。1946至1947年赴美国芝加哥大学攻读哲学。1949至1951年任南非纳塔尔大学哲学教授。1954至1957年任利物浦大学哲学教授。1957至1979年任埃克塞特大学哲学教授,其间1961至1962年任美国宾夕法尼亚大学哲学客座教授。主要著作有《符号逻辑导论》(1953)、《教育哲学导论》(1957)、《批判的西方哲学史》(1964)、《约翰·洛克》(1967)、《阿奎那与自然法则》(1968)、《教育哲学论文集》(1973)等,其中《教育哲学导论》是奥康纳分析教育哲学的代表作。奥康纳在《教育哲学导论》前言中写道:"我写本书有两个目的:首先,使它成为一本关于教育哲学的初级读本。我这样说的意思是,它应当——以一种初步的方式——检讨哲学与教育理论间最显著的联结点。其次,我试图提出一些哲学问题,以便给大学和培训学院中那些学教育的学生提供一个关于哲学思维的简单介绍。因为除此以外,他们很少与哲学进行正式的接触。"[①]

在《教育哲学导论》中,奥康纳并不讨论传统教育哲学体系中的教育目的、教育过程、教育价值和课程论,而是从激进的逻辑实证主义立场出发,用分析哲学的方法讨论哲学与教育的关系。他说:"虽然过去四十年间哲学的研究范围和方法已经完全改变,但在这以前并

[①] [英]丹尼尔·约翰·奥康纳著,宇文利译:《教育哲学导论》,中国人民大学出版社2015年版,前言第1页。

没有试图把这个重要的理智上的革命与教育哲学联系起来。本书在这样做的时候,对哲学能为教育思想做些什么的问题,给予简单明了的解释。"①奥康纳把分析哲学的工具运用于诸如"价值标准"、"价值判断"、"教育理论"、"解释"以及"道德与宗教"之类概念。他认为"教育哲学"意味着那些和教育理论直接相关的哲学问题,它为教育理论的确立提供哲学基础,而这种哲学基础就是用理性的方法对概念和理论进行逐一细致的分析与批评。"哲学并不是通常所谓的知识,而是一种批判或说明的活动。这样的哲学对包括教育理论问题在内的一切问题的任何题材都有影响。"②

在奥康纳看来,价值判断的性质以及论证这些判断的逻辑,乃是哲学和教育之间最重要的连接点。教育理论不相同,价值判断也不同。哲学家的任务之一就是设法阐明这些理论,并且评价它们的逻辑价值及其解释功能。他说:"哲学的研究,由于能提高我们对逻辑上的种种区别和语言的多种多样作用的感受性,使我们更易区别不同陈述和适合于每一陈述的不同证据。这种感受性对任何理论活动是一个非常有用的条件。"③一般认为,哲学家的工作包括三个相互联系的方面:一是人们指望哲学家提供关于宇宙及人在宇宙中位置的简要而概括性的观点;二是人们指望哲学家通过理性过程而不是直觉或诗性想象提供上述观点;三是人们指望哲学家给他们提供一种可以通过理性辩护的宗教观。④ 由此可见,人们期望在哲学家身上能将科学家、道德家和神学家的目标与成就结合起来。

很多人认为教育本身不是一种科学,而是由一个共同目的联系起来的一整套实际活动,这种活动往往建立在某种科学理论的基础之上。在这方面,教育实践和医学实践、工程实践是相通的。医学本身也不是一种科学,其目的不在于增进知识,而在于实际结果,如预防和治疗疾病。但为了使医生能有效地执行医疗任务,他们必须掌握有关的科学知识,尤其是与身体结构有关的解剖学和生理学。医学知识的生长点大多是在纯粹科学,如物理学、化学和生理学方面,而不在门诊室和手术室的日常活动之中。奥康纳指出,在某种意义上这种类比是公正的,但人类本性与自然规律之间有着重要差别。关于人的科学似乎都是我们所熟知的,如怎样学习,怎样引起动机,情绪怎样起作用等。这类知识非常有限而且没

---

① 陈友松主编:《当代西方教育哲学》,教育科学出版社1982年版,第209页。
② 王承绪,赵祥麟编译:《西方现代教育论著选》,人民教育出版社2001年版,第469页。
③ 王承绪,赵祥麟编译:《西方现代教育论著选》,人民教育出版社2001年版,第477页。
④ [英]丹尼尔·约翰·奥康纳著,宇文利译:《教育哲学导论》,中国人民大学出版社2015年版,第13页。

有组织,但足以使我们和别人共同生活。其他社会科学也是如此,只要社会和经济组织停留在一个相当低级的水平,我们对于社会和经济规律的认识,就足以使我们管理好社会经济制度。因此,人类和动物行为的规律性,对于一个明智的观察者而言,大体轮廓是清晰的。但自然的规律性大部分在事物表面之下,必须用标准的科学方法予以阐明。这就是为什么教育几千年以来已成为一件成功的事业,而医学和工程学只是最近才达到成熟的原因。"所以,教育和医学或工程学等应用技术的类比是不完全的。医学和工程学,即使要达到小规模的效率,也必须建立在自然科学的基础上。但是教育,只有当它的规模和复杂性已经增加到这样的程度,以致对明智的观察者很明显的人类本性的规律证明不够作为理论基础,而需要用关于人的科学来补充或替代的时候,才要求有自然科学的基础。"①

奥康纳认为,像"理论"、"解释"这些名词最确切的用法只能在自然科学中找到。人是自然的一部分,人的身体和自然的其他部分一样要服从物理学、化学和生物学的规律,因而人的科学和自然科学之间有着明显的连续性。承认这种连续性有助于理解关于人的理论的性质,以及探寻社会科学与自然科学之间存在的区别。

在他看来,自然科学与社会科学有三方面的区别:首先,关于人的科学规律要比自然科学规律更加明显。因为我们具有观察人类经验和行为倾向的一切机会,我们对于社会的作用也有独特的看法。例如,与教育密切相关的心理学,使我们关于人类本性的知识具有精确性、可证性和系统性的特征,这种知识可称之为经验和行为科学。其他社会科学同样存在着从常识性的见解到科学知识的进展。其次,我们把自然科学规律看做是经久不变的,而人类本性的规律似乎是可变的。因为人类本性的规律在某种程度上有赖于物理学、化学和生物学的规律,这些科学可能用来改变我们所知道的人类本性。例如,遗传学在人类繁殖上的应用,可能使人类产生完全新的遗传特征。社会条件的改变也将使人类本性的一些特征显示出来,而在其他教育制度下这些特征被掩盖或受阻碍。最后,自然科学可以进行大规模的实验,使理论得到证实或被驳斥;而社会科学实验的范围非常有限,因为它受到道德的约束和技术的限制。自然科学和社会科学最重要的区别在于它们各自的发展水平。与自然科学相比,社会科学处于较低级的发展阶段。因此,在关于人的科学中,即使最好的理论样板和支持它们的事实联系,也不如自然科学的理论那么严密。

鉴于以上分析,奥康纳对现代教育理论研究的可靠性提出质疑,认为只有通过经验或

---

① 王承绪,赵祥麟编译:《西方现代教育论著选》,人民教育出版社2001年版,第482页。

实验方法得出的真理才有依据,而那些通过纯粹思辨或推理得出的结论并不可靠。他说:"教育和医学、工程学一样,乃是一整套实际活动,如果我们懂得应用我们必须处理的材料的自然规律,我们就更懂得如何进行这些活动。的确,如果我们完全不知道这些规律,我们成功的实践将是很有限度的。……这些科学的规律不是漫不经心的观察者所能掌握的。单纯的观察,无论怎样小心谨慎和坚持不懈,还是不够的。在这些领域里,要获得任何进展,需要进行耐心的和有组织的实验。"①在他看来,"理论"既是一个确立了的假设,也是一组有逻辑联系的假设,其主要功能是对题材进行解释。在教育上,"理论"这个词容易随便滥用,而且在大多数场合不怎么严谨。"因此,如果我们能够找出理论这个词在教育上表示的种种不同的含义,并且也找出建立在经验基础上的解释性概念结构的原始意义上所使用的范围,以及什么时候仅仅用于某种派生的和削弱的意义,这将是值得的。"②那么,在多大程度上教育理论才应该称为"理论"?它们是什么样的理论?奥康纳指出:"教育上的理论,一般来说,和我们在充分发展的自然科学中所发现的模式,并不一致,这已经是显然的。……然而,否认教育有一个理论基础,那将是荒谬的。"③

奥康纳认为,传统的教育理论或教育著作有三种不同的逻辑系统,它们代表了三种不同的陈述方式,但在一个人的教育著作中往往混合在一起,因而很难判断它们的价值。

首先,教育著作有一个形而上学的部分,它从来没有被任何认可的论证过程证明,但它对教育的目的和方法产生了巨大影响。"这在柏拉图和中世纪学者们以及现代基督教作家们的著作中最显而易见。这一类的论断不被人相信,恰恰主要是因为它们形成了部分教育理论。它们被接受的原因,反而是由于它们在已经基于其他理由而被信奉的某种哲学或某种神学中作用突出,意义重大。但是,它们很自然地出现在教育类的著作中,这是因为它们属于那种似乎与教育有重要关系的论断。"④例如,柏拉图的灵魂说、中世纪经院哲学家的著作、近代基督教作者的教育理论等,所有这些理论不管它们是正确还是错误的,都是形而上学的。它们不能用既定的或大家公认的方法加以证明或否定,但至少我们能辨认它们,如果不理解其逻辑地位,我们就不可能理解它们。

---

① 王承绪,赵祥麟编译:《西方现代教育论著选》,人民教育出版社2001年版,第480页。
② 王承绪,赵祥麟编译:《西方现代教育论著选》,人民教育出版社2001年版,第478页。
③ 王承绪,赵祥麟编译:《西方现代教育论著选》,人民教育出版社2001年版,第488页。
④ [英]丹尼尔·约翰·奥康纳著,宇文利译:《教育哲学导论》,中国人民大学出版社2015年版,第86页。

其次，教育理论中的陈述由价值判断构成，如"自然教育"、"民主主义教育"、"机会均等"、"公民教育"等口号都是一些价值判断。哲学家真正需要关注的应该是对道德标准以及根据这些标准作出的判断进行解释、批判或者辩护。"不论是在道德、政治、经济领域还是在教育领域，作为手段好的事物与作为目的好的事物之间的常规性区分，在任何人类行动的理论讨论中都很重要。"①因此，在任何教育制度中价值判断不可避免，哲学的作用在于分析并阐明教育理论的指导价值。"一个未经诊断的价值判断是理解混乱的一种源泉。一旦我们识别它，我们就认识到，它并非'自明地正确的'，也不是不可以批判的。因为，我们的评价无论如何重要和合情合理，我们都会看到，要证明它们却是一个非常麻烦的哲学问题。如果我们认识到这一点，我们将不会对它们变得武断或狂热地相信。"②

最后，教育理论是经验性的，能用可以观察到的事实证据加以证明。在心理学成为一门实验科学以前，经验成分在教育家的著作中比较常见。它们由对教育实践的建议组成，因为卓有成效而被人们采纳。"因此，科学心理学兴起以前的教育理论（当它们不是形而上学的思辨或伦理的判断时）多少是解释有效的实践的敏锐的推测。它们中间有些是敏锐而有系统的但是错误的，如赫尔巴特的心理学。有些是没有事实根据的猜想，如蒙台梭利关于训练感官的观点。有些如裴斯泰洛齐的直观理论，乃是对形而上学的概念的难于理解的改作。"③可见，实践的成功并不等于理论的正确，只有经过实验的验证，而不是实践过的假设，才能使我们预言应用这些假设的结果和解释我们企图控制的过程。在这种意义上，这些假设才是真正的理论。由于教育不是一门严格的科学，而且在很大程度上没有依靠科学的发现，因此"理论"这一词语用于教育情境中时，是在一种衍生和弱化的意义上使用的。"我们可以说，'理论'一词在教育方面的使用一般是一个尊称。只有在我们把心理学或社会学上充分确立了的实验发现应用于教育实践的地方才有根据称得上理论"。④

总之，奥康纳基于严格的逻辑实证主义，以自然科学为模式，试图把形而上学和伦理学逐出教育理论领域，从而彻底更新教育理论。"他试图变分析哲学的方法为一把'奥卡姆剃刀'，把无法用经验证实的形而上学、价值论等传统教育哲学的核心内容全部剃光，以净化

---

① [英]丹尼尔·约翰·奥康纳著，宇文利译：《教育哲学导论》，中国人民大学出版社2015年版，第43页。
② 王承绪，赵祥麟编译：《西方现代教育论著选》，人民教育出版社2001年版，第491页。
③ 王承绪，赵祥麟编译：《西方现代教育论著选》，人民教育出版社2001年版，第492页。
④ 王承绪，赵祥麟编译：《西方现代教育论著选》，人民教育出版社2001年版，第493页。

教育理论,使之成为科学。"①这种偏激的观点遭到了传统教育哲学家的批评,因为他忽视了自然科学与社会科学的本质区别,忽视了教育哲学为解决教育实际问题服务的功能,忽视了教育理论三种陈述之间的逻辑联系,这些批评在某种程度上促进了分析教育哲学的发展。

二、彼得斯

彼得斯(1919—2011)是英国当代著名教育理论家,分析教育哲学的主要代表人物之一。1919年10月出生于印度。中学时就读于布里斯托的克里夫顿公学;1938年进入牛津大学王后学院学习古典文学,并获得文学学士学位。第二次世界大战期间,彼得斯加入基督教公宜会,从事慈善活动和社会救助工作。1944至1946年,他一边在萨默塞特郡的西德克特公学任教,一边在伦敦大学伯克贝克学院学习哲学。1946年获得哲学博士学位后,彼得斯在伯贝克学院执教,担任哲学和心理学讲师。他的研究兴趣主要集中于伦理学、哲学、政治学、历史和心理学。1961年他应邀赴哈佛大学访学,师从谢弗勒学习教育哲学。1962年彼得斯的研究兴趣转向教育哲学,并成为伦敦大学教育学院的教育哲学教授,直至1983年因病退休。

在随后的12年,他殚精竭虑地致力于把教育哲学发展成哲学的一门新的分支学科。1964年彼得斯在赫尔召开的一次教育研讨会上发表了关于教育哲学研究方法的演说,掀起了教育哲学研究的高潮。同年,彼得斯和同事赫斯特发起成立了英国教育哲学学会,并从1964至1975年他一直担任英国教育哲学学会的主席。英国教育哲学学会的成立,标志着分析教育哲学"伦敦学派"的崛起,彼得斯和赫斯特成为这一学派的主要代表人物。以伦敦大学教育学院为研究基地的"伦敦学派",对英国教育哲学的发展产生了重要影响,并培养了大量的教育哲学研究人员。1966至1982年彼得斯还担任了《教育哲学学报》及《教育哲学杂志》的主编。1971至1974年彼得斯任伦敦大学教育学院院长。彼得斯的主要著作有《伦理学与教育》(1965)、《教育的逻辑》(1967)、《教育与理性的发展》(1972)、《教育哲学》(1973)、《教育与教师的教育》(1977)、《道德发展与道德教育》(1981)等。

彼得斯虽然师从谢弗勒,但他的教育哲学观有其独特之处。谢弗勒主张分析哲学的主

---

① 陆有铨著:《躁动的百年——20世纪的教育历程》,山东教育出版社1997年版,第90页。

要任务是对基本概念和论证方式的澄清,并设计了一套精确的分析工具,即所谓"形式化的"、"纯的"分析。彼得斯批评这种为分析而分析、为澄清而澄清的方法,认为教育哲学家应关注价值判断的问题。"坚持教育活动必须追求价值,注重教育分析的伦理学内容,是彼得斯的一贯立场。"①彼得斯指出,一些分析哲学家主张以不带任何偏见的方式对概念进行澄清,使得他们不敢或不愿提出高水准的建设性意见,而是以一种旁观者的身份进行分析。这种旁观者的态度使得他们的研究停留在第二层次,即停留在对世界表述的语言及思维形式的分析;而没有进入到第一层次,即对世界本身的研究。这种第二层次的研究,使得分析教育哲学的领域日趋狭窄和零碎。由于孤立地探究一些思维形式,公开抛弃指令性和规范性的东西,他们不再对教育提出建设性的意见,不再对"平等"、"自由"、"发展"、"受过教育"、"生活的意义"等概念进行表态。

彼得斯公开放弃价值中立的立场,他在《伦理学与教育》中指出,必须把伦理原则运用于教育情境,因为教育就是追求有价值的活动。他说:"许许多多有关教育情境的论述往往被一种意见所困扰,即认为教育情境近似于教师与学生的冲突。……通常,一种教育情境,就是一种群体经验的形态。……一种友爱的情感把那些拥有一个共同追求的人联结起来。教师自身,作为教育事业的指导者,将被这种感染性的情感所影响。但他也会对自己班级的成员给予特别的关注,这种关注源于他引导学生的专门职责。"②

彼得斯认为,教育哲学研究的起点应该是各种教育问题,应该运用伦理学、社会学、知识论及心理学的研究成果分析教育。分析教育哲学家只有搞清楚什么是有价值的活动,才能澄清各种教育概念的含义,这也是他撰写《伦理学与教育》的主要出发点。因此,侧重从伦理学和社会哲学的角度对教育问题进行分析,是彼得斯的显著特点。

彼得斯首先对教育理论的元概念——"教育"进行了广泛的分析。他认为研究教育哲学的最好方式是阐明"教育"的定义,并且检验这个定义是否符合实际情况。"目前,我们迫切需要获得一种清晰的'教育'概念,这一概念的澄清是教育哲学家最突出的任务。"③"教育"虽然不像理解"原因"或"真理"这些更抽象的概念那么困难,但这一术语用途广泛,我们无法给它一个包罗万象的精确定义。当然,这并不意味着"教育"没有任何标准,它只是说

---

① 单中惠主编:《西方教育思想史》,山西人民出版社1996年版,第911页。
② 任钟印主编:《世界教育名著通览》,湖北教育出版社1994年版,第1688页。
③ Richard Peters, Authority, Responsibility and Education, George Allen & Unwin Ltd, London, 1973, p. 82.

明在日常语言中许多术语会引申出各自的用途,会从概念主干中派生出各种枝节。重要的是我们必须弄清楚各种用法的异同点。"确定标准起源于苏格拉底,目的是为了澄清种种混用,从而给人们的习惯用法一种指导,但并不意味着它是一种法定意义上的权威的陈述。"①"教育"这一术语不像"园艺"那样表明某种特定的活动,而是类似于"改造",它规定了某些活动或过程必须遵循的标准。"教育"和"改造"这两个概念都有其内在的标准,即应获取某种有价值的东西。虽然"教育"不像"改造"那样意味着必须把一个人从堕落状态中解救出来,但它确实有其规范的含义,也许标准稍有不同。"'教育'与某种理想的心智发展状态有关……,而且教育通常被认为是有意识的。……但这一术语的核心用途在于,我们有意识地使自己或他人形成一种有价值的心智状态。"②

那么,什么是"教育"? 彼得斯指出:"教育是指以一种道德上可接受的方式,有意识地正在或已经传授某些有价值的东西。"③由于凡是有价值的东西都必须得到继承和发扬,从而使教育成为一种特殊的活动。教育某人不仅意味着要取得某种成果,而且这种成果应该有价值,其教育方式在道德上也是无可非议的。教育实践是指人们努力继承有价值的东西,并且确实取得了成功。"'教育'不是一个区分任何特定的训练过程或讲课活动的概念,而是提出训练过程必须遵循的标准,其中一个标准是应该传递有价值的东西。"④因此,"教育"包括一系列任务和成果,其中既有尝试也有成功。"成果可能以关联感、精确性、集中注意力等一般优点为标志,也可能以勇气、对别人的敏感性、风格感等更具体的优点为标志。"⑤

既然教育意味着一些应该遵循的标准,那么教育过程就应包含有内在价值的东西。具体而言,包括以下几方面:(1)教育是一种有目的、有意识的活动,而不是那种自然成熟或自发生长的生物过程;(2)教育者有意识地使受教育者的心灵状态产生变化,这种变化必须是朝着更好的目标发展,它意味着把受教育者引入有价值的活动之中;(3)受教育者必须拥有

---

① 任钟印主编:《世界教育名著通览》,湖北教育出版社1994年版,第1678页。
② Richard Peters, Authority, Responsibility and Education, George Allen & Unwin Ltd, London, 1973, p.85.
③ 任钟印主编:《世界教育名著通览》,湖北教育出版社1994年版,第1679页。
④ Richard Peters, Authority, Responsibility and Education, George Allen & Unwin Ltd, London, 1973, pp.86-87.
⑤ 任钟印主编:《世界教育名著通览》,湖北教育出版社1994年版,第1679页。

知识和理解力,以及某些具有活力的"认知眼力"(Cognitive perspective);(4)传授知识或技能的方式在道德上可以接受,也就是说,受教育者的教育必须是自主自愿的,而不是强制灌输。彼得斯指出:"所有教育可以被看做一种'社会化'形式,到目前为止,它涉及进入公共传统的语言和思想形式。但这种描述过于笼统,因为它没有表明教育和其他社会化形式之间的差异。"①

彼得斯认为,教育是培养一种"受过教育的人"的一系列过程。"教育本身不能没有目的,它的价值源于隐含其中的原则和标准。受教育不是要达到某种目的,而是与不同的观点相伴而行。"②作为在道德、智力和精神上全面发展的人的特征,"受过教育"这一概念直到19世纪才出现。"当专门化知识的重要性在19世纪变得明显的时候,这个理想就凸显重要了。作为反对功利主义专门化的一个反作用,这个理想,既坚持无私地追求知识的价值,又坚持全面理解和发展的价值。"③现在一个"受过教育的人"的概念,作为一种理想已经根深蒂固。那么,一个"受过教育的人"是怎样的人?彼得斯指出,我们不能把仅仅掌握一种技巧的人称为"受过教育的人",即使这种技巧可能受到高度的赞赏,如制作陶器之类技巧。对于"受过教育的人"而言,仅仅掌握技能性知识或诀窍是不够的,他还必须掌握某种系统的知识和理解某种概念图式,从而超越只是收集一些杂乱无章事实的水平。也就是说,他应在某种程度上懂得组织事实的原则。同样,我们不能把那些消息灵通的人士称为"受过教育的人",因为他还必须在某种程度上知其所以然。"简而言之,我的第二个概念要点是,'受过教育的人'意味着关心什么是值得的,并且至少表明是有意地掌握相关的知识或技能。"④

彼得斯指出,一个"受过教育的人"所拥有的知识还必须满足更多的要求。首先,在观察事物的方式上必须形成自己独特的风格,这意味着一个人的观点要根据他业已知道的知识加以改造。其次,必须包括来自思维形式和意识内部的某种评价,思维和意识的各种形

---

① Richard Peters, Authority, Responsibility and Education, George Allen & Unwin Ltd, London, 1973, p. 84.
② Richard Peters, Authority, Responsibility and Education, George Allen & Unwin Ltd, London, 1973, p. 107.
③ 王承绪,赵祥麟编译:《西方现代教育论著选》,人民教育出版社2001年版,第507页。
④ Richard Peters, Authority, Responsibility and Education, George Allen & Unwin Ltd, London, 1973, p. 92.

式都有它们内在的评价标准。要进入思维的深处,就要理解和关注其内在的评价标准。没有这种评价,思维和意识就会失去其意义。因此,我们不能把那些仅仅拥有表面知识而缺乏创造力的人称为"受过教育的人"。通过以上分析,彼得斯指出,我们决不会把只通晓某些特定文化活动,却不关心其内在标准的人,称为"受过教育的人"。"受过教育的人,是一个获得了这样一种心智状态的人,其特征是掌握和关心所传授的有价值的东西,并用某种认知眼力进行观察"。①

彼得斯探讨了"教育"与"训练"的不同含义。"训练"意味着能进行恰当的评价,并在特定情境中做出习惯性反应,但它缺乏"教育"那种广泛的认知含义。"训练"的概念具有应用性,它与具体的目的或作用相联系,根据发展某一具体思维和实践的准则进行练习,从而获得某一技巧或能力。"教育"的概念则截然不同,它是指有意识地传递有价值的东西,它意味着一个人对有价值的东西感兴趣并且理解和掌握这些东西。彼得斯认为,"受过训练"表明特定技能或思维方式方面的能力发展,而"受过教育"则说明与更广泛的信念体系相联系。"受过训练的人"能够严谨而有把握地处理某些问题;"受过教育的人"则意味着更多地了解这些问题。一个受过严格训练的科学家,我们可能不把他称为"受过教育的人"。这不是因为科学没有价值,也不是因为他不关心科学和没有掌握科学原则,而是因为这种人缺乏"认知能力",对自己做的事情理解十分有限。他致力于科学事业,却无视科学与其他事物的联系。"只懂得科学,只能顺利进行科学思考和实验活动,却不关心真理的发现。或纯粹把科学看作物质增长的一种手段,这种人我们都不能称之为'受过教育的人'。"②

彼得斯认为"教育"和"教学"也是不同义的。"教学"是一种复杂的活动,它把讲授和训练等过程结合起来,不仅让学生获得知识、技巧和行为规范,而且它是通过理解和评价方式获得的。教学要求我们向学生揭示事物的缘由,并以此促使他们进行评价和批判。而"教育"意味着应遵循一定标准的教学、训练和讲授这类活动,其目标是引导或诱发受教育者达到一定标准并取得某种成果。也就是说,"教育"意味着促使人们学习和掌握能反映教育本质的那些有价值的东西,而且一旦掌握了这些东西就能予以继承和发扬。"'教育'涉及一些基本的过程,它以一种明白易懂和有意识的方式告诉人们什么是有价值的,并且让学习者产生一种去实现它的愿望。与生活中其他事情一样,教育有它自己的地位。像'训练'和

---

① 任钟印主编:《世界教育名著通览》,湖北教育出版社1994年版,第1687页。
② 任钟印主编:《世界教育名著通览》,湖北教育出版社1994年版,第1683页。

'指导',甚至'教学'这些术语都很具体。"①

彼得斯还探讨了"教育与人的发展"问题,如我们根据什么标准确定某个人的发展程度?那些更为专业化的发展是如何与人的发展相联系?这不仅仅是纯理论的问题,而且具有重要的实践意义。但这些问题引起的争议颇多,如那些学科专家们和教育部门的人之间的意见冲突,那些从"学科"观点研究教育与从"儿童发展"角度研究教育的人之间的紧张关系。彼得斯认为以上冲突部分起因于这两种研究方法未能取得一致。"如果我们能够搞清楚有关这些问题的讨论中所涉及的一些概念,特别是'人的发展'的概念,那么,这种冲突是可以得到消除的。我们希望,哲学的分析会有助于达到这样一种一致性。"②

彼得斯首先考察了"发展"的概念,认为发展是指在一段时间内某种不可逆的连续变化,其变化的方向与它所产生的某些结果有关。美国哲学家内格尔(Ernest Nagel)对"发展"进行了严格的界定,认为发展就是从潜在的变为现实。内格尔提出了"发展"的几条标准:(1)某种先在结构;(2)由内向外展开或受外部力量的推动,而且是不可逆的过程;(3)这种发展达到最高程度的某种终极状态。彼得斯指出,在生理学上应用"人的发展"概念时,可以使用这些严格的标准,因为人的躯体及其基本功能就是如此发展的。但这些标准是否能够以任何精确的方式应用于心理发展?彼得斯认为只有通过考察它们适用或不适用的地方,我们才能对于"人的发展"的主要轮廓有一个比较清晰的了解。由于人具有某种易于变化的心理结构,因此心理结构的概念不是一下子就能说清楚。通过对科尔伯格(Lawrence Kohlberg)道德发展理论的分析,彼得斯指出:"心理发展不是一个认识多少或自我表现的个性问题;它是一个按照社会经验形式发展的问题,发展的阶段可以根据不同于具体内容的经验形式来加以表明。阶段的顺序一定是有逻辑联系的,有后一步,必有前一步,从而成等级地联系起来"。③

在彼得斯看来,大多数关于"教育目的"的争论涉及程序原理(principle of procedure),而不是通过适当手段达到的目标意义上的"目的"。那些所谓的"目的"是指不同的评价方式,它们被嵌入不同的程序之中,如训练、条件、权力运用、案例教学和合理的解释,所有这些都可以纳入"教育"的一般概念。程序的差异在家庭、经济事务和政治生活中非常大,在

---

① Richard Peters, Authority, Responsibility and Education, George Allen & Unwin Ltd, London, 1973, pp. 97-98.
② 雷尧珠,王佩雄选编:《教育学文集·教育与人的发展》,人民教育出版社1989年版,第627页。
③ 雷尧珠,王佩雄选编:《教育学文集·教育与人的发展》,人民教育出版社1989年版,第635页。

教育中也突出，因为人与人之间的影响更有意识，当人们被置于权力的位置时，他们有广阔的范围采用喜爱的程序。"我的观点是，关于教育目的的争论反映了程序原理中这些基本的差异。清教徒和天主教徒都认为他们在促进上帝的国王，但方式并不相同，不同的方式导致了完全不同的王国。"①

由上可知，彼得斯试图通过对"教育"、"教学"、"训练"、"受过教育的人"、"人的发展"、"教育目的"等概念的分析，澄清传统教育哲学的一些模糊认识或解释。他的特点在于始终认为教育哲学不仅要澄清概念，而且要提出规范性和有价值的判断，同时教育哲学应对教育实践有所帮助。他曾明确指出，不能死守那种通过考察名词的用法对概念进行分析的方法，而应找出教育中的问题，以避免空洞的概念分析。但彼得斯的分析基本上是着眼于教育与个人的关系，而未能从人的社会本质以及教育与社会的关系方面加以阐释；另外，他只强调人的认知能力，而忽视情绪、情感、意志、性格等因素。因而有些人对彼得斯的分析提出了反对意见。例如，有人指出"教育"和"有价值"在逻辑上并不具有必然联系；有人批评他的"教育"概念过于狭窄，仅限于学校教育。这些争论表明，经过彼得斯等人的努力，分析教育哲学已经改变了把伦理价值全盘否定的态度，纠正了为分析而分析的形式主义倾向，促进了分析教育哲学向传统教育哲学的复归。尽管受到一些哲学家的批评，彼得斯被视为二战后期把分析教育哲学的成果应用到诸多教育问题上的开创者，也被认为是活跃在20世纪后半叶的英国教育哲学之父。

在英国哲学界，人们通常认为彼得斯创立了一个新的教育哲学分支，他是分析教育哲学最具影响力的代表人物。正如有的学者指出："彼得斯高瞻远瞩地提出了教育哲学的任务和特征。他成功地使教育哲学具备了自己独特的性质：既是当代哲学一个生机勃勃的领域，又是教育研究一个主要的和独立的领域。他把教育哲学看成是发展中的学科，将概念分析的方法和成就应用到其传统问题的研究中来。他还清晰地看到，教育哲学具体地研究教育问题，由此对教育目的、内容和过程的理解产生深刻影响。"②随着彼得斯的影响和魅力不断增加，20世纪60年代末，英国教育哲学已经成为一个独立的、有着清晰身份特征的哲学研究领域，并以其强有力的分析方法著称于世。

---

① Alan Cohen and Norman Garner, Readings in the History of Educational Thought, University of London Press Ltd, 1967, p. 32.
② [英]帕特里夏·怀特，保罗·赫斯特：《分析传统与教育哲学：历史的分析》，《教育研究》2003年第9期，第22页。

三、赫斯特

赫斯特(1927—)是英国分析教育哲学的重要人物,他与彼得斯一起构成分析教育哲学的"伦敦学派"。1927年赫斯特出生于英格兰北部工业城市哈德斯菲尔德一个教会家庭,他的父亲是普利茅斯兄弟会的成员。这种严格而充满宗教气息的家庭环境,对赫斯特的学术研究和教学风格产生了深刻影响。赫斯特在哈德斯菲尔德公学接受了良好的文法教育,并对数学和物理学有着浓厚的兴趣。1944年赫斯特进入剑桥大学三一学院攻读数学荣誉学位。在剑桥大学期间,他开始弥补早期教育中的不足,并在哲学中发现了自己的学术兴趣,尝试从批判的角度审视自己的宗教信仰。

剑桥大学毕业后,赫斯特开始了担任数学教师的生涯。作为一名数学教师他是成功的,他培养了几位杰出的数学家。1955年赫斯特应邀到牛津大学教育系负责培训数学教师。在牛津大学工作期间,赫斯特对哲学的兴趣始终没有减退。20世纪50年代的牛津哲学被"分析革命"所控制,当时激动人心的分析哲学吸引了赫斯特,他广泛地参加了哲学研讨班,聆听一些哲学家介绍他们的研究工作。赫斯特开始思考哲学发展与教育问题的相关性,并把当代哲学运用于教师培训。

1959年赫斯特应邀担任伦敦大学教育学院的教育哲学讲师。1962年彼得斯被任命为伦敦大学教育学院的教育哲学教授后,赫斯特的事业开始蓬勃发展。20世纪60年代赫斯特和彼得斯的密切合作,使得英国教育哲学进入了一个快速发展时期。"教育哲学的发展与它的两个领袖密切地相关,'赫斯特和彼得斯'成为当时受训的几代教师和全世界教育家家喻户晓的名字。"①彼得斯在学术上给予赫斯特以极大的帮助,他们的哲学观也是互补和兼容的,彼得斯偏重于从伦理学和社会学角度进行分析,赫斯特则注重从认识论的角度进行探讨。1967年赫斯特与彼得斯合著的《教育的逻辑》,成为教育研究者的入门读物。1971年赫斯特应聘到剑桥大学担任教育学教授和教育系主任,直到1988年退休。退休后,赫斯特作为访问教授与伦敦大学教育学院重新建立了密切关系。赫斯特的主要论著有《博雅教育与知识的性质》(1965)、《知识与课程:哲学论文集》(1974)、《教育理论及其基础学科》

---

① [英]乔伊·帕尔默主编,任钟印,诸惠芳译:《教育究竟是什么? 100位思想家论教育》,北京大学出版社2010年版,第560页。

(1983)等。

(一) 关于教育理论的本质

赫斯特首先对教育理论的本质进行了重新界定和澄清,他试图把教育理论描述成一种实践性理论,即阐述和论证一系列实践活动的行动准则。赫斯特不赞成奥康纳对教育理论的界定,认为教育理论关心的是"改进"和"指导"实践活动,而不是控制和指导各种行动的一系列规则。"因为教育理论关心的是实践的原则,所以,我明确地把实践性理论的领域和只关注纯粹理论的领域区分开来。后者的作用主要是解释,前者的作用主要是决定实践活动;后者关心的是获得理性的认识,前者关心的是作出理性的行动。"①在他看来,建立一种完全适合于教育事业属性的理论,对教育实践的发展至关重要。由于所有理论都涉及解释,因此在解释教育领域某个人的活动时,不仅涉及包括社会科学在内的各门科学,而且涉及信念、价值等问题。

通过与奥康纳的多次辩论,赫斯特确信教育理论的主要目的是为教育实践制定理性的原则。为了达到这一目的,教育理论要利用各门社会科学中已有的理论知识,如心理学、社会学、历史学、哲学等,所有这些知识对阐明和论证理性的原则十分重要。在关注教育实践时,每一门学科都会提出自己独特的理论问题,但这些问题在性质上仍然是哲学、心理学或历史学的,其结论本身不是实践原则。"在这些学科中,每门学科都从复杂的实践中进行适合于它自身有限的抽象。这类学科不探讨任何种类的共同的问题,每门学科的成果都不足以恰当地制定出教育实践的原则。"②赫斯特认为,把这些学科作为实践原则的基础不合适,它们只能为教育理论提供不同种类的论据。如果把从学科到原则再到特定活动的图式,看做发现理性教育实践活动的方法论,那显然是行不通的。我们没有任何理由相信,把这些抽象的概念组合时就足以认识并有助于教育实践活动,这些抽象的概念永远做不到。这种观点类似于波普尔(Karl Popper)所说的"乌托邦社会工程"。

赫斯特指出,在教育方面,理性的实践必须在一种认识范围内获得,这种认识取决于它产生于其中的那个社会。"从教育研究的各门学科到实践原则,并进而到具体活动的方法

---

① 瞿葆奎,沈剑平选编:《教育学文集·教育与教育学》,人民教育出版社1993年版,第441页。
② 瞿葆奎,沈剑平选编:《教育学文集·教育与教育学》,人民教育出版社1993年版,第444页。

论,不仅在实践上不可行,而且,它对理性的行动的认识也是错误的,这种观点还严重混淆了方法论和逻辑。"①方法论和逻辑是两个不同的问题,尽管它们是相关联的。如果我们想认识教育理论,那么对理性的行动进行说明是必不可少的,否则教育理论的逻辑仍然不够清晰,为那种逻辑服务的方法论特征也是模糊的。只有从总体上认识了理性活动的本质及其要素,我们才能合理地思考和论证具体的教育活动。理性主义者认为,理性的行动必须是预先加以思考过的行动,论证任何活动是否合理取决于作出决定的信条和原则。

赫斯特明确表示要抛弃这种理性主义观点,他认为即使预先对行动进行思考,理性也只能部分地陈述行动的特征,这就是理性的本质。如果要发展理性的教育实践,我们就必须考察当前的实践及其包含的规则与原则,考察实践者所运用的知识、信念和原则。他说:"理解当前的实践和政策,必然包括精确地说明实践者隐约地或明确地使用的概念和范畴,因为正是由于用这些术语来明确表达的叙述和原则,对实践进行公开的理性批判才有可能。以这种方式进行的对教育实践的任何分析,构成了我称之为教育理论中的'操作性教育理论'。"②这种分析可以在不同程度上把教育活动与非教育活动、信念和原则联系起来。教育理论通过不断尝试构建"操作性教育理论",把目标指向更加理性的教育实践。在理性上站得住脚的实践原则,在本质上必须能经受这种实践的检验,否则这种原则是不充分的。此外,人们在增进知识和认识时,不仅与直接的实践有关,而且要寻求科学、历史、宗教以及其他形式的解释。在理性上提供站得住脚的信念和价值观,是心理学、社会学和哲学等学科的职责。

(二) 论博雅教育与知识的关系

1965 年赫斯特发表了《博雅教育与知识的性质》一文,引起人们热烈而持久的争议。他认为,"博雅教育"(即自由教育)就其最直接的语境看,如今已成为一种具有不同内涵的口号式术语,只有给它以明确而肯定的内容后,它才能在教育计划这项严肃的事业中派上用场。他说:"在这个术语的使用上不管有过些什么奇谈怪论,这个术语对于一个肯定的概念,即对于一个完全以知识本身的性质为依据的教育概念,一个对任何层次的教育讨论都

---

① 瞿葆奎,沈剑平选编:《教育学文集·教育与教育学》,人民教育出版社 1993 年版,第 447 页。
② 瞿葆奎,沈剑平选编:《教育学文集·教育与教育学》,人民教育出版社 1993 年版,第 455 页。

重要的概念来说,是个合适的名称。"①

赫斯特首先考察了古希腊的博雅教育观,认为博雅教育在古希腊时就已十分成熟,而且根源于一些相互联系的哲学学说。在古希腊人看来,知识的成就满足并充实了心智,心智则由此达到它自己适当的目的,因此对知识的追求就是对心智之善的追求,这是美好生活的一个基本要素。古希腊人认为,知识的成就不仅是心智之善的实现,而且也是人们借以发现整个美好生活的主要手段。还有一种学说认为,知识与知识的任务是等同的,心智如果正确使用理性的话,就能知晓事物的根本性质,并且了解最为实在而又不变的东西。因而人们就不再需要根据虚假的外表及不可靠的意见和信念生活,他们凭借最终的真理以及与终极性实在相符合的知识,就可以塑造并正确看待自己的一切经验、生活和思想。由上可知,博雅教育是与知识直接相关的过程。

赫斯特指出,古希腊人赋予"博雅教育"这一术语以特殊的意义,并对这一观念的范围和内容下了一个清晰的定义。"这种定义是清晰的,因为教育是按照知识本身的这些形式以及各形式之间的协调而有等级的相互关系,在教育的范围、结构和内容方面客观地规定的。……这个定义是严格按照人对于这一实际情况的认识陈述的。心智朝着这种教育所指的方向在技能、德行或其他特征方面的发展,就必然会达到心智的至善。"②

在他看来,教育作为一种谋求个人发展的审慎而有目的的活动,必然涉及价值方面的各种考虑。例如,在哪里找到这些价值?它们的内容是什么?如何证明它们的合理性?在他看来,这些价值经常是一些反映社会中少数人利益的价值,它们在特性上可以是宗教的、政治的或功利主义的。但这些价值总是充满了争论并遭到批判,它们总是需要加以特别的说明。那么,这些价值难道没有一个终极性的依据和比较客观的理由?赫斯特认为,自古希腊以来这种终极性的理由就一直被反复地确定在知识的各种形式之中,并由此产生了一种对教育合理性的要求,即教育应以知识本身的性质和重要性为依据,而不是以学生的偏爱、社会的需求或政治家的观念为基础。

赫斯特通过分析哈佛委员会的报告《自由社会中的普通教育》,提出了自己对"知识形式"的看法。在哈佛委员会的措辞中,博雅教育与普通教育的目的相同。哈佛报告试图根据博雅教育应该产生的心智品质和应该涉及的知识形式,给博雅教育下定义。但它对教育

---

① 施良方,唐晓杰选编:《教育学文集·智育》,人民教育出版社1993年版,第82—83页。
② 施良方,唐晓杰选编:《教育学文集·智育》,人民教育出版社1993年版,第84页。

概念的合理性证明忽视了知识与实在的关系,而且明确抛弃了知识本身是心智之善的观点。该报告断言心智品质和知识形式两者之间是互为影响的,并区分了知识的三个主要领域,即自然科学、人文科学和社会科学。博雅教育的目的是培养一定的心理倾向和态度,而知识的要素是发展这些倾向与态度的手段。哈佛报告认为,博雅教育应培养四种能力,即有效思维、交流思想、作出判断和分辨价值的能力,并且对这四种能力进行了一定的阐述。赫斯特指出,哈佛报告对博雅教育的特征描述并不令人满意,而且会导致严重的误解。"……用这些术语对博雅教育所作的特征描述之所以引起误解,是由于这种倾向:把这个概念加以扩大,使之不仅与作为追求知识之结果的心智发展相关联,而且还与个性发展的其他方面(尤其是情绪和道德方面)相关联,这些方面的发展可以判定为合乎或者不合乎期望。……用这些方式把这个概念的界限加以扩大,便导致了一个广得多、泛得多的教育观念。"①因此,根据知识的诸种形式才能得出博雅教育前后一致的概念,博雅教育是与知识的具体形式相关联的。

这些知识形式是人类所达到的理解经验的复杂方式,并且可以通过学习而获得。获得知识就是意识到经验是以一些相当具体的方式而得以建构、组织和获得意义的;获得知识就是学会观察和体验世界,并由此获得更充分意义上的心智。在赫斯特看来,博雅教育就是一种由知识本身决定范围和内容,并由此与心智发展相关联的教育。"尽管没有任何有关实在的形而上学学说,博雅教育的这种观念仍具有一种与原先的希腊概念相类似的意义。这是一种不管理性知识采取何种形式而直接与心智在理性知识方面的发展相关联的教育。……在每一种情况下,它都是这样一种教育的形式:除了理性知识的性质必然强加的限制外,并无任何限制,并从而在人的心智里建立对人类一切事务的最高裁决所。"②

一种知识形式意味着用人们所接受的公共符号建构我们经验的独特方式,知识的形式实际上就是系统表述的经验方式。由于经验对象和表述方式不同,各种知识形式都具有各自的特征:(1)每种知识形式都包含自己特有的中心概念,如重力、加速度、氢、光合作用等是自然科学的中心概念;上帝、原罪、宿命等是宗教的中心概念;责任、善恶等是道德的中心概念。(2)在某一特定的知识形式中,这些概念形成一个可以从中理解经验之可能关系的网络,使得这种知识形式具有一种与众不同的逻辑结构。(3)每种知识形式凭借其特定的

---

① 施良方,唐晓杰选编:《教育学文集·智育》,人民教育出版社1993年版,第92页。
② 施良方,唐晓杰选编:《教育学文集·智育》,人民教育出版社1993年版,第98页。

术语和逻辑,具有一些可以用经验加以检验的表述或陈述方式,这在科学知识、道德知识和艺术中都是如此。(4)这些知识形式形成了探索经验和检验它们的特殊技能,如科学技术和各种文学艺术等。赫斯特认为,虽然按照以上特征可以把知识的各种形式区别开来,但很难使这些知识形式所包含的一切都变得清晰明了,因为所有的知识都涉及无法用言词表达的符号。赫斯特把各种知识形式分为以下两类:(1)性质不同的学科或知识形式,如数学、自然科学、人文科学、历史、宗教、文学、艺术、哲学等;(2)知识的领域包括理论和实用两方面。这些性质不同的学科加上道德知识,就基本上构成了我们理解经验的全部方式。

赫斯特在后期著作中放弃了对认识论的强调,不再把认识论作为理解教育的基础。他认为教育关心的是发展好的生活,而不是获得认知能力和理论知识。总之,赫斯特在建立分析教育哲学方面发挥了重要作用,在英国教育制度发展和相关政策的制定方面也产生了深远影响。"他作为一位光辉的、善于鼓舞人心的教师,作为一位生动的、坚定不移的辩论者,作为一位高效的和远见卓识的教育领导人,博得了广泛的尊重。"[1]

四、约翰·怀特

约翰·怀特(1934—)是英国当代分析教育哲学的代表人物、伦敦学派的第二代传人,曾担任伦敦大学教育学院教育哲学系主任、英国教育哲学学会会长。20 世纪 60 年代末,约翰·怀特进入彼得斯的教育哲学家团体,他主张把分析哲学应用于教育问题,并且很快成为了伦敦学派的一名主将。约翰·怀特的研究兴趣极其广泛,也是一位多产的作家。他在教育目的与学校课程方面发表了大量论著,探讨各种教育目的之间的关系,以及教育目的在学校课程中的应用。主要代表作有《论必修课程》(1973)、《作为教育改革家的哲学家》(1979)、《再论教育目的》(1982)、《教育与美好生活:超越国家课程》(1990)、《面向所有人的国家课程:为成功奠定基础》(1991)等。

20 世纪 70 年代,当约翰·怀特出任伦敦大学教育学院教育哲学系主任时,分析教育哲学的地位已明显衰落,当时的分析教育哲学家纷纷转向对各种具体教育问题的研究,如儿童权利、机会均等、国家对教育的控制、道德教育和政治教育等。但约翰·怀特却紧紧抓住

---

[1] [英]乔伊·帕尔默主编,任钟印,诸惠芳译:《教育究竟是什么? 100 位思想家论教育》,北京大学出版社 2010 年版,第 559 页。

"教育目的"这一教育哲学的核心问题,对它进行了广泛深入的历史探究及现实考察。早在1929年怀特海就出版了《教育的目的》一书,对英国的教育理论与实践产生了深远影响,但此后并无系统阐述教育目的之力作问世。分析教育哲学盛行之时,尽管分析教育哲学家对"教育目的"这一概念颇感兴趣,但他们往往局限于论证如何理解"教育目的"这一概念,而不去讨论"教育目的应该是什么"之类实质性问题。当涉及这些实质性问题时,也绝大部分关注"快乐"、"成长"、"自治"、"精神健康"等具体目的,而没有考察这些目的如何与其他目的联系起来,以及其中的重点是什么。面对这种研究状况,约翰·怀特十分不满。他试图突破分析教育哲学研究方法的限制,在历史与现实考察中深化对"教育目的"的研究,他把自己的著作命名为《再论教育目的》,以表明该书与怀特海《教育的目的》之间的承袭关系。约翰·怀特写道:"当本书最初问世之时,从某种方面讲它是独具一格的,因为在这以前的西方教育哲学中还不曾有过任何一部类似的大纲式的著作:尽管前人已对特定的教育目的进行了大量的详实的研究,但是却没有任何人大规模地探究它们之间可能存在的内在联系。"①这本书试图勾勒出教育目的的全貌、其中的重点及其内在联系,其主旨不是表述"现实的教育是怎样的",而在于探究"教育应该是怎样的"。

约翰·怀特指出,教育是一种有所指向的、有目的的事业,教育者需要教育目的似乎是不言自明的。在过去的二三十年中,教育理论被分解成各种不同的学科,如教育心理学、教育社会学、教育史学、教育哲学等,但这些学科都没有被赋予考察"教育目的应该是什么"的任务。尽管教育哲学家们从他们的零碎研究中提供了一些帮助,但从总体上看这种帮助几乎为零,因为没有人对"教育目的应该是什么"做过专门研究。"教育目的应该是什么"这个问题自然会引起教师们的兴趣,因为他们必须根据它制订详细的教学大纲和教学方法。在约翰·怀特看来,教育目的之多几乎无穷无尽,除非教育工作者对这些目的一清二楚,否则他们培养的人才肯定会遭受损失。他重点考察了以学生为中心的教育目的、以社会为指向的教育目的,以及实现教育目的的条件。

人们普遍认为,教育应主要考虑学生的利益。"毫不夸张地说,教育工作者和教育学家们只有认为教育应该主要(如果不是全部的话)为学生的利益着想才算得上是明智之举。"②

---

① [英]约翰·怀特著,李永宏等译:《再论教育目的》,教育科学出版社2001年版,中文版前言,第5页。
② [英]约翰·怀特著,李永宏等译:《再论教育目的》,教育科学出版社2001年版,第31页。

那么,学生的利益是什么?约翰·怀特认为,教育首先要满足学生的基本需求,如食品、饮料、住房、衣服、医疗等。一般说来,基本需求本身并没有被看做一种目的,而是被视为获取更为广泛意义上的幸福的必要手段。个人幸福不能只局限于获取基本需求,也必须拥有自身的目的,约翰·怀特称之为"内在需求"。但我们很难确定内在需求包括什么,因为这个领域存在各种争议。"总的说来,学生必须懂得他的幸福由什么组成。他必须把自己视为具有各种自然欲望的动物,并知晓这些欲望表现出的不同形式是由文化影响和从它们中产生出来的各种新的欲望造成的。"①约翰·怀特指出,如果教育工作者以增进学生的利益为教育目的,那么他们的工作具有双重目标:一是增强学生的理解力;二是塑造学生的气质,使他们的行为按照某种方式进行。"从实用的观点来看,这两个目标在许多方面是密不可分的。在二者之中,气质的重要性占首位,因为我们所描述的以学生为中心的教育目的旨在把孩子培养成某一类人。掌握知识和理解力本身不是教育目的,但是若没有它,我们便不能够形成必要的气质。"②

约翰·怀特认为,教育除了应以学生的利益为导向外,还应当考虑经济目标、社会利益或学生的道德义务。以经济为中心的教育目的扩展了学生的用武之地,试图使他们成为自己命运的主人;但这种教育目的可能限制学生的前程,磨平他们的棱角,使之最大程度地适应某种职业。经济目的在许多方面与以学生为中心的目的相冲突,它表现在所要求的知识和理解能力、所提倡的气质等方面的对立。面对这两种目的之间的冲突,我们该怎么办呢?约翰·怀特提出了两种解决方式:一是在表述时就避免这种矛盾,教育被定义为仅仅具有内在目的的东西,教育的目的是追求知识本身,因而经济目的不在此列。二是妥协,这是许多教师采取的一种方案。例如,将一部分注意力集中于教授基本技能,而把其余时间用于促进孩子的个性发展,让他更多地参加各种活动,尤其是创造性活动。但妥协的方法并不能解决这两种教育目的之间的分歧,因为它从未引导学生向社会经济现状发起挑战。小学教育几乎从未培养过孩子的社会批判能力,中学也同样忽视培养学生对于社会经济的理解能力。约翰·怀特指出:"我们的各种欲望把我们限制在短暂的个人幸福之中,因而它们之间的冲突是不能根除的。我们把这种冲突视为我们本性的一部分,我们通过整体的反思和规划把我们的欲望顺序排列起来,以此来包容这一冲突而不是消除它。……较为现实的调

---

① [英]约翰·怀特著,李永宏等译:《再论教育目的》,教育科学出版社2001年版,第66页。
② [英]约翰·怀特著,李永宏等译:《再论教育目的》,教育科学出版社2001年版,第69页。

和方式是：尽管存在冲突，但任何个人都能够自主地制定出自己的生活计划。"①

约翰·怀特反对纯粹以学生为中心的教育目的，认为把孩子培养成一个彻底的非道德主义者是不可取的。如果教育者只以增进孩子的幸福为目的，那么孩子在成长过程中可能始终认为幸福便是一切。他可能成长为一个完全的非道德主义者，既缺乏对道德义务的任何理解，又不愿去履行这些道德义务。那么，怎样把道德的目的与以学生为中心的目的联系起来呢？约翰·怀特认为这个问题的任何解决方法在逻辑上都是行不通的，实际上这两种目的是相互吻合的，既然道德的重要性在于增进人们的幸福，那么实现道德目的的最佳方式便是给每个人充分的空间，让他去追求自己的目的。只有当我们认为教育应该促进学生自主地追求个人幸福时，我们才能理解扩展意义上的"幸福"，即个人的幸福可以包含在过一种道德高尚的生活之中。

约翰·怀特还探讨了如何把道德自律引入社会经济及政治目的，如何在教育目的中寻找社会经济与道德目的之结合点，如何在教育目的中实现社会需要与学生利益的统一，以及实现教育目的之社会经济条件和教育系统内部所需要的条件。他说："我一直坚持认为，教育目的的中心内容应该是使学生成为一个具有道德自主性的人，这个目的的实现依赖于各种必要条件。首要的和最明显的是，学生必须具备某种能力、理解力和气质。但也必须有其他素质。只有在一个生活水平高于温饱层次的，具有丰富的物质产品、充分的卫生和教育设施、良好的工作条件和所有人都能享受闲暇的社会中，这一点才是可能实现的。"②具备了足够的社会经济条件后，还需要通过社会的文化精神、校园文化与课程、其他教育机构（如学校后教育机构、师范教育机构和家庭）来促进这些目标的实现。

那么什么是受过教育的人？约翰·怀特指出："受过教育的人是这样一种人：他倾向于某些行为方式而不倾向于另一些行为方式；他具有诸如审慎、关心个人利益等一般性的品质（也包括派生出的诸如勇气与克制等品质），如果从更广泛的角度来考察，还应该包括那些更具有道德意味的品德如：仁慈、公正、诚实、宽容、讲信用。……真正受过教育的人往往崇尚人的自主性，因而他自己就富有主见，并对其他人的独立思考持同情态度。他能使自己从狭隘的目的中超越出来，并运用想象力去理解其他人的思想。……真正受过教育的人应该是一个最有活力的人，用自己的全部热情去追求他所选择的生活，并全力以赴地投入

---

① ［英］约翰·怀特著，李永宏等译：《再论教育目的》，教育科学出版社2001年版，第77—78页。
② ［英］约翰·怀特著，李永宏等译：《再论教育目的》，教育科学出版社2001年版，第158页。

到他的生活规划及其包含的各项具体内容中去。"①受过教育的人必须理解他的个人幸福包括什么,因此他需要了解"自身目的"的多元性,这些目的可能是其生活规划的组成部分;他还需要了解实现这些目的的手段及障碍。"自身目的"纷繁多样,主要包括物质享受、受人尊重、社会交往、艺术创作、追求知识等;手段包括必要的物质条件,如食物、住房、金钱、健康和勇气与克制之类个人品质;障碍包括心理和社会经济两方面。受过教育的人必须把目的和手段统一于道德可接受的生活计划之内,而且教育应伴随他的一生,唯一令人满意的"培养"是终身教育。

总之,约翰·怀特对于民主社会中"教育目的应该是什么"这一问题进行了提纲挈领的阐述,并对影响教育目的之相关因素如学生利益、社会利益、经济目的、政治目的、道德义务等进行了探讨。作为伦敦学派的一名主将,约翰·怀特的教育目的观显然带有浓厚的英国自由主义政治及伦理色彩。他摆脱了彼得斯时期英国分析传统的许多束缚,使用抽象的伦理和政治原则去理解教育目的,反映了道德和政治哲学中的革命性发展。正如他在《再论教育目的》中文版前言中指出:"我的研究方法是哲学性的,吸收了英美哲学中近期来的伦理传统和政治传统。"②

"研究现代英国的教育思想,不能不研究它的分析教育哲学。分析教育哲学的发源地和大本营在英国,但分析教育哲学的影响却远远超出了英国本土。"③分析教育哲学独特的研究方法和全新的研究视角,不仅使英国的教育理论在当时得到了突飞猛进的发展,而且也影响了整个西方教育哲学的发展方向。分析教育哲学对教育的影响主要不在实践层面,而是在于理论方面。作为一种颇有影响的教育思想,以及作为教育哲学领域中的一场运动,分析教育哲学的出现推动了教育学中语言、逻辑、概念的精确化,以避免教育理论中的常识性陈述与情绪性指令;它清理了自杜威以来教育理论界长期争论不休的理论及概念问题,使教育理论探讨有了新的进展。但它对于教育理论的贡献不是建设性的,而是批判性的,它只是提供了一种批判的分析方法;同时它将教育哲学中的许多基本理论研究抛弃了,它没有考虑教育中的价值判断和道德问题,加上分析方法自身的缺陷和脱离教育实践,致使分析教育哲学在20世纪70年代以后逐渐走向衰落。

---

① [英]约翰·怀特著,李永宏等译:《再论教育目的》,教育科学出版社2001年版,第138—139页。
② [英]约翰·怀特著,李永宏等译:《再论教育目的》,教育科学出版社2001年版,第5页。
③ 毕淑芝,王义高主编:《当代外国教育思想研究》,人民教育出版社2002年版,第389页。

黄济先生指出:"分析哲学不仅反对建立本体论、认识论的体系,而且反对回答人生观、伦理观和价值观等问题,因而价值问题和道德问题在分析哲学中是没有地位的。……实际上这是一种天真的愿望,是从来没有实现的幻想。"①由于分析教育哲学只重视对问题进行逻辑和语言分析,其结果往往是走向支离破碎或咬文嚼字,这种繁琐的研究方法不仅会窒息教育理论的发展,而且对教育实践的帮助也不大。这也是分析教育哲学曾经辉煌一时,而最终陷入困境和走向衰落的原因。

然而,分析教育哲学创立的以"清思"为标志的方法论,却已深深渗透到教育研究的方方面面。"分析教育哲学家主张教育哲学应该尽可能少用玄虚的思辨的哲学术语,注重对课堂教学和教育实践中所使用的术语和实例进行分析,这无疑使人从过去充满着哲人训示的教育哲学中走出来,听到了教师的讲课声和学生郎朗的读书声。分析教育哲学力主排斥上帝、自然、人性善、存在等无法验证的先验性的术语概念,而代之以教育、教学、课程等充满教室氛围的术语。这无疑是朝着教育理论的科学化和实践化前进了一步。"②另外,当代一些分析教育哲学家已经意识到分析哲学的局限,正力图进行改革,既坚持概念的澄清,又注意吸收传统教育哲学和教育思想中有价值的东西。伦敦学派的第二代传人约翰·怀特就是如此,他既分析了教育目的应该是什么,又阐明了影响教育目的的各种因素;既强调教育理论的发展,又关注必修课程与国家课程、教育与美好生活等现实问题。因此,由于约翰·怀特等人的"第二次革命",分析教育哲学在英国仍然保持着蓬勃的生命力。

从总体上看,目前分析教育哲学的发展趋势表现为三方面:一是从其他哲学传统,尤其是欧洲大陆哲学中吸取营养,为英国传统的经验哲学增添新的内容,以克服分析哲学的内在矛盾;二是吸收社会学的研究成果,从广阔的社会背景思考教育哲学中不可回避的价值判断问题;三是转向研究具体的教育实践问题,避免从概念到概念的学究式研究方法,加强理论研究的现实针对性。

---

① 黄济著:《教育哲学通论》,山西教育出版社1998年版,第260—261页。
② 赵祥麟主编:《外国教育家评传》(第三卷),上海教育出版社2003年版,第745—746页。

结　语

英国历史学家柯林伍德认为一切历史都是思想史,此处的思想泛指人类精神的所有意识行为。历史思想的对象便是过去的事件,但历史事件决不是单纯的历史现象,也不是单纯观赏的历史景观,历史学家必须看透它们,以便识别其中的思想。"历史的过程不是单纯事件的过程而是行动的过程,它有一个由思想的过程所构成的内在方面;而历史学家所要寻求的正是这些思想过程。一切历史都是思想史。"①思想史研究不仅要考虑观念本身的价值,而且要考虑各种观念具体的历史内涵和意义。"如果脱离了具体的历史网络或语境去研究它们,那么我们对它们就只会停留在字面的认识上,而不能达到真正历史意义上的认识。"②教育思想是对教育现象及其内在规定性的较为系统的认识,教育思想史的研究对象主要是人物,是教育家、哲学家、政治家、经济学家、法学家、思想家、文学家、科学家等关于教育问题的主张和理论成果,因此教育思想的发展涉及众多学科。吴式颖先生指出:"教育思想的发展不是孤立的、单线的,它总是从科学、哲学、心理学、伦理学、逻辑学、社会学、政治学中不断吸收营养,来丰富自己的理论,所以教育思想的发展与众多学科的发展息息相关。"③

英国教育思想的发展及自我创生,源于不同历史语境下不同教育家教育话语的形成,以及所属群体之间的长期博弈。怀特海认为,凡是在一位伟大教育家出现之后,教育便会发生重大的变革,再也不会是原来的模样了。他说:"教育所要传达的是对思想的力量、思想的美妙和思想的逻辑的一种深刻的认识,以及一种特殊的知识——这种知识与知识的习得者的生活有着特殊的关系。"④本书所选取的46位教育家具有一些共同的特性:每位教育家都为教育的发展贡献了新的理论或对教育进程中的问题做了新的解释;这些教育家或多或少地都是哲学家,他们的教育理论基本上都扎根于各自的哲学基础之上,而且基于他们对人性及其重要性的认识;这些教育家都具有新颖的教育理念,并对教育实践产生过影

---

① [英]柯林伍德著,何兆武,张文杰译:《历史的观念》,商务印书馆1997年版,第302—303页。
② 何兆武著:《西方哲学精神》,清华大学出版社2003年版,第94页。
③ 吴式颖,任钟印主编:《外国教育思想通史》(第一卷),湖南教育出版社2002年版,第106页。
④ [英]怀特海著,庄莲平,王立中译注:《教育的目的》,文汇出版社2012年版,第15页。

响。选择的依据是：这些人物的思想对英国学校教育产生过重要影响，而且他们在那个时代具有典型的代表性。"没有教育家个体，就没有一个时代的教育思想，也就不存在某一个教育思潮或流派史；反之亦然。另一方面，无论聚焦于教育家个体，还是对不同教育家的思想倾向和时代特征进行概括、归类，都离不开基于充分的文献史料对教育家教育思想的广泛和深入的解读，离不开对教育家所处时代教育基本问题的梳理，离不开对不同时代教育家思想之间关系的分析，同样也离不开对不同时代社会文化、政治经济和知识状况的了解，离不开对同时代不同教育家思想之间关系的分析。"[1]

英国教育思想发展从文艺复兴时期起到20世纪下半叶，前后出现过人文主义教育、绅士教育、空想社会主义教育、国民教育、功利主义教育、科学教育、古典主义教育、浪漫主义教育、激进主义教育、女子教育、新教育、自由教育、分析教育等13个主要教育流派，比较完整地再现了英国教育思想发展的历史轨迹。作为西方教育思想史的重要组成部分，英国教育思想的演进同样表现出以下几个明显的特征：

1. 宗教性

宗教是一种超越民族、国家、政治、经济以及文化差异的共同因素。基督教既是西欧封建统治的精神支柱，也是西方社会文化的核心。"基督教这一活生生的信仰赋予欧洲乃至西方社会以一种特定的精神整体感。它决非仅仅是一种神学理论，而且已经泛化成社会的文化特性。西方人活动的各个方面，从哲学思想到文学艺术，从政治经济到文化教育，从道德伦理到生活习俗，无不受到基督教的影响。无论是社会的价值取向，还是个人的心态结构和行为模式，也都与基督教有着密切联系。"[2]无论在中世纪，还是近现代以来，宗教对英国教育思想的影响十分明显。人文主义教育家科利特、诺克斯，古典主义教育家托马斯·阿诺德、纽曼，浪漫主义作家柯勒律治等人的思想都受到宗教的影响。"救世、美德与正直行为，根据各派基督教的教导，这都是适用于社会各阶层的教育目标。基督教，特别是各派新教，基本上是一个理智的、教育性的宗教，它的理论基础就是由一系列著作集合而成的基督教《圣经》。"[3]英国的宗教改革虽然不像德国那样激烈，它是国家范围内的政治改革，但它对英国教育的影响十分深远。"教区教堂中的唱诗学校、寺庙学校、大寺院和主教学校都关

---

[1] 张斌贤：《西方教育思想史研究的视角与视野》，《北京大学教育评论》2015年第4期，第15页。
[2] 王天一，方晓东编著：《西方教育思想史》，湖南教育出版社1996年版，第96页。
[3] [英]奥尔德里奇著，诺惠芳，李洪绪等译：《简明英国教育史》，人民教育出版社1987年版，第18页。

闭了。……在人文主义、语法和文学的兴盛中,经院主义和雄辩术趋于消亡。国家负责管理教会和学校,要求所有的学位申请人和教育机构的所有人员宣誓忠于王国和把自己置于严格的管理之下。在英国的很多学校中,本国语取代了拉丁语,学术书籍开始出现。"①宗教改革后,空想社会主义者温斯坦莱、欧文,经济学家亚当·斯密、詹姆斯·密尔、约翰·密尔,法学家马尔萨斯等人都主张政府承担发展国民教育的职责。但是在其他任何国家,即使像美国这样一个教派纷立的国家,或其他那些拥有国教的国家,宗教纷争都没有像英国这样如此长时间地阻碍国民教育的发展。

2. 人文性

人文性是与宗教性针锋相对的,它是在直接反对基督教神学思想中逐步形成的。英国著名历史学家阿伦·布洛克(Alan Bullock)认为每个人都有其独特的价值所在,即"人的尊严",而人权以及其他一切价值都源于对它的尊重。"这一尊重的基础是人类所独有的潜在能力,其中包括创造与交流(语言、艺术、科学和制度)、自我观察,以及进行推测、想象和推理的能力。一旦这些能力被释放出来,人就在一定程度上具备了选择与意志的自由,他们因而能够转换方向、开拓创新,从而打开改善自己与人类命运的可能性……"②为了释放这些能力,让每个人都能够发挥自身的潜力,需要具备两个先决条件,即教育和个人自由。人文主义作为西方社会文化的重要组成部分,始终贯穿于西方文明及西方教育思想的演进之中。人文主义的热情在15世纪后期影响到英国,并逐渐在文法学校和新建的"公学"中产生影响。在英国,除了文艺复兴时期的科利特、诺克斯、阿卡姆、弥尔顿外,其他人物如埃利奥特、吉尔伯特、克莱兰、莫尔、培根等人都属于典型的人文主义学者,他们的教育思想无不打下了人文主义的烙印。"最重要的是,人文主义教育建立了这样一种传统:如果一个人没有接受过经典著作的教育,那他不算真正受过教育。对于人文主义者来说,这是学者和绅士的标志。"③在某种程度上,我们也可以说几乎所有教育家的思想都蕴含着人文主义的要素。"作为一种教育思想或一种教育理想,无论从它的基本理念、基本观点、基本内涵或它的发展与影响来看,它都超越了文艺复兴时代的历史范围。……其实,人文主义教育思想是西方教育思想发展史中一股时涨时落、时隐时现的'洪流',它在不同时期表现为古典人

---

① [美]S. E. 佛罗斯特著,吴元训等译:《西方教育的历史和哲学基础》,华夏出版社1987年版,第232页。
② [英]阿伦·布洛克著,董乐山译:《西方人文主义传统》,群言出版社2012年版,第164页。
③ [美]R·弗里曼·伯茨著,王凤玉译:《西方教育文化史》,山东教育出版社2013年版,第200页。

文主义教育思想、新人文主义教育思想、现代人文主义教育思想等。"①

3. 民族性

民族性是指一个民族经过长期的历史积淀而形成的文化特质。教育是文化的组成部分，对教育思想影响最深的莫过于一个国家的民族文化传统。英国教育思想具有鲜明的民族特性，无论是教育理论内容，还是其表现形式，它都是英国所特有的。例如，英国的政治传统强烈反对国家进行更多的干预，国家权力中反对发展教育的力量极为强大，使得英国公共教育形式的发展困难重重。英国教育最显著的特征在于自愿性，这与英国自由主义文化传统有关。"在18—19世纪，这种自愿方式在道德和教育上都优越于欧洲大陆实行的义务教育体系。因为与英国公民享有的、被视为英国品质必不可少的诸多自由相比，这些体系是与专制和顺从联系在一起的。自愿主义（或者在历史用语中的自愿捐助制度），意味着学生免于义务教育的自由和学校免于国家干预的自由。"②英国教育中的自由主义传统留下了一份复杂的遗产：一方面，以沛西·能、罗素和尼尔为代表的自由教育，认为自由是每个人生而具有的权利，强调更多地发展和尊重人的个性自由；另一方面，以纽曼、约翰·密尔、赫胥黎、欧克肖特、彼得斯、赫斯特等人为代表的自由教育，主张教育目的在于促使人的智慧得以发展，认为教育是为了追求知识本身的价值，它与任何功利和职业无关。此外，政治哲学家葛德文和社会学家斯宾塞则从个人自由权利出发，极力反对国家干预教育。这些思想都反映了英国人的价值观念和政治主张。再如分析教育哲学虽然与其他教育思想流派不同，但它却是地地道道的英国"特产"。英国教育家们正是基于这种鲜明的民族特性，为英国教育思想的发展做出了自己独特的贡献。

4. 阶级性

英国社会具有强烈的等级性，这主要是由于贵族制强大而持久的影响造成的。"这表现在英国不同阶级的人在生活水平、生活习惯、职业、受教育、仪表甚至口音等方面相差极大，它们成为阶级出身的标志。"③很多世纪以来，英国儿童基本上是按照他们的社会地位接受教育。例如，公学主要是为贵族阶级子弟服务，它传承贵族精神和培养绅士风度。贵族子弟"在那里用以磨练身心的，一方面是鞭笞、为高年级学生效劳以及热衷游戏运动等惯例的训

---

① 李明德著：《西方教育思想史：人文主义教育之演进》，人民教育出版社2008年版，第3页。
② ［英］安迪·格林著，朱旭东、徐卫红等译：《教育、全球化与民族国家》，教育科学出版社2004年版，第103页。
③ 顾明远主编：《民族文化传统与教育现代化》，北京师范大学出版社1998年版，第203页。

练,另一方面则是古典语文教育。终于他们获得了那一望而知是公学出身的言谈风貌、精邃的知识和校友系戴的领带而步入成人的世界。在内阁大臣、主教、法官、高级文职人员以及将军等等人物中,很大部分都读过公学,这就表明这种排他的、永不衰朽的公学的那套办法是成功的"。① 只要英国社会仍是等级分层的贵族社会,公学就能够按照自己的方式存在,它们在很大程度上仍是贵族和希望跻身于贵族行列的富人的领地。埃德蒙·金指出:"特别在英格兰,与其他任何教育设施比较起来,公学也许更能说明享有特权的上层中产阶级惊人的吸收能力:只要其毕业生成绩优良,符合受称许的人的严格要求,那么他们一般都能被统治阶级所接受。"②英国特权阶层几乎无一例外地全部信奉国教,而中产阶级和下层阶级则是不信奉国教的主要力量。许多人由于不信奉国教而进不了大学,于是一些中产阶级开始赞助私立学校,为自己的子女提供比较现代化的教育。同时,他们也赞助"不信奉国教的学园",以提供大学教育。就下层阶级的子女而言,除了基本的读写知识以外,没有什么教育被认为是必要的。正是这个等级森严的阶级分层,奠定了英国教育思想和教育制度的基础。在教育思想中,绅士教育、古典主义教育反映了贵族阶级的需要,空想社会主义教育、激进主义教育(如工人阶级的代表人物洛维特)表达了无产阶级与工人阶级的愿望,国民教育、功利主义教育、激进主义教育(如中产阶级的代表人物普里斯特利)、女子教育则是中产阶级意志的体现。

5. 继承性

英国是一个注重历史传统的国家,正如埃德蒙·柏克所说:"英格兰人民非常清楚,继承观念能够产生出某种稳妥的保守原则和某种稳妥的承袭原则,而且丝毫不排斥革新原则。它让人们自由地获取新东西,也让人们守住业已取得的东西……。我们的政策合乎政体自身的结构,我们的工作合乎自然的本色。因而,我们取得、拥有和传承我们的政府和我们的殊荣的方式与我们享有和传承我们的财产和我们生命的方式是一样的。政治传统、有幸获取的财产及上天的恩赐都以同样的路径和法则传授给我们,并由我们再传续下去"。③英国教育思想的发展同样如此,尽管任何一种教育思想都是一种历史的存在,但不同历史时期的教育思想都是探究一种永恒现象的教育,因而不同时代的教育思想之间存在着一定

---

① [英]奥尔德里奇著,诸惠芳,李洪绪等译:《简明英国教育史》,人民教育出版社1987年版,第8页。
② [英]埃德蒙·金著,王承绪,邵珊等译:《别国的学校和我们的学校——今日比较教育》,人民教育出版社2001年版,第241页。
③ [英]埃德蒙·柏克著,蒋庆,王瑞昌,王天成译:《自由与传统——柏克政治论文选》,商务印书馆2001年版,第121—122页。

的历史继承性。正是在继承前人教育思想的基础上,后人的教育思想才得以进一步发展。例如,培根、弥尔顿、斯宾塞和赫胥黎等人都强调科学知识的重要性,他们的观点为现代英国课程理论奠定了思想基础;托马斯·阿诺德、马修·阿诺德、纽曼、怀特海、利文斯通等人都强调古典教育的价值,其实质就是对英国人文主义教育传统的继承和坚守。浪漫主义教育、新教育和自由教育思想,在某种程度上也显然受到文艺复兴时期人文主义教育的影响。但应该指出的是,这种继承性并不是简单的重复,而是在新的时代和历史时期更高层次的阐述和发展。正是这一特点使得英国的教育思想具有深厚的根基和丰富的内容,这也是它在西方教育思想史上充满生命力和颇具影响力的重要原因。

英国是一个既有古老传统又有现代意识的国家,其教育思想是在长期的历史演进中逐步完善的。英国教育思想演进的路径不可能是直线式,它表现为一种文化保守中的自我创生,即体现一种独特的发展方式,它以和缓、平稳、渐进、共生为主要特色,其中既有进步也有倒退、既有革新也有复古。如人文主义教育、古典人文主义教育、新古典人文主义教育思想的嬗变,人文主义教育与科学主义教育的交锋,自由主义教育与保守主义教育、功利主义教育与自由教育思想的融通等。这就是英国式发展道路——渐进改革之路。"整个英国历史过程都是这种情况。没有一种旧因素彻底消亡,也没有一种新因素彻底胜利,或者某一种原则取得了独霸的优势。各种力量总是在同时发展,各种利益和要求总是在折衷调和。"①埃德蒙·金称之为"勉强的革命"。渐进改革已不仅是英国民族取得变革与进步的一种方式,而且成了人们头脑中根深蒂固的价值取向。

作为欧洲国家的重要组成部分,尽管英国教育思想与其他欧洲国家具有"同质性",但由于英国独特的发展道路和自觉的文化意识,其教育思想既具有明显的西方特色,又保持了纯粹的"英国特色",如在传承中自我创生、进步与保守互为表里、古典与现代的兼容等。同样,英国的教育制度一直以其自由、多样和独立而骄傲。"整个教育体系四分五裂,缺乏系统性。它固执地拒绝现代化,拒绝那些提供将教育标准化和理性化的措施,而这些东西早已被欧洲大陆国家视为保证教育平等的关键了。这样做的结果是英国教育体系在任何层次上都表现出结构上的不协调。"②

---

① [法]基佐著,程洪逵,沅芷译:《欧洲文明史》,商务印书馆2005年版,第246页。
② [英]安迪·格林著,王春华等译:《教育与国家形成:英、法、美教育体系起源之比较》,教育科学出版社2004年版,第341页。

影响英国教育思想发展的动因是多元的，一些重大的历史事件和文化思潮，如外族入侵、文艺复兴、宗教改革、启蒙运动、浪漫主义运动、工业革命、科学革命、议会改革、宪章运动、女权运动等，都对英国教育思想的演进产生了或多或少的影响。正如西蒙指出："教育史通常是以这样的方式呈现：即学校和学校教育的历史、教育内容和方法变革的历史、新机构的创办及其发展的历史、议会法案及其产生的管理结构的历史。当然，这是完全合理的。但是它的危险在于离开了更深层的社会运动，它们对教育变革产生了深远的影响。"① 另外，英国不仅有最严重的阶级两极分化，也有一套和其他任何国家都不相同的政治结构。在英国，我们还可能看到中央集权与地方分权两种主张斗争之下产生的一些妥协现象。"从广阔的视野看，对一个民族、一个国家或一个时代教育运转和变化发生影响的思想动力的来源是多样的、复杂的，著名教育家及其思想至多只是其中的一个来源，而且也未必总是主要的来源。深藏在一个民族观念中的价值观、政治文化、意识形态乃至宗教信仰等，都是影响不同国家、不同时期教育演化的重要思想和观念力量。"② 显然，英国教育思想史研究既离不开对历史事件、社会现实、文化环境和意识形态的考察，也离不开对教育家生平及其教育活动的关注，更离不开对经典作品本身的分析，因为文本是人物思想最有效的载体。

总之，在西方教育思想史上，英国是一个非常特殊的国家，也是一个很难把握的国家，其教育中的功利主义、古典主义、自由主义、分析主义等都是独特的，不能用一般人熟悉的这些"主义"的标签去理解。只有通过充分理解英国教育家颇为独特的教育思想，才能正确理解当今英国教育发展的方方面面；只有通过分析英国教育发展过程中各种社会力量（如保守派、改革派、激进派）之间的相互博弈，才能探究英国教育思想自我创生的内在逻辑，还原英国教育思想发展的历史进程，探索英国教育思想演变的独特路径及基本趋势，从而深化对英国教育思想史的科学认识。

正如丁耘、陈新主编的《思想史研究》第一卷发刊词中指出："'思想'也许沉睡在'历史'里，思想史研究却是一种清醒的、活生生的当下活动。正是通过这种活动，在某些关键时刻，那些暂时休眠的伟大传统会苏醒过来，帮助我们突破现实的困顿与狭隘。思想史研究的目的不是别的，就是通过承接伟大传统，养成宏大开阔的视野。"③ 当我们深入地研究这

---

① Brian Simon, The Radical Tradition in Education in Britain, Lawrence and Wishart, London, 1972, p. 9.
② 张斌贤：《西方教育思想史研究的视角与视野》，《北京大学教育评论》2015年第4期，第9页。
③ 丁耘、陈新主编：《思想史研究》（第一卷），广西师范大学出版社2005年版，第1页。

46位人物的教育思想及其作品之后,发现今天几乎所有我们感到困惑的教育问题,都早已被以前的教育思想家讨论过。不少教育问题既无时空性,也无国界;存在于西方的教育问题,同样也存在于我国;发生在古代的教育现象,同样也发生在现代。正如台湾学者林玉体写道:"教育思想史是思想史的一种,史是一种对过去的记载,但有意义的教育史绝不是流水账,也不是单纯的纪年史;过去的教育思想史实,大半都与现代的教育问题有关。铺陈教育思想史,也可以作为解决当前问题的线索。"①可见教育思想史探讨的许多问题今天仍然没有解决,深入地剖析英国教育思想的发展轨迹,会发现诸多隐藏在历史表象之下一个民族教育发展的内在逻辑。因此,在我国探索建立现代学校教育制度过程中,吸纳世界主要国家先进的教育思想或理念,其理论和实际应用价值不言而喻。

---

① [台湾]林玉体著:《美国教育思想史》,九州出版社2006年版,自序,第5页。

参考文献

一、中文部分

1. [英]阿萨·勃里格斯著,陈叔平,刘城等译:《英国社会史》,中国人民大学出版社1989年版。
2. [英]克里斯托弗·道森著,长川某译:《宗教与西方文化的兴起》,四川人民出版社1989年版。
3. [英]比德著,陈维振,周清民译:《英吉利教会史》,商务印书馆1996年版。
4. [美]E. P. 克伯雷选编,任钟印译:《西方教育经典文献》(上卷),人民教育出版社2016年版。
5. [英]邓特著,杭州大学教育系外国教育研究室译:《英国教育》,浙江教育出版社1987年版。
6. [法]基佐著,程洪逵,沅芷译:《欧洲文明史》,商务印书馆2005年版。
7. [英]罗素著,马元德译:《西方哲学史》(下卷),商务印书馆1997年版。
8. [瑞士]雅各布·布克哈特著,何新译:《意大利文艺复兴时期的文化》,商务印书馆2002年版。
9. [英]博伊德,金合著,任宝祥,吴元训主译:《西方教育史》,人民教育出版社1986年版。
10. [美]保罗·奥斯卡·克里斯特勒著,邵宏译:《文艺复兴时期的思想与艺术》,东方出版社2008年版。
11. [英]阿伦·布洛克著,董乐山译:《西方人文主义传统》,群言出版社2012年版。
12. [美]S. E. 佛罗斯特著,吴元训等译:《西方教育的历史和哲学基础》,华夏出版社1987年版。
13. [比利时]希尔德·德·里德-西蒙斯主编,贺国庆,王保星等译:《欧洲大学史:近代早期的欧洲大学(1500—1800)》,河北大学出版社2008年版。
14. [美]E. P. 克伯雷选编,华中师范大学、西南师范大学等教育系译:《外国教育史料》,华中师范大学出版社1991年版。
15. [英]G. R. 波特编,中国社会科学院世界历史研究所组译:《新编剑桥世界近代史:文艺复兴》(第1卷),中国社会科学出版社1999年版。
16. [英]C. W. 克劳利等编,中国社会科学院世界历史研究所组译:《新编剑桥世界近代史》(第9卷),中国社会科学出版社1999年版。
17. [美]威尔·杜兰著,幼狮文化公司译:《世界文明史:宗教改革》(第6卷),东方出版社1999年版。
18. [英]托马斯·马丁·林赛著,孔祥民译:《宗教改革史》(上册),商务印书馆1992年版。
19. [英]伊丽莎白·劳伦斯著,纪晓林译:《现代教育的起源和发展》,北京语言学院出版社1992年版。
20. [英]马克·帕蒂森著,金发燊,颜俊华译:《弥尔顿传略》,生活·读书·新知三联书店2001年版。
21. [美]C. W. 凯林道夫编,任钟印译:《人文主义教育经典文选》,北京大学出版社2012年版。
22. [英]威廉·哈里森·伍德沃德著,赵卫平,赵花兰译:《文艺复兴时期教育研究》,山东教育出版社2013年版。
23. [英]丽月塔著,王晓霞,陈守桂等译:《绅士道与武士道——日英比较文化论》,浙江人民出版社1990年版。
24. [美]格莱夫斯著,吴康译:《中世教育史》,华东师范大学出版社2005年版。
25. [英]R. B. 沃纳姆编,中国社会科学院世界历史研究所组译:《新编剑桥世界近代史:反宗教改革运动和价格革命》(第3卷),中国社会科学出版社1999年版。
26. [美]R·弗里曼·伯茨著,王凤玉译:《西方教育文化史》,山东教育出版社2013年版。
27. [摩洛哥]扎古尔·摩西主编,梅祖培,龙治芳等译:《世界著名教育思想家》(3),中国对外翻译出版公司1995年版。
28. [英]罗伯特·R·拉斯克,詹姆斯·斯科特兰著,朱镜人,单中惠译:《伟大教育家的学说》,山东教育出版社2013年版。
29. [爱尔兰]弗兰克·M·弗拉纳根著,卢立涛,安传达译:《最伟大的教育家:从苏格拉底到杜威》,华东师范大学出版社2012年版。
30. [英]约翰·洛克著,杨汉麟译:《教育漫话》(全译·注释本),人民教育出版社2006年版。
31. [英]约翰·洛克著,吴棠译:《理解能力指导散论》,人民教育出版社1993年版。
32. [英]约翰·洛克著,方晋译:《绅士的教育》,西安出版社2011年版。
33. [英]乔伊·帕尔默主编,任钟印,诸惠芳译:《教育究竟是什么?100位思想家论教育》,北京大学出版社2010年版。
34. [英]奥尔德里奇著,诸惠芳,李洪绪等译:《简明英国教育史》,人民教育出版社1987年版。
35. [美]亚伯拉罕·弗莱克斯纳著,徐辉,陈晓菲译:《现代大学论——美英德大学研究》,浙江教育出版社2001年版。
36. [英]托马斯·莫尔著,戴镏龄译:《乌托邦》,商务印书馆2012年版。
37. [苏]奥西诺夫斯基著,杨家荣,李兴汉译:《托马斯·莫尔传》,商务印书馆1984年版。
38. [俄]普列汉诺夫等著,中国人民大学编译室等译:《论空想社会主义》(上卷),商务印书馆1980年版。
39. [苏]维·彼·沃尔金等著,郭一民等译:《论空想社会主义》(中卷),商务印书馆1982年版。
40. [奥地利]弗里德里希·希尔著,赵复三译:《欧洲思想史》,广西师范大学出版社2007年版。
41. [英]温斯坦莱著,任国栋译:《温斯坦莱文选》,商务印书馆1982年版。
42. [苏联]塔·巴甫洛娃著,沈江,张德浦译:《温斯坦莱传》,商务印书馆1992年版。
43. [英]欧文著,柯象峰,何光来等译:《欧文选集》(第一卷),商务印书馆1997年版。
44. [英]欧文著,柯象峰,何光来等译:《欧文选集》(第二卷),商务印书馆1997年版。
45. [英]欧文著,马清槐,吴忆萱等译:《欧文选集》(第三卷),商务印书馆1997年版。
46. [美]约翰·S·布鲁巴克著,单中惠,王强译:《教育问题史》,山东教育出版社2012年版。
47. [法]爱弥尔·涂尔干著,李康译:《教育思想的演进》,上海人民出版社2003年版。
48. [英]安迪·格林著,王春华等译:《教育与国家形成:英、法、美教育体系起源之比较》,教育科学出版社2004年版。
49. [英]安迪·格林著,朱旭东,徐卫红等译:《教育、全球化与民族国家》,教育科学出版社2004年版。
50. [英]约翰·雷著,胡企林,陈应年译:《亚当·斯密传》,商务印书馆1983年版。
51. [英]约翰·雷著,周祝平,赵正吉译:《亚当·斯密传》,华夏出版社2008年版。
52. [英]亚当·斯密著,郭大力,王亚南译:《国民财富的性质和原因的研究》(上、下卷),商务印书馆1997年版。
53. [英]欧内斯特·莫斯纳,伊恩·辛普森·罗斯编,林国夫,吴良健等译:《亚当·斯密通信集》,商务印书馆2012年版。

54. [英]威廉·葛德文著,何慕李译:《政治正义论》(第一卷),商务印书馆1997年版。
55. [英]威廉·葛德文著,何慕李译:《政治正义论》(第二、三卷),商务印书馆1997年版。
56. [英]马尔萨斯著,朱泱,胡企林,朱和中译:《人口原理》,商务印书馆1996年版。
57. [英]赫伯特·斯宾塞著,张雄武译:《社会静力学》,商务印书馆1999年版。
58. [英]赫伯特·斯宾塞著,谭小勤等译:《国家权力与个人自由》,华夏出版社2003年版。
59. [美]约翰·巴克勒,贝内特·希尔等著,霍文利,赵燕灵等译:《西方社会史》(第二卷),广西师范大学出版社2006年版。
60. [英]霍布豪斯著,朱曾汶译:《自由主义》,商务印书馆2002年版。
61. [英]索利著,段德智译:《英国哲学史》,山东人民出版社1996年版。
62. [法]埃利·哈列维著,曹海军,周晓,田玉才等译:《哲学激进主义的兴起——从苏格兰启蒙运动到功利主义》(上),吉林人民出版社2011年版。
63. [英]边沁著,沈叔平等译:《政府片论》,商务印书馆1995年版。
64. [英]边沁著,时殷弘译:《道德与立法原理导论》,商务印书馆2006年版。
65. [英]洛克著,叶启芳,瞿菊农译:《政府论》(下篇),商务印书馆1981年版。
66. [英]约翰·穆勒著,白利兵译:《论边沁与柯勒律治》,上海人民出版社2009年版。
67. [英]约翰·穆勒著,吴良健,吴衡康译:《约翰·穆勒自传》,商务印书馆1987年版。
68. [英]詹姆斯·穆勒著,吴良健译:《政治经济学要义》,商务印书馆1993年版。
69. [美]苏珊·李·安德森著,崔庆杰,陈会颖译:《最伟大的思想家:密尔》,中华书局2014年版。
70. [英]约翰·密尔著,许宝骙译:《论自由》,商务印书馆2005年版。
71. [英]J. B. 伯里著,周颖如译:《思想自由史》,商务印书馆2012年版。
72. [英]J. S. 密尔著,汪瑄译:《代议制政府》,商务印书馆1982年版。
73. [英]约翰·格雷,G. W. 史密斯主编,樊凡,董存胜译:《密尔论自由》,吉林人民出版社2011年版。
74. [英]约翰·穆勒著,徐大建译:《功利主义》,商务印书馆2015年版。
75. [英]约翰·穆勒著,赵荣潜,桑炳彦,朱泱,胡企林译:《政治经济学原理》(上卷),商务印书馆1997年版。
76. [英]约翰·穆勒著,胡企林,朱泱译:《政治经济学原理》(下卷),商务印书馆1997年版。
77. [英]Randall Curren主编,彭正梅等译:《教育哲学指南》,华东师范大学出版社2011年版。
78. [英]约翰·密尔著,孙传钊,王晨译:《密尔论大学》,商务印书馆2013年版。
79. [美]撒穆尔·伊诺克·斯通普夫等著,丁三东,张传友等译:《西方哲学史》(第七版),中华书局2005年版。
80. [英]罗素著,徐奕春,林国夫译:《宗教与科学》,商务印书馆2005年版。
81. [英]亚·沃尔夫著,周昌忠,苗以顺等译:《十六、十七世纪科学、技术和哲学史》(上册),商务印书馆1997年版。
82. [英]亚·沃尔夫著,周昌忠,苗以顺等译:《十六、十七世纪科学、技术和哲学史》(下册),商务印书馆1997年版。
83. [美]罗伯特·金·默顿著,范岱年等译:《十七世纪英格兰的科学、技术与社会》,商务印书馆2002年版。
84. [英]亚·沃尔夫著,周昌忠,苗以顺,毛荣运译:《十八世纪科学、技术和哲学史》(上册),商务印书馆1997年版。

85. [英]亚·沃尔夫著,周昌忠,苗以顺,毛荣运译:《十八世纪科学、技术和哲学史》(下册),商务印书馆 1997 年版。
86. [英]迈克尔·马尔凯著,林聚任等译:《科学与知识社会学》,东方出版社 2001 年版。
87. [英]A. N. 怀特海著,何钦译:《科学与近代世界》,商务印书馆 2012 年版。
88. [英]J. D. 贝尔纳著,陈体芳译:《科学的社会功能》,广西师范大学出版社 2003 年版。
89. [英]梅尔茨著,周昌忠译:《十九世纪欧洲思想史》(第一卷),商务印书馆 1999 年版。
90. [英]培根著,许宝骙译:《新工具》,商务印书馆 1997 年版。
91. [英]弗朗西斯·培根著,刘运同译:《学术的进展》,上海人民出版社 2007 年版。
92. [英]弗·培根著,何新译:《新大西岛》,商务印书馆 2012 年版。
93. [英]斯宾塞著,胡毅,王承绪译:《斯宾塞教育论著选》,人民教育出版社 1997 年版。
94. [英]达尔文著,毕黎译注:《达尔文回忆录》,商务印书馆 1998 年版。
95. [英]托·亨·赫胥黎著,单中惠,平波译:《科学与教育》,人民教育出版社 1990 年版。
96. [苏]弗·斯·阿兰斯基、费·普·拉普钦斯卡娅合著:《英国的国民教育制度》,人民教育出版社 1965 年版。
97. [英]埃德蒙·金著,王承绪,邵珊等译:《别国的学校和我们的学校——今日比较教育》,人民教育出版社 2001 年版。
98. [英]利顿·斯特拉奇著,周玉军译:《维多利亚名人传》,上海三联书店 2013 年版。
99. [英]托马斯·阿诺德著,朱镜人译:《阿诺德论教育》,人民教育出版社 2016 年版。
100. [英]马修·阿诺德著,韩敏中译:《文化与无政府状态》,生活·读书·新知三联书店 2008 年版。
101. [美]科林·布朗著,查常平译:《基督教与西方思想》(卷一),北京大学出版社 2005 年版。
102. [美]史蒂夫·威尔肯斯,阿兰·G·帕杰特著,刘平译:《基督教与西方思想》(卷二),北京大学出版社 2005 年版。
103. [英]约翰·亨利·纽曼著,徐辉,顾建新等译:《大学的理想》,浙江教育出版社 2001 年版。
104. [英]约翰·亨利·纽曼著,高师宁,何克勇等译:《大学的理念》,贵州教育出版社 2003 年版。
105. [美]约翰·S·布鲁贝克著,王承绪,郑继伟等译:《高等教育哲学》,浙江教育出版社 1998 年版。
106. [英]R. W. 利文斯通著,邵威,徐枫译:《保卫古典教育》,安徽教育出版社 1991 年版。
107. [英]柯林伍德著,何兆武,张文杰译:《历史的观念》,商务印书馆 1997 年版。
108. [日]鹤见祐辅著,陈秋帆译:《拜伦传》,湖南人民出版社 1981 年版。
109. [英]拜伦著,查良铮译:《拜伦诗选》,上海译文出版社 1986 年版。
110. [法]安德烈·莫洛亚著,谭立德,郑其行译:《雪莱传》,浙江大学出版社 2013 年版。
111. [英]雪莱著,杨熙龄译:《雪莱政治论文选》,商务印书馆 1982 年版。
112. [美]萨利·肖尔茨著,李中泽,贾安伦译:《卢梭》,中华书局 2002 年版。
113. [法]卢梭著,李平沤译:《爱弥尔》(上卷),商务印书馆 1999 年版。
114. [法]卢梭著,李平沤译:《爱弥尔》(下卷),商务印书馆 1999 年版。
115. [英]劳伦斯·斯通著,刁筱华译:《英国的家庭、性与婚姻 1500—1800》,商务印书馆 2011 年版。
116. [法]加布里埃尔·孔佩雷著,张瑜,王强译:《教育学史》,山东教育出版社 2013 年版。
117. [英]E. P. 汤普森著,钱乘旦等译:《英国工人阶级的形成》(上),译林出版社 2013 年版。
118. [英]E. P. 汤普森著,钱乘旦等译:《英国工人阶级的形成》(下),译林出版社 2013 年版。
119. [美]潘恩著,马清槐等译:《潘恩选集》,商务印书馆 1982 年版。

120. [美]托马斯·潘恩著,田飞龙译:《人的权利》,中国法制出版社2011年版。
121. [英]R. G. 甘米奇著,苏公隽译:《宪章运动史》,商务印书馆2004年版。
122. [英]玛丽·沃斯通克拉夫特著,王蓁译:《女权辩护》,商务印书馆1995年版。
123. [英]约翰·斯图尔特·穆勒著,汪溪译:《妇女的屈从地位》,商务印书馆1995年版。
124. [古希腊]亚里士多德著,吴寿彭译:《政治学》,商务印书馆1997年版。
125. [澳]W. F. 康内尔著,张法琨,方能达等译:《二十世纪世界教育史》,人民教育出版社1990年版。
126. [日]梅根悟主编,张举,梁忠义等译:《世界幼儿教育史》(下册),吉林人民出版社1986年版。
127. [英]A. N. 怀特海著,何钦译:《科学与近代世界》,商务印书馆2012年版。
128. [美]菲利浦·罗斯著,李超杰译:《怀特海》,中华书局2002年版。
129. [英]怀特海著,庄莲平,王立中译注:《教育的目的》,文汇出版社2012年版。
130. [英]A. N. 怀特海著,黄铭译:《教育与科学理性的功能》,大象出版社2010年版。
131. [奥]弗洛伊德著,高觉敷译:《精神分析引论新编》,商务印书馆2005年版。
132. [英]赫伯·里德著,吕廷和译:《通过艺术的教育》,湖南美术出版社2002年版。
133. [法]卢梭著,李常山译:《论人类不平等的起源和基础》,商务印书馆1997年版。
134. [英]大卫·帕尔菲曼主编,冯青来译:《高等教育何以为"高"——牛津导师制教学反思》,北京大学出版社2011年版。
135. [美]罗伯特·M·赫钦斯著,汪利兵译:《美国高等教育》,浙江教育出版社2001年版。
136. [英]葛怀恩著,黄汉林译:《古罗马的教育——从西塞罗到昆体良》,华夏出版社2015年版。
137. [英]沛西·能著,王承绪、赵端英译:《教育原理》,人民教育出版社1992年版。
138. [美]杰克·奥德尔著,陈启伟,贾可春译:《罗素》,中华书局2002年版。
139. [英]罗素著,姚洪越、张永红等译:《罗素论自由》,世界知识出版社2007年版。
140. [英]伯特兰·罗素著,黄忠晶编译:《罗素自述》,天津人民出版社2012年版。
141. [英]伯特兰·罗素著,李国山等译:《自由之路》,西苑出版社2004年版。
142. [英]罗素著,杨汉麟译:《罗素论教育》,人民教育出版社2009年版。
143. [英]伯特兰·罗素著,亚北译:《西方的智慧》,中国妇女出版社2004年版。
144. [英]A. S. 尼尔著,周德译:《夏山学校》,京华出版社2002年版。
145. [美]佛朗哥著,殷莹,刘擎译:《欧克肖特导论》,商务印书馆2014年版。
146. [英]迈克尔·欧克肖特著,张汝伦译:《政治中的理性主义》,上海译文出版社2005年版。
147. [英]迈克尔·欧克肖特著,孙磊译:《人文学习之声》,上海译文出版社2012年版。
148. [英]迈克尔·欧克肖特著,吴玉军译:《经验及其模式》,文津出版社2005年版。
149. [美]杰拉尔德·古特克著,陈晓端主译:《哲学与意识形态视野中的教育》,北京师范大学出版社2008年版。
150. [英]丹尼尔·约翰·奥康纳著,宇文利译:《教育哲学导论》,中国人民大学出版社2015年版。
151. [英]约翰·怀特著,李永宏等译:《再论教育目的》,教育科学出版社2001年版。
152. [英]埃德蒙·柏克著,蒋庆,王瑞昌,王天成译:《自由与传统——柏克政治论文选》,商务印书馆2001年版。
153. [意]奎多·德·拉吉罗著,杨军译:《欧洲自由主义史》,吉林人民出版社2001年版。
154. 易红郡著:《从冲突到融合:20世纪英国中等教育政策研究》,湖南教育出版社2005年版。
155. 易红郡著:《英国教育的文化阐释》,华东师范大学出版社2009年版。

156. 易红郡著:《战后英国高等教育政策研究》,湖南师范大学出版社2016年版。
157. 徐辉,郑继伟编著:《英国教育史》,吉林人民出版社1993年版。
158. 张泰金著:《英国的高等教育:历史·现状》,上海外语教育出版社1995年版。
159. 殷企平著:《英国高等科技教育》,杭州大学出版社1995年版。
160. 朱镜人著:《英国教育思想之演进》,人民教育出版社2014年版。
161. 金含芬选编:《教育学文集·英国教育改革》,人民教育出版社1993年版。
162. 王承绪主编:《世界教育大系·英国教育》,吉林教育出版社2000年版。
163. 吴元训选编:《中世纪教育文选》,人民教育出版社2005年版。
164. 赵祥麟主编:《外国教育家评传》(第一卷),上海教育出版社2003年版。
165. 赵祥麟主编:《外国教育家评传》(第二卷),上海教育出版社2003年版。
166. 赵祥麟主编:《外国教育家评传》(第三卷),上海教育出版社2003年版。
167. 吴式颖,任钟印主编:《外国教育思想通史》(第一卷),湖南教育出版社2002年版。
168. 吴式颖,任钟印主编:《外国教育思想通史》(第四卷),湖南教育出版社2002年版。
169. 吴式颖,任钟印主编:《外国教育思想通史》(第五卷),湖南教育出版社2002年版。
170. 吴式颖,任钟印主编:《外国教育思想通史》(第六卷),湖南教育出版社2002年版。
171. 吴式颖,任钟印主编:《外国教育思想通史》(第七卷),湖南教育出版社2002年版。
172. 吴式颖,任钟印主编:《外国教育思想通史》(第八卷),湖南教育出版社2002年版。
173. 吴式颖,阎国华编:《中外教育比较史纲》(近代卷),山东教育出版社1997年版。
174. 吴式颖,李明德主编:《外国教育史教程》,人民教育出版社2015年版。
175. 吴式颖主编:《外国现代教育史》,人民教育出版社1997年版。
176. 吴式颖著:《教育:让历史启示未来》,人民教育出版社2009年版。
177. 任钟印主编:《世界教育名著通览》,湖北教育出版社1994年版。
178. 杨汉麟主编:《外国教育实验史》,人民教育出版社2005年版。
179. 单中惠,杨汉麟主编:《西方教育学名著提要》,江西人民出版社2000年版。
180. 滕大春:《外国教育史和外国教育》,河北大学出版社1998年版。
181. 戴本博主编:《外国教育史》(中),人民教育出版社1997年版。
182. 张斌贤主编:《外国教育思想史》,高等教育出版社2007年版。
183. 张斌贤,褚洪启等著:《西方教育思想史》,四川教育出版社1994年版。
184. 单中惠主编:《西方教育思想史》,山西人民出版社1996年版。
185. 王天一,方晓东编著:《西方教育思想史》,湖南教育出版社1996年版。
186. 李明德著:《西方教育思想史:人文主义教育之演进》,人民教育出版社2008年版。
187. 华东师范大学教育系,浙江大学教育系合编:《西方古代教育论著选》,人民教育出版社2001年版。
188. 王承绪,赵祥麟编译:《西方现代教育论著选》,人民教育出版社2001年版。
189. 张焕庭主编:《西方资产阶级教育论著选》,人民教育出版社1996年版。
190. 夏之莲主编:《外国教育发展史料选粹》(上),北京师范大学出版社1999年版。
191. 褚宏启著:《走出中世纪:文艺复兴时代的教育情怀》,北京师范大学出版社2000年版。
192. 朱旭东著:《欧美国民教育理论探源——教育制度意识形态论》,北京师范大学出版社1997年版。

193. 刘宝存著：《大学理念的传统与变革》，教育科学出版社 2004 年版。
194. 彭正梅著：《现代西方教育哲学的历史考察》，上海教育出版社 2010 年版。
195. 吴明海著：《欧洲新教育运动的历史研究》，教育科学出版社 2008 年版。
196. 史静寰主编：《世界教育大系——妇女教育》，吉林教育出版社 2000 年版。
197. 陈友松主编：《当代西方教育哲学》，教育科学出版社 1982 年版。
198. 黄济著：《教育哲学通论》，山西教育出版社 1998 年版。
199. 刘小枫，陈少明主编：《古典传统与自由教育》，华夏出版社 2005 年版。
200. 毕淑芝，王义高主编：《当代外国教育思想研究》，人民教育出版社 2002 年版。
201. 陆有铨著：《躁动的百年——20 世纪的教育历程》，山东教育出版社 1997 年版。
202. [台湾]林玉体著：《美国教育思想史》，九州出版社 2006 年版。
203. 施良方，唐晓杰选编：《教育学文集·智育》，人民教育出版社 1993 年版。
204. 雷尧珠，王佩雄选编：《教育学文集·教育与人的发展》，人民教育出版社 1989 年版。
205. 瞿葆奎，沈剑平选编：《教育学文集·教育与教育学》，人民教育出版社 1993 年版。
206. 原青林著：《揭示英才教育的秘诀——英国公学研究》，黑龙江人民出版社 2006 年版。
207. 李贤智著：《冲击与回应：精神分析学说的教育价值》，华中师范大学出版社 2016 年版。
208. 杨自伍编译：《教育：让人成为人——西方大思想家论人文与科学》，北京大学出版社 2014 年版。
209. 张人杰，王卫东主编：《20 世纪教育学名家名著》，广东高等教育出版社 2004 年版。
210. 檀传宝主编：《世界教育思想地图：50 位现当代教育思想大师探访》，福建教育出版社 2011 年版。
211. 刘明翰，陈明莉著：《欧洲文艺复兴史·教育卷》，人民出版社 2008 年版。
212. 钱乘旦，许洁明著：《大国通史·英国通史》，上海社会科学院出版社 2007 年版。
213. 钱乘旦，陈晓律著：《在传统与变革之间：英国文化模式溯源》，江苏人民出版社 2010 年版。
214. 阎照祥著：《英国近代贵族体制研究》，人民出版社 2006 年版。
215. 阎照祥著：《英国史》，人民出版社 2004 年版。
216. 阎照祥著：《英国政治思想史》，人民出版社 2010 年版。
217. 李维屏，张定铨等著：《英国文学思想史》，上海外语教育出版社 2012 年版。
218. 吴易风著：《空想社会主义》，北京出版社 1980 年版。
219. 山东大学，广西师院等编写组：《空想社会主义学说史》，浙江人民出版社 1984 年版。
220. 冒从虎，张庆荣，王勤田著：《欧洲哲学通史》（下卷），南开大学出版社 1992 年版。
221. 晏智杰著：《古典经济学》，北京大学出版社 1999 年版。
222. 李强著：《自由主义》，中国社会科学出版社 1998 年版。
223. 刘玉安，楚成亚，杨丽华著：《西方政治思想通史》，山东大学出版社 2004 年版。
224. 黄伟合著：《英国近代自由主义研究——从洛克、边沁到密尔》，北京大学出版社 2005 年版。
225. 牛京辉著：《英国功用主义伦理思想研究》，人民出版社 2002 年版。
226. 车文博主编：《西方心理学思想史》，湖南教育出版社 2007 年版。
227. 王连伟著：《密尔政治思想研究》，黑龙江大学出版社 2007 年版。
228. 王润生著：《西方功利主义伦理学》，中国社会科学出版社 1986 年版。
229. 胡景钊，余丽嫦著：《十七世纪英国哲学》，商务印书馆 2006 年版。
230. 曾欢著：《西方科学主义思潮的历史轨迹——以科学统一为研究视角》，世界知识出版社 2009

年版。
231. 苏宁著:《启蒙人格——培根》,长江文艺出版社 2000 年版。
232. 余丽嫦著:《培根及其哲学》,人民出版社 1997 年版。
233. 陈冬野,马清槐,周锦如译:《配第经济著作选集》,商务印书馆 1981 年版。
234. 赵立坤著:《卢梭浪漫主义思想研究》,中国社会科学出版社 2008 年版。
235. 阎宗临著:《欧洲文化史论》,广西师范大学出版社 2007 年版。
236. 李思孝著:《从古典主义到现代主义:欧洲近代文艺思潮论》,首都师范大学出版社 1997 年版。
237. 刘若端编:《十九世纪英国诗人论诗》,人民文学出版社 1984 年版。
238. 牛庸懋,蒋连杰主编:《十九世纪英国文学》,黄河文艺出版社 1986 年版。
239. 张秉真,章安祺,杨慧林著:《西方文艺理论史》,中国人民大学出版社 1999 年版。
240. 李枫著:《诗人的神学——柯勒律治的浪漫主义思想》,社会科学文献出版社 2008 年版。
241. 刘庆璋著:《西方近代文学理论史》,兰州大学出版社 1988 年版。
242. 杨周翰,吴达元等主编:《欧洲文学史》(下卷),人民文学出版社 1985 年版。
243. 朱庭光主编:《外国历史名人传(近代部分)》(上册),中国社会科学出版社 1982 年版。
244. 裔昭印等著:《西方妇女史》,商务印书馆 2009 年版。
245. 陆伟芳著:《英国妇女选举权运动》,中国社会科学出版社 2004 年版。
246. 何兆武著:《西方哲学精神》,清华大学出版社 2003 年版。
247. 丁耘,陈新主编:《思想史研究》(第一卷),广西师范大学出版社 2005 年版。
248. 肖朗:《詹姆斯·穆勒功利主义教育思想述评——以其代表作〈教育论〉的文本分析为中心》,《中国教育科学》2015 年第 1 辑。
249. 于钧博:《教育与英国工人阶级的文化问题》,《教育史研究》2016 年第 1 期。
250. 刘春华,张斌贤:《西方自由教育传统之演变》,《高等教育研究》2015 年第 4 期。
251. [英]帕特里夏·怀特,保罗·赫斯特:《分析传统与教育哲学:历史的分析》,《教育研究》2003 年第 9 期。
252. 李玢:《分析教育哲学的兴起和面临的困境》,《华东师范大学学报》(教育科学版),1991 年第 4 期。
253. 李玢:《论当代英国的自由教育思想》,《西欧研究》1992 年第 4 期。
254. 张斌贤:《进步主义教育运动:概念及历史发展》,《教育研究》1995 年第 7 期。
255. 张斌贤:《西方教育思想史研究的视角与视野》,《北京大学教育评论》2015 年第 4 期。
256. 王晨:《教育思想史系统性研究方式及其限度》,《教育研究》2012 年第 3 期。
257. 王晨:《从思想本身到思想建构方式——思想史研究范式演进与教育思想史研究》,《中国人民大学教育学刊》2015 年第 1 期。

二、英文部分

1. Alan Cohen and Norman Garner, Readings in the History of Educational Thought, University of London Press Ltd, 1967.
2. Andreas M. Kazamias, Herbert Spencer on Education, Teachers College Press, Columbia University, New York, 1966.
3. A. D. C. Peterson, A Hundred Years of Education, Gerald Duckworth & Co. Ltd, London, 1960.

4. A. N. Whitehead, The Aims of Education and Other Essays, Williams and Norgate Limited, London, 1955.
5. A. V. Judges, Pioneers of English Education, Faber and Faber Limited, London, 1951.
6. Brian Simon, Studies in the History of Education, 1780—1870, Lawrence and Wishart, London, 1960.
7. Brian Simon, The Radical Tradition in Education in Britain, Lawrence and Wishart, London, 1972.
8. C. W. Eliot, Introduction Spencer's Essays on Education, E. P. Dutton, Co. New York, 1910.
9. Christopher Brooke and Elizabeth Frazer, Ideas of Education: Philosophy and Politics from Plato to Dewey, Routledge, London and New York, 2013.
10. Cyril Bibby, T. H. Huxley on Education, Cambridge University Press, 1971.
11. Daphne Bennett, Emily Davies and the Liberation of Women 1830—1921, Andre Deutsch Ltd, London, 1990.
12. David Halpin, Romanticism and Education: Love, Heroism and Imagination in Pedagogy, Continuum International Publishing Group, 2007.
13. Denis Lawton and Peter Gordon, A History of Western Educational Ideas, Woburn Press, London, 2002.
14. Elizabeth Bradburn, Margaret McMillan: Framework and Expansion of Nursery Education, Denholm House Press, Surrey, 1976.
15. F. A. Cavenagh, James & John Stuart Mill on Education, Cambridge University Press, 1931.
16. Fritz Caspari, Humanism and the Social Order in Tudor England, Teachers College Press, New York, 1968.
17. F. W. Garforth, Educative Democracy: John Stuart Mill on Education in Society, Oxford University Press, 1980.
18. Gabriel Compayre, Herbert Spencer and Scientific Education, George Harrap, London, 1908.
19. G. H. Bantock, Studies in the History of Educational Theory, Volume Ⅰ, Artifice and Nature, 1350–1765, George Allen & Unwin, London, 1980.
20. G. H. Bantock, Studies in the History of Educational Theory, Volume Ⅱ, The Minds and The Masses, 1760–1980, George Allen & Unwin, London, 1984.
21. James Gribble, Matthew Arnold, Collier-Macmillan Limited, London, 1967.
22. Joan Simon, Education and Society in Tudor England, Cambridge University Press, 1967.
23. John Willinsky, The Educational Legacy of Romanticism, Wilfrid Laurier University Press, Canada, 1990.
24. Josephine Kamm, Hope Deferred: Girls'Education in English History, Methuen & Co Ltd, London, 1965.
25. Josephine Kamm, How Different from us: A Biography of Miss Buss & Miss Beale, Routledge, London, 2012.
26. J. Lawson and H. Silver, A Social History of Education in England, Methuen & Co. Ltd, London, 1973.

27. J. V. Beckett, The Aristocracy in England 1660–1914, Basil Blackwell, 1986.
28. Leslie R. Perry, Four Progressive Educators: Bertrand Russell, A. S. Neill, Homer Lane, W. H. Kilpatrick, Collier-Macmillan Limited, London, 1967.
29. Nicholas Orme, Education and Society in Medieval and Renaissance England, The Hambledon Press, London, 1989.
30. Peter Marshall, The Anarchist Writings of William Godwin, Freedom Press, London, 1986.
31. R. J. W. Selleck, The New Education 1870—1914, Sir Isaac Pitman & Sons Ltd, London, 1968.
32. R. S. Peters, Essays on Education, George Allen & Unwin Ltd, London, 1981.
33. Richard Peters, Authority, Responsibility and Education, George Allen & Unwin Ltd, London, 1973.
34. Robert Ulich, History of Educational Thought, American Book Company, New York, 1950.
35. Rosemary O'Day, Education and Society 1500—1800, Longman Group Limited, London, 1982.
36. Sara A. Burstall, Frances Mary Buss: An Educational Pioneer, Society for promoting Christian knowledge, London, 1938.
37. Sheldon Rothblatt, Tradition and Change in English Liberal Education: An Essay in History and Culture, Faber and Faber, London, 1976.
38. Susan Laird, Mary Wollstonecraft: Philosophical Mother of Coeducation, Continuum International Publishing Group, 2008.
39. T. W. Bamford, Thomas Arnold on Education, Cambridge University Press, 1970.
40. W. A. C. Stewart, The Educational Innovators, Volume II: Progressive Schools 1881–1967, Macmillan & Co Ltd, 1968.
41. W. F. Connell, The Educational Thought and Influence of Matthew Arnold, Routledge & Kegan Paul Limited, London, 1950.
42. W. H. G. Armytage, Four Hundred Years of English Education, Cambridge University Press, 1964.
43. W. H. Burston, James Mill on Education, Cambridge University Press, 1969.
44. W. H. Burston, James Mill on Philosophy and Education, The Athlone Press, London, 1973.
45. William Harrison Woodward, Studies in Education during the Age of the Renaissance 1400–1600, University Press, Cambridge, 1906.

人名索引

A

沃尔夫　Abraham Wolf
弗莱克斯纳　Abraharn Flexner
亚当·斯密　Adam Smith
西尔维乌斯　Aeneas Sylvius
伊索　Aesop
埃瑟尔伯特　Aethelbert
阿格里柯拉　Agricola
阿伦·布洛克　Alan Bullock
阿尔琴　Alcuin
马纽夏斯　Aldus Manutius
亚历山大·吉尔　Alexander Jill
普希金　Alexander Pushkin
尼尔　Alexander Sutherland Neill
阿尔弗雷德　Alfred
怀特海　Alfred North Whitehead
鲍莱　Amyas Paulet
维萨里　Andreas Vesalius
贝尔　Andrew Bell
安迪·格林　Andy Green
波利希安　Angelus Politian
杜尔阁　Anne Robert Turgot
安娜·弗洛伊德　Anna Freud
安妮　Anne
沙夫茨伯里　Anthony A. C. Shaftesbury
库珀　Anthony Ashley Cooper
安东尼　Anthony Bacon
库克　Anthony Cooke
阿诺德·惠特里奇　Arnold Whitridge
亚里士多德　Aristotle
阿里斯托芬　Aristophanes
亚瑟　Arthur
阿伦德尔　Arundel

奥古斯丁　Augustinus

B

罗兰　Baltheley Rolland
芭芭拉·史密斯　Barbara Leigh Smith
费尔法克斯　Baron Fairfax
波维尔　Beauvillier
比德　Bede
别林斯基　Belinsky
富兰克林　Benjamin Franklin
比彻　Bercher
罗素　Bertrand Russell
孔狄亚克　Bonnot de Condillac
西蒙　Brian Simon

C

荣格　Carl Gustav Jung
华虚朋　Carleton Wolsey Washburne
凯瑟琳　Catherine
叶卡捷琳娜二世　Catherine II
卡斯底格朗　Castiglione
加文纳　Cavenagh
希比斯　Cebes
塞西莉亚·贡札加　Cecilia Gonzaga
贝卡里亚　Cesare Beccaria
哈迪　Charles D. Hardie
傅立叶　Charles Fourier
达尔文　Charles Robert Darwin
查理五世　Charles V
查理曼　Charlemagne
沙特吕　Chastellux
席姆勒　Christopher Zemmler
西塞罗　Cicero

人名索引

盖伦　Claudius Galen
克劳迪　Clauditus
圣西门　Claude Saint-simon
科林·布朗　Colin Brown
布丰　Comte de Buffon
孔多塞　Condorcet
拉斯卡里　Constantine Lascaris
阿格里帕　Cornelius Agrippa
埃利奥特　C. W. Eliot

D

丹尼尔·笛福　Daniel Defoe
奥康纳　Daniel John O'Conner
但丁　Dante Alighieri
哈特莱　David Hartley
休谟　David Hume
大卫·莱茵　David Laing
大卫·李嘉图　David Ricardo
大卫·威廉姆斯　David Williams
卡尔孔狄利斯　Demetrius Chalcondyles
狄摩西尼斯　Demosthenes
狄德罗　Denis Diderot
维拉斯　Denis Vairasse
笛卡儿　Descartes
伊拉斯谟　Desiderius Erasmus
多奈特　Donatus
朵拉　Dora Black
比尔　Dorothea Beale
巴克勒公爵　Duke of Buccleuch
邓斯坦　Dunstan
戴克·阿克兰　Dyke Acland

E

埃德加　Edgar
埃德蒙·柏克　Edmund Burke
埃德蒙·金　Edmund J. King
埃德蒙·斯宾塞　Edmund Spenser
埃德蒙·维尔尼　Edmund Verney

爱德华·克拉克　Edward Clark
吉本　Edward Gibbon
汤普森　Edward Palmer Thompson
爱德华六世　Edward Ⅵ
伊丽莎白·戴　Elizabeth Day
伊丽莎白·加勒特　Elizabeth Garrett
伊丽莎白一世　Elizabeth Ⅰ
埃密丽·戴维斯　Emily Davies
恩索　Ensor
伊壁鸠鲁　Epicurus
达尔文　Erasmus Darwin
弗洛姆　Erich Fromm
内格尔　Ernest Nagel
埃塞伯特　Ethelbert
欧里庇得斯　Euripides
欧几里得　Euclid

F

芬乃龙　Fenelon
弗勒里　Fleury
弗洛鲁斯　Florus
彼特拉克　Francesco Petrarca
帕特里齐　Francesco Patrizi
弗朗西斯·巴斯　Frances Mary Buss
培根　Francis Bacon
弗朗西斯·普莱斯　Francis Place
费奈隆　Francois Fenelon
弗朗克·罗素　Frank Russell
弗兰克兰　Frankland
莫里斯　Frederick Maurice
黑格尔　Friedrich Hegel
施莱格尔　Friedrich Schlegel
席勒　Friedrich von Schiller
福禄培尔　Friedrich Wilhelm Froebel
布莱克斯通　F. C. Blackstone

G

恺撒　Gaius Julius Caesar

伽利略　Galileo Galilei
乔叟　Geoffrey Chaucer
派克　Geoffery Pyke
勃兰兑斯　Georg Brandes
拜伦　George Byron
乔治·考姆　George Combe
乔治·哈尼　Goerge Harney
乔治·希克斯　George Hickes
乔治·赫胥黎　George Huxley
乔治·斯宾塞　George Spencer
乔治·维萨特　George Wishart
温斯坦莱　Gerrard Winstanley
格蕾丝·欧文　Grace Owen
格兰维尔　Granville
格列高利　Gregory
薄伽丘　Giovanni Boccaccio
格里诺　Guarino da Verona
拉吉罗　Guido de Ruggiero

H

汉娜·伍利　Hannah Woolley
哈里特·泰勒　Harriet Taylor
爱尔维修　Helvetius
柏格森　Henri Bergson
亨利·亨特　Henry Hunt
亨利·梅休　Henry Mayhew
亨利四世　Henry IV
亨利七世　Henry VII
亨利八世　Henry VIII
里德　Herbert Edward Read
斯宾塞　Herbert Spencer
詹宁斯　Herbert Spencer Jennings
赫罗提安　Herodian
希罗多德　Herodotus
赫西俄德　Hesiod
沃德华　Hezekiah Woodward
霍利奥克　Holyoake
荷马　Homer

霍默·莱恩　Homer Lane
贺拉斯　Horace
布莱尔　Hugh Blair
汉弗莱　Humphrey
吉尔伯特　Humphrey Gilbert
汉弗莱　Humphrey Wingfield
罗比　H. J. Roby

I

牛顿　Isaac Newton
以赛亚·伯林　Isaiah Berlin
伊索克拉底　Isocrates
谢弗勒　Israel Scheffler

J

布克哈特　Jacob Burckhardt
詹姆士一世　James I
詹姆士二世　James II
詹姆斯·密尔　James Burrow Mill
克莱兰　James Cleveland
哈格里夫斯　James Hargreaves
詹姆斯·哈灵顿　James Harrington
奥布莱恩　James O'Brien
焦耳　James Prescott Joule
詹姆斯·斯图亚特　James Stuart
詹姆斯·沃森　James Watson
瓦特　James Watt
格蕾　Jane Grey
霍华德　Jane Howard
萨伊　Jean Baptiste Say
拉辛　Jean Racine
杰里米·边沁　Jeremy Bentham
亚当斯　Jone Adames
夸美纽斯　Johann Amos Comenius
赫尔巴特　Johann Friedrich Herbart
哈曼　Johann Georg Hamann
赫尔德　Johann Gottfried von Herder
裴斯泰洛齐　Johann Heinrich Pestalozzi

人名索引

开普勒　Johannes Kepler
约翰·亚当斯　John Adams
约翰·安维克尔　John Anwykyll
约翰·奥斯丁　John Austin
约翰·班扬　John Bunyan
加尔文　John Calvin
约翰·克莱门特　John Clement
科利特　John Colet
柯林斯　John Collins
道尔顿　John Dalton
杜威　John Dewey
杜里　John Dury
费希尔　John Fisher
约翰·格雷　John Gray
济慈　John Keats
诺克斯　John Knox
洛克　John Locke
弥尔顿　John Milton
罗尔斯　John Rawls
格林　John Richard Green
约翰·罗素　John Russell
约翰·斯图亚特　John Stuart
斯图谟　John Sturum
约翰·密尔　John Stuart Mill
布鲁巴克　John S. Brubacher
约翰·塞尔维尔　John Thelwell
梅尔茨　John Theodore Merz
约翰·韦伯斯特　John Webster
约翰·怀特　John White
约瑟夫·张伯伦　Josheph Chamberlain
兰卡斯特　Joseph Lancaster
普里斯特利　Joseph Priestley
韦奇伍德　Josiah Wedgwood
乔伊·帕尔默　Joy A. Palmer
朱利安·哈尼　Julian Harney
朱利安·赫胥黎　Julian Huxley
伯里　J. B. Bury
普拉特　J. C. Platt

杰·路易士　J. Lewis

K

波普尔　Karl Popper
基特　Keate

L

拉夏洛泰　La Chalotais
劳伦斯·汉弗莱　Laurence Humphrey
科尔伯格　Lawrence Kohlberg
列奥·施特劳斯　Leo Strauss
托尔斯泰　Leo Tolstoy
伦纳德·赫胥黎　Leonard Huxley
雷佩尔提　Lepelletier
列奥纳多·布鲁尼　Lionardo Bruni
李维　Livy
卢埃林　Llewelyn
卢西恩　Lucian
蒂克　Ludwig Tieck
维韦斯　Luis Vives
普莱费尔　Lyon Playfair
利特尔顿　Lyttleton
多米尼奇　L. Domenichi
霍布豪斯　L. T. Hobhouse

M

斯达尔夫人　Madame de Stael
德曼特农夫人　Madame de Maintenon
马吉努斯　Maginus
高尔基　Maksim Gorky
玛格丽特·菲尔　Margaret Fell
玛格丽特·麦克米伦　Margaret McMillan
玛格丽特·罗珀　Margaret Roper
马克·帕蒂森　Mark Pattison
蒙台梭利　Maria Montessori
埃奇沃思　Marie Edgeworth
玛丽·古兹　Marie Gouze
费奇诺　Marsilio Ficino

海德格尔　Martin Heidegger
玛丽·阿斯泰尔　Mary Astell
玛丽·都铎　Mary Tudor
沃斯通克拉夫特　Mary Wollstonecraft
科迪埃　Mathurin Cordier
马丁·路德　Martin Luther
马提奥·帕尔梅利　Matteo Palmieri
马修·阿诺德　Matthew Arnold
博尔顿　Matthew Boulton
施莱登　Matthias Jakob Schleiden
莫佩尔蒂　Maupertuis
墨卡托　Mercator
梅鲁拉　Merula
法拉第　Michael Faraday
欧克肖特　Michael Oakeshott
萨德勒　Michael Thomas Sadler
莫莉·维尔尼　Molly Verney
蒙田　Montaigne
孟德斯鸠　Montesquieu
莫尔莱　Morellet
伊丽莎白·乔斯林　Elizabeth Josseline
莫莉　Murray

N

拿破仑　Napoleon
尼古拉·培根　Nicholas Bacon
哥白尼　Nicolaus Copernicus
诺瓦利斯　Novalis

O

克伦威尔　Oliver Cromwell
俄耳甫斯　Orpheus
奥特利厄斯　Ortelius

P

帕内尔·艾米　Parnell Amye
保罗·库伦　Paul Cullen
古德曼　Paul Goodman
赫斯特　Paul Heywood Hirst
孟禄　Paul Monroe
雪莱　Percy Shelley
伯里克利　Pericles
彼得·伯克　Peter Burke
菲利普·西德尼　Philip Sidney
皮科　Pico della Mirandola
魁奈　Pierre Quesnay
弗吉里奥　Pietro Paolo Vergerio
柏拉图　Plato
普鲁塔克　Plutarch
庞培　Pompeius
利奥十三世　Pope Leo XIII
珀斯多尼乌斯　Posidonius
托勒密　Ptolemy
奥维德　Publius Ovidius
毕达哥拉斯　Pythagoras
基佐　P. G. Guizot

Q

昆体良　Quintilianus
贺拉斯　Quintus Horatius

R

拉歇尔·维特斯　Rachel Whiters
拉歇尔·麦克米伦　Rachel McMillian
拉尔夫·维尔尼　Ralph Verney
拉斐尔·希斯拉德　Raphael Hythloday
笛卡尔　Rene Descartes
理查德　Richard
奥尔德里奇　Richard Aldrich
阿克莱特　Richard Arkwright
理查德·卡莱尔　Richard Carlile
埃奇沃思　Richard Edgeworth
理查德·埃利奥特　Richard Elyot
格伦维尔　Richard Grenville
理查德·约翰逊　Richard Johnson
马尔卡斯特　Richard Mulcaster

人名索引

奥斯特勒　Richard Oastler
普赖斯　Richard Price
沙克瑞勒　Richard Sackville
彼得斯　Richard Stanley Peters
利文斯通　Richard Winn Livingstone
彭斯　Robert Burns
奎克　Robert Hebert Quick
罗伯特·胡克　Robert Hooke
赫钦斯　Robert Hutchins
罗伯特·莫兰特　Robert Morant
欧文　Robert Owen
雷克斯　Robert Raikes
骚塞　Robert Southey
罗伯特·巴斯　Robert William Buss
罗伯特·威廷顿　Robert Wittinton
罗宾·佩德利　Robin Pedley
阿卡姆　Roger Ascham
卢梭　Rousseau
罗素·格尼　Russell Gurney
阿格里科拉　R. Agricola
柯林伍德　R. G. Collingwood

S

杰罗姆　Saint Jerome
圣路易斯夫人　Saint Madame Louis
塞缪尔·边沁　Samuel Bentham
哈特利布　Samuel Hartlib
惠特布雷　Samuel Whitbriad
威尔伯福斯　Samuel Wilberforce
柯勒律治　Samuel Taylor Coleridge
谢林　Schelling
西庇阿　Scipio
塞涅卡　Seneca
西季威克　Henry Sidgwick
弗洛伊德　Sigmund Freud
苏格拉底　Socrates
梭伦　Solon
萨默塞特　Somerset

索福克莱斯　Sophocles
骚塞　Southey
斯坦利夫人　Stanley
霍尔　Stanley Hall
艾萨克斯　Susan Isaacs

T

塔西陀　Tacitus
塔列兰　Talleyrand
泰伦提乌斯　Terentius
西奥多　Theodore
施旺　Theodor Schwann
托马斯·阿奎那　Thomas Aquinas
托马斯·阿诺德　Thomas Arnold
托马斯·库珀　Thomas Cooper
托马斯·戴　Thomos Day
埃利奥特　Thomas Elyot
赫胥黎　Thomas Henry Huxley
霍布斯　Thomas Hobbes
霍奇斯金　Thomas Hodgskin
杰斐逊　Thomas Jefferson
林纳克　Thomas Linacre
皮科克　Thomas Love Peacock
托马斯·卢普塞特　Thomas Lupuset
托马斯·莫尔　Thomas More
闵采尔　Thomas Münzer
托马斯·潘恩　Thomas Paine
沛西·能　Thomas Percy Nunn
马尔萨斯　Thomas Robert Malthus
托马斯·斯宾塞　Thomas Spencer
托马斯·史密斯　Thomas Smith
托马斯·扬　Thomas Young
修昔底德　Thucydides
蒂莫西·富勒　Timothy Fuller
托莱多　Toledo
康帕内拉　Tommas Campanella
托马斯·麦考莱　T. B. Macaulay
班福德　T. W. Bamford

U
茨温利　Ulrich Zwingli

V
弗吉里奥　Vergerio
雨果　Victor Hugo
维吉尔　Virgil
维特鲁维乌斯　Vitruvius
维多里诺　Vittrino da Feltre
伏尔泰　Voltaire

W
司各脱　Walter Scott
威尔豪斯基　Wielhorski
威廉·洪堡　Wilhelm von Humboldt
威尔·索恩　Will Thorne
布莱克斯通　William Blackstone
威廉·布莱克　William Blake
博伊德　William Boyd
威廉·科贝特　William Cobbett
威廉·戴尔　William Dell
狄尔泰　Wilhelm Dilthey
葛德文　William Godwin
威廉·格雷　William Grey
格罗辛　William Grocyn
哈维　William Harvey
黑兹利特　William Hazlitt
拉蒂默　William Latimer
李利　William Lily
威廉·洛维特　William Lovett
威廉·莫里斯　William Morris
威廉·配第　William Petty
莎士比亚　William Shakespeare
威廉·斯宾塞　William Spencer
威廉·汤普森　William Thompson
华兹华斯　William Wordsworth
拉特克　Wolfgang Ratke
歌德　Wolfgang von Goethe
沃斯通霍姆　Wolstenholme
福斯特　W. E. Forster
康内尔　W. F. Connell
佩恩　W. H. Payne
索利　W. R. Sorley

X
色诺芬　Xenophon

Z
芝诺　Zeno

后 记

2013年12月,我以"英国教育思想史研究"为题,申报了湖南省哲学社会科学基金项目;2014年12月,我又以"英国教育思想的演进(文艺复兴至20世纪)"为题,申报了全国教育科学"十二五"规划教育部重点课题,《英国教育思想史》就是这两个课题的最终研究成果。

定稿之日,如释重负;掩卷沉思,感慨颇多。我从2015年7月8日动笔写作到现在定稿,两年多的时间过去了,回首过往的两年,这恐怕又是我人生中一段难以忘怀的日子。在这两年多的时间里,每天除了完成教学任务和其他工作之外,我几乎把所有时间都用于查阅文献和写作书稿。湖南师范大学图书馆公布的年度借阅情况显示,最近两年我的图书借阅量都位居全校教职工的前几名。白天是辛苦的写作和思考,晚上我来到江边独自散步,一边欣赏湘江两岸美丽的夜景,一边琢磨着书稿的下一步计划。在这孤独的漫步中,既能放松自我和消除疲劳,又能静心思考和理清头绪。正如卢梭在《孤独漫步者的遐想》(第二次漫步)中写道:"当我完全放松大脑之时,我的思想即会毫无障碍地任意驰骋。一天中只有在这些孤独沉思的时刻,才会让我真切地、无纷扰地感觉到一个完全真我而非他我的存在,我才可以说这才是一个自然的我。"在书稿写作过程中,我每天的生活既忙碌又充实,既紧张辛苦又充满乐趣。

2013年12月至2014年12月,我在国家留学基金委的资助下,有幸进入英国伦敦大学教育学院(IOE)访学。IOE是世界一流的教育学院,最近几年其教育学专业在QS世界大学排名中始终稳居第一,足见其教育科学的研究实力和国际影响。IOE丰富的文献资源和浓郁的学术氛围深深吸引着我,在这里我既聆听了30多场来自世界各地一些学者的学术报告,也参加了几场大型的国际学术会议;这一方面拓宽了我的学术视野,另一方面也让我领略了西方学者教育研究的特色。访学期间,我师从英国著名的教育史研究学者、西蒙教育史讲座教授(Brian Simon Chair of History of Education),现任英国教育研究会(British Educational Research Association)主席的Gary McCulloch先生。与其他指导教师相比,Gary教授要求比较严格。他列出阅读文献的目录后,一般规定应在三周内看完,然后写出读书笔记和他讨论。在Gary教授的督促和指导下,我仔细研读了10多部英文著作,内容涉及西蒙的教育史、高等教育、教育史学等。在完成规定的阅读文献之外，我开始为《英国教育思想史》的写作搜集文献资料，并拟定了初步的写作框架。我曾多次和 Gary 教授讨论有关章节，现在的框架正是我们共同讨论的结果。在此，谨向 Gary McCulloch 教授表示衷心的感谢！

　　为深入了解英国教育的历史和现状，访学期间我实地考察了牛津大学、剑桥大学、伦敦大学、苏塞克斯大学、雷丁大学、哈罗公学、伊顿公学，以及英国其他一些幼儿园、小学和中学，这些考察有助于我进一步认识英国教育思想的演进。同时，我还曾两度横过英吉利海峡到欧洲大陆考察，并先后游历了法国、德国、比利时、荷兰、卢森堡、瑞士、意大利、梵蒂冈和摩纳哥，这种游历既加深了我对欧洲历史和文化的理解，又为我从事外国教育史和比较教育的教学提供了丰富的素材。

　　我对英国教育史的研究兴趣，始于 2000 年在北京师范大学读博期间。迄今为止，我的研究已经历了从博士论文的成果《从冲突到融合：20 世纪英国中等教育政策研究》(47 万字，湖南教育出版社 2005 年版)，到博士后出站报告《英国教育的文化阐释》(36.1 万字，华东师范大学出版社 2009 年版)、教育部人文社会科学研究规划基金项目的成果《战后英国高等教育政策研究》(42.6 万字，湖南师范大学出版社 2016 年第二版)，再到现在的全国教育科学"十二五"规划教育部重点项目的成果《英国教育思想史》(60.3 万字，华东师范大学出版社 2017 年版)四个阶段。通过这四个阶段的专题研究，我从政党政治、文化传统、教育政策、教育思想等多个层面，考察了英国教育的历史变迁，剖析了英国教育发展的特殊性，并力图阐明一个民族国家教育现代化的进程。

　　然而，正如美国学者亚伯拉罕·弗莱克斯纳认为，在所有国家中英国是最难描述和最难判断的；英国学者埃德蒙·金也认为英国是一个自相矛盾的王国，他把英国教育的发展看做"勉强的革命"。英国学者安迪·格林则指出，英国比其他任何国家都更彻底地"弥漫着英国知识分子为之立法和辩护的个人主义思想"，其结果是英国不能建立一个指导英国社会进行现代化的、对社会生活进行积极干预的国家机构，因此在所有西方先进国家中英国就显得很特殊。同样，我国著名历史学家阎宗临认为，在欧洲国家中英国是最难了解的。他在《英国文化之特质》中说："英国难以被了解的原因，首先是它那种社会化的个人主义，表现出种种矛盾与冲突。自个人教育而言，英人着重在个性的发展……；自社会教育而言，他们启发合作的精神……，每个人都有为团体牺牲的决心。"由此可见，要全方位地认识英国教育的特殊性，还有很多未知领域有待我们进一步探讨。

最后,衷心感谢北京师范大学教育学部的吴式颖先生,她在百忙之中仔细审读了一遍书稿,并且欣然应允为本书作序。我和吴先生既是湖南同乡,也是华中师大校友;自2003年博士毕业后,我一直和她保持了联系。吴先生是我国当代著名的外国教育史学家,她虽已年近九旬,但仍然笔耕不辍,出版了《俄国教育史》、《教育:让历史启示未来》、《吴式颖口述史》;主编《外国教育史教程》、《外国教育思想通史》、《中外教育比较史纲》(近代卷);参与《世界教育名著通览》、《教育大辞典》、《中国教育大百科全书》等教育工具书的编写。她治学严谨、慈爱谦逊、胸襟宽阔、乐于奉献,是我们后辈学人学习的楷模。感谢张斌贤教授、单中惠教授、杨汉麟教授、刘铁芳教授的支持和关爱;感谢华东师范大学出版社彭呈军先生,他为本书的出版提供了诸多帮助和付出了辛勤劳动。此外,我还要感谢家人对我工作的理解。在写作过程中,我参考和引用了众多中外学者的研究成果,在此一并深表感谢。由于时间、精力和能力等原因,书中必有一些疏漏之处,恳请各位读者批评和指正!

易红郡

2017年8月25日